THÉOLOGIE
MORALE.
TOME I.

PARIS.—TYPOGRAPHIE DE FIRMIN DIDOT FRÈRES,
RUE JACOB, 56.

THÉOLOGIE
MORALE
A L'USAGE
DES CURÉS ET DES CONFESSEURS,

PAR MGR THOMAS M. J. GOUSSET,

ARCHEVÊQUE DE REIMS, LÉGAT-NÉ DU SAINT-SIÉGE, PRIMAT DE LA
GAULE BELGIQUE, ETC.

TOME PREMIER.
COMPRENANT LE TRAITÉ DES ACTES HUMAINS, DE LA CONSCIENCE, DES LOIS,
DES PÉCHÉS, DES VERTUS ET DU DÉCALOGUE.

Quatrième édition,
REVUE ET CORRIGÉE PAR L'AUTEUR.

A PARIS,
CHEZ JACQUES LECOFFRE ET CIE, LIBRAIRES,
RUE DU VIEUX-COLOMBIER, 29,
Ci-devant rue du Pot de Fer Saint-Sulpice, 8.

—

1846.

AVIS.

La *Théologie morale* que nous publions, pour les Curés et les Confesseurs, n'est point et ne peut être, quant au fond, un ouvrage nouveau. C'est un résumé des principales questions pratiques qui ont été discutées par les Docteurs, concernant la morale, l'administration des sacrements et le droit canonique. Quoique la langue latine soit la langue vivante de l'Église romaine, nous avons cru pouvoir, sans inconvénient, écrire cet ouvrage en français, à l'exemple des Théologiens qui ont rédigé les *Conférences* des diocèses de Paris et d'Angers, les *Instructions* sur les Rituels de Toulon, de Lyon, de Soissons, de Langres et de Belley; la *Méthode de Direction* de Besançon, la *Science du Confesseur*, et un grand nombre d'ouvrages du même genre, écrits en notre langue; entre autres, le *Cours de la Théologie morale* de Raymond Bonal, dédié à Charles de Montchal, archevêque de Toulouse, et la *Théologie morale*, composée par l'ordre du cardinal le Camus, évêque de Grenoble. Saint Charles Borromée, saint François de Sales et le bienheureux Léonard de Port-Maurice se sont eux-mêmes servis de la langue vulgaire pour publier des *avertissements*, des *avis* et des *instructions*, en faveur des Confesseurs. Enfin, saint Alphonse de Liguori nous a laissé, en italien, des *Dissertations* sur la probabilité des opinions ; et des *Instructions pratiques* en quatre volumes, qui forment un cours complet de *Théologie morale*, et le *Confesseur des gens de la campagne*, qui est un abrégé, un *Compendium de Théologie*.

Le premier volume de la *Théologie morale, à l'usage des Curés et des Confesseurs*, comprend les traités des actes humains, de la conscience, des lois, des péchés, des vertus, et du Décalogue ; le second contient les différents traités des sacrements en général et en particulier, des indulgences, des censures et des irrégularités. On trouve à la fin de ce volume le *Décret* et l'*Ordonnance* concernant l'administration temporelle des paroisses, et la table générale des matières contenues dans tout l'ouvrage.

TABLE

DES MATIÈRES.

Pag.

TRAITÉ DES ACTES HUMAINS.

Chapitre Iᵉʳ. — De la notion des actes humains.	1
Chapitre II. — Du volontaire et du libre arbitre	2
Chapitre III. — Des causes qui peuvent nuire au volontaire et au libre arbitre.	7
Article Iᵉʳ. — De l'ignorance.	8
Article II. — De la concupiscence.	10
Article III. — De la crainte et de la violence.	12
Chapitre IV. — De la moralité des actes humains.	14
Chapitre V. — De la fin des actes humains.	18

TRAITÉ DE LA CONSCIENCE.

Chapitre Iᵉʳ. — Notion de la conscience et des différentes espèces de consciences	23
Chapitre II. — De la conscience droite et de la conscience erronée.	25
Chapitre III. — De la conscience scrupuleuse et de la conscience relâchée.	29
Chapitre IV. — De la conscience certaine et de la conscience douteuse.	30
Chapitre V. — De la conscience probable et de la conscience improbable.	37

TRAITÉ DES LOIS.

Chapitre Iᵉʳ. — Notion de la loi, en général.	46
Chapitre II. — Des lois divines.	48
Chapitre III. — Des lois ecclésiastiques.	51
Chapitre IV. — Des lois civiles.	55
Chapitre V. — Des lois introduites par la coutume.	57
Chapitre VI. — De l'obligation qui résulte des lois.	59
Chapitre VII. — De la manière d'observer les lois.	62
Chapitre VIII. — De ceux qui sont tenus aux lois.	63
Chapitre IX. — Des motifs qui excusent ceux qui n'observent pas les lois.	67
Chapitre X. — De l'interprétation des lois.	68
Chapitre XI. — De la dispense des lois.	71
Chapitre XII. — De la cessation des lois.	78

TABLE DES MATIÈRES.

TRAITÉ DES PÉCHÉS.

	Pag.
Chapitre Ier. — De la notion du péché	80
Chapitre II. — Des différentes manières de commettre le péché.	84
Chapitre III. — De la distinction des péchés	90
Article Ier. — De la distinction spécifique des péchés	ib.
Article II. — De la distinction numérique des péchés.	93
Chapitre IV. — Du péché mortel et du péché véniel	96
Chapitre V. — Des péchés capitaux	99

TRAITÉ DES VERTUS.

Chapitre Ier. — Notion de la vertu, et des différentes espèces de vertus	104
Chapitre II. — De la prudence	105
Chapitre III. — De la justice	108
Chapitre IV. — De la force	ib.
Chapitre V. — De la tempérance	110
Article Ier. — De la notion et de l'obligation du jeûne.	111
Article II. — Des causes qui exemptent du jeûne	117
Chapitre VI. — De la chasteté, de la continence, de la pudeur et de la modestie	122
Chapitre VII. — De l'humilité, de la douceur et de la clémence	126

TRAITÉ DU DÉCALOGUE.

Première partie. — Du premier précepte du Décalogue	128
Chapitre Ier. — De la foi	129
Chapitre II. — De l'espérance	137
Chapitre III. — De la charité	140
Article Ier. — De l'amour de Dieu	ib.
Article II. — De l'amour du prochain	144
Article III. — De l'amour des ennemis	146
Article IV. — De l'aumône	149
Article V. — De la correction fraternelle	153
Article VI. — Des péchés opposés à l'amour du prochain	157
Article VII. — Du scandale	158
Chapitre IV. — De la vertu de religion	165
Article Ier. — Des actes de la vertu de religion	166
Article II. — De la superstition et des différentes espèces de superstitions	173
Article III. — De l'irréligion	180
Article IV. — De la simonie	184
Deuxième partie. — Du deuxième précepte du Décalogue	193
Chapitre Ier. — Du blasphème	ib.
Chapitre II. — Du serment ou jurement	197
Article Ier. — De la notion du serment	ib.
Article II. — De la licité du serment	199
Article III. — De l'obligation de faire ce qu'on a promis par serment.	203

TABLE DES MATIÈRES.

	Pag.
Article IV. — Des causes qui font cesser l'obligation du serment promissoire	206
Chapitre III. — Du vœu	209
Article Ier. — De la notion du vœu	ib.
Article II. — Des conditions requises pour la validité du vœu	211
Article III. — De l'obligation des vœux	215
Article IV. — Des causes qui font cesser l'obligation des vœux	218
Article V. — Des vœux solennels et de l'état religieux	228
Troisième partie. — Du troisième précepte du Décalogue	238
Chapitre Ier. — De ce qui nous est commandé par l'Église pour la sanctification des dimanches et fêtes	239
Article Ier. — De l'obligation d'entendre la messe	240
Article II. — Des causes qui dispensent de l'obligation d'entendre la messe	245
Chapitre II. — De ce qui est défendu les jours de dimanche et de fête	247
Article Ier. — Des œuvres défendues ou permises les jours de dimanche et de fête	248
Article II. — Des causes qui permettent de travailler les dimanches et autres jours de fête	252
Quatrième partie. — Du quatrième précepte du Décalogue	257
Chapitre Ier. — Des devoirs des enfants à l'égard de leurs pères et mères, et des inférieurs à l'égard de leurs supérieurs	ib
Chapitre II. — Des devoirs des parents envers leurs enfants, et des supérieurs envers leurs inférieurs	264
Cinquième partie. — Du cinquième précepte du Décalogue	271
Article Ier. — De l'homicide	ib.
Article II. — De la mort d'un injuste agresseur	276
Article III. — De l'avortement	278
Article IV. — De la guerre	280
Article V. — Du suicide	282
Sixième partie. — Du sixième précepte du Décalogue	284
Chapitre Ier. — Des péchés de luxure non consommée	285
Chapitre II. — Des péchés d'impureté consommée	296
Septième partie. — Du septième précepte du Décalogue	305
Chapitre Ier. — De la justice, du droit et des différentes espèces de droits	ib.
Article Ier. — De la justice	ib.
Article II. — Du droit et des différentes espèces de droits	370
Chapitre II. — Des biens qui sont l'objet de la propriété	310
Chapitre III. — Des personnes capables du droit de propriété	311
Article Ier. — Des enfants de famille	ib.
Article II. — Des époux	313
Article III. — Des clercs	318
Chapitre IV. — De l'occupation	321
Chapitre V. — De l'accession	326
Chapitre VI. — De la prescription	329
Chapitre VII. — Des successions	336
Chapitre VIII. — Des contrats en général	341
Article Ier. — Du consentement nécessaire pour la validité des contrats	343

TABLE DES MATIÈRES.

	Pag.
Article II. — De la capacité des parties contractantes	349
Article III. — De l'objet et de la matière des contrats	352
Article IV. — De la cause des contrats	354
Article V. — De l'effet, de l'exécution et de l'interprétation des contrats	356
Article VI. — Des différentes espèces d'obligations conventionnelles	359
Article VII. — De l'extinction des obligations conventionnelles	364
Chapitre IX. — De la promesse	370
Chapitre X. — *Des donations*	373
Article Ier. — Dispositions générales	ib.
Article II. — Des donations entre-vifs	381
Article III. — Des dispositions testamentaires	382
Article IV. — Formules de testaments olographes	386
Chapitre XI. — Du prêt	388
Article Ier. — Du prêt à usage ou commodat	389
Article II. — Du simple prêt ou prêt de consommation	391
Article III. — Du prêt à intérêt	393
Article IV. — Des titres qui peuvent légitimer l'intérêt du prêt	396
Article V. — De ceux qui prêtent à usure	399
Article VI. — De la constitution de rente	401
Article VII. — Des monts-de-piété	402
Article VIII. — Du change	403
Chapitre XII. — De la vente	404
Article Ier. — De la nature du contrat de vente	ib.
Article II. — Qui peut acheter ou vendre	405
Article III. — Des choses qui peuvent être vendues	406
Article IV. — Du prix de la vente	408
Article V. — Des obligations du vendeur et de l'acheteur	414
Article VI. — De la vente avec faculté de rachat ou de réméré	418
Article VII. — Du monopole	419
Chapitre XIII. — Du contrat de louage	421
Article Ier. — Règles communes aux baux à loyer et à ferme	ib.
Article II. — Règles particulières aux baux à loyer	423
Article III. — Règles particulières aux baux à ferme	424
Article IV. — Du bail à cheptel	425
Article V. — Du louage d'ouvrage et d'industrie	427
Chapitre XIV. — Du contrat de société	429
Chapitre XV. — Du dépôt	432
Article Ier. — Du dépôt volontaire	433
Article II. — Du dépôt nécessaire	434
Article III. — Du séquestre	435
Chapitre XVI. — Du jeu, de la rente viagère et autres contrats aléatoires	ib.
Article Ier. — Du jeu	436
Article II. — Du contrat de rente viagère	439
Chapitre XVII. — Du mandat	441
Chapitre XVIII. — Du cautionnement	443
Chapitre XIX. — Des transactions	445
Chapitre XX. — Du nantissement	447
Article Ier. — **Du gage**	ib.

TABLE DES MATIÈRES.

Pag.

- Article II. — De l'antichrèse 448
- Chapitre XXI. — Des priviléges et des hypothèques 449
  - Article Ier. — Des priviléges .... ib.
    - § Ier. — Des priviléges sur tous les biens 450
    - § II. — Des priviléges sur les meubles seulement .... ib.
    - § III. — Des priviléges sur les immeubles 452
  - Article II. — Des hypothèques .... ib.
- Chapitre XXII. — Des engagements qui se forment sans convention 454
  - Article Ier. — Des quasi-contrats .... ib.
  - Article II. — Des délits et quasi-délits 457
- Chapitre XXIII. — De la restitution du bien d'autrui 459
  - Article Ier. — Du possesseur de bonne foi 460
  - Article II. — Du possesseur de mauvaise foi 462
  - Article III. — Du possesseur de foi douteuse 468
- Chapitre XXIV. — De la réparation du dommage qu'on a causé par sa faute .. 470
- Chapitre XXV. — De la restitution pour cause de complicité 474
  - Article Ier. — De ceux qui commandent le dommage 475
  - Article II. — De ceux qui conseillent un dommage 476
  - Article III. — De ceux qui ont consenti à un dommage 479
  - Article IV. — De ceux qui concourent à un dommage par adulation ou par protection 480
  - Article V. — De ceux qui concourent à un dommage en y participant 481
  - Article VI. — De ceux qui concourent au dommage d'autrui comme causes négatives 483
  - Article VII. — De ceux qui ont concouru au dommage d'autrui en empêchant quelqu'un de réaliser un bénéfice 488
- Chapitre XXVI. — De l'obligation solidaire en matière de restitution 489
- Chapitre XXVII. — De la restitution pour cause de vol 492
  - Article Ier. — Du vol en général .... ib.
  - Article II. — Du vol et des injustices des époux, des enfants de famille, des domestiques et des ouvriers 498
  - Article III. — Des autres injustices qui se commettent le plus ordinairement 502
- Chapitre XXVIII. — De la restitution pour cause d'homicide, de mutilation, de blessures 509
- Chapitre XXIX. — De la restitution pour cause de séduction, d'adultère .. 512
- Chapitre XXX. — Quand, à qui, où, et dans quel ordre doit se faire la restitution 517
- Chapitre XXXI. — Des causes qui suspendent ou font cesser l'obligation de restituer 523
  - Article Ier. — Des causes qui suspendent l'obligation de restituer ... 524
  - Article II. — Des causes qui font cesser l'obligation de restituer 526
- Huitième partie. — Du huitième précepte du Décalogue 528
- Chapitre Ier. — Du mensonge .... ib.
- Chapitre II. — Du faux témoignage 532
- Chapitre III. — Des obligations des juges, des greffiers, des huissiers, des avocats, des avoués et des notaires 536

TABLE DES MATIÈRES.

Pag.

Chapitre IV. — De la détraction.................................... 543
Chapitre V. — De la contumélie.................................... 554
Chapitre VI. — Du secret... 557

APPENDICE.

§ Ier. — Extrait de la bulle pour la canonisation de saint Alphonse
   de Liguori... 563
§ II. — Sur le magnétisme animal.................................. 565
§ III. — Lettre encyclique de Benoît XIV sur l'usure............... 568
§ IV. — Réponses du saint-siége sur le prêt à intérêt.............. 573

FIN DE LA TABLE DU PREMIER VOLUME.

THÉOLOGIE MORALE.

TRAITÉ DES ACTES HUMAINS.

CHAPITRE PREMIER.

De la Notion des Actes humains.

1. Toutes les actions de l'homme ne sont pas des actes humains : on ne donne ce nom qu'à celles qui sont libres, qu'à celles dont l'homme est maître, ou qui procèdent de sa volonté, en tant qu'elle agit avec connaissance et liberté : « Illæ solæ actiones vocantur « proprie *humanæ,* dit saint Thomas, quarum homo est dominus. « Est autem homo dominus suorum actuum per rationem et volun- « tatem ; unde et liberum arbitrium esse dicitur facultas voluntatis « et rationis. Illæ ergo actiones proprie *humanæ* dicuntur, quæ ex « voluntate deliberata procedunt (1). »

Ainsi, on ne regarde point comme *actes humains,* ni les mouvements d'un homme qui est dans le sommeil, dans le délire ou dans un état de démence ; ni les sentiments qui sont inhérents à notre nature, comme l'amour de soi, le désir de vivre, l'horreur de la mort. Ces sentiments, quoique spontanés, ne sont point libres ; il n'est point en notre pouvoir de ne pas les éprouver.

2. Il y a plusieurs espèces d'actes humains : d'abord, comme la loi divine étend son domaine sur les mouvements les plus secrets de notre âme, on distingue, en morale, deux sortes d'actes: les actes *intérieurs* et les actes *extérieurs.* Les premiers conservent leur dénomination, tandis qu'ils demeurent concentrés au dedans de nous; tels sont nos pensées, nos désirs, nos affections, nos jugements, avant que d'être manifestés par la parole, ou par quelque autre

---

(1) Sum. part. 1. 2. quæst. 1. art. 1.

signe. Les actes *extérieurs* sont ceux qui se produisent au dehors, comme nos discours, nos démarches, et, en général, toutes celles de nos actions où le corps est pour quelque chose. Cette distinction est importante pour le canoniste ; car les actes qui ne sont qu'intérieurs, quelque criminels qu'ils soient, ne sont point sujets aux peines ecclésiastiques : « De internis non judicat Ecclesia. »

3. On distingue encore les actions *bonnes* et les actions *mauvaises*, suivant qu'elles sont conformes ou contraires à la loi de Dieu, qui doit être la règle invariable de nos actes. Enfin, celles de nos actions qui sont bonnes peuvent être considérées sous deux rapports : ou sous le rapport qu'elles ont à la morale en général, abstraction faite de la fin surnaturelle de l'homme ; ou sous le rapport qu'elles ont à cette fin, à la vision intuitive à laquelle nous sommes destinés. Sous le premier point de vue, nos actions sont purement morales, et ne peuvent former que des vertus *naturelles*, stériles, insuffisantes pour le salut. Si on les envisage sous le second rapport, elles changent de caractère, et deviennent *surnaturelles*.

4. On voit, par la notion que nous avons donnée des actes humains, quel en est le principe : c'est la volonté de l'homme en tant qu'il agit avec connaissance et avec choix. Il ne peut y avoir d'acte humain qui ne soit volontaire ; et cet acte volontaire doit être l'effet de la détermination libre de notre volonté. « Immediata causa « humani actus est ratio et voluntas secundum quam homo est liber « arbitrio. » Ainsi s'exprime le Docteur angélique (1).

CHAPITRE II.

Du Volontaire et du Libre arbitre.

5. Par *volontaire* on entend tout ce qui émane de la volonté de l'homme, agissant avec la connaissance de ce qu'il fait et de la fin pour laquelle il agit (2). Un être intelligent n'agit comme tel qu'autant qu'il connaît la nature de ses actes. Comment la volonté concevrait-elle des sentiments d'amour ou de haine, de crainte ou d'espérance, si elle n'était éclairée par l'entendement ? « Nihil « volitum quod non præcognitum. » Il ne peut donc y avoir aucun

---

(1) Sum. part. 1. 2. quæst. 75. art. 2. — (2) S. Thomas, Sum. part. 1. 2. quæst. 6. art. 1.

acte volontaire de la part de ceux qui n'ont point l'usage de raison.

6. D'après ce principe, tout ce que nous ignorons d'une action, quand notre ignorance est excusable, doit être regardé comme involontaire. L'espèce de bien que l'on ne connaît pas dans un acte, n'étant point l'objet de la volonté, n'est ni volontaire, ni par conséquent un sujet de mérite. De même le mal que renferme une action n'est imputable que dans le cas où il a pu être connu de celui qui est l'auteur de cette action. « Ad hoc ut aliqua actio dicatur « tota voluntaria, dit saint Alphonse de Liguori, necesse est ut co- « gnoscatur secundum omnes sui partes et circumstantias ; quarum « aliqua si ignoretur, actio non dicitur voluntaria quoad illam cir- « cumstantiam ignoratam. Sic qui accedit ad mulierem quam nescit « esse nuptam, non committit peccatum adulterii, sed simplicis « fornicationis, cum involuntarie se habeat quoad circumstantiam « matrimonii, quam ignorat (1). » Ainsi, celui qui en commettant l'adultère croit ne commettre qu'un péché de fornication, parce qu'il ignore la condition de la personne avec laquelle il pèche, n'est point responsable du tort qui peut en résulter pour le mari et pour les héritiers du mari de la femme adultère. Elle seule est tenue de réparer ce dommage.

7. On distingue, dans l'école, le volontaire *parfait* et le volontaire *imparfait*; le volontaire *direct* et le volontaire *indirect*; le volontaire *exprès* et le volontaire *tacite*; le volontaire *libre* et le volontaire *nécessaire*.

Le volontaire est *parfait*, quand on agit sans aucune répugnance et avec une pleine connaissance de ce que l'on fait. Si au contraire on agit avec répugnance, ou sans avoir une connaissance entière de la nature de l'acte que l'on fait, le volontaire est *imparfait*. On conçoit que cette espèce de volontaire a des degrés : le volontaire est plus ou moins *parfait*, plus ou moins *imparfait*, suivant qu'on agit avec plus ou moins de répugnance, plus ou moins d'inclination, ou avec plus ou moins de connaissance, plus ou moins d'advertance. Il peut arriver que le volontaire, quoique imparfait, soit suffisant pour le péché mortel : ce qui a lieu, par exemple, lorsqu'on se livre au crime, même avec répugnance, par suite d'une menace qui ne trouble point la raison, qui ne met point l'homme

---

(1) Theol. moral. de actib. hum., n° 8. Le rédacteur des Conférences d'Angers, sur les *Actes humains*, conf. 1. quest. 3, et Collet dans son traité *de Actibus humanis*, s'expriment comme S. Alphonse.

hors de lui-même. D'autres fois, le volontaire **imparfait suffit** à peine pour une faute vénielle : ce qui arrive dans les enfants dont la raison commence seulement à se développer, ainsi que dans les adultes qui sont à demi en démence ou dans le sommeil. Celui qui se trouve dans cet état ne peut évidemment agir que d'une manière *très-imparfaite*. S'il pèche, son péché, de l'aveu de tous, ne peut être que véniel.

8. Le volontaire est *direct*, quand l'acte est volontaire en lui-même ; quand la volonté se porte directement, sans intermédiaire, à cet acte : tel est, par exemple, l'homicide dans un homme qui, voulant la mort de son ennemi, lui a donné lui-même ou lui a fait donner le coup mortel. Le volontaire est *indirect*, lorsque l'acte n'est volontaire que dans sa cause : ce qui a lieu toutes les fois que l'on prévoit que tel ou tel effet doit résulter de l'acte qu'on se propose de faire, d'une démarche ou d'une omission qu'on se permet volontairement. Cet effet, étant prévu, devient indirectement volontaire pour celui qui agit, ou qui s'abstient lorsqu'il est obligé d'agir. Ainsi, par exemple, les blasphèmes, les injures proférées dans un état d'ivresse, sont volontaires d'un volontaire *indirect*, dans celui qui s'est enivré volontairement, sans surprise, se rappelant plus ou moins distinctement qu'il est sujet à blasphémer ou à s'emporter quand il est dans le vin.

9. Pour qu'un effet soit volontaire dans sa cause, et puisse nous être imputé comme tel, il faut trois conditions qui sont également nécessaires. La première condition, c'est qu'on ait prévu, d'une manière au moins confuse, que tel effet devait s'ensuivre de l'acte qui est volontaire en lui-même. « Ut voluntarium indirectum im- « putetur ad culpam, dit saint Alphonse de Liguori, requiritur ut « prævideatur effectus (1) ; » ou, comme il s'exprime ailleurs, « Ut « agens, ponendo causam, advertat, saltem in confuso, hujusmodi « effectum fore ex illa causa sequuturum (2). » Suivant plusieurs théologiens, pour être coupable d'une mauvaise action, il n'est pas nécessaire qu'on ait réellement prévu ni même soupçonné ce qui est arrivé (3). Nous ne partageons point ce sentiment, et nous ne regardons un acte, un effet comme indirectement volontaire, qu'autant qu'il a été prévu, *saltem in confuso,* comme le dit saint Alphonse: « Ut imputentur alicui effectus cujusdam causæ, debet

---

(1) Homo apost. de Act. hum. n° 6. — (2) Theol. moral. de Act. hum. n° 10. — (3) Bailly, Collet, le rédacteur des Conférences d'Angers, etc., etc.

« necessario præcedere, saltem in principio, **advertentia actualis et**
« **expressa malitiæ objecti** (1). »

10. La seconde condition qu'on exige pour qu'un effet soit indirectement volontaire, c'est qu'on ait pu s'abstenir de l'acte qui en est la cause ou l'occasion. Personne n'est tenu à l'impossible. « Quis enim
« peccat, dit saint Augustin, in eo quod nullo modo caveri potest (2)? »

La troisième condition, c'est qu'on soit tenu de s'abstenir de l'acte, ou d'éviter l'omission, de laquelle on prévoit un effet, un résultat contraire à la morale. Ainsi, on ne doit point regarder comme volontaires dans leur cause ni les pensées ni les tentations contre l'aimable vertu, auxquelles nous sommes sujets dans l'exercice des fonctions les plus saintes, pourvu toutefois qu'on les désavoue aussitôt qu'on s'en aperçoit. Un prêtre n'est point obligé de renoncer à son ministère pour éviter les tentations dont le sacré tribunal est une occasion, lorsque d'ailleurs il fait ce qui dépend de lui pour en prévenir les suites. Ce que nous disons du prêtre est applicable au médecin, au juge, à l'avocat qui se trouve dans la nécessité de traiter les matières délicates concernant le sixième précepte. « Sic,
« non imputatur chirurgo pollutio quam prævidet sibi secuturam
« ex necessario tactu mulieris in partibus verendis, dummodo eam
« non intenderit. Nec imputatur studenti ob propriam et aliorum
« utilitatem materiis sexti præcepti, si ipse hujusmodi effectum non
« intenderit, dummodo complacentiam repellat in actu, ex quo se-
« quitur pollutio. Ratio quia tunc non tenetur causam illam tollere,
« vel non ponere; et qui utitur jure suo non dicitur causa effectus
« non intenti, et per accidens sequuti; imo in tali casu videtur
« magis pati quam agere. A fortiori non imputatur effectus sequens
« ex causa alias honesta et licita, ut pollutio quæ oritur ex equita-
« tione, vel cibo et potu moderato; tunc enim effectus non intentus
« est per accidens (3). »

11. Le volontaire est *exprès*, lorsqu'on manifeste formellement son consentement par la parole, ou par le geste, ou par quelque autre signe extérieur qui est pris pour l'expression réelle de la volonté. Le volontaire *tacite* a lieu, quand le silence peut être regardé comme preuve ou comme signe du consentement, conformément à cette maxime de droit : « Qui tacet consentire videtur. » Ce qui cependant ne s'applique que dans le cas où celui qui se tait est obligé de parler : « Quoties qui tacet loqui tenetur. » Ainsi, le

---

(1) Theol. moral. de Peccatis, n° 4. — Voyez ci-après le n° 223. — (2) De lib. arb. III, cap. 18. — (3) S. Liguori, Theol. moral. de Act. hum., n° 14.

silence est un signe de consentement dans ceux qui, étant chargés d'office de parler ou de s'opposer à ce qui se fait, se taisent et ne montrent aucune opposition. D'après cette règle, celui qui est préposé à la conservation des droits du gouvernement ou d'une ville, à la garde des bois, des vignes, des troupeaux d'autrui, est tenu, à défaut du délinquant, de réparer le dommage qu'il a laissé faire, en fermant les yeux ou en gardant le silence sur les délits dont il a été témoin. Le tort qui en est résulté lui est imputable; il est, relativement à lui, volontaire d'un volontaire *tacite*. « Non semper ille « qui non manifestat latronem, tenetur ad restitutionem, aut qui « non obstat, vel qui non reprehendit; sed solum quando incumbit « alicui ex officio, sicut principibus terræ, quibus ex hoc multum « imminet periculi. » Ce sont les expressions de saint Thomas (1).

12. Le silence équivaut encore au consentement *exprès*, lorsqu'un père promet sa fille en mariage, et que celle-ci présente ne réclame point. Le silence qu'elle garde alors est pris pour un effet de sa modestie, et doit par conséquent être regardé comme une marque de son acquiescement. Cependant, si elle n'avait pas réellement consenti; si une complaisance mal placée pour son père lui avait fermé la bouche, l'engagement qui serait, de droit, présumé valable au for extérieur, serait nul au for de la conscience. Mais elle ne pourrait s'en prévaloir, et, généralement, elle devrait ratifier la promesse qu'elle serait censée avoir faite librement.

13. Mais s'il est des circonstances où le silence fait présumer le consentement, il en est d'autres où il ne signifie rien ni pour ni contre; ce qui arrive quand on n'est point obligé de parler. Par exemple, le silence qu'on garde, en entendant des médisances ou des blasphèmes, ne doit pas toujours être pris pour un signe d'approbation. Souvent, dans le cas dont il s'agit, l'on se tait par prudence, ou pour éviter un plus grand mal; de là cette autre maxime de droit : « Is qui tacet non fatetur; sed nec utique negare videtur. »

14. Quoique, d'après notre manière ordinaire de parler, le volontaire se confonde avec le libre arbitre, et que, pour faire entendre que nos actions sont libres, on ait coutume de dire simple-

(1) Sum. part. 2. 2. quæst. 62. art. 7. — Le rédacteur des Conférences d'Angers, sur les *Actes humains*, conf. 1. quest. 3. art. 3, dit que les prélats qui peuvent empêcher le tort qu'on fait au public ou aux particuliers, et négligent de le faire, sont personnellement obligés de le réparer. Cela n'est point exact. Un évêque, par exemple, n'est certainement point tenu de réparer le dommage porté par un diocésain, pour cela seul qu'il aurait pu l'empêcher; car il n'est pas chargé d'office, *ex officio*, de veiller aux intérêts temporels de ceux qui sont confiés à sa sollicitude pastorale.

ment qu'elles sont volontaires, on distingue néanmoins le libre arbitre du volontaire. Tout acte libre est volontaire ; mais tout acte volontaire n'est pas libre. Par *volontaire* on entend l'acte qui se fait avec connaissance, en vertu d'un penchant, d'une inclination qui nous y porte plus ou moins fortement. Si ce penchant était irrésistible, l'acte qui en résulterait ne serait pas un acte *contraint*, puisqu'il ne viendrait point d'une force extérieure, il serait donc volontaire ; mais il ne serait pas libre ; il serait le résultat de la nécessité, qui est incompatible avec la liberté.

15. L'acte libre est celui qui se fait avec connaissance et avec choix, celui auquel notre volonté se porte avec la faculté de faire le contraire. Ainsi, par exemple, l'amour du bien en général est un sentiment *volontaire* et *nécessaire*. Mais l'acte par lequel notre volonté se tourne d'elle-même vers tel ou tel bien en particulier, réel ou apparent, est un acte *volontaire* et *libre*, un acte humain par conséquent (1). Ici, l'homme agissant par choix peut s'arrêter à un parti, de préférence au parti contraire. Ce n'est donc pas sans fondement qu'on met de la différence entre le volontaire qui est *libre* et le volontaire *nécessaire*. Aussi, l'Église a-t-elle condamné solennellement l'erreur de Baïus et de Jansénius, qui prétendaient que tout mouvement volontaire, quoique *nécessaire*, était véritablement libre, ne regardant comme contraire à la liberté que la coaction, la contrainte ou la violence, et abusant de quelques expressions de saint Augustin (2).

CHAPITRE III.

Des Causes qui peuvent nuire au volontaire et au libre arbitre.

16. Les causes qui peuvent nuire au volontaire et au libre arbitre sont au nombre de quatre : l'ignorance, la concupiscence, la crainte, et la violence.

(1) Nous n'excluons point la grâce, sans laquelle, comme la foi nous l'apprend, l'homme ne peut absolument rien dans l'ordre du salut. — (2) Les bulles de S. Pie V, l'an 1567 ; de Grégoire XIII, de l'an 1579 ; et d'Urbain VIII, de l'an 1641, ont condamné les propositions suivantes, avancées par Baïus : « Quod « voluntarie fit, etiamsi necessario fiat, libere tamen fit. » — « Sola violentia « repugnat libertati hominis naturali. » Et le pape Innocent X, par une bulle du 31 mai de l'an 1653, a condamné comme hérétique cette autre proposition, tirée des écrits de Jansénius d'Ypres : « Ad merendum et demerendum in statu na-« turæ lapsæ, non requiritur in homine libertas a necessitate, sed sufficit li-« bertas a coactione. »

ARTICLE I.

De l'Ignorance.

L'ignorance, en morale, est un défaut de science ou d'instruction en matière d'obligations. L'instruction n'est pas nécessaire à tous au même degré ; elle doit varier suivant la position qu'on occupe dans la société. Un simple citoyen, un simple fidèle n'est pas obligé d'en savoir autant qu'un magistrat, que le prêtre, dont les lèvres sont dépositaires de la science. Mais il est des obligations dont la connaissance est nécessaire à tous. « Omnes, dit saint Tho-
« mas, communiter scire tenentur ea quæ sunt fidei et universalia
« juris præcepta ; singuli autem quæ ad eorum statum vel officium
« spectant (1). »

17. On distingue plusieurs espèces d'ignorances : l'ignorance de *droit* et l'ignorance de *fait* ; l'ignorance *invincible* et l'ignorance *vincible* ; l'ignorance *crasse* et l'ignorance *affectée*. L'ignorance de *droit* est celle qui a pour objet la loi ou l'extension de la loi, soit qu'il s'agisse d'une loi divine, naturelle ou positive ; soit qu'il s'agisse d'une loi humaine, ecclésiastique ou civile. L'ignorance de *fait* est ainsi appelée, parce qu'elle tombe sur un fait particulier, ou sur quelques circonstances de ce fait. On ignore si le mariage entre parents est prohibé jusqu'au quatrième degré ; c'est une ignorance de *droit*. Si au contraire on ignore que telle ou telle personne est parente à une autre à un degré prohibé, c'est une ignorance de *fait*.

18. L'ignorance *invincible* est celle qu'on n'a pu surmonter, moralement parlant, par les moyens ordinaires, eu égard à la position du sujet, laquelle n'est certainement pas la même pour tous. On reconnaît que l'ignorance ou l'erreur est invincible de la part de celui qui agit, lorsqu'il ne s'élève dans son esprit aucun doute, aucun soupçon, aucune idée, pas même une idée confuse, touchant la malice de l'action qu'il croit permise. « Invincibilis est,
« dit saint Alphonse de Liguori, quæ moraliter vinci nequit, cum
« nulla cogitatio, nec dubium erroris venit in mentem operantis,
« nec etiam in confuso, dum operatur, vel cum actionis causam
« ponit (2). »

L'ignorance invincible, de droit ou de fait, rend nos actions involontaires, et les disculpe aux yeux de Dieu. On ne peut ni mériter

---

(1) Sum. part. 1. 2. quæst. 76. art. 2. — (2) De Conscientia, n° 3.

ni démériter que par un acte libre ; un acte ne peut être libre qu'autant qu'il est volontaire ; il ne peut être volontaire qu'autant qu'il se fait avec connaissance, ce qui ne saurait avoir lieu dans le cas d'une ignorance invincible. « Non tibi deputatur ad culpam, « dit le Docteur de la grâce, quod invitus ignoras, sed quod negligis « quærere quod ignoras (1) ; » ou, comme s'exprime saint Thomas : « Si sit talis ignorantia, quæ omnino sit involuntaria, sive quia est « invincibilis, sive quia est ejus quod quis scire non tenetur, talis « ignorantia omnino excusat a peccato (2). » Ce qui est vrai même de l'ignorance en matière de droit naturel, comme l'a décidé le pape Alexandre VIII, en condamnant cette proposition : « Tametsi « detur ignorantia invincibilis juris naturæ, hæc in statu naturæ « lapsæ operantem ex ipsa non excusat a peccato formali (3). »

19. L'ignorance *vincible* est celle qu'on peut moralement surmonter, en prenant les moyens que prennent communément les personnes sages et prudentes de la même condition, vu l'importance ou la gravité des obligations qu'on est obligé de connaître. L'ignorance *vincible* a lieu dans celui qui, ayant quelque doute, quelque soupçon sur la malice de son action, et sur l'obligation d'examiner si elle est réellement bonne ou mauvaise, néglige cependant cet examen. « Vincibilis est quæ, cum debeat et possit vinci « ab operante, vel quia errorem jam advertit, vel saltem dubitat « de errore, advertitque simul ad obligationem illum vincendi, « negligit illum vincere. » Telle est la notion que saint Alphonse de Liguori nous donne de l'erreur ou de l'ignorance vincible (4). On voit que cette ignorance vient de la négligence. Si la négligence est grave, l'ignorance qui en est la suite est une ignorance *crasse* ou *grossière*. Si, outre cette négligence, il y a dessein formel ou propos délibéré d'éloigner les moyens de s'instruire, l'ignorance devient *affectée*. Le caractère de cette ignorance est la crainte de connaître des obligations qui contrarient nos penchants ; on désire de les ignorer, afin de s'en affranchir plus facilement : « Scientiam via-« rum tuarum nolumus (5) ; » ou, comme dit le Prophète : « No-« luit intelligere ut bene ageret (6). »

20. L'ignorance *vincible* n'excuse pas entièrement du péché ; car elle n'empêche pas que l'action dont elle est la cause ne soit volontaire : « Non totaliter excusat a peccato, dit saint Thomas (7) : ce

---

(1) De libero arbitrio, lib. III. cap. 19. — (2) Sum. 1. 2. quæst. 76. art. 3. — (3) Décret du 7 décembre 1690. — (4) Theol. moral, *de Conscientia*, n° 3. — (5) Job. c. 21. v. 14. — (6) Psalm. 33. — (7) Sum. 1. 2. quæst. 76. art. 3.

qui suppose toutefois qu'elle excuse en partie. En effet, cette ignorance diminue le volontaire, et par conséquent la malice du péché : « Talis ignorantia diminuit voluntarium, et per consequens peccatum. » C'est toujours le même docteur qui parle (1). »

Mais il n'en est pas de même de l'ignorance *affectée*; elle augmente le volontaire et la malice du péché. « Contingit quandoque « quod talis ignorantia directe et per se est voluntaria ; sicut cum « aliquis sua sponte nescit aliud, ut liberius peccet ; et talis igno- « rantia videtur augere voluntarium et peccatum ; ex intentione « enim voluntatis ad peccandum provenit (2). »

ARTICLE II.

De la Concupiscence.

21. La concupiscence, en général, est un désir ardent, un mouvement intérieur, un penchant qui nous porte plus ou moins fortement vers un objet sensible et agréable à la nature.

On distingue, dans l'école, la concupiscence *antécédente* et la concupiscence *subséquente*. La première est ainsi appelée, parce qu'elle prévient le consentement de la volonté. Si la volonté la fait naître ou l'excite, ou se soumet à son empire, on la nomme concupiscence, passion *subséquente*.

La concupiscence de sa nature n'est point un péché ; les mouvements déréglés qu'elle produit, sans que la volonté y prenne part, ne sont point libres ; ils ne peuvent par conséquent nous être imputables. Aussi l'Église a-t-elle condamné cette proposition de Baïus : « Concupiscentia, sive lex membrorum, et prava ejus de- « sideria, quæ inviti sentiunt homines, sunt vera legis inobe- « dientia (3). »

22. La concupiscence excuse de tout péché les actes qui en sont la suite, lorsqu'elle est d'une telle violence qu'elle nous ôte la présence d'esprit, l'usage de raison ; à moins cependant que la passion qui produit ces actes ne soit volontaire dans sa cause. Mais si la concupiscence ne fait que troubler l'esprit sans suspendre l'usage de la raison, elle n'excuse point entièrement du péché. Voici ce que dit le Docteur angélique : « Si talis sit passio quæ totaliter in- « voluntarium reddat actum sequentem, totaliter a peccato excu-

---

(1) Sum. 1. 2. quæst. 76. art. 4. — (2) Ibidem. — (3) Voyez les Constitutions de S. Pie V, de Grégoire XIII et d'Urbain VIII, contre les **erreurs** de Baïus.

« sat; alioquin non totaliter. Circa quod duo consideranda viden-
« tur. Primo quidem, quod aliquid potest esse voluntarium, vel
« secundum se, sicut quando voluntas directe in ipsum fertur, vel
« secundum suam causam, quando voluntas fertur in causam et
« non in effectum, ut patet in eo qui voluntarie inebriatur : ex hoc
« enim quasi voluntarium ei imputatur quod per ebrietatem com-
« mittit. Secundo considerandum est quod aliquid dicitur volun-
« tarium directe vel indirecte ; directe quidem id in quod voluntas
« fertur; indirecte autem illud quod voluntas potuit prohibere, sed
« non prohibet : secundum hoc igitur distinguendum est, quia
« passio quandoque quidem est tanta quod totaliter aufert usum
« rationis, sicut patet in his qui propter amorem vel iram insa-
« niunt; et tunc si talis passio a principio fuerit voluntaria, impu-
« tatur actus ad peccatum, quia est voluntarius in sua causa, sicut
« etiam de ebrietate dictum est. Si vero causa non fuerit volun-
« taria, sed naturalis, puta cum aliquis ex ægritudine, vel aliqua
« hujusmodi causa incidit in talem passionem quæ totaliter aufert
« usum rationis, actus omnino redditur involuntarius, et per con-
« sequens totaliter a peccato excusatur. Quandoque vero passio non
« est tanta quod totaliter intercipiat usum rationis, et tunc ratio
« potest passionem excludere divertendo ad alias cogitationes, vel
« impedire ne suum consequatur effectum, quia membra non ap-
« plicantur operi nisi per consensum rationis; unde talis passio non
« totaliter excusat a peccato (1). »

23. Mais si la concupiscence *antécédente*, quand elle n'est pas tellement forte qu'elle domine les facultés de notre âme, n'excuse pas entièrement du péché, elle en affaiblit au moins la malice, sans toutefois le rendre toujours véniel. « Si igitur accipitur passio
« secundum quod præcedit actum peccati, sic necesse est quod
« diminuat peccatum.... in quantum minuit voluntarium (2). »

Ce que nous disons de la passion qui nous porte au mal s'applique également au penchant qui nous porte au bien. Les actes qui en dépendent ne sont pas aussi louables, toutes choses égales d'ailleurs, que s'ils étaient faits par un choix tout à fait libre. « Si
« bona passio præcedat judicium rationis, ut scilicet homo magis ex
« passione quam ex judicio rationis moveatur ad bene agendum,
« talis passio diminuit bonitatem et laudem actus (3). »

24. Pour ce qui regarde la concupiscence appelée *subséquente*,

---

(1) Sum. part. 1. 2. quæst. 76. art. 7. — (2) Ibid. art. 6. — (3) Ibid. art. 6. ad. 2.

loin de rendre un acte moins volontaire, elle est au contraire une preuve de la force ou de l'intensité avec laquelle la volonté s'y porte, et ne peut par conséquent qu'en augmenter le mérite ou la malice. « Bona passio consequens judicium rationis augmentat me-« ritum (1). Passio autem (mala) consequens non diminuit pecca-« tum, sed magis auget, vel potius est signum magnitudinis ejus, « in quantum scilicet demonstrat intentionem voluntatis ad actum « peccati; et sic verum est quod quanto aliquis majori libidine, vel « concupiscentia peccat, tanto magis peccat (2). »

ARTICLE III.

De la Crainte et de la Violence.

25. La crainte, en général, est une inquiétude de l'âme, un trouble de l'esprit, un mouvement de répulsion, occasionné par la vue d'un mal dont on est ou dont on se croit menacé. On distingue la crainte qui vient d'un principe *intérieur*, et celle qui est imprimée par une cause *extérieure*.

La crainte qui provient d'une cause purement *intérieure* ou naturelle n'empêche pas qu'un acte ne soit volontaire. Un homme, étant dangereusement malade, promet à Dieu de faire une aumône aux pauvres, s'il revient en santé. Quoiqu'il agisse par la crainte de la mort, il agit volontairement et librement. De même, quand un marchand, ne croyant pas avoir d'autre moyen d'échapper au danger que de jeter à la mer les effets dont le navire est chargé, se résout à prendre ce dernier parti pour sauver sa vie, cette résolution est un acte volontaire; c'est une détermination libre, une démarche à laquelle il se porte de lui-même et avec choix (3).

26. La crainte qui est imprimée par une cause *extérieure* peut être *grave* ou *légère*. Elle est grave, lorsqu'elle a pour objet un mal qui est de nature à faire impression même sur une personne forte : telle est la crainte d'une mort probable et prochaine, dont on est sérieusement menacé de la part d'un ennemi; telle est encore la crainte de perdre sa réputation, son honneur, sa liberté, une partie notable de sa fortune, par suite de la méchanceté d'un homme. La crainte est légère quand son objet n'est pas un mal considérable, ou que, lorsqu'il est considérable, on ne le craint que faiblement, soit parce que les menaces ne paraissent pas sé-

---

(1) Sum. part. 1. 2. quæst. 76. art. 6. — (2) Ibid. — (3) S. Thomas, 1. 2. quæst. 6. art. 6.

rieuses, soit parce qu'elles ne peuvent que difficilement avoir des suites.

Pour juger si la crainte est grave ou légère, il faut avoir égard à l'âge, au sexe, à la condition et à la délicatesse des personnes qui peuvent en être affectées. Telle crainte qui ne serait pas jugée suffisante pour intimider un homme fort peut l'être à l'égard d'un enfant, d'un vieillard, d'un malade, d'une femme, surtout si elle est naturellement timide.

27. La crainte dont il s'agit est ordinairement l'effet de la violence. On entend par violence une force majeure, venant d'une cause extérieure et libre, qui nous porte à faire une chose que notre volonté désavoue. La violence est communément accompagnée de quelques menaces ou de quelques mauvais traitements, de la part de celui qui en est l'auteur. C'est ainsi que ceux qui persécutaient les premiers chrétiens leur faisaient souffrir les plus cruels tourments, pour les forcer à renoncer au christianisme.

La violence ou contrainte peut être plus ou moins grande, comme aussi la résistance de notre volonté peut être plus ou moins forte ou plus ou moins faible.

28. La violence n'atteint point les actes intérieurs de la volonté. Elle ne peut être forcée de vouloir une chose malgré elle : « Invitus « nemo potest velle; quia non potest velle, nolens velle, » dit saint Anselme (1) : ou, comme s'exprime saint Thomas, il est contre la nature d'un acte de la volonté que cet acte soit forcé : « contra « rationem ipsius actus voluntatis est quod sit coactus vel vio- « lentus (2). »

Mais il n'en est pas de même des actes extérieurs : le plus fort peut contraindre le plus faible à faire une chose malgré lui, ou l'empêcher de faire ce qu'il veut faire : « Per violentiam exteriora « membra impediri possunt ne imperium voluntatis exsequantur (3). »

29. La violence à laquelle on résiste autant que possible, détruit le volontaire. Dieu ne nous impute point les actes extérieurs qu'on nous arrache, et auxquels la volonté ne prend aucune part. « Hinc « fœmina quæ omni modo resistit violentiæ, quæ illi infertur contra « virginitatem, non peccat, etiamsi stuprum patiatur invita. » Ainsi s'exprime saint Alphonse de Liguori, d'après saint Augustin (4).

Mais celui qui ne résiste pas de toutes ses forces, celui qui, se laissant ébranler par les menaces, par la crainte même de la mort,

---

(1) De libero arbitrio, cap. 6. — (2) Sum. part. 1. 2. quæst. 6. art. 4. — (3) Ibid. — (4) De Act. hum. n° 17.

fait une action mauvaise, immorale, pèche ; et son péché peut être mortel en matière grave. « Si aliquis propter timorem quo refugit « periculum mortis, vel quodcumque aliud temporale malum sic « dispositus est ut faciat aliquid prohibitum, vel prætermittat ali- « quid quod est præceptum in lege divina, talis timor est peccatum « mortale (1). »

30. Cependant, toutes choses égales d'ailleurs, son péché est moins grave que s'il agissait sans contrainte. « Diminuitur secun- « dum aliquid ejus peccatum, quia minus voluntarium est quod ex « timore agitur (2). » « Violentia secundum quid et insufficiens non « tollit, sed duntaxat minuit voluntarium, » dit saint Alphonse de Liguori (3).

Nous reviendrons sur cette question, en parlant des injustices, des vœux et des contrats, et particulièrement du contrat de mariage.

CHAPITRE IV.

De la Moralité des Actes humains.

31. Nos actions sont bonnes ou mauvaises, suivant qu'elles sont conformes ou contraires à la droite raison, à l'ordre moral, aux lois qui résultent des rapports de la créature avec le Créateur, de l'homme avec ses semblables, d'un inférieur avec ceux qui sont dépositaires du pouvoir ou de l'autorité. La moralité d'un acte consiste donc dans sa conformité à la loi qui en est la règle. « Bo- « nitas moralis actus humani consistit in quadam conformitate et « convenientia actus liberi cum recta ratione et lege, ita ut ille « actus dicatur bonus qui est conformis legi et rationi (4). »

32. Si on considère les actes humains en général, *in specie*, en s'arrêtant à leur objet, abstraction faite de la fin et des circonstances qui les accompagnent, il est vrai de dire qu'il y a des actes bons, des actes mauvais, et des actes indifférents, c'est-à-dire des actes qui ne sont objectivement ni bons ni mauvais. « Bonum est « continentia, dit saint Jérôme, malum luxuria, inter utrumque « indifferens ambulare (5). »

---

(1) S. Thomas, Sum. part. 2. 2. quæst. 125. art 3. — (2) Ibid. art. 4. — (3) Theol. moral. *de Act. hum.* n° 18. — (4) S. Alphonse, Theol. moral. *de Act. hum.* n° 34. — (5) Epist. 89.

Mais si on envisage un acte en particulier, *in individuo*, c'est-à-dire dans son objet, dans la fin qu'on se propose et dans les circonstances qui s'y rattachent, cet acte ne peut être indifférent sous le rapport de la morale; il est nécessairement bon ou mauvais. « Necesse est omnem actum hominis a deliberativa ratione procedentem, in individuo consideratum, bonum esse vel malum (1). » En effet, ou l'acte qui est indifférent de sa nature se rapporte au Créateur, ou il se rapporte à la créature. Dans le premier cas, il est moralement bon; dans le second, il est mauvais; car l'homme est obligé de rapporter toutes ses actions à Dieu : « Sive manducatis, sive bibitis, sive aliquid aliud facitis, omnia in gloriam Dei facite (2). »

33. On distingue trois choses dans un acte : l'objet, les circonstances et la fin. L'objet est la chose que l'on fait; les circonstances sont comme les accessoires de l'acte, qui se rapportent au temps, au lieu, à la qualité de la personne qui le fait, et à la manière dont cette personne agit. La fin de l'acte est le but qu'on se propose en le faisant.

Ces trois choses concourent à la moralité de nos actions. Premièrement, la moralité d'un acte dépend de la nature de son objet. En effet, les actions de l'homme sont bonnes ou mauvaises, suivant que leur objet, considéré sous le rapport moral, est conforme ou contraire à la loi qui le régit. Or, il est des choses que la loi commande; il en est qu'elle condamne. Les premières sont l'objet des actions moralement bonnes; les dernières sont l'objet des actions mauvaises. L'objet est donc nécessairement pour quelque chose dans la moralité de nos actes; il en est même la partie principale.

34. Secondement, les circonstances concourent aussi à la moralité des actes humains, elles en augmentent ou diminuent la bonté ou la malice. Ainsi, par exemple, qu'une personne indigente fasse une aumône modique, même très-modique; cette action peut être beaucoup plus louable, beaucoup plus méritoire qu'une aumône considérable de la part d'un riche : comme aussi le vol en matière légère à l'égard d'un pauvre peut être plus coupable qu'un vol considérable à l'égard d'un homme qui est dans l'opulence. D'où vient cette différence? c'est évidemment de la diversité des circonstances. Il arrive même qu'à raison des circonstances un acte acquiert un nouveau caractère, une malice spéciale qu'il n'a point

---

(1) **S. Thomas, Sum.** part. 1. 2. quæst. 18. art. 9. — (2) I. Corinth. c. 10. v. 31.

de sa nature. Lorsque, par exemple, on vole dans une église, la circonstance du lieu fait que ce vol devient sacrilége, et lui donne une seconde espèce de malice, qu'il n'aurait pas s'il se commettait dans un lieu profane. Cet acte est tout à la fois contraire à la justice et à la religion.

Les circonstances qui influent sur la bonté ou sur la malice de nos actions sont au nombre de sept, qu'on exprime ainsi dans l'école : *Quis, quid, ubi, quibus auxiliis, cur, quomodo, quando?* Nous les expliquerons dans le traité des *Péchés*.

35. Troisièmement, la fin qu'on se propose en agissant concourt à la moralité de l'acte ; elle le rend bon ou mauvais, s'il est indifférent de sa nature. La promenade, par exemple, devient moralement bonne, si on la fait dans l'intention de se procurer du délassement, et de se mettre en état d'accomplir plus facilement ses devoirs. Elle est mauvaise, si elle est commandée par un motif de vanité, ou par un autre motif contraire à la sainteté de la morale évangélique.

La fin peut aussi augmenter la bonté ou la malice d'une action qui est bonne ou mauvaise dans son objet. Jeûner par esprit de mortification est une action louable ; mais jeûner et pour se mortifier et pour pouvoir faire l'aumône, c'est une action, sans contredit, plus louable encore. De même, voler pour avoir de quoi s'enivrer ou se livrer au libertinage, est certainement, toutes choses égales d'ailleurs, un plus grand mal que de voler pour secourir une famille indigente. « Si objectum sit indifferens, tunc finis bonus « facit actum moraliter bonum, ut est ambulare ex obedientia ; « finis malus facit malum, ut ambulare ad ostensionem luxus. Finis « malus facit actum ex malo pejorem, ut furari ad concubinam « alendam ; et facit ex bono malum, ut eleemosynam dare ad va- « nam gloriam (1). »

36. Enfin, comme on le voit par le texte que nous venons de citer de saint Alphonse, une action bonne de sa nature devient mauvaise par l'intention de celui qui la fait, lorsque cette intention est réellement mauvaise, et qu'elle peut être regardée comme cause déterminante ou comme principe de cette action. Exemple : jeûner est acte de vertu ; jeûner par hypocrisie, c'est un péché. « Si ob- « jectum sit bonum, finis vero operantis sit malus ; actus huma- « nus est totus malus ex malitia finis quæ destruit omnem boni- « tatem (2). »

---

(1) S. Alphonse de Liguori, Theol. moral. *de Actibus humanis*, n° 38. — (2) Ibid.; S. Thomas, Sum. part. 1. 2. quæst. 18. art. 4 et 6.

37. Mais si l'intention peut rendre mauvaise une action qui est bonne de sa nature, une action mauvaise ne peut jamais devenir bonne, ni même excusable, par la pureté de l'intention. Nous ne devons point faire le mal, dit saint Paul, pour le bien qui peut en résulter : « Non faciamus mala, ut eveniant bona (1). »

Nous terminerons cette question, en faisant remarquer qu'un acte ne peut être moralement bon qu'autant qu'il l'est tout à la fois sous le rapport de son objet, sous le rapport des circonstances qui l'accompagnent, et sous le rapport de l'intention de celui qui le fait. « Non est actio bona, nisi omnes bonitates concurrant; quia « quilibet singularis defectus causat malum; bonum autem causa- « tur ex integra causa (2). »

38. Un seul et même acte peut avoir différentes espèces de bonté ou de malice ; car, comme nous l'avons déjà fait remarquer, il peut être tout à la fois conforme ou contraire à plusieurs vertus. Si une personne pratique le jeûne pour expier ses péchés et pour pouvoir en même temps secourir les pauvres, elle fait un acte doublement méritoire : méritoire comme acte de pénitence, et méritoire comme acte de charité. Le vol d'une chose sacrée est un vol sacrilége ; il est contraire et à la justice qui veut qu'on respecte le bien d'autrui, et à la religion qui nous prescrit de respecter les choses saintes.

39. En morale, l'acte extérieur, considéré en lui-même, ne renferme ni plus ni moins de bonté, ni plus ni moins de malice que l'acte intérieur. Lorsque la volonté de faire une bonne ou une mauvaise action est sincère, aussi forte qu'elle peut moralement l'être pour la faire effectivement, la bonté ou la malice de l'acte intérieur est égale à la bonté ou à la malice de l'acte extérieur. Celui-ci ne peut rien ajouter au premier, puisque l'acte extérieur est l'expression de l'acte de la volonté. C'est le cœur qui est le foyer du bien et du mal ; c'est la volonté qui en est le principe : « Ex corde « exeunt cogitationes malæ, homicidia, adulteria, fornicationes, « furta, falsa testimonia, blasphemiæ (3). » Il n'y a donc dans un acte extérieur que le bien ou le mal qui est dans la volonté. « Actus « exterior nihil adjungit ad præmium essentiale, tantum enim « meretur qui habet perfectam voluntatem aliquod bonum faciendi, « quantum si faceret illud (4). »

Cependant, quel que soit aux yeux de Dieu le mérite d'un acte intérieur, on convient que l'exécution des actes de la volonté sera

---

(1) Rom. c. 3. v. 8. — (2) S. Thomas, Sum. part. 1. 2. quæst. 18. art. 4 et 6. — (3) Math. c. 15. v. 19. — (4) S. Thomas, in 2. dist. 40. quæst. 1. art. 3.

suivie d'une récompense particulière, que le Docteur angélique nomme récompense *accidentelle* : « Actus exterior adjungit aliquid « ad præmium accidentale (1). »

40. Nous avons parlé de l'acte extérieur *considéré en lui-même*; car si on le considère, soit dans la manière dont il se produit au dehors, soit dans ses résultats à l'égard du prochain, il acquiert un plus haut degré de malice ou de bonté. La bonté ou la malice d'un acte est en proportion du temps que l'on met à son exécution, des efforts plus ou moins grands qu'il réclame, et de ses suites pour le bien ou pour le mal, pour l'édification ou le scandale des fidèles. Ainsi il est vrai de dire que celui qui consomme extérieurement le péché est plus coupable que celui qui le désire seulement. « Actus « exterior nihil addit ad bonitatem, nisi contingat ipsam volunta- « tem secundum se fieri meliorem in bonis, vel pejorem in malis : « quod quidem videtur posse contingere tripliciter. Uno modo se- « cundum *numerum*, puta cum aliquis vult aliquid facere bono « fine vel malo, et tunc quidem non facit; post modum autem « vult et facit; duplicatur actus voluntatis, et sic fit duplex bonum, « vel duplex malum. Alio modo, quantum ad extensionem; puta « cum aliquis vult facere aliquid bono fine vel malo, et propter « aliquod impedimentum desistit; alius autem continuat motum « voluntatis, quousque opus perficiat; manifestum est quod hujus « modi voluntas est diuturnior in bono vel malo; et secundum hoc « est melior vel pejor. Tertio, secundum *intentionem*; sunt enim « quidam actus exteriores, qui in quantum sunt delectabiles vel « morosi, nati sunt intendere voluntatem, vel remittere. Constat « autem quod quanto intensius tendit in bonum vel malum, tanto « est melior vel pejor (2). »

CHAPITRE V.

De la Fin des Actes humains.

41. Il ne peut y avoir aucun acte humain sans une fin quelconque. L'homme ne fait rien sans se proposer un but, une fin dont le choix dépend de sa volonté. « Manifestum est quod omnes ac-

---

(1) S. Thomas, in 2. dist. 40. quæst. 1. art. 3. — (2) Ibid., Sum. part. 1. 2. quæst. 20. art. 4.

« tiones quæ procedunt ab aliqua potentia, causantur ab ea secun-
« dum rationem sui objecti. Objectum autem voluntatis est finis et
« bonum; unde oportet quod omnes actiones humanæ propter
« finem sint (1). » Non-seulement l'homme ne peut rien faire sans
se proposer une fin; mais toutes ses affections, tous ses désirs,
toutes ses démarches se rapportent nécessairement à une fin dernière. « Necesse est quod omnia quæ homo appetit, appetat propter
« ultimum finem (2). »

42. En morale, on entend par *fin* le but qu'on se propose dans
ses actions, le bien auquel on tend et qu'on désire d'obtenir. C'est
toujours sous l'idée d'un bien réel ou apparent qu'une fin nous fait
agir.

On distingue d'abord la fin qui est *intrinsèque*, et la fin qui est
extrinsèque à l'acte. La première est celle à laquelle l'acte se rapporte de lui-même, indépendamment de la volonté de celui qui
agit : tel est, dans l'aumône, le soulagement de celui qui la reçoit.
La fin extrinsèque est celle qui dépend du choix de notre volonté.
Ainsi, dans l'aumône, outre le soulagement du pauvre, qui est inhérent à l'acte, il peut arriver qu'on se propose une fin différente,
bonne ou mauvaise, comme de satisfaire à la justice de Dieu, ou
de s'attirer les louanges des hommes.

43. La fin extrinsèque, dont il s'agit principalement, est ou prochaine, ou éloignée, ou dernière. La fin prochaine est ainsi appelée, parce qu'on l'a prochainement en vue dans ses actes. La fin
éloignée est celle à laquelle on tend par le moyen de la fin prochaine. La fin dernière est celle à laquelle notre volonté s'arrête,
sans aller plus loin. On étudie, par exemple, pour se mettre en état
d'être élevé au sacerdoce, avec le désir de pouvoir travailler au
salut des âmes, afin d'arriver plus sûrement au salut éternel. Le
sacerdoce est la fin prochaine des études; le salut des âmes en est
la fin éloignée; le bonheur éternel en est la fin dernière.

44. Nous devons rapporter toutes nos actions à Dieu, comme à
notre fin dernière. Soit que vous mangiez, dit l'Apôtre, soit que
vous buviez, soit que vous fassiez autre chose, faites tout pour la
gloire de Dieu : « Sive manducatis, sive bibitis, sive aliud quid
« facitis, omnia in gloriam Dei facite (3). » Ce qui doit s'entendre
d'un précepte, d'une loi proprement dite, et non d'un conseil.
« Quidam dicunt quod hoc est consilium; sed hoc non est verum. »

---

(1) S. Thomas, Sum. part. 1. 2. quæst. 1. art. 1. — (2) Ibid., art. 6. — (3) Corinth. c. 10. v. 31.

Ainsi s'explique saint Thomas (1); et l'interprétation qu'il nous donne des paroles de saint Paul est conforme à la doctrine des Pères de l'Église (2).

45. Le précepte de l'Apôtre est *affirmatif* et *négatif*. Comme négatif, il défend tout ce qui est contraire à la loi divine; on ne peut offrir à Dieu ce qu'il condamne. Comme affirmatif, il nous prescrit de rapporter toutes nos actions à Dieu, toutes, sans exception. Mais on peut les lui rapporter de différentes manières. En effet, on distingue ici le rapport *actuel*, le rapport *virtuel*, le rapport *implicite*, et le rapport *habituel* ou *interprétatif*. Le rapport est actuel, lorsque par un acte exprès de la volonté on offre ses actions à Dieu; il est virtuel, lorsque, après avoir offert à Dieu une action en particulier ou toutes ses actions en général, on agit en vertu de cette première intention; tandis que celle-ci n'a point été révoquée ni par un acte subséquent, ni par un trop grand laps de temps. Il y a rapport implicite d'une action à Dieu, lorsque la volonté se porte à cette action, uniquement parce qu'elle est bonne, sans y mêler aucune circonstance, aucune fin qui en puisse vicier la nature. Le rapport habituel ou interprétatif consiste dans la disposition où l'on est de rapporter ses actions à Dieu, sans qu'il y ait de la part de la volonté aucune intention ni actuelle, ni virtuelle, ni même implicite.

46. Or, une action peut être moralement bonne, quoiqu'on ne la rapporte pas à Dieu d'une manière explicite. L'intention actuelle n'est pas nécessaire pour accomplir le précepte dont il s'agit; car l'obligation de rapporter en détail et d'une manière expresse toutes ses actions au Créateur demanderait une contention d'esprit dont l'homme, quoique aidé de la grâce, n'est point capable. Il suffit donc de les lui rapporter virtuellement. « Non oportet, dit saint « Thomas, ut semper aliquis cogitet de ultimo fine, quandocumque « aliquid appetit vel operatur; sed virtus primæ intentionis, quæ « est respectu ultimi finis, manet in quolibet appetitu cujuscumque « rei, etiamsi de ultimo fine actu non cogitetur, sicut non oportet « quod qui vadit per viam in quolibet passu cogitet de fine (3). » Saint Alphonse parle dans le même sens; voici ce qu'il dit : « Non « requiritur actualis relatio omnium sive verborum sive operum in « bonum honestum; quod esset importabile pondus, et res sexcen- « tis implexa scrupulis; sed sufficit relatio virtualis; unde quamvis

---

(1) In Epist. ad Colossenses. — (2) Célestin I. Epist. 1. S. Maxime, homil. 2. de gratia; S. Ambroise, in Luc. lib. II. n° 84. — (3) Sum. part. 1. 2. quæst. 1. art. 6.

« aliquis accedens ad mensam non cogitat de conservatione vitæ,
« sed solum de cibi delectatione, ut ait Gonet, non propterea pec-
« cat, quia talem delectationem, saltem virtualiter, vult propter
« conservationem vitæ ; sicque non inordinate illam appetit (1). »

47. Nous pensons même que l'intention implicite est suffisante pour la moralité d'un acte qui est bon de sa nature. Car l'action que l'on fait uniquement parce qu'elle est honnête, parce qu'elle est conforme à l'ordre, se rapporte elle-même à Dieu, comme étant la source de tout bien, de toute bonté, de toute justice, lorsque d'ailleurs cette action n'est viciée par aucune circonstance étrangère à sa nature. Ainsi, honorer ses père et mère par un motif de piété filiale ; courir avec empressement, par un motif de compassion, au secours d'un homme qui est en danger ; exercer l'hospitalité ; remplir les engagements qu'on a contractés en matière de justice ; ce sont autant d'actions qui, sans être rapportées formellement à Dieu, s'y rapportent néanmoins d'elles-mêmes, d'une manière implicite (2).

Il n'en est pas de même de l'intention qui n'est qu'habituelle ou interprétative. « Non sufficit omnino habitualis ordinatio actus in « Deum, » dit saint Thomas (3). S'il semble dire ailleurs le contraire, c'est qu'il confond quelquefois l'intention habituelle avec l'intention virtuelle ou implicite, comme le fait remarquer Sylvius (4).

48. Il est certain qu'il peut y avoir des actions moralement bonnes sous tous les rapports, sans qu'elles soient faites par le motif de la charité parfaite. Suivant le concile de Trente, la contrition imparfaite qu'on appelle attrition, parce qu'elle est communément conçue par la considération de la turpitude du péché, ou par la crainte des peines de l'enfer, lorsqu'elle exclut l'affection au péché et qu'elle est accompagnée de l'espérance du pardon, est un don de Dieu, un mouvement de l'Esprit-Saint qui dispose le pénitent à la justification (5). Cette attrition est certainement bonne, même d'une bonté surnaturelle ; cependant elle a un tout autre motif que celui de la charité. Telle est d'ailleurs la doctrine du saint-siége, reçue dans toute l'Église (6).

49. Indépendamment de tout motif suggéré par la foi, il y a certainement des actions moralement bonnes. Un païen, par exemple, qui n'a jamais entendu parler de Jésus-Christ, l'auteur et le

---

(1) De Act. hum. n° 44. — (2) Conférences d'Angers, sur les *Actes humains*, conf. 5. quest. 2. — (3) In 2. dist. 40. quæst. 1. art. 5. — (4) Part. 1. 2. quæst. 1. art. 6. — (5) Sess. XIV. cap. 4. — (6) Constit. de S. Pie V, de Grégoire XIII et d'Urbain VIII, contre les erreurs de Baïus.

consommateur de notre foi, fait l'aumône à un pauvre, par ce sentiment de compassion qui nous porte à secourir ceux qui sont dans le besoin ; il fait cela, parce que c'est une chose louable de soulager celui qui souffre. Il est évident que cette action est bonne à tous égards, quoiqu'elle n'ait qu'une bonté naturelle. Aussi l'Église a condamné l'erreur de Baïus, qui soutenait que toutes les actions des infidèles étaient des péchés, et que toutes les vertus des philosophes étaient des vices (1).

50. Existe-t-il un précepte qui nous prescrive d'agir en tout par un motif surnaturel ? Cette question n'est point décidée. Mais l'affirmative nous paraît assez fondée, pour ce qui regarde les chrétiens. Suivant l'Apôtre, nous devons faire tout pour la gloire de Dieu : « Omnia in gloriam Dei facite (2). » Or, il nous semble qu'un chrétien ne peut agir pour la gloire de Dieu, à moins qu'il n'agisse au nom de Jésus-Christ, et en union avec lui, conformément à cet autre précepte, promulgué par le même apôtre : « Omne quodcum-
« que facitis in verbo aut in opere, omnia in nomine Domini Jesu
« Christi (3). » Saint Ambroise ne veut pas qu'on sépare ces deux préceptes : « In duabus epistolis, alibi *in nomine Domini Jesu*
« *Christi*, alibi *in gloriam Dei*, facere te præcepit, ut scias eam-
« dem esse Patris et Filii gloriam eamdemque virtutem (4). »

51. Cette obligation n'est point trop rigoureuse pour le chrétien ; il ne lui en coûte pas plus d'agir d'une manière analogue à sa fin dernière, qui est une fin surnaturelle, que de rapporter ses actions à Dieu par un motif purement naturel. « Il paraît même à
« peu près impossible qu'un chrétien fasse une bonne œuvre, sans
« que les motifs qui lui sont suggérés par la foi y entrent pour
« quelque chose (5). »

52. Quoi qu'il en soit, pour ce qui regarde la pratique, nous dirons à ceux qui sont chargés du ministère pastoral, qu'ils ne sauraient exhorter trop souvent les fidèles à offrir à Dieu, de temps en temps pendant la journée, ou au moins au commencement du jour, toutes leurs actions, leurs travaux et leurs peines ; ce qui peut se faire d'une manière générale. C'est le moyen, dit saint Alphonse de Liguori, d'accomplir le précepte de l'Apôtre, et de rendre agréable à Dieu tout ce que nous ferons pendant le jour, même les actes qui sont indifférents de leur nature. « Oportet sæpius in die,
« saltem mane, generaliter offerre Deo omnes actus suos, ut sic

---

(1) Constit. de S. Pie V, de Grégoire XIII et d'Urbain VIII. — (2) I. Corinth. c. 10. v. 31. — (3) Coloss. c. 3. v. 17. — (4) In Luc. lib. II. n° 84. — (5) Bergier, Dict. de théol., au mot *Act. hum.*

« adimpleatur præceptum Apostoli, saltem intentione virtuali *om-*
« *nia* faciendi *in gloriam Dei.* Hoc modo omnis actus etiam indif-
« ferens in specie fit bonus, et virtuosus in individuo (1). »

53. Ils feront comprendre à leurs paroissiens combien il leur est facile de tout faire *au nom de Jésus-Christ,* en leur rappelant qu'il suffit pour cela qu'ils fassent, d'une manière générale, l'offrande de leurs actions à Dieu, au nom du Père et du Fils et du Saint-Esprit, en même temps qu'ils feront sur eux-mêmes, avec un esprit de foi, le signe de la croix, conformément à la pratique reçue dans l'Église. « Finis rectus atque supremus Deus est; Pater « scilicet, et Filius et Spiritus Sanctus (2). »

54. Une action peut être bonne, même d'une bonté surnaturelle, quoique faite dans l'état du péché mortel : telles sont, par exemple, les œuvres par lesquelles le pécheur, aidé de la grâce, se dispose à la justification. Mais une action, quelque bonne qu'elle soit, ne peut être méritoire, d'un mérite proprement dit, *de condigno*, à moins que celui qui la fait ne soit en état de grâce. « Ra-
« dix merendi est charitas, » dit le Docteur angélique (3).

TRAITÉ DE LA CONSCIENCE.

CHAPITRE PREMIER.

Notion de la Conscience et des différentes espèces de Consciences

55. La loi divine est la règle suprême de nos actions; nos pensées, nos désirs, nos discours, nos actes, tout dans l'homme est soumis au domaine de la loi de Dieu. Mais outre cette règle, qu'on appelle la règle *extérieure* et *éloignée* des actes humains, il en est une autre qui en est la règle *intérieure* et *prochaine* : c'est la conscience. Les lois ne sont pour nous des règles de conduite que par la conscience, c'est-à-dire par la connaissance que nous en avons. Un acte humain est jugé bon ou mauvais, non suivant son objet matériel, mais suivant l'idée que nous avons de sa bonté ou de sa

---

(1) S. Alphonse, Theol. moral. *de Act. hum.* n° 44. — (2) Ce sont les paroles de Pierre Lombard, appelé le *Maître des sentences,* lib. II. dist. 38. — (3) Sum. part. 2. 2. quæst. 182. art. 2.

malice : « Actus humanus, dit saint Thomas, judicatur virtuosus « vel vitiosus secundum bonum apprehensum, in quod per se vo- « luntas fertur, et non secundum materiale objectum actus (1). »

56. On définit la conscience : un jugement pratique, qui prononce sur la bonté ou la malice, sur la licité ou l'illicité de l'acte, que l'on doit faire ou éviter dans la circonstance particulière où l'on se trouve. « Conscientia est judicium seu dictamen practicum « rationis, quo judicamus quid hic et nunc agendum ut bonum, « aut vitandum ut malum (2). » On voit par cette définition que la conscience est un jugement, un acte intérieur par lequel on fait l'application de la connaissance qu'on a d'une loi, à un acte particulier qu'il s'agit de faire ou d'éviter présentement, suivant que nous le jugeons bon ou mauvais. « Conscientia nihil aliud est quam « applicatio scientiæ ad aliquem specialem actum (3). »

57. D'après cette notion, on comprend qu'il n'est jamais permis d'aller contre le dictamen de sa conscience. Tout ce qui n'est pas selon la foi, dit saint Paul, est péché. « Omne quod non est de fide « peccatum est (4). » On voit, par la lecture du chapitre d'où ce texte est tiré, que le mot *fides* est pris pour le témoignage de la conscience. Par conséquent, tout acte qui est contraire au jugement intérieur que nous en portons est mauvais, *peccatum est*. Aussi, comme le dit le quatrième concile de Latran : « Quidquid fit « contra conscientiam ædificat ad gehennam (5). » En effet, qu'importe que la conscience soit dans l'erreur, et que la chose ne soit pas telle qu'on le pense? on n'est pas moins disposé à désobéir à Dieu, si l'on fait ce que l'on croit être contraire à ses ordonnances. « Omnis voluntas discordans a ratione vel conscientia, sive recta, « sive errante, semper est mala (6). »

58. Mais quel péché commet-on, lorsque, indépendamment de la conscience, la chose au fond n'est pas mauvaise? Celui précisément qu'on croit commettre en agissant contre le témoignage de sa conscience. Si on croit commettre un péché mortel, on pèche mortellement; et si l'on croit ne faire qu'une faute vénielle, on ne pèche que véniellement. Si l'on croit faire une chose mauvaise, sans penser s'il y a faute grave ou faute légère, ce péché ne devrait être regardé que comme véniel; car dans le cas dont il s'agit rien n'annonce de l'affection pour le péché mortel, du moins dans ceux qui

---

(1) Quodlibet. III. art. 7. — (2) S. Alphonse de Liguori, Theol. moral. *de Conscientia*, n° 2. — Voyez aussi Collet, Bailly, etc. — (3) S. Thomas, *de Veritate*, quæst. 17. art. 3. — (4) Rom. c. 14. v. 24. — (5) Cap. 13. de Restit. spol. — (6) S. Thomas, Sum. part. 1. 2. quæst. 19. art. 5.

sont dans la disposition habituelle d'éviter tout ce qui pourrait offenser Dieu mortellement (1).

59. Mais de ce qu'il n'est jamais permis de résister à la voix de sa conscience, il ne s'ensuit pas qu'on doive ni même qu'on puisse toujours suivre ses inspirations. Nous ne devons regarder la conscience comme règle de conduite que quand nous pouvons juger prudemment qu'elle est *droite*, ou, ce qui revient au même, que quand elle est prudemment formée. Pour agir licitement, dit saint Alphonse de Liguori, il faut avoir une certitude morale de la bonté ou de l'honnêteté de l'acte que l'on fait : « Ad licite operandum re- « quiritur moralis certitudo de honestate actionis (2). »

Aussi, les théologiens distinguent plusieurs espèces de consciences : la conscience *droite* et la conscience *erronée* ; la conscience *scrupuleuse* et la conscience *relâchée* ; la conscience *certaine* et la conscience *douteuse* ; la conscience *probable* et la conscience *improbable*.

CHAPITRE II.

De la Conscience droite et de la Conscience erronée.

60. La conscience *droite* ou vraie est celle dont le jugement est conforme à la vérité, à la loi. Elle sera droite si, par exemple, elle nous dicte qu'il faut éviter le blasphème, le mensonge, le parjure, la fraude. La conscience est *erronée* ou fausse, quand elle nous représente comme bonne une action qui est mauvaise, ou comme mauvaise une action qui est bonne ou permise. Elle sera erronée, si, par exemple, elle prescrit de mentir pour sauver la vie à son prochain ; de faire un moindre mal pour en éviter un plus grand.

61. Il en est de l'erreur de la conscience comme de l'ignorance qui en est le principe ; elle est *vincible* ou *invincible*. L'erreur est vincible, quand celui qui agit, ayant quelque doute ou quelque soupçon sur la bonté ou la malice de l'acte, et sur l'obligation d'examiner si l'acte est réellement bon ou mauvais, néglige cependant de prendre les moyens nécessaires de s'en assurer. L'erreur est invincible, lorsqu'il ne se présente à l'esprit aucun doute, aucun

---

(1) Conférences d'Angers, sur les *Actes humains*, conf. VI, quest. 1. art. 1 ; Sylvius, Collet, etc. — (2) *Systema morale*, de Conscientia, n° 53.

soupçon sur la nature de l'acte que l'on fait, ni quand on agit, ni quand on pose la cause de l'acte : « Vincibilis est quæ cum debeat
« et possit vinci ab operante, vel quia errorem jam advertit, vel
« saltem dubitat de errore, advertitque simul ad obligationem illum
« vincendi, tamen negligit illum vincere. Invincibilis vero est,
« quæ moraliter vinci nequit, cum nulla cogitatio, nec dubium
« erroris venit in mentem operantis, nec etiam in confuso, dum
« operatur, vel cum actionis causam ponit (1). »

62. Quelquefois la conscience erronée devient *perplexe* : ce qui a lieu lorsqu'on se croit astreint à deux devoirs opposés ; comme, par exemple, de ne pas porter en justice un faux témoignage, et en même temps de sauver la vie à l'accusé. Dans ce cas on croit offenser Dieu, quelque parti que l'on prenne.

63. Quand la conscience est *droite*, elle est par là même la règle naturelle des actes humains. On doit la suivre en tout, soit en faisant ce qu'elle commande, soit en s'abstenant de ce qu'elle condamne, soit en respectant ce qu'elle conseille comme moyen de perfection. On n'est pas obligé de suivre les inspirations de la conscience quand elles n'ont pour objet qu'un conseil évangélique ; mais on ne doit jamais les mépriser : « Qui consilium præterit, non
« peccat (2). »

64. On peut suivre aussi la conscience dont l'erreur est invincible ; on y est même obligé, ou en faisant ce qu'elle nous représente comme étant prescrit par la loi divine, ou en omettant ce qu'elle juge contraire à cette loi. Il n'est jamais permis d'agir contre le dictamen de sa conscience. D'un autre côté, l'erreur dont il s'agit est moralement invincible ; il faut donc de toute nécessité suivre le témoignage d'une conscience invinciblement erronée, toutes les fois qu'il s'agit d'une chose que l'on croit prescrite ou condamnée par la morale : « Conscientia recta per se ligat, erronea autem per
« accidens (3).

65. Non-seulement on ne pèche point en suivant une conscience dont l'erreur est invincible ; mais il est même assez probable que celui qui fait une chose précisément parce qu'il la croit commandée de Dieu, fait un acte méritoire, non évidemment à raison de l'objet matériel, mais par les dispositions de la volonté de laquelle dépend principalement la malice ou le mérite de nos actions. « Non

---

(1) S. Alphonse de Liguori, *de Conscientia*, n° 3. — (2) S. Thomas, *de Veritate*, quæst. 17, art. 4. — (3) Ibidem. — Collet, Bailly, *de Conscientia*, etc.

« solum qui operatur cum conscientia invincibiliter erronea non
« peccat, sed etiam probabilius acquirit meritum (1). »

66. Mais il n'en est pas de même de la conscience vinciblement erronée. L'erreur vincible, étant volontaire, n'excuse point du péché : on ne peut donc agir d'après la voix de cette conscience ; il est nécessaire de la rectifier, en déposant l'erreur qui est le principe de ses jugements. Mais on n'est pas obligé pour cela de faire les plus grands efforts possibles ; il suffit d'y apporter une diligence commune, ordinaire, eu égard à la nature de l'acte : « Non est
« opus ut diligentia adhibenda ad vincendum errorem sit maxima,
« sed sufficit ut sit communis et ordinaria (2). »

67. Loin de rendre excusables les fautes qui en sont la suite, l'ignorance ou l'erreur vincible est elle-même un péché, péché plus ou moins grave suivant la matière, et le plus ou moins de négligence à s'instruire des devoirs de son état : « Propter negligentiam,
« ignorantia eorum quæ aliquis scire tenetur est peccatum (3). »
Cette négligence a des degrés : elle peut être plus ou moins grande, plus ou moins coupable ; l'ignorance qui en résulte peut même quelquefois excuser de péché mortel, en matière grave.

68. Celui dont la conscience est perplexe doit, autant que possible, consulter des hommes sages, éclairés. S'il ne peut consulter, il doit choisir le moindre mal, mettant toujours les préceptes de la loi naturelle avant ceux d'une loi positive, et les préceptes de la loi divine avant ceux d'une loi humaine. S'il est embarrassé pour décider de quel côté se trouve le moindre mal, il ne péchera point, quelque parti qu'il prenne ; car alors il n'est pas libre. Dieu n'exige point l'impossible. « Quis peccat in eo quod nullo modo caveri po-
« test (4) ? »

69. Le confesseur a des obligations à remplir à l'égard du pénitent qui est dans l'erreur ; mais ces obligations varient suivant les circonstances. Premièrement, il doit l'avertir et l'instruire, si l'erreur est en matière grave, et si d'ailleurs il la juge vincible et mortellement coupable ; dans ce cas, le silence du confesseur ne pourrait être que nuisible au pénitent : « Tenetur monere eum qui ex
« ignorantia vincibili et mortaliter culpabili est in malo statu, quia
« alias nec ipsi, nec sacramento consulet, cum pœnitens sit indis-

---

(1) S. Alphonse de Liguori, *de Conscientia*, n° 6. — Conférences d'Angers, sur les *Actes humains*, conf. VI, art. 1. — (2) S. Alphonse de Liguori, *de Conscientia*, n° 6. — (3) S. Thomas, Sum. part. 1. 2. quæst. 76. art. 2. — (4) S. Augustin, *de Lib. arb.* lib. II. c. 18.

« positus (1). » Secondement, il doit éclairer la conscience du pénitent, lorsque celui-ci l'interroge ou le consulte; mais il doit le faire prudemment, se bornant, en certains cas, à dire précisément ce qu'il faut, et seulement ce qu'il faut, pour répondre à la question : « Quod si pœnitens dubitet ac roget, tenetur dicere veritatem, quia « tacere esset errorem approbare, prudenter tamen non plus dicendo « quam rogatur; verbi gratia, si roget Titius an post votum sim- « plex castitatis matrimonium contractum valeat, possitque ac te- « neatur reddere debitum, respondeas quod sic, tacendo obliga- « tionem non petendi debiti (2). » Troisièmement, il est tenu d'instruire le pénitent, lorsque l'ignorance invincible ou non a pour objet les vérités dont la connaissance est regardée ou par tous ou par plusieurs docteurs comme nécessaire au salut, de nécessité de moyen (3). Quatrièmement, il en est de même lorsque l'erreur invincible du pénitent tourne au détriment du bien public; et cela quand même le confesseur n'a pas lieu d'espérer que son avertissement soit bien reçu. « Hinc, omnino monendus est parochus qui, « erronee, etsi ex ignorantia invincibili, circa mores populum in- « strueret. Item monendus qui bona fide putaret se sacerdotem, cum « non esset, ob sacramenta quæ invalide conferret. Item ignorans « nullitatem matrimonii, si de illa publica sit fama (4). » Cinquièmement, il est encore obligé d'avertir le pénitent dont l'ignorance est invincible, lorsqu'il a lieu d'espérer que ses avis seront mis à profit, sans qu'il en résulte de plus graves inconvénients; alors il agit dans l'intérêt du pénitent. « Si ignorantia sit invincibilis, « verbi gratia, si bona fide teneat rem alienam, aut sit in matri- « monio irrito, tenetur quidem monere et instruere, quando spe- « ratur fructus, nec timentur incommoda graviora (5). »

70. Mais, à part les différents cas dont on vient de parler, faudra-t-il tirer de la bonne foi le pénitent dont l'erreur est invincible, si l'on n'espère pas qu'il se rende aux avis qu'on lui donnera; si l'on prévoit, si l'on juge prudemment que ces avis lui seront plus nuisibles qu'utiles? Non, suivant le sentiment suivi par un grand nombre de théologiens, et en particulier par saint Alphonse de Liguori. « Sententia communis et vera docet, dit ce célèbre doc- « teur, quod si pœnitens laborat ignorantia inculpabili, sive sit ju- « ris humani, sive divini, et non speratur fructus, imo prudenter « judicatur monitio fore magis obfutura quam profutura, tunc con-

---

(1) S. Alphonse de Liguori, *de Pœnit.* n° 603. — (2) Ibidem. — (3) Ibidem. — (4) Ibidem, n° 615. — (5) Ibidem, n° 609.

« fessarius potest et tenetur eam omittere, relinquendo pœnitentem
« in sua bona fide (1). » Ni la prudence, ni la charité ne permettent
d'avertir le pénitent dont il s'agit. De deux maux il faut choisir le
moindre ; or, certainement c'est un moindre mal de laisser ce pénitent commettre un péché matériel, que de l'exposer au danger
de commettre un péché formel, et de se rendre coupable devant
Dieu (2). Ne dites pas qu'il est indigne de l'absolution, parce
qu'étant averti il ne serait pas disposé à observer la loi ; car autre
chose est qu'il ne serait pas disposé dans telle ou telle circonstance,
dans telle ou telle occasion ; autre chose qu'il ne le soit pas présentement. « Minime dici debet quod pœnitens est indispositus eo quod
« si moneretur non pareret confessario, sed quod esset indispositus
« si moneretur. Sed confessarius non debet attendere ad indisposi-
« tionem interpretativam (seu futuram) quam pœnitens haberet,
« sed ad actualem quam nunc habet (3). Alias plurimi absolvi non
« possent qui hic et nunc de aliquo peccato, puta de neganda fide
« non cogitant ; sed, persecutione adveniente, facile illam nega-
« rent (4). » Dans le doute si l'avertissement du confesseur sera bien
ou mal reçu par le pénitent, il vaut mieux ne pas l'avertir. « In
« dubio regulariter mihi videtur dicendum quod mala formalia po-
« tius evitanda sunt quam materialia. » C'est encore la pensée de
saint Alphonse de Liguori (5).

CHAPITRE III.

De la Conscience scrupuleuse et de la Conscience relâchée.

71. La conscience *scrupuleuse* est celle qui, par une vaine appréhension, regarde comme défendu ce qui est réellement permis.
Elle est au contraire *relâchée*, si, sans un juste motif, elle croit
permis ce qui ne l'est pas, ou regarde comme vénielles des fautes
qui sont mortelles.

Celui qui est sujet aux scrupules ne doit point agir contre sa conscience ; mais il peut, il doit même agir contre ses scrupules, en
s'en rapportant en tout aux avis de son directeur. C'est le vrai remède, remède nécessaire pour obtenir la guérison de cette maladie

---

(1) S. Alphonse de Liguori, *de Pœnit.* n° 610. — (2) Ibidem. — (3) Ibidem.
— (4) Ibidem. — (5) Ibidem, n° 16. — Voyez le t. II. n° 528, etc.

spirituelle, comme l'enseignent saint Bernard, saint Antonin, saint François de Sales, saint Philippe de Néri et saint Alphonse de Liguori (1).

Pour ce qui regarde la conscience *relâchée,* il suffira de faire remarquer que celui qui la prend pour règle de conduite, malgré l'avertissement qu'il a reçu d'agir autrement, pèche toutes les fois qu'en suivant cette conscience il transgresse la loi de Dieu. Son péché est mortel en matière grave, et même en matière légère, s'il s'expose au danger de pécher mortellement. Il ne peut s'excuser par l'ignorance, soit parce que son ignorance elle-même est un péché, soit parce que les fautes qu'il commet par suite de son ignorance sont volontaires dans leur cause.

CHAPITRE IV.

De la Conscience certaine et de la Conscience douteuse.

72. La conscience est *certaine,* quand elle est appuyée sur des motifs assez forts pour ne laisser aucun doute raisonnable sur la bonté ou la malice d'un acte. La certitude dont il s'agit ici n'est point une certitude métaphysique, absolue ; c'est une certitude morale, qui exclut tout doute capable de suspendre notre jugement. Cette certitude a des degrés ; elle est plus ou moins forte, suivant que les preuves sur lesquelles elle est fondée font plus ou moins d'impression sur notre esprit. Or, une certitude morale suffit : si pour agir il fallait attendre une certitude absolue, on ne pourrait presque jamais rien faire. « Certitudo quæ requiritur in materia « morali non est certitudo evidentiæ, sed probabilis conjecturæ. « Non consurgit certitudo moralis ex evidentia demonstrationis, « sed ex probabilibus conjecturis magis ad unam quam ad aliam se « habentibus (2). »

73. Mais si l'on doit se contenter d'une certitude morale, il faut aussi reconnaître qu'elle est nécessaire pour éviter tout danger de pécher. Une simple probabilité ne suffit pas par elle-même pour agir licitement : « Ad licite operandum sola non sufficit probabi-

---

(1) De Conscientia, n° 12. — Nous aurons l'occasion de parler de la direction des scrupuleux dans le traité de la Pénitence, tom. II, n° 598. — (2) S. Antonin, d'après Gerson, part. 5. tit. x. § 10.

« litas, sed requiritur certitudo moralis de honestate actionis (1) ; » ce qui est conforme à cette maxime de l'Apôtre : « Omne quod non « est ex fide peccatum est. »

74. La conscience douteuse est celle qui se trouve tellement balancée sur la bonté ou sur la malice d'une action, qu'elle ne peut prudemment se persuader que cette action soit bonne, ni qu'elle soit mauvaise. On distingue ici plusieurs espèces de doutes : le doute *négatif* et le doute *positif*, le doute *spéculatif* et le doute *pratique*.

Le doute négatif est ainsi appelé, parce que ni d'un côté ni de l'autre il ne se présente aucun motif pour le résoudre. Ce doute n'est proprement que l'état d'ignorance ; on ne doute alors que parce qu'on n'est pas instruit. Le doute est positif, quand les raisons sont égales ou à peu près égales de part et d'autre : ce qui a lieu toutes les fois que deux propositions contradictoires sont également probables. Le doute spéculatif est celui qui porte sur la vérité purement théorique d'une chose. Il a lieu quand on doute, par exemple, si telle guerre avec une autre nation est juste ; si peindre un jour de dimanche est une œuvre servile ; si l'intérêt légal qu'on tire du prêt est usuraire. Le doute est pratique, lorsqu'on doute de la bonté ou de la licéité d'un acte à faire ; par exemple, pour un militaire, s'il doute qu'il lui soit permis de prendre part à une guerre dont la justice est douteuse. Ainsi, on distingue dans un acte le vrai du licite : le doute *spéculatif* regarde principalement le vrai, et le doute *pratique* s'applique principalement à ce qui est licite. « Dubium speculativum principaliter respicit verum, practicum « autem respicit licitum (2). »

75. Dans le doute, il ne faut pas confondre l'opinion sûre ou plus sûre avec l'opinion probable ou plus probable. Car l'opinion la plus sûre peut être la moins probable ; comme l'opinion la plus probable peut être la moins sûre. L'opinion sûre est celle qui nous éloigne de tout danger de pécher : « Opinio tuta est quæ recedit ab « omni peccandi periculo. » L'opinion plus sûre est celle qui nous éloigne davantage du danger de pécher : « Tutior vero, quæ magis « a tali periculo recedit (3). » Celle-ci nous met à l'abri de tout péché, même du péché matériel. L'opinion moins sûre ne va pas jusque-là ; mais si elle est vraiment sûre, elle nous éloigne suffisamment du danger d'offenser Dieu.

76. Celui qui doute si une action est bonne ou mauvaise, per-

---

(1) S. Alphonse de Liguori, *de Conscientia*, Moral. syst. — (2) Ibidem, n° 21. Instruction pratique pour les confesseurs ; *de la Conscience*, n° 13. — (3) S. Alph. de Liguori, *de Conscientia*, n° 40.

mise ou défendue par une loi, doit d'abord, avant de se décider, chercher à éclaircir son doute en recourant à la prière, à l'étude, et aux lumières des personnes qu'il croit plus instruites. Si le temps ne lui permet pas d'examiner la question, ou si, après l'avoir examinée, le doute subsiste encore sans qu'il puisse former sa conscience sur la licité de l'acte, il doit s'en abstenir ; le doute n'étant pas seulement spéculatif, mais pratique, il n'a pas la certitude morale que son action soit licite. Agir dans le cas présent, ce serait évidemment s'exposer au danger de pécher ; ce qui n'est pas permis. Celui qui, comme l'enseigne saint Thomas, fait ou omet une action, *en doutant* s'il y a péché mortel à faire ou à omettre cette action, s'expose au danger de pécher mortellement, et se rend par là même coupable de péché mortel : « Qui aliquid committit vel « omittit in quo dubitat esse peccatum mortale, discrimini se com- « mittit (1) ; » « Quicumque autem committit se discrimini peccati « mortalis mortaliter peccat (2). » C'est aussi la doctrine de saint Alphonse de Liguori : « Numquam est licitum cum conscientia prac- « tice dubia operari, et casu quo aliquis operatur peccat, et quidem « peccato ejusdem speciei et gravitatis, de quo dubitat, quia qui se « exponit periculo peccandi, jam peccat, juxta illud : *Qui amat* « *periculum, in illo peribit*. Eccli. c. 3. v. 27 (3). »

77. De l'aveu de tous, celui qui agit dans le doute, sans avoir formé sa conscience par quelque principe réflexe sur la licité de ses actes, pèche ; et son péché est plus ou moins grave, suivant l'objet du doute. Ainsi, s'il doute qu'il commette un vol, il sera coupable du péché de vol ; s'il doute que le péché soit mortel, il pèche mortellement. Cependant il est assez probable que celui qui commet sciemment un péché, sans penser si ce péché est mortel ou véniel, ne pèche que véniellement ; pourvu toutefois qu'il n'y ait pas réellement dans l'acte *matériel* de quoi faire un péché mortel, et que celui qui agit ne remarque, en aucune manière, ni le danger de pécher mortellement, ni l'obligation où il est d'examiner la nature de son acte.

78. Quant à la question de savoir à quoi l'on doit s'en tenir, dans le doute spéculatif, c'est-à-dire dans le doute si un acte est contraire à une loi, s'il est *objectivement* bon ou mauvais, les théologiens sont partagés. Les uns, en grand nombre, prétendent que l'on doit alors s'abstenir ; qu'il faut prendre le parti le plus sûr, le

---

(1) S. Thomas, in 4. sent. dist. 21. quæst. 2. — (2) S. Thomas, quodlibet. 9. art. 15. — (3) De Conscientia, n° 22.

seul, disent-ils, qui puisse nous mettre à l'abri de tout danger de pécher (1). D'autres en aussi grand nombre, en plus grand nombre peut-être (2), pensent que, dans le doute dont il s'agit, on peut former prudemment sa conscience au moyen de quelques principes réflexes, et se comporter, dans la pratique, comme si la loi dont l'existence est douteuse n'existait pas. On peut certainement adopter ce second sentiment; car, indépendamment de tout autre motif, il nous suffit de savoir qu'il a été suivi et soutenu par Alphonse de Liguori, par ce saint et savant docteur, *dont il est permis d'embrasser et de professer les opinions qu'il professe dans sa Théologie morale* (3), dont les écrits ne renferment *rien qui soit digne de censure* (4), et peuvent être parcourus par les fidèles, *percurrri a fidelibus*, sans aucun danger, *inoffenso prorsus pede* (5). Et parce que l'on peut, en sûreté de conscience, suivre la doctrine de l'évêque de Sainte-Agathe, nous la suivrons spécialement pour ce qui a rapport à la conscience *douteuse* et à la *probabilité* des opinions.

79. Or, voici ce qu'enseigne saint Liguori. Dans le cas du doute spéculatif, l'homme peut agir, quand, par un autre principe réflexe et certain, il juge qu'un acte est permis en pratique. Par exemple, le sujet qui doute spéculativement de la justice d'une guerre ne peut de lui-même y prendre part; mais si le prince le lui ordonne, il peut le faire, fondé sur le principe que tout sujet doit obéir à son supérieur, tandis qu'il n'est pas certain que la chose qu'on lui commande est mauvaise. Voilà comment, par un principe réflexe, on peut, dans le doute, s'assurer de la licité de ses actes (6).

80. Les principes généraux à l'aide desquels on peut dans le doute former prudemment sa conscience, sont : premièrement, qu'une loi douteuse, par cela même qu'elle est douteuse, n'oblige pas; secondement, que dans le doute on doit se déclarer en faveur de celui qui possède; troisièmement, qu'un fait ne se présume point, qu'on présume fait ce qui a dû être fait, et que la présomption est pour la validité de l'acte.

(1) Voyez Habert, Collet, Billuart, Bailly, les Conférences d'Angers, les Théologies de Poitiers, de Toulouse, etc., etc. — (2) Nous avons compté plus de quatre cents théologiens qui sont en faveur du second sentiment. — Voyez les Dissertations de S. Alphonse de Liguori sur l'usage des opinions probables; la *Justification* de sa Théologie morale, et les *Lettres* que nous avons publiées à Besançon, contre ceux qui traitent de *relâché* ce saint docteur. — (3) Décision de la Sacrée Pénitencerie, du 5 juillet 1831, adressée au cardinal de Rohan, archevêque de Besançon. — (4) Décret du pape Pie VII, de l'an 1803. — (5) Bulle de la canonisation de S. Alphonse de Liguori, de l'an 1840. — (6) De Conscientia, n° 25.

81. Le premier de ces principes, celui duquel les autres découlent, c'est qu'en morale, quand il ne s'agit que de la *licité* ou de l'*illicité* d'un acte, une loi dont l'existence est douteuse n'oblige pas, une loi n'étant obligatoire qu'autant qu'elle est moralement certaine : « Lex dubia non potest certam inducere obligationem (1). » Suivant saint Thomas, on n'est lié par un précepte qu'au moyen de la *science*, c'est-à-dire de la connaissance claire et certaine qu'on en a : « Nullus ligatur per præceptum aliquod, nisi mediante scien- « tia illius præcepti (2). » On ne peut, il est vrai, dire d'une manière certaine que la loi douteuse n'existe pas ; mais on peut du moins juger prudemment que, si elle existe, elle n'est pas suffisamment promulguée pour être obligatoire : qu'une loi dont l'existence est incertaine n'intéresse pas plus l'ordre moral, qu'une révélation douteuse n'intéresse la religion ; que les lois qui exigent le sacrifice de notre volonté n'étant pas plus strictes que celles qui nous imposent le sacrifice de l'entendement par une soumission parfaite, on n'a pas plus à craindre de désobéir à Dieu, en transgressant les lois douteuses relatives à la morale, qu'en transgressant les lois incertaines en matière de dogme (3).

82. Quand la loi est douteuse et que l'opinion de sa non-existence est probable, cette loi n'est point assez promulguée ; il ne peut y avoir qu'un doute, une simple opinion que la loi existe ; et comment cette opinion pourrait-elle devenir obligatoire ? Une loi n'est vraiment loi pour nous qu'autant qu'elle est suffisamment promulguée : « Leges instituuntur, dum promulgantur. » C'est une maxime de droit. Or, comment peut-on réputer suffisamment promulguée une loi à l'égard de laquelle les docteurs ne s'accordent pas ? Tant que la loi demeure ainsi entre les termes de la controverse, elle n'est qu'une opinion ; et si elle est opinion, elle n'est pas loi. Ne serait-ce pas une chose cruelle à toutes les bonnes âmes, dit le père Segneri, de se voir obligées par une opinion probable comme par une loi ? Il arriverait donc que toutes les opinions probables, que l'on trouve par milliers dans les livres des casuistes, deviendraient autant de lois (4).

83. Quant à cette maxime, qui sert de base au système contraire, savoir : que dans le doute on doit prendre le parti le plus sûr, « in dubio pars tutior est eligenda, » on peut dire, ou qu'elle

---

(1) De Conscientia, n° 26. — (2) De Veritate, quæst. 17. art. 13. — (3) C'est la pensée de Gerson et de S. Antonin, citée par S. Alphonse de Liguori, *Morale systema*. — (4) S. Liguori, *Guide du Confesseur des gens de la campagne*, ch. 1. n° 21.

n'est applicable qu'aux doutes pratiques, ou qu'à part certaines exceptions (1) reconnues par tous, elle n'exprime qu'un conseil : « Respondetur hoc esse verum de honestate et meriti majoritate, « non de salutis necessitate quoad omnia dubia (2). » Si, dans le cas où la loi douteuse, qui existe peut-être, existe réellement, on agit comme si elle n'existait pas, la transgression de cette loi ne peut être que matérielle. Il en est de cette transgression comme de celle qu'on commet par suite d'une ignorance invincible ou d'une opinion plus probable ; elle n'est point imputable.

84. Le second principe est celui-ci : « In dubio melior est con- « ditio possidentis ; » dans le doute on se déclare en faveur de celui qui est en possession. Ainsi, soit que le doute porte sur l'existence d'une loi, soit qu'il porte sur la promulgation, soit qu'il ait pour objet l'application de cette loi à tel ou à tel cas particulier, celui qui éprouve ce doute peut agir comme si la loi n'existait pas ; il demeure en possession de la liberté, dont l'exercice ne peut être lié que par une loi moralement certaine : « Nullus ligatur per præcep- « tum aliquod, nisi mediante scientia illius præcepti (3). » Ce qui doit s'entendre même des lois naturelles ; car la liberté de l'homme, ou l'homme considéré comme libre est, dans la pensée du Créateur, antérieur, par priorité de raison, aux lois fondées sur sa nature. Comme il est de toute nécessité qu'un sujet existe pour pouvoir être dirigé ou restreint par le législateur, la liberté de l'homme ne peut être restreinte par une loi, sans qu'on la suppose antérieure à cette loi, *prioritate rationis*. Ce n'est point la liberté qui présuppose la loi, c'est la loi qui présuppose la liberté de l'homme ; c'est la loi qui est pour l'homme, et non l'homme pour la loi. « Prius « est esse quam ligari per legem (4). »

85. Si la loi divine est éternelle, parce qu'elle a été dans l'esprit de Dieu de toute éternité, l'homme aussi est éternel dans l'esprit de Dieu. Tout législateur considère d'abord quels sont les sujets ; ensuite il leur donne la loi qui leur convient. Ainsi Dieu, par une priorité de raison, a d'abord considéré les anges et les hommes ; puis les lois qu'il a voulu leur imposer, lois différentes suivant leur diverse nature : « Ea quæ in seipsis non sunt apud Deum existunt, « inquantum sunt ab eo cognita et præordinata. Sic igitur æternus « divinæ legis conceptus habet rationem legis æternæ, secundum

---

(1) Voyez, ci-dessous, le n° 92, etc. — (2) Voyez le *Morale systema*, de S. Liguori. — (3) S. Thomas, *de Veritate*, quæst. 17. art. 13. — (4) Voyez les *Lettres* que nous avons publiées à Besançon sur la doctrine de S. Liguori, page 194, etc.

« quod a Deo ordinatur ad gubernationem rerum ab ipso *præ-*
« *cognitarum* (1). »

Nous lisons dans l'Écriture qu'au commencement Dieu a créé l'homme libre, et qu'ensuite il lui a donné des lois : « Deus ab « initio constituit hominem, et reliquit illum in manu consilii sui, « adjecit mandata et præcepta sua (2). » Remarquez ces mots, *adjecit mandata*. Dieu a donc d'abord fait l'homme libre ; puis il l'a *lié* par ses préceptes, qui ne peuvent cependant l'obliger avant qu'ils ne lui soient manifestés d'une manière certaine et non douteuse. L'homme est donc en possession de sa liberté, tandis qu'il n'a pas une connaissance moralement certaine de la loi qui en restreint l'exercice (3).

86. Du principe, « In dubio melior est conditio possidentis, » il suit que la loi dont l'existence n'est pas certaine n'oblige point, parce qu'une loi douteuse ne peut priver l'homme de la liberté dont il est en jouissance. Il en est de même pour le cas où l'on doute si tel ou tel acte est compris dans la loi. Quoique la loi soit certaine, son application à un acte particulier étant douteuse, ne peut être obligatoire. L'homme est encore libre tant que la loi n'est pas suffisamment promulguée, ou que la promulgation n'est pas certaine. Si au contraire l'existence d'une loi, ainsi que sa promulgation, est certaine, on doit la regarder comme obligatoire, lors même que l'on douterait de sa révocation ou de son abolition ; car la possession est en faveur de la loi. Il suit encore du même principe que si quelqu'un est possesseur de bonne foi, et doute d'avoir contracté une dette, il n'est pas obligé d'y satisfaire ; tandis qu'il doit l'acquitter s'il est certain de l'avoir contractée, et doute d'y avoir satisfait.

87. Il en est du vœu comme de la loi : celui qui doute s'il a fait un vœu n'y est pas tenu ; et, dans le doute si telle ou telle obligation est comprise dans le vœu qu'il a fait, il n'est tenu que de ce qui est certain, et non de la partie douteuse ; car ici ce n'est pas le précepte qui est en possession, mais la liberté. C'est le contraire, s'il est certain d'avoir fait un vœu ; le doute qu'on a sur son exécution ne peut en détruire ni en affaiblir l'obligation. Ainsi, tant qu'on n'a pas la certitude d'avoir accompli son vœu, on est obligé de l'accomplir. Si un jeune homme doute qu'il ait vingt et un ans accomplis, il n'est pas encore obligé au jeûne ; n'étant pas sûr d'avoir

---

(1) S. Thomas, Sum. part. 1. 2. quæst. 91. art. 1. — (2) Eccli. c. 15. v. 14. — (3) S. Liguori, *Morale systema;* Guide du Confesseur des gens de la campagne, ch. 1. n° 23, etc.

contracté l'obligation du précepte, il peut jouir de la liberté dont il est en possession. Mais si un vieillard doute qu'il ait accompli l'âge d'après lequel on est dispensé du jeûne, il est obligé de jeûner, parce que c'est la loi du jeûne qui possède (1). De même, celui qui doute le jeudi que minuit soit sonné, sans pouvoir déposer son doute, peut manger de la viande. Mais c'est le contraire si le doute lui vient le samedi ; car alors c'est la loi de l'abstinence qui est en possession : « Melior est conditio possidentis (2). »

88. Le troisième principe, c'est qu'un fait ne se présume point ; il doit être prouvé : « Factum non præsumitur, nisi probetur. » Ainsi, dans le doute, personne ne doit croire qu'il ait encouru la peine, s'il n'est pas sûr d'avoir commis la faute à laquelle la peine est infligée. Mais une chose est présumée faite, quand elle devait être faite de droit : « Præsumitur factum, quod de jure faciendum « erat. » C'est pourquoi, si l'on doute qu'une action ait été faite comme elle devait l'être, on doit présumer qu'elle a été bien faite. Quand on doute, par exemple, si une loi qui est juste a été reçue ou non, on doit présumer qu'elle l'a été. Enfin, il faut tenir pour la validité d'un acte, jusqu'à preuve du contraire : « Standum est « pro valore actus, donec non constet de ejus nullitate. » Par conséquent, dans le doute si un mariage, un contrat, un vœu, une confession sont valides, on doit les présumer valides, tant que leur nullité n'est pas constante (3).

Tels sont les principes réflexes par le moyen desquels on peut, dans le doute, former sa conscience sur la licité ou l'illicité de nos actions.

CHAPITRE V.

De la Conscience probable et de la Conscience improbable.

89. La conscience probable est celle qui, suivant une opinion probable, nous représente une action comme permise ; la conscience improbable est ainsi appelée, parce qu'elle est fondée sur une opinion qui n'est point probable.

---

(1) S. Alphonse de Liguori regarde comme probable l'opinion qui dispense du jeûne celui qui a soixante ans. *Theol. moral.*, lib. III. Tract. VI. n° 1036. — (2) S. Liguori, *de Conscientia*, n° 27. — (3) Le même docteur, *de Conscientia*, n° 26 ; Guide du Confesseur des gens de la campagne, ch. 1. n° 13.

On distingue l'opinion faiblement probable, l'opinion probable, l'opinion plus probable, très-probable, et l'opinion moralement certaine. L'opinion faiblement probable est celle qui s'appuie sur des motifs insuffisants pour attirer l'assentiment d'un homme prudent : « Opinio tenuiter probabilis est quæ aliquo fundamento ni-
« titur, sed non tali ut valeat assensum viri prudentis ad se tra-
« here (1). » L'opinion probable est celle qui a pour elle des raisons assez fortes ou des autorités assez graves pour former le jugement d'un homme prudent; le motif qui rend une opinion probable ne peut produire une certitude morale; celui qui agit d'après cette opinion conserve encore la crainte de se tromper : « Opinio proba-
« bilis est quæ gravi fundamento nititur vel intrinseco rationis, vel
« extrinseco auctoritatis quod valet ad se trahere assensum viri
« prudentis, etsi cum formidine oppositi (2). » L'opinion plus probable est celle qui, sans exclure toute crainte, repose sur un motif plus grave que l'opinion contraire, qui est par là même moins probable : « Probabilior est quæ nititur fundamento graviori, sed
« etiam cum prudenti formidine oppositi, ita ut contraria etiam
« probabilis censeatur (3). » L'opinion très-probable, beaucoup ou certainement plus probable, est celle qui a pour fondement des motifs si forts et si solides, que l'opinion contraire n'est plus que légèrement ou douteusement probable : « Probabilissima est quæ
« nititur fundamento gravissimo; quapropter opposita censetur te-
« nuiter vel dubie probabilis (4). » L'opinion moralement certaine est celle qui exclut tout doute fondé, toute crainte raisonnable, en sorte que l'opinion contraire est tout à fait improbable : « Opinio
« seu sententia moraliter certa est quæ omnem prudentem formidi-
« nem falsitatis excludit, ita ut opposita reputetur omnino impro-
« babilis (5). »

90. Une opinion n'est vraiment probable que lorsque les raisons ou les autorités qu'on peut alléguer en faveur de cette opinion sont généralement jugées assez fortes ou assez graves pour déterminer un homme prudent. Le saint-siége a condamné la proposition suivante, par laquelle on avançait que l'opinion d'un docteur moderne doit être réputée probable, tandis qu'il n'est point constant qu'elle ait été rejetée par le siége apostolique comme improbable. « Si liber sit alicujus junioris et moderni, debet opinio censeri
« probabilis, dummodo non constet rejectam esse a sede apostolica

---

(1) S. Liguori, *de Conscientia*, n° 40. — (2) Ibid. — (3) Ibid. — (4) Ibid. — (5) Ibid.

« tanquam improbabilem (1). » Une opinion ne devient pas probable pour avoir été soutenue témérairement par un et même par plusieurs théologiens, contrairement à ce qui est généralement reçu dans l'Église : « Qui assentit, dit saint Thomas, opinioni alicujus « magistri contra id quod publice tenetur secundum Ecclesiæ aucto- « ritatem, non potest ab erroris vitio excusari (2). »

91. Il n'est pas permis de suivre une opinion faiblement probable, qui est pour la liberté, contre celle qui est certainement ou notablement plus probable. Innocent X a condamné cette proposition : « Generatim, dum probabilitate sive intrinseca, sive ex- « trinseca, quantumvis tenui, modo a probabilitatis finibus non « exeatur, confisi aliquid agimus, semper prudenter agimus (3). » Quand l'opinion qui est pour la loi est certainement et par là même notablement plus probable que l'opinion qui est pour la liberté, celle-ci n'est que faiblement et douteusement probable, et ne peut par conséquent être suivie sans qu'il y ait danger de transgresser la loi de Dieu.

92. Il est d'ailleurs plusieurs cas où il n'est pas même permis de suivre une opinion vraiment probable, en s'écartant du parti le plus sûr. Premièrement, en matière de foi, et dans les choses nécessaires de nécessité de moyen, on ne peut en conscience suivre l'opinion moins probable et moins sûre. Le saint-siége a censuré la proposition contraire, ainsi conçue : « Ab infidelitate excusabitur « infidelis non credens, ductus opinione minus probabili (4). » Il ne serait pas même permis, dans le cas dont il s'agit, de suivre une opinion plus probable, de préférence à l'opinion plus sûre : « Neque « probabiliorem, » ajoute saint Alphonse de Liguori (5).

Secondement, on ne doit point mettre en pratique une opinion probable et moins sûre, quand il s'agit de la validité d'un sacrement. C'est encore la décision du saint-siége, qui a condamné cette proposition : « Non est illicitum in sacramentis conferendis uti opi- « nione probabili de valore sacramenti, relicta tutiore (6). » On ne doit pas même suivre l'opinion moins sûre, fût-elle plus probable, très-probable, du moins pour ce qui regarde le sacrement de Baptême et les ordres sacrés. Une opinion, quelque probable qu'elle soit, ne peut assurer la validité d'un sacrement.

93. Nous devons cependant remarquer ici que dans deux cas particuliers on peut se servir d'une opinion probable, même à

---

(1) Décret d'Innocent XI, de 1679. — (2) Quodlibet. III. quæst. 10. — (3) Innocent XI, décret de 1679. — (4) Ibidem. — (5) De Conscientia, n° 43. — (6) Décret d'Innocent XI, de 1679.

l'égard de la validité des sacrements. Le premier cas est celui d'une nécessité extrême, absolue. Alors il est permis de s'arrêter à une opinion probable, et même faiblement, très-faiblement probable, les hommes n'étant point pour les sacrements, mais les sacrements étant pour les hommes : *sacramenta propter homines*. Mais alors on doit conférer le sacrement sous condition.

94. Le second cas a lieu quand on présume que l'Église supplée à ce qui peut manquer à la validité du sacrement : ce qui arrive, comme l'enseignent Suarez, Lessius, De Lugo, et plusieurs autres théologiens, pour les sacrements de Mariage et de Pénitence. Ainsi, quand on contracte un mariage dont la validité est probable, on présume que l'Église lève l'empêchement, s'il existe, et complète la certitude de la validité du contrat. On suppose qu'il s'agit d'empêchements établis par l'Église. Quant à la Pénitence, si l'opinion probable est que le confesseur a le pouvoir de l'administrer, l'Église supplée la juridiction en la conférant au confesseur qui ne l'aurait pas. Mais tout cela doit s'entendre des cas de grave nécessité, ou au moins d'une utilité majeure, suivant les restrictions émises par Suarez et par d'autres docteurs, notamment par saint Alphonse de Liguori (1).

95. Troisièmement, un juge, un notaire, un médecin ne doit pas se contenter d'une simple probabilité dans l'exercice de ses fonctions : il est tenu, en vertu des engagements qu'il a contractés, de choisir entre deux moyens celui qui lui paraît le plus sûr, c'est-à-dire, le plus conforme aux intérêts qui lui sont confiés. Pour ce qui regarde le juge, Rome a censuré cette proposition par laquelle on avait osé soutenir qu'un juge peut prononcer d'après l'opinion la moins probable : « Probabiliter existimo judicem posse judicare « juxta opinionem etiam minus probabilem (2). »

96. Quatrièmement, on doit encore prendre le parti le plus sûr, lorsqu'il s'agit de faire un acte périlleux pour le prochain ; tel est, par exemple, le cas d'un chasseur qui a lieu de craindre qu'en déchargeant son coup sur une pièce de gibier, il n'atteigne une personne. Il ne lui est pas permis de tirer, quand même il y aurait plus de probabilité d'un côté que d'un autre. En cas d'erreur, l'opinion la plus probable, fût-elle très-probable, n'arrêterait point le coup qui pourrait être mortel. Enfin, dans un doute de fait, on est plus ou moins strictement obligé de suivre le parti le plus sûr, lors-

---

(1) Instruct. prat. pour les Confesseurs, *de la Conscience*, n° 25. — (2) Décret d'Innocent XI, de l'an 1679.

qu'on ne peut s'en écarter sans scandale, ou sans danger de scandaliser les fidèles.

97. Mais ces cas d'exception admis, nous disons qu'il est permis de suivre une opinion très-probable, quoique l'opinion contraire soit plus sûre. C'est une conséquence de la condamnation de cette proposition par le pape Alexandre VIII : « Non licet sequi opinio-« nem vel inter probabiles probabilissimam (1). » L'opinion moins sûre étant très-probable, l'opinion contraire ne peut être que faiblement probable; elle ne doit point par conséquent restreindre l'exercice de notre liberté (2).

98. De même, quand les deux opinions contradictoires sont également ou à peu près également probables, on peut, suivant saint Alphonse, suivre l'opinion la moins sûre. Dans le doute on n'est pas tenu de prendre le parti le plus sûr, soit parce qu'une loi douteuse, n'étant fondée que sur une opinion, n'est pas suffisamment promulguée pour être obligatoire, soit parce que l'homme demeure en possession de la liberté, dont l'exercice ne peut être gêné que par une loi claire et certaine : « Nullus ligatur per præceptum aliquod, « nisi mediante scientia illius præcepti, » dit saint Thomas (3). Or, quand les deux opinions contradictoires sont également ou à peu près également probables, il y a nécessairement doute, doute positif, sur l'existence ou la promulgation ou l'application de la loi. Qu'une opinion soit ou paraisse plus probable, si elle n'est que faiblement plus probable, le doute n'en est pas moins réel; en morale, le peu ne fait pas compte : « Parum pro nihilo reputatur. » Il est donc permis de suivre une opinion moins sûre mais probable, de préférence à l'opinion plus sûre, qui est également ou à peu près également probable, pourvu qu'au moyen de quelque principe réflexe, on forme prudemment sa conscience sur la licité de ses actes (4).

99. Dans le doute, il y aurait des inconvénients à présenter aux fidèles le parti le plus sûr comme obligatoire. « Je resterai fermement persuadé, disait saint Alphonse de Liguori, qu'on ne doit point contraindre les consciences à suivre l'opinion plus sûre, quand

---

(1) Décret de l'an 1690. — (2) Voyez Billuart, Collet, le P. Antoine, Bailly, Mgr Bouvier, les Théologies de Poitiers et de Toulouse, les Conférences d'Angers, etc., etc. — (3) Voyez plus haut le n° 84, etc. — (4) Voyez plus haut le n° 79, etc. — Voyez S. Alphonse de Liguori, *de Conscientia*, Morale systema; *Dissertations* sur l'usage des opinions probables; voyez aussi la *Justification* et les *Lettres* que nous avons publiées à Besançon, sur la doctrine de ce saint docteur.

l'opposée est également probable, dans la crainte de les exposer au danger de beaucoup de péchés formels. Je m'efforcerai, avec l'aide de Dieu, de marcher dans la voie plus parfaite; mais obliger tous les hommes à s'écarter, dans la pratique, de toute opinion moins sûre qui n'est pas moralement certaine, et leur refuser l'absolution s'ils ne le font pas, je crois que cela ne peut être exigé avant que l'Église l'ait décidé (1). »

100. Voici ce que dit à cet égard l'auteur du *Prêtre sanctifié* : « Quand il s'agira de décider si une chose est permise, et que vous « trouverez deux sentiments opposés, appuyés tous les deux de « l'autorité des docteurs; gardez-vous bien de vous déclarer telle- « ment pour l'un d'eux, qu'après avoir rejeté l'autre vous pré- « tendiez non-seulement conseiller le plus sévère, mais encore « l'imposer à vos pénitents comme une obligation indubitable et « certaine, tandis que ce sentiment est combattu par des auteurs « respectables. Je me croirais bien présomptueux, si je faisais à « mes pénitents une obligation certaine d'éviter une chose qu'un « ou plusieurs auteurs recommandables disent être permise. Dans « beaucoup de ces controverses, l'Église connaît fort bien la diver- « sité des opinions; cependant elle garde un profond silence : et moi « qui ne suis qu'un simple confesseur, j'irais décider, et m'établir « le juge des docteurs, jusqu'à prétendre que ceux qui ne pensent « pas comme moi aient tort, et se trompent, et que mon propre « jugement doive prévaloir, et produire une obligation certaine et « grave ! Et comment pourrais-je allier cette arrogance avec la « basse opinion que, par humilité chrétienne et très-probable, je « dois avoir de moi-même et de mes propres sentiments, et la con- « cilier avec l'estime et le respect que je dois avoir pour ces person- « nages si pieux et si éclairés qui soutiennent l'opinion contraire ? « Je puis bien dire : Je préfère ce sentiment, je puis le suggérer « à d'autres comme conseil, et pour le mieux; mais en faire une « obligation jusqu'à refuser l'absolution à quiconque veut faire le « contraire, c'est ce que je ne pourrai jamais; d'autant plus que je ne « vois pas pourquoi j'obligerais toujours à ce qui est plus sévère et « plus parfait, tandis qu'il y a des auteurs recommandables qui le « combattent. Car serait-ce pour m'attirer la réputation d'un « homme de morale saine et sévère? Mais je serais bien misérable, « si cette fumée de gloire mondaine était la règle de ma conduite « dans la direction des âmes. Il n'y a donc que le désir de la plus

---

(1) Dissert. sur l'usage modéré du probabilisme, etc.

« grande gloire de Dieu, et du plus grand bien des fidèles, qui
« puisse me décider de cette sorte. Mais c'est ici précisément qu'en
« voulant faire le docteur, et le docteur plus prudent que les autres,
« j'agis en médecin bien peu expérimenté dans la connaissance de la
« nature humaine. Car si on éprouve déjà tant de répugnance à
« remplir les obligations claires, certaines et déclarées telles par les
« docteurs ; si l'on voit de si fréquentes transgressions des divins
« préceptes ; combien n'aurait-on pas plus de peine à se soumettre à
« des obligations très-difficiles, obscures, et combattues par d'autres
« docteurs? Combien n'est-il pas à craindre que les pénitents aux-
« quels on aura intimé ces obligations ne s'y soumettent pas? Et
« dans ce cas, que devez-vous prévoir en habile médecin? Qu'ob-
« tiendrez-vous par votre rigueur? Rien, sinon qu'au lieu d'un mal
« qui, étant fait par ignorance ou de bonne foi, ne serait tout au
« plus qu'un mal *matériel* et même *incertain*, à raison de l'opi-
« nion contraire, il s'ensuive un mal, un péché *formel* et très-cer-
« tain, parce qu'on agira contre sa conscience. Dans le premier cas,
« Dieu n'aurait reçu aucune offense, ni l'âme aucune blessure, vu
« qu'il n'y aurait qu'une erreur de l'esprit, et que la volonté serait
« demeurée soumise à son Créateur ; tandis que, dans le second,
« Dieu voit une mauvaise volonté qui, en dépit des lumières, ne
« veut point se soumettre à lui : par conséquent il sera méprisé, et
« l'âme deviendra criminelle, coupable non pas peut-être d'un seul
« péché, mais d'une longue série de péchés graves, de péchés cer-
« tains et formels (1). »

101. Il est dangereux, dit Gerson, de décourager les fidèles en donnant certaines actions ou certaines omissions comme autant de péchés mortels, surtout sur les points controversés : « Ne doctores
« sint faciles asserere actiones aliquas aut omissiones esse peccata
« mortalia... fit quandoque ut per tales assertiones publicas nimis
« duras, generales et strictas, præsertim *in non certissimis*, ne-
« quaquam eruantur homines e luto peccatorum, sed in illud pro-
« fondius, quo desperatius, immergantur (2). »

102. Quand il s'agit d'une question controversée parmi les théologiens, que les deux opinions sont plus ou moins probables, mais vraiment probables et réputées telles, un confesseur, quel que soit son système sur l'usage des probabilités, ne peut refuser l'absolution à un pénitent qui tient à l'opinion moins sûre. Saint Alphonse

---

(1) Le prêtre sanctifié par la juste, charitable et discrète administration de la pénitence, par le P. Palavicini, n° 48. — (2) Gerson, *de Vita spirituali*, lect. 4. corollar. II.

de Liguori réprouve comme injuste, comme outrée, la sévérité du confesseur qui inquiéterait un pénitent, au point de lui refuser l'absolution dans le cas dont il s'agit : « *Hic est rigor ille quem « immoderatum et injustum procul dubio reputo et reprobo; cum « austeritas hæc causa esse potest ut plures animæ damnentur* (1). » Quelle que soit notre manière de voir sur une controverse de l'école, nous ne devons point inquiéter un pénitent qui, de deux opinions réputées probables, adopte l'opinion moins sûre, ou par principe, ou sur l'avis de quelque docteur, d'un directeur éclairé ou qui passe pour tel à ses yeux. Le traiter comme s'il était indigne de l'absolution, ce serait évidemment aller contre l'esprit de l'Église; ce serait en quelque sorte vouloir condamner ce qu'elle ne condamne point. Cependant, appartient-il à un simple prêtre de faire la loi?

103. Pour le choix des opinions au sujet desquelles les théologiens ne s'accordent pas, les simples fidèles peuvent s'en rapporter à la décision d'un docteur, d'un confesseur qu'ils jugent digne de leur confiance, qu'ils regardent comme dépositaire de la science. Quelle que soit cette décision, elle ne compromettra ni leur salut, ni la morale; puisque, comme on le suppose, il ne s'agit que des questions qu'on ne peut décider ni par l'Écriture sainte, ni par la tradition, ni par la pratique générale de l'Église, ni par aucun décret des conciles ou du saint-siége.

104. Quant aux confesseurs, ils doivent examiner les raisons intrinsèques d'une opinion, à moins qu'ils ne présument prudemment qu'elle ait été mûrement examinée par les auteurs graves qu'ils consultent. « *Indoctus sequi potest opinionem datam a doctis; doctus « tamen tenetur examinare rationes, nisi prudenter præsumat ab « illis examinatas* (2). » En effet, on n'est point obligé d'examiner les raisons qu'on peut alléguer en faveur de l'opinion de quelque grand docteur, dont les écrits sont reçus comme orthodoxes. « *Possumus « sequi opinionem doctoris quæ non adversetur Scripturæ vel « Ecclesiæ auctoritati. Et revera si ego minus doctus sequerer sen« tentiam divi Thomæ contra rationem, quæ mihi probabilior « videretur, quis neget quod prudentius agerem, si, mea opinione « suspensa, tantæ auctoritati deferrem?* » Ainsi s'exprime saint Alphonse de Liguori (3), qui cite à l'appui saint Thomas lui-même,

---

(1) *De Conscientia*, Morale systema. Voyez aussi la *Justification* de la Théologie de ce saint docteur, ch. VII; Collet, *de Conscientia*, cap. v. concl. II. —
(2) S. Alphonse de Liguori, *Dissert. de usu moderato probabilismi*, etc.
(3) Ibidem.

dont voici le texte : « Aliquis parvæ scientiæ magis certificatur de « eo quod audit ab aliquo scientifico, quam de eo quod sibi secun- « dum suam rationem videtur (1). » C'est aussi le sentiment de saint Antonin : « Quilibet potest, dit l'archevêque de Florence, « sequi quamcumque opinionem, dummodo alicujus doctoris magni « opinionem sequatur (2). »

105. Au reste, nous pensons que, pour sortir des perplexités qu'on éprouve dans l'exercice des fonctions saintes, soit à raison de la diversité des opinions de l'école, soit au sujet des dispositions du pénitent, pour lequel on a épuisé toutes les ressources de la charité, le confesseur peut, sans danger, se déclarer pour le parti de l'indulgence, en formant sa conscience par la considération qu'il vaut mieux avoir à rendre compte à Dieu pour trop d'indulgence que pour trop de sévérité : « Melius est Domino rationem reddere de « nimia misericordia quam de nimia severitate. » C'est la pensée de saint Chrysostome (3), de saint Thomas (4), de saint Antonin (5), de saint Raymond de Pegnafort (6), de saint Odilon, abbé de Cluny (7). C'était aussi l'esprit de saint Grégoire de Nazianze : « Quod si res « dubia est, vincat humanitas, ac facilitas (8). » Quand il y a différentes opinions sur une question, toutes choses égales d'ailleurs, on doit, dit saint Bernardin, préférer la plus douce, la plus indulgente : « Quando diversæ sunt opiniones, cæteris paribus, huma- « nior præferenda est (9). »

106. Mais il ne faut pas perdre de vue que le prêtre n'est que le ministre de Jésus-Christ, que le dispensateur de ses dons, et qu'il ne peut lier ni délier à volonté, contre l'ordre établi de Dieu : « Non potest ligare et solvere ad arbitrium, dit saint Thomas, sed « tantum sicut a Deo præscriptum est (10). »

(1) Sum. part. 2. 2. quæst. 4. art. 8. — (2) Voyez la Dissertation de S. Alphonse de Liguori, *de Usu moderato*, etc. — (3) Ou de l'auteur de l'*Opus imperfectum* in Mattheum, etc. — (4) Opuscul. 65. § 4. — (5) Sum. part. 2. tit. IV. c. 5. — (6) Sum. lib. III. tit. 34. — (7) Voyez *Acta sanctorum*, t. I. p. 72. — (8) Orat. 39. — (9) Tom. 1. feria 2 post. dominicam Quinquages. serm. 3. art. 2. — (10) Sum. part. 3. quæst. 18. art. 3 et 4.

TRAITÉ DES LOIS.

CHAPITRE PREMIER.

Notion de la Loi en général.

107. Les lois sont la règle *extérieure* et éloignée des actes humains; une action est objectivement bonne ou mauvaise, suivant qu'elle est conforme ou contraire à la loi qui la régit : « Lex, dit « saint Thomas, quædam regula est et mensura actuum, secundum « quam aliquis inducitur ad agendum vel ab agendo retrahitur (1). » Suivant saint Alphonse de Liguori, la loi est la raison de nos devoirs : « Recta agendorum aut omittendorum ratio (2). » Mais on la définit plus communément : un précepte général, juste et permanent, publié dans l'intérêt d'une société, par celui qui a le droit de gouverner : « Lex nihil aliud est quam quædam rationis ordinatio « ad bonum commune, ab eo qui curam communitatis habet pro- « mulgata (3). »

108. Premièrement, la loi est un *précepte*. Il peut y avoir des préceptes qui n'aient pas le caractère de la loi; mais il n'y a pas de loi sans précepte. Soit qu'elle commande, soit qu'elle défende, il est de l'essence d'une loi proprement dite de lier les sujets à l'égard du législateur; elle est, de sa nature, un règlement obligatoire. Ainsi la loi diffère essentiellement du conseil, qui n'oblige pas.

Secondement, la loi est un précepte *général* : « Jura non in sin- « gulas personas, sed generatim constituuntur (4). » Néanmoins il n'est pas nécessaire qu'une loi soit commune à tous les membres d'une société, de l'Église, par exemple; il suffit qu'elle concerne généralement tous ceux qui appartiennent au corps pour lequel elle est portée; car il y a des lois, de vraies lois qui sont propres aux différents états. Telles sont, par exemple, les lois qui regardent les clercs, les religieux, les magistrats, les militaires.

109. Troisièmement, la loi est un précepte *juste*. Une loi in-

---

(1) Sum. part. 1. 2. quæst. 90. art. 1. — (2) De Legibus, n° 9. — (3) S. Thomas, Sum. part. 1. 2. quæst. 90. art. 4. — (4) L. VIII. § de Legibus.

juste n'est pas une loi; c'est un abus de pouvoir, une tyrannie. « Quod fit injuste, nec jure fieri potest (1). » Les lois humaines qui ne s'accordent point avec la loi naturelle ne sont pas de vraies lois. « Si lex humanitus posita in aliquo a lege naturali discordet, jam « non erit lex, sed legis corruptio (2). » Dans le doute si la loi est injuste, si la chose ordonnée est légitime ou non, on doit l'observer; la présomption est en faveur de celui qui commande.

On ne doit pas regarder comme injustes les lois qui semblent permettre certains usages peu conformes, et même contraires aux règles de la morale chrétienne. Tolérer un abus, ce n'est point l'approuver; de là cette maxime de droit : « Non omne quod licet « honestum est. » Les lois civiles ne peuvent défendre tout ce qui est défendu par la loi naturelle : « Lex humana non omnia potest « prohibere quæ prohibet lex naturæ (3). »

110. Quatrièmement, il est nécessaire pour une loi que le précepte soit stable, *permanent*. Une loi doit durer tant que l'état des choses ou le besoin qui en a été l'occasion ne change point. Le législateur meurt, la loi ne meurt pas.

Cinquièmement, c'est un précepte qui est dans l'intérêt d'une *société*, d'une communauté, d'une corporation plus ou moins forte : « Finis legis est bonum commune (4). » « Omnis lex ad bo- « num commune ordinatur (5). »

111. Sixièmement, la loi doit émaner du supérieur, qui a le droit de gouverner, le pouvoir de commander. Ce pouvoir, dans l'ordre temporel comme dans l'ordre spirituel, vient de Dieu : « Non est potestas nisi a Deo (6). » C'est à ceux qui sont chargés du gouvernement ecclésiastique ou politique qu'il le communique plus ou moins directement, et avec plus ou moins d'étendue, suivant le rang qu'ils occupent dans l'Église ou dans l'État. « Per me reges « regnant, et legum conditores justa decernunt (7). »

112. Enfin, la loi doit être publiée. Soit que la promulgation tienne à l'essence d'une loi, comme le pensent plusieurs auteurs, soit qu'on ne la regarde que comme une condition indispensable, elle est, de l'aveu de tous, absolument nécessaire pour rendre une loi obligatoire. Tant qu'une loi n'est pas promulguée, elle n'a pas plus d'effet qu'un simple projet. « Leges instituuntur, cum promul- « gantur (8). » On ne peut être tenu d'observer des préceptes qu'on

---

(1) S. Augustin, *de Civit.* lib. xix. c. 21. — (2) S. Thomas, Sum. part. 1. 2. quæst. 95. art. 2. — (3) Ibid. quæst. 96. art. 2. — (4) Ibid. art. 1. — (5) Ibid. quæst. 90. art. 2. — (6) Rom. c. 13. v. 1. — (7) Proverb. c. 8. v. 15. — (8) Décret. dist. III. c. 3.

ne connaît point : « Si non venissem et locutus fuissem eis, pecca-
« tum non haberent (1). » Ce qui a fait dire à saint Thomas : « Pro-
« mulgatio ipsa necessaria est ad hoc quod lex habeat virtutem
« suam (2). »

113. On distingue les lois divines et les lois humaines. Les premières sont *naturelles* ou *positives*, suivant qu'elles émanent
nécessairement ou librement du Créateur. Parmi celles des lois
divines qui ne sont que positives, les unes sont appelées mosaïques,
parce qu'elles ont été promulguées par Moïse ; et les autres, chrétiennes ou évangéliques, parce qu'elles ont été données par Jésus-
Christ. Les lois humaines sont ecclésiastiques ou civiles. Les premières regardent l'ordre spirituel ; les dernières, l'ordre temporel.

CHAPITRE II.

Des Lois divines.

114. Pour ne pas nous écarter de notre but, nous nous bornerons à donner quelques notions de la loi naturelle, de la loi mosaïque, et de la loi chrétienne.

La loi naturelle, considérée comme étant la raison divine qui
prescrit d'observer l'ordre et défend de le troubler, s'appelle loi
éternelle : « Lex æterna, dit saint Augustin, est ratio divina vel
« voluntas Dei ordinem naturalem conservari jubens, perturbari
« vetans (3). » Si nous l'envisageons dans l'homme, auquel Dieu
prescrit, par la connaissance qu'il lui en a donnée, la pratique des
devoirs naturels, c'est-à-dire des devoirs qui découlent des rapports
que nous avons soit avec le Créateur, soit avec nos semblables, on
la nomme loi *naturelle*. La loi naturelle n'est donc, comme le dit
saint Thomas, qu'une impression de la lumière divine en nous,
qu'une participation de la loi éternelle dans une créature raisonnable : « Quod pertinet ad legem naturalem, nihil aliud est quam
« impressio divini luminis in nobis ; unde patet quod lex naturalis
« nihil aliud est quam participatio legis æternæ in rationabili crea-
« tura (4). »

---

(1) Joan. c. 15. v. 22. — (2) Sum. part. 1. 2. quæt. 90. art. 4. — (3) Lib. xxii.
Contra Faustum, c. 27. — (4) Sum. part. 1. 2. quæst. 91. art. 2.

115. La loi naturelle ordonne, défend et permet ; nous devons faire ce qu'elle ordonne, et éviter ce qu'elle défend : mais nous pouvons indifféremment faire ou omettre ce qu'elle permet, pourvu que l'on se conforme d'ailleurs aux lois positives qui règlent, dans l'intérêt de la religion et de la société, certaines choses au sujet desquelles la loi naturelle garde le silence.

La loi naturelle a été promulguée dès le commencement. Aussi, comme le dit l'Apôtre, les gentils, qui n'ont pas la loi (écrite), font naturellement ce que la loi commande ; ils sont à eux-mêmes leur propre loi ; ils montrent que l'œuvre de la loi est gravée dans leur cœur ; et leur conscience leur en rend témoignage. « Gentes quæ « legem non habent, naturaliter ea quæ legis sunt faciunt (1). » De là cette pensée de saint Thomas : « Promulgatio legis naturæ est ex « hoc ipso quod Deus eam mentibus hominum inseruit naturaliter « cognoscendam (2). »

Toutefois, Dieu n'a jamais abandonné l'homme à ses propres lumières. Il s'est révélé à nos premiers pères et aux patriarches, même avant la promulgation de la loi de Moïse.

116. Tous les hommes n'ont pas la même connaissance de la loi naturelle ; cette connaissance est plus ou moins parfaite, plus ou moins étendue, suivant qu'on a plus ou moins de capacité, plus ou moins d'instruction. « Veritatem omnes aliqualiter cognoscunt, « ad minus quantum ad principia communia legis naturalis. In aliis « vero quidam plus et quidam minus participant de cognitione ve- « ritatis ; et secundum hoc etiam plus vel minus cognoscunt legem « æternam (3). » La loi naturelle est gravée dans les cœurs, il est vrai ; mais il faut en lire les caractères, et cela n'est pas toujours aisé : souvent les passions, les préjugés, les habitudes invétérées troublent la vue, et alors on ne voit plus rien (4).

117. On peut donc ignorer quelques points de la loi naturelle. Mais cette ignorance peut-elle être invincible ? Pour résoudre cette question, nous distinguons les principes de la loi, les conséquences prochaines qui en sont immédiatement déduites, et les conséquences éloignées, dont on ne saisit que difficilement le rapport qu'elles ont avec les principes d'où elles découlent. Or, quiconque a l'usage de raison, pour peu que ses facultés intellectuelles soient développées, ne peut ignorer invinciblement les premiers principes de la loi naturelle, ni, généralement, les conséquences qui en dérivent immé-

(1) Rom. c. 2. v. 14 et 15. — (2) Sum. part. 1. 2. quæst. 90. art. 4. — (3) S. Thomas, Sum. part. 1. 2. quæst. 93. art. 2. — (4) Bergier, Dict. de théologie, art. *Loi naturelle*.

diatement. Les vérités premières et fondamentales sont à la portée de tous, elles se rencontrent partout.

118. Quant aux conséquences éloignées, on peut certainement les ignorer d'une ignorance invincible, qui excuse de tout péché. Soutenir le contraire, ce serait prétendre que tous les hommes peuvent acquérir les mêmes connaissances en morale, le même degré de science pour tout ce qui appartient au droit naturel; ce serait prétendre l'impossible. « Unanimis Theologorum sen-
« tentia est, in conclusionibus mediatis et obscuris seu remotis
« a principiis utique dari et admitti debere ignorantiam invinci-
« bilem (1). »

La loi naturelle, étant fondée sur la constitution native de l'homme, ne peut pas plus varier que la nature humaine. On ne peut donc, en aucun cas, obtenir dispense de cette loi : « Præcepta
« Decalogi sunt omnino indispensabilia (2). »

119. La loi mosaïque est ainsi appelée, parce qu'elle a été promulguée par Moïse. On distingue, dans cette loi, la partie morale, la partie cérémonielle qui réglait ce qui avait rapport au culte divin, et la partie civile et judiciaire qui concernait la police du peuple juif. La partie morale n'était point nouvelle; c'était la loi naturelle, dont les règles générales sont contenues dans le Décalogue.

La loi de Moïse n'était que pour un temps; elle devait disparaître à la venue du Messie, comme une ombre devant le soleil de justice. Cette loi a donc été abrogée par la loi évangélique. Si la loi naturelle, qui en était la base, est toujours obligatoire, ce n'est point en vertu de la promulgation qui en a été faite par le législateur des Hébreux, mais bien parce qu'elle est éternelle, et qu'elle appartient à l'Évangile.

120. La loi chrétienne ou évangélique est celle qui nous a été donnée par Jésus-Christ, le sauveur du monde. Dans cette loi, comme dans la loi mosaïque, on distingue le dogme, la morale et le culte; et outre les préceptes qui sont obligatoires, l'Évangile contient plusieurs conseils qui n'obligent pas : « Præceptum im-
« portat necessitatem; consilium autem in optione ponitur ejus cui
« datur (3). » Parmi les conseils, les uns s'adressent à tous les hommes, d'autres ne sont que pour ceux que Dieu appelle à un genre de vie plus parfait; tels sont les conseils touchant la pauvreté et le célibat.

121. A la différence de la loi mosaïque, qui n'était que pour le

(1) S. Alphonse de Liguori, *de Legibus*, n° 171. — (2) S. Thomas, Sum. part. 1. 2. quæst. 100. art. 8. — (3) Ibid. quæst. 108. art. 4.

peuple juif, et qui ne devait durer qu'un certain temps, l'Évangile est pour tous les siècles et pour tous les hommes. Il doit faire de toutes les nations un seul peuple, une seule famille. C'est pourquoi Notre-Seigneur n'a point établi de lois civiles ni politiques. On peut être chrétien et citoyen partout, quelle que soit la forme des gouvernements.

122. Toutefois, la loi chrétienne n'est devenue obligatoire que par la promulgation que les Apôtres et leurs successeurs en ont faite. Tandis qu'une loi n'est point promulguée, elle ne saurait avoir aucun effet. Nul n'est obligé de croire ce qu'il ne peut connaître; nul ne peut connaître l'Évangile, s'il ne lui est annoncé : « Quomodo credent ei quem non audierunt? Quomodo audient sine « prædicante (1)? » Les peuples qui n'ont jamais entendu parler de Jésus-Christ ni de sa doctrine, sont précisément dans l'état où se trouvaient les gentils avant la venue du Messie. Ils n'ont pour règles de conduite que les principes de la loi naturelle, et quelques traditions plus ou moins obscures qu'ils ont conservées de la révélation primitive.

123. Quoique l'Évangile renferme plusieurs préceptes qui ne sont que de droit positif, qui dépendent uniquement de la volonté de Dieu, il n'est susceptible d'aucune dispense proprement dite. L'Église, toujours assistée de l'Esprit-Saint, a mission pour interpréter les commandements de son divin maître, pour juger des circonstances où ils obligent et où ils cessent d'être obligatoires; mais elle ne peut, malgré l'étendue de ses prérogatives, y déroger en aucun point. « Amen dico vobis, donec transeat cœlum et terra, « iota unum aut unus apex non præteribit a lege, donec omnia « fiant (2). » « Cœlum et terra transibunt, verba autem mea non « præteribunt (3). »

CHAPITRE III.

Des Lois ecclésiastiques.

124. On entend par lois ecclésiastiques celles qui émanent du Souverain Pontife et des évêques préposés au gouvernement de l'Église. On distingue les lois écrites et les lois non écrites ou in-

---

(1) Rom. c. 10. v. 14. — (2) Matth. c. 5. v. 18. — (3) Ibid. c. 24. v. 35.

troduites par l'usage ; les lois générales et communes à toute l'Église, et les lois particulières à une ou plusieurs provinces, à un ou à plusieurs diocèses.

125. Il est de foi que l'Église peut établir des lois proprement dites, lois qu'on ne peut violer sans se rendre coupable devant Dieu. Nous avons sur ce point plusieurs décrets du concile de Trente qui sont exprès (1). Le pouvoir législatif qu'a l'Église vient de Jésus-Christ (2). Aussi de tout temps, à l'exemple des Apôtres (3), les papes et les évêques ont-ils réglé ce qui a rapport à la discipline ecclésiastique, recourant même à des peines plus ou moins sévères pour faire observer les lois, les ordonnances, les règlements qu'ils ont publiés dans l'intérêt des fidèles. La discipline a varié suivant les temps et les lieux ; mais le pouvoir d'où elle émane n'a jamais souffert la moindre altération (4).

126. Le Pape étant le chef de l'Église universelle, peut porter des lois obligatoires pour tous les chrétiens. Pierre est chargé de paître les *agneaux et les brebis* (5), c'est-à-dire les fidèles et les évêques. C'est à Pierre, à Pierre seul et à ses successeurs, que le Sauveur a confié les *clefs* (6) qui sont le symbole du pouvoir monarchique et souverain. Les Pères nous représentent le Pape comme chef de toute l'Église, comme prince, comme étant le pasteur des pasteurs : expressions qui ne peuvent convenir qu'à celui qui a droit de commander à tous (7). Aussi, suivant le concile de Florence, le Pontife romain étend sa primauté sur tout l'univers, et, en sa qualité de successeur de Pierre, il a reçu de Jésus-Christ le plein pouvoir de paître, de régir et de gouverner l'Église universelle : « Plenam potestatem pascendi, regendi et gubernandi universalem Ecclesiam. »

127. Les évêques ont aussi le droit de porter des lois pour leur diocèse respectif. Ils sont établis par l'Esprit-Saint, dit l'Apôtre, pour gouverner l'Église de Dieu : « Attendite vobis et universo « gregi, in quo vos Spiritus Sanctus posuit episcopos regere Ecclesiam Dei (8). » Mais, soit que leur juridiction vienne immédiatement de Jésus-Christ, soit qu'ils la reçoivent du Souverain Pontife, ils sont, de l'aveu de tous les catholiques, subordonnés dans l'exercice de leurs pou-

---

(1) Concile de Trente, sess. VII. can. 13. sess. XIII. can. 11. sess. XIX. can. 8. sess. XXIV. can. 3. 4. 9. — (2) Matth. c. 18. v. 17, 18, etc. — (3) Act. c. 15. v. 28 et 41 ; c. 16. v. 4 ; c. 20. v. 28, etc. — (4) Voyez la collection des Conciles, etc. — (5) Joan. c. 2. v. 17. — (6) Matth. c. 16. v. 19. — (7) Voyez la Constitution du pape Pie VI, de l'an 1786, contre le livre intitulé *Quid est Papa?* — (8) Act. c. 20, v. 28.

voirs à l'autorité du saint-siége. « Episcopi, qui successores sunt
« Apostolorum, bene ferre possunt leges pro suis diœcesibus sine
« consensu capituli, exceptis rebus quæ cedere possunt in præju-
« dicium capituli vel cleri (1). »

128. Les conciles, c'est-à-dire les évêques assemblés pour traiter les intérêts de l'Église, peuvent également faire des lois. Si les conciles sont généraux, œcuméniques, les lois qui en émanent pourront être générales et communes à tous les fidèles ou à tous les clercs, sans distinction de pays; car le concile général représente l'Église universelle. Si les conciles sont particuliers, leurs décrets n'obligent que celles des églises ou ceux des diocèses qui sont représentés par ces conciles. Encore, ces décrets ne deviennent obligatoires pour un diocèse qu'autant que l'évêque y souscrit. Car, à part ce qui concerne les métropolitains, les évêques réunis ou non n'ont pas de juridiction sur les diocèses qui leur sont étrangers. Leurs actes ne peuvent donc lier d'autres évêques, à moins que le Souverain Pontife ne les confirme et ne les rende lui-même obligatoires pour toutes les églises de la province, du royaume (2).

129. Enfin, le chapitre d'une cathédrale peut, pendant la vacance du siége, faire les règlements qu'il juge nécessaires; mais il n'a pas droit d'abolir les statuts du diocèse : il peut seulement en dispenser, ou, dans un cas de nécessité, en suspendre l'exécution. « Episcopali sede vacante, non debet aliquid innovari (3). »

130. Il en est des lois ecclésiastiques comme des autres lois, elles n'obligent que par la promulgation qui en est faite. Mais les canonistes ne s'accordent pas sur la manière dont elles doivent être promulguées. Les uns pensent qu'il suffit qu'une constitution du Pape soit publiée à Rome pour obliger tous ceux qu'elle concerne, aussitôt qu'ils en ont une connaissance certaine. C'est le sentiment le plus commun, *valde communis*, dit saint Alphonse de Liguori (4). Les autres veulent qu'elle n'ait force de loi que dans les provinces où elle a été publiée. Quoi qu'il en soit, comme il n'y a aucune formalité particulière qui soit essentielle à la promulgation, et qu'il appartient au législateur de déterminer le mode dont une loi sera promulguée, il faut admettre qu'une constitution du chef de l'Église oblige tous ceux qui la connaissent, de quelque manière que leur soit venue cette connaissance, lorsque le Pape

---

(1) S. Alphonse, Theol. moral., *de Legibus*, n° 104. — (2) Mgr Bouvier, évêque du Mans, *de Legibus*, etc. — (3) Innocent III. Decretal. lib. III. tit. 9. cap. 1. — (4) *De Legibus*, n° 96.

en la publiant déclare expressément qu'il l'entend ainsi, nonobstant toute coutume, tout usage contraire. Cependant, comme il peut arriver qu'une loi, quelque sage et quelque utile qu'elle soit, ne convienne pas également partout, et qu'elle offre des inconvénients particuliers pour certaines provinces, les évêques peuvent alors en suspendre l'exécution dans leurs diocèses respectifs, tout en soumettant leurs motifs au saint-siége, avec la disposition de s'en rapporter à sa décision.

131. Toutefois, une bulle du Souverain Pontife ne devient, en France, *loi de l'État*, qu'autant que la publication en a été autorisée par ordonnance du roi. Mais cette formalité n'est qu'extérieure; les constitutions du Pape tirent toute leur force de l'autorité qu'il a reçue de Jésus-Christ.

132. Pour ce qui regarde les statuts et les ordonnances, les règlements qui émanent de l'autorité épiscopale, la promulgation qu'en fait l'évêque, en les adressant à ses diocésains, à son clergé, de quelque manière qu'il les adresse, les rend obligatoires; et tous ceux qui en ont connaissance sont obligés de s'y conformer. Nous le répétons, c'est au législateur à régler le mode dont une loi doit être publiée. Ce mode peut varier suivant les temps et les lieux; il est laissé à la sagesse de celui qui gouverne. « Quod ad promulga- « tionis modum pertinet, hic ab arbitrio et intentione legislatoris « pendet (1). »

133. Le pouvoir législatif de l'Église étant un pouvoir tout spirituel, les lois ecclésiastiques n'étendent leur domaine que sur ce qui a rapport au culte et au salut des âmes. L'office divin, la célébration des saints mystères, l'administration des sacrements, la sanctification des dimanches et des fêtes, la prédication de l'Évangile, l'institution des ministres de la religion, les jeûnes et les abstinences, les ordres religieux, ce qui a rapport à la conduite des clercs, les peines canoniques, les irrégularités, en un mot, tout ce qui tient à la discipline ecclésiastique doit être réglé par le Pape ou par les évêques. Mais l'Église n'intervient, en ce qui touche au temporel, que quand il s'agit des pactes et des contrats considérés dans leurs rapports avec la morale.

134. Ce qui est prescrit par la loi divine peut devenir l'objet d'une loi canonique; l'Église peut le commander en déterminant le temps pour l'accomplissement du précepte, ou en fixant le terme avec défense de le dépasser. C'est ce qui a lieu pour la confession

---

(1) S Liguori, *de Legibus*, n° 96. — Voyez aussi Suarez, *de Legibus*, cap. XVII.

annuelle et la communion pascale. L'Église a également le droit de défendre, sous quelque peine spirituelle, ce qui est d'ailleurs défendu par une loi divine, soit naturelle, soit positive.

Quant aux choses indifférentes de leur nature, elle peut encore les prescrire ou les défendre, suivant les circonstances et la diversité des temps et des lieux, qui en déterminent le danger ou l'utilité générale, sous le rapport des mœurs.

135. Suivant le sentiment le plus probable, l'Église n'a pas droit de statuer directement sur les actes purement intérieurs; car il n'appartient qu'à Dieu de juger de ce qui se passe dans le fond des cœurs : « De his potest homo legem facere de quibus potest judi-
« care ; judicium autem hominis esse non potest de interioribus
« motibus qui latent, sed solum de exterioribus actibus qui appa-
« rent.... Et ideo lex humana non potuit cohibere et ordinare suf-
« ficienter interiores actus (1). » Mais elle peut indirectement prescrire un acte extérieur, en tant qu'il est nécessaire pour que l'acte extérieur ait le caractère de bonté qui lui convient. Ainsi, par exemple, en commandant la confession annuelle, l'Église commande en même temps le repentir, sans lequel la confession ne serait point valable. C'est pourquoi on ne satisfait point à ce précepte par une confession volontairement nulle ou sacrilége.

Il ne faut pas confondre les actes extérieurs qui sont occultes, avec les actes intérieurs. Les premiers tombent dans le domaine de la loi.

CHAPITRE IV.

Des Lois civiles.

136. Les lois civiles émanent de la puissance temporelle; elles sont établies par ceux qui gouvernent, pour maintenir l'ordre, la police, la tranquillité publique dans l'État, et fixer les droits respectifs des citoyens. Les lois civiles obligent en conscience.......

Les juifs demandant s'il était permis de payer le tribut à César, Jésus-Christ leur répondit : Rendez à César ce qui est à César, et à Dieu ce qui est à Dieu ; « Reddite quæ sunt Cæsaris Cæsari, et
« quæ sunt Dei Deo (2). »

---

(1) S. Thomas, Sum. part. 1. 2. quæst. 91. art. 4. — (2) Matth. c. 22. v. 21.

137. Que toute âme, dit saint Paul, soit soumise aux puissances supérieures ; car toute puissance vient de Dieu ; c'est lui qui a établi celles qui existent. Ainsi celui qui leur résiste, résiste à l'ordre de Dieu, et s'attire la damnation. Soyez donc soumis, non-seulement par la crainte du châtiment, mais encore par motif de conscience ; rendez à chacun ce qui lui est dû ; le tribut, l'impôt, le respect, l'honneur, à qui ils appartiennent : « Omnis anima potestatibus su- « blimioribus subdita sit ; non est enim potestas nisi a Deo ; quæ « autem sunt a Deo ordinatæ sunt. Itaque qui resistit potestati, Dei « ordinationi resistit. Qui autem resistunt, ipsi sibi damnationem « acquirunt... Ideo necessitate subditi estote, non solum propter « iram, sed etiam propter conscientiam... Reddite ergo omnibus « debita, cui tributum, tributum ; cui vectigal, vectigal ; cui timo- « rem, timorem ; cui honorem, honorem (1). » L'Apôtre, comme on le voit, n'exclut aucune des lois civiles ; et il parle expressément de la loi des impôts.

138. C'est sur ce fondement que les Pères et les pasteurs de l'Église ont constamment porté les fidèles à payer les impôts, en leur enseignant que l'on ne doit jamais désobéir aux lois de l'État, à moins qu'elles n'exigent des choses contraires à la morale ou à la religion, ou qu'elles ne soient manifestement injustes. Dans le doute, on doit présumer en faveur du législateur, et se déclarer pour la loi.

139. Quels que soient les principes du législateur en matière de religion, la loi, quand elle est juste dans son objet, oblige les sujets. Ce ne sont point les hommes qui *lient* les consciences, c'est Dieu lui-même, de qui vient toute puissance ; c'est lui qui nous ordonne d'être soumis aux lois : « Leges humanæ, dit saint Thomas (2), si « justæ sint, habent vim obligandi, in foro conscientiæ, a lege « æterna a qua derivantur, secundum istud : *Per me reges regnant,* « *et legum conditores justa decernunt* (3). »

140. Aussi, quelle que soit la forme du gouvernement, les lois portées et publiées conformément aux constitutions de l'État, si d'ailleurs elles ne sont point contraires à la justice ou à la religion, obligent, indépendamment de leur acceptation de la part des sujets. Que deviendrait la société, si les citoyens pouvaient, par le refus de leur adhésion, suspendre l'exécution des lois ?

---

(1) Rom. c. 13. — (2) Sum. part. 1. 2. quæst. 96. art. 4. — (3) Proverb. c. 8. v. 15.

CHAPITRE V.

Des Lois introduites par la coutume.

141. Une coutume peut certainement acquérir force de loi. « Mos populi Dei et instituta majorum, dit saint Augustin, pro lege « sunt tenenda, et sicut prævaricatores legum divinarum, ita con- « temptores consuetudinum ecclesiasticarum coercendi sunt (1). » Aussi, on définit la coutume un certain droit établi par l'usage, lequel, à défaut d'une loi écrite, est reçu comme loi : « Consuetudo « est jus quoddam moribus institutum, quod pro lege suscipitur, « ubi deficit lex (2). »

142. Mais un usage n'a la vertu d'introduire une loi qu'autant qu'il réunit certaines conditions, sans le concours desquelles il demeure impuissant. Premièrement, l'usage doit être, dans son objet, juste, et d'une utilité publique. Ce qui est contraire à la loi de Dieu, à la décence, au bon ordre, ne peut évidemment être l'objet d'une loi.

143. Secondement, l'usage doit être général, c'est-à-dire qu'il doit être adopté par la plus grande partie de la communauté ou du corps qu'il concerne. L'usage qui n'est suivi que par quelques particuliers, quelque utile qu'il soit, n'a pas force de loi.

Troisièmement, il est nécessaire qu'il soit public ; car il ne peut être obligatoire qu'autant qu'il est connu. D'ailleurs, il est nécessaire que les actes puissent parvenir à la connaissance du législateur, puisque le consentement au moins tacite de celui qui gouverne doit intervenir pour sanctionner l'usage et lui donner force de loi.

144. Quatrièmement, un usage ne peut se convertir en loi que par des actes libres de la part des sujets qui l'introduisent. Les actes qui se font par suite de la violence, par erreur ou par ignorance, ne peuvent concourir à établir un usage obligatoire. Quelque ancien que soit cet usage, s'il ne s'est établi que par la fausse supposition d'une loi qui n'existe pas, ou par une interprétation forcée qui donne à une loi plus d'étendue qu'elle n'en a, il ne peut avoir par lui-même le caractère sacré de la loi : « Ad consuetudinem re-

(1) Epist. xxxvi. — (2) Decret. part. 1. Dist. 1. c. 3.

« quiritur, dit saint Alphonse de Liguori, ut actus sint liberi, non
« autem per vim, aut metum, aut ignorantiam positi, puta, si po-
« pulus censeat existere legem, quæ revera non est (1). »

145. D'après ce principe, qui n'est point contesté, nous ne regardons point comme un empêchement dirimant du contrat de mariage, la séduction, que les théologiens français confondent avec le rapt; car l'usage général sur lequel ils s'appuient pour faire un empêchement de la séduction, ne s'est établi en France que par une fausse interprétation du concile de Trente.

Cinquièmement, il est nécessaire que l'usage ait été constamment observé pendant un certain temps. La coutume étant un droit fondé sur l'usage, cet usage doit être constaté par la répétition des mêmes actes durant plus ou moins de temps, afin que le législateur puisse juger s'il est dans l'intérêt général des sujets.

146. Mais quel temps faut-il pour cela? Les auteurs ne s'accordent pas. Les uns demandent le même temps que pour la prescription. Les autres pensent que les lois sur la prescription ne sont point applicables à la question dont il s'agit; que l'on ne peut déterminer, d'une manière précise, le temps nécessaire pour qu'une coutume oblige; qu'il faut plus ou moins de temps, suivant qu'on a plus ou moins de raisons de présumer que le législateur approuve l'usage et le ratifie. En effet, plus un usage est public, plus il est général et fréquent; plus il est important dans son objet, moins il faut de temps pour le convertir en loi. D'après ce sentiment, que nous adoptons, nous avons une règle sûre pour discerner parmi les différentes pratiques de l'Église, dont quelques-unes sont de temps immémorial, quelles sont celles qu'on doit regarder comme étant de précepte ou de simple dévotion. Nous en jugerons par les instructions ou les décisions des premiers pasteurs, dont l'autorité est nécessaire pour rendre une pratique obligatoire.

147. Enfin, il faut que l'usage soit sanctionné par le législateur. C'est au Pape et aux évêques, en matière ecclésiastique, de juger s'il est plus expédient de convertir une pratique en loi, que de l'abandonner à la piété des fidèles, sans leur en faire une obligation. Aussi, que d'usages dans l'Église, usages anciens et pieux, qui n'obligent point les fidèles! Tel est, par exemple, l'usage de recevoir les cendres le premier jour du carême, de prendre de l'eau bénite en entrant dans l'église, de réciter l'*Angelus* au son de la

---

(1) *De Legibus*, n° 107. — Voyez les Théologies de Poitiers, de Toulouse, *de Legibus*; Collet, *de Legibus*, cap. vii; les Conférences d'Angers, *sur les Lois*, conf. xi. quest. 1. etc., etc. — Voyez le t. ii. n° 797, etc.

cloche trois fois le jour, de faire une prière immédiatement avant et après le repas.

148. Dire que si ces pratiques de dévotion et autres du même genre n'obligent pas, c'est que les fidèles qui les observent n'ont pas l'intention de s'obliger, ce serait, ce nous semble, assigner aux lois ecclésiastiques une tout autre origine que celle qu'elles doivent avoir, d'après l'ordre établi par Jésus-Christ. Il n'appartient qu'au Souverain Pontife et aux évêques d'obliger les fidèles par une loi.

Ici nous ne parlons que de la coutume qui introduit une loi, coutume que nous appelons *ultra legem*. Nous examinerons, plus bas, ce qui a rapport à la coutume qui explique, ou modifie, ou abroge une loi.

CHAPITRE VI.

De l'Obligation qui résulte des Lois.

149. Les lois ecclésiastiques ou civiles, écrites ou non écrites, obligent en conscience, sous peine de péché mortel ou véniel. Une loi qui ne lie pas la conscience n'est point une loi proprement dite. Mais il ne peut y avoir de péché mortel que lorsqu'on transgresse une loi en matière grave ; et toutes les fois qu'il y a matière grave, la transgression, si elle est d'ailleurs suffisamment libre, est mortelle ; à moins que le législateur n'ait déclaré ne vouloir obliger, même en matière grave, que sous peine de péché véniel (1) ; ce qui arrive rarement. C'est une règle générale, que l'étendue d'une obligation se mesure sur la nature des choses qui en sont l'objet.

150. On reconnait qu'une loi oblige sous peine de péché mortel, 1° lorsque la matière est grave en elle-même ; 2° lorsque la matière, sans être grave en elle-même, est regardée comme telle par ceux qui sont capables d'en juger, soit à raison du caractère des personnes que la loi concerne, soit à raison de la fin que se propose le législateur. Ce qui est peu important à l'égard des simples fidèles, peut être matière suffisante pour un péché mortel à l'égard des clercs et des personnes consacrées à Dieu. 3° Quand le législateur commande, en vertu de la sainte obéissance, sous peine de la ma-

(1) S. Liguori, *de Legibus*, n° 143.

lédiction de Dieu, sous peine de péché mortel. 4° Quand une chose est défendue sous peine d'une excommunication majeure, d'une suspense, d'un interdit à encourir par le fait, *ipso facto*. Des peines aussi graves ne s'infligent que pour une faute mortelle. Si ces peines ne sont que comminatoires, il n'est pas certain que la loi oblige sous peine de péché mortel, à moins que la censure ne doive s'encourir sans une monition particulière, ou qu'il ne soit constant d'ailleurs qu'il y a matière grave : « Nisi dicatur quod « censura incurratur sine alia monitione; vel nisi de se materia sit « gravis (1). » 5° Lorsque, d'après l'usage, les docteurs s'accordent généralement à reconnaître une faute mortelle dans la transgression d'une loi. Dans le doute si une loi oblige sous peine de péché mortel ou de péché véniel seulement, elle n'est pas censée obliger *sub gravi* (2).

151. Il y a péché mortel toutes les fois que la transgression d'une loi, même en matière légère, est accompagnée du mépris formel ou pour la loi, ou pour le législateur considéré comme tel : « In quacumque materia contemptus formalis legis aut legislatoris, « quod est contemnere legem seu superiorem qua superior est, « semper est peccatum mortale (3). »

Toutefois, il peut y avoir péché grave, sans qu'il y ait mépris formel ni pour le législateur ni pour la loi; le mépris implicite, qui est inséparable de toute transgression volontaire, suffit en matière grave pour le péché mortel. Il est même assez rare que le péché devienne mortel à raison du mépris; car il ne faut pas confondre le mépris formel du législateur, considéré comme tel, avec le mépris qu'on a de lui, soit à cause de son inhabileté, soit à cause de ses défauts personnels.

152. Les lois qui sont tout à la fois préceptives et pénales obligent en conscience, et ne peuvent être violées sans péché; une loi ne perd pas son caractère, elle ne cesse point d'être morale, parce qu'en commandant ou en défendant quelque chose, elle prononce des peines contre les infracteurs. Elles obligent même avant la sentence du juge, quand les peines qu'elles infligent sont purement spirituelles. Ainsi, les excommunications, les suspenses qui ne sont point comminatoires, s'encourent par le seul fait, *ipso facto*. Il en est de même des irrégularités. Si la loi est privative d'un droit

---

(1) S. Liguori, *de Legibus*, n⁰ˢ 140, 144, 146. — (2) Le même docteur, Instruct. pratiq. pour les Confesseurs, *des Lois*, n° 27. — (3) Le même, *de Legibus*, n° 142. — Voyez aussi Collet, Bailly, les Conférences d'Angers, *sur les Lois*, etc.

à échoir dans l'avenir, la peine s'encourt encore avant toute sentence, pourvu toutefois que le coupable ne soit pas forcé de subir cette peine avec infamie, comme serait la peine d'être privé de la voix active et de la voix passive, en matière d'élections. Quant aux clauses privatives d'un droit acquis, elles n'ont leur effet qu'après la sentence qui décerne la peine ou constate la culpabilité. « Si pœna consistit in privatione alicujus juris acquisiti, puta in « beneficio, electione, etc., tunc semper requiritur declaratio ju- « ridica vel pœnæ, vel saltem criminis, etiamsi pœna imponatur « ipso facto incurrenda, nulla expectata declaratione (1). »

153. On ne s'accorde pas sur la question de savoir si les lois civiles qui annulent certains actes, les contrats, par exemple, dont l'homme est naturellement capable, doivent être suivies au for de la conscience, comme au for extérieur. Il y a de fortes raisons pour et contre. Nous reviendrons sur cette question, en parlant des contrats.

154. Pour ce qui regarde les lois purement pénales, elles n'obligent pas en conscience : « Lex pure pœnalis est quæ nullum dat « præceptum, v. g. qui hoc fecerit, solvat pœnam; et hæc non « obligat in conscientia, etiamsi pœna sit gravissima (2). » Avons-nous en France des lois purement pénales ? Il ne paraît pas ; mais il ne faut pas confondre une loi proprement dite avec un simple règlement de police.

155. Les lois fondées sur la présomption de *droit*, à raison du danger attaché à certaines actions, obligent, même dans les circonstances où les inconvénients qu'on a voulu prévenir n'existent pas. Quand un acte est défendu à cause du danger pour certains inconvénients, le motif de la loi subsiste toujours. Mais il n'en est pas de même de la loi fondée sur une présomption de *fait*; car alors, ou ce que la loi présume est réellement arrivé, ou non. Dans le premier cas, la loi oblige ; dans le second, elle n'oblige point. Ainsi, par exemple, s'il est faussement établi en justice que votre cheval a causé tel ou tel dommage à votre voisin, et si, par suite de cette présomption fausse, le juge vous condamne à le réparer, vous n'êtes tenu d'exécuter la sentence que parce que vous y êtes forcé, que pour éviter le scandale ; et vous pouvez, dans l'occasion, user de la compensation pour vous dédommager. Il en serait de même pour l'héritier qui, pour n'avoir pas fait l'inventaire, serait condamné à payer toutes les dettes du défunt, quand, dans le fait, ces dettes dépasseraient la valeur de l'héritage (3).

(1) S. Liguori, *de Legibus*, n° 148. — (2) Ibidem, n° 145. — (3) Ibidem, n° 100.

CHAPITRE VII.

De la Manière d'observer les Lois.

156. Pour observer une loi, il n'est pas nécessaire d'être en état de grâce, ni d'agir par un motif de charité. Ainsi, quoiqu'un fidèle, qui est en état de péché, ne puisse mériter en accomplissant un vœu, en faisant la pénitence imposée par le confesseur, en entendant la messe le dimanche, en observant les jeûnes prescrits, néanmoins il satisfait aux préceptes. On peut même, suivant saint Alphonse de Liguori, satisfaire à la foi du jeûne en jeûnant par avarice ou par vaine gloire (1), quoiqu'on pèche en jeûnant par un semblable motif.

157. Pour accomplir une loi, il faut avoir l'intention de faire ce qui est ordonné; mais cela suffit. Ainsi, celui qui assiste à la messe, sans avoir l'intention de l'entendre, ne satisfait pas au précepte. Mais l'intention de satisfaire à la loi n'est pas nécessaire. Celui qui, par exemple, entend la messe un jour de fête, accomplit le précepte, quand même il ne saurait pas que c'est un jour de fête. Il en est de même de celui qui entend la messe un jour de dimanche, sans avoir l'intention de satisfaire à la loi. Lors même qu'il se réserverait d'entendre la messe une seconde fois, il n'y serait point obligé, ayant fait ce qui est commandé par l'Église.

158. Mais il n'en serait pas ainsi, si quelqu'un ayant un vœu, un serment ou une pénitence à accomplir, fait l'œuvre sans avoir l'intention de satisfaire à ces obligations. On suppose que, tout en se souvenant de ce vœu, de ce serment, de cette pénitence, il applique l'œuvre à une autre fin. Autrement, il satisfait véritablement; parce que généralement chacun se propose d'abord de satisfaire à ses obligations, et ensuite aux œuvres de surérogation. « Is votum, juramentum et pœnitentiam sacramentalem vere im-
« plet, qui opera promissa vel injuncta exequitur, etsi non habeat
« intentionem implendi; modo tamen non applicet ea pro alia
« re (2). »

159. On peut par un seul acte satisfaire, en même temps, à plu-

---

(1) S. Liguori, *de Legibus*, n° 162. — (2) S. Liguori, Theol. moral. *de Legibus*, n° 163.

sieurs préceptes. Un diacre, par exemple, un sous-diacre qui entend la messe le dimanche, en récitant l'office divin, accomplit deux préceptes. On peut aussi, par le même acte, accomplir deux obligations différentes qui concernent la même chose, et qui ont le même motif, pourvu que ce ne soit pas en matière de justice. Ainsi, par exemple, si un jour de fête de commandement tombe le dimanche, il suffit d'entendre une seule messe : par la même raison, si on ne l'entend pas, on ne se rend coupable que d'un seul péché. Mais il en est autrement, si les préceptes ont divers motifs. Ainsi, celui qui doit jeûner par suite d'une pénitence imposée par le confesseur, ne satisfait pas au jeûne de la vigile, en ne jeûnant qu'un seul jour; à moins que la pénitence ne soit imposée pour tous les jours du mois dans lequel tombe la vigile.

Il en est de même d'un vœu. Au reste, pour ce qui regarde les vœux et les pénitences sacramentelles, il faut avoir égard à l'intention de celui qui s'oblige et à l'intention du confesseur.

CHAPITRE VIII.

De Ceux qui sont tenus aux Lois.

160. Tous les hommes sont tenus aux préceptes de la loi naturelle; ils sont également tenus aux lois évangéliques. Si quelquefois ils ne pèchent point en ne les observant pas, ce n'est que parce qu'ils les ignorent, et que leur ignorance est moralement invincible.

161. Quant aux lois humaines, dont il s'agit principalement ici, on n'y est tenu qu'autant qu'on est sujet à l'autorité du législateur qui les a portées, et qu'on a d'ailleurs l'usage de raison. Mais il est important de distinguer ceux qui ne sont pas tenus à une loi, tels que les enfants, les insensés et les infidèles, pour ce qui regarde les commandements de l'Église, et ceux qui ne sont dispensés de la loi qu'à raison de quelques circonstances passagères : tels sont, par exemple, ceux qui sont dans l'ivresse, dans le sommeil, ou dans l'ignorance. Il n'est pas permis de faire faire à ceux-ci ce qui est défendu par la loi; c'est le contraire pour les premiers. Ainsi, par exemple, on peut, un jour d'abstinence, faire manger gras aux enfants qui n'ont pas encore l'usage de raison, aux juifs et aux in-

fidèles, et à ceux qui sont perpétuellement en démence (1). Toutefois, on ne doit jamais les porter à ce qui est mauvais de sa nature; ce serait un péché d'engager qui que ce fût à proférer le blasphème, ou à faire un acte contraire à la morale, à la pureté des mœurs.

162. Les enfants qui n'ont pas l'âge de discrétion, qu'on fixe communément à l'âge de sept ans, ne sont point obligés d'observer les lois. Mais, si avant cet âge un enfant s'était rendu coupable d'un péché mortel, il serait tenu de se confesser, conformément au décret du concile de Latran. Dans le doute si un enfant possède ou non l'usage de raison au point de pouvoir offenser Dieu mortellement, on doit avant la septième année présumer qu'il ne l'a pas; mais après on doit présumer qu'il l'a, *ex communiter contingentibus* (2).

163. Ce que nous disons des enfants s'applique naturellement aux adultes qui sont continuellement en démence. Quant à ceux qui ne sont en démence que par intervalles, ils ne pèchent point en transgressant la loi dans le temps de leur accès; mais lorsque la raison revient, la loi reprend son empire, et devient obligatoire pour eux comme pour les autres.

164. Les juifs, les infidèles, en un mot ceux qui n'ont pas reçu le baptême, ne sont point astreints à l'observation des lois de l'Église. «Quid mihi est, dit saint Paul, de iis qui foris sunt, ju-« dicare?» Mais il n'en est pas de même des hérétiques; en devenant rebelles à l'Église, ils ne cessent pas d'être ses sujets. Ils sont par conséquent obligés d'observer ses lois, à moins qu'elle ne déclare dans sa sagesse, comme elle l'a fait en certains cas, que son intention n'est point de les comprendre dans ses ordonnances.

165. Le législateur n'est point tenu directement à l'observation de la loi qui dépend de sa volonté; mais il y est tenu indirectement, par des considérations morales qui ne lui permettent pas de s'écarter d'un règlement qu'il a jugé plus ou moins nécessaire au bien général (3).

Pour ce qui regarde les étrangers, les voyageurs, on distingue les lois générales qui font partie du droit commun; et les lois locales, qui sont particulières à un royaume, à une province, à un diocèse, à une ville, à une paroisse.

166. Or, les étrangers, les voyageurs, sont obligés d'observer

---

(1) S. Liguori, Theol. moral. *de Legibus*, n° 153. — (2) S. Liguori, Instruction pratique pour les Confesseurs, *sur les Lois*, n° 42. — (3) S. Thomas, Sum. part. 1. 2. quæst. 96. art. 5. — S. Liguori, *de Legibus*, n° 154.

les lois générales partout où ils se trouvent : « Lex universalis obli-
« gat omnes sine ordine ad locum (1). »

Il ne peut y avoir de difficulté à cet égard que pour ceux qui ont déjà observé ces lois dans leur pays. Un Français, par exemple, après avoir jeûné tout le carême, arrive dans un lieu où le carême n'est pas encore fini, parce qu'on n'y suit pas la réforme du calendrier grégorien. Est-il obligé de continuer le jeûne tel qu'il se pratique dans l'endroit où il se trouve ? De même, après avoir jeûné dans son diocèse la veille d'une fête, il passe dans un autre où cette fête est transférée au dimanche, et la vigile au samedi. Sera-t-il obligé de jeûner une seconde fois ? Nous ne le pensons pas. On a jeûné un carême entier, on a également jeûné pour la fête dont il s'agit : on a donc réellement accompli la loi (2).

Les voyageurs peuvent profiter des priviléges qu'ils trouvent établis, contrairement au droit commun, dans les lieux où ils sont, lors même qu'ils n'y seraient qu'en passant. S'ils se rencontrent, par exemple, à Milan, ils ne sont point obligés au jeûne les quatre premiers jours du carême. De même, il leur est permis de faire gras à Reims, à Paris, à Sens et dans quelques autres diocèses de France, les samedis depuis la Nativité de Notre-Seigneur jusqu'à la Purification, lors même que ce privilége ne serait point en vigueur dans leur pays.

167. Les étrangers qui passent dans une province, dans un diocèse, dans une paroisse, avec l'intention de s'y fixer pour un temps indéfini, sont tenus, dès le premier jour de leur arrivée, de se conformer aux lois particulières de cette province, de ce diocèse, de cette paroisse. En établissant leur domicile dans un endroit, ils cessent d'y être étrangers. Il en est de même de celui qui n'a qu'un quasi-domicile ou un domicile de fait dans une paroisse, où il doit passer la plus grande partie de l'année.

On fait ici une exception pour ce qui regarde les Grecs et les Latins, par rapport à la différence des rites de l'une et de l'autre Église. Conformément au décret du concile de Florence, les prêtres grecs et les prêtres latins suivent partout le rite de l'Église à laquelle ils appartiennent.

168. Suivant l'opinion certainement probable de plusieurs théologiens, les étrangers, les voyageurs ne sont point généralement astreints aux lois du pays où ils ne font qu'un court séjour. En effet, la loi n'oblige que les sujets ; or, on ne peut réputer tels ceux

---

(1) S. Liguori, *de Legibus*, n° 160. — (2) Théologie de Poitiers, *de Legibus*, ch. IV. art. 3.

qui n'ont acquis dans un endroit ni domicile ni quasi-domicile. Nous avons dit *généralement*, car il y a, de l'aveu de tous, plusieurs cas où l'étranger, le voyageur doit se conformer à la loi du pays où il se trouve, savoir : 1° lorsqu'il y aurait scandale si l'étranger transgressait la loi ; 2° lorsque la même loi est en vigueur dans le pays de l'étranger ; 3° quand il s'agit de la solennité des contrats, ou d'une loi qui ne peut être violée sans que la tranquillité publique ou les intérêts du pays soient compromis (1).

169. Ceux qui sont hors de leur pays, où il y a quelque loi particulière, ne sont point obligés pendant leur absence d'observer cette loi, à moins qu'ils ne trouvent la même loi dans l'endroit où ils s'arrêtent. La force d'une loi locale est circonscrite par le territoire pour lequel elle a été faite.

170. Mais ceux qui s'absentent de leur paroisse, le jour même qu'une loi locale y est en vigueur, sont-ils obligés d'observer cette loi avant leur départ? On suppose qu'ils arrivent le même jour dans un endroit où la loi dont il s'agit n'oblige point. Nous pensons que, tant qu'ils sont sur le territoire de leur paroisse, ils sont tenus à la loi locale. Ainsi, par exemple, pour ce qui regarde l'obligation d'entendre la messe, ils doivent l'entendre, si on la dit dans leur paroisse, avant leur départ; mais ils ne sont point obligés d'attendre (2).

171. De même, celui qui sort de sa paroisse, où l'on fait abstinence, ne peut faire gras que lorsqu'il sera dans l'endroit où l'abstinence n'est pas d'obligation. Mais, suivant plusieurs théologiens, il en serait autrement pour le jeûne : dans le cas dont il s'agit, on ne serait pas obligé de jeûner avant le départ, par cela même qu'étant arrivé dans une autre paroisse où le jeûne n'est pas obligatoire, on pourrait y faire le même jour plusieurs repas. Cette différence, disent-ils, provient de ce que la loi de l'abstinence est divisible, tandis que la loi du jeûne ne l'est pas (3).

---

(1) S. Liguori, Theol. moral. *de Legibus*, n° 156. — (2) Ibidem, n° 157. — (3) Ibidem.

CHAPITRE IX.

Des Motifs qui excusent ceux qui n'observent pas les Lois.

172. L'ignorance est un motif d'excuse, lorsqu'elle est invincible, même à l'égard des préceptes naturels, pour ce qui regarde les conséquences éloignées. Mais lorsqu'elle est moralement vincible, elle ne peut servir d'excuse.

173. La crainte excuse aussi quelquefois, mais il faut distinguer les préceptes positifs des préceptes naturels. Pour les préceptes positifs, même de droit divin, la crainte d'un dommage considérable excuse de tout péché. Ainsi, on n'est point obligé de confesser distinctement tous ses péchés au péril de la vie. On suppose toutefois qu'il n'y a ni scandale ni mépris pour la religion ; car si quelqu'un était forcé de violer une loi en haine de l'Église, il serait obligé de l'observer, dût-il lui en coûter la vie.

174. Quant aux préceptes naturels, s'ils sont *affirmatifs*, on n'est pas toujours tenu de les observer. Ainsi, par exemple, quand il y a danger pour la vie, on est dispensé de rendre un dépôt, d'accomplir un vœu. Quant aux préceptes *négatifs*, comme la défense de commettre la fornication, de proférer le mensonge, le parjure, le blasphème, la crainte ne peut jamais être un motif d'excuse ; elle peut seulement diminuer la malice du péché. Si la crainte paraît quelquefois excuser, c'est que le précepte n'a plus de force. Par exemple, le précepte de ne pas voler cesse pour celui qui est dans une nécessité extrême ; et celui de ne pas tuer, dans le cas d'une légitime défense contre un injuste agresseur.

175. L'impuissance est encore un motif d'excuse. Une loi ne prescrit pas l'impossible ; mais si l'on ne peut pas observer un précepte en son entier, on doit observer la partie de ce précepte qu'on est dans la possibilité d'accomplir. Cela est généralement admis pour les préceptes dont la matière peut se diviser de manière que dans une partie on sauve la fin du précepte. Ainsi, celui qui ne peut réciter l'office divin en son entier doit réciter ce qu'il pourra. Le pape Innocent XI a condamné la proposition contraire, ainsi conçue : « Qui non potest recitare matutinum et laudes, potest au-
« tem reliquas horas, ad nihil tenetur, quia major pars trahit ad

« se minorem (1). » De même, si pendant le carême vous êtes dispensé de l'abstinence, vous n'êtes pas pour cela dispensé du jeûne. Il en serait autrement si la partie qui peut s'observer ne renferme pas le but du précepte. Celui qui, par exemple, a fait vœu d'aller à Rome, s'il ne peut faire tout le voyage, n'est point tenu de le commencer.

Enfin, celui qui n'observe pas une loi peut avoir des motifs qui l'excusent, dans l'interprétation, dans une dispense, ou dans une coutume qui modifie ou abroge la loi.

CHAPITRE X.

De l'Interprétation des Lois.

176. Toutes les lois, soit divines, soit humaines, les lois même naturelles, ont besoin de quelques interprétations, surtout pour les ignorants. Quelque clair que soit le texte d'une loi, quelque évident qu'en soit le principe, il n'est pas toujours facile d'en saisir l'esprit, ni d'en connaître toute l'étendue. Aussi, en établissant l'Église, Jésus-Christ a donné aux Apôtres et à leurs successeurs l'autorité pour interpréter sa doctrine, et prononcer sur les controverses concernant le dogme et la morale.

177. On distingue d'abord l'explication de la loi, de l'interprétation proprement dite. L'explication est une espèce d'interprétation fondée sur l'équité ; on l'appelle dans l'école *épikie*, parce qu'elle a pour règle le bon sens, l'équité naturelle. C'est une présomption probable que le législateur n'a pas voulu obliger dans telle ou telle circonstance particulière, où la loi serait nuisible ou trop onéreuse pour les sujets. Ainsi, par exemple, on est dispensé d'entendre la messe le dimanche, lorsqu'on ne peut l'entendre sans danger pour la santé, comme on peut travailler le même jour pour arrêter un incendie, une inondation, ou pour prévenir une perte plus ou moins considérable.

178. L'interprétation proprement dite est ou *authentique*, ou *doctrinale*, ou *usuelle*. La première est ainsi appelée parce qu'elle émane du législateur, ou de son successeur, ou de son supérieur.

---

(1) Décret du 2 mars de l'an 1679.

La doctrinale est celle qui est fondée sur l'explication que les docteurs nous donnent de la loi. L'interprétation *usuelle* est celle qui est consacrée par l'usage.

L'interprétation authentique appartient au législateur. C'est à celui qui a droit de porter une loi de l'interpréter, de la modifier, de l'étendre ou de la restreindre : « Ejus est interpretari legem, « cujus est condere. » Cette interprétation est obligatoire comme la loi ; mais elle n'oblige qu'autant qu'elle est promulguée, à moins qu'il ne s'agisse d'une simple déclaration par laquelle celui qui a porté la loi explique ou fixe lui-même le sens clairement exprimé par le texte. Ici la promulgation n'est point nécessaire, parce que l'interprétation ne peut être regardée ni comme une nouvelle loi, ni comme une modification de la loi (1).

179. L'interprétation doctrinale n'est point obligatoire, mais elle est permise et peut être suivie, quand elle est fondée sur des raisons ou sur des autorités assez graves pour déterminer l'assentiment d'un homme prudent. Elle doit se faire suivant les règles communément reçues et autorisées par le droit.

180. Or, premièrement, pour saisir le sens d'une loi, il faut commencer par la lire en entier, et en rapprocher toutes les parties les unes des autres : « Incivile est, nisi tota lege perspecta, una « aliqua particula ejus proposita, judicare vel respondere (2). »

181. Secondement, les termes de la loi doivent se prendre dans leur sens propre, dans leur sens naturel, ou dans le sens qui est le plus consacré par l'usage ; et si, dans une loi, le législateur a omis d'exprimer une chose essentielle, on peut, on doit même suppléer ce qui a été omis, et étendre la disposition législative à ce qui, suivant le jugement des hommes prudents, était compris dans l'intention du législateur, sans être exprimé dans les termes de la loi : « Quod legibus omissum est, non omittetur religione judican- « tium (3). »

182. Troisièmement, lorsqu'une loi exprime clairement l'intention du législateur, encore qu'il paraisse en résulter quelque inconvénient, il faut présumer que la loi a son utilité générale, qui doit toujours l'emporter sur les difficultés particulières, quand d'ailleurs elle n'est pas manifestement contraire à la religion ou aux lois de l'Église, ou à la justice. « Rationes eorum quæ constituun- « tur inquiri non oportet; alioquin multa ex his quæ certa sunt « subvertuntur (4). »

---

(1) S. Liguori, *de Legibus*, n° 106. — (2) L. XXIV. § de Leg. — (3) L. XIII. § de Test. — (4) L. XXI. § de Leg.

183. Quatrièmement, si une loi qui offre quelque difficulté a rapport à d'autres lois, il faut préférer à toute interprétation celle qui résulte de ces lois. Si une loi nouvelle se rapporte à une loi plus ancienne, elles s'interprètent l'une par l'autre, selon leur fin commune, sur tous les points où la dernière n'a rien de contraire à la première.

184. Cinquièmement, toute loi doit s'étendre à ce qui est essentiel à l'objet qu'elle a en vue. Ainsi, par exemple, la loi qui permet à quelqu'un de se marier lui permet par là même de s'obliger par des conventions matrimoniales.

185. Sixièmement, les lois qui établissent des peines, des inhabilités, telles que celles qui concernent les censures, les irrégularités, les empêchements de mariage, les incapacités en matières civiles, doivent s'interpréter avec tout le tempérament dont elles sont susceptibles, à la différence des lois favorables qui s'interprètent largement : « Odia convenit restringi et favores ampliari (1). » D'après ce principe, comme le décret concernant l'organisation des *fabriques* ne se prononce pas clairement sur l'incapacité pour le maire ou le curé, relativement à la présidence du conseil d'administration, on doit reconnaître que l'un et l'autre peuvent légalement être nommés présidents. De même, et pour la même raison, l'empêchement de mariage qui résulte du *rapt* ne doit pas s'étendre à la *séduction;* car, évidemment, les termes de la loi, *raptor, rapere, rapta,* ne sont point synonymes de *seductor, seducere, seducta.*

186. Septièmement, dans les lois qui autorisent à faire quelque chose, on tire des conséquences du plus au moins. Celui qui, par exemple, a droit de donner ses biens, peut à plus forte raison les vendre. De même, celui qui est autorisé à instituer des héritiers, peut *a fortiori* faire un simple legs. « Non debet cui plus licet, « quod minimum est non licere (2). » Si au contraire la loi défend, on peut tirer des conséquences du moins au plus. Ainsi, celui qui est déclaré indigne de quelque charge ou de quelque honneur, est par là même indigne d'une plus grande charge, d'un honneur plus élevé : « Qui indignus est inferiore ordine, indignus est supe- « riore (3). » Cette extension de la loi du plus au moins, ou du moins au plus, se restreint aux choses qui sont du même genre que celles dont la loi dispose, ou qui sont telles que la loi s'y applique na-

---

(1) Reg. xv. Juris in Sexto. — (2) L. xxi. § de Reg. juris. — (3) Loi iv. § de Senat.

turellement. Mais on ne doit point conclure du plus au moins, ni du moins au plus, quand il s'agit de choses de différents genres, ou qui sont telles que l'esprit de la loi ne peut leur être appliqué : c'est alors le cas de dire que l'on ne doit point argumenter *a pari* ni *a fortiori*.

187. Il est encore plusieurs autres règles pour l'interprétation doctrinale de la loi ; nous avons expliqué les principales, en parlant de la conscience douteuse. Mais de toutes les règles, celle à laquelle il faut surtout faire attention, c'est que rien n'est plus dangereux que de s'arrêter à une règle particulière, si on n'en connaît pas parfaitement l'esprit et l'application. « Omnis definitio (règle) « in jure periculosa. » De là la nécessité pour un curé, un confesseur, d'étudier les différentes règles ou maximes de droit qui ont plus ou moins de rapport à une même question.

188. Quant à l'interprétation *usuelle*, comme elle est fondée sur la coutume, sur un usage général, il suffit de constater cet usage, ou la pratique consacrée par la jurisprudence des tribunaux ecclésiastiques ou civils, par les actes ou les instructions des évêques. Alors la coutume devient une interprétation sûre : « Optima est le-« gum interpres consuetudo (1). »

CHAPITRE XI.

De la Dispense des Lois.

189. La dispense est un acte par lequel le législateur exempte quelqu'un de l'observation d'une loi dans une circonstance particulière, la loi demeurant en vigueur.

La dispense proprement dite, qu'il ne faut pas confondre avec l'interprétation, ne peut être accordée que par le législateur ou par celui qui le représente. « In lege humana, dit saint Thomas, « non potest dispensare, nisi ille a quo lex auctoritatem habet, vel « is cui ipse commiserit (2). »

190. On distingue, relativement à la faculté de dispenser, le pouvoir ordinaire et le pouvoir délégué. Le pouvoir ordinaire est celui qui est attaché à un office, à une dignité. Tel est le pouvoir du Souverain Pontife, pour toutes les lois ecclésiastiques; tel est

---

(1) L. xxxvii. § de Leg. — (2) Sum. part. 1. 2. quæst. 97. art. 4.

aussi le pouvoir des évêques, pour ce qui concerne les statuts et règlements qu'ils ont publiés en faveur de leurs diocèses. Le pouvoir délégué est celui qu'un inférieur reçoit en vertu d'une commission particulière.

191. Le Pape peut, de droit ordinaire, dispenser de toutes les lois canoniques ou ecclésiastiques, même de celles qui ont été faites par les Apôtres. Mais il ne faut pas confondre ces dernières lois avec les lois divines établies par Jésus-Christ, et promulguées par les Apôtres : comme sont, par exemple, les lois touchant le nombre, la matière et la forme des sacrements.

192. Il peut encore dispenser des vœux et des serments, pourvu toutefois que les motifs soient légitimes ; parce que les obligations qui résultent du vœu et du serment, quoique sanctionnées par le droit divin, naissent de la volonté de l'homme. En accordant la dispense, le Pape ne va pas contre le droit divin ; mais il détruit la base de l'obligation, comme à peu près le créancier dispense son débiteur de l'obligation de payer ce qu'il doit, en lui faisant remise de sa dette.

193. Enfin, quoique le chef de l'Église ne puisse, à proprement parler, dispenser relativement aux choses qui dépendent uniquement de la volonté divine, il peut déclarer que la loi de Dieu n'oblige pas dans certains cas particuliers, dans quelques circonstances extraordinaires. Mais alors le Pape explique la loi, et n'en dispense pas.

194. Les évêques ont le droit, en vertu de leur office, de leur dignité, de dispenser, 1° des ordonnances, des statuts qu'ils ont publiés pour leurs diocèses, ainsi que des décrets des conciles de la province ;

2° Des irrégularités, des empêchements de mariage, des vœux réservés, et d'autres cas semblables, quand il n'est pas facile de recourir au Pape, et que le péril est imminent ; le bien général réclame ce droit pour les évêques : « Quando non est facilis aditus « ad Papam, et periculum est in mora ; quia hoc expedit ad com- « mune bonum (1). »

3° Pour tous les cas où l'on doute avec fondement si la dispense est nécessaire ou non ;

4° Pour les cas particuliers qui se présentent fréquemment, relativement aux vœux non réservés, au jeûne, à l'abstinence, à l'observation des fêtes, de l'office divin, et autres obligations de ce genre ;

---

(1) S. Liguori, *de Legibus*, n° 190.

5° Des lois canoniques qui renferment la clause *donec dispensetur;* car cette clause suppose que le Pape leur en laisse la faculté.

195. Mais peuvent-ils dispenser des lois dont la dispense n'est pas expressément réservée? C'est une question controversée parmi les canonistes. Plusieurs docteurs sont pour l'affirmative; d'autres en plus grand nombre, parmi lesquels nous remarquons Benoît XIV (1) et saint Alphonse de Liguori (2), enseignent que les évêques ne peuvent dispenser d'une loi générale que dans le cas où ils ont en leur faveur le droit ou la coutume. On se fonde principalement sur ce principe qui découle de la nature des choses; savoir, qu'un inférieur ne peut dispenser d'une loi portée par une autorité supérieure : « A lege non potest dispensare nisi ille a quo lex auc« toritatem habet, vel is cui ipse commiserit (3). » Nous pensons qu'on ne doit point s'écarter de ce sentiment dans la pratique (4).

196. La faculté de l'évêque, en matière de dispense, est accordée aux vicaires capitulaires, le siége vacant, et aux vicaires généraux, du moins quand leur commission contient à cet égard une délégation spéciale.

197. Les curés, les desservants peuvent aussi dispenser leurs paroissiens, lors même que le recours à l'évêque est facile, soit à l'égard du jeûne et de l'abstinence, soit à l'égard de l'observation des jours de dimanches et de fêtes. Ce droit est consacré par l'usage. Toutefois, le plus souvent, les dispenses dont il s'agit sont plutôt des interprétations de la loi que des dispenses proprement dites. Ils ne dispensent en effet du jeûne et de l'abstinence que ceux à qui leurs infirmités ne permettent pas d'observer la loi ; et ils ne permettent de travailler les dimanches et fêtes de commandement, que lorsque le mauvais temps ou d'autres raisons obligent à se hâter de recueillir les biens de la terre. Le principal effet de ces dispenses est de fixer les doutes que pourraient avoir les fidèles sur la nécessité du travail, ou sur celle de rompre le jeûne ou l'abstinence (5). La permission du curé intervient utilement, quand on doute s'il y a nécessité de travailler le dimanche, ou si l'on peut, sans compromettre sa santé, garder le jeûne ou l'abstinence.

198. Quiconque a le pouvoir ordinaire d'accorder des dispenses,

---

(1) De Synodo, lib. vii. c. 30. — (2) *De Legibus,* n° 191. — (3) S. Thomas, Sum. part. 1. 2. quæst. 97. art. 4. — (4) Voyez Collet, *de Legibus,* cap. vi. art. 2; les Conférences d'Angers, *sur les Lois,* conf. ix. quest. 3. art. 2. — (5) Ibidem.

peut le déléguer à un autre : « Potest quis per alium quod facere « potest per seipsum. » Mais le délégué ne peut subdéléguer, à moins qu'il n'en ait reçu la faculté expresse, ou qu'il n'ait été délégué par le Pape, ou qu'il ne le soit pour l'universalité des causes, *ad universalitatem causarum*. Dans ces trois cas différents, on peut transmettre a un tiers le pouvoir qu'on tient par délégation. Ainsi, par exemple, le curé ou le desservant qui est délégué pour l'administration d'une paroisse vacante, peut se faire remplacer par un autre prêtre pour la célébration des mariages de cette paroisse.

Celui qui a le pouvoir général de dispenser, peut se dispenser lui-même, dans tous les cas où il peut dispenser les autres (1).

199. Quand le pouvoir qu'on a reçu par délégation n'a été transmis que par mode de commission pour un cas particulier, il expire par la mort du délégant, si la chose est encore entière ; si le délégué n'a pas encore fait usage de sa faculté : « Mandatum, re integra, « finitur morte concedentis (2). »

Mais il en est autrement pour la faculté de dispenser, qui est accordée par manière de grâce ; elle ne cesse point par la mort de celui qui l'accorde : « Concessio quam, cum specialem gratiam continet, « decet esse mansuram, non expirat, etiam re integra, per obitum « concedentis (3). » La dignité en vertu de laquelle on accorde une grâce ne meurt point. Ainsi, les indults qui donnent à un évêque la faculté d'absoudre des cas réservés au saint-siège, de dispenser des irrégularités, des vœux, des empêchements de mariage, n'expirent point par la mort du Souverain Pontife. Il en est de même de toute autre concession du même genre, émanée du Pape ou de l'évêque.

200. On ne doit point dispenser sans motifs : toute dispense accordée sans raison est illicite, et de la part de celui qui la donne, et de la part de celui qui en fait usage, à moins qu'il n'y ait bonne foi. Cependant une dispense sans cause, accordée sciemment par celui qui est l'auteur de la loi, ou par son successeur, est valide. Mais il n'en est pas de même des vœux et des serments, dont le Pape même ne peut dispenser validement, sans qu'il y ait une cause légitime : les obligations du vœu et du serment ne dépendent pas, comme les lois canoniques, de la volonté du chef de l'Église. Un inférieur ne peut non plus, en aucun cas, dispenser validement

---

(1) S. Thomas, Sum. part. 2. 2. quæst. 185. art. 5. — (2) Cap. 3. de Offic. Jud. de Leg. — (3) Cap. XXXVI. de Præb. in Sexto.

de la loi qui est portée par un supérieur. « Qui nomine alterius sine
« causa dispensat, dissipat, » dit saint Alphonse de Liguori (1).

201. On doit encore regarder comme nulle la dispense que le
supérieur, que le législateur même accorde par erreur et de bonne
foi, sans aucune raison. On ne doit pas présumer que le législateur
ait voulu dispenser sans une juste cause. La dispense au contraire
est valide, selon le sentiment le plus commun et le plus probable,
lorsqu'il y a des raisons de l'obtenir, quoiqu'on l'accorde contre sa
conscience, jugeant par erreur et sans fondement que la cause n'est
point suffisante ; ce qui est vrai non-seulement du législateur, mais
même de l'inférieur qui a la faculté de dispenser. « Valor dispen-
« sationis non a cognitione causæ, sed ab existentia illius ; sicut va-
« let electio capacis ad beneficium, licet capacitas ignoretur ab
« electore (2). » Il n'en serait pas de même généralement, si l'inférieur dispensait sans cause, fût-il de bonne foi.

202. Dans le doute si une dispense est nécessaire, ou, ce qui
revient au même, quand on doute, soit positivement, soit négativement, si l'on peut agir ou non, sans recourir au supérieur, au
Pape, par exemple, cette démarche n'est point rigoureusement nécessaire ; on a droit d'user de sa liberté, qui possède. Cependant,
il vaudrait mieux, dit saint Alphonse de Liguori, consulter le prélat, afin d'éclaircir ses doutes, ou recevoir la dispense ; car il est
admis que dans le doute un prélat, même subalterne, peut dispenser sans en avoir reçu la faculté spéciale de son supérieur : « Con-
« sultius tamen est tunc adire prælatum qui declaret vel dispenset,
« cum in tali dubio bene possit etiam prælatus inferior dispensare
« sine concessione legislatoris (3). » De même, dans le doute si les
motifs sont suffisants ou non pour la dispense, un délégué peut dispenser, suivant plusieurs docteurs, parce qu'une concession *gra-
tieuse* doit toujours s'interpréter largement (4).

203. Une dispense est nulle quand elle est *obreptice* ou *subreptice*. La dispense obreptice est celle que l'on a obtenue sur un faux
exposé, soit par rapport au fait qu'on a représenté d'une manière
contraire à la vérité, soit par rapport aux raisons qu'on a faussement alléguées. Mais pour que la dispense soit nulle comme obreptice, il est nécessaire que le faux exposé soit la cause finale ou déterminante de la dispense. Elle ne serait point viciée, si la cause
n'était qu'*impulsive.* Elle est *subreptice*, lorsqu'on tait dans la

---

(1) *De Legibus*, n° 180. — (2) S. Liguori, *de Legibus*, n° 181. — (3) Ibidem, n° 192. — (4) Ibidem.

supplique ce qui, suivant le style de la cour romaine, devait être exprimé sous peine de nullité. Dans le doute si la dispense est obreptice ou subreptice, plusieurs docteurs pensent qu'on doit la regarder comme valide, parce que dans le doute les lois se déclarent pour la valeur de l'acte : « In dubio standum est pro valore actus. » C'est aussi le sentiment de saint Alphonse de Liguori (1). La dispense serait encore valide, si l'on exposait plusieurs causes, dont les unes seraient fausses et les autres vraies, pourvu toutefois que celles-ci fussent suffisantes pour légitimer la dispense (2).

204. Les raisons générales qui peuvent motiver une dispense sont : la difficulté qu'il y a d'observer la loi dans telle ou telle circonstance particulière; la piété des personnes qui demandent à être dispensées; les services qu'elles ont rendus ou qu'on attend d'elles dans l'intérêt de l'Église ou de l'État; les aumônes ou subsides qu'on exige, à titre de compensation pour l'infraction de la loi, en faveur des établissements utiles à la religion ou à l'humanité souffrante. Au reste, pour l'appréciation des motifs on doit s'en rapporter à la sagesse de celui qui a droit de dispenser; car souvent, aujourd'hui surtout, les supérieurs ont égard à la dureté des cœurs, et se croient obligés de dispenser d'une loi, uniquement par la crainte d'un plus grand mal.

205. On peut obtenir une dispense pour un tiers, à son insu, et même malgré lui; mais elle ne sortira son effet qu'autant qu'elle aura été acceptée par celui en faveur duquel on l'aura obtenue (3).

La dispense qu'on accorde par crainte est valide, si les motifs de dispense sont légitimes, à moins qu'il ne soit constant que le supérieur n'a pas eu l'intention de dispenser; ce qui ne se présume point. La raison, c'est que la crainte ne détruit point le volontaire. Mais il n'en serait pas de même de la dispense extorquée par la violence (4). Nous ajoutons qu'il ne serait permis, en aucun cas, d'user de la dispense qu'on obtiendrait par suite d'une crainte injuste.

206. On peut faire usage d'une dispense tacite, pourvu qu'on ait lieu de présumer prudemment l'assentiment du supérieur. Ainsi, quand un supérieur voit transgresser une loi, et qu'il garde le silence, quoiqu'il puisse facilement et sans aucun inconvénient réprimer cet abus, on doit présumer qu'il accorde la dispense. Mais cela ne s'applique qu'au présent, *de præsenti*, et non à l'avenir, *de futuro*. Cependant, plusieurs docteurs pensent que rien ne s'op-

---

(1) S. Alphonse de Liguori, *de Legibus*, n° 185. — (2) Ibidem. — (3) Ibidem, n° 186. — (4) Ibidem, n° 184.

pose à ce que dans le cas d'une nécessité urgente, lorsqu'on ne peut recourir au supérieur, on ne puisse alors agir avec la dispense présumée *de futuro* (1). Mais il est aussi simple de dire que, dans le cas dont il s'agit, la loi n'oblige pas.

207. La dispense cesse de trois manières, savoir : par la cessation de la cause, par la révocation de la part du supérieur, et par la renonciation de celui qui a été dispensé. D'abord, une dispense cesse par la cessation de la cause finale, quand cette cause cesse entièrement. Si elle ne cessait qu'en partie, la dispense resterait en vigueur. Dans le doute si la cause finale a cessé, ou si elle a cessé entièrement, la dispense est encore valide, parce qu'elle est en possession. Quant à la cause impulsive, soit qu'elle cesse, soit qu'elle ne cesse pas, elle ne peut faire tomber la dispense (2).

208. La cessation même totale de la cause finale n'entraîne point la cessation d'une dispense, ni quand elle a sorti son effet, ni quand elle a été accordée moyennant une commutation grave, ni enfin quand elle a été donnée absolument, sans aucune condition expresse ou présumée. Dès qu'une fois l'obligation de la loi est levée par une dispense, il est assez probable que cette obligation ne revit pas, à moins que le supérieur ne la fasse revivre. Ainsi, celui qui a obtenu dispense du vœu de chasteté pour se marier, peut contracter un second mariage après la mort de sa première femme, si le rescrit de la dispense ne porte pas expressément qu'elle n'est accordée que pour une seule fois. Mais la dispense du jeûne et de l'abstinence, pour cause d'infirmité, cesse en même temps que l'infirmité; car cette dispense n'est donnée que sous la condition tacite, *si la cause dure* (3).

209. La dispense cesse par la révocation du supérieur qui l'a accordée. Il est tenu de la révoquer s'il a connaissance que la cause finale ait cessé entièrement. Au contraire, il pécherait, mais véniellement, s'il faisait cette révocation sans motif; ce qui toutefois n'empêcherait pas la validité de la révocation (4).

Lorsqu'une dispense est accordée d'une manière absolue, ou jusqu'à la révocation, *donec revocetur*, ou avec cette clause, *ad arbitrium sanctæ sedis*, *episcopi*, elle n'expire point par la mort ni par la démission de celui qui l'a donnée. Elle cesse au contraire, dans le second comme dans le premier cas, si elle a été accordée avec la clause, *donec nobis placuerit, ad arbitrium nostrum* (5).

---

(1) S. Alphonse de Liguori, *de Legibus*, n° 187. — (2) Ibidem, n° 196. — (3) Ibidem. — (4) Ibidem. — Voyez aussi les Conférences d'Angers, *sur les Lois*, conf. x. quest. 4. — (5) S. Liguori, *de Legibus*, n° 197.

210. La dispense cesse par la renonciation de celui qui l'a obtenue, pourvu toutefois que cette renonciation ait été acceptée par celui qui a accordé la dispense. Autrement le dispensé peut toujours en jouir, encore qu'il n'en ait jamais fait usage (1).

Ce que nous avons dit de la dispense, comme motif d'excuse pour celui qui n'observe pas la loi, s'applique au privilége qui, par une grâce spéciale et permanente, met quelqu'un, sur un point particulier, hors du droit commun. Le privilége s'interprète plus ou moins largement, suivant les circonstances et la nature des choses qui en sont l'objet.

CHAPITRE XII.

De la Cessation des Lois.

211. Une loi perd sa force obligatoire, quand la fin adéquate ou totale de cette loi a cessé, quand elle est devenue sans objet pour ceux qu'elle concerne : « Cessante causa, cessat effectus. » Dans le doute, on doit se déclarer pour la loi, parce qu'elle est en possession.

Si la fin ne cesse que pour un cas particulier, la loi demeure obligatoire, à moins qu'elle ne devienne nuisible ou moralement impossible dans le cas dont il s'agit. Il est vrai que plusieurs docteurs pensent que la loi qui est inutile pour tel ou tel particulier, n'oblige pas ; mais nous préférons l'opinion contraire, à raison du danger qui existe généralement pour tous de se faire illusion : « Licet esset finis damni in casu particulari, non tamen cessat finis « periculi in communi. » Ainsi s'exprime saint Alphonse de Liguori. Cependant, continue le même docteur, s'il arrivait que quelqu'un fût complétement assuré qu'il n'y a pas de danger pour lui, nous n'oserions l'empêcher absolument de suivre l'opinion qui lui est favorable. Mais ce cas ne peut arriver que très-rarement (2).

212. Pour ce qui est de la lecture des livres défendus, elle est certainement illicite pour tous, bien que telle ou telle personne en particulier regarde comme certain qu'elle ne saurait lui être nui-

---

(1) S. Alphonse de Liguori, Theol. moral., *de Legibus*, n° 197. — (2) Ibid., n° 199.

sible; car la fin adéquate de la prohibition n'a point cessé (1). Néanmoins, pour la pratique, nous pensons qu'un confesseur ne doit point inquiéter les pénitents qui lisent de bonne foi certains livres prohibés, dont la lecture ne paraît pas dangereuse.

213. Une loi cesse en partie par la dérogation; elle cesse entièrement par l'abrogation : « Derogatur legi, cum pars ejus detrahi« tur; abrogatur, cum prorsus tollitur (2). » C'est au législateur à déroger aux lois qu'il a établies, ou à les abolir entièrement : « Per « quascumque causas res nascitur, per eas et dissolvi potest (3). » Un inférieur ne peut jamais abroger une loi qui vient de plus haut : « Lex superioris per inferiorem tolli non potest (4) »

214. Une loi peut être abrogée de plusieurs manières. Elle est abrogée par une loi postérieure qui en casse et annule expressément les dispositions. On doit la regarder encore comme abrogée, lorsque le législateur publie une autre loi qui contient des dispositions opposées.

Il n'est pas nécessaire qu'il fasse connaître, par une clause particulière, que son intention est d'abroger la première. Cependant, le législateur n'est pas censé vouloir abroger, par une loi générale, ni les lois particulières, ni les coutumes locales, à moins qu'il ne le déclare expressément par cette clause, *nonobstant toute loi ou coutume particulière* : « Non censetur abrogata consuetudo speciali « lege, quia præsumitur ignarus talis consuetudinis (5). »

215. Enfin, une loi peut être abrogée ou modifiée par la coutume, lors même que la loi renfermerait la clause, *nonobstant toute coutume contraire*. Cette clause ne regarde que les coutumes passées, et non les coutumes qui peuvent s'établir à l'avenir. Si la loi comprend les coutumes futures, il faudrait l'entendre des coutumes qui seraient contraires à la loi divine naturelle ou positive (6).

216. Mais la coutume n'abroge une loi qu'autant qu'elle est généralement reçue pendant un certain temps; qu'elle n'est point contraire au droit divin; et que, eu égard aux circonstances des temps et des lieux, et à la disposition des esprits, on peut juger prudemment qu'elle est plus utile, plus conforme au bien général que la loi même. On reconnaît surtout que la chose en est là, lors-

---

(1) S. Alphonse de Liguori, *de Legibus*, n° 199. — Mgr Bouvier s'exprime comme S. Liguori, *de Legibus*, cap. vi. art. 3. — (2) L. c. ii. § de Verb. signif. — (3) I. Reg. Juris in Sexto. — (4) Clement. *De Elect.* — (5) C. I. de Consuet. in Sexto. — (6) S. Alphonse de Liguori, Guide du Confesseur des gens de la campagne, *des Lois*, n° 27.

que ni le législateur, ni ceux qui sont chargés de faire exécuter une loi, ne tiennent plus à son exécution.

Dans le doute si la loi est abrogée par l'usage, on doit se comporter comme si elle était encore en vigueur; car la loi possède : « Melior est conditio possidentis. »

TRAITÉ DES PÉCHÉS.

CHAPITRE PREMIER.

De la Notion du Péché.

217. Le péché est une désobéissance à la loi de Dieu, une transgression libre d'une loi divine. « Peccatum est prævaricatio legis di- « vinæ, cœlestium inobedientia præceptorum (1). » Il n'y a pas de péché qui ne soit contre quelque commandement de Dieu : ce qui n'empêche pas que les fautes contre les lois humaines, soit ecclésiastiques, soit civiles, ne soient de véritables péchés; car, comme le dit l'Apôtre, on ne peut résister aux puissances qui sont chargées du gouvernement spirituel ou temporel de la société, sans résister à l'ordre de Dieu : « Qui resistit potestati, Dei ordinationi « resistit (2). »

218. On distingue le péché *originel*, que nous apportons en naissant; le péché *actuel*, que nous commettons nous-mêmes par un acte de notre propre volonté; le péché mortel et le péché véniel; les péchés de pensée, de désir, de parole, d'action et d'omisssion; les péchés de faiblesse et les péchés de malice; les péchés capitaux et les péchés non capitaux. Il n'entre pas dans notre plan de parler du péché originel, ni de la partie dogmatique du péché actuel.

219. Le péché n'est imputable, n'est une offense de Dieu, une vraie désobéissance, qu'autant qu'il réunit toutes les conditions requises pour un acte humain. Par conséquent, tout ce qui détruit le volontaire ou le libre arbitre excuse de tout péché, comme aussi tout ce qui les affaiblit diminue proportionnellement la malice de nos fautes. Ainsi, ce que l'on fait par erreur, quand l'erreur est

---

(1) S. Ambroise, *de Parad.*, c. 8. — (2) Rom. c. 13. v. 2.

moralement invincible, ne peut nous être imputé. Ce n'est point un péché, ou ce n'est, comme on dit dans l'école, qu'un péché *matériel*. Il en est de même des mouvements indélibérés, que la scolastique appelle *motus primo primi*. Quant aux mouvements qui se font avec une demi-connaissance, tels sont, par exemple, les mouvements d'un homme à demi endormi, ou ils ne sont point imputables, ou ils ne le sont qu'à titre de péchés véniels. Mais les actes délibérés, dont l'entendement aperçoit pleinement la malice, au moins confusément, et auxquels la volonté consent librement, sont certainement des péchés, péchés mortels en matière grave.

220. Pour se rendre coupable, il ne suffit pas de savoir que l'action que l'on fait est défendue, qu'elle est moralement mauvaise; outre cette connaissance, il faut qu'il y ait advertance de la part de celui qui agit, c'est-à-dire, comme le mot l'indique, l'attention par laquelle on remarque la qualité morale de son action, sa bonté ou sa malice. Un fidèle, par exemple, mange de la viande un vendredi, sans se rappeler que c'est un jour d'abstinence. Dans ce cas, ce n'est point l'ignorance de la loi qui l'excuse; mais bien l'inadvertance, l'oubli, le défaut d'attention sur l'acte qu'il fait présentement. Il en serait de même de celui qui, par inadvertance, laisserait passer l'heure de la messe un jour de dimanche, et se trouverait dans l'impossibilité de l'entendre. Il ne pécherait point. Il ne faut donc pas confondre l'ignorance avec l'inadvertance, quoique les résultats dans la pratique en soient les mêmes de part et d'autre (1).

221. On distingue l'advertance *actuelle*, l'advertance *virtuelle*, et l'advertance *interprétative*. La première caractérise le volontaire direct; la seconde, le volontaire indirect. L'advertance interprétative n'est autre chose que la faculté de remarquer la malice de l'acte, que l'on remarquerait en effet, si la pensée s'en présentait à l'esprit. Les théologiens qui prétendent qu'elle suffit pour un acte humain, pour le volontaire indirect, la font consister en ce que celui qui ne remarque pas la malice de l'acte *peut* et *doit* la remarquer. Mais cette espèce d'advertance n'est point une advertance proprement dite; car elle ne suppose aucune attention, aucune idée même confuse de la malice de l'acte, ni pour le moment où l'on agit, ni pour le moment où l'on a posé la cause d'où l'acte s'ensuit.

---

(1) Collet, Billuart, le P. Antoine, Bailly, la Théologie de Poitiers, les Conférences d'Angers, *sur les Péchés;* S. Liguori, *de Peccatis*, n° 1, etc.

222. Le péché même mortel n'exige pas nécessairement l'advertance actuelle de la malice de l'acte, pour le moment où l'on transgresse une loi. Car il peut arriver, comme il arrive en effet, qu'une action soit formellement mauvaise et imputable à péché, sans que celui qui en est l'auteur la reconnaisse présentement comme telle. Ce qui a lieu, quand on viole une loi par suite, ou d'une ignorance moralement vincible et coupable ; ou d'une passion, d'une habitude volontaire dans sa cause ; ou de l'inconsidération avec laquelle on se porte à un acte, malgré le doute ou le soupçon qu'on a sur la malice de cet acte, ou au moins sur le danger qu'il y a de faire une chose sans examiner si elle n'est point contraire à la loi. Par conséquent, l'advertance virtuelle, qui est suffisante pour le volontaire indirect, suffit par là même pour pécher même mortellement.

223. Mais un péché ne peut être imputable qu'autant que l'advertance de la part de celui qui le commet est au moins virtuelle. L'advertance interprétative ne suffit pas pour le rendre formel. Ce sentiment nous paraît plus probable que le sentiment contraire, et nous pensons qu'on peut l'adopter dans la pratique. En effet, un acte ne nous est imputé qu'autant qu'il est directement ou indirectement volontaire. Or, pour qu'un péché soit indirectement volontaire, il est nécessaire que l'acte qui en est l'objet ait été prévu, *saltem in confuso,* comme le dit saint Alphonse de Liguori (1), ou, ce qui revient au même, que celui qui pose la cause ait quelque idée, une idée au moins confuse, et de la liaison qui se trouve entre cette cause et l'effet, et de la malice de l'effet qui doit probablement en résulter. Pour imputer à quelqu'un l'effet d'une cause, il faut qu'une certaine connaissance actuelle de la malice de l'objet ait précédé, du moins dans le principe, de manière que, par suite du volontaire direct, l'effet devienne indirectement volontaire (2). D'ailleurs, l'advertance interprétative suppose, dans le système contraire, l'obligation et par là même la possibilité, pour celui qui agit, de remarquer la malice de l'acte et de ses suites. Mais comment la remarquer, si elle ne se présente pas à l'esprit ? Et comment s'y présentera-t-elle, s'il y a absence de toute advertance actuelle ; si celui qui agit n'a pas même la pensée de l'obligation d'examiner ce qu'il fait ; s'il n'éprouve aucun doute, aucun soupçon, soit relativement à cette obligation, soit relativement au danger qu'il peut y avoir à poser telle ou telle cause ? « Deficiente omni « advertentia expressa, non est potentia (*moralis et relativa*) ad-

---

(1) S. Liguori, *de Act. hum.* n° 10. — (2) S. Liguori, *de Peccatis,* n° 4

« vertendi, et ideo nec obligatio, cum, nulla obligatio liget, nisi
« prius quodammodo agnoscatur (1). »

224. Concluons donc avec le même docteur que, pour pécher mortellement, il faut toujours être actuellement éclairé sur la malice de l'acte, ou sur le danger de pécher, ou sur l'obligation de s'enquérir de ce danger, à moins qu'on ne l'ait aperçu dans le principe, quand on a posé la cause de l'acte subséquent (2).

225. Le consentement libre de la volonté est également nécessaire pour le péché. Il n'y a pas de péché qui n'ait la volonté pour principe : « Voluntas est principium peccatorum, » dit saint Thomas (3). Mais il suffit que le consentement soit indirect, c'est-à-dire que l'acte soit volontaire dans sa cause; ce qui a lieu quand celui qui agit prévoit, au moins confusément, les suites mauvaises de son action.

226. La volonté peut agir, relativement à l'objet qui lui est proposé par l'entendement, de trois manières différentes : 1° en consentant positivement au péché; 2° en résistant positivement; 3° en ne consentant ni ne résistant, mais en demeurant neutre, *negative se habendo*. Or, on pèche en consentant positivement; mais on ne pèche point en résistant, quand la résistance est positive et absolue. Quant à celui qui demeure neutre ou passif, sans résister ni consentir positivement aux mouvements de l'appétit sensuel vers un objet qui est matière pour le péché mortel, les uns prétendent qu'il pèche mortellement; d'autres pensent qu'il ne pèche pas; mais cette opinion est communément rejetée : suivant plusieurs docteurs, il pèche; mais son péché n'est que véniel, si d'ailleurs le danger du consentement n'est pas prochain. C'est le sentiment de saint Alphonse de Liguori (4).

227. Mais lorsqu'il s'agit de délectations charnelles, nous sommes obligés, sous peine de péché mortel, de résister positivement, parce que ces mouvements, quand ils sont violents, peuvent facilement entraîner le consentement de la volonté, si elle ne résiste pas positivement (5).

Cependant, il est des cas où il suffit de ne pas consentir à la tentation, aux mouvements charnels. Ainsi, par exemple, il vaut mieux les mépriser que de résister positivement, quand on sait par expé-

---

(1) S. Liguori, *de Peccatis*, n° 4. — (2) Ibid., Guide du Confesseur des gens de la campagne, *des Péchés*, n° 1. — (3) Sum. part. 1. 2. quæst. 74. art. 1. — (4) *De Peccatis*, n° 6. — (5) S. Liguori, ibid., n° 7; Collet, *de Peccatis*, etc., etc.

rience que la résistance ne sert qu'à les exciter et à les rendre plus forts.

CHAPITRE II.

Des différentes Manières de commettre le Péché.

228. On peut commettre le péché par pensée, par désir, par parole, par action et par omission. « Peccatum, dit saint Augustin, « est dictum vel factum, vel concupitum contra legem Dei æter- « nam (1). » Ce qui s'applique au péché d'omission comme au péché d'action; car celui qui omet de faire ce qu'il est obligé de faire fait par là même ce qu'il ne doit pas faire : « Pro eodem accipien- « dum est dictum et non dictum, factum et non factum (2). »

229. Pour les péchés de pensée, on distingue la délectation morose, *delectatio morosa*; le désir, la joie ou la complaisance. La délectation regarde le temps présent; elle a lieu lorsque la personne se figure la consommation réelle du péché, et se délecte comme si elle l'exécutait. Une pensée ne devient moralement mauvaise que par le plaisir qu'on y prend et par le consentement qu'on y donne. Le plaisir ne suffit pas, il faut de plus qu'il y ait advertance et consentement de la volonté. Mais la délectation peut être criminelle, sans être accompagnée d'aucun désir. Si on l'appelle morose, ce n'est pas qu'il faille une longue durée pour en faire un péché, car un instant suffit; mais parce que la volonté s'arrête à une pensée mauvaise, *immoratur*, avec plaisir et de propos délibéré, avec consentement. Si la volonté va jusqu'au désir, il y a un péché de plus.

230. Il y a péché de désir, quand on souhaite de consommer l'acte qui est l'objet d'une pensée mauvaise. Ainsi le désir se porte vers l'avenir. Le désir est *efficace* ou *inefficace* : il est efficace, lorsqu'on prend les moyens propres à son exécution; il est inefficace, quand, sans se proposer de l'exécuter, on consent à son exécution pour le cas où elle serait possible. Exemple : *Si je pouvais m'emparer des trésors de l'Église, je m'en emparerais.* La joie

---

(1) Lib. xxii. contra Faustum, c. 27. — (2) S. Thomas, Sum. part. 1. 2. quæst. 71. art. 6.

ou la complaisance concerne le passé; il y a péché de complaisance de la part de celui qui se complaît dans le souvenir du mal qu'il a fait.

231. Le plaisir, la délectation qu'on éprouve à l'occasion des mauvaises pensées, n'est pas toujours un péché. En effet, il faut distinguer la délectation qui vient de l'acte mauvais, et la délectation qui vient de la pensée même de cet acte. La première est coupable, et même très-coupable en matière grave. La seconde, au contraire, ne peut être un péché que quand il y a danger prochain du consentement. Un médecin, par exemple, un confesseur, un avocat obligé par état de s'instruire des matières les plus délicates, peut lire tout ce qui lui est nécessaire à cette fin. Le plaisir, la délectation qu'il éprouve dans cette étude n'est point mauvaise, pourvu que la volonté résiste au mal qui se présente à son esprit (1).

232. De même, il peut arriver qu'on s'occupe avec plaisir de la manière singulière dont une chose se passe, sans se rendre coupable d'aucun péché, sans consentir au mal qu'elle renferme : ce qui arrive même aux personnes les plus timorées. Quoiqu'elles n'approuvent pas le fait, elles ne peuvent s'empêcher de s'amuser de certaines circonstances qui l'accompagnent. On apprend un larcin; la manière dont il s'est fait est si fine et si adroite, qu'on en entend et on en fait le récit avec plaisir, sans néanmoins approuver le tort fait au prochain, ni l'offense faite à Dieu. Un bon mot, quoique sur une matière délicate, échappe à quelqu'un; le ton avec lequel il est dit, la manière dont il est tourné, vous frappe et vous fait sourire. Ce plaisir que vous éprouvez, n'ayant point pour objet le mal, mais des circonstances étrangères à sa nature, est un plaisir excusable, et ne doit point se confondre avec la délectation morose (2).

233. Les péchés de pensée, de désir, de complaisance contractent-ils les différentes espèces de malices contenues dans l'objet? Cela n'est point douteux pour ce qui concerne les péchés de désir ou de complaisance : « Nulli dubium committi adulterium, quoties-
« cumque habeatur gaudium seu complacentia de copula habita,
« vel desiderium de copula habenda cum conjugata, quia tunc vo-
« luntas amplectitur totum objectum pravum cum omnibus suis
« circumstantiis, nec ab illis præscindere potest, ideoque castitatem

---

(1) S. Liguori, *de Peccatis*, n° 17; S. Thomas, Sum. part. 1. 2. quæst. 74. art. 8. — (2) Ibid., n° 18; les Conférences d'Angers, *sur les Péchés*, conf. v. quæst. 1; Collet, *de Peccatis*, part. 1. c. iv. art. 2, etc., etc.

« et justitiam lædit. Item, si quis delectetur de copula sodomica.
« Item, si persona quæ delectatur sit voto castitatis obstricta; etiam
« contra votum peccat (1). »

234. En est-il de même de la simple délectation? Plusieurs docteurs l'affirment, plusieurs autres le nient. Suivant le sentiment de ces derniers : « Si quis delectatur de copula cum nupta, non qua
« nupta, sed qua muliere pulchra, non contrahit malitiam adul-
« terii; circumstantia enim adulterii tunc non intrat in delectatio-
« nem; idcirco tantum castitas, non justitia læditur. » Saint Alphonse de Liguori regarde ce sentiment comme très-probable, *valde probabilis;* cependant il pense que, quoiqu'il n'y ait pas, à raison de la délectation, obligation de déclarer la circonstance de l'adultère, on doit, dans la pratique, faire connaître cette circonstance, à raison du danger très-prochain qu'entraîne la délectation (2).

235. Num licet sponsis et viduis delectari de copula futura vel præterita? Alii volunt hanc delectationem ipsis esse licitam, modo delectentur appetitu rationali, non autem carnali; quod in praxi vix admitti potest, cum delectatio carnalis ut plurimum rationali adnectatur. Alii autem verius dicunt, etiam secluso periculo delectationis sensitivæ, quamcumque delectationem voluntatis in sponsis et viduis de copula futura vel præterita esse illicitam. Idcirco hortandi sunt sponsi et vidui, ut sedulo a se avertant hujusmodi turpes cogitationes (3).

236. An conjugibus licet delectari de copula, si alter conjux sit absens? Negant alii, saltem quando delectatio habetur cum commotione spiritum; quia dicunt talem commotionem non esse conjugibus licitam, nisi ordinetur proxime ad copulam. Alii docent licitum, aut saltem non graviter illicitum esse conjugibus delectari, etiam carnaliter, de copula habita vel futura, modo tamen absit periculum pollutionis. Ratio est, quia, ut aiunt, status matrimonii hæc omnia licita reddit; alias status matrimonialis nimiis scrupulis esset obnoxius. Quidquid sit, moneat conjuges confessarius, in quantum prudentia suggerit, ne, alterutro absente, immorentur in cogitatione copulæ futuræ vel præteritæ, propter periculum pollutionis quod ex illa naturaliter oritur.

237. Pour ce qui regarde le péché de désir, on s'en rend coupable toutes les fois qu'on désire, purement et simplement, de faire une chose mauvaise, un acte contraire à la loi; et le péché est plus

---

(1) S. Liguori, *de Peccatis*, n° 15. — (2) Ibidem. — (3) Ibidem, n° 24.

ou moins grave, suivant la nature de l'objet. Mais parce que le désir peut être conditionnel, il faut distinguer. Dans les choses qui ne sont prohibées que par une loi positive, il est permis de désirer un objet mauvais, sous la condition qu'il ne soit point défendu, et que la possession en devienne légitime. Ainsi, celui-là ne pécherait pas, qui dirait : *Je mangerais volontiers de la viande le vendredi, s'il n'y avait pas de loi qui le défendît; je ne me confesserais pas, si la confession n'était point commandée.* Il en est de même à l'égard des choses défendues par la loi naturelle, lorsque la condition détruit la malice de l'objet. Celui qui, par exemple, dirait, *Si Dieu me le permettait, je prendrais le cheval de Titius*, ne pécherait pas, du moins mortellement. Toutefois, ces sortes de désirs ne sont pas toujours exempts de tout péché véniel; car communément ils sont dangereux, ou au moins oiseux : « Ordinarie « hujusmodi desideria non excusantur a veniali, cum communiter « sint periculosa, aut saltem otiosa (1). »

238. Mais il en serait autrement, si la condition ne détruisait point la malice de l'objet. Par exemple, si l'on disait : *Je pécherais, s'il n'y avait pas d'enfer; je tuerais mon ennemi, si je pouvais le faire impunément; j'empoisonnerais un tel, s'il n'était pas prêtre;* dans ces différents cas, on pécherait certainement; et le péché serait évidemment mortel. On pécherait encore en disant : *Si ce n'était pas un péché, je blasphémerais, je mentirais;* parce que le blasphème et le mensonge étant absolument et intrinsèquement mauvais, on ne peut par aucune supposition les séparer de leur malice.

239. Il n'est pas permis de se réjouir d'une chose essentiellement mauvaise, à cause des avantages qui en sont résultés, soit qu'il y ait eu, soit qu'il n'y ait pas eu péché dans l'action. Le pape Innocent XI a condamné la proposition suivante : « Licitum est filio gaudere de « parricidio parentis a se in ebrietate perpetrato, propter ingentes « divitias inde ex hæreditate consecutas (2). »

240. Cependant il est permis, absolument parlant, de se réjouir non de l'action mauvaise, mais de ses résultats, comme, par exemple, de l'acquisition d'un héritage par suite d'un homicide. « In « quocumque casu tamen licet, per se loquendo, cuique delectari « non de casu, sed de effecto secuto, nempe de exoneratione causata « a pollutione etiam voluntaria, vel de consecutione hæreditatis « ob homicidium, modo causa detestetur (3). » Mais ce plaisir,

_____
(1) S. Liguori, *de Peccatis*, n° 13. — (2) Décret de l'an 1679. — (3) S. Liguori, *de Peccatis*, n° 20.

cette joie qu'on éprouve dans les cas dont il s'agit, n'est pas toujours sans danger : « Hujusmodi delectationes aliquando non ca- « rent periculo (1). »

241. On ne doit point désirer le mal du prochain, ni se réjouir du mal qui lui arrive, à cause des avantages temporels qu'on peut en tirer. Le saint-siége a censuré les deux propositions suivantes : « Si cum debita moderatione facias, potes absque peccato mortali « de vita alicujus tristari, et de illius morte naturali gaudere, illam « inefficaci affectu petere et desiderare ; non quidem ex displicentia « personæ, sed ob aliquod temporale emolumentum. — Licitum est « absoluto desiderio cupere mortem patris, non ut malum, sed ut « bonum cupientis, quia nimirum ei obventura est pinguis hære- « ditas (2). » En effet, suivant l'ordre de la charité, nous devons préférer la vie du prochain aux avantages temporels que sa mort peut nous procurer. Mais s'il meurt, il nous sera permis de nous réjouir de l'héritage qui nous en reviendra, pourvu qu'on ne se réjouisse point de sa mort.

242. Il est permis de désirer un mal temporel à quelqu'un, ou pour son plus grand bien, ou en faveur de l'innocent, ou pour le bien général de l'Église, de l'État : « Potest aliquis, dit saint Tho- « mas, optare malum temporale alicui, et gaudere, si contingit; « non in quantum est malum illius, sed quantum est impedimentum « malorum alterius quem plus tenetur diligere, vel communitatis, « aut Ecclesiæ. Similiter de malo etiam ejus qui in malum tempo- « rale incidit, secundum quod per malum pœnæ impeditur fre- « quenter malum culpæ ejus (3). »

243. On pèche par parole, en tenant des discours contre la foi, contre la religion, la charité, la justice ; en se permettant, par exemple, le blasphème, la médisance, la calomnie, le mensonge, le parjure. Les péchés de parole sont mortels, en matière grave, quand ils se commettent avec une pleine advertance.

244. Il y a péché d'action, quand on fait ce qui est défendu ; et péché d'omission, quand on ne fait pas ce qui est commandé. « Peccatum potest contingere, sive aliquis faciat quod non debet, « sive non faciat quod debet (4). »

Il ne peut y avoir péché d'omission sans qu'il y ait un acte de la volonté. L'omission doit donc être volontaire, mais elle peut

---

(1) S. Liguori, *de Peccatis*, n° 20. — (2) Décret d'Innocent XI, de l'an 1679. — (3) In 3. Sentent. dist. 30. quæst. art. 1. — S. Liguori, *de Peccatis*, n° 21. — (4) S. Thomas, Sum. part. 1. 2. quæst. 71. art. 5.

l'être directement ou indirectement, en elle-même ou dans sa cause. Lorsqu'elle est volontaire dans sa cause, elle est imputable dès le moment que la cause a été posée. Ainsi, par exemple, celui qui s'enivre, prévoyant que l'ivresse lui fera manquer la messe, est obligé de confesser le péché d'omission auquel il a consenti, dans sa cause, quand bien même il arriverait qu'il pût entendre la messe, et qu'il l'entendît en effet.

245. Les actions qui accompagnent simplement l'omission d'un devoir sans y contribuer en rien, demeurent absolument étrangères à cette omission. Par conséquent, si elles ne sont point moralement mauvaises de leur nature, elles ne deviennent nullement répréhensibles pour avoir accompagné l'omission, et l'omission n'en est ni plus ni moins grave. Mais il n'en serait pas ainsi si elles étaient la cause ou le principe de l'omission. Celui, par exemple, qui omettrait la messe un jour de dimanche, pour aller à la chasse ou pour jouer, devrait se confesser non-seulement d'avoir omis la messe, mais d'avoir joué ou chassé pendant la messe, parce que le jeu ou la chasse, étant la cause d'une omission grave, est devenu pour lui un péché mortel (1).

246. Quand on transgresse une loi, par suite d'une erreur, d'une ignorance qui n'excuse pas entièrement du péché, ou en succombant à une forte tentation, le péché s'appelle péché de *faiblesse*. Si au contraire on se porte au mal sciemment, de soi-même, par le pur choix de la volonté, le péché est alors un péché de *malice*. Le péché de faiblesse n'est pas toujours véniel; il peut être mortel.

L'homme a des devoirs à remplir envers Dieu, envers le prochain et envers lui-même. De là, la distinction des péchés envers Dieu, envers le prochain et envers nous-mêmes. Toutefois, il ne peut y avoir de péché qui ne soit contre Dieu, puisqu'il n'y a pas de péché qui ne soit une transgression plus ou moins directe de quelque loi divine, naturelle ou positive.

(1) S. Liguori, *de Peccatis*, nos 9 et 10.

CHAPITRE III.

De la Distinction des Péchés.

247. Les péchés se distinguent les uns des autres ou par l'espèce qui leur est propre, ou par le nombre qui les multiplie : de là, comme s'exprime l'école, la distinction spécifique et la distinction numérique des péchés.

ARTICLE I.

De la Distinction spécifique des Péchés.

248. En général, la différence spécifique des péchés se tire de la nature de l'acte moralement mauvais. L'hérésie, par exemple, le désespoir, le blasphème, la calomnie, le mensonge, sont évidemment des péchés d'espèces différentes. Deux vols au contraire, dont l'un est d'un franc, et l'autre de cent francs, sont deux péchés d'une seule et même espèce : le plus ou le moins ne change point la nature d'un acte.

249. Mais lorsqu'il s'agit de fixer d'une manière précise le principe de la diversité spécifique des péchés, les théologiens ne s'expliquent pas d'une manière uniforme, quoiqu'ils s'accordent, généralement, à nous donner comme spécifiquement distincts les péchés qui sont réellement d'espèce différente.

On reconnaît que les péchés diffèrent les uns des autres quant à l'espèce, premièrement, quand ils sont opposés à différentes vertus : ainsi, l'hérésie, le désespoir, le blasphème, sont des péchés distincts par l'espèce, parce qu'ils sont opposés à différentes vertus ; savoir, l'hérésie à la foi, le désespoir à l'espérance, le blasphème à la religion. Secondement, quand ils sont opposés à différentes fonctions d'une même vertu. A ce titre, le vol et l'homicide, quoique opposés à une même vertu, à la vertu de justice, sont néanmoins des péchés d'une nature différente. Il en est de même de l'idolâtrie, de la superstition, du blasphème et du sacrilége, qui sont autant de péchés spécifiquement distincts, étant contraires à différents offices de la vertu de religion. Troisièmement, quand ils sont opposés à une même vertu, mais en sens contraire. C'est ainsi que le désespoir et la présomption, l'avarice et la prodigalité, forment différentes espèces de péché. Quatrièmement, les péchés sont encore distincts quant à l'espèce, quand ils sont opposés à une même vertu d'une manière différente, quoique non contraire : tels sont, relativement à la vertu de justice, le vol simple, *furtum*, et la rapine, *rapina*.

250. Il arrive assez souvent qu'un seul et même acte se trouve opposé à différentes vertus, et contienne plusieurs espèces de péchés. Ainsi, par exemple, celui qui, étant obligé par vœu de jeûner tous les vendredis de carême, vient à y manquer, pèche tout à la fois et contre la vertu de religion qui l'oblige d'observer son vœu, et contre la vertu de tempérance qui nous oblige particulièrement pendant ce saint temps. Il est donc important d'avoir égard aux différentes circonstances qui changent l'espèce du péché, ou qui, sans en changer l'espèce, en aggravent ou diminuent plus ou moins la malice.

251. Les circonstances changent l'espèce du péché, lorsqu'elles lui impriment un nouveau caractère de malice qu'il n'a pas par lui-même. C'est ainsi, par exemple, que la circonstance de la personne avec laquelle on commet le péché de fornication peut y ajouter, et y ajoute en effet la malice de l'injustice, si cette personne est mariée; ou celle de sacrilége, si elle est consacrée à Dieu. Les circonstances aggravantes sont celles qui, sans changer la nature ou l'espèce du péché, en rendent plus grave la malice. Le même vol, quoique plus grave à l'égard du pauvre qu'à l'égard du riche, peut cependant n'être qu'un simple vol.

252. Les différentes circonstances qui peuvent modifier la nature ou la malice du péché, sont renfermées dans le vers suivant :

Quis, quid, ubi, quibus auxiliis, cur, quomodo, quando?

Quis : ce terme signifie l'état, l'âge, la condition de la personne qui agit, les engagements particuliers qu'elle peut avoir contractés. En effet, il est des choses qui ne sont permises, prescrites ou défendues qu'à certaines personnes, qui ne sont interdites qu'à un certain âge.

Quid, exprime certaines qualités accessoires, qui différencient et caractérisent l'acte que l'on fait. On commet un vol; la chose volée est-elle une chose sacrée ou profane? Est-elle considérable, ou de peu de valeur?

Ubi : est-ce dans un lieu sacré ou dans un lieu profane que le crime a été commis? Cette circonstance va quelquefois jusqu'à changer l'espèce du péché, en lui donnant un nouveau caractère de malice qu'il n'aurait pas ailleurs. Par exemple, la sainteté d'un lieu consacré au culte ajoute la malice du sacrilége au vol, au meurtre, à la fornication, à l'adultère.

Quibus auxiliis : quels sont les moyens qu'on a employés pour faire une action? S'est-on servi de moyens illicites, superstitieux? Avait-on des complices?

Cur : c'est la fin qu'on s'est proposée. Elle influe singulièrement sur la nature des actes humains bons ou mauvais.

Quomodo : comment a-t-on agi? Est-ce avec ignorance, ou avec pleine connaissance? Est-ce avec violence?

Quando : ce terme exprime le temps où l'action a été faite. On s'accuse d'avoir été au cabaret le dimanche. Est-ce pendant les offices divins?

253. Il est certain qu'on doit déclarer en confession toutes les circonstances qui changent l'espèce du péché : le concile de Trente est exprès (1). Le pénitent est également obligé de répondre exactement, et toujours conformément à la vérité, aux questions que le confesseur croit devoir lui faire, pour assurer l'intégrité de la confession (2).

Mais est-on obligé de faire connaître les circonstances notablement aggravantes, c'est-à-dire celles qui, sans changer l'espèce du péché, en aggravent ou augmentent notablement la malice? C'est une question controversée; les uns sont pour l'affirmative (3); les autres (4), parmi lesquels nous remarquons saint Thomas (5) et saint Alphonse de Liguori (6), soutiennent la négative, et enseignent que, généralement, on n'est point obligé de confesser les circonstances dont il s'agit.

254. Comme cette question doit être examinée ailleurs, nous nous contenterons de faire observer que, l'obligation de déclarer en confession les circonstances notablement aggravantes n'étant point certaine, le confesseur peut, sans compromettre son ministère, se borner aux interrogations qu'il juge nécessaires pour connaitre les circonstances qui changent l'espèce du péché. Nous ajouterons même que la prudence le demande; du moins quand il s'agit des interrogations qui concernent le sixième précepte et les obliga-

---

(1) Sess. xiv. cap. v. — (2) Benoît XIII, *Instruction pour les enfants qui se préparent à la première communion ;* voyez le concile de Rome, de l'an 1725. — (3) Voyez Suarez, Billuart, Collet, Bailly, etc. — (4) Voyez Tolet, de Lugo, Bonacina, Lessius, etc. — (5) In 4. Sentent. dist. 16. quæst. 3. art. 2. quæst. 5, etc. — (6) Voyez sa Théologie morale, *de Pœnitentia,* n° 468.

tions des époux; car, sur ce point, il vaut beaucoup mieux, toutes choses égales d'ailleurs, rester en deçà que d'aller trop loin. Le prêtre ne doit pas oublier que, s'il est obligé de procurer l'intégrité de la confession, il est obligé, plus strictement encore, de ne pas scandaliser les pénitents, et d'éviter tout ce qui pourrait affaiblir en eux l'idée qu'ils ont de la sainteté et de la modestie sacerdotale.

ARTICLE II.

De la Distinction numérique des Péchés.

255. On doit, autant que possible, déclarer en confession le nombre des péchés mortels, tant intérieurs qu'extérieurs, dont on s'est rendu coupable (1) : il est donc nécessaire de les distinguer numériquement les uns des autres. Or, la distinction numérique des péchés se tire de deux sources; savoir, de la multiplicité des actes de la volonté moralement interrompus, et de la diversité des objets.

Premièrement, elle se tire de la multiplicité des actes de la volonté moralement interrompus. Il s'agit d'une interruption morale plus ou moins prolongée, plus ou moins sensible; l'interruption physique, qui ne dure qu'un instant, ne suffit pas pour multiplier les actes de la volonté. Ainsi, lorsque les interruptions sont d'un court intervalle, lorsqu'elles sont peu marquées et à peine sensibles, il ne faut pas beaucoup insister sur ce point. Il est vrai que parmi ces sortes d'interruptions il peut se glisser quelques interruptions morales; mais comment les apercevoir et les démêler (2)? Sur quoi nous distinguerons les actes *intérieurs* et les actes *extérieurs*. Parmi les premiers, les uns sont purement intérieurs, et se consomment dans le cœur; les autres s'unissent aux actes extérieurs, et se consomment par parole ou par action.

256. Les péchés purement intérieurs, que l'on appelle péchés du cœur, se multiplient par leur interruption; il y a autant de péchés que d'actes consentis par la volonté, autant d'actes de la volonté que d'interruptions morales. Or, un acte n'est pas seulement interrompu par un acte contraire et positif, il l'est encore par le sommeil et par les distractions, du moins lorsque le sommeil ou les distractions ont duré un certain temps, au moins quelques heures. De là, comme le pensent assez communément les théolo-

---

(1) Concile de Trente, sess. XIV. cap. VI. — (2) **Conférences d'Angers**, *sur les Péchés*, conf. IV. quæst. 3. art. 1.

giens, le pénitent est obligé d'exprimer, autant que possible, le nombre des actes auxquels il a consenti, en disant le nombre de fois qu'il a renouvelé son consentement ; et s'il ne peut le faire avec précision, il doit déclarer le temps pendant lequel les actes se sont multipliés, en faisant connaître si les interruptions, sans parler de celles qui proviennent naturellement du sommeil, ont été rares ou fréquentes. Cependant il ne faudrait pas exiger cela, si tous les actes procédaient d'un même mouvement de concupiscence ; parce que ces mêmes actes, quoique séparés par un court intervalle, ne constituent qu'un seul péché (1).

257. Les actes intérieurs de la volonté, qui sont accompagnés et soutenus d'actions extérieures dont ils sont le principe, et qui conduisent à l'exécution d'un projet, peuvent être interrompus de deux manières : 1° par la rétractation de la volonté ; 2° par la cessation volontaire ; ce qui a lieu lorsque la personne abandonne librement le mal qu'elle s'était proposé de faire. Si, après avoir abandonné volontairement son dessein, elle le reprend de nouveau, alors elle commet un nouveau péché.

Lorsque ces actes intérieurs procèdent tous d'un premier dessein, et tendent à la consommation du même crime, ils ne forment qu'un seul péché, tant que l'intention de laquelle ils dépendent n'est point révoquée. Ainsi, celui qui, dans un mouvement de fureur et de vengeance, prend la résolution de tuer son ennemi, dispose tout en conséquence, va le chercher, l'attend, l'attaque, le combat, le frappe et le tue, ne commet qu'un péché, quoique peut-être, durant le temps qu'il a employé à le commettre, il lui soit survenu diverses pensées sur d'autres objets.

258. De même, suivant plusieurs docteurs, il est probable que le voleur qui persévère, même pendant un temps considérable, une année, par exemple, dans l'intention qu'il a eue en volant, de ne pas restituer la chose volée, ne se rend coupable que d'un seul péché. La raison qu'on en donne, c'est que la détention volontaire n'étant point rétractée fait subsister virtuellement la première volonté (2).

Quant aux actes extérieurs du péché, ils sont moralement interrompus, quand ils ne tendent pas à l'exécution d'un fait principal, qu'ils ne se rattachent pas à un acte complet. Par exemple, si quelqu'un frappe son ennemi plusieurs fois, successivement et à

---

(1) S. Liguori, Instruct. pratiques pour les Confesseurs, *des Péchés*, n° 50.
— (2) S. Alphonse de Liguori, Theol. moral., *de Peccatis*, n° 40.

différentes reprises, sans avoir l'intention de le tuer, tous ces coups sont autant de péchés, parce que chaque acte a sa malice complète et distincte. *Idem dicendum de tactibus turpibus, adhibitis sine animo coeundi.*

259. Mais les actes extérieurs peuvent se réunir à un seul acte complet et ne former qu'un seul péché, en deux manières : 1° s'ils procèdent de la même impulsion ; comme lorsque, dans le premier élan de la passion, on réitère son acte, on frappe son ennemi plusieurs fois en même temps, on se permet plusieurs libertés criminelles sur soi ou sur un autre ; 2° si les actes extérieurs tendent à la consommation d'un même crime, comme dans celui qui prend ses armes, cherche son ennemi, lui donne plusieurs coups et le tue. *Ita etiam, si quis ad copulam consummandam præmittit tactus, oscula, et sermones, sufficit, si confiteatur tantum copulam obtentam. Utrum autem explicandi sint tactus qui statim copulam sequuntur? Respondetur negative, semper ac tactus (et idem est de complacentia quæ habetur de copula) statim post copulam habeantur, et non dirigantur ad novam copulam consummandam; quia tunc verosimiliter tactus illi adhibentur ad primæ copulæ complementum* (1).

260. Mais les différents moyens extérieurs employés pour consommer le péché, comme sont les paroles obscènes, les voyages dans une maison de débauche, la préparation des armes pour assouvir une vengeance, et autres actes semblables, doivent être regardés comme autant de péchés distincts, quand le crime qui est l'acte principal n'a pas été consommé. On est obligé par conséquent de les faire connaître en détail à son confesseur. *Item, si quis habens oscula, tactus, etc., noluisset ab initio copulam, sed postea ob libidinem auctam copulam perfecerit, non sufficit, si tantum copulam confiteatur; tunc enim omnes actus tanquam distincta peccata debent explicari, quia cum in illis sistitur, quivis actus habet in se malitiam suam consummatam* (2).

261. Secondement, la distinction numérique se tire de la diversité des objets. Ainsi, suivant le sentiment le plus commun, celui-là commet plusieurs péchés, 1° qui d'un seul coup donne la mort à plusieurs ; 2° qui par un seul discours scandalise ou diffame plusieurs personnes ; 3° qui par le même vol fait tort à plusieurs ; mais cela ne s'entend pas du cas où quelqu'un volerait les biens d'un

---

(1) S. Liguori, *de Peccatis*, n° 41 ; et Instruct. prat. pour les Confesseurs, *des Péchés*, n° 54. — (2) S. Liguori, *de Peccatis*, n° 43.

monastère, d'un chapitre, d'une commune ; car les biens d'une communauté n'appartiennent à personne en particulier ; 4° qui conjugatus copulam habet cum conjugata ; duplicem enim committit injustitiam, unam quia violat jus suæ uxoris, alteram quia cooperatur ut illa violet jus sui mariti ; 5° qui par un seul acte de la volonté se propose d'omettre plusieurs jours de suite, sans nécessité, le jeûne ou un office d'obligation. Il en est de même de celui qui désire du mal à plusieurs. Item, si quis unico actu cupiat ad plures feminas, aut pluries ad eamdem accedere ; tanto magis si eadem nocte pluries eamdem feminam cognoscat ; quælibet enim fornicatio habet suum terminum completum.

262. Mais, suivant le sentiment assez probable de plusieurs théologiens, on ne commet qu'un seul péché, en niant par un seul acte plusieurs articles de foi, ou en diffamant son prochain en présence de plusieurs personnes. De même, le prêtre qui, étant en état de péché mortel, administre en même temps la sainte communion à plusieurs fidèles, ne se rend coupable que d'un seul sacrilége ; car alors il n'y a qu'une seule administration, qu'un seul banquet. Mais si un confesseur, qui n'est pas en état de grâce, donnait l'absolution à plusieurs pénitents, il commettrait autant de sacriléges qu'il accorderait d'absolutions ; parce que chaque absolution peut être regardée comme un acte distinct (1).

CHAPITRE IV.

Du Péché mortel et du Péché véniel.

263. Le péché mortel est ainsi appelé, parce qu'il nous prive de la grâce sanctifiante, qui est la vie de notre âme, et nous rend dignes de la mort ou damnation éternelle. Le péché véniel est celui qui ne détruit pas la grâce sanctifiante, mais qui l'affaiblit.

Pour un péché mortel, il faut trois choses, savoir : 1° la matière doit être grave, ou en elle-même, ou à raison des circonstances, ou à raison de la fin que se propose le législateur ; 2° l'advertance actuelle ou virtuelle, claire ou confuse de la malice de l'objet, doit être pleine et parfaite ; 3° il faut que le consentement

---

(1) S. Lignori, *de Peccatis*, n° 45, etc.

de la volonté, direct ou indirect, soit également plein, parfait. A défaut d'une seule de ces trois conditions, le péché ne peut être que véniel.

264. Soit qu'on considère un acte dans son objet matériel, soit qu'on s'arrête à la manière dont il s'est fait, on est souvent embarrassé, quand il s'agit de décider s'il y a péché mortel ou non. Il est très-difficile, dit saint Augustin, et par là même dangereux, du moins en certains cas, de faire le discernement du péché mortel et du péché véniel : « Difficillimum est invenire, periculosum defi« nire (1). » « Quæ sint levia et quæ gravia peccata, non humano, « sed divino pensanda sunt judicio (2). » Un prédicateur, un catéchiste, un confesseur doit donc être extrêmement circonspect sur cet article, ne se permettant de traiter un acte de péché mortel, pour ce qui regarde la matière ou l'objet du péché, que lorsque l'Écriture, ou la tradition, ou l'Église, ou l'enseignement général des docteurs, se prononcent clairement à cet égard. « Omnis quæstio « in qua de mortali peccato quæritur, nisi *expresse* veritas ha« beatur, *periculose* determinatur. » Ainsi s'exprime le Docteur angélique (3). Et voici ce que dit saint Antonin : « Nisi habeatur « auctoritas *expressa* sacræ Scripturæ, aut canonis, seu determi« nationis Ecclesiæ, vel *evidens* ratio nonnisi *periculosissime* pecca« tum mortale determinatur. Nam si determinetur quod ibi sit mor« tale, et non sit, mortaliter peccabit contra faciens, quia omne « quod est contra conscientiam ædificat ad gehennam (4). » Sur quoi ajoute saint Alphonse de Liguori : « Hinc animadvertatur in « quale discrimen se immittant, illi qui rigidam doctrinam sectantes « facile damnant homines de peccato mortali, in iis in quibus gra« vis malitia *evidenti* ratione non apparet, eos sic exponendo peri« culo damnationis æternæ. Et idem dicendum de iis qui de facili « notam laxitatis inurunt sententiis quæ *aperte* improbabiles non « videntur (5). »

265. C'est pourquoi, lorsqu'on consulte les ministres de la religion, soit au tribunal de la pénitence, soit ailleurs, on ne doit pas toujours exiger d'eux qu'ils déterminent avec précision le degré d'énormité des péchés dont on s'accuse, ou sur lesquels on les consulte. Ce qu'on est en droit d'attendre, c'est qu'ils décident avec exactitude si la chose est bonne ou mauvaise, permise ou défendue, dangereuse ou non. Cette connaissance est nécessaire pour savoir ce

---

(1) De Civit. lib. XXI. c. 27. — (2) Enchyr. c. 77. — (3) Quodlibet. IX. art. 15. — (4) Sum. part. 2. tit. I. c. 11. § 18. — (5) *De Peccatis*, n° 51.

qu'on doit faire ou éviter; mais elle est suffisante pour régler les mœurs des fidèles. Dès qu'ils savent qu'une chose est prescrite ou défendue, souvent c'en est assez pour les engager à la faire, si elle est commandée; ou à s'en abstenir, si elle est défendue, quoiqu'on ne puisse pas dire précisément s'il y a péché mortel, ou péché véniel seulement.

266. Le péché mortel en son genre, *ex genere suo*, peut devenir véniel de trois manières : 1° quand il y a légèreté de matière; 2° quand l'advertance n'est qu'imparfaite; 3° quand il y a défaut d'un parfait consentement. Ainsi, pour ce qui regarde la matière, le péché sera mortel ou véniel, suivant qu'elle sera grave ou légère. Une légère médisance ne sera qu'un péché véniel; si elle est grave, si elle tend à perdre la réputation d'un homme, elle est mortelle.

Nous ferons remarquer que plusieurs matières légères peuvent former une matière grave et suffisante pour un péché mortel; ce qui arrive lorsqu'elles sont unies par elles-mêmes ou moralement, comme sont les omissions de l'office, les violations du jeûne, répétées plusieurs fois en un seul jour.

Il est important de remarquer aussi qu'il est des péchés qui n'admettent pas de légèreté de matière; tels sont, entre autres, l'idolâtrie, l'apostasie, l'hérésie, la simonie, le parjure, le duel, l'homicide, la fornication, l'adultère.

267. Le péché mortel, même celui qui n'admet pas de légèreté de matière, peut devenir véniel à raison de l'imperfection de l'advertance. Par conséquent, on excuse de péché mortel celui qui est à demi endormi, ou qui est distrait, ou qui éprouve un trouble imprévu et violent, de manière à ne presque pas savoir, ou ne savoir qu'imparfaitement ce qu'il fait. Il en est de même lorsqu'il n'y a qu'un consentement imparfait. Et l'on doit généralement le présumer tel dans les personnes d'une conscience délicate et timorée, à moins qu'elles ne soient certaines d'avoir consenti pleinement au péché.

268. Le péché véniel, de sa nature, peut devenir mortel en cinq manières : 1° par la fin qu'on se propose : celui, par exemple, qui profère une parole un peu trop libre, dans l'intention d'amener son prochain à commettre une faute grave, pèche mortellement; 2° lorsque, en commettant une faute légère, on la commet dans la disposition actuelle de commettre un péché mortel, plutôt que de s'en abstenir; 3° par le mépris formel de la loi ou du législateur considéré comme tel; 4° à raison du scandale à l'égard des enfants, des domestiques ou d'autres personnes; 5° à raison du danger pro-

chain de tomber dans une faute grave. Dans ce cas il faut déclarer en confession l'espèce du péché auquel on s'est exposé, soit qu'on l'ait commis, soit qu'on ne l'ait point commis.

Le danger est prochain, lorsqu'il a une telle liaison avec le péché, qu'il en est presque toujours ou du moins fréquemment suivi. Il n'est qu'éloigné, lorsque le péché en est rarement la suite. Ce que nous disons du danger prochain s'applique au cas où le danger ne serait que probable. Ainsi, on commettrait un péché mortel, en faisant une faute légère de sa nature, avec le danger probable de pécher mortellement; car, quoique la chute soit incertaine, le danger n'en existe pas moins (1).

CHAPITRE V.

Des Péchés capitaux.

269. On compte sept péchés capitaux : l'orgueil, l'avarice, l'envie, la luxure, la gourmandise, la colère et la paresse. On les appelle *capitaux*, non qu'ils soient toujours mortels, mais parce que chaque péché capital est la source de plusieurs autres péchés.

L'orgueil est un amour déréglé de soi-même et de tout ce qui peut nous faire valoir aux yeux des hommes. « Superbia est inor-
« dinatus appetitus propriæ excellentiæ (2). » Il est comme le principe de tous les autres péchés : « Initium omnis peccati est super-
« bia (3). » Aussi, est-il odieux devant Dieu et devant les hommes :
« Odibilis coram Deo et hominibus superbia (4). » Le péché d'orgueil peut être mortel, mais il ne l'est pas toujours; sa malice varie suivant les degrés dont elle est susceptible.

270. Quoiqu'on puisse regarder l'orgueil comme l'origine de tous les autres péchés, il en est néanmoins qui en découlent plus directement, et qu'on appelle pour cela les enfants de l'orgueil, *filiæ superbiæ*. Les principaux sont la vaine gloire, la jactance, le faste, la hauteur, l'ambition, l'hypocrisie, la présomption, l'opiniâtreté.

La vaine gloire est cette complaisance qu'on a en soi-même, à

---

(1) S. Liguori, *de Peccatis*, n° 63. — (2) S. Thomas, Sum. part. 2. 2. quæst. 162. art. 8. — S. Augustin, *de Civit.* lib. xiv. c. 13. — (3) Eccli. c. 10. v. 15. — (4) Eccli. ch. 10. v. 7.

cause des avantages qu'on a, ou qu'on se flatte d'avoir, au-dessus des autres : de là ce désir désordonné d'être estimé, loué et honoré; cette attention à se montrer et à faire connaître plus ou moins adroitement tout ce qui peut nous attirer la considération des hommes.

La jactance est le péché de ceux qui se donnent à eux-mêmes des louanges par vanité, font valoir leur mérite, leur crédit, leurs succès, leurs bonnes œuvres (1). Toutefois, ce n'est pas toujours un péché de faire connaître le bien qu'on a fait; on peut en parler, non pour en tirer une vaine gloire, mais pour se justifier de quelque reproche injuste, ou pour l'instruction et l'édification du prochain (2).

Il y a faste, quand on cherche à s'élever au-dessus des autres, au-dessus de sa condition, par la magnificence de la tenue, des ameublements, des équipages. Ce luxe est encore de la vanité, de l'orgueil.

La hauteur s'annonce par la manière impérieuse avec laquelle on traite le prochain, la fierté avec laquelle on lui parle, l'air dédaigneux dont on le regarde, le ton méprisant qu'on tient à son égard.

L'ambition est le désir déréglé de s'élever aux dignités de l'Église ou de l'État, qu'on recherche principalement en vue de la considération et des honneurs qui y sont attachés.

L'hypocrisie est un vice par lequel on cherche à s'attirer l'estime des hommes en empruntant les dehors de la vertu, en cherchant à paraître homme de bien sans l'être effectivement. Ce vice est aussi dangereux qu'il est odieux.

271. Il y a présomption à se confier trop en soi-même, à ses propres lumières. On se persuade qu'on est capable de mieux remplir que tout autre certaines fonctions, certains emplois qui surpassent nos forces et notre capacité. Ce péché est bien commun; d'autant plus commun que ceux qui y sont sujets ne veulent point le reconnaître, se faussant facilement l'esprit et le jugement sur leur peu d'aptitude. Mais le Seigneur humilie les présomptueux.

L'opiniâtreté consiste dans l'attachement à son propre sentiment, malgré les observations fondées de ceux qui ne pensent pas comme nous. Il en coûte à l'amour-propre de convenir qu'on s'est trompé.

(1) S. Thomas, Sum. part. 2. 2. quæst. 112. art. 1. — (2) Epist. ad Galat. c. 5. v. 26.

La notion que nous venons de donner de l'orgueil et de ses principaux effets suffit pour nous faire connaître combien ce vice est général, et combien il est difficile de s'en défendre. Nous trouvons le remède contre l'orgueil dans l'humilité chrétienne. L'humilité est pour le bien ce que l'orgueil est pour le mal. Aussi le Seigneur accorde sa grâce aux humbles et résiste aux orgueilleux : « Deus « superbis resistit, humilibus autem dat gratiam (1). »

272. L'avarice, qui est le second péché capital, est un amour immodéré de l'argent, des biens de la terre : « Avaritia est immo- « deratus amor habendi (2). » Ce vice nous éloigne de Dieu, l'homme ne pouvant servir deux maîtres (3); il nous rend insensibles à la misère du prochain, et nous porte à la fraude, à l'injustice, au parjure, à la trahison : « Avaro nihil scelestius (4). »

273. L'envie est la tristesse qu'on éprouve du bien qui arrive au prochain, en considérant ce bien comme diminuant notre propre gloire, notre mérite. Ce vice est contraire à la charité (5). Nous renvoyons au cinquième et au sixième précepte ce que nous avons à dire de la colère et de la luxure.

274. La gourmandise est un désir déréglé de boire et de manger, un usage immodéré des aliments nécessaires à la vie : « Appe- « titus edendi vel bibendi inordinatus (6). » Ce n'est ni le plaisir ni le goût qu'on trouve dans la nourriture qui caractérise le péché de gourmandise, c'est l'excès ou le défaut de modération qui en fait la malice. « Licitum est uti delectatione ad cibum percipiendum pro « corporis salute (7). » Mais il n'est pas permis de boire et de manger jusqu'à satiété uniquement à cause du plaisir. Le pape Innocent XI a censuré la proposition contraire, ainsi conçue : « Comedere « et bibere usque ad satietatem ob solam voluptatem, non est pec- « catum, modo non obsit valetudini, quia licite potest appetitus « naturalis suis actibus frui (8). »

On se rend coupable de gourmandise en cinq manières : 1° en mangeant avant le temps convenable, surtout les jours de jeûne ; 2° en recherchant des mets trop somptueux, d'un trop grand prix, eu égard à la condition de celui qui se fait servir; 3° en mangeant ou buvant avec excès; 4° en se jetant sur la nourriture avec voracité, ce qui ne convient qu'à la brute; 5° en exigeant trop d'ap-

---

(1) Jacob. c. 4. v. 6. — (2) S. Thomas, Sum. part. 2. 2. quæst. 18. art. 1. — (3) Matth. c. 6. v. 24. — (4) Eccli. c. 10. v. 9. — (5) S. Thomas, Sum. part. 2. 2. quæst. 36. art. 1. — (6) Ibid. quæst. 148. art. 1. — (7) S. Liguori, *de Peccatis*, n° 73. — (8) Décret de l'an 1679.

prêt pour les aliments, comme font ceux qui cherchent plutôt à satisfaire leur goût que le besoin qu'éprouve la nature.

275. Le péché de gourmandise est mortel : 1° quand on s'abandonne habituellement aux plaisirs de la table, qu'on met en quelque sorte sa fin dernière à boire ou à manger ; 2° quand on boit ou qu'on mange jusqu'à nuire notablement à sa santé ; 3° lorsqu'on viole les lois du jeûne ou de l'abstinence ; 4° lorsqu'on se rend incapable de remplir une fonction qu'on est obligé de remplir sous peine de péché mortel ; 5° quand l'excès dans le boire va jusqu'à l'ivresse, et prive l'homme de l'usage de la raison ; 6° quand on s'excite au vomissement, afin de pouvoir continuer de boire ou de manger (1).

Mais y a-t-il péché mortel à boire ou à manger jusqu'au vomissement ? Cela n'est pas certain ; il est même probable que, dans le cas dont il s'agit, le péché n'est que véniel, à moins qu'il n'y ait scandale, ou que la santé n'en souffre notablement : « Comedere vel bi-« bere usque ad vomitum, probabile est peccatum esse tantum veniale « ex genere suo, nisi adsit scandalum, vel notabile nocumentum « valetudinis (2). » Il y aurait certainement scandale et faute grave, si cela arrivait à un ecclésiastique, à un prêtre, à un pasteur, à moins qu'on ne pût attribuer cet accident à une indisposition.

276. Celui qui s'enivre volontairement, sans avoir été surpris par la force du vin, pèche certainement ; saint Paul met l'ivresse au nombre des péchés qui excluent du royaume des cieux : « Neque « ebriosi regnum Dei possidebunt (3). » Mais pour qu'il y ait péché mortel, il est nécessaire, suivant le sentiment certainement probable de plusieurs docteurs, que l'ivresse prive entièrement de l'usage de la raison : « Ad hoc ut ebrietas sit peccatum mortale, re-« quiritur ut sit perfecta, nempe quæ omnino privet usu rationis. « Unde non peccat mortaliter qui ex potu vini non amittit usum « rationis (4). » On reconnaît qu'un homme n'a pas entièrement perdu l'usage de la raison, lorsqu'il peut encore discerner entre le bien et le mal.

Il n'est jamais permis de s'enivrer, quand même il s'agirait de la vie. C'est le sentiment de saint Alphonse de Liguori ; il le soutient comme plus probable que le sentiment contraire (5).

Il n'est pas permis non plus d'enivrer qui que ce soit, pas même

---

(1) S. Liguori, *de Peccatis*. — (2) Ibidem. — (3) I. Corinth. c. 16. v. 10. — (4) S. Liguori, *de Peccatis*, n° 75. — Voyez aussi S. Thomas, Sum. part. 2. 2. quæst. 150. art. 2 ; le P. Antoine, *de Peccatis*, cap. vii. art. 3. — (5) Voyez S. Liguori, *de Peccatis*, n° 75.

celui qui est incapable de pécher formellement. Si l'ivresse n'est point imputable à un enfant, à un insensé, elle le serait pour celui qui en serait l'auteur.

277. On ne doit pas engager un convive à boire, lorsqu'on a lieu de craindre que cette invitation n'aboutisse à l'ivresse. Ce serait également une imprudence blâmable de faire boire ceux qui ont déjà pris trop de vin, ou qui ne peuvent en prendre davantage sans danger de s'enivrer.

Mais on doit excuser celui qui sert du vin à ceux qui en abusent ou qui en abuseront, lorsqu'il ne peut le leur refuser sans de graves inconvénients; lorsque, par exemple, ce refus serait une occasion d'emportement, de blasphème; car servir du vin est en soi une chose indifférente, et l'abus qu'en font ceux qui l'exigent leur est personnel.

278. Ne peut-on pas enivrer quelqu'un, pour l'empêcher de faire un plus grand mal; de commettre, par exemple, un homicide, un sacrilége? Nous ne le pensons pas, quoique le sentiment contraire paraisse assez probable à saint Alphonse de Liguori (1). Il nous semble que ce serait coopérer directement à une chose mauvaise de sa nature; ce qui n'est point permis. Cependant il ne faudrait pas inquiéter ceux qui le feraient; car on peut facilement les supposer de bonne foi sur une question de cette nature. Nous n'oserions pas non plus, pour la même raison, empêcher un malade de suivre l'avis de son médecin, qui, à tort ou à raison, lui prescrirait, comme remède nécessaire à sa guérison, de prendre du vin ou d'une liqueur enivrante, en assez grande quantité pour lui procurer par l'ivresse une crise qui peut être salutaire (2).

279. Si l'ivresse arrive par surprise, ce qui peut avoir lieu pour les personnes qui éprouvent quelque indisposition, ou qui ne connaissent pas la force du vin, des liqueurs qu'on leur sert, alors elle n'est point imputable, parce qu'elle n'est point volontaire. Si elle est volontaire, on est coupable, non-seulement à raison de l'ivresse, mais encore à raison du mal qu'on a fait durant l'état d'ivresse; des blasphèmes, par exemple, qu'on a proférés, de l'homicide qu'on a commis; pourvu toutefois que cet homicide, ces blasphèmes aient été prévus, d'une manière au moins confuse, par celui qui s'est enivré volontairement.

280. La paresse, que quelques auteurs anciens confondent avec la tristesse, est une espèce de langueur de l'âme, un dégoût pour

---

(1) De Peccatis, n° 77. — (2) Voyez S. Liguori, ibidem.

la vertu, qui tend à nous empêcher d'accomplir les devoirs communs à tout chrétien, ou propres à chaque état. La paresse devient péché mortel, toutes les fois qu'elle nous fait manquer à une obligation grave. « Langor animi quo bonum vel omittitur, vel negli-
« genter fit, est mortalis, si bonum sit graviter præceptum; et
« semper valde periculosus est, disponitque ad mortale (1). »

TRAITÉ DES VERTUS.

CHAPITRE PREMIER.

Notion de la Vertu et des différentes espèces de Vertus.

281. Le mot *vertu*, dans sa signification littérale, signifie *force*. Il faut en effet de la force pour faire le bien. Aussi toute action louable qui exige un effort de notre part, est un acte de *vertu*. Saint Thomas définit la vertu, une qualité bonne, une habitude ou disposition de l'âme qui nous fait agir conformément à la droite raison : « Virtus est bona qualitas, seu habitus mentis, qua recte
« vivitur (2); » ou, comme il s'exprime ailleurs, « Quidam habitus
« perficiens hominem ab bene operandum (3). »

On distingue trois sortes de vertus : les vertus *intellectuelles*, les vertus *morales* et les vertus *théologales*. Les vertus *intellectuelles* sont ainsi appelées parce qu'elles perfectionnent l'entendement ; les trois principales sont l'intelligence, la sagesse et la science (4). Les vertus *morales* sont celles qui perfectionnent la volonté de l'homme par la pratique du bien, par le bon usage de la raison. Si elles nous font agir par un motif naturel, elles ne sont que des vertus purement morales, naturelles, humaines, stériles pour le salut. Si elles ont un motif tiré de la foi, elles deviennent surnaturelles et chrétiennes. Les vertus *théologales* sont celles qui ont un rapport plus direct à la béatitude surnaturelle ; on les appelle *théologales*, soit parce qu'elles ont Dieu pour objet immédiat, soit parce qu'elles nous viennent de Dieu seul, qui nous les communique à nous-mê-

(1) Le P. Antoine, *de Peccatis*, cap. vii. art. 7. — (2) Sum. part. 1. 2. quæst. 55. art. 4. — (3) Ibidem, quæst. 58. art. 3. — (4) Ibidem, quæst. 57. art. 2.

mes sans nous; soit enfin parce qu'elles sont fondées sur la révélation divine : « Virtutes dicuntur theologicæ, tum quia habent « Deum pro objecto, inquantum per eas recte ordinantur in Deum; « tum quia a solo Deo in nobis infunduntur; tum quia sola revela- « tione in sacra Scriptura hujusmodi virtutes traduntur (1). »

282. Les vertus théologales sont au nombre de trois : la foi, l'espérance et la charité. « Nunc autem manent fides, spes, et cha- « ritas : tria hæc (2). » Par la foi, nous croyons en Dieu, parce qu'il est la vérité même; par l'espérance, nous espérons en Dieu, parce qu'il est fidèle en ses promesses; par la charité, nous aimons Dieu, parce qu'il est infiniment parfait. Ces trois vertus, comme on le voit, ont Dieu pour objet immédiat, à la différence des vertus morales, qui n'ont pas Dieu pour objet immédiat, qui n'ont pas un rapport direct à la béatitude éternelle.

Quoique dans le vrai chrétien qui fait tout pour la gloire de Dieu, *omnia in gloriam Dei*, en faisant tout au nom de Jésus, *omnia in nomine Jesu*, les vertus *morales* soient *surnaturalisées* et sanctifiées par la grâce, nous leur conservons leur dénomination, afin de les distinguer des vertus *théologales*, dont nous parlerons dans le traité du Décalogue, en expliquant le premier commandement.

Toutes les vertus morales n'occupent pas le même rang; il en est quatre, savoir : la prudence, la justice, la force et la tempérance, qu'on appelle vertus *cardinales*, *principales*, parce qu'elles sont comme les principes, les sources des autres vertus.

CHAPITRE II.

De la Prudence.

283. La prudence est la science pratique de ce que l'on doit faire et de ce que l'on doit éviter : « Prudentia est appetendarum et vi- « tandarum rerum scientia, » dit saint Augustin (3).

La prudence est une des vertus les plus nécessaires à l'homme; mais elle est nécessaire surtout à ceux qui sont chargés de la direction des autres, du gouvernement spirituel ou temporel. Les autres

---

(1) S. Thomas, Sum. part. 1. 2. quæst. 61. art. 1. — (2) 1. Corinth. c. 13. v. 13. — (3) De lib. arb. lib. 1. c. 13.

vertus ont besoin d'elle pour être dirigées dans leurs opérations, conformément aux règles de la sagesse, et éviter les extrêmes, qui sont plus ou moins dangereux suivant la nature des actes. C'est la prudence qui fait choix du temps, du lieu, des moyens à prendre pour arriver à ses fins. Elle règle tout dans l'homme, jusqu'à ses paroles, et pour ce qui le regarde et pour ce qui regarde les autres, et nous fait éviter les fausses démarches, les indiscrétions qui peuvent avoir des suites fâcheuses.

La prudence agit sur toutes les facultés de notre âme. Elle agit sur l'entendement, en l'éclairant sur ce qui est conforme ou contraire à la fin, aux vues qu'on se propose. Elle nous fait connaître les hommes, nous découvre leurs dispositions, leurs inclinations; elle pénètre leurs desseins, et forme des conjectures plus ou moins heureuses, suivant qu'elle a plus ou moins de sagacité. Elle agit sur la mémoire, en y conservant le souvenir des règles de conduite qu'il faut suivre, des applications qu'on en a faites, des moyens qui en ont assuré ou compromis le succès. Dans l'ordre du salut, elle y retrace les chutes qu'on a faites, pour nous prémunir contre de nouvelles chutes; les occasions où notre vertu a fait naufrage, afin de nous les faire éviter. Elle agit sur la volonté, en la dirigeant dans les déterminations qu'elle prend, et dans les moyens qu'elle choisit pour l'exécution.

284. Les vertus particulières qui se rapportent à la prudence sont : 1° la prévoyance, qui découvre ou conjecture les événements dans leur cause, connaît par avance les moyens, les obstacles et les difficultés qui peuvent se rencontrer pour ou contre l'exécution des desseins qu'on se propose; 2° la circonspection, qui pèse tout avec maturité, ne donne rien au hasard, ne néglige aucune des précautions à prendre pour assurer le succès; 3° le discernement, qui, après avoir examiné le pour et le contre, démêle le parti le plus sage, choisit les moyens les plus simples, les plus convenables; et, dans l'occasion où il le faut, prend sur-le-champ son parti; il a ce coup d'œil vif qui saisit dans l'instant le parti commandé par la sagesse; 4° la défiance de soi-même, qui prend volontiers conseil, parce qu'il n'est personne qui se suffise à lui-même. « Ne « innitaris prudentiæ tuæ (1). »

285. Il est une foule de circonstances où l'expérience des autres nous devient nécessaire, surtout quand il s'agit du gouvernement de l'Église et de l'État, d'un diocèse, d'une paroisse, ou de

(1) Proverb. c. 5. v. 3.

l'administration d'un département, d'une commune, d'une communauté quelconque : « Sine consilio nihil facias, et post factum « non pœnitebis (1). » Mais ce ne sont pas seulement des lumières et de l'habileté qu'il faut chercher dans ceux que l'on croit devoir consulter ; ce qu'il faut surtout, c'est la probité, la droiture, la vertu, la discrétion ; en un mot, il faut dans un conseiller cette prudence vraiment chrétienne qui rapporte tout à la plus grande gloire de Dieu, et qui préfère toujours le bien général au bien particulier ; tempérant, autant que possible, par la douceur et la charité, la rigueur des mesures qu'on juge nécessaires.

286. Les vices opposés à la prudence sont : 1° l'imprudence, comme son nom même l'annonce ; elle est souvent un péché particulier, indépendamment des péchés dont elle peut être la cause, péché même assez grave pour devenir une matière nécessaire de confession : ce qui arrive dans ceux qui s'exposent témérairement aux occasions du péché mortel ; dans ceux qui ne tiennent aucun compte des avis, des avertissements qu'on leur donne sur des matières essentielles au salut. 2° La précipitation avec laquelle on se porte à tout ce qui se présente, sans rien examiner, sans consulter personne. Ce vice est la cause de bien des fautes, plus ou moins graves, suivant les occasions. 3° Le défaut d'attention, qui a beaucoup d'affinité avec la précipitation. 4° La ruse, la fourberie, la fraude, qui empruntent quelquefois les dehors de la prudence. La vraie prudence les condamne et les rejette, ne regardant comme possible, en morale, que ce qu'on peut exécuter par des moyens légitimes. Il est vrai que la prudence des enfants du siècle en agit autrement ; elle n'est scrupuleuse, ni sur les projets qu'elle forme, ni sur le choix des moyens ; mais cette fausse prudence, que l'Apôtre appelle prudence de la chair, est réprouvée de Dieu : « Nam prudentia carnis mors est (2). »

(1) Eccli. c. 32. v. 24. — (2) Rom. c. 8. v. 6. — Voyez S. Thomas, Sum. part. 1. 2. quæst. 47, 48, 49, etc., etc. — Voyez aussi les Conférences d'Angers, *sur les Péchés*, conf. VII, etc.

CHAPITRE III.

De la Justice

287. La justice, prise dans son acception générale, consiste, aux termes de l'Écriture sainte, dans l'accomplissement des devoirs que nous avons à remplir envers le Créateur et envers nos semblables. Sous ce rapport, elle comprend : 1° la vertu de religion, par laquelle nous rendons à Dieu le culte qui lui est dû; 2° la piété filiale, qui nous impose l'obligation de respecter et d'aimer d'une manière particulière nos père et mère, auxquels, après Dieu, nous devons tout ce que nous sommes; 3° l'obéissance, qui nous fait respecter l'autorité de nos maîtres, de nos supérieurs, de ceux que la divine Providence a placés au-dessus de nous, soit dans l'ordre spirituel, soit dans l'ordre temporel; 4° l'obligation de respecter la personne, la réputation et les biens d'autrui (1).

La justice proprement dite, dont il s'agit ici, est une vertu morale qui nous porte à rendre à chacun ce qui lui appartient. C'est la définition que nous en donne saint Augustin : « *Justitia ea virtus « est quæ sua cuique distribuit* (2). » Saint Ambroise la définit comme l'évêque d'Hippone : « *Justitia suum cuique tribuit; alie-« num non vindicat* (3). » Ce qui a rapport à la justice sera expliqué sur le septième commandement de Dieu.

CHAPITRE IV.

De la Force.

288. La force est une vertu morale, une disposition de l'âme qui nous fait surmonter les difficultés qui se rencontrent dans la pratique du bien, et supporter, sinon avec joie, du moins avec résignation, les peines et les épreuves de cette vie : « *Fortitudo est « considerata periculorum susceptio et laborum perpessio* (4). » Cette

---

(1) Voyez S. Thomas, Sum. part. 2. 2. quæst. 80. — (2) De Civit. Dei. lib. xix. c. 21. — (3) De Officiis, lib. i. c. 24. — (4) S. Thomas, Sum. part. 2. 2. quæst. 123. art. 3.

vertu est nécessaire à tous les hommes ; car personne ne sera couronné, s'il n'a légitimement combattu contre les ennemis du salut : « Non coronatur nisi legitime certaverit (1). » Il n'y a que ceux qui se font violence qui enlèvent le royaume de Dieu : « Regnum cœ« lorum vim patitur, et violenti rapiunt illud (2). » La force est nécessaire aux ministres de la religion, pour s'élever contre l'erreur, le vice et la corruption ; nécessaire aux magistrats, pour arrêter les désordres publics et particuliers : « Noli quærere fieri judex, « nisi valeas virtute irrumpere iniquitates (3) ; » nécessaire aux militaires, soit pour attaquer l'ennemi, soit pour se défendre, soit pour soutenir les fatigues de la guerre. Mais la vraie force, la force du chrétien, est dans le Seigneur, dans sa puissance, dans sa grâce : « Confortamini in Domino et in potentia virtutis ejus (4). »

289. Les vertus qui tiennent à la force sont la patience, la persévérance, la magnanimité et la magnificence. La patience est une vertu qui nous soutient dans l'adversité, en nous faisant supporter les épreuves de cette vie sans murmure, et avec soumission aux ordres de la Providence. Cette vertu est d'une pratique journalière ; car il n'est pas de jour où l'on n'ait à souffrir quelque chose dans cette vallée de larmes et d'afflictions, dans cette vie qui est remplie de misères, de peines et de contradictions. Mais elle trouve de puissants motifs dans la religion, dans les exemples et les leçons du Fils de Dieu fait homme, qui est né pauvre, qui a vécu pauvre, et qui est mort plus pauvre encore sur la croix, après avoir été couvert d'opprobres et d'ignominies.

La persévérance est cette vertu qui nous fait faire le bien avec constance, jusqu'à la fin, en surmontant les obstacles, les difficultés qu'on rencontre dans la voie du salut. Elle est nécessaire, et nous devons la demander constamment à Dieu : « Qui perseveraverit « usque in finem, hic salvus erit (5). »

La magnanimité est la force elle-même considérée dans un degré de sublimité, et accompagnée de cette élévation d'âme qui donne du goût pour les grandes choses et les fait glorieusement exécuter. La magnificence est une vertu qui nous porte à faire de grandes dépenses, surtout pour les entreprises qui intéressent la religion, sans s'écarter toutefois des bornes de la sagesse.

290. Les vices opposés à la force, considérée comme vertu, sont : 1° la témérité et la lâcheté ; la témérité par excès, et la lâcheté par

---

(1) II. Ad Timoth. c. 2. v. 5. — (2) Math. c. 11. v. 12. — (3) Eccli. c. 7. v. 6. — (4) Eph. c. 6. v. 11. — (5) Math. c. 10. v. 22.

défaut. La première expose au danger sans nécessité ; la seconde craint sans fondement, et empêche d'accomplir un devoir. 2° L'impatience et l'indifférence ou insensibilité, qui sont contraires à la patience, la première par défaut, comme son nom l'indique ; la seconde par excès. Il est des cas où l'on est obligé de repousser la calomnie : « Curam habe de bono nomine (1). » Je ne veux pas, dit saint Jérôme, qu'on soit *patient*, quand on est injustement soupçonné d'hérésie : « Nolo in suspicione hæreseos quemquam esse « patientem (2). » 3° L'opiniâtreté par excès, relativement à la persévérance ; et l'inconstance, *mollities animi*, par défaut. 4° La présomption, l'ambition, la vaine gloire, qui sont opposées à la magnanimité par excès ; et la pusillanimité, qui lui est également opposée, mais par défaut. 5° La profusion ou prodigalité, qui est un excès de magnificence ; et la lésine ou économie sordide, qui nous empêche de faire une dépense nécessaire ou vraiment utile (3).

CHAPITRE V.

De la Tempérance.

291. La tempérance est ainsi appelée, parce qu'elle nous modère dans l'usage des plaisirs de cette vie. On la définit : une vertu qui règle et restreint dans de justes limites l'usage des choses qui flattent les sens, et plus particulièrement le goût et le toucher. « Circa delectationes ciborum et potuum, et circa delectationes ve- « nereorum est proprie temperantia (4). » La tempérance n'interdit pas toutes sortes de plaisirs ; mais elle en règle l'usage conformément à la raison, à la loi de Dieu. D'après cette notion de la tempérance, il n'est personne qui ne reconnaisse la nécessité de cette vertu.

Les principales vertus qui font partie de la tempérance, ou qui lui sont étroitement unies, sont l'abstinence et la sobriété, la chasteté, la continence, la pudeur, la modestie, l'humilité, la douceur et la clémence.

292. L'abstinence, en général, est cette partie de la tempérance qui nous modère dans l'usage des aliments, et nous prémunit

---

(1) Eccli. c. 41. v. 15. — (2) Epist. LXI. ad Pammach. — (3) Voy. S. Thomas, Sum. part. 2. 2. quæst. 122, 124, 125, etc. — (4) Ibid. quæst. 161. art. 4.

contre tout excès. Elle se distingue par son objet de la sobriété qui règle, suivant les circonstances, l'usage du vin, des liqueurs, et de toute boisson enivrante. La gourmandise et l'ivresse sont opposées à la tempérance, la première comme contraire à l'abstinence, la seconde comme contraire à la sobriété. Mais l'abstinence dont il s'agit principalement ici, est cette vertu spéciale qui nous fait observer les jeûnes et les privations que l'Église nous impose, comme moyens d'expier nos fautes et de mortifier nos sens.

ARTICLE I.

De la Notion et de l'Obligation du Jeûne.

293. Le jeûne ecclésiastique, que nous distinguons du jeûne eucharistique dont nous parlerons ailleurs, entraîne toujours par lui-même l'abstinence de la viande ; mais l'abstinence de la viande n'entraîne pas toujours l'obligation du jeûne. Ainsi, les dimanches du carême, et généralement les vendredis et samedis de l'année, l'on ne jeûne pas, quoiqu'on soit obligé d'observer l'abstinence en faisant maigre. De même celui qui est dispensé pour le gras, soit en carême, soit aux quatre-temps, soit un jour de vigile, n'est pas dispensé pour cela de l'obligation de jeûner. On évitera donc de confondre, dans la pratique, l'obligation du jeûne avec l'obligation de l'abstinence : la première est plus étendue que la seconde.

294. En effet, le jeûne renferme trois choses ; savoir, la défense de manger de la viande, la défense de faire plus d'un repas, et l'heure où il est permis de prendre ce repas. Premièrement, la loi du jeûne comprend la défense de manger de la viande, c'est-à-dire de la chair des animaux qui naissent et vivent sur la terre, suivant la règle de saint Thomas : « Carnes animalium in terra quiescen-« tium et respirantium (1). » Cette défense s'étend non-seulement à la chair proprement dite, mais encore au sang, à la moelle, à la graisse, au lard haché ou fondu. Il en est de même, mais seulement pour le carême, des œufs et du laitage, du beurre par conséquent, du fromage de quelque espèce qu'il soit, parce que les œufs et le laitage proviennent des animaux : « In jejunio quadragesimali « interdicuntur universaliter etiam ova et lacticinia,... quæ ex « animalibus procedunt (2). » Aussi, le pape Alexandre VII a condamné la proposition par laquelle on prétendait que la coutume de ne pas manger des œufs et du laitage en carême n'oblige pas évi-

---

(1) Sum. part. 2. 2. quæst. 147. art. 8. — (2) Ibidem.

demment en conscience. Voici cette proposition : « Non est evidens
« quod consuetudo non comedendi ova et lacticinia in quadrage-
« sima obliget (1). »

Mais il est permis, en carême et autres jours d'abstinence, de manger du poisson, des écrevisses, des grenouilles, des limaçons, de la tortue. Quant aux oiseaux aquatiques et aux animaux amphibies, ils sont généralement regardés comme étant compris dans la défense de manger de la chair les jours de jeûne. Cependant, sur cet article, comme sur plusieurs autres relatifs au jeûne, on doit suivre l'usage des lieux et des diocèses où l'on se trouve. « Circa « abstinentiam diversæ consuetudines existunt apud diversos, quas « quisque observare debet, secundum morem eorum inter quos « conversatur (2). »

295. La seconde condition du jeûne est de ne faire qu'un seul repas. Celui qui est dispensé de l'abstinence, n'est pas pour cela dispensé de remplir cette condition (3). Le repas qui est permis aux jours de jeûne ne doit pas être divisé sans motifs ; il n'est pas permis de l'interrompre, et de se remettre ensuite à table. Mais cela s'entend moralement ; car on peut, après avoir terminé son repas, se remettre à manger, s'il arrive à l'instant des amis pour dîner, ou si l'on apporte sur la table quelque autre mets auquel on ne s'attendait pas. Le jeûne serait certainement rompu par un intervalle considérable et sans cause.

Mais quel intervalle faut-il pour cela ? Il n'y a pas de règle fixe là-dessus ; on convient communément qu'il faut avoir égard, et aux circonstances, et à la nature de la cause qui fait faire cette interruption ; plus elle est urgente, plus elle demande de temps, plus aussi l'interruption peut avoir d'étendue. Ainsi, un curé qui est obligé d'interrompre son dîner pour baptiser un enfant qui se meurt, pour administrer un malade qui est en grand danger, peut reprendre son dîner après l'interruption, quelque longue qu'elle ait été. Il en est de même d'un marchand qui quitte la table pour faire une vente, et qui est retenu pour plus ou moins de temps (4).

Quant à la durée du repas, elle n'est point déterminée ; on pense communément qu'elle peut être de deux heures environ, un peu plus, un peu moins, suivant les circonstances. Mais on ne doit point le prolonger, dans l'intention d'éluder ou d'atténuer l'obligation du jeûne.

(1) Décret du 18 mars 1666. — (2) S. Thomas, Sum. part. 2. 2. quæst. 147. art. 8 ; S. Jérôme, *Epist.* ad Lucinum. — (3) Benoît XIV l'a déclaré, *Constit.* In Suprema. — (4) Instructions sur le Rituel de Toulon, *des Préceptes de l'Église*

296. Au repas qu'il est permis de faire les jours de jeûne, on peut, d'après un usage généralement reçu, ajouter une légère collation ; mais elle doit être telle pour la qualité et la quantité des aliments, qu'on ne puisse la regarder comme un second repas. Pour ce qui regarde la qualité des mets, l'usage du poisson est permis dans plusieurs pays ; dans d'autres on mange du fromage, quoique Clément XIII en condamne l'usage (1). En France, on est généralement plus sévère qu'ailleurs pour la qualité des aliments propres à la collation : ce qui est peut-être cause, en partie du moins, que la loi du jeûne est si peu observée parmi nous.

Quoi qu'il en soit, sans entrer dans un plus grand détail, on peut manger, à la collation, du pain, des fruits, des confitures, de la salade, des légumes cuits à l'eau et assaisonnés avec de l'huile, du vinaigre, et même du fromage dans les diocèses où l'usage le permet. Les curés doivent exhorter les fidèles tenus au jeûne à s'en tenir là, sans cependant les inquiéter, au tribunal de la pénitence, pour être allés un peu plus loin.

297. Quant à la quantité des aliments pour la collation, les auteurs ne s'accordent pas : les uns permettent de prendre le quart de ce qu'on mange ordinairement à son repas ; d'autres ne permettent que trois ou quatre onces de nourriture. Saint Alphonse de Liguori, d'après plusieurs docteurs, en accorde huit onces, et même dix (2). Mais il ne nous paraît pas qu'on puisse donner ici aucune règle fixe et générale ; on doit avoir égard au plus ou moins de force du tempérament, de la constitution physique, qui n'est certainement pas la même pour tous. Il est des personnes qui, en mangeant même la moitié plus que d'autres, feront cependant une collation plus pénible et plus méritoire. « Quantitas cibi non « potest eadem omnibus taxari, propter diversas corporum com- « plexiones, ex quibus contingit quod unus majori, alter minori « cibo indiget (3). » Il faut encore avoir égard à la continuité du jeûne ; la collation des vigiles ou des quatre-temps doit être moins forte que celle du carême, parce qu'il est plus facile d'en soutenir la rigueur.

Ainsi, pour ce qui regarde la collation, les personnes tenues au jeûne prendront autant de nourriture qu'elles le jugeront nécessaire, pour éviter une indisposition qui les empêcherait de remplir convenablement leurs fonctions, eu égard à la force ou à la fai-

---

(1) Lettres encycl. de l'an 1659. — (2) De Præceptis Ecclesiæ, n° 1025. — (3) S. Thomas, Sum. part. 2. 2. quæst. 147, art. 6.

blesse de leur constitution, aux fatigues qu'elles éprouvent, et aux occupations auxquelles elles sont obligées de se livrer. Un curé, par exemple, qui est chargé d'une paroisse considérable, peut certainement, sans être dispensé du jeûne, prendre plus de nourriture qu'un autre qui travaille moins, toutes choses égales d'ailleurs.

298. Troisièmement, le précepte du jeûne renferme encore la détermination de l'heure à laquelle on doit prendre son repas. Dans les premiers temps, on ne mangeait qu'après le coucher du soleil; au cinquième siècle, on commença par avancer l'heure du repas; du temps de saint Thomas, il était fixé à l'heure de none, c'est-à-dire à trois heures. Aujourd'hui, nous le prenons à midi, conformément à l'usage qui a force de loi. On est certainement libre de dîner après midi, de renvoyer son repas jusqu'au soir, même sans raison, si l'on ne fait pas de collation. Mais il n'est pas permis d'anticiper l'heure de midi, ce qui cependant doit s'entendre moralement. « Ad jejunium requiritur hora determinata, non se-« cundum subtilem examinationem, sed secundum grossam æsti-« mationem; sufficit enim quod sit circa horam *determinatam* (1). » Ainsi, l'on peut, à volonté, dîner à onze heures et demie. « Om-« nibus licitum est anticipare infra horam, etiam sine causa (2). »

299. Ce serait s'écarter de l'esprit de l'Église que d'anticiper notablement, d'une heure, par exemple, le temps fixé pour le repas. Mais une anticipation notable, et sans motif, serait-elle une faute grave? Y aurait-il péché mortel? Les uns l'affirment; d'autres soutiennent qu'une anticipation notable, quelque notable qu'elle soit, ne peut constituer une faute grave; parce que, disent-ils, l'heure n'est point regardée comme étant de l'essence du jeûne, elle n'est qu'une circonstance accessoire : « Hora non est de essen-« tia jejunii; sed est circumstantia tantum accidentalis. » Ainsi s'est exprimé d'abord saint Alphonse de Liguori, qui regardait ce sentiment comme plus commun et plus probable : *communior et probabilior* (3); mais il s'est rétracté, en disant qu'il fallait s'en tenir au premier sentiment, qui est pour l'affirmative. Quoi qu'il en soit, une anticipation notable serait excusable si elle était fondée sur une cause raisonnable, comme la nécessité de faire un voyage, une affaire pressante, la visite d'un ami qui a besoin de prendre de la nourriture avant l'heure ordinaire (4).

300. Quand on a quelqu'une de ces raisons ou autres sembla-

---

(1) S. Thomas, Sum. part. 2. 2. art. 7. — (2) S. Liguori, *de Præceptis Ecclesiæ*, n° 1016. — (3) Ibidem. — (4) Ibidem.

bles, on peut intervertir l'ordre du repas et de la collation en collationnant à midi, ou à onze heures environ, et en dînant vers les cinq ou six heures du soir. Il faut une raison moins forte pour ceux qui ont l'habitude de prendre leur repas principal sur la fin du jour; car alors le changement de l'heure entraîne par lui-même, ordinairement, l'inconvénient plus ou moins grave de troubler le sommeil. Nous ajouterons que cette interversion peut avoir lieu pour tous ceux qui, à raison de leurs travaux ou de leurs fonctions, ne sont pas libres de dîner à midi.

301. Les lois de l'Église sur le jeûne obligent sous peine de péché mortel. Le saint-siége a condamné la proposition contraire conçue en ces termes : « Frangens jejunium Ecclesiæ, ad quod te-« netur, non peccat mortaliter, nisi ex contemptu vel inobedientia « hoc faciat; puta, quia non vult se subjicere præcepto (1). » L'abstinence de la viande est d'obligation pour tous ceux qui ont l'usage de raison. Le jeûne n'est obligatoire que pour ceux qui ont vingt et un ans accomplis. On pèche contre l'abstinence en mangeant de la viande sans nécessité; et l'on commet autant de péchés qu'on en a mangé de fois dans un jour défendu, lorsqu'il y a une interruption morale entre les différentes reprises. Mais il peut y avoir ici légèreté de matière. Ainsi, par exemple, il nous paraît que celui qui mangerait une portion ordinaire d'un plat de jardinage ou de légumes assaisonnés au lard ou à la graisse, s'il n'en mangeait qu'une fois dans la journée, ne pécherait que véniellement. Il en serait de même, à notre avis, pour celui qui mangerait de la soupe grasse. Mais, s'il en mangeait deux ou trois fois par jour, ou s'il mangeait de plusieurs mets préparés au gras, le péché pourrait facilement devenir mortel; car plusieurs matières réunies, quelque légères qu'elles soient, peuvent former une matière grave.

302. Ce que nous disons de l'abstinence s'applique au jeûne. Celui qui plusieurs fois dans un même jour prend un peu de nourriture, lors même qu'il n'en prendrait que très-peu chaque fois, arrive facilement à une matière suffisante pour le péché mortel. Le pape Alexandre VII a condamné la doctrine contraire, en condamnant cette proposition : « In die jejunii, qui sæpius modicum « quid comedit, etsi notabilem quantitatem in fine comederit, non « frangit jejunium (2). »

On demande si celui qui, par inadvertance, a fait deux repas un jour de jeûne, est obligé de s'abstenir de prendre d'autre nour-

---

(1) Décret d'Alexandre VII, du 24 sept. 1665. — (2) Décret du 18 mars 1666.

riture? On suppose qu'il peut s'en abstenir sans en être gravement incommodé. Les uns disent qu'il n'y est point obligé; d'autres pensent qu'il y est tenu; saint Alphonse de Liguori préfère cette seconde opinion, sans désapprouver la première (1).

303. L'Église, en ne permettant qu'un seul repas aux jours de jeûne, n'a pas entendu défendre, hors du temps de la réfection, l'usage des boissons qui servent de remède, de digestif ou de rafraîchissement; mais on doit en user modérément, de crainte d'aller, sinon contre la lettre, du moins contre l'esprit de la loi, qui est un esprit de pénitence et de mortification. « Non autem in-« tendit Ecclesia, dit le Docteur angélique, interdicere abstinentiam « (sumptionem) potus, qui magis sumitur ad alterationem corporis « et digestionem ciborum absumptorum, quam ad nutritionem; « licet aliquo modo nutriat. Et ideo licet pluries jejunantibus bi-« bere. Si autem quis immoderate potu utatur, potest peccare et « meritum jejunii perdere; sicut etiam si immoderate cibum in una « comestione assumat (2). » C'est aussi la doctrine de Benoît XIV: « Theologi salvum et integrum jejunium, licet qualibet per diem « hora vinum aut aqua bibatur, unanimes declaraverunt (3). » Sur ce point, les étrangers vont plus loin que nous. Quoi qu'il en soit, les curés exhorteront les fidèles à se conformer à l'usage du pays, sans se montrer trop sévères à l'égard de ceux qui s'en écarteraient en quelque chose, si toutefois ils ne s'écartent pas évidemment de l'esprit de la loi.

304. On pèche mortellement, lorsque, malgré la défense de l'Église, on fait manger de la viande ou à ses enfants ou à ses domestiques, ou à ses ouvriers; ce qui malheureusement n'arrive que trop souvent. On doit excuser une femme, un enfant, une cuisinière qui servent de la viande, si le mari, le père, le maître de la maison le veulent absolument. L'Église les dispense de résister, à raison des inconvénients qui pourraient résulter d'un refus. Quant aux enfants de famille, s'ils n'ont pas d'aliments maigres, ils peuvent manger de la viande, car il serait trop dur de les condamner à ne manger que du pain. Il en est de même des domestiques et des ouvriers, auxquels on ne donne que du gras, s'ils ne peuvent quitter leur maître sans de graves inconvénients. Mais, et les enfants, et les domestiques, et les ouvriers, doivent, autant que la prudence le permet, réclamer contre cette violation des lois de l'Église.

(1) Voyez S. Liguori, *de Præceptis Ecclesiæ*, n° 1018. — (2) Sum. part. 2. 2. quæst. 147. art. 6. — (3) Instit. xv, n° 7.

305. Les hôteliers, les aubergistes, peuvent, les jours d'abstinence, donner de la viande aux voyageurs qui leur en demandent, lorsqu'ils ont à craindre, ou de provoquer par un refus des juremens, des blasphèmes, des emportemens, ou de compromettre leur établissement par l'éloignement des étrangers (1). Ils le compromettraient probablement dans les villes et dans les endroits où il y a un certain nombre d'auberges, dont les maîtres servent les voyageurs à leur gré. Le refus, dans le cas dont il s'agit, serait d'ailleurs sans aucun résultat pour la religion. Mais les hôteliers ou aubergistes pécheraient mortellement, s'ils donnaient du gras à ceux qui veulent faire maigre.

Que doit-on penser des aubergistes qui servent en même temps gras et maigre aux voyageurs, sans leur demander comment ils désirent d'être servis? Nous pensons qu'on peut les absoudre, s'ils servent du maigre en assez grande quantité pour ceux qui observent l'abstinence. Ils sont excusables, parce qu'ils savent par expérience qu'un certain nombre de voyageurs tiennent à faire gras, même les jours défendus.

ARTICLE II.

Des Causes qui exemptent du Jeûne.

306. Les causes qui exemptent du jeûne sont au nombre de quatre : la dispense, l'impuissance, le travail, la piété.

Premièrement, la *dispense*. Cette dispense peut être accordée par le Pape, par l'évêque, généralement par tous ceux qui sont chargés du gouvernement d'une paroisse ou d'une communauté. Le Pape dispense à l'égard de tous les chrétiens ; l'évêque, à l'égard de ses diocésains seulement, encore ne peut-il les dispenser que pour des cas particuliers. Cependant la plupart des évêques de France, se fondant sur l'usage et le consentement présumé du Souverain Pontife, dispensent d'une manière générale leurs diocésains d'une partie de l'abstinence prescrite pour le saint temps de carême, en prescrivant des aumônes en faveur des séminaires ou autres établissemens utiles à la religion. Les curés peuvent aussi dispenser leurs paroissiens, mais seulement pour des cas particuliers.

307. On accorde la dispense du jeûne ou de l'abstinence, lorsqu'il y a doute si ceux qui la demandent ont des raisons suffisantes

---

(1) Billuart, *de Temperantia*, disert. II. art. 9.

de faire gras ou de rompre le jeûne. Si le motif qu'on a pour se faire exempter de la loi était évident, incontestable, on pourrait s'exempter soi-même, surtout si telle est la coutume, ou si l'on ne pouvait facilement recourir au supérieur : « Si causa sit evidens, per se ip- « sum licite potest homo statuti observantiam præterire, præser- « tim consuetudine interveniente, vel si non posset facile recursus « ad superiorem haberi. Si vero causa sit dubia, debet aliquis ad « superiorem recurrere, qui habet potestatem in talibus dispen- « sandi. Et hoc est observandum in jejuniis ab Ecclesia institu- « tis (1). » Assez généralement les fidèles se croient dispensés du jeûne et de l'abstinence sans avoir recours au curé, lorsque, à raison de quelque indisposition, le médecin leur conseille de faire gras ou de ne pas jeûner. Nous pensons qu'on ne doit point les inquiéter à cet égard, soit parce qu'ils sont dans la bonne foi, soit parce qu'ils ont un certain usage en leur faveur. Un curé n'est point responsable des abus qui résultent de la trop grande facilité des médecins, en matière de jeûne et d'abstinence.

Suivant les constitutions de Benoît XIV, ceux qui ont obtenu dispense de l'abstinence pour les jours de jeûne ne peuvent sans péché manger, dans le même repas, de la viande et du poisson. Mais ce point de discipline n'est point en vigueur dans le diocèse de Reims, ni dans un grand nombre d'autres diocèses.

308. Secondement, l'*impuissance physique* ou *morale*. L'impuissance physique sert d'excuse : 1° aux personnes infirmes que le jeûne ou l'abstinence incommoderait notablement ; à celles qui sont en convalescence, ou qui sont si faibles qu'elles ne peuvent faire un repas entier sans être malades, et qui pour cette raison sont obligées de manger peu, mais à plusieurs reprises. Si elles ne peuvent que très-difficilement digérer les aliments maigres, elles seront, d'après l'avis du médecin, dispensées de l'abstinence. 2° Aux femmes enceintes et aux nourrices ; elles sont exemptes du jeûne. Il leur est même permis de manger de la viande les jours d'abstinence, si elles sont d'une constitution faible, ou si les enfants qu'elles nourrissent sont infirmes ; ou même encore si, étant fortes et robustes, elles éprouvent ces sortes d'envies ordinaires aux femmes enceintes, auxquelles elles ne pourraient résister sans danger. 3° Aux pauvres qui n'ont pas de quoi faire un repas suffisant pour la journée entière : « Qui non possunt simul habere quod eis « ad victum sufficiat. » C'est la décision de saint Thomas (2). Ainsi,

---

(1) S. Thomas, Sum. part. 2. 2. quæst. 147. art. 4. — (2) Ibidem.

comme le dit saint Alphonse de Liguori, après Sanchez et plusieurs autres docteurs, ceux qui n'ont que du pain et du jardinage ou des légumes ne sont pas obligés de s'astreindre à ne faire qu'un seul repas, parce que de tels aliments sont peu nourrissants, et ne peuvent suffire à une personne qu'autant qu'elle en prend plusieurs fois dans la journée (1).

Mais ils ne sont pas pour cela dispensés de l'abstinence. Cependant on pourrait excuser, au moins d'une faute grave, les pauvres qui n'ayant absolument qu'un peu de lard avec du mauvais pain, en mangeraient une portion, surtout s'ils étaient obligés de se livrer au travail. L'Église a pitié des pauvres.

309. *L'impuissance morale* dispense également du jeûne ceux qui ne peuvent l'observer sans de graves inconvénients. De ce nombre sont : 1° ceux que le jeûne prive entièrement du sommeil de la nuit ; 2° les femmes auxquelles leurs maris ne permettent pas absolument de jeûner, lorsque toutefois ceux-ci n'agissent pas en haine de la religion ; 3° les hommes « qui jejunando non « possent uxoribus debitum reddere, quia præceptum justitiæ debet « prævalere præcepto humano jejunii (2) ; » 4° les jeunes gens qui n'ont pas vingt et un ans accomplis, quelle que soit la force du tempérament. Il convient cependant de les former à la pratique du jeûne, par quelques privations qui ne sauraient nuire au développement de leur constitution : « Conveniens tamen est ut etiam se ad « jejunandum exerceant plus vel minus, secundum modum suæ « ætatis (3). »

5° Les vieillards. Plusieurs théologiens, parmi lesquels nous remarquons saint Alphonse de Liguori, dispensent du jeûne indistinctement ceux qui ont soixante ans. Nous pensons qu'il ne peut y avoir de difficulté à l'égard des septuagénaires, même lorsqu'ils paraissent robustes ; *senectus ipsa morbus est*. Mais si nous les dispensons du jeûne, nous ne les dispensons point de la pénitence, ni des bonnes œuvres par lesquelles ils doivent se préparer à la mort.

310. Troisièmement, le travail est encore un motif d'excuse pour le jeûne. Il s'agit d'un travail pénible et fatigant, d'un travail incompatible avec le jeûne. Le saint-siége a condamné les deux propositions suivantes, qui tendaient à excuser du jeûne quiconque travaille : « Omnes officiales, qui in republica corporaliter laborant,

---

(1) S. Liguori, *de Præceptis Ecclesiæ*, n° 1033. — (2) Ibid. n° 1034. — (3) S. Thomas, Sum. part. 2. 2. quæst. 147. art. 4.

« sunt excusati ab obligatione jejunii, nec debent se certificare an
« labor sit compatibilis cum jejunio. — Excusantur absolute a præ-
« cepto jejunii omnes illi, qui iter agunt equitando, utcumque iter
« agant, etiamsi iter necessarium non sit, et etiamsi iter unius diei
« conficiant(1). » Mais personne ne conteste que les travaux qui
nécessitent un grand mouvement du corps ne soient une cause
d'exemption du jeûne. Ainsi, l'on regarde comme dispensés les
laboureurs, les vignerons, les jardiniers, les scieurs, les tailleurs
de pierre, les maçons, les charpentiers, les menuisiers, les forgerons, les serruriers et autres ouvriers en fer, les tisserands, les
teinturiers, les laveurs, les potiers, les tuiliers, les fabricants, les
portefaix, les boulangers, les courriers, les cochers, et généralement tous ceux qui ne peuvent exercer leur profession en jeûnant,
sans éprouver une fatigue excessive.

311. Pour ce qui regarde les cordonniers, les tailleurs d'habits,
les orfévres, les horlogers, les sculpteurs, les barbiers, il faut
avoir égard aux différentes circonstances pour juger s'ils sont dispensés ou non de l'obligation du jeûne.

Il en est de même des magistrats, des juges, des avocats, des
médecins, des professeurs ; ils ne sont dispensés du jeûne que dans
le cas où, à raison de quelques travaux extraordinaires, ou de la
faiblesse de leur complexion, ils ne peuvent jeûner sans danger de
nuire notablement à leur santé.

Ici nous ferons remarquer que le riche qui travaille un jour de
jeûne, comme il a coutume de travailler les autres jours, n'est pas
tenu de jeûner, si son travail est incompatible avec le jeûne. Il
n'est point obligé d'interrompre ses travaux, afin de pouvoir observer le précepte de l'Église. Ce sentiment nous paraît très-probable. Mais il en serait autrement, s'il ne travaillait que pour éluder
la loi : il pécherait, du moins en se mettant dans l'impossibilité de
jeûner.

312. La pêche et la chasse ne peuvent être une excuse que pour
ceux qui sont obligés de pêcher ou de chasser le jour de jeûne :
tels sont généralement les chasseurs et pêcheurs de profession. Ceux
qui font une partie de chasse, par goût ou par manière de récréation, ne seraient point admis à se prévaloir de la fatigue, pour se
dispenser du jeûne.

313. Les soldats, avec lesquels il ne faut pas confondre les gardes
nationaux, sont dispensés du jeûne et de l'abstinence. Mais cette

(1) **Décret d'Alexandre VII, du 18 mars 1636.**

double dispense est-elle pour les officiers comme pour les simples soldats, même en temps de paix? Les officiers français le croient, se fondant sur l'usage généralement suivi par eux depuis environ cinquante ans. Nous n'approuvons point cet usage, mais nous ne le condamnons pas ; nous le tolérons, et nous pensons que les confesseurs doivent le tolérer.

Sont encore dispensés du jeûne, ceux qui voyagent à grandes journées, lorsque le voyage ne peut être différé sans inconvénient, soit parce que le voyage était déjà commencé avant le jour du jeûne, soit parce que le motif qui l'a fait entreprendre est une fête de dévotion qui se rencontre le lendemain du jour du jeûne. Si le voyage pouvait commodément être renvoyé à un autre jour, on serait obligé de le différer, afin de pouvoir jeûner, ainsi que l'enseigne saint Thomas (1).

Mais quelle est la quantité du chemin qui peut donner lieu à une exception? On ne peut rien déterminer là-dessus. Une personne robuste serait moins fatiguée après une journée de sept à huit lieues, qu'une autre plus faible ne le serait par un voyage de deux ou trois lieues seulement. Cela dépend aussi des chemins plus ou moins faciles, ou des temps plus ou moins favorables. Ce n'est donc pas par le nombre des lieues, mais bien par les circonstances, qu'on doit juger du degré de fatigue qui dispense le voyageur de l'observation du jeûne.

On regarde aussi comme exempts du jeûne, ceux qui voyagent à cheval, lorsqu'ils sont montés sur un cheval dont la marche est dure et vraiment pénible; ou lorsque, étant assez bien montés, ils font un voyage de plusieurs jours, ou un voyage de long cours. Il en est de même de ceux qui voyagent dans une voiture mal suspendue ou qui ne l'est point du tout, et dont souvent ils sont plus fatigués que s'ils avaient fait plusieurs lieues à pied (2).

314. Quatrièmement enfin, la *piété* peut servir d'excuse et dispenser du jeûne. Ce qui a lieu quand il s'agit de remplir un devoir de piété plus important que le jeûne, avec lequel l'accomplissement de ce devoir est incompatible. On regarde comme exempts du jeûne : 1° ceux qui prêchent plusieurs fois dans un jour, ou au moins une fois chaque jour pendant une retraite ou station de carême. Mais, comme le dit saint Alphonse de Liguori (3), il convient que ceux qui doivent prêcher de parole et d'exemple fassent

---

(1) Sum. part. 2. 2. quæst. 147. art. 4. — (2) Instruct. sur le Rituel de Toulon, *des Préceptes de l'Église.* — (3) *De Præceptis Ecclesiæ*, n° 1048.

tout ce qui dépend d'eux pour observer la loi du jeûne. 2° Ceux qui entendent les confessions tout le jour ou une grande partie du jour. 3° Ceux qui assistent spirituellement ou corporellement les malades, et passent la plus grande partie du jour ou de la nuit auprès d'eux, pourvu qu'on ne le fasse pas à dessein d'éluder la loi. Ce n'est pas que ceux dont il s'agit aient généralement besoin d'une nourriture plus abondante ; mais ils ont besoin d'en prendre plus fréquemment, afin de prévenir un épuisement qui serait dangereux pour la santé.

315. Nous ferons remarquer, en finissant cet article, que si un pénitent, sans avoir un motif qui puisse le dispenser du jeûne pendant le carême, croit de bonne foi pouvoir satisfaire au précepte en jeûnant deux ou trois fois dans la semaine, le confesseur peut l'absoudre en le laissant dans la bonne foi, de crainte qu'en voulant l'obliger à jeûner davantage, on ne le porte à ne plus jeûner du tout : « Non est urgendus ad jejunandum, sed relinquendus in « sua bona fide, ne ipse forte deinde omnia culpabiliter omittat (1). »

CHAPITRE VI.

De la Chasteté, de la Continence, de la Pudeur, et de la Modestie.

316. La chasteté est une vertu morale qui modère et restreint dans les bornes du devoir le penchant naturel pour les plaisirs de la chair. On distingue la chasteté des vierges, la chasteté des personnes veuves, et la chasteté des personnes mariées. La première consiste dans une perpétuelle continence. Elle paraît avec éclat dans les vierges chrétiennes qui ont généreusement renoncé au mariage, et se sont dévouées à la garder toute leur vie. La chasteté des personnes veuves consiste à garder la continence le reste de leur vie. Cette chasteté est moins parfaite que la première. La chasteté des personnes mariées consiste à garder la fidélité conjugale, et à n'user du mariage que suivant les règles de la sainteté évangélique. Elle inspire une espèce d'horreur pour tout ce qui est contraire à la fin du mariage. La chasteté des époux, quelque sainte qu'elle

---

(1) S. Liguori, *de Præceptis Ecclesiæ*, n° 1049.

soit, est moins parfaite que la chasteté des vierges et des personnes qui restent dans l'état de viduité par principe de religion.

La chasteté est nécessaire au salut, tous doivent être chastes dans leur état; rien de souillé n'entrera dans la nouvelle Jérusalem : « Non intrabit in eam aliquod coinquinatum (1). » Pour garder cette vertu, il faut veiller constamment sur soi-même, vivre autant que possible dans la retraite et la prière, fréquenter les sacrements, pratiquer la mortification, et fuir avec soin les occasions du péché.

Les péchés contraires à la chasteté sont la fornication, l'inceste, l'adultère, et, en un mot, tous les péchés qui appartiennent à la luxure.

317. La continence est à peu près la même chose que la chasteté. Saint Thomas la fait consister dans la fermeté nécessaire pour ne pas se laisser entraîner par les mouvements de la concupiscence : « Continentia habet aliquid de ratione virtutis inquantum ratio fir-« mata est contra passiones, ne eis deducatur (2). »

La pudeur, *pudicitia, verecundia*, est cette honte vertueuse qui donne de l'éloignement, de l'horreur pour toutes les actions capables d'offenser la chasteté. Rien de plus important pour les mœurs que de maintenir cette honte salutaire; c'est un frein puissant contre le vice, contre le libertinage; la vertu est bien en danger, si déjà elle n'a fait naufrage, dans les jeunes gens qui ne sont plus retenus par le sentiment de la pudeur.

318. La modestie est une vertu qui maintient dans l'ordre les mouvements intérieurs et extérieurs de l'homme. « Modestia, dit « saint Thomas, se habet non solum circa exteriores actiones, sed « etiam circa interiores (3). » Elle règle notre intérieur par la douceur et l'humilité, et notre extérieur par la décence et l'honnêteté. On blesse la modestie par des discours, par des gestes, des actes contraires à la bienséance. Ainsi l'on doit, par exemple, regarder comme immodestes certaines parures, certaines modes capables d'alarmer la vertu.

Mais n'est-il pas permis à une femme de se parer pour plaire, et relever les grâces qu'elle a reçues de la nature? Nous répondrons, d'après saint Thomas, en distinguant les femmes mariées et celles qui ne le sont pas. La femme qui se pare pour plaire à son mari ne pèche pas, si d'ailleurs sa parure n'a rien qui puisse scandaliser le prochain. Ce motif est honnête, et quelquefois nécessaire pour pré-

---

(1) Apocal. 21. v. 27. — (2) Sum. part. 2. 2. quæst. 155. — (3) Ibidem. quæst. 160. art. 1.

venir le dégoût du mari, et empêcher qu'il ne se laisse séduire par une beauté étrangère. « Si mulier conjugata ad hoc se ornet ut viro « suo placeat, potest hoc facere absque peccato (1). »

Mais les femmes qui ne sont pas mariées, et qui ne pensent point au mariage, ne peuvent, sans péché, chercher à plaire aux hommes pour se faire désirer, parce que ce serait leur donner une occasion de pécher ; et si elles se parent dans l'intention de provoquer les autres à la concupiscence, elles pèchent mortellement. Si elles ne le font que par légèreté ou par vanité, leur péché n'est pas toujours mortel, il est quelquefois véniel. « Si hac intentione se ornent ut « alios provocent ad concupiscentiam, mortaliter peccant. Si au- « tem quadam levitate, vel etiam ex quadam vanitate propter « jactantiam quamdam, non semper est peccatum mortale, sed « quandoque veniale (2). »

319. Quant à celles qui, n'étant pas mariées, pensent sérieusement au mariage, elles peuvent certainement chercher à plaire par leur parure, pourvu toutefois qu'elles ne se permettent rien qui soit contraire à la décence, à la modestie chrétienne. « On permet plus « d'affiquets aux filles, dit saint François de Sales, parce qu'elles « peuvent loisiblement désirer d'agréer à plusieurs, quoique ce ne « soit qu'afin d'en gagner un par un légitime mariage (3). »

Mais quelles sont les parures qui blessent essentiellement la modestie ? Num verbi gratia, peccent graviter mulieres ad sui ornatum ubera denudantes ? Laissons répondre saint Alphonse de Liguori. Voici ce qu'il dit : « Non nego, 1° quod illæ feminæ quæ « hunc morem alicubi introducerent, sane graviter peccarent. Non « nego, 2° quod denudatio pectoris posset esse ita immoderata, ut « per se non posset excusari a scandalo gravi, tanquam valde ad « lasciviam provocans, uti bene ait Sporer. Dico, 3° quod si denu- « datio non esset taliter immoderata, et alicubi adesset consuetudo « ut mulieres sic incederent, esset quidem exprobranda, sed non « omnino damnanda de peccato mortali. Id tenent communissime « Navarrus, Cajetanus, Lessius, Laymann, Bonacina, Salmanti- « censes et alii plurimi (4). » Mais, suivant le même docteur, « Mulier aliquantulum ubera detegens non peccat graviter, per se « loquendo etiam si forte inde in generali alii scandalizentur (5). »

320. Les curés et les confesseurs feront tout ce que la prudence

---

(1) Sum. part. 2. 2. quæst. 169. art. 2. — (2) Ibidem. — (3) Introduction à la vie dévote, part. III. c. 25. — (4) De Præcepto charitatis, n° 55. — (5) De Sexto præcepto, n° 525.

leur permettra, soit pour empêcher les modes indécentes de s'établir, soit pour les faire tomber. Sur quoi saint Antonin s'exprime ainsi : « Si de usu patriæ est, ut mulieres deferant vestes versus
« collum scissas usque ad ostentationem mamillarum, valde turpis
« et impudicus est talis usus, et ideo non servandus... Si mulier
« ornet se secundum decentiam sui status et morem patriæ, et non
« sit ibi multus excessus, et ex hoc aspicientes rapiantur ad concu-
« piscentiam ejus, erit ibi occasio potius accepta quam data; unde
« non mulieri, sed ei soli qui ruit, imputabitur ad mortale...
« Igitur videtur dicendum quod ubi in hujusmodi ornatibus con-
« fessor invenit clare, et indubitanter mortale, talem non absol-
« vat, nisi proponat abstinere a tali crimine. Si vero non potest
« clare percipere utrum sit mortale, non videtur tunc præcipitanda
« sententia, scilicet, ut deneget propter hoc absolutionem, vel illi
« faciat conscientiam de mortali, quia faciendo postea contra
« illud, etiam si illud non esset mortale, ei erit mortale, quia
« omne quod est contra conscientiam ædificat ad gehennam...
« Fateor tamen quod et prædicatores in prædicando, et confessores,
« in audientia confessionum debent talia detestari, et persuadere ad
« dimittendum, cum sint nimia et excessiva, non tamen ita indis-
« tinctæ asserere esse mortalia (1). »

321. Quant à l'usage du fard, il est si commun, et ses effets sont si peu sensibles, qu'on le tolère, à moins qu'on ne s'en serve dans des vues lascives, ou au mépris de l'œuvre de Dieu. Il est même permis, dit saint Thomas, quand on y a recours pour cacher une laideur qui provient de la maladie ou de quelque autre accident : « Non semper fucatio est cum peccato mortali, sed solum
« quando fit propter lasciviam, vel in Dei contemptum. Sciendum
« tamen quod aliud est fingere pulchritudinem non habitam, et
« aliud occultare turpitudinem ex aliquo casu provenientem, puta
« ex ægritudine vel aliquo hujusmodi; hoc enim est licitum (2). »

Du reste, en condamnant les parures et les modes indécentes, un curé, un prédicateur, un confesseur doit éviter avec soin de comprendre dans sa censure ou ses réprimandes les modes qui, n'ayant rien de contraire à la modestie, n'ont pas d'autre inconvénient que d'être nouvelles. C'est un écueil contre lequel les prêtres encore jeunes ou peu instruits ne se tiennent pas toujours suffisamment en garde.

---

(1) Sum. part. 2. tit. 5. c. 5. — (2) Sum. part. 2. 2. quæst. 169.° art. 2.

CHAPITRE VII.

De l'Humilité, de la Douceur et de la Clémence.

322. L'humilité est une vertu qui, par la considération de nos défauts, nous tient dans un certain abaissement, nous empêche de nous élever contre l'ordre de la Providence, et nous fait rapporter à Dieu seul tout ce que nous pouvons faire de bien. « Humilitas re- « primit appetitum, ne tendat in magna præter rationem rectam. « — Temperat et refrænat animum, ne immoderate tendat in « excelsa (1). »

L'humilité, du moins à un certain degré, est nécessaire à tous : nécessaire aux évêques comme aux simples fidèles, nécessaire aux magistrats, aux princes, aux monarques comme au reste des hommes. « Quanto magnus es, humilia te in omnibus, et coram Deo « invenies gratiam; quoniam magna potentia Dei solius, et ab hu- « milibus honoratur. Altiora te ne quæsieris (2). » Cette vertu nous est spécialement recommandée par Jésus-Christ, conjointement avec la douceur : « Discite a me, quia mitis sum et humilis corde; « et invenietis requiem animabus vestris (3). »

L'humilité est la gardienne des autres vertus, parce qu'elle nous inspire la vigilance et la défiance de nous-mêmes, qu'elle nous empêche de nous exposer témérairement au danger de pécher, et que Dieu a promis des grâces particulières aux humbles : « Humilibus « dat gratiam (4); » l'orgueil, la vaine gloire, l'ambition, la présomption, et les autres péchés qui découlent de l'orgueil, sont opposés à la vertu d'humilité.

323. La douceur est une vertu qui modère les emportements de la colère, tient l'âme dans une assiette calme et tranquille, bannit du cœur tout sentiment d'aigreur, et nous fait traiter le prochain avec bonté, avec cette charité qui soutient tout et supporte tout : « Omnia suffert, omnia sustinet (5). »

Nous devons pratiquer la douceur en tout, et particulièrement

---

(1) S. Thomas, Sum. part. 2. 2. quæst. 161. art. 1. — (2) Ecch. c. 3. v. 20, 21, 22. — (3) Math. c. 9. v. 29. — (4) Jacob. c. 1. v. 6. — (5) I. Corinth. c. 13. v. 7.

dans les corrections que le devoir ou la charité nous oblige de faire, ainsi que nous le recommande l'Apôtre : « Si præoccupatus fuerit « homo in aliquo delicto, vos qui spirituales estis, hujusmodi in- « struite in spiritu lenitatis (1). » Un supérieur doit ménager la délicatesse de ceux qu'il est obligé de reprendre, se rappelant qu'il doit faire pour les autres ce qu'il voudrait qu'on fît pour lui-même, s'il se trouvait dans le même cas. En montrant de l'humeur, de la dureté, on aigrit le coupable et on ne le convertit pas. Il est permis sans doute de faire des reproches, des réprimandes quelquefois vives et fortes, suivant l'exigence des cas et le caractère des personnes ; mais l'indignation, quelque juste qu'elle soit, ne doit jamais se manifester par des emportements, qui pourraient la faire confondre avec la colère.

324. Si la douceur est nécessaire à tous, elle l'est plus particulièrement encore aux évêques et aux autres ministres de la religion. Voici ce que dit à cet égard le concile de Trente : « Ut se pastores, « non percussores esse meminerint, atque ita præesse sibi subditis « oportere, ut non eis dominentur ; sed illos, tanquam filios et fra- « tres diligant ; elaborentque ut hortando et monendo ab illicitis « deterreant ; ne ubi deliquerint, debitis eos pœnis coercere cogan- « tur. Quos tamen si quid per humanam fragilitatem peccare con- « tigerit, illa Apostoli (1. Timoth. c. 4. v. 2.) est ab eis servanda « præceptio ; ut illos arguant, obsecrent, increpent in omni boni- « tate et patientia ; cum sæpe plus erga corrigendos agat benevo- « lentia quam austeritas ; plus exhortatio quam minatio ; plus cha- « ritas quam potestas. Sin autem ob delicti gravitatem virga opus « fuerit, tunc cum mansuetudine rigor, cum misericordia judicium, « cum lenitate severitas adhibenda est, ut sine asperitate disciplina « populis salutaris ac necessaria conservetur (2). »

325. La colère, qui est un des sept péchés capitaux, est opposée à la douceur, comme la dureté, la trop grande sévérité l'est à la clémence. Cette dernière vertu est une branche de la douceur ; elle porte les supérieurs à mitiger les peines que méritent les coupables, et même à leur faire grâce, ou à raison de leur retour à de meilleurs sentiments, ou à raison de quelques circonstances extraordinaires. Mais la clémence a des bornes, qu'elle ne peut dépasser sans dégénérer en faiblesse, sans compromettre l'autorité. Toutefois, s'il était permis de pécher, il vaudrait mieux le faire par excès de douceur que par défaut : « Melius est, comme le disent

---

(1) Galat. c. 6. v. 1. — (2) Sess. XIII. De Reformatione, c. 1.

« plusieurs saints docteurs, *Domino rationem reddere de nimia*
« *misericordia quam de nimia severitate* (1). »

TRAITÉ DU DÉCALOGUE.

326. Le Décalogue renferme, comme le mot l'indique, les dix commandements de Dieu, que nous expliquerons en suivant l'ordre dans lequel ils ont été promulgués par Moïse (2).

PREMIÈRE PARTIE.

Du Premier précepte du Décalogue.

Le premier précepte du Décalogue est ainsi conçu : « *Ego sum*
« *Dominus Deus tuus qui eduxi te de terra Ægypti, de domo servi-*
« *tutis. Non habebis deos alienos coram me. Non facies tibi sculp-*
« *tile, neque omnem similitudinem quæ est in cœlo desuper, et*
« *quæ in terra deorsum, nec eorum quæ sunt in aquis sub terra.*
« *Non adorabis ea, neque coles : Ego sum Dominus Deus tuus for-*
« *tis, zelotes, visitans iniquitatem patrum in filios, in tertiam et*
« *quartam generationem eorum qui oderunt me ; et faciens mise-*
« *ricordiam in millia his qui diligunt me, et custodiunt præcepta*
« *mea* (3). »

Par ce premier commandement, il nous est ordonné de croire en Dieu, d'espérer en Dieu, d'aimer Dieu, et de rendre à Dieu le culte qui lui est dû. Ainsi la foi, l'espérance, la charité, qui sont les trois vertus théologales (4), et la religion, qui occupe le premier rang parmi les vertus morales, appartiennent spécialement au premier précepte du Décalogue.

(1) Voyez, ci-dessus, le n° 105. — (2) Exod. c. 20. v. 2, etc. — (3) Ibidem. v. 2, 3, 4, 5 et 6. — (4) Voyez, ci-dessus, le n° 281, etc.

CHAPITRE PREMIER.

De la Foi.

327. La foi est une vertu surnaturelle par laquelle nous croyons fermement tout ce que Dieu a révélé à son Église, parce qu'il est la vérité même. L'objet de la foi comprend toutes les vérités que Dieu nous a révélées ; nous connaissons ces vérités comme révélées, par l'enseignement de l'Église, qui est, comme le dit l'Apôtre, la colonne de la vérité, *columna et firmamentum veritatis* (1). Mais les décisions de l'Église, quoique infaillibles, ne sont point le motif de notre foi ; elles ne sont pour nous que le moyen de connaître les vérités de la foi, qui est fondée sur la parole de Dieu. Le motif de la foi est la véracité divine ; nous croyons, parce que Dieu, qui est la vérité même, a parlé.

328. La foi est absolument nécessaire au salut ; il est impossible, dit l'apôtre saint Paul, de plaire à Dieu sans la foi : « Sine fide im-« possibile est placere Deo (2). » La foi habituelle que l'on reçoit par le baptême, suffit dans les enfants et dans ceux qui n'ont jamais eu l'usage de raison. Quant à ceux qui sont capables d'une foi actuelle, ils sont obligés de croire tout ce que croit et enseigne l'Église ; mais il n'est pas nécessaire que la foi soit *explicite* ou *particulière* en tout. A l'exception des principales vérités que personne ne peut ignorer sans danger pour le salut, la foi *implicite* ou *générale* suffit aux simples fidèles.

Il est nécessaire, d'une nécessité de *moyen*, de croire explicitement qu'il y a un Dieu, souverain Seigneur de toutes choses, et qu'il récompense ceux qui le recherchent : « Credere oportet acce-« dentem ad Deum, dit saint Paul, quia est, et inquirentibus se « remunerator sit (3). » Il ne peut y avoir de salut pour un adulte, s'il ne croit explicitement en Dieu, à sa providence et à l'existence d'une autre vie, où chacun recevra suivant ses œuvres.

329. La foi explicite aux mystères de la sainte Trinité, de l'incarnation et de la passion de Notre-Seigneur Jésus-Christ, est encore nécessaire au salut. Mais il n'est pas certain qu'elle soit néces-

---

(1) II. Timoth. c. 3. v. 15. — (2) Hebr. c. 11. v. 6. — (3) Ibidem.

saire de nécessité de *moyen*. Il nous paraît même plus probable (1) qu'elle n'est nécessaire que d'une nécessité morale, nécessité de précepte. Cependant, par cela même qu'il y a du doute, on doit se comporter, dans la pratique, comme si la connaissance et la foi explicites des mystères dont il s'agit étaient nécessaires de nécessité de *moyen*. Une probabilité, quelque forte qu'elle fût, ne pourrait suppléer ce qui serait absolument et indispensablement nécessaire au salut (2).

Tout fidèle est obligé de savoir, et par là même de croire explicitement qu'il n'y a qu'un seul Dieu en trois personnes, le Père, le Fils et le Saint-Esprit; que Dieu le Fils, la seconde personne de la très-sainte Trinité, s'est fait homme pour nous; qu'il est mort sur la croix pour nous sauver; que nous avons une âme qui est immortelle; qu'il y a un Paradis pour récompenser les justes, et un Enfer pour punir éternellement les pécheurs qui mourront dans l'impénitence finale.

330. On est obligé, de nécessité de précepte, de savoir, du moins quant à la substance : 1° le Symbole des Apôtres en entier; 2° l'Oraison Dominicale; 3° les préceptes du Décalogue; 4° ceux des Commandements de l'Église, qui sont communs à tous les fidèles; 5° le sacrement de Baptême, que tout fidèle peut se trouver dans le cas d'administrer, et les sacrements de Pénitence et d'Eucharistie, qu'on est obligé de recevoir, au moins une fois l'an. Quant aux autres sacrements, la foi explicite n'est nécessaire qu'à celui qui les reçoit. Mais la connaissance de ces différents articles a des degrés; elle peut être plus ou moins parfaite, plus ou moins étendue. Toutefois, il n'est pas permis de les ignorer entièrement. Il n'y a qu'un défaut de capacité qui puisse excuser cette ignorance de péché mortel.

331. C'est encore une obligation fondée sur la pratique générale et sur les instructions des premiers pasteurs, de savoir par cœur le Symbole des Apôtres, l'Oraison Dominicale et la Salutation Angélique; ainsi que de savoir faire le signe de la croix, en prononçant ces mots : Au nom du Père, et du Fils, et du Saint-Esprit. Mais cette obligation n'est pas telle qu'on ne puisse y manquer sans péché mortel (3). Cependant, les parents, les instituteurs, ceux qui sont chargés de l'éducation des enfants, doivent leur apprendre toute

---

(1) L'opinion contraire à celle que nous émettons *paraît plus probable* S. Alphonse de Liguori. — (2) Voyez, ci-dessus, le n° 92. — (3) S. Alphonse de Liguori, Theol. moral. lib. II. n° 3; Mgr Bouvier, *de Decalogo*, c. 1. art. 1 § 2.

ces choses, d'abord à la lettre, et ensuite quant à l'esprit. Les Pasteurs surtout veilleront à ce que tous leurs paroissiens, jeunes et vieux, sachent en langue vulgaire le *Credo*, le *Pater* et l'*Ave*. Ils reviendront fréquemment, dans les instructions familières qu'ils doivent faire aux fidèles, sur les premières vérités de la religion. Malheur à eux s'ils n'évangélisent pas! Ils seront responsables devant Dieu et devant l'Église des désordres qui résultent de l'ignorance des peuples.

332. Paul V, par une constitution du 6 octobre 1607, accorda : 1° cent jours d'indulgence aux maîtres d'école, chaque fois qu'ils enseigneraient la doctrine chrétienne à leurs élèves sur la semaine; et sept ans, lorsque, les dimanches et fêtes, ils les conduiraient au catéchisme qui se fait à l'église ou dans un autre endroit; 2° cent jours aux pères et mères, maîtres et maîtresses, toutes les fois qu'ils feront apprendre le catéchisme, dans leurs maisons, à leurs enfants ou à leurs domestiques; 3° cent jours pareillement à tous les fidèles qui s'appliqueront pendant une demi-heure à expliquer la doctrine chrétienne aux ignorants. Par un bref du 26 juin 1735, Clément XII accorda sept ans et sept quarantaines d'indulgence à tous les fidèles, chaque fois que, s'étant confessés et ayant communié, ils feront le catéchisme. Il leur accorda, de plus, s'ils sont dans l'habitude de le faire, une indulgence *plénière*, pour les jours de Noël, de Pâques et des apôtres saint Pierre et saint Paul, aux conditions de se confesser, de communier, et de prier selon les intentions du Souverain Pontife.

333. Nous sommes obligés, en vertu d'un précepte particulier, de faire de temps en temps des actes de foi : ce n'est pas assez pour le chrétien d'avoir la foi habituelle, ou de faire un ou deux actes de foi pendant tout le temps qu'il est ici-bas. La doctrine contraire a été flétrie par le saint-siége dans la condamnation des propositions suivantes : « Fides non censetur cadere sub præceptum speciale, et secundum se. » — « Satis est actum fidei semel in vita elicere (1). »

On est tenu spécialement de faire des actes de foi : 1° quand on a atteint l'usage parfait de la raison, et qu'on est suffisamment instruit des vérités de la religion; 2° lorsqu'on est tenté contre la foi : le moyen de vaincre ces sortes de tentations est de les repousser par un acte de foi, soit explicite, en s'attachant fortement à la vérité contre laquelle on est tenté; soit implicite, en se soumettant à ce

---

(1) Décret d'Innocent XI, de l'an 1679.

que l'Église enseigne, et en détournant en même temps son esprit de l'erreur qui se présente à la pensée; 3° lorsqu'on est obligé de professer extérieurement la foi; 4° quand on est en danger de mort; car alors nous devons nous unir à Dieu d'une manière plus particulière par la foi. 5° Indépendamment de ces différentes circonstances, le précepte de la foi oblige par lui-même de temps en temps pendant la vie. On ne pourrait, à notre avis, excuser celui qui passerait un temps considérable, un mois entier par exemple, sans faire aucun acte de foi, ni explicite ni implicite; ce qui aurait lieu, si pendant tout ce temps il ne faisait absolument aucun acte de religion. Nous pensons qu'il en est de même pour ce qui regarde l'espérance et la charité.

On est encore obligé, indirectement, de faire des actes de foi, du moins implicitement, toutes les fois qu'on se trouve dans le cas de faire des actes qui supposent la foi, comme les actes d'espérance, de charité, de pénitence, de religion.

334. Mais, pour prévenir les inquiétudes des âmes timorées, relativement à l'obligation de faire des actes de foi et des autres vertus théologales, il est bon de les prévenir qu'il n'est pas nécessaire de réciter les formules qui contiennent des actes de foi, d'espérance et de charité. Celui qui fait le signe de la croix, qui entend la sainte messe, qui adore Jésus-Christ dans l'Eucharistie, fait par là même autant d'actes de foi. La récitation du *Credo*, surtout, est assurément un acte, une profession de foi plus ou moins explicite de toutes les vérités de la religion, qu'on est obligé plus particulièrement de croire, de nécessité de moyen, ou de nécessité de précepte. Celui qui a recours à Dieu, soit par la prière, soit par les sacrements, fait un acte d'espérance : il n'invoque le Seigneur que parce qu'il espère en lui; s'il n'espérait pas, il ne prierait point. De même, dire dans l'Oraison Dominicale : *Que votre nom soit sanctifié; que votre volonté soit faite sur la terre comme au ciel,* c'est faire un acte d'amour de Dieu. Pour faire un acte de foi, d'espérance ou de charité, il n'est pas nécessaire d'en énoncer le motif (1).

« Si donc, comme le dit très-bien le P. Palavicini en s'adressant
« aux confesseurs, vous trouvez que le pénitent sache le *Credo*, le
« *Pater* et l'*Acte de contrition*, ignorât-il d'ailleurs les formules
« maintenant en usage des vertus théologales, ne le renvoyez pas

---

(1) Voyez S. Alphonse de Liguori, Theol. moral. lib. II. n° 7; De Lugo, *de Fide*, dis. 13. n° 47; Bergier, *Dictionnaire de théologie*, au mot *Acte*, etc.

« comme indigne d'absolution. Ces formules n'étaient point usitées
« il y a quarante ou soixante ans; aucun de ceux qui sont nés avant
« 1720 n'en a jamais entendu parler. Voudriez-vous donc pour
« cela condamner tous ceux qui ont vécu avant cette époque, ainsi
« que tous les pasteurs, comme ayant négligé une chose essentielle
« à la justification et au salut? Cependant, je ne puis assez louer
« l'usage actuel de ces formules, qui expriment si bien les motifs
« et les choses concernant la foi, l'espérance et la charité, et qui sont
« d'une si grande utilité pour les fidèles. Ne négligez donc rien
« pour engager vos pénitents à les bien apprendre, et à les réciter
« souvent (1). »

335. Les curés et les catéchistes exhorteront les fidèles à retenir de mémoire ces pieuses formules, et à les répéter dévotement tous les jours, ou au moins tous les dimanches; mais ils le feront en évitant avec soin tout ce qui pourrait leur faire croire que ces formules sont obligatoires. Ils leur rappelleront que le pape Benoît XIV a accordé, par un rescrit du 11 décembre 1754, une indulgence plénière, perpétuelle et applicable aux âmes du Purgatoire, pour ceux qui feraient tous les jours avec dévotion, pendant un mois, les actes de foi, d'espérance et de charité, en remplissant les conditions ordinaires, c'est-à-dire en se confessant, communiant et priant pour la paix entre les princes chrétiens, pour l'extirpation des hérésies et l'exaltation de notre Mère la sainte Église : de plus, une indulgence plénière à l'article de la mort pour ceux qui auraient été fidèles à cette pratique pendant leur vie. Il accorda en même temps une indulgence partielle de sept ans et sept quarantaines pour chaque fois qu'on formerait ces actes, soit à différents jours, soit dans le même jour, également applicable aux âmes du Purgatoire. Ces actes doivent être exprimés par des formules qui énoncent clairement les motifs particuliers de chacune des vertus théologales; mais nulle formule déterminée n'est prescrite, comme l'a positivement déclaré Benoît XIV.

336. Pour satisfaire à toutes les obligations que le précepte de la foi nous impose, il ne suffit pas de faire des actes intérieurs; il faut de plus la professer extérieurement : « Fides, dit saint Augus« tin, officium a nobis exigit et cordis et linguæ (2); » ce qui est conforme à ces paroles de l'Apôtre : « Corde creditur ad justitiam, « ore autem confessio fit ad salutem (3). » Par conséquent, celui

---

(1) Le prêtre sanctifié par l'administration du sacrement de Pénitence, n° 28.
— (2) Lib. de Fide et Symbolo, c. 1. — (3) Rom. c. 10. v. 10.

qui est interrogé juridiquement sur la foi est obligé de la professer extérieurement, quand même il s'agirait de perdre la vie. Le silence ou la dissimulation en cette circonstance serait criminel. C'est pourquoi le pape Innocent XI a condamné cette proposition: « Si a potestate publica quis interrogetur, fidem in genere confiteri « ut Deo et fidei gloriosum, consulo; tacere ut peccaminosum per « se non damno (1); » mais celui qui est interrogé par un particulier n'est pas tenu de répondre; à moins que son silence, eu égard aux circonstances, ne fît croire qu'il a renoncé à la foi, et qu'il ne scandalisât les fidèles (2).

Ce n'est point abjurer la foi, que de se cacher ou de fuir en temps de persécution; souvent même il est expédient aux faibles de s'éloigner : « Cum autem persequentur vos in civitate ista, fu- « gite in aliam (3). » Mais il ne serait pas permis à un pasteur d'abandonner son troupeau, si sa présence était nécessaire pour le prémunir contre l'erreur.

337. On nie la foi de plusieurs manières : 1° de vive voix ou par écrit, lorsqu'on rejette quelque vérité que l'on sait être définie par l'Église, ou lorsqu'on déclare qu'on n'est point catholique; 2° par action, savoir, quand on fait un acte qui est regardé comme signe d'apostasie; comme de se faire circoncire, de brûler de l'encens devant les idoles, de pratiquer les cérémonies qui sont particulières à certains hérétiques ou aux infidèles ; 3° par les choses dont on se sert : comme si on portait des vêtements ou certains signes qui distinguent les infidèles des chrétiens. Dans ces différents cas, on pèche mortellement, lors même qu'on conserverait intérieurement la foi.

Celui qui, se trouvant dans un pays où il y a des hérétiques, mangerait de la viande les jours d'abstinence, ne serait certainement pas censé renoncer à la foi; car l'abstinence n'est point prescrite en signe de la vraie religion. Il lui serait même permis de faire gras, s'il avait lieu de craindre, en faisant maigre, d'être reconnu pour catholique, et d'être persécuté comme tel par les sectaires. Mais il en serait autrement, si on le forçait de manger de la viande un jour défendu, en haine de la religion catholique. Dans ce cas, il serait obligé, quoi qu'il lui en coûtât, d'observer les lois de l'Église.

338. Ce n'est pas un péché mortel d'assister au prêche et aux

---

(1) Décret de 1679. — (2) S. Thomas, Sum. part. 2. 2. quæst. 3. art. 2. — (3) Matth. c. 10. v. 23.

cérémonies religieuses des hérétiques ou des schismatiques, par curiosité, et sans y prendre part; à moins qu'il n'y ait danger de séduction pour celui qui y assisterait, ou scandale pour le prochain; ce qui aurait lieu, du moins pour ce qui regarde le scandale, si on y assistait souvent.

On ne peut excuser d'une faute grave ceux qui se présentent pour le mariage devant un ministre notoirement hérétique ou schismatique, soit qu'ils l'aient déjà contracté auparavant, soit qu'ils se proposent de recourir ensuite au ministère d'un prêtre catholique : n'importe que l'une des parties soit catholique et l'autre protestante ou calviniste. Mais on peut, pour ce qui regarde l'acte civil, se présenter devant le magistrat, fût-il calviniste, luthérien, anglican, juif ou bédouin (1).

339. Les péchés essentiellement contraires à la foi sont l'infidélité, l'hérésie et l'apostasie. L'infidélité proprement dite comprend le paganisme, le judaïsme et le mahométisme. Elle est négative, ou privative, ou positive : négative, dans ceux qui n'ont jamais entendu parler de la révélation chrétienne; privative, dans ceux qui sont dans une ignorance coupable des vérités du christianisme; positive ou contradictoire, dans ceux qui méprisent et contredisent la foi qu'on leur propose et qu'on cherche à leur faire connaître. L'infidélité négative n'est point criminelle, étant l'effet d'une ignorance involontaire, invincible : « Si non venissem et locutus fuis- « sem eis, peccatum non haberent (2). » Aussi les papes S. Pie V, Grégoire XIII et Urbain VIII ont condamné cette proposition de Baïus : « Infidelitas pure negativa in his, in quibus Christus non « est prædicatus, peccatum est. » Il n'en est pas de même de l'infidélité privative qui est volontaire dans sa cause, ni de l'infidélité positive qui est directement volontaire : « Qui crediderit et bapti- « zatus fuerit, salvus erit; qui vero non crediderit, condemna- « bitur (3). »

340. On définit l'hérésie : une erreur opiniâtre, et directement opposée à quelque article de foi, à une vérité que l'Église nous propose de croire, comme étant révélée de Dieu. Ce qui caractérise l'hérésie, c'est l'erreur contre la foi avec obstination. Il n'y a pas d'hérésie là où il n'y a pas d'erreur; et il n'y a pas d'erreur sans qu'il y ait un jugement de la part de l'entendement. Ainsi, celui qui doute en suspendant tout jugement, n'est point hérétique;

---

(1) Voyez la Théologie morale de S. Alphonse de Liguori, lib. II. n° 16. — Voyez aussi le tome II, n° 830. — (2) Joan. c. 15. v. 22. — (3) Marc. c. 16. v. 16.

mais il le deviendrait s'il jugeait que tel ou tel dogme, enseigné par l'Église comme article de foi, n'est point certain « Dubius in « fide infidelis est (1). Est hæreticus qui affirmative de aliquo arti- « culo fidei dubitat, hoc est, judicat esse dubium. Dixi *affirma-* « *tive;* quia negative tantum dubius, hoc est suspendens judicium, « per se et simpliciter non est hæreticus, quia non habet judicium; « ergo nec erroneum : modo tamen non ideo suspendat quod vir- « tualiter judicet non liquere de certitudine objecti (2). » Mais, qu'il y ait hérésie ou non dans un doute sur la foi, il y aurait péché mortel à s'y arrêter volontairement, de propos délibéré. Quand donc on s'aperçoit du doute qui naît dans notre esprit sur quelqu'une des vérités révélées, on doit aussitôt y renoncer comme à une tentation, et recourir à celui qui est l'*auteur* et le *consommateur* de notre foi.

341. Il faut de plus que l'erreur soit directement opposée à un article de foi ; autrement une erreur, quelque grave qu'elle fût, ne serait point une hérésie. Aussi, nous distinguons, dans les censures de l'Église, les propositions hérétiques, et celles qui, sans être hérétiques, sentent l'hérésie, ou sont favorables à l'hérésie; les propositions erronées, c'est-à-dire contraires à certaines conclusions théologiques qui, quoique généralement reçues dans l'Église, ne sont point regardées comme articles de foi. Toute hérésie est une erreur; mais toute erreur n'est pas une hérésie.

Enfin, il est nécessaire pour l'hérésie que l'erreur soit accompagnée d'obstination. On ne regarde point comme hérétique celui qui, par une ignorance même coupable des vérités de la foi, soutient une erreur avec la disposition de s'en rapporter sincèrement au jugement de l'Église. Il pèche, même gravement, dans l'hypothèse dont il s'agit; mais il ne serait hérétique qu'autant qu'il résisterait aux décisions de l'Église qu'il aurait provoquées, ou aux décisions données antérieurement qu'on lui aurait fait connaître. Quand une question a été décidée, il n'est pas nécessaire que l'Église prononce de nouveau.

342. Les principales peines portées par le droit contre les hérétiques, sont l'excommunication, l'irrégularité, la privation des bénéfices, de la juridiction spirituelle et de la sépulture ecclésiastique. Nous aurons l'occasion de parler ailleurs de ces différentes peines canoniques. Ici, nous nous bornerons à faire remarquer que

---

(1) Cap. 1. de Hæreticis. — (2) S. Alphonse de Liguori, *Theol. moral.* lib. II, n° 19; et lib. VII. n° 302.

pour encourir une peine ecclésiastique, au for de la conscience, il est nécessaire que l'hérésie soit tout à la fois intérieure et extérieure.

Il est encore défendu par le droit, sous peine d'excommunication à encourir *ipso facto*, de lire les ouvrages des *hérétiques* qui renferment quelque *hérésie*, ou qui, sans renfermer aucune hérésie, *traitent de la religion*. Quoique cette excommunication ne soit pas en vigueur dans la plupart des diocèses de France, les curés prémuniront les fidèles contre la lecture des livres des hérétiques, des novateurs et des impies, qui attaquent la religion dans ses fondements ou dans quelques-uns de ses dogmes. Cette lecture est dangereuse pour les fidèles; elle l'est même pour un certain nombre d'ecclésiastiques.

313. L'apostasie consiste dans le renoncement au christianisme; c'est un abandon entier de la foi chrétienne. Elle diffère donc de l'hérésie, en ce que l'apostat rejette tous les articles de la foi, tandis que l'hérétique n'en nie que quelques-uns, continuant de professer le christianisme.

L'apostasie entraîne les mêmes peines canoniques que l'hérésie; par conséquent, comme il nous paraît que les impies qui *professent* l'athéisme ou le déisme doivent être rangés parmi les apostats, il faut reconnaître qu'ils encourent l'excommunication et les autres peines canoniques portées contre les hérétiques (1). Mais il n'en est pas de même de ceux qui, étant indifférents en matière de religion, ne professent rien, ni la vérité ni l'erreur.

CHAPITRE II.

De l'Espérance.

344. L'espérance est une vertu surnaturelle, par laquelle nous attendons avec confiance la béatitude éternelle et les moyens d'y arriver; parce que Dieu nous les a promis, et qu'il est infiniment bon, tout-puissant et fidèle en ses promesses.

(1) Le Rédacteur des Conférences d'Angers, sur le Décalogue, conf. II. quest. 4, définit l'apostasie : « Un abandon entier qu'une personne baptisée fait de la « foi de Jésus-Christ, pour *professer* le judaïsme, le paganisme, le mahomé- « tisme, l'*athéisme* ou le *déisme*. » On trouve la même notion dans les *Instructions sur le Rituel de Toulon*, etc.

La vie éternelle, et la grâce ou les secours surnaturels pour la mériter, sont l'objet de la vertu d'espérance. Le motif de cette vertu, motif de confiance, se tire de la bonté, de la puissance et de la fidélité de Dieu, qui ne peut manquer à ses engagements.

On peut dire de l'espérance ce que l'Apôtre dit de la foi, que sans elle il est impossible de plaire à Dieu; elle est donc indispensablement nécessaire au salut, nécessaire de nécessité de *moyen*. Quelque nombreux, quelque grands, quelque énormes que soient nos péchés et nos crimes, nous devons espérer en la miséricorde de Dieu : si nous espérons, nous pouvons être sauvés; si nous n'espérons pas, il n'y a point de salut pour nous. C'est tomber en enfer que de désespérer de son salut, dit saint Isidore de Séville : « Desperare est in infernum descendere (1). »

345. Il y a un précepte particulier pour l'espérance, comme il y en a un pour la foi. Nous sommes donc obligés de faire de temps en temps des actes d'espérance. Le saint-siége a condamné cette proposition : « Homo nullo unquam vitæ suæ tempore tenetur elicere actum fidei, spei et charitatis, ex vi præceptorum divinorum ad eas virtutes pertinentium (2). »

On doit faire des actes d'espérance : 1° quand on est parvenu à l'usage parfait de la raison, et qu'on est suffisamment instruit de la fin dernière de l'homme; 2° quand on est tenté de désespoir : c'est par des actes contraires qu'on résiste à ces sortes de tentations, en demandant au Seigneur qu'il augmente en nous l'espérance; 3° lorsqu'on est en danger de mort. Dans ce terrible moment, il faut s'unir à Dieu par l'espérance, en se rappelant les mérites infinis de Jésus-Christ, qui est mort pour le salut de tous. 4° On est encore tenu de faire des actes d'espérance de temps en temps pendant la vie. Passer un temps considérable, un mois entier, par exemple, sans faire absolument aucun acte d'espérance, ni explicitement ni implicitement, ce serait, à notre avis, une faute contraire au précepte dont il s'agit.

346. Il est encore d'autres circonstances où le précepte de l'espérance nous oblige indirectement, savoir : 1° quand on éprouve de fortes tentations contre une vertu quelconque, et qu'on est obligé de recourir à Dieu pour obtenir la grâce de les surmonter; 2° quand on est dans le cas d'accomplir le précepte de la prière; 3° quand on s'approche des sacrements, surtout s'il s'agit de recevoir le sacrement de la réconciliation.

(1) Lib. de Summo bono, c. 13. — (2) Décret d'Alexandre VII, de l'an 1665.

Mais pour accomplir le précepte de l'espérance, il n'est pas nécessaire d'en faire des actes explicites. Celui qui récite l'*Oraison Dominicale*, ou qui fait toute autre prière, qui entend dévotement la sainte Messe, qui reçoit un sacrement avec les dispositions requises, fait autant d'actes d'espérance. Il n'est pas nécessaire d'énoncer le motif de cette vertu, comme il l'est dans les formules des vertus théologales (1).

347. On pèche contre l'espérance par défaut et par excès : par défaut, en tombant dans le désespoir ; par excès, en se laissant aller à la présomption. Le désespoir et la présomption peuvent être péchés mortels, indépendamment de toute circonstance qui pourrait en changer l'espèce : « Ista duo occidunt animas, dit S. Augustin, aut desperatio aut perversa spes (2). »

Quelquefois ces deux péchés sont accompagnés de pensées contraires à la foi, comme lorsqu'on croit qu'il est impossible d'accomplir les commandements de Dieu ; ou que l'Église n'a pas le pouvoir de remettre tous les péchés ; ou qu'on peut être sauvé par la foi seule, sans le concours des bonnes œuvres ; ou qu'on fera son salut par ses propres forces, sans la grâce, ou par les mérites de Jésus-Christ, sans notre coopération. Dans ces différents cas, le désespoir et la présomption sont tout à la fois contraires à l'espérance et à la foi. Il ne suffirait pas par conséquent de déclarer en confession qu'on s'est rendu coupable de désespoir ou de présomption ; il faudrait de plus faire connaître la circonstance qui change l'espèce du péché.

348. On pèche encore par désespoir en plusieurs autres manières : 1° quand on désespère d'obtenir le pardon de ses péchés, à cause de leur nombre et de leur énormité ; 2° quand on désespère de pouvoir se corriger de ses mauvaises inclinations, à cause de la force de l'habitude et de l'expérience que l'on a faite de sa faiblesse : ce qui cause la paresse spirituelle et l'endurcissement dans le crime ; 3° lorsque, considérant la grandeur de la gloire céleste et la bassesse de la nature de l'homme, on n'ose pas aspirer à cette gloire, et qu'on s'abandonne aux plaisirs des sens, à la jouissance des biens de cette vie, sans rien faire pour son salut ; 4° lorsque, dans l'adversité, on désire la mort ou qu'on se la procure, au lieu de mettre sa confiance en la divine Providence ; car nous devons espérer de la part de Dieu, non-seulement les biens spirituels, mais encore la délivrance des maux de cette vie, ou au moins la grâce de les supporter avec résignation et d'en tirer un plus grand bien ;

---

(1) Voyez, ci-dessus, le n° 334, etc. — (2) Serm. LXXXIII.

5° enfin, quand on cesse de prier le Seigneur, parce qu'on n'obtient pas d'abord ce qu'on lui demande dans l'ordre du salut, oubliant que c'est surtout à une prière persévérante que Dieu accorde ses grâces, ou qu'il ne diffère de nous exaucer que pour nous accorder notre demande dans un temps plus favorable.

349. On pèche contre l'espérance par la présomption, quand on continue de pécher dans l'espoir que Dieu nous pardonnera aussi facilement dix péchés, par exemple, qu'il en pardonne cinq ; quand on s'encourage à pécher, en comptant sur la facilité du pardon. Mais celui qui pèche par passion, tout en espérant le pardon, ne pèche pas par présomption. Il en est de même de celui qui persévère dans le péché avec l'espoir de se convertir un jour ; il ne pèche pas précisément contre l'espérance, mais il pèche contre la charité envers lui-même, parce qu'il s'expose évidemment au danger de la damnation éternelle (1).

CHAPITRE III.

De la Charité.

350. La charité est une vertu surnaturelle, par laquelle nous aimons Dieu pour lui-même par-dessus toutes choses, et le prochain comme nous-mêmes par amour pour Dieu. Dieu, nous et le prochain, voilà l'objet de la charité ; le motif, c'est Dieu lui-même, son infinie perfection : « Ex una eademque charitate, dit saint Augustin, Deum proximumque diligimus ; sed Deum propter Deum, « nos autem et proximum propter Deum (2). » « Qua charitate proximum, ipsa charitate diligimus et Deum (3). » Saint Thomas s'exprime comme saint Augustin : « Ratio diligendi proximum Deus « est : unde manifestum est quod idem specie actus est quo diligitur « Deus, et quo diligitur proximus (4). »

ARTICLE I.

De l'Amour de Dieu.

351. On distingue l'amour parfait et l'amour imparfait. Le premier nous fait aimer Dieu pour lui-même, et appartient à la cha-

---

(1) S. Thomas, Sum. part. 2. 2. quæst. 21. art. 2 ; S. Alphonse, *Theol. moral.* lib. II. n° 21. — (2) De Trinitate, lib. VIII. c. 8. — (3) Serm. CCLXV. — (4) Sum. part. 2. 2. quæst. 25. art. 1.

rité ; le second nous fait aimer Dieu plutôt pour nous que pour lui-même, et se confond avec l'espérance. Voici comme s'exprime saint Thomas : « Amor quidam est perfectus, quidam imperfectus. Per-
« fectus quidem amor est quo aliquis secundum se amatur, ut puta
« cum aliquis secundum se vult alicui bonum; sicut homo amat
« amicum. Imperfectus amor est quo quis amat aliquid, non secun-
« dum ipsum, sed ut illud bonum sibi ipsi proveniat, sicut homo
« amat rem quam concupiscit. Primus autem amor pertinet ad cha-
« ritatem quæ inhæret Deo secundum seipsum, sed spes pertinet
« ad secundum amorem, quia ille qui sperat, aliquid sibi obtinere
« intendit (1). »

L'amour même de charité a des degrés : « Charitas, dit saint Au-
« gustin, meretur augeri, ut aucta mereatur et perfici (2). » Et quand il est parfait, il est encore susceptible du plus ou du moins. Tous ceux qui ont la charité aiment véritablement Dieu de tout leur cœur, et l'aiment par-dessus toutes choses ; mais cet amour peut être plus ou moins fort, plus ou moins intense : « Non omnis chari-
« tas est in summo, quantum ad intentionem actus. » Ce sont les paroles de saint Thomas (3).

352. On reconnaît que l'amour est parfait, lorsque, en aimant Dieu pour lui-même, on met habituellement tout son cœur en lui, de manière à ce qu'on ne se permette aucune pensée, aucune affection, aucun désir qui soit contraire à la charité : « Ex parte diligen-
« tis tunc est charitas perfecta, dit le même docteur, cum aliquis
« habitualiter totum cor suum ponit in Deo, ita scilicet quod nihil
« cogitet, vel velit quod divinæ dilectioni sit contrarium; et hæc
« perfectio est communis omnibus charitatem habentibus (4). »

Le désir de posséder Dieu rentre dans la charité parfaite, si nous tendons vers cette possession, plutôt pour la gloire de Dieu que pour nous-mêmes. C'est ainsi, par exemple, que le désir de l'apôtre saint Paul de mourir et d'être avec Jésus-Christ est un acte de charité d'un amour parfait : « Charitatem voco, dit saint Augustin,
« motum animi ad fruendum Deo propter ipsum (5). »

353. C'est encore un acte de charité parfaite, que d'aimer Dieu à cause de sa bonté, qui est une de ses principales perfections, même autant qu'elle nous est avantageuse, ou qu'elle nous aide à accomplir la volonté divine, et à obtenir notre fin dernière, qui est d'ai-

---

(1) Sum. part. 2. 2. quæst. 17. art. 8. — (2) Tract. v. In Joannem. — (3) Sum. part. 2. 2. quæst. 24. art. 4. — (4) Ibidem, art. 8. — (5) De Doctrina Christiana, lib. III. c. 20.

mer Dieu pour lui-même : « Possessio Dei est charitas consum-
« mata, » dit saint Alphonse de Liguori (1). Au reste, comme le dit
le même docteur, on regarde comme un acte parfait d'amour de
Dieu celui qui est ainsi conçu : *Mon Dieu, je vous aime par-dessus toutes choses, parce que vous êtes infiniment bon, la bonté
infinie* (2). Mais aimer Dieu uniquement comme moyen d'acquérir
la vie éternelle, ou d'éviter l'enfer, ce n'est point l'aimer d'un
amour de charité ; c'est l'aimer pour nous et non pour lui-même.

Ce n'est point non plus aimer Dieu d'un amour parfait, que
de l'aimer à cause des bienfaits dont il nous a comblés. Cet amour
est un acte de reconnaissance et non de charité. Cependant, si on
regarde les bienfaits de Dieu comme un effet de sa bonté, si on les
aime pour Dieu et non pour soi-même, alors on fait un acte de charité ; car, dans ce cas, ce ne sont point les bienfaits qu'on aime,
mais la bonté divine, source de tout bien, de tout don (3).

354. La charité est la plus excellente des vertus théologales :
« Nunc autem manent fides, spes, charitas : tria hæc ; major autem
« horum est charitas, » dit l'Apôtre (4) ; et cette vertu est absolument
nécessaire au salut. Le précepte d'aimer Dieu, implicitement renfermé dans le premier commandement du Décalogue, a été renouvelé d'une manière expresse sous le ministère de Moïse (5), et con-
firmé par Notre-Seigneur Jésus-Christ, qui nous le donne comme le
premier et le plus grand de tous les commandements : « Diliges
« Dominum Deum tuum ex toto corde tuo, et in tota anima tua, et
« in tota mente tua. Hoc est maximum et primum mandatum (6). »

Aimer Dieu de tout son cœur, de toute son âme, de tout son esprit, c'est l'aimer pour lui-même et par-dessus toutes choses ; c'est
être dans la disposition de tout sacrifier, la vie même, plutôt que
de commettre le péché mortel, qui est essentiellement contraire à
la charité. L'amour de Dieu doit être souverain ; mais il peut être
souverain, sans être aussi fort, aussi ardent, aussi intense qu'il
peut l'être absolument. Il est encore susceptible d'accroissement,
même quand il est parfait.

355. La charité est nécessaire de nécessité de *moyen* ; il n'y a pas
de salut possible sans la charité. Les enfants qui meurent avant
l'usage de raison ne sont sauvés que par la charité habituelle qu'ils
ont reçue par le baptême. Pour ce qui concerne les adultes, ils sont
obligés, en vertu d'un précepte particulier, de faire des actes d'a-

---

(1) Theol. moral. lib. ii. n° 24. — (2) Ibidem. — (3) Ibidem. — (4) I. Corinth.
c. 13. v. 13. — (5) Deuter. c. 5. v. 5. — (6) Matth. c. 22. v. 37 et 38.

mour de Dieu. Le saint-siége a condamné la proposition par laquelle on avait osé soutenir le contraire (1).

Le précepte de la charité ne nous oblige certainement pas de faire tous les jours des actes d'amour de Dieu ; mais celui qui passerait un temps considérable sans produire aucun acte de cette vertu, se rendrait coupable de péché mortel, lors même qu'il n'aurait rien d'ailleurs à se reprocher. Aussi, le pape Innocent XI a censuré les propositions suivantes : « An peccet mortaliter qui actum « dilectionis Dei semel tantum in vita eliceret, condemnare non « audemus. » — « Probabile est, ne in singulis quidem rigorose « quinquenniis, per se obligare præceptum charitatis erga Deum. » — « Tunc solum obligat, quando tenemur justificari, et non habe- « mus aliam viam qua justificari possumus (2). »

356. Mais quand est-on obligé de faire des actes d'amour de Dieu? On convient généralement qu'on est obligé d'en faire : 1° lorsqu'on est parvenu à l'usage de raison, et qu'on connait suffisamment celui qui est notre premier principe, notre fin dernière, le souverain Seigneur de toutes choses ; 2° quand on éprouve une tentation qui nous inspire de l'éloignement pour Dieu ; 3° quand on est en danger de mort, surtout si on se sent coupable de quelque péché mortel, et si on n'a pas d'autre moyen de se réconcilier avec Dieu ; 4° lorsque, en se rappelant quelque péché mortel, on est obligé d'administrer un sacrement, sans avoir pu recevoir auparavant l'absolution du prêtre ; car alors on doit s'exciter à la contrition parfaite, qui renferme nécessairement un acte de charité, en tant qu'on aime Dieu pour lui-même et par-dessus toutes choses ; 5° on est de plus obligé de faire des actes d'amour de Dieu de temps en temps, pendant la vie. Nous pensons que celui qui passerait un mois entier sans en faire aucun acte, n'accomplirait pas le précepte. C'est le sentiment de saint Alphonse de Liguori (3). Et il en est de même pour ce qui regarde la foi et l'espérance.

Mais il n'est pas nécessaire, ajoute le saint docteur, que les actes d'amour de Dieu soient faits avec l'intention expresse d'accomplir le précepte ; on peut les faire dans un autre but, comme, par exemple, pour chasser une tentation, ou pour faire un acte de contrition. De même, ainsi que nous l'avons fait remarquer plus haut, il suffit que les actes de charité soient implicites. Celui, par exemple, qui, en récitant l'Oraison Dominicale, dit dévote-

---

(1) Voyez, ci-dessus, le n° 345. — (2) Décret de 1679. — (3) Theol. moral. lib. II. n° 8.

ment : *Que votre nom soit sanctifié ; que votre volonté soit faite sur la terre comme au ciel*, fait un acte d'amour de Dieu (1).

357. Tous les péchés mortels sont essentiellement contraires à la charité, puisqu'ils l'éteignent dans notre cœur, en nous faisant préférer la créature au Créateur, et en nous rendant ennemis de Dieu. Mais il en est qui lui sont directement et plus particulièrement opposés ; savoir : la haine de Dieu et les péchés qui en sont la suite. Qui pourrait le croire? il est des hommes qui haïssent Dieu, désirant ou qu'il n'existe pas, ou qu'il soit indifférent sur le caractère de nos actions bonnes ou mauvaises. Ils le haïssent parce qu'il est juste, parce qu'il est le vengeur du crime et l'auteur des châtiments qu'ils méritent : « Ab aliquibus odio Deus haberi potest, dit saint « Thomas, in quantum scilicet apprehenditur peccatorum prohibi- « tor et pœnarum inflictor (2). » C'est un péché qui fait frémir ; c'est le plus grand de tous les péchés : « Odium Dei est pessimum peccatum « hominis ; inter alia peccata gravius : gravissimum peccatum (3). »

ARTICLE II.

De l'Amour du prochain.

358. La charité comprend l'amour de Dieu, de nous-mêmes et du prochain. Nous devons aimer Dieu pour lui-même ; nous devons nous aimer pour Dieu, et nous devons aimer notre prochain comme nous-mêmes, mais toujours pour Dieu. Il y a deux préceptes : le premier, qui nous ordonne d'aimer Dieu de tout notre cœur ; le second, qui nous ordonne d'aimer notre prochain comme nous nous aimons nous-mêmes : « Diliges proximum sicut teipsum (4). » Il y a deux préceptes, mais il n'y a qu'une charité, dit saint Augustin : « Duo sunt præcepta, et una est charitas.... quia non alia « charitas diligit proximum quam illa quæ diligit Deum (5). »

Il y a donc un précepte particulier qui nous oblige d'aimer notre prochain, de nous aimer les uns les autres, et de nous aimer pour Dieu, de nous aimer comme Jésus-Christ lui-même nous a aimés : « Hoc est præceptum meum ut diligatis invicem, sicut dilexi « vos (6). » Pour satisfaire à ce précepte, il ne suffit pas de faire des actes d'amour purement extérieurs à l'égard de nos frères, de nos semblables : « Effectus exterior, dit saint Thomas, non pertinet ad

---

(1) Voyez, ci-dessus, le n° 334. — (2) Sum. part. 2. 2. quæst. 34. art. 1. — (3) Ibidem, art. 2. — (4) Matth. c. 22. v. 39. — (5) Serm. CCLXV. — (6) Joan. c. 15. v. 12.

« charitatem, nisi in quantum ex affectu procedit in quo primo est « charitatis actus (1). » De là la condamnation par Innocent XI des propositions suivantes : « Non tenemur proximum diligere actu in- « terno et formali. » — « Præcepto proximum diligendi satisfacere « possumus per solos actus externos (2). »

Le caractère distinctif de la charité chrétienne est de faire pour les autres ce que nous désirons raisonnablement qu'ils fassent pour nous, eu égard à la position d'un chacun; et, par là même, de ne jamais faire aux autres ce que nous ne voudrions pas qu'ils nous fissent à nous-mêmes : « Et prout vultis ut faciant vobis homines, « et vos facite illis similiter (3). »

359. Il y a un ordre à suivre dans l'accomplissement des devoirs de la charité. Après Dieu, que nous devons aimer avant tout et par-dessus tout, nous devons nous aimer nous-mêmes, et nous aimer plus que les autres : « Homo ex charitate magis debet diligere seip- « sum quam proximum, » dit saint Thomas (4); ce qui s'accorde parfaitement avec cette pensée de saint Augustin : « Magis mihi me de- « beo quam hominibus cæteris, quamvis Deo magis quam mihi (5). »

Mais il est important de distinguer ici l'ordre des biens et l'ordre des personnes. Pour les biens, on préfère la vie spirituelle à la vie temporelle; la vie temporelle à la réputation; la réputation aux richesses. D'après ce principe, nous devons préférer le salut spirituel du prochain à notre propre vie temporelle; la vie temporelle du prochain à notre réputation; la réputation du prochain à nos richesses. Mais cela n'est que pour le cas d'une nécessité extrême; c'est alors seulement que nous sommes obligés de faire le sacrifice des biens d'un ordre inférieur, pour accomplir le devoir de la charité à l'égard de nos frères. Ainsi, par exemple, en temps de peste, dans un temps de persécution, le curé d'abord, puis à son défaut le vicaire ou tout autre prêtre, est tenu, même au péril de sa vie, d'assister les malades et de leur administrer les sacrements.

360. Pour ce qui regarde l'ordre des personnes, lorsqu'on est obligé de porter au prochain des secours spirituels et corporels, et qu'on ne peut assister tous ceux qui sont dans la nécessité, la charité bien entendue nous fait préférer, toutes choses égales d'ailleurs, le père à la mère; la mère à la femme; la femme aux enfants; les enfants aux frères et sœurs; les frères et sœurs aux autres parents et alliés; ceux-ci aux domestiques; les domestiques aux autres per-

---

(1) In 3. Sentent. dist. 29. quæst. 1. art. 2. — (2) Décret de l'an 1679. — (3) Luc. c. 6. v. 31. — (4) Sum. part. 2. 2. quæst. 26. art. 4. — (5) Retract. lib. I. c. 8.

sonnes ; les amis, les bienfaiteurs ; les supérieurs à ceux qui n'ont aucun de ces titres ; les voisins aux autres concitoyens ; les concitoyens aux étrangers ; et, entre les étrangers, les bons aux méchants ; les fidèles aux infidèles.

Nous avons dit : *toutes choses égales d'ailleurs* ; car il faut avoir égard à la nature et à l'étendue des besoins, qui ne sont certainement pas les mêmes pour tous : « Intelligendum est, dit saint Tho« mas, quod magis conjunctis magis est, cæteris paribus, benefa« ciendum. Si autem duorum unus est magis conjunctus, et alter « magis indigens ; non potest determinari universali regula cui sit « magis subveniendum ; quia sunt diversi gradus et indigentiæ et « propinquitatis ; sed hoc requirit prudentis judicium (1). »

Nous ferons remarquer aussi que, pour ce qui regarde une personne mariée, elle ne doit secourir son père et sa mère de préférence au mari ou à la femme, que lorsqu'il s'agit du cas d'une nécessité absolue, extrême. Car si la nécessité n'est qu'une nécessité commune, une nécessité même grave sans être extrême, on doit préférer son mari ou sa femme à ses père et mère. Il est écrit que l'homme quittera son père et sa mère et s'attachera à sa femme, pour ne faire avec elle qu'une seule chair : « Relinquet homo patrem « suum et matrem, et adhærebit uxori suæ, et erunt duo in carne « una (2). » On peut aussi, dans le même cas, préférer ses enfants à ses père et mère : « Non debent filii parentibus thesaurizare, « sed parentes filiis (3). »

ARTICLE III.

De l'Amour des ennemis.

361. La charité chrétienne n'exclut personne ; elle doit s'étendre absolument à tous les hommes, même à nos ennemis. Aimez vos ennemis, nous recommande Jésus-Christ ; faites du bien à ceux qui vous haïssent, bénissez ceux qui vous maudissent, et priez pour ceux qui vous calomnient : « Diligite inimicos vestros, benefacite « his qui oderunt vos, benedicite maledicentibus vobis, et orate « pro calumniantibus vos (4). »

Pour accomplir le précepte de la charité à l'égard de nos ennemis, il n'est pas nécessaire de les aimer d'une manière spéciale, explicite, comme on aime un ami, un bienfaiteur, une personne

---

(1) Sum. part. 2. 2. quæst. 31. art. 3. — (2) Genes. c. 2. v. 24. — (3) II. Corinth. c. 12. v. 14. — Voyez S. Alphonse de Liguori, Collet, le P. Antoine, les Conférences d'Angers, etc., etc. — (4) Luc. c. 6. v. 27, 28.

avec laquelle on a des relations particulières. Il suffit qu'en aimant le prochain comme soi-même, on ne les exclue point de cet amour général, si d'ailleurs on est disposé à leur rendre les services, à leur accorder les secours dont ils peuvent avoir besoin dans un cas de nécessité : « Si esurierit inimicus tuus, ciba illum (1). » Hors de là, les aimer d'un amour particulier, c'est un acte de perfection, un conseil, et non une obligation (2).

362. On pèche contre la charité, lorsque en faisant une prière générale à Dieu, en récitant, par exemple, l'Oraison Dominicale, ou lorsque en faisant une aumône à ceux qui se présentent, on exclut un ennemi.

Ne pas saluer un ennemi n'est point un défaut de charité; mais refuser de le saluer, ou de lui rendre son salut, dans une conjoncture où ce refus sera un sujet de scandale pour le prochain, et sera pris pour un acte de rancune, d'inimitié, c'est un péché contre la charité; péché plus ou moins grave suivant les circonstances, auxquelles il faut avoir égard pour apprécier à leur juste valeur ces sortes de manquements.

363. Quelquefois on est obligé de prévenir un ennemi; savoir, lorsqu'il est notre supérieur, ou qu'on a lieu d'espérer, en le prévenant, de le ramener à de meilleurs sentiments. D'autres fois on n'est pas même tenu de lui rendre son salut. Un père, par exemple, un prélat, un magistrat peut ne pas répondre au salut d'un enfant, d'un inférieur, quand l'offense qu'il en a reçue est grave et récente; pourvu qu'il n'agisse point par haine, mais bien pour manifester sa douleur et son indignation (3).

Cependant un pasteur n'oubliera pas que le moyen pour lui de se gagner les cœurs et de les gagner à Jésus-Christ, c'est de prévenir en tout ceux qui se donnent pour ses ennemis, de leur rendre le bien pour le mal, de les bénir lorsqu'ils le maudissent, et de chercher à les excuser, autant que possible, devant Dieu et devant les hommes.

364. On pèche contre la charité, si on refuse de voir un ennemi, à moins cependant qu'on n'ait lieu de craindre de ne pouvoir se contenir en sa présence. On excuse, par exemple, une personne qui cherche, par ce motif et non par un sentiment de haine, à éviter la rencontre du meurtrier de son père, de son fils, ou la présence du corrupteur de sa fille.

---

(1) Prov. c. 25. v. 21. — (2) S. Thomas, Sum. part. 2. 2. quæst. 25. art. 8 et 9. — (3) Voyez S. Alphonse de Liguori, Collet, Billuart, le P. Antoine, les Conférences d'Angers, etc.

Il n'est pas permis de se venger d'un outrage, d'une injure : la vengeance est réservée au Seigneur ; c'est à lui à juger entre nous et nos ennemis qui font partie de son peuple : « Mihi vindicta, et « ego retribuam. Et iterum ; judicabit Dominus populum suum (1). »

365. C'est un devoir de charité de se réconcilier avec ses ennemis ; et l'on pèche quand on ne veut pas entendre parler de réconciliation, de rapprochement. Mais c'est celui qui a offensé qui doit faire les avances et demander pardon. Si les deux parties se regardent comme offensées, c'est à celle qui a offensé la première ou qui a offensé plus grièvement, à faire les premières démarches. Si l'une et l'autre ont également tort, elles sont également obligées de se prévenir, et de saisir l'occasion convenable qui se présentera, pour opérer une réconciliation. Le plus souvent on ne réussit à les rapprocher que par l'intermédiaire de quelques amis qui ont de l'ascendant sur leur esprit.

On ne doit pourtant pas exiger de toutes sortes de personnes qu'elles demandent pardon à ceux qu'elles ont offensés. Quand ce sont des supérieurs qui ont manqué à leurs inférieurs, la prudence ne leur permettrait pas de faire une démarche qui compromettrait leur autorité. Un père doit en user avec son fils autrement que le fils avec son père ; un maître avec son serviteur, autrement que le serviteur avec son maître ; un supérieur avec son inférieur, autrement que l'inférieur avec son supérieur. Mais celui qui, à raison de son rang, est dispensé de demander pardon à la personne offensée, doit y suppléer en lui donnant des marques d'une bienveillance particulière, une satisfaction proportionnée à la peine qu'il lui a causée ; car un supérieur ne doit jamais abuser de son autorité envers qui que ce soit.

366. Nous sommes encore obligés de pardonner à ceux qui nous ont offensés, même avant qu'ils aient reconnu leur tort. Sans cela, on ne peut recevoir de Dieu le pardon de ses péchés. Si vous ne pardonnez, le Père céleste ne vous pardonnera point non plus : « Si autem non dimiseritis hominibus, nec Pater vester dimittet « vobis peccata vestra (2). »

Mais autre chose est de pardonner, autre chose est de renoncer à ses droits. Tout en pardonnant bien sincèrement les injures qu'on a reçues, on peut recourir aux tribunaux pour en obtenir réparation, pourvu qu'on ne le fasse ni par esprit de vengeance, ni par animosité, ni par haine, mais uniquement pour conserver, par des

---

(1) Hebr. c. 10. v. 30. — (2) Matth. c. 6. v. 15.

voies justes et légitimes, son bien, son honneur, sa réputation, son crédit.

Cependant, si celui qui s'est rendu coupable envers nous nous offre toute la satisfaction que nous sommes en droit d'exiger, la charité ne nous permet plus de le poursuivre en justice, à moins qu'il ne soit un homme dangereux pour l'État, un fléau pour le pays. Encore, dans ce dernier cas, il est bien à craindre que celui qui, tout en disant qu'il pardonne à son ennemi, veut que la justice ait son cours, ne se fasse illusion, et n'agisse plutôt par passion que par amour du bien public (1). Les confesseurs y feront attention.

ARTICLE IV.

De l'Aumône.

367. La charité n'est point stérile; « Non diligamus verbo, ne- « que lingua, sed opere et veritate (2) : » elle se manifeste par des œuvres de miséricorde, dont les unes appartiennent à l'ordre temporel, et les autres à l'ordre spirituel. Les premières sont : de visiter les malades et les prisonniers; de donner à manger à ceux qui ont faim, à boire à ceux qui ont soif; de racheter les captifs; de vêtir ceux qui sont nus; d'exercer l'hospitalité envers les étrangers, et d'ensevelir les morts. Les œuvres spirituelles de miséricorde sont : de donner conseil à ceux qui en ont besoin; de corriger les pécheurs; d'instruire les ignorants; de consoler les affligés; de pardonner à nos ennemis; de supporter les défauts du prochain; de prier pour les vivants, pour les morts, et pour ceux qui nous persécutent. Mais, après le pardon des injures dont nous avons parlé, les principaux actes de charité sont l'aumône et la correction fraternelle.

368. L'aumône proprement dite est un secours temporel qu'on donne aux indigents; elle est de précepte pour ceux qui sont en état de la faire; et cette obligation découle de la charité, qui nous prescrit d'aimer notre prochain comme nous-mêmes, de faire aux autres ce que nous voudrions raisonnablement qu'ils nous fissent à nous-mêmes. Aussi, Jésus-Christ déclare dans l'Évangile que les réprouvés seront condamnés au feu éternel, pour n'avoir pas fait l'aumône.

On distingue, relativement aux indigents, trois sortes de néces-

---

(1) S. Alphonse de Liguori, *Theol. moral.* lib. II. n° 29; Collet, le P. Antoine, les Conférences d'Angers, etc., etc. — (2) Joan. I. Epist. c. 3. v. 18.

sités : la nécessité commune, où se trouvent les pauvres qui n'ont pas les choses nécessaires à la vie, et qui ne peuvent se les procurer par le travail; telle est, généralement, la nécessité de ceux qui sont réduits à mendier : la nécessité grave ou pressante, qui met un homme en danger de tomber malade, ou de déchoir de sa condition : la nécessité extrême, où l'on est dans un danger évident de succomber, de mourir, si on ne reçoit promptement quelques secours.

369. On distingue aussi ce qui est nécessaire à la vie, et ce qui est nécessaire à l'état. Le nécessaire à la vie comprend ce qu'il faut pour se nourrir, s'habiller et se loger. Le nécessaire de l'état comprend ce qu'il faut pour se soutenir avec bienséance dans son rang, dans sa condition, sans faste et sans luxe. De cette distinction naît naturellement celle du superflu de la vie et du superflu de l'état.

Mais on ne peut fixer avec précision ce qui est ou n'est pas nécessaire à chacun selon sa condition; le superflu ne consiste pas dans un point indivisible; il est proportionné à la position, qui, n'étant pas la même pour tous, entraîne plus ou moins de dépenses. Il faut donc, sur cet article, s'en tenir au jugement des personnes sages et prudentes. « Hujusmodi necessarii terminus non est « in indivisibili constitutus; sed multis additis, non potest dijudi- « cari esse ultra tale necessarium; et multis subtractis, adhuc re- « manet unde possit convenienter aliquis vitam transigere secun- « dum proprium statum. » Ainsi s'exprime saint Thomas (1).

370. Quand quelqu'un se trouve dans une nécessité extrême, nous sommes obligés, sous peine de péché mortel, à défaut d'autres, de l'aider non-seulement des biens superflus à notre rang, mais même des biens superflus à la vie et nécessaires à notre condition. Lui refuser le nécessaire, ce serait se rendre coupable d'une espèce d'injustice à son égard, coupable de sa mort : « Res « alienæ possidentur, cum superflua possidentur, » dit saint Augustin (2). « Pasce fame morientem; si non pavisti, occidisti. » C'est la pensée de saint Ambroise (3). Lactance n'est pas moins énergique : « Qui succurrere perituro potest, si non succurrerit, occi- « dit (4). » On doit même le secourir des biens d'autrui, quand on ne peut le secourir de ses propres biens : « In casu extremæ ne- « cessitatis, dit saint Thomas, omnia sunt communia. Unde licet

---

(1) Sum. part. 2. 2. quæst. 32. art. 6. — (2) Serm. CXLVII. — (3) De Officiis, lib. I. c. 30. — (4) Inst. div. lib. II. c. 11.

« ei qui talem necessitatem patitur, accipere de alieno ad sui sus-
« tentationem, si non inveniat qui sibi dare velit ; et eadem ratione
« licet habere aliquid de alieno, et potest de hoc eleemosynam
« dare, quin imo et accipere, si aliter subvenire non possit neces-
« sitatem patienti. Si tamen fieri potest sine periculo, requisita
« domini voluntate, debet pauperi providere extremam necessi-
« tatem patienti (1). »

Mais il est important de faire remarquer que les expressions de S. Augustin, de S. Ambroise, de Lactance, de S. Thomas, et autres expressions semblables de quelques docteurs de l'Église, ne sont applicables qu'au cas dont il s'agit, au cas d'une nécessité extrême. Les prédicateurs auront donc soin d'en restreindre l'application à l'égard de ceux qui laissent un pauvre, une personne quelconque, périr ou mourir de faim, faute de secours, *periturum, fame morientem*. Hors de là, on ne serait plus dans le vrai, ce serait une exagération dangereuse, d'autant plus dangereuse qu'elle pourrait compromettre, dans l'esprit du pauvre, le respect dû à la propriété.

371. Ceux qui ont des biens superflus à leur état sont tenus, par le précepte de la charité, de secourir les indigents qui sont dans une nécessité pressante ; et, pour pouvoir le faire, ils doivent s'interdire toute dépense vaine et frivole, ou qui ne serait point commandée par les bienséances de leur position. Le pape Innocent XI a censuré la proposition suivante, qui tendait à rendre illusoire l'obligation de l'aumône : « Vix in sæcularibus invenies, etiam in
« regibus, superfluum statui. Et ita, Vix aliquis tenetur ad elee-
« mosynam, quando tenetur tantum ex superfluo statui (2). »

Le précepte de l'aumône oblige surtout dans les calamités publiques, lorsque, par exemple, la disette se fait sentir, ou que le pays est ravagé par des inondations, par la guerre, ou par d'autres fléaux. Il peut arriver qu'on soit alors obligé de sacrifier au soulagement des malheureux, non-seulement les biens superflus à son état, mais même une partie des biens nécessaires pour le conserver en tout.

372. Quant à la nécessité commune, elle n'impose point d'obligation à ceux qui n'ont absolument que ce qu'il faut pour soutenir convenablement leur rang, leur condition. « De hujusmodi (bonis
« sine quibus non potest convenienter vita transigi secundum con-
« ditionem) eleemosynam dare est bonum ; et non cadit sub præ-
« cepto, sed sub consilio. Inordinatum esset autem, si aliquis tan-

---

(1) Sum. part. 2. 2. quæst. 32. art. 7. — (2) Décret de 1679.

« tum sibi de bonis propriis subtraheret, ut aliis largiretur, quod
« de residuo non potest vitam transigere convenienter secundum
« proprium statum, et negotia occurrentia; nullus enim inconve-
« nienter vivere debet (1). »

Mais le riche doit prendre sur les biens superflus à son rang, pour faire l'aumône aux pauvres qui n'ont pas de quoi vivre, et qui ne peuvent se procurer le nécessaire par le travail. Cette obligation est grave; on ne peut y manquer sans se rendre coupable de péché mortel. C'est l'opinion de saint Alphonse de Liguori, qui regarde son sentiment comme plus commun, *sententia communior* (2).

Cependant, tandis que la nécessité n'est qu'une nécessité commune, on n'est point obligé de donner aux pauvres tout son superflu; on peut en réserver une partie ou pour des œuvres utiles à la religion, au pays, ou pour augmenter son patrimoine et améliorer sa position et celle de ses enfants; ce qui n'est certainement pas contraire à l'esprit de l'Évangile.

373. Quoique, généralement, on ne puisse déterminer avec précision toute l'étendue des obligations des riches à l'égard des pauvres, nous regardons comme indignes de l'absolution ceux qui, ayant plus qu'il ne leur faut pour conserver leur rang, ne donnent rien aux pauvres, repoussent inhumainement tous les mendiants, ne font point l'aumône à ceux qui ne peuvent vivre qu'avec le secours de la charité. Mais, pour peu qu'ils donnent, il ne faut pas, à notre avis, leur refuser l'absolution, vu la difficulté qu'il y a à donner, sur ce point, une règle générale, fixe et certaine (3). Nous pensons qu'on doit alors se contenter de les engager à faire davantage en leur imposant à titre de pénitence, si d'ailleurs la prudence le permet, l'obligation de faire une aumône particulière, ou tous les jours, ou toutes les semaines, ou tous les mois.

374. On ne doit point faire l'aumône d'un bien mal acquis; il faut le restituer à celui à qui il appartient, à moins qu'à raison de certaines circonstances, la restitution ne puisse se faire à qui de droit.

Celui qui est chargé de dettes ne doit point non plus faire des aumônes qui le mettraient dans l'impuissance de payer intégralement ses créanciers. Il faut d'abord satisfaire aux devoirs de la justice, qui l'emportent sur les devoirs de la charité.

Généralement parlant, la femme ne peut, du vivant de son mari, disposer au profit des pauvres que des revenus dont elle a la

---

(1) S. Thomas, Sum. part. 2. 2. quæst. 32. art. 6. — (2) Theol. moral. lib. ii. n° 32. — (3) Voyez la Théologie morale de S. Alphonse de Liguori, lib. ii. n° 32.

libre administration, en vertu de ses conventions matrimoniales. Nous disons, *généralement;* car si son mari est avare et ne donne rien aux pauvres, elle est excusable de prendre sur les revenus des biens de la communauté pour faire quelques légères aumônes, dont le mari ne peut raisonnablement se plaindre. Mais elle doit le faire bien prudemment, de crainte d'occasionner des divisions, des troubles dans la famille. Les enfants peuvent aussi faire quelques légères aumônes en l'absence de leurs parents, lorsqu'ils peuvent raisonnablement présumer leur consentement (1).

ARTICLE V.

De la Correction fraternelle.

375. La correction fraternelle est un acte de charité, une œuvre de miséricorde dans l'ordre spirituel. Elle consiste à reprendre le prochain de ses défauts et de ses péchés, par un motif de charité. La correction fraternelle est de précepte, comme on le voit par l'Évangile. D'ailleurs, ce précepte découle naturellement de l'obligation d'aimer Dieu de tout notre cœur, et d'aimer le prochain comme nous-mêmes.

Le précepte de la correction fraternelle est une loi générale, commune à tous les hommes, et nous oblige à l'égard de tous, même à l'égard de nos supérieurs : « Correctio fraterna, dit saint « Thomas, quæ est actus charitatis, pertinet ad unumquemque « respectu cujuslibet personæ, ad quam charitatem debet habere, « si in ea aliquid corrigibile inveniatur (2). » « Correctio fraterna « quæ specialiter tendit ad emendationem fratris delinquentis per « simplicem admonitionem, pertinet ad quemlibet charitatem ha- « bentem, sive sit subditus, sive sit prælatus (3). » Mais il oblige plus spécialement les supérieurs, surtout ceux qui sont chargés de la direction des âmes. Ceux-ci, c'est-à-dire les pasteurs, sont tenus par charité et par justice d'avertir les fidèles des dangers de l'erreur, et de chercher à les corriger. Ils y sont obligés, même au péril de la vie, quand les fidèles se trouvent dans une nécessité extrême ou dans une nécessité grave, comme l'enseigne saint Alphonse de Liguori, d'après saint Thomas (4) : « Quod ad episcopos « et parochos pertinet, non est dubitandum quin ipsi, tum ex offi- « cio, tum ex stipendio quod exigunt, teneantur ab subveniendum

---

(1) S. Thomas, Sum. part. 2. 2. quæst. 32. art. 8. — (2) Ibid. quæst. 33. art. 4. — (3) Ibidem, art. 3. — (4) Ibidem, quæst 185. art. 5.

« subditis, ac propterea, ad eos corrigendos, adhuc cum periculo
« vitæ, in eorum necessitate, non solum extrema, sed etiam
« gravi (1). »

376. Mais ce précepte, quoique toujours obligatoire, n'oblige pas toujours. Pour être tenu de faire la correction fraternelle, il faut le concours de plusieurs circonstances, de plusieurs conditions. La première, c'est que le péché du prochain soit mortel, ou qu'il y ait pour lui danger au moins probable de pécher mortellement. Le péché véniel n'est pas matière nécessaire de la correction fraternelle ; à moins qu'il ne soit une disposition prochaine au péché mortel, ou qu'il ne tende à introduire le relâchement dans la discipline d'une communauté religieuse, d'un monastère, d'un séminaire (2).

La seconde condition, c'est que la faute soit certaine. « Priusquam interroges, ne vituperes quemquam ; et cum interrogaveris, corripe juste (3). » Cependant, dans le doute, si on avait lieu de craindre quelque grand crime, quelque délit public, on devrait faire la correction, en la faisant toutefois le plus prudemment qu'il sera possible. Les supérieurs doivent aussi quelquefois avertir un inférieur, quoiqu'ils ne soient pas assurés de la faute qu'on lui reproche. Mais autre chose est de l'avertir charitablement ; autre chose, de le reprendre comme s'il était coupable.

377. Troisièmement, il faut qu'il n'y ait pas d'autres personnes plus capables, ou également capables, qui consentent à faire la correction : « Si alius æque idoneus non adsit qui correpturus putetur, » dit saint Alphonse de Liguori (4).

Quatrièmement, qu'on puisse espérer que la correction aura son effet. On n'est point obligé de la faire, quand on a sujet de croire qu'elle sera inutile ou nuisible : « Noli arguere derisorem, ne oderit te ; argue sapientem, et diliget te (5). » Dans le doute si la correction sera plus utile que nuisible, on est dispensé de la faire, à moins que le coupable ne soit en danger de mort, ou que, par suite de cette omission, il y ait danger pour d'autres de se pervertir (6).

Cinquièmement, que la correction puisse être faite sans quelque grave inconvénient. Ainsi, un simple particulier en est dispensé, lorsqu'il ne peut la faire sans danger pour son honneur, pour ses biens ou pour sa personne. Mais il en serait autrement pour un

_____
(1) Theol. moral. lib. II. n° 40. — (2) S. Alphonse de Liguori, ibid. n°s 34, etc. — (3) Eccli. c. 11. v. 7. — (4) Theol. moral., ibidem, n° 39. — (5) Proverb. c. 9. v. 8. — (6) S. Alphonse de Liguori, Theol. moral. lib. II. n° 39.

pasteur à l'égard des fidèles qui se trouveraient dans une nécessité grave, relativement au salut.

378. Sixièmement, que le temps soit opportun, l'occasion favorable : ce qui a fait dire à plusieurs docteurs qu'on peut quelquefois attendre une seconde rechute, afin de faire plus utilement la correction (1).

Septièmement, enfin, il faut qu'il soit probable que le pécheur ne s'est pas corrigé, et qu'il ne se corrigera pas de lui-même. « Si « probabile sit non emendasse, nec emendaturum, vel relapsurum; « quia eleemosyna egenti tantum danda est (2). » Quand on a vraiment lieu de craindre qu'il persévère dans le péché, on doit le reprendre, lors même qu'on n'aurait pas à craindre de nouvelles rechutes. C'est le sentiment de saint Alphonse de Liguori, sentiment qui nous paraît plus probable que le sentiment contraire : « Ratio, ajoute ce saint docteur, quia frater in peccato constitutus « jam gravem patitur necessitatem, a qua teneris illum, si potes, « eripere, ideoque Christus Dominus præcepit : *Si peccaverit in* « *te frater tuus, vade, et corripe eum* (3). »

379. A défaut de l'une de ces différentes conditions, on est excusable d'omettre la correction fraternelle; mais ces conditions une fois réunies, on ne peut l'omettre en matière grave, sans péché mortel. Cependant, ce péché peut devenir véniel à raison des circonstances. Voici ce que dit saint Thomas sur ce point : « Præter- « mittitur fraterna correctio cum peccato mortali, quando scilicet « aliquis probabiliter præsumit de alieno delinquente quod posset « eum a peccato retrahere; et tamen propter timorem vel cupidi- « tatem prætermittit. Hujusmodi omissio est peccatum veniale, « quando timor vel cupiditas tardiorem facit hominem ad corri- « gendum delicta fratris; non tamen ita quod si ei constaret quod « fratrem possit a peccato retrahere, propter timorem vel cupidita- « tem omitteret, quibus, in animo suo præponit charitatem fra- « ternam (4). »

Pour ce qui regarde la pratique, comme d'un côté il est difficile de déterminer avec précision si, dans tel ou tel cas particulier, le précepte de la correction fraternelle oblige *sub gravi*; et que de l'autre les simples fidèles s'en croient facilement dispensés, les uns par timidité, les autres par un prétexte plus ou moins plausible, les confesseurs doivent être extrêmement circonspects pour le refus

---

(1) S. Thomas, Sum. part. 2. 2. quæst. 33. art. 2. — (2) S. Alph. de Liguori, Theol. moral. lib. II. n° 39. — (3) Ibidem. Voyez aussi Suarez, Lessius, Bonacina, Collet, etc. — (4) Sum. part. 2. 2. quæst. 33. art. 2.

de l'absolution à l'égard de ceux qui sont en défaut sur l'article dont il s'agit.

380. Il est un ordre à suivre pour la correction fraternelle. Jésus-Christ lui-même nous l'a tracé dans son Évangile : « Si votre frère, nous dit-il, a péché contre vous, allez, et reprenez-le entre vous et lui seul; s'il vous écoute, vous aurez gagné votre frère; mais s'il ne vous écoute pas, prenez avec vous une ou deux personnes, afin que tout se passe en présence de deux ou trois témoins. S'il ne les écoute pas non plus, dites-le à l'Église : « Si peccaverit in te frater tuus, vade, et corripe eum inter te et « ipsum solum; si te audierit, lucratus eris fratrem tuum. Si « autem te non audierit, adhibe tecum adhuc unum vel duos, ut « in ore duorum vel trium testium stet omne verbum. Quod si non « audierit eos, dic Ecclesiæ (1). »

D'après ce texte, lorsque le péché du prochain est secret, on doit faire la correction en particulier; s'il ne se corrige pas, il faut le reprendre en présence ou par l'intermédiaire d'une ou de deux autres personnes prudentes, et capables d'exercer une certaine autorité sur lui; s'il ne se rend pas, s'il persévère dans son péché, on est obligé d'en avertir son supérieur : *Dic Ecclesiæ*.

381. Cependant, il est des cas où l'on n'est point obligé de faire la correction en secret : savoir, on peut recourir tout d'abord à l'intervention du supérieur : 1° quand il s'agit d'un crime qui doit porter un préjudice notable à un tiers ou au public; tel est le cas d'une trahison, d'une conspiration, d'une hérésie qu'on cherche à répandre clandestinement. On doit même s'adresser directement à l'autorité, si on ne croit pas pouvoir arrêter autrement le progrès du mal (2). 2° Quand le péché est devenu public (3). 3° Quand on a lieu de croire que le supérieur qu'on sait être modéré, prudent et discret, fera la correction d'une manière plus utile. Dans ce cas, on peut lui déclarer comme à un père, et non comme à un supérieur, la faute du prochain, sans avoir averti celui-ci en particulier; ce qui peut se pratiquer avantageusement, surtout lorsqu'il s'agit de faire connaître la conduite d'un ecclésiastique à son évêque, qui réunit tout à la fois le titre de *supérieur*, le titre de *père*, le titre d'*ami* : c'est dans la solennité même de l'ordination pour la prêtrise qu'il prend ce dernier titre à l'égard de ses prêtres : « Jam vos dicam amicos (4). »

---

(1) Matth. c. 18. v. 15, 16, 17. — (2) S. Thomas, Sum. part. 2. 2. quæst. 33. art. 7. — (3) Ibidem. — (4) Pontificale Romanum.

ARTICLE VI.

Des Péchés opposés à l'amour du prochain.

382. Les principaux péchés contraires à la charité, à l'amour du prochain, sont la haine, l'envie, dont nous avons parlé ailleurs (1), la discorde et le scandale.

La haine pour le prochain est directement opposée à la charité chrétienne; c'est un péché mortel en son genre. Celui qui hait son frère, dit saint Jean, demeure en état de mort; il est comme coupable d'homicide : « Qui non diligit (fratres), manet in morte. « Omnis qui odit fratrem suum, homicida est (2). »

Mais il ne faut pas confondre la haine pour la personne avec la haine ou l'aversion qu'on éprouve quelquefois pour la conduite du prochain. Autre chose est de haïr le pécheur; autre chose, de haïr le péché. Dans le premier cas, on veut la mort de l'impie; ce qui est contraire à la charité : dans le second, on veut seulement qu'il se convertisse : « Nolo mortem impii, sed ut convertatur im- « pius a via sua, et vivat (3). »

383. La haine, l'inimitié n'est pas toujours péché mortel; elle n'est que vénielle, si elle n'a pour objet qu'une matière légère; ou si les mouvements auxquels on se livre contre quelqu'un ne sont pas suffisamment réfléchis; ou lorsqu'il s'agit de certaines imprécations auxquelles le cœur a d'autant moins de part qu'on se les permet plus facilement. C'est par la disposition du cœur qu'il faut juger de la nature du péché de parole : « Contingit verbum male- « dictionis prolatum esse peccatum veniale, vel propter parvita- « tem mali quod quis alteri maledicendo imprecatur, vel etiam « propter affectum ejus qui profert maledictionis verba, dum ex « levi motu, vel ex ludo, aut ex surreptione aliqua talia verba pro- « fert : quia peccata verborum maxime ex affectu pensantur (4). »

La charité ne permet pas de désirer le mal du prochain, ni de se réjouir du mal qui lui arrive, ni de s'affliger de ses succès, de sa prospérité (5).

384. Le mot *discorde*, pris généralement, signifie toute dissension qui divise les esprits, et rompt le lien de la charité qui unit les cœurs. Mais si on le prend dans sa signification rigoureuse, il

---

(1) Voyez le n° 273. — (2) I. Epist. c. 3. v. 14 et 15. — (3) Ezech. c. 33. v. 11. — (4) Sum. part. 2. 2. quæst. 76. art 3. — (5) Voyez le *Traité des Péchés*, n° 240, etc.

exprime la division des volontés, concernant une chose que l'un veut et qu'un autre ne veut pas. On donne le nom de *contention* à la contrariété des opinions, quand elle est accompagnée d'opiniâtreté, d'aigreur, et de paroles offensantes. Si on passe à l'action, la discorde dégénère en rixes, en querelles, et enfante les séditions, les guerres, les schismes. Aussi le Seigneur déteste celui qui sème la discorde parmi ses frères : « Detestatur anima ejus..... eum qui « seminat inter fratres discordias (1). » Et l'Apôtre, mettant sur le même rang l'idolâtrie, les empoisonnements, les homicides, les *inimitiés*, les *contentions*, les *rixes*, les *dissensions*, les *schismes*, SECTÆ, dit que ceux qui font ces choses n'obtiendront point le royaume des cieux : « Prædico vobis, sicut prædixi quoniam qui » talia agunt, regnum Dei non consequentur (2). »

385. Mais la discorde n'est pas toujours péché mortel; il faut avoir égard et à la nature des choses qui en sont l'objet, et aux suites plus ou moins fâcheuses qu'elle peut avoir, et aux dispositions des parties. Il ne faut pas non plus la confondre avec le simple défaut d'accord, qui se rencontre souvent entre différentes personnes au sujet de l'étendue ou de l'exercice d'un droit. Quand il y a bonne foi de part et d'autre, les parties peuvent, à défaut d'un arrangement à l'amiable, que la charité conseille toujours, recourir à la sentence des tribunaux, pourvu qu'on n'use d'aucun moyen contraire à l'équité ou à la morale.

Le scandale est essentiellement contraire à la charité, à l'amour du prochain; puisque, au lieu d'aider nos frères comme la charité le prescrit, surtout en ce qui concerne le salut éternel, nous leur donnons par le scandale occasion de commettre le péché, qui détruit ou affaiblit en eux la vie de la grâce, suivant que ce péché est mortel ou véniel.

ARTICLE VII.

Du Scandale.

386. Dans le langage de l'Église, le scandale se prend pour tout ce qui peut être pour le prochain une occasion de *ruine* ou de chute spirituelle; et on le définit : une parole, une action ou omission, mauvaise en soi ou en apparence, donnant à un autre occasion de tomber dans le péché : « Convenienter dicitur quod dictum vel fac- « tum minus rectum, præbens occasionem ruinæ, sit scandalum. » C'est la définition que nous donne saint Thomas (3).

(1) Proverb. c. 6. v. 16 et 19. — (2) Galat. c. 5. v. 20 et 21. — (3) Sum. part. 2. 2. quæst. 53. art. 1.

Nous avons dit, une *parole*, une *action* ou *omission* : car omettre ce que l'on doit faire, c'est par là même faire ce que l'on ne doit pas faire : « Pro eodem est accipiendum *dictum* et *non dictum*, *factum* et *non factum* (1). »

Mauvaise en soi ou en apparence ; minus rectum : car on scandalise le prochain et en faisant une chose mauvaise, et en faisant une chose qui, sans être mauvaise en elle-même, a l'apparence du mal : « Ab omni specie mala abstinete vos, » dit l'Apôtre (2) ; sur quoi saint Thomas ajoute : « Et ideo convenienter dicitur *minus rectum*, ut comprehendantur tam illa quæ sunt secundum se peccata, quam illa quæ habent speciem mali (3). »

387. *Donnant occasion* ; le scandale est l'occasion, et non la cause du péché dans lequel tombe celui qui est scandalisé ; ou il n'en est que la cause imparfaite : « Causa solum imperfecta, aliqualiter inducens ad ruinam (4). » Aussi, pour qu'il y ait scandale, il n'est pas nécessaire que le prochain tombe dans le péché ; il suffit qu'on lui donne occasion d'y tomber, c'est-à-dire qu'on le mette dans un danger de pécher. Mais on ne se rend réellement coupable de scandale que dans le cas où, eu égard à la position de celui qui fait le mal, et aux dispositions de ceux en présence desquels on le fait, on a lieu de craindre que ceux-ci ne se laissent entraîner au péché. Ainsi, par exemple, le blasphème qui ne serait proféré qu'en présence d'un prêtre, d'un religieux, ne devrait pas être regardé comme péché de scandale : « Non semper est scandalum, dit saint Alphonse de Liguori, si peccas coram aliis, sed tantum quando, attentis circumstantiis tam personæ agentis, tam coram quibus fit actus, potest probabiliter timeri ne per hunc actum trahantur ad peccatum, qui alias peccaturi non essent (5). » Si le péché se commettait en public, on devrait alors s'en accuser comme d'un péché de scandale, à raison du danger auquel on se serait exposé de scandaliser au moins une partie de ceux qui en auraient eu connaissance.

388. On distingue le scandale *actif* et le scandale *passif*. Le scandale *actif* est le scandale même dont nous venons de donner la définition. Ce scandale est *direct* ou *indirect*. Il est *direct*, quand celui qui le commet a l'intention d'induire quelqu'un au péché. Tel est, par exemple, le scandale de celui qui sollicite un autre au crime d'adultère, à la fornication, au vol, au parjure, à la médi-

---

(1) Sum. part. 1. 2. quæst. 71. art. 6. — (2) I. Thessal. c. 5. v. 22. — (3) Sum. 2. 2. quæst. 43. art. 6. — (4) Ibidem. — (5) Theol. moral. lib. II. n° 48.

sance, à la calomnie. Si on l'engage à commettre le péché, principalement à cause du péché, ou pour lui faire perdre son âme, le scandale devient *diabolique*. Le scandale n'est qu'*indirect*, lorsque, sans avoir l'intention de faire tomber quelqu'un dans le péché, on dit une parole, on fait une action qui est pour lui une occasion de péché. Le scandale indirect est beaucoup plus commun que le scandale direct, beaucoup plus commun surtout que le scandale diabolique. Celui-ci ne peut être que fort rare.

Le scandale *passif* est la chute du prochain, le péché dans lequel il tombe par suite du scandale *actif*. Il se divise en scandale *donné* et en scandale *reçu*. Le premier, qu'on appelle aussi le scandale des *faibles*, provient de l'ignorance ou de la faiblesse de celui qui se scandalise. Le scandale *reçu* est le scandale de celui qui, par sa mauvaise disposition, prend occasion de faire le mal d'une parole ou d'une action, quoique ni cette parole ni cette action ne soient point un sujet de scandale. Tel était le scandale des pharisiens, au sujet des discours et des actions de Notre-Seigneur Jésus-Christ. C'est pourquoi cette espèce de scandale est appelée scandale *pharisaïque*.

389. Le scandale *actif*, même indirect, est un péché mortel en son genre. Malheur à celui par qui le scandale arrive : « Væ homini « illi per quem scandalum venit (1). » Cependant tout scandale n'est pas péché mortel ; il n'est que véniel lorsque le péché dont il est l'occasion n'est lui-même que véniel. Il est encore véniel, lorsque l'acte qui en est le principe ne réunit pas toutes les conditions requises pour un péché mortel.

Le péché de scandale est un péché spécial ; et quand il est *direct*, il est, de l'aveu de tous, contraire à la charité et à la vertu, contre laquelle il porte le prochain à pécher. Il en est de même du scandale *indirect*, suivant le sentiment qui nous paraît le plus probable. Ce scandale est contraire à la charité ; car la charité nous défend non-seulement de porter directement nos frères au péché, mais même d'être pour eux une occasion de tomber dans le péché ; il est en même temps contraire à la vertu, contre laquelle il fait agir ; car une vertu nous défend de porter les autres, même indirectement, à un acte qu'elle condamne. Ce ne serait donc pas assez pour celui qui s'est rendu coupable d'un scandale, de s'accuser d'avoir scandalisé son prochain ; il doit dire en quoi, et déclarer par conséquent l'espèce du péché dont il a été la cause ou

(1) Matth. c. 18. v. 7.

l'occasion (1). Il doit aussi faire connaître le nombre de personnes qu'il a scandalisées ; car le péché de scandale se multiplie à proportion du nombre des fidèles pour lesquels il a été une occasion de chute spirituelle (2).

Cependant, comme le scandale *indirect* n'influe que par l'exemple sur les actes du prochain, nous pensons, d'après saint Alphonse, qu'il n'entraîne pas, par lui-même, l'obligation de réparer les injustices dont il a été l'occasion ; il n'en est point la cause efficace, la cause proprement dite (3).

390. Ce que nous avons dit du scandale *actif* n'est pas applicable au scandale *passif*. Celui-ci n'est pas un péché spécial. Celui qui, par suite d'un scandale *actif*, se laisse aller au mal, n'est point obligé de déclarer en confession qu'il y a été porté par le mauvais exemple. Quoique, en certains cas, cette circonstance atténue plus ou moins la malice du péché, elle n'est point matière nécessaire de la confession sacramentelle.

Suivant le sentiment assez probable de plusieurs docteurs (4), il n'est pas nécessaire d'examiner, dans les péchés commis en complicité, laquelle des deux parties a sollicité l'autre à pécher ; parce que, disent-ils, l'instigateur et celui qui s'est laissé librement entraîner, se sont rendus l'un et l'autre grièvement coupables contre la charité ; de sorte que la sollicitation n'est plus alors qu'une circonstance aggravante, qu'on n'est point obligé, suivant saint Thomas et saint Alphonse de Liguori, de déclarer en confession.

391. On se rend coupable du péché de scandale, d'un scandale *direct*, soit en ordonnant, soit en conseillant une action mauvaise de sa nature, même à celui qui est habituellement ou présentement disposé à la faire. On ne peut, par exemple, sans pécher contre la charité et en même temps contre la religion, ou la tempérance, ou la chasteté, solliciter un faux témoin au parjure, un ivrogne à l'ivrognerie, une personne de mauvaise vie à la fornication, « petere co-« pulam a meretrice ad fornicationem parata. »

Mais il en est autrement quand la chose est bonne ou indifférente en elle-même. On peut la demander sans scandale et sans péché, même à celui qui péchera très-probablement en l'accordant, lorsque toutefois on a une juste cause, une raison grave de la lui demander. D'après ce principe, un fidèle qui ne peut commodé-

---

(1) S. Alphonse de Liguori, Theol. moral. lib. II. n° 44. — (2) Voyez le n° 261. — (3) Theol. moral. lib. II. n° 45. — (4) Voyez sur cette question le cardinal de Lugo, *de Pœnitentia*, etc. ; et Saint Alphonse de Liguori, *ibidem*, n° 46.

ment s'adresser à un autre prêtre qu'à son curé, ne péchera point en demandant les sacrements à son pasteur, quoiqu'il ait lieu de croire que celui-ci ne les lui administrera pas sans se rendre coupable de sacrilége. De même, si celui qui a besoin d'argent ne trouve personne qui consente à lui en prêter sans usure, il peut s'adresser à un usurier pour emprunter la somme qui lui est nécessaire, quoiqu'il prévoie que cet usurier exigera des intérêts usuraires : « Inducere hominem ad peccandum nullo modo licet, dit « saint Thomas; uti tamen peccato alterius ad bonum licitum « est (1). »

392. On doit regarder comme grandement coupables de scandale : 1° ceux qui sont dans l'habitude de blasphémer; 2° ceux qui publient des ouvrages contraires à la religion, à la foi catholique ou aux mœurs; 3° ceux qui vendent ou font lire ces sortes d'ouvrages à toutes sortes de personnes; 4° ceux qui composent, répandent ou chantent des chansons immorales; 5° ceux qui font, qui jouent, ou qui approuvent des pièces de théâtre ou de comédie dans lesquelles on ne respecte ni les pratiques de la religion, ni la sainteté des mariages, ni la vertu; 6° les artistes, les peintres, les sculpteurs dont les ouvrages blessent les lois de la décence et de la modestie; 7° les modistes, les coiffeurs qui exposent aux yeux des passants certains modèles, sur lesquels on ne peut arrêter la vue : « Quibus nempe repræsentantur mulieres immoderate nudatis ube-« ribus; » 8° « Mulieres ipsæ et puellæ quæ immoderatas scapula-« rum et uberum nuditates exhibent (2). »

Un confesseur ne peut tolérer ces scandales.

393. Non-seulement nous devons éviter de donner du scandale; mais la charité nous fait un devoir de le prévenir et de l'arrêter dans les autres, autant que possible. Pour empêcher le scandale des faibles, nous sommes quelquefois obligés ou de faire le sacrifice d'une partie de nos biens temporels, ou de leur faire connaître la justice de nos prétentions. Une fois avertis, ils n'ont plus lieu de se plaindre et de se scandaliser; s'ils se scandalisent, leur scandale est un scandale *pharisaïque*. Or, nous ne sommes pas tenus d'abandonner nos biens aux méchants, qui en prendraient occasion de se livrer à toutes sortes d'injustices à l'égard des justes (3).

Mais est-on obligé de renoncer à des biens spirituels pour empêcher un scandale? On ne doit pas renoncer aux biens nécessaires

---

(1) Sum. part. 2. 2. quæst. 78. art. 4. — (2) Voyez le n° 319. — (3) S. Thomas, part. 2. 2. quæst. 44. art. 8.

au salut, pour prévenir un scandale *passif*, quel qu'il soit. Quant aux biens qui ne sont point de nécessité de salut, on peut, on doit même s'en priver, jusqu'à ce qu'on ait fait cesser le scandale par une explication convenable : « Usque reddita ratione hujusmodi « scandalum cesset (1). » Si, après cette explication, le scandale persévère, il faut l'attribuer à la malice, le regarder comme un scandale pharisaïque; et alors on n'est plus obligé de faire aucun sacrifice pour l'arrêter : « Et sic propter ipsum non sunt hujusmodi « spiritualia opera dimittenda (2). »

394. On ne doit jamais faire ce qui est mauvais de sa nature, pour empêcher le scandale du prochain. Il n'est pas permis, par exemple, de mentir même véniellement, pour faire éviter un péché mortel : « Non faciamus mala ut eveniant bona (3). »

Il n'est pas permis non plus d'omettre un précepte quelconque, afin de prévenir un scandale pharisaïque; mais on doit, en certains cas particuliers, *non ad longum tempus, sed tantum pro una et altera vice* (4), omettre un précepte positif, pour empêcher le scandale qui provient de l'ignorance ou de la faiblesse. On doit, à plus forte raison, s'interdire une pratique de dévotion qui n'est point d'obligation, ou un acte indifférent de sa nature, jusqu'à ce qu'on ait pris les précautions que l'on croit nécessaires pour faire cesser le scandale dont il s'agit. Si après cela le scandale continue, ce n'est plus qu'un scandale pharisaïque qu'on peut mépriser (5).

395. Les théologiens ne s'accordent pas sur la question de savoir s'il est permis de conseiller un moindre mal, pour en empêcher un plus grand que le prochain est déterminé à commettre. Les uns pensent que cela n'est pas permis. La raison qu'ils en donnent, c'est que s'il n'est pas permis de faire le mal pour qu'il en arrive un bien, l'on ne doit pas non plus le conseiller pour empêcher un plus grand mal. Les autres, au contraire, croient qu'il est permis de conseiller un moindre mal, afin d'arrêter l'exécution du projet qu'on a formé d'en commettre un plus grand. Saint Alphonse de Liguori soutient ce sentiment comme plus probable que le premier : « Secunda sententia probabilior tenet licitum esse minus « malum suadere, si alter jam determinatus fuerit ad majus malum

---

(1) S. Thomas, Sum. part. 2. 2. quæst. 44. art. 7. — (2) Ibidem. — (3) Rom. c. 3. v. 8. — (4) S. Alphonse de Liguori, Collet, le P. Antoine, etc. — (5) S. Thomas, S. Alphonse, Collet, Billuart, le P. Antoine, etc.

« exequendum (1). » Celui qui donne ce conseil, ajoute ce saint docteur, ne cherche point le mal, mais le bien qu'il voudrait procurer en proposant un moindre mal : « Ratio, quia tunc suadens non « quærit malum, sed bonum, scilicet electionem minoris mali (2). » En effet, le conseil dont il s'agit n'est pas un conseil proprement dit, un conseil positif et direct qui puisse faire croire qu'on approuve et qu'on désire le moindre mal, une chose réellement mauvaise ; il ne peut être considéré, eu égard à la circonstance, que comme moyen d'empêcher un plus grand mal, et peut-être même le moindre mal, quoiqu'on ait l'air de le conseiller.

396. Il est permis de ne pas ôter l'occasion de voler à un enfant, à un domestique, à un ouvrier, afin qu'après l'avoir pris en flagrant délit on puisse le corriger. Autre chose est de laisser faire le vol, quand on a quelque bonne raison d'agir ainsi, autre chose est de l'approuver (3). Plusieurs auteurs, dont l'opinion paraît *assez probable* à saint Alphonse de Liguori (4), permettent même de leur fournir l'occasion de voler, afin qu'on puisse prévenir les délits qu'ils pourraient commettre dans la suite ; mais ne serait-ce pas les induire en tentation ? Nous n'osons prononcer.

397. Il n'est pas permis de coopérer formellement au péché du prochain, mais on peut quelquefois y coopérer matériellement. La coopération formelle est celle qui influe sur la mauvaise volonté d'un autre, et ne peut être sans péché : « Cooperatio formalis est « quæ concurrit ad voluntatem alterius, et nequit esse sine pec- « cato (5). » Elle a lieu de la part de celui qui commande ou conseille le mal, qui approuve un mauvais dessein, qui se rend complice d'une mauvaise action, en se livrant, par exemple, à la fornication, à l'adultère ; de la part de celui qui protége un malfaiteur, afin que celui-ci puisse commettre le crime avec plus de sécurité, et, généralement, de la part de quiconque concourt directement et prochainement à l'exécution d'une mauvaise action, ou qui y concourt sans aucune raison qui puisse disculper sa coopération.

398. On appelle *matérielle* la coopération qui, pour une cause plus ou moins grave suivant les circonstances, concourt à l'action d'un autre, contre l'intention du coopérateur : « Cooperatio mate- « rialis est illa quæ concurrit tantum ad malam actionem alterius « præter intentionem cooperantis (6). »

---

(1) Theol. moral. lib. II. n° 57. — (2) Ibidem. — (3) Ibid. n° 57. — (4) Ibid. n° 58. — (5) Ibid. n° 63. — (6) Ibidem.

La coopération matérielle est licite ; mais elle ne l'est qu'autant qu'elle réunit trois conditions. Il faut : 1° que l'acte de coopération soit bon ou indifférent de sa nature ; 2° qu'on ne soit point tenu, d'office, par état, d'empêcher le péché d'autrui ; 3° que l'on ait une cause juste et proportionnée, eu égard à la nature de l'action mauvaise, et à la manière plus ou moins prochaine, plus ou moins efficace dont on concourt à l'exécution de cette action. Plus notre coopération est prochaine, plus elle est efficace, plus aussi la cause qui nous excuse doit être grave (1). Ainsi, par exemple, pour ce qui regarde les aubergistes, on excuse plus facilement, toutes choses égales d'ailleurs, celui qui donne de la viande à ceux qui en demandent un jour d'abstinence, que celui qui donne du vin aux ivrognes qui en abuseront. Il faut une raison plus forte pour le second que pour le premier cas.

399. Celui qui s'est rendu coupable de scandale en matière grave, soit par coopération formelle, soit de toute autre manière, est obligé, sous peine de péché mortel, de réparer le scandale, autant que possible. Ceux qui ont eu le malheur de soutenir, de professer, de vive voix ou par écrit, des erreurs contraires à la foi catholique ou à la morale chrétienne, sont obligés de les rétracter de la manière la plus propre à les détruire dans l'esprit des personnes qu'ils ont scandalisées.

Quant au scandale qui résulte d'une conduite immorale, il faut que celui qui en est l'auteur le répare par une conduite vraiment chrétienne, profitant de toutes les occasions qui peuvent se présenter pour donner au public des preuves non équivoques d'un retour sincère à de meilleurs sentiments. Celui qui n'a rien fait et qui ne veut rien faire pour réparer les scandales qu'il a commis, est indigne d'absolution.

CHAPITRE IV.

De la Vertu de Religion.

400. La vertu de religion est une vertu morale, qui nous porte à rendre à Dieu le culte qui lui est dû (2). C'est une vertu *morale*,

---

(1) Voyez S. Alphonse de Liguori, Theol. moral. lib. II. n° 59, etc. — (2) S. Thomas. Sum. part. 2. 2. quæst. 81. art. 1, etc.

et non une vertu *théologale ;* car, à la différence de la foi, de l'espérance et de la charité, la vertu de religion n'a pas Dieu pour objet immédiat, mais le culte que nous lui rendons (1). Elle tient le premier rang parmi les vertus morales, en tant qu'elle nous rapproche davantage de Dieu, de notre fin dernière : « Religio præ- « minet inter alias virtutes, » dit saint Thomas (2).

ARTICLE I.

Des Actes de la Vertu de Religion.

401. Les principaux actes de la vertu de religion sont l'adoration, le sacrifice, la dévotion, la prière, le serment, le vœu et la sanctification des jours de dimanche et de fête, spécialement consacrés au culte divin. Nous parlerons de ces trois derniers articles, en expliquant les deuxième et troisième commandements de Dieu.

L'adoration, à prendre ce mot dans sa signification stricte et rigoureuse, est un acte de religion par lequel nous rendons un culte à Dieu comme au créateur et au souverain Seigneur de toutes choses. Ce culte, qu'on appelle culte de Latrie, ne convient qu'à Dieu : « Dominum tuum adorabis, et illi soli servies (3); » et il est nécessaire de nécessité de *moyen*. Nous sommes obligés, sous peine de damnation, d'adorer Dieu comme notre souverain maître, reconnaissant sa majesté infinie et notre néant, son indépendance absolue et notre dépendance, et dans l'ordre de la nature et dans l'ordre de la grâce. Mais nous devons l'adorer en esprit et en vérité, nous livrant aux mouvements de notre cœur, qui réclament le secours de la parole, des cantiques, des larmes et des prosternements : « Spiritus est Deus ; et eos qui adorant eum, in Spiritu et « veritate oportet adorare (4). »

402. On distingue ce culte du culte de *Dulie* et du culte d'*Hyperdulie*. Le culte de *Dulie* est celui que l'Église rend aux anges et aux saints, en tant qu'ils ont été comblés de dons de la part de Dieu ; ce culte se rapporte à Dieu lui-même, comme à l'auteur de tout don, de tout bien.

L'*Hyperdulie* est le culte spécial qu'on rend à la sainte Vierge, comme étant élevée, par sa qualité de mère de Dieu, au-dessus des anges et des hommes, au-dessus de toutes les créatures.

---

(1) Voyez le n° 281. — (2) Matth. c. 4. v. 10. — (3) Ibidem. — (4) Joan. c. 4. v. 24.

Le culte que nous rendons à Marie, aux Anges et aux Saints, est un culte légitime et bien consolant. Nous trouvons une tendre mère dans celle qui est la mère de Dieu, des gardiens fidèles dans ceux qui sont les ministres de Dieu, des amis dans ceux qui sont eux-mêmes les amis de Dieu. Aussi nous les invoquons avec confiance, la sainte Vierge surtout, non pour en obtenir ce que nous demandons, mais pour les prier d'intercéder auprès de Dieu, afin qu'ils en obtiennent pour nous les grâces qui sont l'objet de notre demande.

Honorer les saints et implorer leur intercession, c'est honorer Dieu lui-même dans ceux qu'il a glorifiés; comme aussi honorer leurs images et leurs corps ou ce qui nous en reste, *Reliquiæ*, c'est les honorer eux-mêmes. La vénération qu'on a pour l'image ou pour le corps d'un saint se rapporte au saint lui-même : « Honoramus reliquias « martyrum, dit saint Jérôme, ut eum cujus sunt martyres adoremus. « Honoramus servos, ut honor servorum redundet ad Dominum (1). »

403. Suivant le concile de Trente, les évêques et ceux qui sont chargés d'expliquer les différentes pratiques de la religion, doivent instruire soigneusement les fidèles de ce qui concerne l'intercession et l'invocation des saints, l'honneur dû aux reliques et l'usage légitime des images, conformément à la pratique de l'Église catholique et apostolique, au sentiment unanime des saints Pères et aux décrets des conciles. Ils veilleront aussi à ce qu'aucune superstition ne se glisse dans le culte des saints, des reliques et des images, et en banniront tout gain sordide et honteux, ainsi que tout ce qui pourrait blesser la décence.

Le même concile défend expressément de placer dans une église, même étant exempte de la juridiction de l'Ordinaire, aucune image nouvelle, insolite, à moins qu'elle n'ait été approuvée par l'évêque (2). Mais un évêque ne peut ni permettre ni tolérer dans aucune église le tableau qui représente une personne morte en odeur de sainteté, tandis que cette personne n'est point honorée d'un culte public autorisé par le saint-siége.

Quant aux images, aux figures ou statues, qui sont d'une telle difformité qu'elles fatiguent autant la piété des fidèles que la vue des hommes de goût, on doit les ôter de l'église, si toutefois on peut le faire sans trouble et sans scandale : « Ita tamen, comme le « porte un concile de Reims, ut omnia ad ædificationem et citra « scandalum fiant (3). »

(1) Contre Vigilance. — (2) Sess. xxv. De Invocatione, veneratione et reliquiis sanctorum. — (3) Concile de Reims, de l'an 1583, De Cultu divino, n° 12.

Il n'est pas permis non plus d'exposer à la vénération des fidèles aucune relique dont l'authenticité n'aurait pas été reconnue par l'évêque.

404. Le sacrifice, en général, est une offrande que nous faisons à Dieu en signe de notre dépendance et de notre soumission. On distingue le sacrifice intérieur et le sacrifice extérieur. Le premier est celui par lequel notre âme s'offre à Dieu : « Sacrificium Deo « spiritus contribulatus (1). » Ce sacrifice est de droit naturel pour tous : « Omnes enim tenentur Deo devotam mentem offerre, » dit saint Thomas (2). Il s'opère par la foi, la charité, la dévotion, la prière et autres actes de la vertu de religion; le sacrifice intérieur est le premier et le principal sacrifice auquel nous sommes tous obligés : « Primum et principale, ajoute le même docteur, est sa- « crificium interius ad quod omnes tenentur (3). »

Le sacrifice extérieur consiste dans l'offrande que nous faisons à Dieu d'une chose extérieure qui nous appartient : tel est, par exemple, le sacrifice de notre corps, que nous offrons à Dieu en quelque manière par le martyr, l'abstinence et la continence. Tel est aussi le sacrifice de nos biens que nous offrons au souverain maître de toutes choses, directement ou indirectement : directement, en les lui offrant à lui-même; indirectement, en les donnant aux pauvres à cause de Dieu, *propter Deum* (4).

405. Le sacrifice extérieur est encore de droit naturel : « Ex na- « turali ratione procedit quod homo quibusdam sensibilibus rebus « utatur, offerens eas Deo in signum debitæ subjectionis et honoris. « Hoc autem pertinet ad rationem sacrificii. Et ideo oblatio sacri- « ficii pertinet ad jus naturale. » Ainsi s'exprime saint Thomas (5). Mais, comme l'enseigne le même docteur, si le sacrifice extérieur, à le considérer en général, est de droit naturel, la détermination de la matière et de la forme des sacrifices appartient au droit positif : « Oblatio sacrificii in communi est de lege naturali, sed deter- « minatio sacrificiorum est ex institutione humana vel divina (6). »

406. Le sacrifice strictement dit est l'oblation faite à Dieu d'une chose extérieure, qu'on immole en son honneur, pour reconnaître son souverain domaine sur toutes choses. Tout sacrifice est une oblation; mais toute oblation n'est pas un sacrifice proprement dit. Pour le sacrifice il faut qu'il y ait immolation, destruction de la chose offerte, ou au moins une bénédiction qui en change la na-

---

(1) Psalm. 50. v. 19. — (2) Sum. part. 2. 2. quæst. 85. art. 4. — (3) Ibidem. — (4) Ibid. art. 3. — (5) Ibid. art. 1. — (6) Ibidem.

ture, en la soustrayant à tout usage profane : « Sacrificia proprie
« dicuntur, quando circa res Deo oblatas aliquid fit, sicut quod
« animalia occidebantur et comburebantur ; quod panis frangitur
« et comeditur, et benedicitur. Et hoc ipsum nomen sonat ; nam
« sacrificium dicitur ex hoc quod homo facit aliquid sacrum (1). »

Le sacrifice est l'acte le plus important de la religion ; il est l'expression du culte de latrie, l'adoration proprement dite. Il ne peut donc être offert qu'à Dieu : « Qui immolat diis occidetur, præ-
« terquam Domino soli (2). »

La notion que nous venons de donner du sacrifice convient et aux sacrifices anciens et au sacrifice de la nouvelle alliance qui s'est opéré sur la croix, et qui se renouvelle dans l'Eucharistie. Nous parlerons ailleurs de ce sacrifice, qui est le sacrifice par excellence.

407. La dévotion, suivant saint Thomas, est un acte par lequel la volonté se porte promptement à tout ce qui a rapport au service de Dieu. Aussi on appelle *dévots* ceux qui sont en quelque manière *dévoués* à Dieu, ceux qui sont tout à lui. « Devotio dicitur a *de-*
« *vovendo* ; unde devoti dicuntur qui se ipsos quodam modo Deo
« devovent, ut ei se totaliter subdant. Unde devotio nihil aliud esse
« videtur quam voluntas quædam prompte tradendi se ad ea quæ
« pertinent ad Dei famulatum (3). »

La dévotion, telle qu'on vient de la définir, est nécessaire au chrétien ; mais elle l'est surtout aux ministres de la religion, et aux autres personnes consacrées à Dieu, à raison de la sainteté de leur état. Elle s'entretient et se fortifie par la méditation : « Necesse
« est, dit le Docteur angélique, quod meditatio sit devotionis causa,
« inquantum scilicet homo per meditationem concipit quod se tradat
« divino obsequio (4). »

408. La prière est une élévation de notre esprit et de notre cœur vers Dieu, par laquelle nous lui demandons les choses qui nous sont nécessaires, surtout dans l'ordre du salut. On distingue la prière intérieure et la prière extérieure. La première, qu'on nomme *oraison mentale*, est celle qu'on fait au fond du cœur, sans la produire au dehors par aucun signe. La prière extérieure est celle qui se manifeste au dehors d'une manière plus ou moins sensible, par le secours de la parole. On l'appelle pour cette raison *prière vocale*. Celle-ci n'est agréable à Dieu qu'autant qu'elle est intérieure ; et la prière intérieure, pour peu qu'elle soit fervente, a

---

(1) S. Thomas, Sum. part. 2. 2. quæst. 85. art. 3. — (2) Exod. c. 22. v. 20.
— (3) Sum. part. 2. 2. quæst. 82. art. 1. — (4) Ibidem, art. 3.

généralement recours à la prière vocale, qui devient alors l'expression naturelle des mouvements de notre cœur : « Lætatum est cor « meum, et exultavit lingua mea (1). » Nous sommes quelquefois forcés, par l'ardeur et la piété qui nous animent, d'exprimer par des paroles ce qui se passe au dedans de nous : « Cogimur inter« dum, dit le catéchisme du concile de Trente, vehementi animi « cupiditate et pietate verbis efferre sententiam (2). »

409. Il en est de la prière comme de la vertu de religion, dont elle est un des principaux actes : elle est nécessaire au salut : « Petere, dit saint Thomas, cadit sub præcepto religionis; quod « quidem præceptum ponitur, Matth., c. vii, v. 7, ubi dicitur : « *Petite et accipietis* (3). » Non-seulement nous devons prier, mais nous devons prier souvent; nous devons être constamment unis à Dieu par la prière : « Oportet semper orare, et non deficere (4). « Sine intermissione orate (5). »

Le précepte de la prière, quoique toujours obligatoire, n'oblige pas à chaque instant. Mais il oblige : 1° aussitôt, moralement parlant, qu'on a atteint l'usage de raison ; 2° quand on est fortement tenté contre quelque vertu ; 3° quand on a eu le malheur d'offenser Dieu mortellement ; 4° quand on doit recevoir quelque sacrement; 5° quand on est en danger de mort; 6° enfin, de temps en temps pendant la vie. On ne pourrait, à notre avis, se dispenser de prier pendant plus d'un mois, sans pécher mortellement contre le précepte de la prière.

410. Les fidèles sont dans l'usage de faire tous les jours quelques prières qu'on appelle les prières du matin et du soir. Cette pratique est aussi ancienne que le christianisme, aussi générale dans l'Église qu'elle est ancienne. Il nous paraît difficile d'excuser de tout péché véniel celui qui y manquerait sans cause, sans aucune raison, et qui passerait la journée tout entière sans faire aucune prière, sans invoquer ni Dieu, ni la sainte Vierge, ni les saints. Manquer souvent, plusieurs jours de suite, aux prières du matin et du soir, sans les remplacer, dans le courant de la journée, par aucune autre prière, ce serait s'exposer au danger de perdre tout sentiment de piété, et de tomber bientôt dans quelque faute plus ou moins grave.

C'est un devoir pour un curé d'exhorter souvent ses paroissiens

---

(1) Psalm. 15. v. 9. — (2) De la Prière, § 3. — (3) Sum. part. 2. 2. quæst. 83. art. 3. — (4) Luc. c. 18. v. 1. — (5) I. Thessal. c. 5. v. 17.

à faire chaque jour les prières d'usage. Il n'est personne, quelle que soit sa position, et dans quelque circonstance qu'il se trouve, généralement parlant, qui ne puisse réciter dévotement tous les matins et tous les soirs, au moins le *Credo*, le *Pater* et l'*Ave* avec un acte de contrition. La piété demande qu'on fasse ses prières à genoux, mais elle excuse facilement ceux qui ne peuvent commodément les faire dans cette posture; elle excuse surtout le soldat qui fait ses prières au lit, parce qu'il craint d'occasionner de mauvais propos en les faisant ostensiblement.

Les prières qui se font immédiatement avant et après le repas ne sont point obligatoires. Cependant un ecclésiastique ne pourrait les omettre sans scandaliser les fidèles. **La récitation de l'*Angelus*** n'est point non plus d'obligation.

Les principales dispositions qui doivent accompagner la prière sont une foi vive, une ferme confiance, un cœur contrit et humilié, un désir ardent d'être exaucé, et la persévérance. Il faut aussi que celui qui prie, quel que soit l'objet de sa prière, ait toujours en vue le salut de son âme, ou la plus grande gloire de Dieu.

411. Parmi les prières que les fidèles ont coutume de faire, il en est auxquelles l'Église attache des indulgences, que les curés doivent faire connaître aux peuples; telles sont, entre autres, les litanies de la sainte Vierge, la récitation du *De profundis*, de l'*Angelus*, et de l'oraison à l'ange gardien.

Il y a une indulgence de 300 jours, applicable aux morts, pour ceux qui récitent avec un cœur contrit les litanies de la sainte Vierge, le verset *Ora pro nobis* et l'oraison *Gratiam*; et une indulgence *plénière*, pour ceux qui les réciteraient tous les jours aux cinq principales fêtes de Notre-Dame, qui sont la Conception, la Nativité, l'Annonciation, la Purification et l'Assomption, aux conditions de se confesser, de communier, de visiter une église ou une chapelle publique, et d'y prier selon les intentions du Souverain Pontife (1).

412. Celui qui, le soir, à une heure de la nuit, se met à genoux au son de la cloche, et récite pour les âmes du purgatoire le psaume *De profundis* avec le verset *Requiem æternam*, etc., et celui qui, ne sachant pas le *De profundis*, dit le *Pater*, l'*Ave*, et le verset *Requiem æternam*, gagne une indulgence de 100 jours chaque fois; et s'il le fait tous les jours pendant un an, il pourra gagner une indulgence *plénière* le jour qu'il voudra, en

---

(1) **Décret de Pie VII, du 30 septembre 1817.**

se confessant, communiant, et visitant une église pour y prier suivant les intentions ordinaires. Dans les endroits où l'on ne sonne pas le soir pour les morts, on gagnera néanmoins les susdites indulgences, en disant le *De profundis* ou le *Pater*, etc., à l'entrée de la nuit (1).

Il y a 100 jours d'indulgence pour les fidèles qui récitent l'*Angelus* avec un cœur contrit, au son de la cloche, le matin ou à midi, ou le soir après le coucher du soleil; et une indulgence *plénière* pour ceux qui le réciteraient avec dévotion, une fois par jour au moins, pendant un mois, au jour qu'on voudra, sous la condition de se confesser, de communier et de prier pour la concorde entre les princes chrétiens, l'extirpation des hérésies et l'exaltation de notre mère la sainte Église.

La prière de l'*Angelus* doit être dite à genoux, à l'exception du samedi au soir et du dimanche où elle doit se faire debout. Durant le temps pascal, qui se termine aux premières vêpres du dimanche de la Trinité, au lieu de l'*Angelus*, on dit debout l'antienne *Regina cœli*, avec le verset et l'oraison. Néanmoins, les personnes qui ne sauraient point cette antienne gagneraient pareillement l'indulgence en continuant de réciter l'*Angelus* (2).

Les fidèles qui se trouvent dans les endroits où l'on ne sonne pas l'*Angelus*, ou qui ne peuvent entendre la cloche, gagneront néanmoins l'indulgence, en récitant vers l'heure où l'on a coutume de sonner, soit l'*Angelus*, soit le *Regina cœli* (3).

413. Il y a une indulgence de 100 jours pour les fidèles qui disent l'oraison *Angele Dei, qui custos es mei*, etc., soit qu'ils la récitent en latin, soit qu'ils la récitent en toute autre langue. Les fidèles qui auront dit cette prière, soir et matin, pendant un an, pourront gagner une indulgence *plénière* le 2 octobre, pourvu que, s'étant confessés, ils communient ce jour-là, visitent une église, et prient suivant les intentions de notre Saint-Père le Pape (4). On peut, aux mêmes conditions, la gagner une fois le mois, suivant le décret du pape Pie VII, du 15 mai 1821. Ces indulgences sont applicables aux âmes du purgatoire. Enfin, ceux qui, pendant leur vie, auront souvent récité cette prière, pourront aussi gagner une indulgence plénière à l'article de la mort.

---

(1) Déclaration de Clément XII, du 12 décembre 1732. Voyez le *Traité des indulgences*, par Mgr Bouvier, part. II. c. 10. — (2) Voyez le bref de Benoît XIII, du 14 septembre 1724, et la déclaration de Benoît XIV, du 20 avril 1742. — (3) Rescrit du pape Pie VI, du 18 mars 1781. — (4) Brefs de Pie VI, du 2 octobre 1795 et du 2 septembre 1796.

Nous ajouterons que, par une bulle du 16 décembre 1746, Benoît XIV accorde une indulgence *plénière*, une fois par six mois, à ceux qui feront l'oraison mentale tous les jours pendant une demi-heure ou au moins un quart d'heure, aux conditions prescrites pour gagner l'indulgence plénière.

ARTICLE II.

De la Superstition et des différentes espèces de Superstitions.

414. La superstition et l'irréligion sont les deux chefs auxquels se rapportent tous les péchés contraires à la vertu de religion. Elles sont l'une et l'autre opposées à cette vertu, la superstition par excès et l'irréligion par défaut. Il en est de la vertu de religion comme de toute autre vertu morale, elle tient à un juste milieu, condamnant les extrêmes : « Omnis virtus moralis in medio consistit, » dit saint Thomas (1).

La superstition est un vice qui consiste à rendre à la créature le culte qui n'est dû qu'au Créateur, ou à rendre au Créateur le culte qui lui est dû, mais d'une manière indue, qui ne convient point : « Superstitio exhibet cultum vel cui non debet, vel eo modo quo « non debet (2). »

Si on rend à quelque créature le culte qui n'appartient qu'à Dieu, la superstition est une idolâtrie. Ce crime est directement opposé au premier précepte : « Non habebis deos alienos coram me. »

415. Si le culte qu'on rend à Dieu renferme quelque chose de faux, la superstition devient un culte pernicieux, *perniciosus* (3). On se rendrait coupable, soit en voulant honorer Dieu selon le rite mosaïque, soit en publiant de faux miracles ou de fausses révélations, soit en exposant de fausses reliques à la vénération des fidèles. Cette espèce de superstition est d'autant plus *pernicieuse* qu'elle devient une occasion de blasphèmes pour les libertins et les ennemis de la religion. Mais la superstition dont il s'agit n'est *formelle* et criminelle qu'autant qu'il y a fausseté, mensonge de la part de celui qui cherche à faire admettre un faux miracle, une fausse révélation, une relique qui n'est point authentique. Souvent l'ignorance ou la simplicité devient une excuse (4).

416. La superstition prend le nom de culte superflu, *superfluus,*

---

(1) Sum. part. 2. 2. quæst. 92. art. 1. — (2) Ibidem. — (3) S. Thomas, ibid. quæst. 93. art. 1. — (4) S. Alphonse de Liguori, Theol. moral. lib. III. n° 3.

lorsqu'on emploie dans l'exercice de la religion certaines pratiques vaines ou inutiles, ou qui ne sont point autorisées par l'Église, qui n'ont point en leur faveur une coutume légitime (1).

Ainsi, ce serait un acte du culte superflu de ne vouloir entendre la messe qu'à tel autel; que lorsqu'il y a tel ou tel nombre de cierges allumés; ou qu'elle se dit par un prêtre qui porte tel nom, ou à une certaine heure de préférence à toute autre. Ce serait encore du culte superflu de dire ou de faire dire un certain nombre de messes, en regardant un nombre déterminé comme nécessaire pour obtenir de Dieu ce que nous lui demandons. On doit corriger cet abus, que le concile de Trente regarde comme superstitieux (2). Cependant, on ne doit point ranger parmi les pratiques de la superstition, ni l'usage ancien de faire dire, par dévotion, trois ou neuf ou trente messes, ni les neuvaines que l'on fait pour demander quelques grâces particulières; pourvu qu'on ne fasse pas dépendre l'efficacité de la prière, précisément du nombre de jours dont se compose la neuvaine.

417. C'est un culte superflu d'ajouter, d'autorité privée, de nouveaux rites aux cérémonies prescrites par l'Église pour la célébration de la messe ou l'administration des sacrements. Ici, le péché peut facilement devenir mortel, lors même qu'on agirait sans un mépris formel. On pèche encore, par culte superflu, en disant à la messe, contrairement aux Rubriques, le *Gloria in excelsis*, le *Credo*, l'*Alleluia*, ou en ajoutant une *Oraison* à celle du jour. Mais, à part un mépris formel, cette faute ne nous paraît que vénielle. Souvent aussi, pour ce qui regarde les simples fidèles, l'ignorance ou la simplicité excuse du péché mortel, et même de tout péché, les superstitions qui rentrent dans le culte superflu (3).

418. Outre l'idolâtrie, le culte pernicieux et le culte superflu, la superstition comprend encore la divination, la magie et les vaines observances.

Il y a péché de superstition par divination, lorsqu'on invoque, d'une manière expresse ou tacite, le secours du démon pour connaître les choses cachées, occultes, secrètes, dont nous ne pouvons acquérir la connaissance par des moyens naturels.

Il ne s'agit pas ici de la connaissance des choses futures qui nous vient de Dieu, qui nous est communiquée par les prophètes, mais de

---

(1) S. Alphonse de Liguori, Theol. moral. lib. III. n° 3. art. 2. — (2) Sess. XXII. Décret *de observandis et evitandis in celebratione missæ*. — (3) S. Alphonse de Liguori, Theol. moral. lib. III. n° 4.

la connaissance qu'on veut, contre l'ordre de Dieu même, se procurer par l'intervention du démon. Il ne faut pas non plus comprendre, sous le mot de divination, les connaissances que les hommes d'État, les astronomes, les médecins ont de certains événements, de certains résultats qu'on peut prévoir, dans leurs causes, d'une manière plus ou moins sûre, plus ou moins exacte. Il en est de même des conjectures que les physionomistes forment sur le caractère et les penchants dominants d'une personne, d'après les traits du visage.

On distingue deux manières d'invoquer le démon, l'une expresse et l'autre tacite. L'invocation est expresse, quand on l'invoque nommément, sous une dénomination quelconque. Elle est tacite, quand on cherche à connaître une chose par des moyens que l'on sait ne pouvoir nous procurer naturellement cette connaissance (1).

419. Il serait trop long de faire l'énumération de tous les moyens dont la superstition a fait usage pour connaître les choses cachées ou présager l'avenir : il suffira d'indiquer les principales espèces de divinations, qui sont la nécromancie, la pythonique, la géomancie, l'hydromancie, l'airomancie, la pyromancie, l'aruspice, l'augure, la chiromancie, l'astrologie judiciaire, que l'on distingue de l'astrologie naturelle, qui est l'astronomie proprement dite ; le sortilége et les songes.

La nécromancie consiste dans l'invocation des morts, que l'on interroge sur l'avenir. La pythonique consulte les vivants qui font profession de divination, et qu'on appelle pour cela devins, vulgairement sorciers. La géomancie veut prédire l'avenir, ou découvrir une chose occulte, par l'inspection d'un corps terrestre, d'un marbre, d'un morceau de bois, d'une pierre ; l'hydromancie, par la couleur ou le mouvement de l'eau ; l'airomancie, par l'air ; la pyromancie, par le feu ; l'aruspice, par l'inspection du foie et des entrailles des animaux ; l'augure, par le chant des oiseaux. Mais ce n'est point une superstition d'annoncer un changement de temps, d'après le cri, le mouvement des oiseaux ou d'autres animaux. La chiromancie cherche, dans l'inspection des mains, à connaître ce qui se passe dans l'intérieur de l'homme. L'astrologie judiciaire prononce sur la destinée des hommes d'après le cours et les différents aspects des astres. Le sortilége, qu'on appelle *sort divinatoire*, est l'emploi du sort pour connaître l'avenir ou une chose

---

(1) S. Thomas, Sum. part. 2. 2. quæst. 95. art. 2. etc.

cachée. On ne doit pas confondre le *sort divinatoire* avec l'usage du sort, auquel on a recours pour terminer un différend ou régler un partage. Enfin, on a recours aux songes comme à un moyen de divination; mais c'est encore une superstition; on ne doit point croire aux songes, à moins qu'il ne soit constant qu'ils nous viennent de Dieu. Mais ces sortes de songes sont très-rares.

Ces différentes espèces de divinations sont toutes contraires à la vertu de religion. Elles sont expressément condamnées par l'Écriture, par les papes, les conciles, les évêques et les docteurs de l'Église. La divination, quand elle est accompagnée de l'invocation expresse du démon, est une espèce d'idolâtrie; c'est un crime que rien ne peut excuser, un péché mortel. Mais si l'invocation n'est que tacite, implicite, la divination peut devenir vénielle à raison de la simplicité ou de l'ignorance de ceux qui y ont recours (1).

420. La magie, en général, est l'art de faire des choses extraordinaires, surprenantes. On distingue la magie naturelle, *naturalis*, et la magie superstitieuse, *superstitiosa*. La première n'a rien de contraire à la religion, pourvu toutefois qu'on ne s'en serve pas pour abuser de la simplicité du prochain, comme le font les charlatans. Quant à la magie proprement dite ou superstitieuse, on la fait consister dans l'art de faire des choses qui dépassent les forces de la nature et de l'homme, en vertu d'un pacte exprès ou tacite avec le démon. Il y a pacte exprès, lorsque, en l'invoquant ou en le faisant invoquer expressément par un de ses affidés, on lui promet d'être à lui et de suivre ses inspirations. Le pacte est implicite, lorsque, sans invoquer le démon et sans rien lui promettre, on emploie, dans l'espoir de réussir, certains moyens que l'on sait n'avoir aucune vertu naturelle ou surnaturelle, pour produire ou obtenir les effets qu'on en attend (2).

421. La magie se porte ordinairement au mal, et prend alors le nom de maléfice. On distingue le maléfice appelé *veneficium*, par lequel on nuit au prochain dans sa personne ou dans ses biens; et le maléfice qu'on nomme *amatorium*, *philtrum*; cujus nempe usus est ad carnalem amorem vel odium excitandum, ope dæmonis humores et phantasiam commoventis; non ita tamen ut cogatur voluntas hominis ad malum. Unde, si quis hujusmodi maleficio infectus impudicis cogitationibus consentit, vere peccat, etiam mortaliter.

---

(1) S. Alphonse de Liguori, Theol. moral. lib. III. n° 7. — Billuart, Suarez, Sanchez, Lessius, Laymann, etc. — (2) S. Thomas, Sum. part. 2. 2. quæst. 96.

Le maléfice, quel qu'en soit l'objet, et de quelque manière qu'il se pratique, a toujours été regardé comme un crime, aussi contraire à la justice qu'à la vertu de religion : « Maleficos non patieris vivere (1). »

Pour faire cesser un maléfice, il faut avoir recours à la pénitence, à la prière, aux jeûnes, aux exorcismes et autres remèdes spirituels approuvés par l'Église; comme sont le sacrifice de la messe, les sacrements, l'invocation du saint nom de Jésus et de celui de la sainte Vierge Marie, le signe de la croix, l'intercession des saints.

On doit aussi recourir aux remèdes naturels, propres à calmer les humeurs et l'imagination de la personne qui est ou se croit sous l'influence d'une puissance infernale. C'est même par la médecine qu'il convient, le plus souvent, de commencer, surtout quand il n'est pas constant qu'il y a réellement maléfice. Nous savons par expérience qu'on se fait souvent illusion sur ce point, en attribuant à une intervention diabolique le mal qu'on peut regarder comme l'effet, ou d'une imagination exaltée, ou de quelque accident naturel, ou de la scélératesse d'un méchant, d'un empoisonneur.

Au reste, il n'est jamais permis de recourir à celui que l'on croit l'auteur d'un maléfice, pour en obtenir la cessation par le moyen d'un autre maléfice. Ce serait vouloir guérir le mal par le mal, par un acte essentiellement contraire à la vertu de religion.

422. La vaine observance est une espèce de superstition, par laquelle on se sert de moyens frivoles, qui n'ont point naturellement la vertu de produire l'effet que l'on attend, et qui n'ont pas été institués de Dieu ni par l'Église pour cela; comme, par exemple, lorsqu'on use de certaines paroles, figures, images ou caractères pour guérir ou se préserver d'une maladie; se garantir de la foudre, de la rage, de la morsure des bêtes féroces, de la peste, du choléra; ou lorsqu'on porte sur soi certaines herbes pour être heureux au jeu, pour découvrir les secrets des autres.

Mais ce n'est point une pratique vaine ou superstitieuse de porter sur soi, par dévotion, une relique, l'image ou la médaille de la sainte Vierge, d'un saint; pourvu qu'à la confiance que ces choses inspirent aux fidèles, on n'ajoute rien qui tienne de la superstition.

423. Il en est de la vaine observance comme de la divination; elle est péché mortel, toutes les fois qu'elle est accompagnée de

---

(1) Exod. c. 22. v. 18.

l'invocation expresse du démon. A défaut de cette invocation, elle peut devenir vénielle, par l'ignorance ou par la simplicité des fidèles. L'ignorance excuse même de tout péché celui qui, faute d'avoir été instruit, ne regarde pas telle ou telle observance comme superstitieuse, quoiqu'elle soit vraiment vaine, illicite.

Dans le doute si un effet, une guérison, par exemple, doit être regardé comme naturel ou diabolique, on doit le présumer naturel. On peut donc employer un remède qui paraît extraordinaire, mais qui n'est pas manifestement superstitieux; surtout si, pour dissiper tout scrupule, on a soin de protester qu'on ne consent à aucune intervention du démon (1).

Nous ne finirions pas, si nous voulions rapporter toutes les vaines observances qui ont cours dans les différents pays. Un curé doit instruire exactement ses paroissiens sur les pratiques superstitieuses qui sont en vogue dans sa paroisse; mais il doit s'en tenir là, de crainte de donner aux fidèles la pensée d'essayer les observances qu'ils ignorent heureusement. La superstition est contagieuse. Il aura soin aussi qu'aucune superstition ne se glisse dans le service divin, ni dans le culte des saints, des images et des reliques, ni dans les processions qui se font pour demander à Dieu la cessation d'un fléau, d'une calamité publique.

424. Quand un pénitent s'accuse d'avoir péché par superstition, le confesseur doit examiner s'il y a eu pacte exprès, ou seulement pacte tacite avec le démon; si ce pénitent a agi par malice ou par impiété, ou par ignorance. Dans le premier cas, le confesseur exigera absolument que le pénitent renonce à tout pacte avec l'ennemi du salut, qu'il détruise les caractères, figures et autres emblèmes de la superstition. Dans le second cas, c'est-à-dire, si le pénitent a eu l'intention de nuire, suivie de son effet, le pénitent ne peut recevoir l'absolution qu'autant qu'il est disposé à réparer, par tous les moyens possibles, le tort qu'il a fait. Dans le troisième cas, le pénitent qui aurait renoncé à Jésus-Christ, ou qui aurait blasphémé contre Dieu ou contre les saints, ou qui aurait tenu des discours injurieux à l'Église, ne doit participer aux sacrements qu'après avoir abjuré ses erreurs et rétracté ses blasphèmes, avec la disposition de faire tout ce qui dépendra de lui pour réparer le scandale dont il s'est rendu coupable.

Quant au quatrième cas, concernant les personnes qui font des

---

(1) Voyez S. Alphonse de Liguori, Theol. moral. lib. III. n° 20; Sanchez, Laymann, Sporer, Elbel, etc.

actes de superstition par ignorance ou par simplicité, le confesseur les instruira, et les engagera à renoncer à toutes pratiques superstitieuses. Il évitera toutefois, par prudence, de taxer de péché mortel telle ou telle observance, et de leur faire promettre qu'elles y renonceront, s'il n'a pas lieu d'espérer l'exécution de cette promesse. C'est en vain, par exemple, qu'on tenterait de détruire le préjugé superstitieux de certaines femmes qui, après leurs couches, ne veulent pas commencer à aller à la messe un vendredi; ou qui ne veulent pas filer ni faire la lessive en certains jours, craignant qu'il leur arrive quelque malheur : « Quis infirmatur et « ego non infirmor (1). »

425. Comment doit se comporter un confesseur à l'égard de ceux qui magnétisent ou qui se font magnétiser? Il s'agit du magnétisme animal, dont les effets plus ou moins surprenants exercent en ce moment les savants et les moralistes. Il nous est difficile de répondre catégoriquement : car, quoiqu'il existe deux décisions, dont l'une de la Sacrée Pénitencerie et l'autre du Saint-Office, en réponse à des cas particuliers, la question générale de la licité ou de l'illicité du magnétisme, considéré en lui-même, demeure encore indécise. En 1842, nous avons consulté le Souverain Pontife sur la question de savoir si, *Sepositis abusibus rei et rejecto omni cum dæmone fœdere*, il était permis d'exercer le magnétisme animal, et d'y recourir comme à un remède que plusieurs regardent comme naturel et utile à la santé. Son Éminence le cardinal Grand-Pénitencier a bien voulu nous écrire que la solution que nous avions sollicitée se ferait attendre, parce que la question n'avait pas encore été sérieusement examinée par le saint-siége. N'ayant pas reçu d'autre réponse, nous pensons qu'on doit *tolérer* l'usage du magnétisme, jusqu'à ce que Rome ait prononcé. Quand nous examinons de près les effets du magnétisme, il n'est pas *évident* pour nous qu'on doive les attribuer à l'intervention du démon. Mais la réponse du vicaire de Jésus-Christ, quelle qu'elle soit, lèvera toutes nos difficultés.

En disant qu'un confesseur doit *tolérer* l'usage du magnétisme, nous supposons, premièrement, que le magnétiseur et le magnétisé sont de bonne foi; qu'ils regardent le magnétisme animal comme un remède naturel et utile; secondement, qu'ils ne se permettent rien, ni l'un ni l'autre, qui puisse blesser la modestie chrétienne, la vertu; troisièmement, qu'ils renoncent à toute intervention de

(1) II Corinth. c. 2. v. 29.

la part du démon. S'il en était autrement, on ne pourrait absoudre ceux qui ont recours au magnétisme. Nous ajouterons qu'un confesseur ne doit ni conseiller ni approuver le magnétisme, surtout entre personnes de différent sexe, à raison de la sympathie trop grande et vraiment dangereuse qui se forme le plus souvent entre le magnétiseur et la personne magnétisée.

ARTICLE III.

De l'Irréligion.

426. Les péchés opposés à la vertu de religion par défaut, par *irréligion*, sont la tentation de Dieu, le parjure, le blasphème, le sacrilége et la simonie. Nous parlerons du blasphème et du parjure dans le deuxième précepte du Décalogue.

Tenter Dieu, c'est dire ou faire une chose pour éprouver sa puissance, sa sagesse, sa bonté, sa justice, ou quelque autre perfection divine. On distingue deux manières de tenter Dieu, l'une *formelle* et l'autre *implicite*. La tentation est formelle, lorsque quelqu'un, doutant d'une perfection de Dieu, pousse l'impiété jusqu'à vouloir la mettre à l'épreuve. Cette tentation est un péché mortel qui n'admet pas de légèreté de matière.

La tentation est *implicite*, lorsque, sans avoir l'intention expresse de tenter Dieu, on fait cependant comme celui qui le tente en effet; ce qui arrive toutes les fois qu'on attend une chose de Dieu, sans prendre les moyens nécessaires pour l'obtenir. Par exemple, c'est tenter Dieu que d'espérer de sa bonté la guérison d'une maladie, sans employer les remèdes de l'art. C'est tenter Dieu que de se jeter, sans nécessité, dans un danger imminent de perdre la vie, espérant que sa puissance nous préservera de tout accident. C'est tenter Dieu que de vouloir juger de l'innocence ou de la culpabilité d'une personne par les épreuves de la croix, de l'eau ou du feu, dont l'usage a été proscrit par l'Église.

427. La tentation de Dieu, même implicite, est péché mortel, à moins qu'on n'ait pour excuse ou l'ignorance, ou le défaut de réflexion, ou bien encore, suivant le sentiment qui nous paraît le plus probable, le peu d'importance de la matière; comme si, par exemple, la maladie étant légère, on attendait la guérison de la divine Providence, sans recourir à la médecine (1).

Il ne faut pas regarder comme une tentation de Dieu, la demande qu'on lui fait d'un miracle pour la conversion des infidèles,

---

(1) S. Alphonse de Liguori, Theol. moral. lib. III. n° 30; Suarez, Sanchez etc.

des hérétiques, ou pour le bien de la religion, pourvu toutefois que cette demande se fasse avec humilité, et avec résignation à la volonté divine. C'est ainsi que les Apôtres demandaient au Seigneur qu'il se fît des miracles au nom de Jésus-Christ, afin de manifester sa vertu aux infidèles : « Et nunc, Domine, respice in minas eo- « rum, et da servis tuis cum omni fiducia loqui verbum tuum, in « eo quod manum tuam extendas ad sanitates et signa et prodigia « fieri per nomen filii tui Jesu (1). »

428. Le sacrilége, en général, est la profanation d'une chose sacrée. Il est *personnel*, *réel* ou *local*, selon qu'il a pour objet une personne, une chose, un lieu, consacrés au culte de Dieu. Il y a sacrilége personnel, lorsqu'on frappe un clerc, un religieux, une religieuse, ou qu'on commet un péché d'impureté avec une personne qui est liée par le vœu de chasteté. Quant aux autres péchés commis par une personne consacrée à Dieu, ce ne sont pas proprement des sacriléges, s'il n'y a pas d'ailleurs profanation des choses ou des lieux saints : « Illud solum peccatum sacræ personæ sacri- « legium est, dit saint Thomas, quod agitur directe contra ejus « sanctitatem ; puta, si virgo Deo dicata fornicetur (2). »

Suivant les canons, c'est encore un sacrilége personnel de traduire un clerc devant les tribunaux séculiers. Mais la législation française ne reconnaît plus le privilége du for ecclésiastique.

429. On se rend coupable d'un sacrilége réel, 1° lorsqu'on administre invalidement ou illicitement un sacrement ; 2° lorsqu'on le reçoit indignement ; 3° lorsqu'on profane les images ou les reliques des saints qui sont exposées à la vénération des fidèles ; 4° quand on vole ou qu'on emploie à des usages profanes les vases sacrés, les calices, les patènes, les ciboires, et généralement toutes les choses qui, par une bénédiction particulière, sont destinées au culte divin, telles que les ornements et linges nécessaires pour la célébration des saints mystères. Il en est de même des saintes huiles ; on ne peut s'en servir pour d'autres usages que ceux pour lesquels l'Église les a consacrées ; 5° lorsqu'on abuse de l'Écriture sainte, soit en appliquant les paroles sacrées à des choses honteuses, soit en s'en servant pour soutenir l'erreur ; 6° lorsqu'on représente par bouffonnerie les cérémonies de l'Église ; 7° quand on supprime les legs pieux qui ont reçu leur destination, ou qu'on usurpe les biens ecclésiastiques, du moins ceux des biens, soit

---

(1) Act. c. 4. v. 29, 30. Voyez S. Thomas et S. Alphonse de Liguori, etc. —
(2) Sum. part. 2. 2. quæst. 99. art. 3.

meubles, soit immeubles, qui sont consacrés à l'entretien du culte et des ministres de la religion (1) ; 8° lorsqu'on vole une relique, quelque petite qu'elle soit. Ce sacrilége est mortel, si on a lieu de croire que celui qui la possède en sera grandement contristé (2).

430. C'est une espèce de sacrilége de laisser corrompre les espèces eucharistiques, faute de les renouveler à temps ; de ne pas tenir dans un état propre et décent les vases des saintes huiles, les fonts baptismaux, les vases sacrés, les linges et ornements qui servent à la célébration de la messe (3).

La violation d'un vœu est-elle un sacrilége? Il y a sacrilége dans la violation du vœu de chasteté, de la part d'une personne consacrée à Dieu, comme l'enseigne saint Thomas (4). Il y a encore sacrilége dans la violation d'un vœu simple de chasteté, suivant le sentiment de saint Alphonse de Liguori (5). En est-il de même pour ce qui regarde les autres vœux? C'est une question controversée parmi les théologiens : les uns pensent que la violation d'un vœu quelconque est un sacrilége ; d'autres n'y voient qu'une simple infidélité envers Dieu, et prétendent qu'il n'y a pas de sacrilége.

Suivant le sentiment le plus commun, la circonstance du jour de dimanche ou d'une fête ne suffit pas pour faire contracter à un péché la malice du sacrilége, à moins cependant que ce péché n'entraîne une grande irrévérence envers les mystères de la religion, comme si, par exemple, on jouait la comédie le vendredi saint (6).

431. On commet le sacrilége *local* par la profanation d'un lieu saint, c'est-à-dire d'un endroit consacré au culte divin ou à la sépulture des fidèles : ce qui a lieu, 1° par le meurtre, « vel etiam effusione seminis humani aut sanguinis in aliqua copia, » ou par tout autre acte qui pollue une église ; 2° quand on brûle une église, qu'on en brise les portes, qu'on en change la destination sans la permission de l'évêque ; quand on y fait des actes profanes, qu'on y tient des jeux, qu'on y plaide, qu'on y fait des repas ou des marchés ; qu'on s'y promène comme sur une place publique, sans avoir aucun égard à la sainteté du lieu, sans donner aucun signe de respect. Mais on ne doit point regarder comme coupables

---

(1) S. Thomas, Sum. part. 2. 2. quæst. 99. art. 3. — (2) S. Alphonse de Liguori, Theol. moral. lib. III. n° 45. — (3) S. Alphonse de Liguori, Billuart, le P. Antoine, le Rédacteur des *Conférences d'Angers*, etc. — (4) Voyez, ci-dessus, le n° 428. — (5) Theol. moral. lib. III. n° 47. — (6) S. Alphonse de Liguori, Theol. moral. lib. III. n° 46.

d'une faute grave, ni ceux qui se promènent tranquillement dans une église pour voir les cérémonies, lorsque d'ailleurs ils ne font rien qui puisse troubler le culte ou la piété des fidèles; ni ceux qui se permettent d'y prendre quelque nourriture, même sans nécessité, pourvu cependant qu'il n'y ait pas de scandale.

432. Il n'est pas permis de tenir dans une église des assemblées populaires, ni pour procéder à quelque élection, ni pour délibérer sur les intérêts de la commune. Et s'il y avait nécessité de s'y réunir, à raison de l'impossibilité de se réunir ailleurs, il faudrait recourir à l'évêque, qui, en accordant la permission de tenir ces sortes d'assemblées, prescrirait au curé de retirer le saint sacrement du tabernacle, pour le déposer à la sacristie.

Suivant le sentiment le plus communément reçu (1), on se rend coupable d'un sacrilége *local*, par le vol même d'une chose profane que l'on commet à l'église, comme on se rend coupable d'un sacrilége *réel* par le vol d'une chose sacrée que l'on commet dans un lieu profane. C'est le sens le plus naturel du décret de Jean VIII, ainsi conçu : « Sacrilegium committitur auferendo sacrum de sacro, « vel non sacrum de sacro, sive sacrum de non sacro (2). »

433. Le sacrilége, soit *personnel*, soit *réel*, soit *local*, est un péché mortel en son genre, péché plus ou moins grave, suivant la nature de l'acte et les circonstances qui l'accompagnent. Cependant, il peut devenir véniel, même pour cause de légèreté de matière. Celui qui, par exemple, volerait dans une église un objet de peu de valeur, de la valeur d'un franc, soit que cet objet appartint à l'église, soit qu'il ne lui appartint pas, ne pécherait que véniellement.

Quand on s'est rendu coupable de quelque sacrilége, on doit, en confession, déclarer l'espèce et la matière du sacrilége qu'on a commis. Il ne suffit pas de faire connaître que tel ou tel sacrilége est personnel, ou réel, ou local. Car autre chose, par exemple, est de frapper un prêtre; « aliud fornicari cum eodem. » Autre chose encore, pour un laïque, de toucher les vases sacrés sans nécessité et sans permission; autre chose, de s'en servir pour l'usage de la table. Sur ce point, comme sur tout autre, il est laissé à la prudence du confesseur de faire les interrogations qu'il jugera nécessaires pour assurer autant que possible l'intégrité morale de la confession.

---

(1) S. Alphonse de Liguori, Theol. moral. lib. III. n° 39. — (2) Décret. part. II. Causa XVII. quæst. 4. can. 21.

ARTICLE IV.

De la Simonie.

434. La simonie, ainsi appelée de Simon le Magicien, qui voulait acheter des Apôtres le pouvoir de conférer les dons de l'Esprit-Saint, se définit : la volonté délibérée d'acheter ou de vendre à prix d'argent une chose spirituelle ou annexée au spirituel : « Stu-« diosa voluntas emendi vel vendendi, pretio temporali, aliquid « spirituale vel spirituali annexum (1). »

Par vente ou achat on entend tout contrat non gratuit, dit saint Thomas (2). On appelle *chose spirituelle* tout ce qui appartient à l'ordre surnaturel, comme les dons du Saint-Esprit, la grâce, les sacrements, le sacrifice de la messe, les prières, les bénédictions, les consécrations, les reliques des saints ; la juridiction spirituelle, comme le pouvoir d'entendre les confessions, d'administrer un sacrement ; les catéchismes, les instructions pastorales, les sermons, les discours, qui se font à l'église pour l'édification des fidèles. Mais on ne regarde pas comme *choses spirituelles* les leçons d'Écriture sainte, de théologie, de droit canon, les instructions religieuses d'un instituteur, d'une institutrice ou d'un simple fidèle.

Par *choses annexées au spirituel*, on entend les choses temporelles, qui sont tellement liées aux choses spirituelles qu'elles ne peuvent être séparées les unes des autres ; tel est, par exemple, le droit de percevoir le revenu d'un bénéfice, d'un titre ecclésiastique.

435. Les choses estimables à prix d'argent, par lesquelles on se rend coupable de simonie, s'appellent *munus a manu*, *munus a lingua*, et *munus ab obsequio*. Le *munus a manu* signifie l'argent, ou une chose équivalente ; comme, par exemple, la remise d'une dette, d'une pension, le louage d'une maison. Le *munus a lingua* comprend les prières, les recommandations, le crédit, la faveur de quelque personne puissante. *Munus ab obsequio* signifie tout service temporel qu'on rend à quelqu'un pour en obtenir une chose spirituelle.

436. La simonie est un crime contraire à toutes les lois : con-

---

(1) Voyez S. Thomas, Sum. part. 2. 2. quæst. 100. art. 1. — (2) Ibidem.

traire au droit divin naturel, qui défend de vendre ou d'acheter ce qui ne peut absolument entrer dans le commerce; contraire au droit divin positif, qui prescrit de donner gratuitement ce qu'on a reçu de Dieu gratuitement : « Gratis accepistis, gratis date (1); » contraire au droit ecclésiastique : les canons sont exprès. La simonie, telle que nous l'avons définie d'après saint Thomas et tous les théologiens, n'admet pas de légèreté de matière. On ne peut faire trafic d'une chose spirituelle, quelle qu'elle soit, sans commettre une grave irrévérence envers les choses saintes, envers la religion, envers Dieu.

437. On distingue la simonie de *droit divin*, et la simonie de *droit ecclésiastique*. La première, celle dont nous avons parlé jusqu'ici, consiste à donner une chose qui s'estime à prix d'argent, pour une chose spirituelle, ou une chose temporelle adhérente au spirituel. La simonie de droit ecclésiastique est un acte que l'Église défend, non comme étant simoniaque de sa nature, mais parce qu'il renferme quelque chose qui approche de la simonie, ou qui est peu conforme au respect dû aux choses saintes. Cette espèce de simonie comprend les permutations et résignations de bénéfices faites sans autorisation; la vente de certains offices ecclésiastiques, de l'office de sacristain, par exemple; la vente du saint chrême, même pour ce qui regarde la matière seule, qui est certainement estimable à prix d'argent; et, généralement, toute convention qui n'est regardée comme simoniaque que parce qu'elle est défendue par l'Église. Toute simonie de droit divin est contraire au droit ecclésiastique; mais toute simonie de droit ecclésiastique n'est pas contraire au droit divin. Il peut y avoir par conséquent simonie de droit ecclésiastique, sans qu'il y ait simonie de droit divin.

438. On distingue encore la simonie *mentale*, la simonie *conventionnelle*, la simonie *réelle*, et la simonie *confidentielle*. La simonie *mentale* a lieu lorsqu'on donne une chose temporelle avec l'intention d'obliger celui qui la reçoit, à rendre en place une chose spirituelle, et *vice versa*, sans qu'il existe aucun pacte, aucune convention.

La simonie *conventionnelle* consiste dans la convention même de donner du temporel pour du spirituel, sans que l'effet s'ensuive. La simonie *réelle* est celle qui résulte de l'exécution entière ou partielle d'une convention simoniaque de la part des deux contractants. Enfin, la simonie *confidentielle* est le pacte par lequel

---

(1) Matth. c. 10. v. 8.

un ecclésiastique reçoit un bénéfice à condition de le remettre un jour, ou d'en donner les fruits, en tout ou en partie, à celui qui le confère, ou à une autre personne.

439. On se rend coupable de simonie, lorsqu'on donne ou qu'on reçoit de l'argent pour obtenir ou pour accorder les saints ordres, un bénéfice, un office, une dignité ecclésiastique, une chose spirituelle ou annexée au spirituel; quoiqu'on le donne ou qu'on le reçoive, non comme le prix de la chose spirituelle, mais seulement comme motif principal d'obtenir ou de donner cette chose spirituelle. Innocent XI a condamné la doctrine contraire, en condamnant la proposition suivante : « Dare temporale pro spirituali « non est simonia, quando temporale non datur tanquam pretium, « sed duntaxat tanquam motivum conferendi, vel efficiendi spiri- « tuale; vel etiam quando temporale est solum gratuita compen- « satio pro spirituali; aut e contra (1). »

Mais ce n'est pas simonie de demander et de recevoir de l'argent ou quelque chose d'équivalent, pour l'administration des sacrements, pour la prédication, ou l'exercice de quelque fonction ecclésiastique, lorsqu'on le demande et qu'on le reçoit, non comme le prix des choses saintes, ou du travail intrinsèque au saint ministère; mais seulement, ou comme prix du travail extrinsèque qu'on est obligé de faire : par exemple, lorsqu'on doit dire la messe dans un lieu lointain, ou à une heure fixe et incommode; ou bien, dans tous les cas, comme un honoraire qui est dû, de droit naturel, au prêtre qui exerce son ministère en faveur d'autrui, quand même ce prêtre aurait d'ailleurs de quoi vivre honorablement : « Dignus est operarius mercede sua (2). » Mais un prêtre, un curé doit, sur ce point, se conformer aux règlements de son diocèse; il ne pourrait les dépasser sans pécher tout à la fois contre la justice et contre la religion.

440. Y a-t-il simonie à faire une fonction sacrée, à dire la messe, par exemple, principalement à cause de la rétribution qui est autorisée par l'Église? Les uns pensent que oui; les autres pensent que non. Selon ces derniers, on ne doit pas, dans le cas dont il s'agit, regarder la rétribution comme le prix de l'action sainte, mais uniquement comme un honoraire auquel on a droit. C'est l'observation de saint Alphonse de Liguori (3). Mais, comme l'enseigne le même docteur, on n'excuserait pas facilement de tout

---

(1) Décret de 1679. — (2) Luc. c. 10. v. 7. — (3) Theol. moral. lib. III. n° 55.

péché véniel ceux qui exerceraient le ministère sacré, principalement à cause de quelques avantages temporels (1).

441. Ce serait simonie de vendre les choses temporelles qui sont tellement annexées aux choses spirituelles qu'elles ne peuvent en être séparées ; comme, par exemple, le droit de jouir des revenus d'un bénéfice, d'un titre ou d'un emploi ecclésiastique. Mais il est permis de vendre ou d'échanger les choses temporelles qui précèdent naturellement les choses saintes auxquelles elles sont unies, comme sont les vases sacrés, les pierres d'autel, pourvu que dans le contrat de vente ou d'échange on n'ait égard qu'à la valeur intrinsèque et matérielle de ces objets. On ne pourrait les vendre plus qu'ils ne valent matériellement, à cause de la bénédiction ou de la consécration, sans se rendre coupable de simonie.

442. On pèche par simonie lorsque, pour obtenir les ordres, un bénéfice, un titre, une dignité, un emploi ecclésiastique, on offre de l'argent ou quelque service temporel ; ou lorsqu'on a recours à la faveur, à la médiation d'une personne qu'on croit en crédit auprès de l'évêque.

Un évêque deviendrait lui-même simoniaque, si, cédant aux recommandations, il donnait les ordres ou un bénéfice à un sujet incapable, indigne. Et, comme l'enseigne saint Thomas, on doit, généralement, présumer indigne celui qui demande ou fait demander pour lui-même un office à charge d'âmes : « Si aliquis pro se « roget et obtineat curam animarum, ex ipsa præsumptione reddi- « tur indignus ; et sic preces sunt pro indigno. Licite tamen potest « aliquis, si sit indigens, pro se beneficium ecclesiasticum petere « sine cura animarum (2). »

443. Un évêque pèche, sans être coupable de simonie, en conférant gratuitement les ordres ou un bénéfice à quelqu'un, parce qu'il est son parent ou son ami : « Si aliquis, dit saint Thomas, « aliquid spirituale alicui conferat gratis propter consanguinitatem, « vel quamcumque carnalem affectionem, est quidem illicita et « carnalis collatio ; non est tamen simoniaca, quia nihil ibi ac- « cipitur (3). »

Il est expressément défendu par le concile de Trente de rien recevoir, sous quelque prétexte que ce soit, ni pour l'examen des ordinands, ni pour tout autre examen, ni pour la collation de la tonsure et des ordres, ni pour les lettres dimissoriales ou testimo-

---

(1) Theol. moral. lib. III. n° 55. — (2) Sum. part. 2. 2. quæst. 100. art. 5. — (3) Ibidem.

niales, ni enfin pour les lettres d'ordination (1). Cependant, il est généralement reçu, du moins en France, que le secrétaire de l'évêché qui est chargé d'expédier ces lettres peut, sans exaction aucune, exiger un modique salaire, en se conformant à ce qui est réglé par l'usage.

De même, il est défendu par les canons de rien prendre, ni pour la consécration des saintes huiles, ce qui serait évidemment simoniaque; ni même pour la matière, quoique estimable à prix d'argent. Néanmoins, on peut, en vertu de l'usage, recevoir des églises particulières une somme légère, destinée à une œuvre diocésaine, ou à couvrir les dépenses que l'évêché est obligé de faire pour l'acquisition de la matière qui doit être consacrée.

444. Ce serait une simonie de droit divin de recevoir du temporel comme prix de la profession religieuse; mais ce n'est point une simonie d'exiger des personnes qui veulent entrer en religion, ce qui est nécessaire pour leur entretien, quand le monastère n'a pas de quoi les entretenir et s'entretenir lui-même commodément; ou lorsqu'il s'agit de sujets qui, à raison de leur âge ou de leurs infirmités, ne peuvent être qu'à charge à la communauté. Il est encore permis aux monastères de femmes, quelque riches qu'ils soient, d'exiger une dot des personnes qui demandent à y faire profession. En est-il de même, pour ce dernier cas, des monastères d'hommes? C'est une question controversée parmi les canonistes. Saint Alphonse de Liguori s'est déclaré pour la négative (2).

445. Il est certainement permis de donner, par échange, une chose spirituelle pour une autre chose spirituelle, des messes pour des messes, des prières pour des prières, une relique pour une autre relique; pourvu que cet échange ne soit d'ailleurs entaché d'aucune condition simoniaque.

Mais il n'en est pas de même des échanges en matière bénéficiale : on ne peut permuter un bénéfice contre un autre bénéfice sans l'intervention de l'autorité supérieure. Ainsi, un évêque ne peut évidemment permuter avec un autre évêque sans le consentement du Souverain Pontife, et même, pour ce qui regarde la France, sans le consentement du chef de l'État. Un chanoine ne peut permuter avec un curé, ni un curé avec un autre curé, sans la permission expresse de l'évêque. La permutation est une espèce de translation

---

(1) Sess. XXI. cap. 1. *de Reformatione*, et Sess. XXIV. cap. 18. *de Reformatione*. — (2) Theol. moral. lib. III. n° 92.

qui demande une nouvelle institution canonique : elle doit être pure et simple, de bénéfice à bénéfice ; s'il y avait réserve d'une pension en faveur de l'un des copermutants, il faudrait recourir au Pape, qui seul a le pouvoir de la rendre régulière et légitime.

446. Une pension ne peut, ni dans les permutations ni dans les résignations, être constituée sur un bénéfice par une convention particulière entre les parties, sans le consentement du supérieur ecclésiastique ; et, régulièrement, il n'y a que le Souverain Pontife qui puisse autoriser les pensions du genre de celle dont il s'agit (1).

Nous disons *régulièrement*, généralement ; car, suivant le concile de Trente, un évêque peut créer sur les bénéfices du diocèse une pension en faveur du grand ou des petits séminaires, si cette pension était jugée nécessaire pour l'entretien de ces établissements. Il peut encore, du moins comme délégué du saint-siége, établir sur les revenus d'une cure une pension en faveur d'un vicaire chargé d'administrer la paroisse, lorsque le titulaire ne peut l'administrer lui-même, soit pour cause d'ignorance, soit à cause de son âge ou de ses infirmités, soit parce que, pour une raison quelconque, il est obligé de s'éloigner de sa paroisse. Mais, pour ce qui regarde le cas de non-résidence, on doit se conformer au décret du 17 novembre 1811, qui règle l'indemnité accordée au prêtre nommé par l'évêque pour remplacer provisoirement le curé ou desservant absent de sa paroisse (2).

447. Il y a deux sortes de peines contre les simoniaques ; savoir, les censures et la nullité des actes entachés de simonie. Pour encourir ces peines, il est nécessaire, suivant le sentiment le plus commun et le plus probable, que la simonie soit réelle, qu'elle soit consommée, du moins en partie, par les contractants. Mais un commencement d'exécution de la convention simoniaque, de la part de l'une et de l'autre partie, suffit pour qu'elle soit réelle.

Les peines canoniques contre les simoniaques ne s'encourent ni par la simonie mentale, ni par la simonie conventionnelle, lors même que l'une des parties aurait exécuté la convention : « Odia convenit restringi (3). » On excepte la simonie *confidentielle*,

---

(1) Voyez les *Lois ecclésiastiques* d'Héricourt, les *Conférences d'Angers*, le P. Antoine, Collet, etc., etc. — (2) Voyez le Traité de l'Administration temporelle des paroisses, par Mgr Affre ; le Code ecclésiastique français, par M. Henrion, etc. — (3) S. Alphonse de Liguori, Theol. moral. lib. III. n° 106 ; Suarez, Lessius, Laymann, Sanchez, etc.

dont l'exécution par une des parties fait encourir les peines canoniques (1).

Les peines dont il s'agit n'atteignent que la simonie qui se commet à l'occasion des ordinations et des bénéfices. Quelque criminelle que puisse être la simonie sur toute autre matière, elle n'est sujette à aucune peine canonique. On convient généralement que l'excommunication portée contre ceux qui donnent ou reçoivent quelque chose de temporel pour l'entrée en religion est tombée en désuétude (2).

448. Pour ce qui regarde l'ordination, ceux qui donnent ou reçoivent, d'une manière simoniaque, quelque ordre que ce soit, la tonsure même suivant plusieurs canonistes, encourent par le seul fait l'excommunication majeure réservée au Pape. Il en est de même pour tous ceux qui coopèrent à cette simonie.

Outre cette excommunication, l'évêque qui confère les ordres simoniaquement encourt, *ipso facto*, la suspension de la collation de tous les ordres, au moins pendant trois ans; et celui qui a reçu un ordre par la même voie demeure suspens de l'exercice de cet ordre, jusqu'à ce qu'il ait été relevé de la suspense par le Pape. Il est d'ailleurs privé de l'espoir de recevoir les ordres supérieurs (3).

Les peines contre la simonie en matière de bénéfice sont : 1° l'excommunication majeure réservée au Pape; elle s'encourt, *ipso facto*, et par les parties qui se rendent coupables de simonie, et par ceux qui sont complices. 2° La nullité de l'élection et de l'institution du bénéfice qu'on a reçu par une voie simoniaque. Le simoniaque ne peut alors retenir ni le bénéfice ni les fruits qu'il en a retirés. 3° L'inhabilité à obtenir le même bénéfice, par celui qui en a été pourvu par simonie. 4° Outre ces différentes peines, la simonie confidentielle entraîne la privation de tous les bénéfices ou pensions ecclésiastiques dont on jouissait avant d'être simoniaque; mais cette privation n'a pas lieu de plein droit, il faut la sentence du juge (4).

449. Nous ferons remarquer que par *bénéfices* on entend les différents titres ou offices ecclésiastiques qui sont inamovibles, et non les fonctions de vicaire ou de celui qui n'a une juridiction spirituelle que pour un temps : « Nomine beneficiorum et officiorum « ad quæ omnis electio simoniaca est ipso jure nulla, non veniunt

---

(1) S. Alphonse de Liguori, Theol. moral. lib. III. n° 106.—(2) Ibidem, n° 108. — (3) Ibidem, n° 109; Suarez, Lessius, Laymann, Sanchez, etc. — (4) Ibidem, le P. Antoine, les *Conférences d'Angers*, etc.

« vicariæ amovibiles ad nutum, nec pensiones, nec officia legati
« aut cujuscumque habentis jurisdictionem spiritualem ad tempus;
« quia hæc non sunt proprie officia ecclesiastica. » Ce sont les expressions de saint Alphonse de Liguori (1). Ainsi, quoiqu'il y ait certainement ici matière à simonie, on n'encourt pas les peines portées par le droit contre les simoniaques.

Celui qui, par suite d'une ignorance de droit moralement invincible, fait un acte de simonie en matière bénéficiale, ne peut être atteint de censure. Mais son ignorance, quelle qu'elle soit, n'empêche pas de contracter, même avant la sentence du juge, l'inhabilité relativement au bénéfice dont il est pourvu simoniaquement. Et s'il s'agit d'un bénéfice à charge d'âmes, d'une cure, par exemple, le Pape seul peut lever cette inhabilité (2).

450. Ici se présente naturellement une question : savoir, si les évêchés, les canonicats et les cures doivent être regardés, en France, comme des bénéfices proprement dits. M. l'abbé Émery ne le croyait pas. « L'Église de France, dit-il, a été dépouillée en
« totalité de ses biens ; il n'y a donc plus de biens ecclésiastiques
« et qu'on puisse dire consacrés à Dieu ; il n'y a donc plus de bé-
« néfices. Les cures, les canonicats et même les évêchés sont bien
« encore aujourd'hui des offices, mais ce ne sont plus des béné-
« fices ; si on veut parler correctement, on ne peut plus leur donner
« ce nom, puisque le bénéfice est défini : *Le droit perpétuel de*
« *percevoir quelque portion du revenu des biens consacrés à Dieu,*
« *accordé à un clerc par l'autorité de l'Église, à raison de*
« *quelque office spirituel.* Les cures, les canonicats, les évêchés ne
« donnant plus un tel droit, les curés, les chanoines, les évêques
« tirent aujourd'hui leur subsistance d'une pension que le gouver-
« nement leur assigne sur le trésor de l'État, semblable à celles
« que reçoivent les fonctionnaires publics (3). »

451. On peut ajouter que, tout en accordant au clergé catholique un traitement qu'il ne peut refuser sans violer les lois de la justice et de la religion, le gouvernement ne le regarde point comme une portion du revenu des biens ecclésiastiques dont le saint-siége a ratifié l'aliénation. Aussi, ce traitement varie et peut varier indéfiniment, suivant l'esprit de nos législateurs, qui ne le votent que pour un an, se réservant de l'augmenter ou de le di-

---

(1) S. Alphonse de Liguori, Theol. moral. lib. III. n° 112. — (2) Ibidem, n° 118 ; le Rédacteur des *Conférences d'Angers*, sur les Bénéfices, etc. — (3) Préface des *Nouveaux Opuscules* de Fleury, publiés par Émery.

minuer l'année suivante, s'ils le jugent convenable; comme ils peuvent diminuer ou augmenter le traitement qu'ils accordent aux ministres protestants et aux rabbins : ce qui s'accorde peu, ce semble, avec le droit *perpétuel* ou *permanent*, qui est, de l'aveu de tous, inhérent au bénéfice ecclésiastique, proprement dit. C'est d'après ces considérations que nous avons adopté l'opinion de M. Émery, dans notre édition des *Conférences d'Angers*.

452. Mais l'opinion contraire a prévalu, surtout depuis les décisions de la Sacrée Pénitencerie, du 9 janvier 1819, du 9 août 1821, et du 9 janvier 1823. Suivant ces décisions, le salaire que le clergé de France reçoit du gouvernement doit être regardé comme un revenu *ecclésiastique*. On se fonde sur ce que le pape Pie VII, en légitimant la vente des biens de l'Église, par le concordat de 1801, ne l'a fait qu'à raison de l'engagement pris, par le gouvernement, de procurer un traitement convenable au clergé; de sorte que ce traitement doit être considéré comme une portion des biens qui appartenaient aux églises de France avant la révolution (1).

Il n'y aurait plus de difficulté, si la pension qu'on accorde aux différents membres du clergé était déterminée et fixée, conformément à l'esprit des concordats, de manière à ne plus dépendre du caprice des chambres. Les décisions de la Sacrée Pénitencerie sont fondées sur l'engagement pris par le gouvernement de *doter* les églises de France, ou d'assurer au clergé un traitement convenable, et indépendant des événements. Tandis que cette dotation n'aura pas lieu, il nous paraîtra difficile de concilier la notion des *biens ecclésiastiques* avec le caractère du *traitement* ou de la *pension* que les évêques, les chanoines et les curés reçoivent du gouvernement.

(1) Voyez la Théologie de Mgr Bouvier, *de Jure*, cap. 2. art. 1. sect. 4 ; le Traité *de Justitia et Jure*, imprimé à Amiens en 1827, Dissert. 2. cap. 2. art. 1 ; la Théologie de Toulouse, *de Obligationibus*, part. 2. cap. 2. sect. 2. art. 2. § 2 ; le Traité *de Justitia*, par M. Carrières, n° 194 ; M. Lequeux, *Manuale* juris canonici, tom. III. n° 1205, etc.

DEUXIÈME PARTIE.

Du deuxième précepte du Décalogue.

453. Le deuxième commandement de Dieu est ainsi conçu : Tu ne prendras point en vain le nom du Seigneur ton Dieu ; car le Seigneur ne tiendra pas pour innocent celui qui aura pris en vain le nom du Seigneur son Dieu. « Non assumes nomen Dei tui in « vanum. Nec enim habebit insontem Dominus eum qui assumpserit « nomen Domini Dei sui frustra (1). »

On pèche contre ce commandement, en même temps qu'on pèche contre la vertu de religion, par le blasphème, par le parjure, et par la violation des vœux.

CHAPITRE PREMIER.

Du Blasphème.

454. On définit le blasphème, une parole injurieuse à Dieu : « Contumeliosa contra Deum locutio. » Pour qu'il y ait blasphème, il n'est pas nécessaire qu'un discours soit directement contre Dieu ; il suffit qu'il soit contre les saints, ou contre les choses sacrées, ou autres créatures, considérées comme œuvres de Dieu. Les blasphèmes qu'on se permet à l'égard des saints retombent sur Dieu, auteur de toute sainteté : « Sicut Deus laudatur in sanctis suis, dit « saint Thomas, inquantum laudantur opera quæ Deus in sanctis « efficit, ita et blasphemia quæ fit in sanctos, ex consequenti in « Deum redundat (2). » Et ailleurs : « Maledicere rebus irrationalibus « inquantum sunt creaturæ Dei, est peccatum blasphemiæ ; male- « dicere autem eis secundum se consideratis est otiosum et vanum, « et per consequens illicitum (3). »

455. Le blasphème proprement dit est un péché grave, et n'admet pas de légèreté de matière : « Qui blasphemaverit nomen Domini,

---

(1) Exod. c. 20. v. 7. — (2) Sum. part. 2. 2. quæst. 13. art. 1. — (3) Ibidem, quæst. 6. art. 2.

« morte moriatur (1). » Cependant il peut devenir véniel par le défaut d'une pleine advertance. Celui qui, par exemple, dans un mouvement d'impatience, profère les paroles du blasphème, sans faire attention à ce que signifient ces paroles, ne pèche que véniellement : « Cum aliquis subito ex aliqua passione in verba imagi« nata prorumpit, quorum significationem non considerat, tunc « est peccatum veniale, et non habet proprie rationem blasphemiæ. » Ce sont les expressions de saint Thomas (2).

Mais, pour se rendre coupable de blasphème, il n'est pas nécessaire d'avoir l'intention formelle d'outrager Dieu, de diminuer l'honneur qui lui est dû ; il suffit de proférer le blasphème, quand on sait d'ailleurs et qu'on s'aperçoit que les paroles que l'on se permet sont injurieuses à Dieu.

456. Le blasphème est quelquefois accompagné d'hérésie ou d'imprécation : d'hérésie, quand, en proférant des paroles injurieuses à Dieu et contraires à la foi, on se persuade intérieurement que ces paroles sont vraies. Mais il est bien rare qu'un fidèle, qu'un catholique profère dans cet esprit des injures contre Dieu. Cela ne vient le plus souvent que d'un amour désordonné qu'on a pour les biens de la terre. S'en voyant privé, un homme s'emporte à parler mal de Dieu, sans penser que Dieu soit ce qu'il dit ; de sorte que tel qui blasphème en disant que Dieu n'est pas juste, étant interrogé, répondra qu'il croit et professe que Dieu est souverainement juste.

Il y a blasphème par imprécation, lorsqu'on maudit Dieu, qu'on souhaite qu'il n'existe pas : c'est un crime, c'est la haine pour Dieu, que saint Thomas appelle le plus grand mal, le plus grave des péchés de l'homme, « pessimum peccatum hominis, inter alia pec« cata gravius, gravissimum peccatum. » Ce blasphème, quoique moindre à l'égard des saints, est néanmoins mortel quand il est suffisamment délibéré.

457. On se rend coupable de blasphème : 1° En refusant à Dieu ce qui lui appartient, en disant, par exemple, qu'il n'est pas toutpuissant ; qu'il n'est point miséricordieux ; qu'il ne s'occupe pas de nous, de ce qui se passe sur la terre ; qu'il n'est pas juste. 2° En attribuant à Dieu ce qui ne lui appartient pas, lorsqu'on dit de Dieu, par exemple, que c'est un tyran ; qu'il est cruel, injuste. 3° En attribuant aux créatures ce qui n'appartient qu'à Dieu ; en disant du démon, par exemple, qu'il est tout-puissant, qu'il sait

---

(1) Lévit. c. 24. v. 16. — (2) Sum. part. 2. 2. quæst. 13. art. 2.

tout ce qui doit arriver, qu'il en sait autant que Dieu; ou d'un prince, que c'est un dieu, un second Messie; que Dieu ne lui peut rien; ou d'une personne qu'on aime passionnément, qu'elle est aussi aimable que Dieu.

4° Lorsqu'on maudit Dieu, son Église, ses Saints, et celles des créatures dans lesquelles brillent d'une manière particulière sa puissance, sa grandeur, sa sagesse, sa bonté; comme sont l'homme, en général, notre âme, le ciel, la terre, l'océan.

5° C'est encore un blasphème de dire: Je ferai cela malgré Dieu; que Dieu le veuille ou ne le veuille pas, je le ferai; je renie Dieu; ou de tenir de semblables propos qui font horreur, que l'on ne peut entendre sans frémir.

6° C'est un blasphème de dire de la sainte Vierge, par exemple, que c'est une femme comme une autre, voulant faire entendre qu'elle n'est point mère de Dieu, ou qu'elle n'est pas demeurée vierge pendant et après l'enfantement.

458. Mais ce n'est point un blasphème de mêler les noms de Dieu, de la sainte Vierge Marie, des saints, dans les conversations ordinaires et profanes, quoiqu'on les prononce sans aucun esprit de religion. Cependant on n'excuse pas de tout péché véniel l'habitude de les prononcer à tout propos comme s'ils étaient purement profanes, à moins qu'on ne puisse alléguer l'ignorance ou la simplicité des fidèles qui tombent facilement dans cet abus : « Nomi-
« natio Dei non sit assidua in ore tuo, et nominibus sanctorum
« non admiscearis, quoniam non eris immunis ab eis (1). »

459. Ce n'est point un blasphème, ni un péché mortel, de prononcer, soit de sang-froid, soit dans un mouvement de colère ou d'impatience, le mot de *sacré*, qu'on emploie le plus souvent avec certaines expressions grossières, plus ou moins injurieuses au prochain, en disant de quelqu'un, par exemple, que c'est un *sacré B.*, *sacré M*. Ce n'est point contre Dieu que l'emportement fait tenir de semblables propos, mais bien contre les hommes, ou contre les animaux, ou contre les choses mêmes qui ont été l'occasion de notre impatience. La colère, quelque grande, quelque grave qu'elle soit, n'en change point la signification.

460. Ce n'est point non plus un blasphème proprement dit, de prononcer en vain le saint nom de Dieu, en disant, par exemple : *Nom de Dieu! sacré nom de Dieu!* Ces mots, qu'on profère le plus souvent dans un mouvement d'impatience, ne sont point

---

(1) Eccli. c. 23. v. 10.

contre Dieu dans l'intention de celui qui se les permet, mais contre les hommes, les animaux ou les êtres inanimés à l'égard desquels on se livre à la colère. Ils n'expriment, par eux-mêmes, aucune injure, aucune diminution de l'honneur que l'on doit au saint nom de Dieu. Si on y fait bien attention, on remarquera que ce sont des *jurements*, jurements *matériels* et *comminatoires* : des jurements ; car ces mots, *nom de Dieu*, *sacré nom de Dieu*, répondent à ceux-ci : *Par Dieu, par le nom de Dieu, par le sacré ou saint nom de Dieu* ; jurements *matériels*, et non formels ; car ici on n'a pas généralement l'intention de jurer, de prendre Dieu à témoin ; jurements *comminatoires* : ils sont ordinairement accompagnés de menaces, plus ou moins explicites. Aussi, ce qui confirme notre manière de voir, c'est que les fidèles qui ont la malheureuse habitude de proférer le saint nom de Dieu, de la manière dont il s'agit, s'accusent toujours, conformément à l'opinion vulgaire, d'avoir *juré le nom de Dieu*, ou par le nom de Dieu. D'ailleurs, y eût-il du doute, s'il y a blasphème ou non, un confesseur doit, dans la pratique, se comporter comme s'il n'y avait pas blasphème : « In dubio, dit saint Alphonse de Liguori, an « aliqua sit necne blasphemia, minime ut blasphemia sumenda « est (1). »

461. Mais en tout cas, de quelque manière qu'on envisage la chose, on ne peut excuser de péché véniel ceux qui prononcent en vain le nom de Dieu. Il peut même y avoir péché mortel, à raison du scandale. Pour en juger, il faut avoir égard au caractère de la personne qui se rend coupable de cet abus, et à l'idée qu'on y attache généralement dans le pays.

Tout en instruisant les fidèles sur l'obligation d'honorer et de sanctifier en tout le saint nom du Seigneur ; tout en leur inspirant la plus vive horreur pour le blasphème, les curés éviteront de comprendre parmi les blasphémateurs ceux qui, sans blasphémer en effet, ont la mauvaise habitude de prononcer en vain le *nom de Dieu*, et de proférer à tout propos le mot de *sacré*. Ils feront tout ce qui dépendra d'eux pour déraciner cette habitude dans leurs paroisses ; mais ils ne réussiront à la détruire qu'en facilitant à leurs paroissiens, autant que possible, la pratique et la fréquentation des sacrements de Pénitence et d'Eucharistie.

462. Quand un pénitent s'accuse d'avoir blasphémé, le confesseur doit l'interroger sur la nature du blasphème et sur l'intention

---

(1) Theol. moral. lib. III. n° 130. Voyez aussi Bonacina, Laymann, etc.

avec laquelle il l'a proféré; afin de savoir si le blasphème a été accompagné d'hérésie, ou d'imprécation contre Dieu ; s'il a été suivi de scandale. Il est des blasphèmes qui renferment plusieurs espèces de malices, qui sont contraires à plusieurs vertus. On doit les distinguer des simples blasphèmes, qui ne sont opposés qu'à la vertu de religion.

CHAPITRE II.

Du Serment ou Jurement.

463. Le serment ou jurement est un acte de religion ; il est appelé *sacrement* dans les auteurs anciens, ecclésiastiques et profanes, *sacramentum*, d'où nous vient apparemment le mot de *serment*, comme celui de *jurement* vient de *jure, jurare*.

ARTICLE I.

De la Notion du Serment.

Le serment ou jurement est une invocation expresse ou tacite du nom de Dieu en témoignage de la vérité : « Assumere Deum in « testem dicitur *jurare*, quia quasi *pro jure* introductum est ut quod « sub invocatione divini testimonii dicitur, pro vero habeatur (1). »

On distingue le serment *affirmatif*, le serment *promissoire*, le serment *comminatoire* et le serment *imprécatoire*. Par le premier, on prend Dieu à témoin d'une affirmation qui a pour objet une chose présente ou passée; le second regarde l'avenir : il a lieu, quand on prend Dieu à témoin de la sincérité d'une promesse, de la volonté qu'on a de l'exécuter. Le serment comminatoire, qui rentre dans le serment promissoire, est celui qu'on accompagne de quelque menace. Le serment est imprécatoire, lorsque, en prenant Dieu à témoin d'une affirmation ou d'une promesse, on l'appelle en même temps comme juge et vengeur du parjure : ce qui arrive quand on se souhaite du mal à soi-même ou à d'autres, si la chose n'est pas comme on le dit. On rapporte au serment imprécatoire cette formule : Que Dieu me soit en aide, et son saint Évangile :

---

(1) S. Thomas, Sum. part. 2. 2. quæst. 89. art. 1.

« Ita me Deus adjuvet, et hæc sancta Dei Evangelia. » Comme celui qui prononce cette formule se souhaite du bien, s'il dit la vérité; de même il se souhaite des malédictions, s'il ne la dit pas. Nous ne reconnaissons point la distinction entre le serment *religieux* et le serment *politique*. Le serment par lequel on promet fidélité à un roi, aux institutions du pays, est un acte religieux, *sacramentum*, et lie la conscience comme tout autre serment.

464. Pour jurer, il n'est pas nécessaire d'invoquer explicitement le témoignage de Dieu, l'invocation implicite suffit. Elle est implicite, lorsqu'on jure par les créatures dans lesquelles brillent d'une manière particulière les perfections de Dieu; comme, par exemple, quand on jure par les anges, les saints, l'Évangile, les sacrements, la croix, l'Église, l'âme, le ciel, la terre (1).

Le serment peut se faire par parole, ou par signe, ou par écrit. On jure, par exemple, en levant la main, en la portant sur l'Évangile; comme on jure en disant : Je prends Dieu à témoin; Dieu m'est témoin; par Dieu; je le jure par les saints, par l'Évangile; ou en proférant d'autres paroles, des formules qui expriment un serment.

Mais pour qu'il y ait serment, il ne suffit pas d'employer des expressions qui énoncent un jurement, ou d'user des signes communément reçus pour la prestation d'un serment; il faut de plus avoir l'intention de jurer, de prendre Dieu à témoin de ce que l'on dit, de ce qu'on affirme, de ce qu'on promet.

465. Généralement on ne doit pas regarder comme jurements ces manières de parler : En vérité! en conscience! parole d'honneur! foi d'honnête homme! ce que je dis est vrai. Ce serait certainement un péché d'employer quelques-unes de ces expressions pour confirmer le mensonge; mais ce ne serait pas un parjure (2).

Ceux-là ne jurent point non plus, qui disent : Ma foi! par ma foi! à moins qu'ils ne parlent de la foi divine; de même encore, quand on dit : Dieu le voit! Dieu connaît ma pensée! je vous parle devant Dieu! cela est vrai comme l'Évangile! c'est aussi vrai que Dieu existe, qu'il n'y a qu'un Dieu, que Dieu m'entend, que Jésus-Christ est dans l'Eucharistie! Ici, il n'y a ni serment, ni blasphème. Il n'y a pas de jurement, le témoignage de Dieu n'étant point invoqué; il n'y a pas non plus de blasphème, généralement parlant; car celui qui parle ainsi veut seulement faire entendre, le plus

---

(1) S. Thomas, Sum. part. 2. 2. quæst. 89. art. 6. — (2) S. Alphonse de Liguori, Theol. moral. lib. III. n° 134.

souvent, que la chose qu'il affirme est aussi certaine en sa manière que le sont en la leur les vérités de la foi. Mais il y aurait blasphème, si, par ces différentes manières de parler, il voulait comparer les vérités de la religion à une vérité humaine, et signifier qu'il y a autant de certitude dans ce qu'il assure que dans ce qui est révélé de Dieu (1).

Mais qu'il y ait blasphème ou non dans ces sortes d'expressions, les curés et les confesseurs doivent faire sentir aux fidèles qu'elles ne conviennent point, et chercher à les corriger de l'habitude qu'ils auraient contractée de les proférer.

466. Ces autres expressions corrompues, *pardi, pardié, mordi, mordié, tétedi, tétedié, persandi, persandié, sacredi, sacredié,* quoiqu'elles signifient la même chose que par Dieu, mort Dieu, tête de Dieu, par le sang de Dieu, par le nom sacré de Dieu, ne sont pas non plus des jurements, ou ne sont que des jurements *matériels* et non *formels*. Les personnes qui les prononcent n'ont pas l'intention de jurer, de prendre Dieu à témoin. Il en est de même, comme nous l'avons fait remarquer plus haut (2), de ces mots : *nom de Dieu, sacré nom de Dieu*.

Ce n'est pas toujours jurer, que de dire : *Je le jure; je jure que la chose est ainsi;* souvent, ce n'est qu'une simple affirmation, dont on se sert pour témoigner que ce qu'on dit doit être regardé comme aussi sûr que si on le confirmait par serment. Mais si le serment avait été déféré, celui qui répondrait : *Je le jure*, ferait serment.

Comme certaines personnes peu instruites, les enfants surtout, s'accusent d'avoir juré, en prononçant le B., le F., le M., ou autres paroles grossières, il est à propos de leur faire remarquer que ces expressions ne sont point des jurements, en les avertissant toutefois qu'on ne doit jamais les appliquer aux choses saintes, et qu'il est inconvenant de les proférer contre qui que ce soit (3).

ARTICLE II.

De la Licité du serment.

467. Le serment est permis; c'est un acte de religion par lequel on rend à Dieu un honneur souverain, confessant qu'il connaît

---

(1) S. Alphonse de Liguori, Theol. moral. lib. III. n° 137. — (2) Voyez, ci-dessus, le n° 460. — (3) S. Alphonse de Liguori, Theol. moral. lib. III. n° 136; les *Conférences d'Angers*, sur les commandements de Dieu, conf. VII. quest. 1.

tout, qu'il pénètre ce qu'il y a de plus caché dans le cœur de l'homme ; que son témoignage est infaillible ; qu'il est la vérité même. Aussi, le Seigneur nous dit qu'on jurera par son nom : « Dominum Deum tuum timebis, et illi soli servies, ac per nomen « illius jurabis (1). » Et ceux qui jureront par lui seront glorifiés : « Laudabuntur omnes qui jurant in eo (2). »

Pour que le serment soit licite, trois choses sont nécessaires : le jugement, la justice et la vérité : « Jurabis, vivit Dominus ! in ve- « ritate, et in judicio, et in justitia (3). » A défaut de la première condition, le jurement se faisant sans discernement, sans un juste motif, devient indiscret, *incautum*, dit saint Thomas ; à défaut de la seconde, il est injuste, illicite, *iniquum sive illicitum* ; à défaut de la troisième, il y a parjure, *juramentum mendax* (4). On ne pèche pas seulement lorsqu'on jure pour assurer le mensonge, mais encore lorsqu'on jure pour une chose mauvaise ou pour une chose inutile : « Non assumes nomen Dei tui in vanum. »

468. On pèche véniellement, en jurant sans discernement, *sine judicio*, sans nécessité aucune, sans motif, ou en jurant pour des choses vaines, frivoles, inutiles, pour des bagatelles. On pèche encore par défaut de discernement, quand on jure à tout propos, sans réflexion, sans examiner si on pourra faire ce que l'on promet, ou si ce que l'on affirme comme vrai est conforme à la vérité. Ici, le péché peut devenir mortel, à raison d'une négligence vraiment coupable à découvrir la vérité : « Mortaliter hic aut venialiter pec- « cari potest, juxta quantitatem negligentiæ quam jurans admittit « in investigatione veritatis, vel tollenda consuetudine (5). »

L'on doit regarder comme mortel l'état de ceux qui ne cherchent point à se corriger de l'habitude de jurer, jurant sans faire attention si ce qu'ils affirment est vrai ou non : « Mortalis est status « illorum qui non tollunt consuetudinem jurandi, sine attentione « sitne verum hoc, an falsum quod jurare solent (6). »

469. Pour ce qui regarde la *justice* du serment, il est certain qu'on pèche mortellement en prenant Dieu à témoin qu'on fera une chose mortellement illicite, qu'on tuera quelqu'un, par exemple. La faute est grave, quelle que soit l'intention de celui qui jure en faisant une semblable menace ; et le péché que l'on commet alors est tout à la fois contraire à la vertu de religion, et à la vertu qui condamne l'acte qu'on a juré de faire.

---

(1) Deuter. c. 6. v. 13. — (2) Psalm. 62. v. 12. — (3) Jerem. c. 4. v. 2. — (4) Sum. part. 2. 2. quæst. 89. art. 3. — (5) S. Alphonse de Liguori, Theol. moral. lib. III. n° 145. — (6) Ibidem.

Mais si la chose à laquelle on s'engage par serment n'est que véniellement mauvaise, le jurement sera-t-il péché mortel? C'est une question controversée parmi les théologiens. L'affirmative nous parait plus probable, et nous l'adoptons d'après saint Alphonse de Liguori ; car c'est une grande irrévérence d'invoquer Dieu comme témoin et comme caution d'un péché, quelque léger qu'il soit : « Quia non levis, sed gravis irreverentia videtur invocare Deum « in testem ac fidejussorem peccati, quantumvis levis (1). »

470. Ce que nous disons du serment *promissoire* ou *comminatoire* est-il applicable au serment *affirmatif*, au jurement par lequel on affirme avoir commis tel ou tel péché? Les uns pensent qu'il n'y a pas de différence, à cet égard, entre celui qui jure qu'il fera et celui qui jure avoir fait une mauvaise action. Mais saint Alphonse regarde comme plus probable le sentiment qui ne voit ici, dans le serment affirmatif, qu'un péché véniel contre la vertu de religion, lors même que le péché que l'on jure avoir commis serait mortel. En effet, le serment affirmatif n'a pas pour objet de confirmer une complaisance criminelle qu'on pourrait éprouver au souvenir du péché dont on s'est rendu coupable ; mais seulement de constater comme un fait que tel péché a été commis ; ce qui n'est qu'une légèreté vénielle : « Quod non est nisi quædam « animi levitas venialis (2). »

Cependant, on excepte le cas où il s'agirait d'un péché de médisance ou de calomnie ; car le serment par lequel on confirmerait ce péché ne pourrait que l'aggraver, et nuire par là même de plus en plus à la réputation du prochain (3).

471. Une autre condition pour la licité du serment, c'est qu'il soit conforme à la vérité. Celui qui affirme par serment comme vrai ce qu'il croit faux, ou comme sincère une promesse qu'il n'a pas l'intention d'accomplir, se rend coupable de parjure, d'un péché mortel qui n'admet pas de légèreté de matière. C'est un outrage envers Dieu que de l'appeler en témoignage en faveur du mensonge, comme s'il ne connaissait pas la vérité, ou s'il pouvait être corrompu pour servir de faux témoin. « Neque hic excusat « levitas materiæ, dit saint Alphonse ; quia sive hæc sit gravis, sive « levis, seria, sive jocosa, æqualiter tamen Deo testificari falsum « repugnat; et tale juramentum dicitur perjurium (4). » C'est donc un péché mortel de jurer pour assurer un mensonge, quelque

---

(1) S. Alphonse de Liguori, Theol. moral. lib. III. n° 146. — (2) Ibidem. — (3) Ibidem. — (4) Ibidem, n° 147 ; S. Thomas, part. 2. 2. quæst. 98. art. 3.

léger qu'il soit. Aussi le pape Innocent XI a-t-il condamné la proposition suivante : « Vocare Deum in testem mendacii levis, non « est tanta irreverentia propter quam velit aut possit damnare hominem (1). »

472. Cependant, le parjure, quoique péché mortel de sa nature, peut devenir véniel ou par l'inadvertance, ou par le défaut de délibération, ou même à raison de la simplicité de certaines personnes qui, faute d'être suffisamment instruites, ne sentent pas toute la gravité d'un faux serment. En effet, on rencontre assez souvent, surtout dans les paroisses rurales, des pénitents qui sont dans l'habitude de mentir en jurant, et qui dans leurs confessions ne distinguent point le parjure des autres jurements. Le confesseur doit faire tout ce que la prudence lui permettra pour les corriger de cette mauvaise habitude, évitant de les instruire de l'énormité du parjure, s'il a lieu de craindre que ses avertissements ne servent qu'à les rendre plus coupables à l'avenir. « Non semper expe- « dit, dit saint Alphonse de Liguori, monere hujusmodi rudem pœ- « nitentem de gravitate perjurii, si monitio prævideatur non de « facili profutura (2). »

473. On doit regarder comme coupable de parjure celui qui affirme par serment comme vrai ce qu'il croit être faux, ou comme certain ce qu'il regarde comme douteux, lors même que l'affirmation se trouverait matériellement vraie. Mais pour jurer licitement, il n'est pas nécessaire d'avoir une certitude absolue, infaillible; une certitude morale, ou une forte probabilité qui, n'étant point contre-balancée par une probabilité contraire, équivaut à une certitude morale, suffit (3). Toutefois, lorsqu'il s'agit de déposer en justice, on doit exposer les motifs de sa déposition, afin que les juges puissent l'apprécier à sa juste valeur.

Celui qui affirme par serment une chose fausse, croyant de bonne foi dire la vérité, n'est point coupable de parjure.

474. Est-il permis de demander le serment à une personne, quand on sait ou qu'on soupçonne avec fondement qu'elle jurera contre la vérité? Cela est permis, lorsqu'on a quelque raison légitime de recourir à ce moyen. Un juge peut, et doit même, à la réquisition d'une des parties qui sont en litige, demander le serment, en se conformant à ce qui est prescrit par le droit. Il peut aussi exiger le serment de celui qu'il croit disposé à jurer au nom d'une

---

(1) Décret de l'an 1679. — (2) Ibidem. n° 150. — (3) S. Alphonse, ibidem. n° 148.

fausse divinité, ou par l'Alcoran ; mais il ne peut évidemment l'engager à jurer de la sorte. « Licet, dit saint Thomas, ejus qui per « falsos Deos jurare paratus est juramentum recipere (1). » La raison qu'il en donne, c'est qu'il est permis de faire servir au bien le mal ou le péché d'autrui, comme Dieu lui-même le fait, quoiqu'il ne soit jamais permis de porter qui que ce soit à faire le mal : « Li- « cet malo uti propter bonum, sicut et Deus utitur ; non tamen li- « cet aliquem ad malum inducere (2). »

475. Nous pensons aussi qu'un simple particulier qui est en contestation avec un autre peut réclamer le serment de la partie adverse, dans le doute si celle-ci ne se rendra pas coupable de parjure, soit parce que ce doute ne détruit pas un droit acquis, soit parce que, dans le doute sur les bonnes ou mauvaises dispositions du prochain, on doit le juger favorablement ; le parjure ne se présume pas. Mais s'il était moralement sûr qu'il y aura parjure, pourrait-il recourir au serment ? Il le pourrait encore, s'il espérait, par ce moyen, obtenir justice, ou faire respecter ses droits (3). Hors de là, il ne pourrait réclamer le serment sans se rendre coupable, sans coopérer moralement au parjure.

ARTICLE III.

De l'Obligation de faire ce qu'on a promis par serment.

476. On est obligé d'exécuter les promesses qu'on a faites avec serment, lorsque les choses qu'on a promises sont moralement possibles, justes, honnêtes et raisonnables. « Si quis, dit le Sei- « gneur, se constrinxerit juramento, non faciet irritum verbum « suum, sed omne quod promisit, implebit (4). » — « Non perju- « rabis ; reddes autem Domino, juramenta tua (5). » La religion, dit saint Thomas, veut qu'une chose promise se fasse comme elle a été promise : « Quicumque jurat aliquid se facturum obligatur ad « faciendum ad hoc quod veritas adimpleatur. Si juramentum ad- « hibeatur, propter reverentiam divini testimonii quod invocatur, « obligatur homo ut faciat esse verum id quod juravit, secundum « suam possibilitatem, nisi in deteriorem exitum vergit (6). »

Celui qui promet une chose avec serment, sans avoir l'intention

---

(1) Sum. part. 2. 2. quæst. 98. art. 4. — (2) Ibidem. — (3) S. Alphonse de Liguori, Theol. moral. lib. II. n° 77; Collet, *de Religione*, part. II. n° 144. — (4) Numer. c. 30. v. 3. — (5) Matth. c. 5. v. 33. — (6) Sum. part. 2. 2. quæst. 89. art. 7.

de tenir sa promesse, se rend coupable de parjure; il pèche mortellement. Son péché est encore mortel, s'il jure de faire une chose qu'il croit impossible. Il en est de même, s'il doute qu'il pourra ou ne pourra pas faire ce qu'il promet. « Juramentum, dit saint « Thomas, adhiberi non debet, nisi in re de qua aliquis firmiter « certus est (1). » Il faut au moins, suivant saint Alphonse de Liguori, qu'on ait une raison probable en faveur de l'exécution de ses engagements : *Probabilem rationem exequendi* (2).

477. Il y a certainement péché mortel à ne pas exécuter, quand on le peut, la promesse en matière grave qu'on a confirmée par le serment. Mais y a-t-il parjure à ne pas l'exécuter, à rétracter l'intention qu'on avait dans le principe de tenir à ses engagements? C'est une question controversée parmi les théologiens. Les uns pensent qu'il y aurait parjure, parce que, disent-ils, en faisant un serment promissoire, on prend Dieu tout à la fois comme témoin et comme caution. D'autres prétendent le contraire, et soutiennent que l'inexécution d'une promesse, qui est en matière légère, n'entraîne qu'une faute vénielle. Suivant ces théologiens, celui qui jure de faire une chose ne prend Dieu à témoin que de la disposition où il est au moment où il fait la promesse. L'un et l'autre sentiments sont certainement probables. Par conséquent, dans les diocèses où le parjure serait réservé, il ne faudrait pas faire tomber la réserve sur la violation d'un serment promissoire dans le cas dont il s'agit, puisqu'il est douteux si cette violation est un parjure.

478. On convient qu'un léger manquement dans l'exécution d'une promesse, même confirmée par serment, ne serait qu'un péché véniel. Ainsi, par exemple, Pierre ne pécherait que véniellement, si, au lieu de donner les cinquante francs qu'il a juré de donner à Paul, il ne lui en donnait que quarante-neuf. Vous avez juré de ne point boire de vin : si vous n'en buvez que peu, votre faute n'est que vénielle.

Celui qui jure extérieurement de faire une chose, ou sans intention de jurer, ou sans intention de s'obliger, pèche certainement, et peut être tenu, sous peine de péché mortel, à faire ce qu'il a promis; soit à raison du scandale qui s'ensuivrait de l'inexécution de cette promesse, soit à raison du tort ou du dommage qui en résulterait pour celui qui a été induit en erreur (3).

479. Tout serment n'est pas obligatoire : celui qui, par exemple,

---

(1) Sum. part. 2. 2. quæst. 89. art. 7. — (2) Lib. III. n° 172. — (3) Voyez S. Alphonse de Liguori, Theol. moral. lib. III. n° 173.

jure par surprise, ou par suite d'une erreur sans laquelle il ne ferait pas un tel serment, ne contracte point d'obligation. Mais il faut que l'erreur soit vraiment la cause, la cause déterminante de la promesse ; ce qui arrive lorsqu'elle est substantielle, qu'elle tombe sur la substance même de la chose promise. Exemple, un prêtre s'engage par serment à donner son calice à l'Église, parce qu'il le croit d'argent ; il vient à découvrir que c'est un calice d'or, il n'est pas obligé de le livrer. Il en serait autrement, si l'erreur ne tombait que sur les qualités accidentelles ou accessoires de la chose : la promesse ou le serment devraient avoir leur effet.

480. Est-on obligé de garder un serment extorqué par la violence ou par la crainte de perdre la vie, sa fortune, sa liberté, son honneur ? Nous supposons que cette crainte ne met pas hors de lui-même celui à qui on arrache le serment. Il s'agit d'ailleurs d'une promesse qu'on peut exécuter sans péché. Les uns pensent que cette promesse n'oblige point ; parce que, disent-ils, ou elle est nulle de droit, ou elle peut être annulée par celui qui l'a faite. Ce sentiment nous paraît probable. D'autres en plus grand nombre enseignent que, généralement, le serment que l'on fait sous l'impression de la crainte est obligatoire au for intérieur, ajoutant qu'on peut recourir à l'évêque pour en obtenir dispense, et que, dans le cas où l'on aurait payé ce qu'on a promis, on pourrait le réclamer en justice, ou user secrètement de compensation (1). C'est le sentiment de saint Thomas (2) et de saint Alphonse de Liguori, qui regarde son opinion comme beaucoup plus probable, *longe probabilior* (3).

481. On n'est point obligé de garder son serment, lorsqu'il a pour objet une promesse immorale, injuste, illicite ; on pèche en le faisant, on pècherait de nouveau en l'exécutant : « Non est obli-« gatorium juramentum contra bonos mores præstitum (4). » Il en est de même d'une promesse vaine, oiseuse, puérile, qu'on ne pourrait justifier ni par la fin qu'on se propose, ni par les circonstances qui l'accompagnent. La chose qui est illicite ou vaine au moment où l'on s'engage à la faire peut bien devenir plus tard licite ou raisonnable ; mais la promesse n'en demeure pas moins nulle, impuissante à créer aucune obligation : « Non firmatur « tractu temporis quod ab initio non subsistit (5). »

---

(1) Voyez S. Alphonse de Liguori, Theol. moral. lib. III. n° 174. — (2) Sum. part. 2. 2. quæst. 99. art. 7. — (3) Ibidem. — (4) Regul. juris in sexto. — (5) Ibidem.

482. Il en est du serment promissoire comme d'une simple promesse ; il s'interprète de la même manière et d'après les mêmes règles : « Juramentum promissorium eamdem habet conditionem, « eodemque modo explicandum est quo promissio, vel propositum « cui est annexum (1). » Par conséquent toutes les clauses ou conditions, expresses ou tacites, qui restreignent l'obligation d'une promesse, restreignent par là même l'obligation du serment. Il faut aussi, pour le serment comme pour la promesse, avoir plutôt égard à l'intention de celui qui s'engage qu'aux termes qui expriment l'engagement. On se sert quelquefois, sans fraude, d'expressions générales, quoiqu'on n'ait l'intention de ne s'obliger qu'à telle ou telle chose déterminée ; alors on n'est pas tenu, en conscience, au delà de ce qu'on a voulu promettre : « Humanæ aures, dit saint « Grégoire le Grand, talia verba nostra judicant, qualia foris « sonant ; divina vero judicia talia foris audiunt, qualia ex intimis « proferuntur (2). »

ARTICLE IV.

Des Causes qui font cesser l'obligation du serment promissoire.

483. Un changement notable, survenu après l'émission d'un serment promissoire, suffit pour faire tomber l'obligation de la promesse. Lorsque, par exemple, la chose promise, de licite qu'elle était, devient illicite, la promesse cesse d'être obligatoire. Il en est de même pour le cas où la chose qu'on a juré de faire comme étant utile, devient tout à fait inutile ; ce qui arrive souvent pour la correction qu'un père, dans un mouvement de colère, a juré de faire à ses enfants. Le serment cesse encore d'être obligatoire, lorsque, à raison de quelque événement, il est impossible ou extrêmement difficile d'exécuter sa promesse ; mais si on peut l'accomplir en partie, on y est obligé : « Cum aliquis jurat, dit saint Thomas, « se pecuniam soluturum quæ ei postmodum vi vel furto subtrahi- « tur, tunc videtur excusatus esse a faciendo quod juravit, licet « teneatur facere quod in se est (3). »

484. L'obligation cesse également, par suite d'un dérangement survenu dans la fortune de celui qui a pris un engagement onéreux ; lorsque, par exemple, il éprouve des pertes considérables,

---

(1) S. Alphonse de Liguori, lib. III. n° 180. — (2) Moral. lib. XXVI. c. 7. Voyez aussi S. Thomas, art. 2. 2. quæst. 86. art. 7. — (3) Ibidem.

telles que, s'il les eût prévues, il n'eût certainement pas contracté cet engagement. On peut appliquer à une promesse confirmée par serment, ce que le Docteur angélique applique généralement à la promesse qu'on a faite à Dieu : « Illud quod votum fieri impedi-
« ret, si præsens esset, etiam voto facto, obligationem aufert (1). »
Enfin, si la position de celui en faveur duquel vous avez fait une promesse vient à changer de manière à ce que la fin principale de cette promesse n'existe plus, votre obligation tombe. Vous avez juré de payer une pension annuelle à une personne, précisément parce qu'elle est dans l'indigence : si son indigence vient à cesser, vous n'êtes plus obligé à rien. Il en serait autrement, si la cause ou fin principale subsistant, la cause qui n'est qu'impulsive cessait d'exister ; le changement ne serait plus suffisant pour détruire l'obligation.

Dans le doute si le changement qui survient suffit pour faire tomber l'obligation, on doit accomplir sa promesse, parce que la loi possède ; ou recourir à l'évêque pour obtenir, s'il y a lieu, dispense de son serment (2). »

485. Un supérieur peut annuler le serment promissoire fait par un inférieur, sur une matière dont l'inférieur ne peut disposer de son chef : « Ad unumquemque pertinet irritare juramentum quod
« a sibi subditis factum est, circa ea quæ ejus potestate subduntur,
« sicut pater potest irritare juramentum puellæ et vir uxoris (3). »

486. L'Église peut dispenser du serment promissoire ou le commuer. Ce pouvoir est fondé sur ces paroles de Jésus-Christ à ses apôtres : « Quæcumque solveritis super terram, erunt soluta et in
« cœlo (4). » Mais le Pape seul peut dispenser des serments qui ont le même objet que les vœux qui lui sont réservés. Le serment de garder les statuts émanés du saint-siége est également réservé au Souverain Pontife.

Dans les autres matières, les évêques peuvent, pour des causes légitimes, dispenser leurs diocésains de l'obligation du serment. Ces causes sont, généralement, les mêmes qui légitiment la dispense du vœu.

487. Quand il s'agit d'une promesse confirmée par serment au profit d'un tiers, si elle a été acceptée par celui à qui elle a été faite, ni l'évêque ni le Pape ne peuvent en dispenser. « Si talis pro-

---

(1) In 4 Dist. 38. art. 3. quæst. 1. — (2) S. Alphonse de Liguori, Theol. moral. lib. III. n° 187. — (3) S. Thomas, Sum. part. 2. 2. quæst. 89. art. 9. — (4) Matth. c. 18. v. 18.

« missio, dit saint Alphonse, sit accepta a tertio qui facta fuit, tunc
« sine ejus consensu nec etiam a Pontifice relaxari potest. » C'est
aussi la doctrine de saint Thomas, qui n'admet d'exception que
pour le cas d'une utilité générale : « Quando sub juramento pro-
« mittitur aliquid quod est manifeste licitum et utile, in tali jura-
« mento non videtur habere locum dispensatio, vel commutatio;
« nisi aliquid melius occurrat ad communem utilitatem faciendum,
« quod maxime videtur pertinere ad potestatem Papæ, qui habet
« curam universalis Ecclesiæ (1). »

488. Mais le Pape et même les évêques peuvent dispenser du serment toutes les fois qu'il y a doute s'il est valide ou licite, utile ou
nuisible, en un mot s'il est obligatoire ou non : « Quandoque ali-
« quid sub juramento promittitur de quo dubium est utrum sit
« licitum, vel illicitum, proficuum vel nocivum, aut simpliciter
« aut in aliquo casu; et in hoc potest quilibet episcopus dispen-
« sare (2). »

Vous pouvez encore obtenir, même de l'évêque, dispense du
serment que vous avez fait, sous l'impression de la crainte, de ne
pas dénoncer un malfaiteur, de payer des intérêts usuraires, ou la
somme que vous avez promise à un voleur pour sauver votre vie.

Ceux qui ont le pouvoir de dispenser d'un serment, peuvent à
plus forte raison le commuer, en substituant une autre obligation
plus ou moins grave, suivant la nature du serment et les dispositions du sujet. Toutes choses égales d'ailleurs, il faut de moins
fortes raisons pour commuer une obligation que pour en dispenser.

489. Enfin, l'obligation du serment cesse par la remise expresse
ou tacite de la part de celui en faveur duquel on a contracté des
engagements. Chacun peut renoncer à ses droits.

Mais si la promesse, quoique faite à un tiers, se rapporte principalement à l'honneur de Dieu, comme serait la promesse d'entrer
en religion ou de faire un don à l'Église, cette promesse oblige,
lors même que celui à qui on l'a faite ne tiendrait pas à ce qu'elle
eût son effet (3).

(1) Matth. c. 18. v. 18. — (2) S. Thomas, ibidem. — (3) Ibidem.

CHAPITRE III.

Du Vœu.

490. Il en est du vœu comme du serment, c'est un acte de religion : « Colent eum in hostiis et in muneribus, et vota vovebunt « Domino, et solvent, » dit le prophète Isaïe (1).

ARTICLE I.

De la Notion du Vœu.

On définit le vœu : *Une promesse délibérée faite à Dieu d'un plus grand bien.* Le vœu est une promesse, c'est-à-dire, un acte par lequel on s'oblige en conscience à faire une chose; de sorte que l'on pèche si l'on vient à y manquer par sa faute. A la différence d'un simple propos, *propositum*, d'une simple résolution qui n'oblige pas, la promesse entraîne une obligation, et lie la conscience de celui qui l'a faite. Ainsi, par exemple, si je prends la résolution de me retirer dans un monastère pour y prendre l'habit religieux, je ne m'engage point par cette résolution à prendre l'habit de religion, comme j'y serais engagé si j'en avais fait la promesse à Dieu. Les simples fidèles confondent facilement les résolutions avec les vœux; c'est aux confesseurs à voir si ce que les pénitents regardent comme un vœu n'est pas seulement une simple résolution. Dans le doute, s'il y a promesse, la présomption est en faveur du vœu, quand la personne se rappelle qu'en faisant cette promesse elle a pensé qu'elle pécherait en ne l'accomplissant pas (2).

491. Le vœu est une promesse *délibérée*, c'est-à-dire, une promesse faite avec connaissance, avec choix, liberté : il exige le parfait usage de la raison, une pleine délibération, le même consentement de la volonté qui est nécessaire pour le péché mortel. « Non obligat votum factum cum semi-plena animadversione, vel « deliberatione (3). »

C'est une promesse *faite à Dieu*; c'est à Dieu seul que s'adresse

---

(1) Isa. c. 19. 21. — (2) S. Alphonse de Liguori, Theol. moral., lib. III. nos 198 et 201. — (3) S. Alphonse, ibidem. n° 196.

le vœu proprement dit : « Vovete et reddite Domino Deo vestro (1). » Une promesse faite à la sainte Vierge ou aux saints, ne peut être regardée comme un vœu que lorsqu'elle se rapporte à Dieu. Celui qui, par exemple, fait une promesse à Dieu et à la sainte Vierge, fait certainement un vœu ; le nom de la sainte Vierge, que l'on joint à celui de Dieu, marque seulement que le vœu se fait en son honneur.

C'est la promesse d'un plus grand bien, *de meliori bono :* il est non-seulement nécessaire par conséquent que l'acte qui est la matière du vœu soit possible et moralement bon, mais il faut encore qu'il soit en lui-même ou respectivement plus agréable à Dieu que son contraire. C'est pourquoi, généralement parlant, tout ce qui est opposé aux conseils évangéliques ne peut être la matière d'un vœu.

492. On distingue les vœux *absolus* et les vœux *conditionnels* ; les vœux *personnels*, les vœux *réels* et les vœux *mixtes* ; les vœux *simples* et les vœux *solennels*.

Le vœu absolu est celui qui ne dépend d'aucune condition. Le vœu conditionnel est ainsi appelé parce qu'on ne le fait que sous certaines conditions. Je fais vœu purement et simplement de donner mille francs aux pauvres ; ce vœu est absolu. Je fais vœu de donner mille francs aux pauvres, si je recouvre la santé, si je gagne mon procès ; ce vœu est conditionnel. Ce vœu est moins parfait que le premier ; il n'oblige qu'autant que la condition s'accomplit.

Le vœu personnel est celui par lequel on engage sa personne, ses propres actions ; tel est le vœu de se consacrer à Dieu dans l'état ecclésiastique ou religieux ; ou de jeûner, de faire telle prière, tel ou tel pèlerinage ; de ne pas jouer à tel ou tel jeu. Le vœu réel est celui dont la matière est hors de nous, comme sont les biens temporels. La promesse faite à Dieu de donner une certaine somme d'argent aux pauvres, à l'Église, à un séminaire, est un vœu réel. On comprend facilement qu'un vœu peut être tout à la fois personnel et réel ; alors on l'appelle *mixte*.

493. Le vœu solennel est celui qu'on fait, ou expressément et avec certaines formalités, par la profession religieuse dans un ordre approuvé par l'Église, ou simplement par la réception des ordres sacrés. Le vœu simple est celui qui n'est pas revêtu des formalités prescrites pour le vœu solennel : tels sont les vœux qui se font, soit en particulier, soit en public, dans certaines communautés ou congrégations religieuses qui ne sont pas approuvées

---

(1) Psalm. 75.

par le saint-siége, ou qui, étant approuvées, ne le sont pas comme ordres religieux proprement dits.

ARTICLE II.

Des Conditions requises pour la validité du Vœu.

494. Le vœu étant une promesse, doit réunir toutes les conditions jugées nécessaires pour la validité d'une vraie promesse, d'une promesse obligatoire. La première condition dont nous avons déjà parlé, c'est que la promesse que l'on fait à Dieu soit pleinement délibérée. Le vœu d'un enfant qui n'a pas encore l'usage de raison à un degré suffisant pour commettre une faute grave doit être regardé comme nul. Dans le doute si la raison est suffisamment développée, on prononce contre le vœu qui a été fait par un enfant avant l'âge de sept ans, *ex communiter contingentibus*. Si au contraire l'enfant est âgé de plus de sept ans, on le présume valide pour la même raison. D'ailleurs, c'est le cas de faire l'application de cette règle générale : « Standum est pro valore actus donec « constet de ejus nullitate(1). » Mais on ne peut s'engager par un vœu solennel avant l'âge de seize ans accomplis (2).

495. On regarde comme nuls les vœux qui ont pour cause l'ignorance ou l'erreur; ce qui arrive : 1° quand celui qui fait une promesse à Dieu croit, par ignorance, ne former qu'une simple résolution qu'il ne regarde point comme obligatoire. Il ignore, comme on le suppose, la nature et la force du vœu. 2° Quand l'erreur d'après laquelle on agit tombe sur la substance ou les conditions essentielles du vœu. Exemple : on fait vœu d'entrer dans telle ou telle communauté religieuse, croyant, par erreur, pouvoir y entrer sans renoncer à la propriété de ses biens. Ce vœu est évidemment nul. 3° Quand l'erreur, sans tomber sur la substance ou sur quelque condition essentielle du vœu, est telle que si elle n'eût pas existé, on n'eût certainement pas pris d'engagement : « Illud « quod votum fieri impediret, si præsens esset, etiam voto facto, « obligationem aufert, » dit saint Thomas (3).

496. Le vœu qui se fait par suite de la crainte est valide, si la crainte vient d'une cause purement naturelle. On est obligé par

---

(1) Voyez le Traité *de la Conscience*, n° 88. — (2) Concil. de Trente, sess. xxv. cap. *de Regularibus*. — (3) In 4 Dist. 38. art. 3. quæst. 1.

conséquent d'accomplir le vœu qu'on a fait spontanément et librement, étant mû par la crainte de la mort, ou dans une maladie ou dans une tempête, dans un orage où l'on se croit en danger. Ici, généralement, la crainte n'est point la cause du vœu; elle n'en est que l'occasion.

Suivant l'opinion qui nous paraît plus probable, le vœu est encore valide, si la crainte qui nous fait agir n'est qu'une crainte légère, quel que soit le principe ou la cause de cette crainte. Une crainte légère, même injuste, si elle est vraiment légère, relativement à la personne qui en est impressionnée, n'empêche pas que le vœu ne soit libre, et par là même obligatoire (1).

497. Le vœu qui serait extorqué par une crainte grave et injuste serait-il valide? S'il s'agit d'un vœu solennel, il serait certainement nul, au moins de droit ecclésiastique. Quant aux vœux simples, la question est controversée parmi les théologiens. Les uns pensent qu'ils sont valides; les autres les regardent comme nuls. Saint Alphonse se déclare pour la nullité (2). Pour la pratique, nous pensons qu'on fera bien de recourir à l'évêque pour obtenir la dispense du vœu.

Le vœu serait certainement valide, si la crainte qui détermine à le faire était une crainte juste, une crainte dont on aurait provoqué la cause. Un voleur est surpris en flagrant délit par le maître de la chose volée; celui-ci menace de le traduire devant les tribunaux, à moins qu'il ne fasse vœu de se retirer à la Trappe pour expier ses crimes. Si le voleur prend ce dernier parti, son vœu sera obligatoire.

498. Une autre condition pour la validité du vœu, c'est que la chose ou l'action qui en est l'objet soit possible, bonne et même meilleure que la chose ou l'action contraire. D'abord, il faut que la matière du vœu soit moralement possible; autrement, ce serait une folle promesse, rejetée de Dieu : « Displicet ei infidelis et stulta « promissio (3). » D'après ce principe, on regarde comme nul le vœu de ne jamais pécher, même véniellement, dans tout le cours de sa vie; car on ne peut éviter tout péché sans un privilége spécial que le Seigneur ne nous a point promis. Il n'en serait pas de même du vœu d'éviter tous les péchés mortels, et même tous les péchés véniels, de propos délibéré; ce vœu serait obligatoire : « Valet vo- « tum de vitandis venialibus (*plene*) deliberatis (4). »

---

(1) S. Alphonse de Liguori, Theol. moral. lib. III. n° 197. — (2) Instruction pratique pour les confesseurs, *du Vœu*, n° 23. — (3) Eccles. c. 5. v. 3. — (4) S. Alphonse, Theol. moral. lib. III. n° 203.

499. La matière du vœu doit être une chose moralement bonne. Ce qui est mauvais, illicite, ne peut évidemment être l'objet d'un vœu. Et nous pensons, d'après saint Alphonse de Liguori, qu'un semblable vœu, n'eût-il pour objet qu'une chose véniellement mauvaise, serait un péché mortel de sa nature ; l'ignorance seule pourrait le rendre véniel : « Probabilius mihi est vovere malum, « etiam veniale, de se esse culpam gravem ; cum de blasphemia « sit velle ut malum cedat in honorem Dei ; sed communiter ob « ignorantiam hoc non est nisi veniale (1). »

Le vœu fait dans de mauvaises intentions est-il valide ? Saint Alphonse de Liguori distingue : si l'intention est mauvaise *ex parte voventis*, comme, par exemple, si quelqu'un faisait vœu ostensiblement de jeûner afin de recevoir des éloges pour avoir fait ce vœu, un tel vœu serait valide ; mais il est nul, si l'intention est mauvaise *ex parte rei votœ*, comme si quelqu'un promettait de jeûner pour être loué en jeûnant (2).

Une chose vaine, inutile ou absolument indifférente ne peut être l'objet d'un vœu : « Vota, dit saint Thomas, quæ sunt de re- « bus vanis et inutilibus, sunt magis deridenda quam servanda (3). »

500. Enfin, il faut que la chose que l'on voue soit meilleure que la chose opposée, *de meliori bono* : autrement elle ne serait point agréable à Dieu. C'est pourquoi tout ce qui tend à empêcher un plus grand bien ne peut être la matière d'un vœu. Ainsi, la promesse de ne jamais entrer dans l'état ecclésiastique ou dans l'état religieux n'est point obligatoire. Il en est de même, généralement parlant, du vœu que l'on ferait de se marier ; car la continence est, dans l'ordre de la religion, quelque chose de plus parfait que l'état du mariage. Cependant, si, eu égard aux dispositions de la personne qui a promis de se marier, le mariage était regardé comme nécessaire ou plus utile à son salut, la promesse serait légitime et obligatoire : « Melius est nubere quam uri, » dit l'Apôtre (4). Elle serait encore obligatoire si le mariage était le moyen de réparer ou de prévenir un scandale, ou de sauver l'honneur d'une personne dont on aurait abusé. Généralement, toutes les fois que, par suite d'une faute ou d'un engagement, on est obligé en conscience d'épouser une personne, cette alliance peut être l'objet d'un vœu (5).

501. Doit-on regarder comme valide la promesse faite à Dieu

---

(1) S. Alphonse, Theol. moral. lib. III. n° 206. — (2) Ibidem. — (3) Sum. part. 2. 2. quæst. 38. art. 2. — (4) I. Corinth. c. 7. v. 9. — (5) S. Alphonse de Liguori, Theol. moral. lib. III. n° 209.

de ne faire aucun vœu sans avoir pris l'avis de son confesseur? Certainement, car cette promesse a pour but de prévenir des vœux indiscrets, des peines de conscience, des scrupules contraires à la paix de l'âme. Aussi, les curés et les confesseurs doivent conseiller aux fidèles et à leurs pénitents de ne s'engager par aucun vœu sans l'agrément de leur directeur. Cependant, si, après avoir émis le vœu dont il s'agit, un fidèle faisait un vœu, le vœu de jeûner, par exemple, sans consulter son confesseur, ce second vœu, quoique fait d'une manière illicite, serait valide (1).

La promesse faite à Dieu de ne recourir, en aucun cas, à la dispense ou à la commutation d'un vœu, quoique obligatoire de sa nature, cesse d'obliger, lorsqu'il est reconnu que le bien spirituel de celui qui l'a faite réclame une dispense ou une commutation (2). En tout cas, l'évêque peut dispenser de cette promesse, s'il le juge convenable : « Hoc tamen votum semper a superiore relaxari po- « test, cui salva semper est sua potestas (3). » Nous ferons remarquer aussi que celui qui a fait vœu de ne jamais demander dispense d'un vœu quelconque, peut en demander la commutation (4).

502. Nous ajouterons, pour ce qui regarde la matière du vœu, qu'on peut s'engager non-seulement à des actes de surérogation, mais même à des actes auxquels on est d'ailleurs obligé par une loi. Ainsi, par exemple, l'on doit regarder comme valable le vœu de jeûner pendant le carême, d'observer l'abstinence de la viande les vendredis et samedis, d'éviter telle ou telle occasion prochaine du péché d'ivrognerie, de fornication, d'adultère; d'entendre la messe le dimanche; mais alors il y a une double obligation de faire ce qui est prescrit par la loi, l'obligation du précepte et l'obligation du vœu; de sorte que celui qui viole la loi commet une double faute, un double péché : péché contre la vertu de religion, qui nous ordonne d'observer nos vœux; péché contre la vertu particulière, qui commande l'acte qui est l'objet de la promesse faite à Dieu : celui qui, par exemple, viole le vœu de jeûner pendant le carême, pèche tout à la fois et contre la vertu de religion et contre la vertu de tempérance. La circonstance du vœu par conséquent doit être déclarée en confession.

---

(1) S. Alphonse de Liguori, Theol. moral. lib. III. n° 210. — (2) S. Alphonse, ibidem. n° 208. — (3) Ibidem. — (4) Ibidem.

ARTICLE III.

De l'Obligation des Vœux.

503. On est certainement obligé d'accomplir les vœux, lorsqu'ils réunissent toutes les conditions requises pour la validité d'une promesse proprement dite : « Cum votum voveris Domino « Deo tuo, non tardabis reddere, quia requiret illud Dominus Deus « tuus; et si moratus fueris, reputabitur tibi in peccatum. Si no- « lueris polliceri, absque peccato eris. Quod autem semel egressum « est de labiis tuis, observabis, et facies sicut promisisti Domino « Deo tuo, et propria voluntate et ore tuo locutus es (1). » Violer un vœu, c'est se rendre coupable d'infidélité envers Dieu.

Cette violation est un péché mortel en matière grave, péché véniel en matière légère; car, à la différence du parjure, où il y a toujours matière grave, même dans un mensonge léger, l'infidélité qui résulte de l'inexécution d'un vœu admet la légèreté de matière, suivant l'opinion la plus probable (2).

Elle est par conséquent plus ou moins grave, selon que la matière du vœu est plus ou moins importante. Ainsi, par exemple, celui qui a promis à Dieu de réciter une fois le *Pater,* ou de donner aux pauvres la somme d'un ou de deux francs, ne péchera que véniellement, s'il n'observe pas son vœu. La matière étant légère, la faute ne peut être que vénielle; on ne peut même, quand il y a dans un vœu légèreté de matière, s'obliger *sub gravi* (3). Le vœu étant comme une loi particulière, une espèce de convention que l'on fait avec Dieu, on doit l'entendre comme les lois et les contrats en général.

504. Suivant un sentiment certainement probable, plus probable au jugement de saint Alphonse de Liguori (4), un vœu, même en matière grave, n'oblige que sous peine de péché véniel, si celui qui l'a fait n'a voulu s'obliger que *sub levi*. L'obligation d'une promesse dépend de l'intention de celui qui promet.

Que penser du vœu de réciter un certain jour, à l'honneur de ce jour même, pendant un temps considérable, telle ou telle prière qui n'offre pas, pour chaque jour, une matière grave? Ce vœu oblige-t-il *sub gravi*? Il ne nous le paraît pas; nous pensons

---

(1) Deuter. c. 23. v. 21, 22, 23. — (2) S. Alphonse de Liguori, lib. III. n° 211. — (3) Ibidem. — (4) Ibidem. n° 213.

que celui qui omet cette prière la plus grande partie de l'année, l'année même tout entière, ne pèche que véniellement; mais il pèche chaque fois qu'il viole son vœu; il n'y a pas de connexion entre l'objet du vœu pour tel jour, et l'objet du vœu pour un autre jour. Il en est de même, généralement, de tout autre vœu personnel. Mais il en serait autrement d'un vœu *réel*, du vœu, par exemple, de donner aux pauvres une certaine somme d'argent, en en donnant une partie chaque jour ou chaque semaine de l'année. Celui qui négligerait cette obligation en matière notable pécherait mortellement. « Si on promet à Dieu, dit saint Alphonse, de faire
« chaque jour de l'année un ouvrage léger, dans un tel cas, quand
« le vœu est fait *per modum unius ad sollicitandam obligationem*,
« comme cela arrive ordinairement dans les vœux *réels*, on ne
« peut négliger cette tâche pendant un certain temps ou en matière
« grave, sans se rendre coupable de péché mortel. Au contraire, si
« le vœu est fait *in honorem diei, ad finiendam obligationem*,
« comme cela se fait dans les vœux personnels, par exemple, de
« dire le *Salve regina* un certain jour, alors les omissions sont seu-
» lement vénielles (1). »

505. Celui qui a fait un vœu absolu, sans condition ni expresse ni tacite, est obligé de l'accomplir aussitôt, moralement parlant, qu'il peut le faire commodément, eu égard à la nature du vœu et des circonstances. Paul promet à Dieu purement et simplement de donner une certaine somme aux pauvres; il pourrait facilement la donner sans délai, mais il prévoit que son aumône, étant différée de quelques mois, sera plus utile; il peut certainement attendre. Vous avez fait vœu de vous confesser une fois chaque mois; vous pourrez renvoyer votre confession de quelques jours au delà du mois, s'il se présente une fête pour laquelle vous désirez vous confesser.

506. Différer l'accomplissement d'un vœu en matière grave, pendant un temps considérable, sans cause légitime, serait un péché mortel. Mais quel est ce temps considérable? S'il s'agit d'un vœu *perpétuel*, du vœu, par exemple, d'entrer en religion, de recevoir les ordres sacrés, de s'employer le reste de sa vie au service des malades dans un hôpital; celui qui, sans raison, différerait six mois de l'accomplir, pécherait mortellement, au jugement de saint Alphonse de Liguori (2) et de plusieurs autres docteurs. Le

---

(1) **Instruction pour les confesseurs**, *du Vœu*, n° 29; voyez aussi la Theol. moral. du même auteur. lib. III. n° 212. — (2) Ibidem. n° 221.

différer moins de six mois ne serait qu'un péché véniel. Plus on diffère ce vœu, plus on dérobe au service de Dieu, auquel on s'est voué.

Si le vœu n'est pas *perpétuel*, comme par exemple le vœu de jeûner, de faire un pèlerinage, plusieurs théologiens, entre autres saint Alphonse, pensent qu'on ne peut le différer au delà de deux ou trois ans, sans se rendre coupable de péché mortel. D'autres sont moins sévères. Quoi qu'il en soit, on convient généralement que le délai pour l'accomplissement d'un vœu en matière grave est péché mortel, toutes les fois qu'en différant de l'accomplir on s'expose au danger de le violer, ou qu'on se met hors d'état de l'observer.

507. Quand on détermine un certain temps pour l'exécution d'un vœu, ou l'on a principalement en vue le temps qu'on prescrit, comme fait celui qui promet à Dieu de jeûner la veille de la fête du saint dont il porte le nom; ou l'on ne regarde ce temps que comme un terme au delà duquel on ne veut pas différer l'accomplissement de sa promesse. Dans le premier cas, on n'est pas obligé, quoi qu'il arrive, d'accomplir son vœu dans un autre temps que celui qui est prescrit. Il en est de l'obligation de ce vœu comme de l'obligation d'entendre la messe le dimanche; si on est empêché ce jour-là, on n'est pas tenu de l'entendre un autre jour. Dans le second cas, l'impossibilité d'accomplir son vœu au jour indiqué n'en détruit pas l'obligation.

508. Ce que nous disons du vœu absolu s'applique au vœu conditionnel, dont la condition est accomplie : « Si in intentione et « voluntate voventis est obligare se ad statim solvendum, dit saint « Thomas, tenetur statim solvere; si autem ad certum tempus, vel « sub certa conditione, non statim tenetur solvere, sed nec debet « tardare ultra quam intendit se obligare (1). » Marie fait vœu d'entrer au couvent des Carmélites, si son père lui permet d'entrer en religion; le père donne son consentement sans restriction; Marie est obligée d'entrer au couvent le plus tôt qu'elle pourra, moralement parlant. Vous avez promis à Dieu de faire reconstruire une église qui tombe en ruine, s'il rend la santé à votre enfant qui est dangereusement malade; l'enfant recouvre la santé, votre vœu devient obligatoire.

509. Pour que le vœu conditionnel oblige, il ne suffit pas que la condition soit remplie dans son équivalent : elle doit l'être spé-

---

(1) Sum. part. 2. 2. quæst. 88. art. 3.

cifiquement, *in propria forma*; c'est le sentiment de saint Alphonse de Liguori (1) et de plusieurs autres docteurs. Exemple : vous avez fait vœu d'entrer en religion, si votre sœur trouve un mari qui la mette en état de se passer de vos services : elle meurt ou elle se fait elle-même religieuse, vous n'êtes point tenu d'accomplir votre vœu.

Tout vœu qui se fait sous une condition impossible, honteuse, immorale, est nul de plein droit.

510. Le vœu *personnel* n'oblige que celui qui l'a fait; il ne peut être accompli par un autre. Celui qui a fait vœu de jeûner, par exemple, ne satisferait pas à son vœu, en faisant jeûner quelqu'un pour lui : s'il meurt avant de l'avoir accompli, l'obligation tombe; elle ne passe point à ses héritiers : « Vota personalia non implentur « nisi per voventem (2). »

Il n'en est pas de même d'un vœu *réel*; celui-ci peut être acquitté par un autre que par celui qui en est l'auteur; aussi ses héritiers sont tenus de l'accomplir, s'il meurt avant de l'avoir accompli lui-même; c'est une dette de succession, dette sacrée qu'ils doivent payer, si toutefois la succession est capable de la supporter : « Certe « hæres tenetur solvere vota realia defuncti, sicut alia debita (3). »

511. Suivant saint Alphonse (4), celui qui, sans se rappeler son vœu, fait ce qu'il a promis, n'est pas tenu de le faire de nouveau; car chacun a la volonté générale de faire d'abord les choses d'obligation, et ensuite celles de pure dévotion.

Celui qui doute de l'accomplissement du vœu qu'il sait certainement avoir émis, est obligé de l'accomplir, comme nous l'avons fait remarquer dans le *Traité de la Conscience* (5).

ARTICLE IV.

Des Causes qui font cesser l'obligation des Vœux.

512. L'obligation d'un vœu cesse par le changement de la matière, l'annulation, la dispense et la commutation. Pour ce qui regarde le changement, il éteint l'obligation du vœu, lorsque, à raison des circonstances survenues dans la chose ou dans la position de celui qui en a fait la promesse, l'exécution du vœu devient illicite, ou impossible, ou extrêmement difficile. C'est une règle

---

(1) Theol. moral. lib. III. n° 219. — (2) S. Alphonse, ibidem. n° 217. — (3) Ibidem. n° 214. — (4) Ibidem. n° 224. — (5) Voyez le *Traité de la Conscience*, n° 33.

générale, que toute circonstance nouvelle et non prévue, dont la prévision eût suffi pour empêcher *prudemment* de faire tel ou tel vœu, suffit par là même pour faire tomber l'obligation de ce vœu : « Illud quod votum fieri impediret, dit saint Thomas, si præsens « esset, etiam voto facto, obligationem aufert(1). » Toutefois, comme le remarque saint Alphonse, cette règle n'est pas applicable aux vœux solennels, ni, probablement, au vœu simple de chasteté (2). Dans le doute si le changement est assez notable pour faire cesser l'obligation du vœu, on doit l'accomplir, car l'obligation possède, ou recourir à l'Ordinaire pour en obtenir dispense.

Le vœu cesse d'obliger, non-seulement quand la chose qui en est l'objet cesse d'être licite, mais aussi quand elle cesse d'être *de meliori bono*.

513. Si l'empêchement qui rend la chose impossible doit durer toujours, l'obligation du vœu est entièrement éteinte ; si, au contraire, l'empêchement n'est que temporaire, l'obligation est seulement suspendue : vous avez fait vœu de jeûner un mois entier ; dans le courant de ce mois, vous éprouvez une indisposition qui ne vous permet pas de jeûner trois, quatre, cinq ou six jours ; vous ne jeûnerez pas ; mais votre indisposition disparaissant, l'obligation du jeûne revit. De même, quand la matière du vœu est divisible, si, une partie devenant impossible, l'autre demeure possible et peut sortir son effet, celle-ci reste obligatoire. Vous avez promis de donner mille francs aux pauvres de votre paroisse ; par suite d'un accident, vous ne pouvez plus en donner que la moitié ; vous êtes obligé de donner cinq cents francs. Si, au contraire, la chose est indivisible, vous ne serez obligé d'accomplir votre vœu qu'autant que vous pourrez l'accomplir en entier. Vous avez fait vœu de bâtir une église ; vous ne pouvez la bâtir qu'en partie ; vous n'êtes tenu à rien.

514. Un vœu, quoique divisible, serait encore entièrement caduc, si des deux parties qu'il comprend, celle qui est regardée comme principale devenait impossible ; l'accessoire suit le principal, *sed non vice versa*. Vous avez promis de faire un pèlerinage à Rome, et d'y faire une offrande à l'église de Saint-Pierre : si vous ne pouvez faire ce voyage, vous êtes dispensé d'envoyer votre offrande (3).

L'obligation du vœu cesse, quand la fin principale, la cause dé-

---

(1) In 4 Dist. 38. quæst. 1. art. 3. Voyez aussi ce que dit S. Alphonse, Theol. moral. lib. III. n° 226. — (2) Ibidem. lib. IV. n° 50. — (3) Ibidem. lib. III. n° 225.

terminante de ce vœu cesse totalement. Vous avez fait vœu de donner dix francs par mois à Pierre, parce qu'il est pauvre; Pierre devient riche ou cesse d'être pauvre, vous n'êtes plus obligé de lui faire l'aumône.

515. La seconde cause qui fait cesser l'obligation des vœux est l'*annulation*, que nous appelons aussi *irritation*. Le droit d'annuler ou d'*irriter* les vœux appartient aux supérieurs, à l'égard des inférieurs qui sont sous leur puissance, quant à leur personne, ou quant à leur volonté, ou quant aux choses qui sont la matière du vœu : « Votum, dit saint Thomas, est promissio quædam Deo
« facta. Nullus autem potest per promissionem se firmiter obligare
« ad id quod est in potestate alterius, sed solum ad id quod est
« omnino in sua potestate. Quicumque autem est subjectus alicui,
« quantum ad id in quo est subjectus, non est suæ potestatis facere
« quod vult, sed dependet ex voluntate alterius. Et ideo non po-
« test se per votum firmiter obligare in his in quibus alteri subji-
« citur, sine consensu sui superioris (1). »

Le vœu d'un inférieur, de celui qui est sous la puissance d'autrui, n'est pas nul de droit; mais il peut être annulé par le supérieur. Cependant l'inférieur ne pèche point en faisant ce vœu; car il ne le fait que sous cette condition tacite : si le supérieur y consent, ou ne s'y oppose point : « Vota eorum qui sunt in potestate
« aliorum, habent conditionem implicitam, scilicet si non revo-
« centur a superiore, ex qua licita redduntur et valida, si conditio
« existat (2). »

516. On distingue l'irritation *directe* ou proprement dite, et l'irritation *indirecte* ou improprement dite. L'irritation directe, qu'on appelle ainsi parce qu'elle tombe directement sur le vœu, le rend absolument nul, en sorte qu'il ne peut revivre que par un nouvel acte de la part de celui qui l'a fait. L'irritation indirecte est plutôt une suspension du vœu qu'une annulation; l'obligation n'est point éteinte, elle n'est que suspendue.

Celui qui a droit d'irriter les vœux d'un inférieur, peut le faire validement sans aucune raison : « Certum est pro valore irrita-
« tionis nullam causam requiri (3). » Mais pèche-t-il en les cassant arbitrairement? Les uns pensent qu'il pèche; les autres prétendent qu'il n'y a pas de péché, si ce n'est en tant que l'irritation du vœu empêcherait l'avancement spirituel de celui qui l'a fait. Toutefois,

---

(1) Sum. part. 2. 2. quæst. 88. art. 8. — (2) S. Alphonse de Liguori, lib. III. n° 228. — (3) Ibidem.

on convient communément qu'une annulation sans cause ne serait qu'un péché véniel, et qu'un motif quelconque, pourvu qu'il fût raisonnable, excuserait de toute faute, même légère : « Sufficit « vero quævis causa rationabilis ad excusandum a veniali (1). »

Celui qui permet à un inférieur de faire un vœu, ou qui ratifie ce vœu, ne renonce pas à l'exercice de son droit; il peut par conséquent révoquer cette permission. Cependant, s'il la révoque sans aucune raison légitime, il pèche au moins véniellement. Toutes choses égales d'ailleurs, il faut, à notre avis, une plus forte raison pour retirer une permission qu'on a cru devoir accorder, que pour la refuser dans le principe.

517. Le père, ou celui qui tient la place du père, peut irriter directement tous les vœux, tant réels que personnels, d'un enfant qui n'a pas encore atteint l'âge de puberté, c'est-à-dire l'âge de douze ans accomplis, si c'est une fille, ou de quatorze ans également accomplis, si c'est un garçon. Les canons sont exprès. Le père étant mort ou interdit, ce pouvoir est dévolu à la mère seule, si elle est tutrice, et, à défaut de père et de mère, au tuteur, parent ou non des enfants.

Les enfants qui ont atteint l'âge de puberté peuvent, même avant leur émancipation, faire des vœux personnels, indépendamment de la volonté de leurs père et mère. « Post annos pubertatis, « dit saint Thomas, possunt jam se voto religionis obligare, vel « simplici, vel solemni, absque voluntate parentum (2). » Ainsi les parents n'ont pas le droit d'irriter, ni directement ni indirectement, ceux des vœux personnels d'un mineur en âge de puberté, qui ne sont point incompatibles avec les obligations d'un enfant de famille; tels sont, par exemple, les vœux de chasteté; d'entrer en religion; de remplir certains devoirs de piété un jour de dimanche ou de fête de commandement; de se confesser ou de communier une fois le mois. Mais ils peuvent irriter du moins indirectement, c'est-à-dire par voie de suspension, les vœux personnels d'un enfant qui contrarieraient les intérêts de la famille, ou qui entraveraient l'exercice légitime de l'autorité paternelle; comme serait, par exemple, le vœu de faire un long voyage de dévotion, de s'abstenir de l'usage de la viande pendant un temps considérable, de passer une grande partie de chaque nuit dans la prière ou dans la méditation. « Ex quo homo venit ad annos pubertatis, si sit liberæ

---

(1) S. Alphonse de Liguori, Theol. moral. lib. III. n° 228. — (2) Loco citato, art. 9.

« conditionis, est suæ potestatis quantum ad ea quæ pertinent ad
« suam personam, puta quod obliget se religioni per votum ; vel
« quod matrimonium contrahat ; non est autem suæ potestati quan-
« tum ad dispositionem domesticam ; unde circa hoc non potest
« aliquid vovere quod sit ratum sine consensu patris (1). »

518. Nous avons dit : *au moins indirectement*; car Sanchez et plusieurs autres docteurs pensent que les parents peuvent irriter, même directement, les vœux personnels dont il s'agit ; en sorte que, si on les irrite en effet, ils ne pourront devenir obligatoires dans la suite qu'autant qu'ils seront renouvelés par celui qui en est l'auteur. Ce sentiment n'est point dénué de probabilité ; mais il paraît plus probable que les parents ne peuvent irriter qu'indirectement ces sortes de vœux (2). Les enfants mineurs, non émancipés, n'ayant point l'administration des biens qui leur appartiennent même en propre, ne peuvent en disposer par vœu sans le consentement de leur père ou de leur tuteur. Celui-ci peut par conséquent irriter, mais d'une manière indirecte, les vœux réels qui seraient faits par un mineur. Mais ce mineur, une fois émancipé, ou étant parvenu à l'âge de vingt et un ans accomplis, est obligé d'accomplir ces vœux, dont l'exécution n'avait été que suspendue par la puissance paternelle. Il serait même tenu de les accomplir plus tôt, si ses parents laissaient à sa disposition de quoi remplir ses engagements.

519. Un maître peut irriter, indirectement, les vœux d'un serviteur qui seraient incompatibles avec le service que le maître a droit d'en attendre ; mais il n'a pas droit de les annuler entièrement.

Dans les ordres monastiques, les supérieurs ont droit d'irriter directement tous les vœux des religieux profès, à l'exception du vœu de passer à un ordre plus sévère : « Nullum votum religiosi
« est firmum, dit saint Thomas, nisi sit de consensu prælati (3). »
Quant aux vœux des novices, ils ne peuvent être que suspendus.

520. Le mari et la femme peuvent irriter réciproquement leurs vœux, quand ces vœux sont contraires aux droits réciproques des époux ; tels sont, par exemple, les vœux de chasteté, de porter l'habit religieux, de faire de grandes mortifications, de longs jeûnes, des pèlerinages lointains. Mais cette irritation est-elle directe

---

(1) S. Thomas, loco citato, art. 8. — (2) Voyez les Conférences d'Angers, *sur les Commandements de Dieu*, conf. III. quest. 3 ; le Traité des *Dispenses* de Collet, édition de M. Compans, liv. III. c. 2 ; Suarez, lib. VI, *de Voto*. cap. 5, etc. — (3) Loco citato.

ou indirecte seulement? Dans le premier cas, l'obligation du vœu serait éteinte; dans le second, elle ne serait que suspendue. Les théologiens ne sont pas d'accord sur ce point; mais il nous paraît plus probable que l'irritation n'est qu'indirecte; car, pour sauver les droits du mari, par exemple, il suffit que l'exécution du vœu de la femme qui tend à les restreindre soit suspendue durant le mariage (1).

Le mari peut-il irriter, du moins indirectement, tous les vœux de la femme, ceux même qui ne sont point incompatibles avec l'accomplissement de ses devoirs et comme épouse et comme mère de famille? C'est encore une question controversée: plusieurs docteurs, entre autres saint Alphonse de Liguori (2), se sont déclarés pour l'affirmative; d'autres, dont l'opinion nous paraît plus probable, restreignent le pouvoir du mari, ne croyant pas qu'il puisse irriter ceux des vœux de sa femme qui ne seraient ni contre ses droits, ni contre les droits de la communauté dont il a l'administration. Une femme ne doit pas être mise sur le même rang qu'un enfant, qu'un esclave, ou un religieux qui a fait le sacrifice de sa volonté propre par le vœu d'obéissance.

On convient que les époux qui ont fait vœu de chasteté, d'un commun consentement, sont obligés l'un et l'autre d'observer leur vœu; il ne peut être irrité ni par le mari ni par la femme (3), mais on peut en demander dispense.

521. La troisième cause qui fait cesser l'obligation des vœux, est la dispense obtenue du Pape, ou de l'évêque ou de celui qui a reçu de l'un ou de l'autre la faculté de dispenser. Ce pouvoir vient de Jésus-Christ; il a donné aux Apôtres, spécialement à Pierre, la puissance *de lier* et *de délier* les consciences.

Le Souverain Pontife, étant le chef de l'Église universelle, peut dispenser des vœux en toute matière et dans toute l'étendue de la chrétienté; son pouvoir n'a pas d'autres limites que celles du monde chrétien; il peut même, comme on en convient communément aujourd'hui, dispenser de tous les vœux solennels (4). Les évêques aussi dispensent, mais seulement dans leur diocèse, des vœux dont la dispense n'est point réservée au Pape.

Un évêque peut-il dispenser des vœux les voyageurs qui se trouvent dans son diocèse? C'est une question controversée parmi les

---

(1) Voyez les Conférences d'Angers et le Traité des *Dispenses* que nous venons de citer. — (2) Theol. moral. lib. III. n° 234. — (3) Voyez Sylvius, les Conférences d'Angers, le Traité des *Dispenses* de Collet, etc. — (4) S. Alphonse, lib. III. n° 236.

théologiens : les uns pensent qu'il le peut ; les autres, dont l'opinion nous paraît plus probable, soutiennent qu'il ne le peut pas, à moins que le voyageur n'ait séjourné, ou qu'il n'ait l'intention de séjourner la plus grande partie de l'année. C'est le sentiment de saint Alphonse de Liguori (1).

Les vœux réservés au Souverain Pontife sont les vœux solennels, et, en outre, les cinq vœux suivants : savoir, le vœu de chasteté perpétuelle, le vœu d'entrer en religion, et les vœux des trois pèlerinages, de Jérusalem, du tombeau des Apôtres à Rome, de Saint-Jacques à Compostelle.

522. Les évêques et autres prélats qui ont une juridiction ordinaire peuvent, par eux-mêmes ou par leurs délégués, dispenser en plusieurs cas des cinq derniers vœux réservés au Pape : savoir, 1° Quand, dans une nécessité urgente, il n'est pas facile de recourir à Rome, soit à raison de la distance des lieux, soit parce qu'on n'a pas l'argent nécessaire pour faire venir la dispense, soit parce que le retard entraînerait le danger probable ou de la violation du vœu, ou d'un scandale, ou de diffamation pour la personne qui demande à être dispensée. 2° Quand il s'agit d'un vœu qu'on a fait sans intention de s'obliger *sub gravi*. 3° Quand le vœu a été fait par légèreté, avec précipitation, ou sous l'impression d'une crainte injuste, lors même, ajoute saint Alphonse de Liguori, que cette crainte serait légère (2). 4° Quand les vœux sont faits avec une alternative; tel serait, par exemple, le vœu d'entrer en religion ou de donner mille francs aux pauvres; et cela, lors même qu'on aurait adopté la partie réservée, comme le disent probablement plusieurs docteurs (3). 5° Si le vœu n'est pas parfait dans l'espèce qui est réservée; comme serait, à l'égard de la chasteté, le vœu seulement de ne pas se marier, de ne point commettre la fornication, l'adultère, de ne point demander le devoir conjugal, ou le vœu de garder la virginité, quand la personne n'entend pas promettre l'abstinence de tout acte contraire à l'aimable vertu, mais seulement la conservation de la virginité. De même le vœu de chasteté à temps, le vœu de faire vœu de chasteté perpétuelle, ou de faire vœu d'entrer dans un ordre religieux, ne sont point des vœux réservés. L'évêque peut encore relever du vœu de recevoir le sous-diaconat, quoique cet ordre sacré entraîne l'obligation de garder perpétuellement la chasteté; car ici la chasteté n'est point l'objet direct et principal du vœu.

523. 6° Quand les vœux ne sont point absolus ; un évêque a

---

(1) S. Alphonse, lib. III. n° 256. — (2) Ibidem. n° 258. — (3) **Ibidem.**

droit par conséquent de dispenser d'un vœu conditionnel, quel qu'en soit l'objet, du moins tandis que la condition ne sera pas remplie. Mais il faut remarquer qu'il y a bien des vœux qui paraissent conditionnels, quoiqu'ils ne le soient pas : tels sont ceux qui se font sous une condition passée, présente ou nécessairement future ; tels sont aussi ceux qui se font sous une condition contingente à la vérité, mais générale et qui s'entend d'elle-même, comme celle-ci : *Je me ferai religieux, si on veut me recevoir dans une communauté* : tels sont enfin ceux où la condition n'est pas mise pour suspendre l'obligation du vœu, mais pour marquer le temps où l'on veut l'exécuter ; ainsi, c'est un vœu pur, absolu, que celui-ci : *J'entrerai en religion, si mon père meurt*, et tout autre semblable où la particule *si* équivaut à la particule *quand* (1).

Mais faudra-t-il recourir à Rome, quand une fois la condition aura été accomplie ? C'est une question qui divise les canonistes. Les uns pensent que oui, les autres pensent que non. Quoi qu'il en soit, on peut dans la pratique se dispenser de recourir au Pape. C'est le sentiment de saint Alphonse, qui regarde son opinion comme beaucoup plus probable, *valde probabilior*, que la condition renferme ou ne renferme pas de clause pénale (2).

524. 7° Enfin, quand il y a doute si le vœu réunit toutes les conditions requises pour être réservé au Pape ; dans ce cas, la dispense est dévolue à l'Ordinaire. Nous ferons remarquer aussi que la réserve ne tombe que sur la substance du vœu ; les circonstances qui l'accompagnent ne sont point réservées. Ainsi, pour ce qui regarde les pèlerinages qu'on a promis de faire à pied ou en mendiant, l'évêque peut permettre de les faire d'une manière plus commode ; comme aussi il peut permettre à celui qui a fait vœu d'entrer en religion, ou de différer quelque temps l'exécution de son vœu, ou d'entrer dans un ordre moins sévère (3).

Pour ce qui regarde les vœux qui sont au profit d'un tiers, d'un pauvre, par exemple, d'un hospice, d'une église, on ne peut en obtenir dispense quand ils ont été acceptés par le pauvre ou par l'établissement en faveur duquel ils ont été faits (4).

525. On ne peut dispenser d'aucun vœu sans cause ; une dispense de vœu, sans quelque raison légitime, serait non-seulement criminelle, mais encore invalide, absolument nulle ; elle ne serait point ratifiée de Dieu.

---

(1) S. Alphonse, lib. III. n° 260. — (2) Ibidem. — (3) Ibidem. n°⁸ 257 et 258. — (4) Ibidem. n° 254. — Voyez aussi, ci-dessus, le n° 487.

Les raisons légitimes et suffisantes pour la dispense d'un vœu sont : 1° le bien de l'Église, ou de l'État, ou de la famille, ou du sujet lui-même ; ce qui a lieu, par exemple, quand le mariage de la personne qui s'est engagée à la continence est nécessaire pour conserver une famille vraiment utile à l'Église ou à l'État ; ou pour apaiser les dissensions domestiques ; ou pour opérer une réconciliation entre deux familles ; ou pour mettre un fils, une fille en état de nourrir son père, sa mère.

Le bien du sujet légitime une dispense, lorsque, à défaut de cette dispense, il y aurait danger de scandale, de diffamation, de transgression du vœu ; ou lorsque celui qui l'a fait est fatigué et tourmenté par les scrupules.

2° La grande difficulté pour l'accomplissement du vœu ; de sorte qu'on peut juger qu'il sera plus funeste qu'utile à la personne qui a pris l'engagement, soit à raison de sa propre fragilité, déjà constatée par une triste expérience, soit à raison des dangers auxquels elle se trouve exposée, surtout si elle n'a personne qui veille sur elle et qui l'affermisse contre la séduction.

3° L'imperfection de l'acte ou le défaut d'une parfaite délibération, quoique d'ailleurs suffisante pour la validité d'une promesse ; par exemple, quand quelqu'un forme un vœu avant l'âge de puberté, ou sous l'influence de la colère, ou d'une crainte injuste, fût-elle légère, ou de la crainte même *intrinsèque* de la mort, de la peste, d'un incendie, d'un naufrage, ou d'un dommage considérable.

4° L'erreur sur les causes impulsives du vœu ou la cessation des mêmes causes, ainsi que tout changement survenu dans la matière du vœu, lorsqu'il y a doute si ce changement suffit par lui-même pour faire tomber l'obligation (1).

Quand la seule cause qu'on met en avant pour obtenir la dispense d'un vœu n'est pas suffisante, on peut y suppléer par une commutation partielle : « Cum causa non sufficit ad integram dis-« pensationem, partim dispensari, partim commutari potest (2). »

526. Que penser d'une dispense que l'on accorde en regardant comme insuffisant le motif qui suffit en effet ? La mauvaise foi de celui qui la donne la rendra-t-elle nulle ? Au jugement de saint Alphonse de Liguori, cette dispense est probablement valide, encore qu'elle ait été accordée par un délégué (3). Si, au contraire,

---

(1) Alphonse de Liguori, lib. III. n° 252, etc. — (2) Ibidem. — (3) Ibidem. n° 251.

le prélat dispense de bonne foi sur un motif qui n'est certainement pas suffisant, la dispense est nulle. Dans le doute si la raison est suffisante ou non, on doit regarder la dispense comme valide; la possession est en faveur de la validité (1).

527. A la différence de la dispense, la commutation n'éteint point l'obligation du vœu; elle en change seulement la matière en une autre qui est ou meilleure, ou égale, ou d'un moindre prix. Selon l'opinion la plus commune, chacun peut de lui-même changer la matière de son vœu en quelque chose qui soit évidemment meilleur. Ainsi, celui qui a fait vœu de réciter tous les jours le chapelet, peut y substituer la récitation du petit office de la sainte Vierge. Toutefois, il faut excepter de cette règle les vœux réservés au Pape; on ne peut les commuer d'autorité privée (2), suivant plusieurs docteurs.

La commutation d'un vœu peut se faire en une œuvre certainement égale, sans le recours à l'autorité : cette opinion est assez probable; mais l'opinion contraire ne l'est pas moins; elle est même plus probable, au jugement de saint Alphonse, *probabilior* (3). Nous la préférons à la première, du moins dans la pratique, à raison du danger qu'il y a de se faire illusion, dans le cas dont il s'agit, en jugeant dans sa propre cause. Au reste, on convient qu'il faut recourir à l'Ordinaire, toutes les fois qu'il y a doute si l'œuvre qu'on veut substituer à celle du vœu est d'une égale valeur. Il en est de même, à plus forte raison, quand il s'agit de commuer un vœu en une œuvre d'un mérite inférieur. Mais on peut sans aucune raison commuer un vœu en une chose qui est certainement d'une valeur supérieure. Si la commutation se fait en une œuvre moindre ou égale, il faut avoir des motifs; motifs plus puissants quand il s'agit d'une œuvre moindre que lorsqu'il s'agit d'une œuvre d'égal mérite. Les mêmes raisons qui légitiment une dispense suffisent, même à un degré plus faible, pour légitimer une commutation. Dans le doute si la cause est suffisante ou non pour la commutation, on s'en rapportera au jugement du supérieur : « Si esset causa apparens per quam saltem in dubium ver- « teretur, posset stare judicio prælati dispensantis, vel commu- « tantis, » dit saint Thomas (4).

528. Quiconque a la faculté de dispenser d'un vœu peut, *a for-*

---

(1) S. Alphonse de Liguori, lib. III. n° 251. — (2) Ibidem. n° 243; Collet, Traité des Dispenses, lib. III. ch. 2. § 4. — (3) Lib. III. n° 244. — (4) Sum. part. 2. 2. quæst. 88. art. 12.

tiori, le commuer : « Non debet cui plus licet quod minimum est « non licere (1). » *Sed non vice versa* : celui qui peut commuer n'a pas pour cela le pouvoir de dispenser. C'est pourquoi il ne peut commuer les vœux qu'en œuvres égales moralement parlant, ou à peu près égales, en sorte qu'il n'y ait pas une différence notable (2). Mais il peut commuer un vœu personnel en un vœu réel, et un vœu réel en un vœu personnel (3). On excepte les vœux réels qui sont au profit d'un tiers, lorsqu'ils ont été acceptés par celui en faveur duquel ils ont été faits.

Celui qui a la faculté de commuer les vœux ou d'en dispenser, peut user de cette faculté pour lui comme pour les autres (4).

La commutation d'un vœu étant faite, on peut toujours y revenir, quand bien même, dit saint Alphonse, la commutation aurait été faite en une œuvre meilleure; à moins cependant que, par un nouveau vœu, l'on n'ait pris l'engagement de tenir à l'œuvre substituée (5).

ARTICLE V.

Des Vœux solennels et de l'État religieux.

529. L'état religieux est un ordre stable et permanent, approuvé par l'Église, dans lequel les fidèles s'engagent à vivre en commun, et à tendre à la perfection, par l'observation des vœux de pauvreté, de chasteté et d'obéissance. L'approbation de l'Église est nécessaire pour former un ordre religieux; cette approbation ne peut émaner que du Souverain Pontife; une congrégation dont la règle n'a pas été confirmée et sanctionnée par le saint-siége, n'est point un ordre religieux proprement dit.

Le caractère du vrai religieux n'est pas d'être parfait au moment qu'il entre en religion, mais de tendre à la perfection, en suivant exactement et ce qui est de précepte pour tout chrétien, et ce qui étant de conseil de sa nature se trouve prescrit par la règle de l'ordre, comme moyen pour les religieux d'avancer dans la vie spirituelle : de là tout ce qui est péché dans un simple fidèle est péché, et même, toutes choses égales d'ailleurs, péché plus grave dans un religieux. Mais tout ce qui est péché dans un religieux

---

(1) Voyez le Traité des Lois, n° 186. — (2) S. Alphonse de Liguori, lib. III. n° 247. — (3) Ibidem. — (4) Ibidem. n° 249. — (5) Ibidem. n° 248.

ne l'est pas dans un simple fidèle. Ce que nous disons du religieux s'applique, proportion gardée, à toute personne qui, sans embrasser la vie religieuse, se consacre à Dieu d'une manière plus particulière pour se dévouer à l'instruction chrétienne, ou au soin des malades, au soulagement des pauvres. Quiconque appartient à une congrégation approuvée par le Pape, ou par l'évêque, doit se conformer en tout aux constitutions et aux règlements de cette congrégation, que cette congrégation soit ou qu'elle ne soit pas un ordre religieux. Les confesseurs doivent y faire attention, se rappelant que s'il y a des obligations spéciales pour les personnes consacrées à Dieu, il y a par là même des règles particulières à suivre pour leur direction.

530. L'essence de la profession religieuse consiste dans les vœux de pauvreté, de chasteté et d'obéissance. Pour que la profession soit valable et lie celui qui l'a faite, il faut, 1° que le sujet de l'un ou de l'autre sexe ait seize ans accomplis; le concile de Trente est exprès(1); 2° qu'il ait passé une année entière et sans interruption avec l'habit de l'ordre dans lequel il veut s'engager, et qu'il ait suivi pendant ce temps les exercices de la communauté(2); ce temps d'épreuve s'appelle noviciat; 3° qu'il n'y ait aucun empêchement qui soit essentiellement contraire aux statuts de l'ordre; 4° que le sujet puisse disposer de sa personne; 5° que la profession soit libre; une erreur substantielle, une crainte grave et injuste, la rendraient nulle(3).

531. Toute personne qui veut quitter l'état religieux, alléguant ou qu'elle n'y est entrée que par un motif de crainte, ou qu'elle n'avait pas l'âge fixé par les canons, ou quelque autre cause de nullité, doit déduire ses motifs devant son supérieur et l'Ordinaire du lieu où est située la communauté, dans les cinq ans à compter du jour de la profession. Si elle ne le fait pas, sa réclamation ne sera pas admise; elle est censée avoir ratifié tacitement sa profession(4). Cette règle générale souffre quelques exceptions(5). La faiblesse du sexe a fait prendre des précautions particulières pour assurer la liberté de la profession religieuse dans les communautés de femmes. Suivant le concile de Trente, la supérieure d'une congrégation ne peut admettre personne à la profession qu'après que l'évêque ou son délégué aura examiné si celle qui veut s'engager

---

(1) Sess. xxv. Décret *de Regularibus*, cap. 15. — (2) Ibidem. — (3) Ibidem. cap. 18. — (4) Ibidem. cap. 19. — (5) Voyez la Théol. moral. de S. Alphonse de Liguori, lib. iv. n° 8.

dans un état si saint en connaît toutes les obligations ; si elle n'est point contrainte par ses parents, ou séduite par quelque religieuse. La supérieure qui manquerait d'avertir l'évêque un mois avant la profession devrait être punie par la suspense de ses fonctions (1).

532. Celui qui est moralement certain de sa vocation pour l'état religieux ne peut rester dans le monde sans danger pour son salut, sans aller contre la volonté de Dieu ; c'est donc une obligation pour lui d'embrasser la profession religieuse. Mais péchera-t-il mortellement, s'il ne l'embrasse pas? Saint Alphonse n'ose prononcer (2) ; nous nous abstiendrons de prononcer nous-même, dans la crainte d'aller trop loin et de fausser les consciences.

C'est un devoir pour les parents de seconder la vocation d'un enfant que le Seigneur appelle à la vie religieuse. Ils peuvent, ils doivent même éprouver sa vocation ; mais ils n'ont pas droit de s'y opposer, lorsqu'il est reconnu qu'elle vient d'en haut. Ils se rendraient coupables de péché mortel, de l'aveu de tous, si, sans avoir un juste motif, ils détournaient un fils, une fille de la profession religieuse, soit par de mauvais traitements, soit par des menaces, soit par la fraude. En serait-il de même s'ils n'avaient recours qu'aux prières, qu'aux promesses? Un grand nombre de docteurs, entre autres saint Alphonse de Liguori, pensent qu'ils pécheraient encore mortellement (3). Suarez est d'un avis contraire (4) ; et son opinion nous paraît assez probable pour pouvoir être suivie dans la pratique, soit parce que celui qui se laisse gagner par les prières ou par les promesses de ses parents ne nous paraît pas suffisamment affermi dans sa vocation ; soit parce que, malgré ces prières et ces promesses, il est encore libre de prendre son parti. D'ailleurs, il serait difficile, aujourd'hui surtout, du moins parmi nous, de persuader aux pères et mères, aux gens du monde, qu'ils ne peuvent sans péché mortel employer le moyen dont il s'agit.

533. Les enfants de famille qui, d'après certaines épreuves et sur l'avis d'un directeur sage et éclairé, se croient appelés à la vie religieuse, doivent généralement, au moins par déférence, demander à leurs parents la permission de répondre à leur vocation. Si les parents la refusent sans un juste motif, les enfants peuvent, surtout s'ils sont majeurs, suivre leurs pieux desseins, et se retirer

---

(1) Concil. de Trente. Sess. xxv. Décret *de Regularibus*, cap. 17. — (2) Lib. iv, n° 78. — (3) Ibid. n° 77. — (4) De Religione, lib. v. cap. 9.

dans une maison religieuse. Les docteurs de l'Église et les conciles ne nous laissent aucun doute sur ce point (1).

Mais si un enfant ne peut quitter la maison paternelle sans réduire ses parents à la misère, sans les jeter dans une nécessité *grave*, il doit différer l'exécution de son projet jusqu'à ce qu'il leur ait assuré les secours nécessaires ; il ne peut les abandonner, à moins qu'il ne rencontre dans le monde de grands dangers pour son salut. Voici ce que dit saint Thomas : « Parentibus in necessi-
« tate existentibus, ita quod eis commode aliter quam per obse-
« quium filiorum subveniri non possit, non licet filiis, prætermisso
« parentum obsequio, religionem intrare. Si vero non sint in tali
« necessitate ut filiorum obsequio multum indigeant, possunt, præ-
« termisso parentum obsequio, religionem intrare ; quia post annos
« pubertatis quilibet ingenuus libertatem habet quantum ad ea quæ
« pertinent ad dispositionem sui status, præsertim in his quæ sunt
« divini obsequii (2). Si timet sibi periculum peccati mortalis, cum
« magis teneatur saluti animæ suæ providere, quam corporali ne-
« cessitati parentum, non tenetur in sæculo remanere (3). »

534. Il n'est pas permis à un père, à une mère qui a des enfants, d'entrer en religion, sans avoir pris les moyens nécessaires pour leur procurer une éducation convenable : « Non licet alicui
« filios habenti religionem ingredi, omnino prætermissa cura filio-
« rum, id est non proviso qualiter educari possint (4). »

535. Un évêque ne peut quitter son siége pour se faire religieux, sans y être autorisé par le Souverain Pontife : « Episcopi præsula-
« tum non possunt deserere quacumque occasione, absque auctori-
« tate romani Pontificis (5). » Il n'en est pas de même d'un archidiacre, d'un chanoine, d'un curé. Généralement, tout prêtre, celui même qui a charge d'âmes, peut, de son chef, quitter le poste qu'il occupe pour entrer en religion, après avoir averti l'Ordinaire, à temps, de sa résolution. Les papes, les conciles, les Pères et les docteurs de l'Église se sont constamment déclarés pour la liberté des clercs en faveur de la vie religieuse (6). Après avoir cité saint Grégoire le Grand, le concile de Tolède de l'an 633, le canon *Duæ sunt leges*, saint Thomas et saint Antonin, Benoît XIV s'exprime ainsi : « Quod pertinet ad episcopi permissum nemo du-
« bitat quin presbyter, Ecclesiæ regimen aut ministerium dimis-

---

(1) Voyez S. Alphonse de Liguori, lib. IV. n° 68. — (2) Sum. part. 2. 2. quæst 189. art. 6. — (3) Quodlibet. 10. art. 9. — (4) S. Thomas, part. 2. 2. quæst. 189. art. 6. — (5) Ibidem. art. 7 ; S. Alphonse de Liguori, lib. IV. n° 76. — (6) Voyez S. Thomas, ibidem ; et S. Alphonse, ibidem.

« surus, ante omnia debeat episcopo consilium suum, ejusque ca-
« piendi rationes, quantum earum natura fert, aperire. In quo non
« tam officio et honestati, quam naturalis legis præcepto satisfa-
« ciet... Hæc autem permissio vel ab episcopo conceditur, vel ne-
« gatur. Si concedatur, jam controversiæ locus non erit. Si vero
« denegetur, hujusmodi dissensus, ex auctoritatibus superius ci-
« tatis, presbyterum non adstringet, quominus religionem ingredi
« valeat : neque id mirum videri debet; si enim presbyter episcopo
« reverentiam et obedientiam in sua ordinatione promisit, multo
« solemnius regulares eam promiserunt proprio superiori in reli-
« giosa votorum professione; et tamen quoties regularis in ordine
« laxiori professus ad strictiorem transire cupit, tenetur quidem a
« superiore laxioris licentiam petere; verumtamen, ea sibi dene-
« gata, nihilominus ad strictiorem libere transire potest, ut ex-
« presse statuitur in capite *licet* de Regularibus. »

536. Nous avons dit, *généralement :* car, de même que le supérieur d'une maison moins sévère peut, dans certains cas, rappeler un de ses religieux qui serait passé dans un ordre plus austère, ainsi un évêque peut retirer du monastère un curé, un prêtre dont la retraite cause un préjudice grave à l'église dont il était chargé : « Certis in casibus justisque exigentibus causis, jus epis-
« copo competit ut suum clericum sæcularem ordini regulari ads-
« criptum repetere possit. Hoc tradit clarissimus canonum doctor
« Innocentius IV, cujus hæc sunt verba : *Clericus potest transire*
« *ad religionem, non petita licentia, etiamsi contradicatur;*
« *crederemus tamen quod posset eum repetere, si ex transitu suo*
« *prima ecclesia gravem sustineret jacturam* (1). »

Cette exception ne détruit point la règle générale rappelée par Innocent IV, qui enseigne qu'un clerc qui veut se faire religieux n'est pas obligé de demander la permission à son évêque; *potest non petita licentia :* encore, comme le dit Benoît XIV, il n'est pas facile à l'Ordinaire de faire l'application du droit exceptionnel dont il s'agit : « Hujus tamen juris, quo episcopus clericum sæcularem
« sibi subjectum, qui regulari instituto sine ipsius assensu nomen
« dedit, repetere et ad Ecclesiæ servitium revocare potest, hujus,
« inquam, juris persequutio in casibus particularibus non admo-
« dum facilis esse videtur.... Si agatur de parochis, aliisve anima-
« rum curam gerentibus, nemo quidem negabit ipsorum munus
« magni in Ecclesia momenti esse; sed quum simul negari nequeat

---

(1) Cap. *licet* de Regularibus.

« *prælationis munus seu statum* (ut inquit Suarez de Religione,
« tom. III. lib. I. cap. 21), *minus securum esse, religionis vero
« esse statum majoris securitatis in ordine ad spiritualem salu-
« tem*, unusquisque parochus religiosæ vitæ cupidus, hac una ex-
« ceptione in judicio se tuebitur adversus episcopum, qui ipsum ad
« animarum curam revocare contendat. Sanctus Gregorius Magnus,
« quum olim scriberet adversus legem ab imperatore Mauritio edi-
« tam, qua interdictum erat militibus monasticam vitam amplecti,
« hanc inter alias rationem afferebat : *Multi sunt qui possunt reli-
« giosam vitam etiam cum sæculari habitu ducere; et plerique
« sunt qui, nisi omnia reliquerint, salvari apud Deum nullatenus
« possunt*, ut videre est in ipsius epistola LXV. Nunc ergo quilibet
« beneficiatus, canonicus, archidiaconus, parochus qui officium
« aut ministerium suum cum religiosa vita commutaverit, se non
« inter *multos*, sed inter *plerosque* a sancto Gregorio indicatos,
« connumerandum esse affirmabit (1). »

537. Ainsi, tout considéré, nous pensons que le parti le plus simple pour un évêque, le plus conforme à l'esprit de l'Église, est de laisser aux ecclésiastiques de son diocèse la liberté entière d'embrasser la vie religieuse.

On n'a pas à craindre les suites de cette liberté : le prêtre qui ne quitte sa paroisse que pour renoncer au monde a plus d'admirateurs que d'imitateurs. Ce qui a fait dire à saint Jérôme, traitant cette question : « Rara est virtus, nec a pluribus appetitur (2). » Sur quoi saint Thomas ajoute que la crainte de voir les pasteurs abandonner les paroisses est une crainte folle : « Patet ergo quod hic
« timor stultus est; puta si aliquis timeret haurire aquam, ne
« flumen deficeret (3). »

538. Ce qui vient d'être dit ne s'applique qu'aux clercs qui veulent entrer dans un ordre religieux. Cependant, comme il est très-important de soutenir et d'alimenter les congrégations *séculières*, dûment approuvées, dont les sujets sont destinés aux missions étrangères ou à la direction des séminaires, ou à l'éducation des jeunes gens, un évêque s'exposerait au danger de contrarier les desseins de la divine Providence, en mettant des entraves à la vocation d'un prêtre qui désirerait entrer dans une de ces congrégations, si ce prêtre était d'ailleurs jugé digne et capable. L'épiscopat est solidaire pour tout ce qui intéresse l'Église.

---

(1) Constitution de Benoît XIV, *Ex quo dilectus*, du 14 janvier 1747. —
(2) Lib. contra Vigilantium, cap. 6. — (3) Sum. part. 2. 2. quæst. 7.

539. Les vœux de pauvreté, de chasteté et d'obéissance forment les principales obligations du religieux. Le premier de ces vœux est un acte par lequel un religieux renonce absolument, et à la propriété de tous biens temporels, estimables à prix d'argent, et à la faculté de disposer en maître de ceux même dont on lui laisse l'usage. « Religiosus ex voto paupertatis obligatur ut nihil habeat « proprium (1). » Mais il n'en est pas du vœu de pauvreté d'un religieux proprement dit comme du vœu que l'on fait dans les congrégations *séculières*, vulgairement appelées *religieuses*. Ce dernier vœu n'est point incompatible avec la propriété, avec le droit de disposer de ses biens, ou d'en acquérir de nouveaux. Seulement, on ne peut en disposer licitement sans la permission du supérieur de la congrégation.

En conséquence du vœu de pauvreté, les religieux sont incapables d'acquérir personnellement aucun bien, à quelque titre que ce soit. Mais, à moins que les constitutions de l'ordre ne s'y opposent formellement, les monastères d'hommes et de femmes peuvent posséder des immeubles (2).

540. Un religieux pèche contre le vœu de pauvreté : 1° en se servant des choses qui lui ont été données pour un autre usage que celui pour lequel elles étaient destinées par le supérieur; 2° en consommant ou en donnant une chose de quelque peu de valeur qu'elle soit, sans y être autorisé; 3° en recevant de l'argent pour son usage particulier ou pour l'employer à volonté, lors même qu'il l'emploierait à des œuvres de piété; 4° en prêtant à un autre les choses qu'il a reçues pour son usage; 5° toutes les fois, en un mot, qu'il fait un acte de *propriété*, en disposant d'une chose comme *sienne*, contrairement à l'esprit de la règle, ou aux usages de la communauté. Aussi, le supérieur et le confesseur d'une maison religieuse doivent, avant tout, se bien pénétrer de l'esprit des constitutions et des usages qui la régissent, tant pour ce qui concerne le vœu de pauvreté, que pour ce qui regarde l'obéissance. A défaut d'une connaissance exacte de la vie religieuse et de la règle de telle ou telle communauté dont la direction leur est confiée, ils seraient exposés à faire bien des fautes.

541. Relativement au vœu de chasteté, un religieux pèche tout à la fois et contre l'aimable vertu et contre la vertu de religion, lorsqu'il se laisse aller à quelque péché de désir, de parole ou d'ac-

---

(1) S. Alphonse de Liguori, lib. IV. n° 14. — (2) Concil. de Trente. Sess. XXV, *de Regularibus*, cap. 3.

tion, contraire à la pureté : « Religiosus voto castitatis obligatur, « ut abstineat se ab omni voluntaria delectatione venerea, interna « et externa; proindeque, si quis contra castitatem peccat, duo « peccata admittit, luxuriæ et sacrilegii (1). »

C'est en faveur de la chasteté que l'Église a introduit l'usage de la clôture pour les monastères de femmes et même pour les monastères d'hommes, quoique cette clôture soit beaucoup moins stricte pour les religieux que pour les religieuses. Un religieux ne peut sortir de la maison que pour un juste motif, avec la permission du supérieur, et jamais seul. De plus, cette permission de sortir ne peut être générale; elle doit se renouveler pour chaque nouvelle sortie. La transgression de la règle sur ce point est une faute grave, à moins que la sortie n'ait lieu qu'une ou deux fois pendant le jour, et sans scandale; mais elle ne pourrait se faire de nuit sans péché mortel. Ce serait aussi une faute grave d'introduire des femmes dans l'intérieur du monastère.

542. La clôture est beaucoup plus stricte pour les religieuses, quoiqu'elle ne soit pas au même degré dans tous les monastères. Chaque religieuse doit, à cet égard, s'en tenir à la règle de sa communauté. Hors le cas de nécessité, il n'est pas permis aux étrangers d'entrer dans l'intérieur d'un monastère de femmes; et la supérieure ne peut les y introduire contrairement aux constitutions. Les religieuses ne peuvent non plus sortir du couvent, si ce n'est pour quelque cause légitime, et avec l'approbation de l'évêque. Voici ce que dit le concile de Trente : « Nemini sanctimonia- « lium liceat post professionem exire a monasterio, etiam ad breve « tempus, quocumque prætextu, nisi ex aliqua legitima causa, ab « episcopo approbanda; indultis quibuscumque et privilegiis non « obstantibus. Ingredi autem intra septa monasterii nemini liceat, « cujuscumque generis, aut conditionis, sexus vel ætatis fuerit, « sine episcopi vel superioris licentia, in scriptis obtenta, sub ex- « communicationis pœna, ipso facto incurrenda. Dare autem epi- « scopus vel superior licentiam debet in casibus necessariis; neque « alius ullo modo possit, etiam vigore cujuscumque facultatis, vel « indulti hactenus concessi, vel in posterum concedendi (2). »

Les évêques eux-mêmes ne doivent entrer dans les monastères

---

(1) S. Alphonse de Liguori, Theol. moral. lib. iv. n° 37. — (2) Sess. xxv, *de Regularibus*, cap. 5. Nous trouvons le même règlement dans les Actes du concile provincial de Reims, de l'an 1583; des conciles de Milan, de l'an 1569; de Tolède, de l'an 1566; d'Aix, de l'an 1585; de Rouen, de l'an 1581; de Toulouse, de l'an 1590; de Bordeaux, de l'an 1624, etc.

de religieuses, dont la clôture est de rigueur, que lorsqu'il y a quelque cas de nécessité(1); et lorsqu'ils jugent à propos de les visiter, ils doivent se faire accompagner de quelques ecclésiastiques.

543. A l'égard du vœu d'obéissance, nous ferons remarquer, 1° qu'il n'y a, à la rigueur, obligation d'obéir que quand le supérieur d'une corporation s'explique de manière à faire entendre qu'il y a commandement; 2° que toute désobéissance n'est pas péché mortel; 3° que le supérieur peut commander tout ce qui a rapport à la règle; mais il ne peut commander ce qui serait contraire à la règle ou en dehors de la règle, si ce n'est pour exercer l'obéissance des religieux. Il ne peut pas non plus imposer des pénitences ou autres charges extraordinaires, à moins que ce ne soit à titre de punition; ni forcer un religieux d'accepter l'épiscopat, une cure, ou tout autre bénéfice; ni d'aller chez les infidèles, lorsqu'il y a danger manifeste de mort ou d'esclavage; ni d'assister les pestiférés du dehors, à moins qu'il n'y ait pas d'autres prêtres pour leur administrer les secours de la religion; mais ils sont tenus d'assister les malades de la maison, même au péril de la vie; 4° que le sujet doit obéir à son supérieur toutes les fois que la chose qu'on lui commande n'est pas certainement un péché; dans le doute, la présomption est en faveur du supérieur(2).

Pour ce qui regarde les religieuses, elles doivent obéissance, par suite de leur vœu : 1° au Souverain Pontife; 2° à l'évêque, si elles ne sont pas *exemptes*; et au prélat de leur ordre, si elles sont *exemptes* de la juridiction de l'Ordinaire; mais pour ce qui est relatif à la clôture, celles même qui sont exemptes doivent obéissance à l'évêque du lieu; 3° à la mère supérieure de la communauté.

544. A quoi sont tenus les religieux qui ont été renvoyés de leur communauté, ou dont la communauté est entièrement éteinte?

1° Dans l'un et l'autre cas, ils sont obligés d'entrer dans une autre communauté du même ordre, si on consent à les y recevoir. Toutefois, ils ne seraient point obligés de s'expatrier.

2° S'ils ne sont pas reçus dans une communauté de leur ordre, on doit les exhorter à passer dans un autre ordre, même moins austère, afin qu'ils puissent plus facilement suivre l'esprit de leur vocation; mais il ne nous paraît pas qu'on puisse l'exiger.

3° S'ils restent dans le monde, ils observeront purement et simplement le vœu de chasteté, dont l'accomplissement est indépen-

---

(1) Grégoire XIII, dans la bulle *Dubiis*, qui est du 23 décembre 1581. —
(2) Voyez S. Alphonse de Liguori, lib. IV. n° 38, etc.

dant des lieux. Quant aux deux autres vœux, ils n'y sont obligés qu'autant que peut le comporter la situation différente où ils se trouvent. Ces vœux lient bien encore, puisqu'ils n'en sont pas dispensés ; mais ils ne peuvent les obliger de la même manière, leur position n'étant plus la même. Au reste, pour éviter toute difficulté, il est prudent de recourir au Souverain Pontife, qui peut modifier ou commuer les vœux solennels, et même en dispenser.

545. Jusqu'ici nous avons parlé des ordres religieux, qu'il ne faut pas confondre avec les congrégations *séculières*, d'hommes et de femmes, improprement dites *religieuses*. Mais il se présente une question : savoir, si nous avons encore, en France, des ordres religieux proprement dits ; si la profession des Bénédictins, des Franciscains, des Dominicains, des Chartreux, des Trappistes, des Carmélites, des Visitandines, et autres personnes qui suivent, parmi nous, des règles autrefois approuvées par le saint-siége, est une vraie profession religieuse, et si leurs vœux sont solennels. Il n'appartient qu'au Souverain Pontife de décider cette question de manière à ne laisser aucune difficulté ; lui seul a droit de modifier les conditions prescrites pour la profession religieuse et la solennité des vœux. Si donc, malgré notre législation civile, qui ne reconnaît pas de religieux, et qui laisse aux religieuses la faculté d'acquérir et d'aliéner des biens temporels, le saint-siége statuait que le vœu de pauvreté, tel qu'il s'observe dans nos communautés, sera solennel, on devrait le regarder comme tel, ainsi que les vœux d'obéissance et de chasteté : comme au contraire ce ne seront que des vœux simples, si tel est l'esprit du siége apostolique.

Or, pour ce qui regarde les religieuses, il résulte de plusieurs décisions de la Sacrée Pénitencerie (1), que notre Saint Père le Pape ne regarde leurs vœux que comme des vœux simples. Par conséquent, dans l'état actuel des choses, leurs vœux, si on excepte celui de chasteté, cessent d'être réservés au Souverain Pontife. Et le décret du concile de Trente, les constitutions des Souverains Pontifes concernant la clôture, perdent toute leur force et leur application pour les communautés de religieuses, comme le porte expressément une décision de la Pénitencerie, adressée, en 1821, à un chanoine de Nantes (2).

En est-il de même de nos religieux ? Nous ignorons quelle est, à cet égard, la pensée du saint-siége. Nous ne connaissons qu'une réponse particulière du Saint Père, du 24 avril 1831, laquelle sup-

(1) Voyez le Traité de M. Carrière, *de Justitia et Jure*, n° 223. — (2) Ibidem.

pose que les vœux des Trappistes ne sont point des vœux solennels (1).

TROISIÈME PARTIE.

Du troisième Précepte du Décalogue.

546. Le troisième commandement de Dieu est ainsi conçu : « Memento ut diem sabbati sanctifices. Sex diebus operaberis, et « facies omnia opera tua. Septimo autem die sabbatum Domini Dei « tui est : non facies omne opus in eo, tu, et filius tuus et filia tua, ser- « vus tuus et ancilla tua, jumentum tuum, et advena qui est intra « portas tuas. Sex enim diebus fecit Dominus cœlum et terram, et « mare, et omnia quæ in eis sunt, et requievit in die septimo : « idcirco benedixit Dominus diei sabbati, et sanctificavit eum (2). »

Les Juifs observaient le sabbat, *sabbatum*, qui signifie jour de repos, en mémoire de ce que Dieu, après avoir employé six jours à la création, se reposa le septième. Mais l'Église substitua le premier au dernier jour de la semaine, en mémoire de la résurrection de Notre-Seigneur Jésus-Christ ; et ce jour, que nous devons sanctifier comme chrétiens, s'appelle *dimanche*, c'est-à-dire *jour du Seigneur*. Ainsi, quoique l'obligation de consacrer quelque temps au culte extérieur et *public* soit de droit naturel et divin, l'obligation de sanctifier le dimanche plutôt qu'un autre jour n'est que de droit ecclésiastique ; c'est l'Église elle-même qui a transféré le culte et la célébration du sabbat au jour du dimanche, comme l'enseigne le catéchisme du concile de Trente : « Placuit Ecclesiæ Dei « ut diei sabbati cultus et celebritas in dominicum transferretur « diem (3). » C'est aussi la doctrine de saint Thomas : « Observantia « diei dominicæ in nova lege succedit observantiæ sabbati, non ex « vi præcepti legis ; sed ex constitutione Ecclesiæ, et consuetudine « populi christiani (4). »

547. Saint Alphonse de Liguori regardant ce sentiment comme étant beaucoup plus probable que le sentiment contraire, *longe*

---

(1) Voyez le Traité de M. Carrière, *de Justitia et Jure*, n° 223. — (2) Exod. c. 20. v. 8, 9, 10 et 11. — (3) Catéch. du Conc. de Trente, *sur le 3ᵉ commandement*. — (4) Sum. part. 2. 2. quæst. 122. art. 4. — Conc. de Reims, de 1583.

probabilior et communis, en tire les conclusions suivantes : « Et
« ideo observantia dominicæ ab Ecclesia mutari et dispensari potest;
« quamvis dispensari non potest quod nullus sit dies festivus cultui
« divino specialiter deputatus.... licet sit de jure divino et naturali,
« ut designetur aliquod tempus determinatum ad Deum colendum,
« determinatio tamen hujus cultus, et dierum quibus conferendus
« erat, fuit a Christo dispositioni Ecclesiæ relicta; ita ut posset Papa
« decernere, ut observantia dominicæ duraret tantum per aliquas
« horas, et quod licerent aliqua opera servilia (1). »

L'Église peut établir des fêtes pour la célébration des principaux mystères de la religion, ou pour honorer la sainte Vierge, les martyrs et les saints; et le précepte de sanctifier les fêtes oblige sous peine de péché mortel, comme on le voit par la condamnation de la proposition suivante : « Præceptum servandi festa non obligat sub « mortali, seposito scandalo, si absit contemptus (2); » aussi, ce que nous disons de la sanctification du dimanche s'applique, généralement, aux fêtes commandées par l'Église, tant pour ce qui regarde l'obligation d'entendre la messe, que pour ce qui regarde la défense de vaquer aux œuvres serviles.

CHAPITRE PREMIER.

De ce qui nous est commandé par l'Église pour la sanctification des Dimanches et des Fêtes.

548. Entendre dévotement la sainte messe, assister aux vêpres et aux autres exercices de piété qui se font à l'Église, s'approcher des sacrements de Pénitence et d'Eucharistie, écouter avec respect et attention la parole de Dieu, faire quelque lecture spirituelle, visiter les malades, soulager les pauvres, consoler les affligés, sont les principaux actes que les vrais fidèles ont coutume de faire les dimanches et fêtes de commandement.

Mais de toutes ces œuvres, il n'y a que l'assistance à la messe qui soit obligatoire sous peine de péché mortel; et cette obligation est

---

(1) Theol. moral. lib. III, n° 265. Voyez aussi les Conférences d'Angers, *sur le 3e commandement de Dieu*, question 1, etc.; Billuart, *de Religione*, dissert. VI. art. 1. — (2) Décret d'Innocent XI, de l'an 1679.

pour tous les fidèles non empêchés qui ont atteint l'usage de raison. Suivant plusieurs théologiens, on est encore obligé, mais sous peine de péché véniel seulement, d'assister à l'office des vêpres. Enfin, il y a obligation, non pour tous les fidèles, mais pour ceux qui ne sont pas suffisamment instruits des devoirs du chrétien, d'assister à la prédication ou au catéchisme qui se fait le dimanche, s'ils n'ont pas d'autre moyen de se procurer l'instruction nécessaire au salut (1). Quant aux autres pratiques, auxquelles un curé doit exhorter les fidèles, elles ne sont que de conseil, que de dévotion ; et, à s'en tenir à la rigueur du droit, celui qui se contente d'entendre la messe le dimanche, de quelque peu de durée qu'elle soit, s'il s'abstient d'ailleurs de toute œuvre servile, satisfait au troisième précepte, en ce sens du moins qu'il ne pèche pas mortellement (2).

ARTICLE I.

De l'Obligation d'entendre la Messe.

549. Pour satisfaire à l'obligation d'entendre la messe, il suffit de l'entendre une fois, lors même qu'une fête de commandement tomberait le dimanche : il en est de même pour le jour de Noël, où l'on a coutume de dire trois messes. Mais, en tout cas, on doit, autant que possible, entendre la messe en entier, moralement parlant. En omettre une partie considérable sans raison serait une faute grave ; si la partie omise n'était que légère, la faute ne serait que vénielle. Or, de Lugo et plusieurs autres théologiens pensent que ceux qui arrivent pour l'offertoire ne pèchent pas mortellement ; parce que, disent-ils, au rapport de saint Isidore, la messe ne commençait anciennement qu'à l'offertoire. Mais il nous paraît plus probable qu'on se rend coupable d'une faute grave en manquant depuis le commencement de la messe jusqu'à l'évangile inclusivement. Saint Alphonse croit même qu'il y a péché mortel à n'arriver qu'après l'épître. Toutefois, il reconnaît comme probable l'opinion qui veut que la faute ne soit mortelle qu'autant qu'on n'arrive pas pour l'évangile (3).

(1) Voyez S. Alphonse, lib. III. n° 308 ; Benoît XIV, *de Synodo*, etc. lib. VII. cap. 64 ; Billuart, *de Religione*, dissert. VI. art. 8, etc. — (2) S. Antonin, Sum. part. 2. 2. tit. IX. cap. 7. § 4 ; Billuart, *ibidem*. — (3) S. Liguori, lib. IV. n° 310 ; Billuart, *de Religione*, dissert. VI art. 5.

Mais ce serait une faute grave de manquer tout ce qui précède l'évangile et ce qui suit la communion du prêtre ; ou de manquer le temps de la consécration et de la communion ; ou même de manquer seulement la consécration ou la communion sous les deux espèces ; ou enfin de manquer depuis la fin de la consécration jusqu'au *Pater* exclusivement (1).

On convient au contraire que la faute n'est que vénielle, si on omet seulement l'offertoire ou la préface, ou la partie de la messe qui suit la communion du prêtre (2).

550. Celui qui entend en même temps deux demi-messes de deux prêtres différents, ne satisfait point au précepte. Le pape Innocent XI a condamné l'opinion contraire, en censurant la proposition suivante : « Satisfacit præcepto Ecclesiæ de audiendo sacro, qui « duas ejus partes, imo quatuor simul a diversis celebrantibus « audit (3). »

Mais il est assez probable qu'on satisfait au précepte, lorsqu'on assiste à une partie de la messe d'un prêtre et à une partie de la messe d'un autre, qui célèbrent successivement, pourvu qu'il n'y ait pas trop d'intervalle entre les deux messes, et que l'on assiste à la consécration et à la communion faites par le même prêtre. Exemple : Paul arrive à la messe de son curé immédiatement avant la consécration ; il entend le reste de la messe jusqu'à la fin ; ensuite il entend la messe du vicaire jusqu'à la consécration exclusivement : il paraît qu'il accomplit le précepte ; mais s'il agit ainsi sans raison légitime, on ne peut l'excuser d'une faute vénielle (4).

551. Pour entendre la messe, il faut être à l'église ou à l'endroit où on célèbre les saints mystères. Mais on peut l'entendre étant au chœur, derrière l'autel, ou à une fenêtre qui donne dans l'église, quand bien même on ne pourrait pas voir le célébrant ; pourvu qu'on puisse le suivre par le moyen des autres fidèles qui sont plus rapprochés de l'autel. Celui-là pourrait encore l'entendre qui se trouverait derrière un mur ou une colonne de l'église, et même hors de l'église, s'il faisait partie de la foule qui pénètre dans l'intérieur. Ce cas arrive assez souvent dans les grandes solennités. Enfin, plusieurs docteurs admettent qu'on peut entendre la messe étant à la fenêtre d'une maison qui n'est séparée de l'église que par la voie publique, pourvu toutefois qu'on aperçoive le prêtre à l'autel, et que la distance ne soit pas trop considérable. Saint Al-

---

(1) Billuart, *de Religione*, dissert. VI. art. 5 — (2) S. Liguori, lib. IV. n° 310. — (3) Décret de l'an 1679. — (4) S. Liguori, lib. IV. n° 311.

phonse de Liguori dit que cette opinion n'est point improbable (1).

552. Il ne suffit pas d'assister de corps à la messe ; il faut y assister avec l'intention de l'entendre, et l'entendre avec attention. Le précepte ne serait pas accompli par celui qui assisterait à la messe dans le seul but de voir l'église, ou d'y attendre un ami ; ou parce qu'il y est forcé par la violence. Nous disons par la *violence,* parce que si quelqu'un entendait la messe par la seule crainte de son père ou de sa mère ou de son supérieur ; s'il l'entendait d'ailleurs avec attention, il satisferait à l'obligation, quand bien même il pécherait par la mauvaise volonté de s'abstenir de la messe s'il le pouvait. Mais il n'est pas nécessaire d'avoir l'intention d'accomplir le précepte ; pour satisfaire à l'obligation d'entendre la messe, il suffit de l'entendre en effet (2).

553. Outre l'intention d'entendre la messe, il faut apporter une attention au moins virtuelle à ce qui se fait pendant le saint sacrifice. C'est pourquoi celui qui y assiste étant dans l'ivresse, ou en se livrant au sommeil, ou en se distrayant volontairement pendant une partie notable de la messe, de manière à ne rien remarquer de ce qui se passe à l'autel, ne satisfait point au précepte. Mais est-il nécessaire que l'attention soit intérieure ? C'est une question controversée parmi les théologiens. Les uns, entre autres Sylvius, Lessius, de Lugo, Sporer, croient qu'une attention extérieure, avec l'intention générale d'honorer Dieu, suffit pour entendre la sainte messe. Mais l'opinion la plus commune et la plus probable veut que l'attention intérieure soit nécessaire, et qu'on pense à Dieu, en considérant, par exemple, sa bonté, sa miséricorde, son amour pour les hommes ; ou aux mystères de l'incarnation, de la passion et de la mort de Notre-Seigneur, qui se renouvellent sur nos autels ; ou aux paroles et aux actions du prêtre ; ou aux prières que l'on fait, soit à Dieu, soit à la sainte Vierge, aux saints. Cette seconde opinion doit être adoptée dans la pratique ; cependant, comme, au jugement de saint Alphonse, on ne peut nier que la première opinion ne soit *assez probable*, il est par là même assez douteux si l'Église oblige les fidèles à prier pendant la messe, et à l'entendre avec une attention intérieure : « Sat dubia videtur Ecclesiæ lex « quæ etiam ad attentionem internam ac ad orationem audientes « obliget, cum plures graves doctores, ut Lessius, Suarez, Me- « dina, etc., doceant ad missam audiendam non esse opus orare, « sed tantum intendere Deum colere. Hinc Croix, lib. VI, n° 1740,

---

(1) S. Liguori, lib. v. n° 312. — (2) Voyez le Traité des Lois, n° 51.

« ponit contrariam inter sententias rigidas periculosas in praxi, ra-
« tione scrupulorum, quibus illa semper est obnoxia : intelligitur
« tamen, nisi distractio sit talis, ut audiens nullomodo attendat ad
« missam (1). » Ainsi, tout en exhortant leurs pénitents à s'unir au
prêtre pendant la célébration de la messe par des sentiments de
foi, d'espérance et d'amour, et par la prière, les confesseurs ne les
inquiéteront point pour les distractions, qui n'empêchent pas de
suivre extérieurement, par esprit de religion, *animo colendi
Deum*, les paroles ou les actions du célébrant.

554. On admet communément que celui qui, pendant la messe,
examine sa conscience pour se confesser, ou qui lit par dévotion
quelque ouvrage spirituel, comme, par exemple, l'*Évangile*,
l'*Imitation*, ou qui récite l'office divin auquel il est tenu (2), satisfait au précepte. Ceux-là satisfont également, qui servent à la
messe; qui présentent les choses nécessaires au sacrifice, comme le
pain, le vin, l'encens; qui recueillent les aumônes; pourvu toutefois que ces employés ne sortent pas de l'église, ou qu'ils n'en sortent que pour peu de temps. Les chantres, les organistes, les mu-
siciens, quoique généralement plus occupés d'eux-mêmes que des
divins mystères, satisfont encore à l'obligation, si, en remplissant
leurs fonctions, ils font attention à la messe : « Si dum canunt, vel
« pulsant instrumenta, simul ad missam attendunt; dum id etiam
« refertur ad Dei cultum (3). » Mais il n'est pas probable qu'on
puisse se confesser et entendre la messe en même temps.

Enfin, il y a satisfaction, ou du moins la faute n'est que vénielle, de la part de celui qui, pendant la messe, se sentant accablé
de sommeil, s'assoupit, c'est-à-dire dort légèrement, si cependant
il peut encore remarquer ce qui se fait à l'autel (4). Quant à celui
qui converserait pendant une partie notable de la messe, il ne
satisfait point; parce que converser, c'est se distraire extérieurement, ce qui empêche certainement l'accomplissement du précepte.

555. Est-on obligé d'entendre la messe de paroisse, c'est-à-dire,
la messe où se font les prières du prône, l'instruction, les publications de mariage, les annonces? L'Église invite les fidèles à assister à la messe paroissiale, mais elle ne le commande pas; elle
conseille, et n'ordonne point; elle exhorte, sans recourir aux menaces. Il n'existe aucune loi générale qui oblige d'assister à la

---

(1) Theol. moral. lib. III. n° 313. — (2) Voyez, ci-dessus, n° 159. — (3) S. Alphonse de Liguori, lib. III. n° 317. — (4) Ibidem. n° 316.

messe paroissiale, l'usage contraire ayant prévalu : « Nullus, dit
« Billuart, tenetur ex præcepto, missam diebus dominicis et festis
« audire in ecclesia parochiali; constat ex praxi generali fidelium
« et usu ubique recepto; ita ut si existeret aliquod jus contrarium,
« per hanc consuetudinem generalem censeretur abrogatum (1). »
Nous lisons aussi dans les statuts du diocèse de Marseille, publiés
en 1832 : « Dato quod aliqua olim circa hoc extiterit obligatio,
« hanc penitus abrogasse videtur Ecclesiæ consuetudo, quæ vim
« hodie juris communis obtinuit. Hinc Benedictus XIV... *integrum
« hodie omnibus est in qualibet ecclesia, modo non sit capella
« seu oratorium privatum, sacris mysteriis interesse; quia con-
« traria consuetudine derogatum est præcepto audiendi missam
« parochialem* (2). » En effet, malgré les règlements de plusieurs
conciles particuliers et les constitutions synodales des différents
diocèses de France, où il est ordonné d'entendre la messe de paroisse au moins de trois dimanches l'un, sous peine de péché
mortel, un grand nombre de fidèles, et dans les villes et dans les
paroisses où il y a plusieurs messes le dimanche, croient satisfaire
au précepte de l'Église, en entendant une autre messe que la messe
paroissiale.

556. D'ailleurs, les temps et les choses ont changé : aujour-
d'hui, vu l'affaiblissement de la foi et de la piété parmi nous, il y
aurait de graves inconvénients à vouloir renouveler ou à maintenir
la rigueur des anciens règlements particuliers aux églises de France,
concernant la messe de paroisse; ce serait mettre en danger le salut
des faibles, dont le nombre n'est malheureusement que trop grand :
« Non potest, dit Benoît XIV, a nimia severitate excusari synodalis
« constitutio, adigens sæculares ad missam, Deique verbum au-
« diendum in ecclesia parochiali, omnibus dominicis, aliisque festis
« diebus. » Et, au rapport de ce Pape, une constitution semblable
ayant été soumise à la sacrée congrégation du concile de Trente, il a
été décidé par cette congrégation qu'on devait se contenter d'exhorter les fidèles à assister à la messe et à l'instruction dans l'église paroissiale, sans les y obliger : « Conclusum fuit ejusmodi constitu-
« tionem ita mitigandam, ut per eam monerentur, quidem, non
« autem cogerentur fideles missæ et concioni in parochiali ecclesia
« adesse (3). » Aussi déjà, depuis quelque temps, plusieurs évêques

---

(1) Tract. de Religione, dissert. v. art. 6. — (2) Benoît XIV, *de Synodo*, etc.
lib. vii. cap. 64. edit. Rom. 1748. Voyez aussi S. Alphonse de Liguori, *Théol.
moral.* lib. iii. n° 320; Mgr Bouvier, *de Decalogo*, cap. 3. art. 3. sect. 3. —
(3) Benoît XIV, *de Synodo*, etc. lib. vii. cap. 64. édit. Rom. 1748. — Voyez

de France se sont montrés moins sévères que leurs prédécesseurs sur l'article dont il s'agit : tout en rappelant à ceux qui sont chargés de la direction des âmes, qu'ils doivent engager les fidèles à fréquenter la messe paroissiale, ils ajoutent qu'il faut s'en tenir à une simple *exhortation*, et s'abstenir de tout ce qui pourrait leur faire croire qu'il y a obligation, ou du moins obligation grave d'assister à la messe de paroisse (1).

ARTICLE II.

Des Causes qui dispensent de l'obligation d'entendre la Messe.

557. Sont dispensés d'entendre la messe tous ceux qui sont dans l'impuissance physique ou morale d'y assister.

On excuse les prisonniers, ceux du moins qui sont détenus de manière à ne pouvoir assister à la chapelle quand on y célèbre la messe; ceux qui sont sur mer, quand il n'y a pas de prêtre dans le navire; ceux qui voyagent dans un pays où l'on ne dit pas la messe; ceux qui sont retenus à la maison, pour cause de maladie. Il en est de même des infirmes, des convalescents qui ne peuvent sortir de la maison, sans danger de retomber malades ou d'éprouver du retard dans leur guérison. S'il y a doute, l'infirme, le convalescent suivra l'avis de son médecin, ou de son curé, ou d'une autre personne prudente, ou même son propre jugement, s'il croit pouvoir prononcer prudemment. Dans le cas où, après avoir pris conseil, il persévère dans le doute, son curé peut le dispenser; comme il peut, quand il y a doute, dispenser de l'obligation de s'abstenir, le dimanche, des œuvres serviles (2).

558. On excuse aussi ceux qui doivent soigner les malades, leur administrer des remèdes ou leur donner de la nourriture dans un temps convenable, ou simplement leur tenir compagnie, dans le cas où, comme il arrive à certains malades, il leur en coûterait trop

---

aussi S. Alphonse de Liguori, *Theol. moral.* lib. III. n° 320; Mgr Bouvier, *de Decalogo*, cap. 3. art. 3 sect. 3. — (1) Voyez le Rituel de Belley, de l'an 1830, tom. I. part. III. tit. 4. section 6; le Rituel d'Autun, de l'an 1833, part. II. ch. 1; les Statuts de la Rochelle, de l'an 1835; les Statuts d'Avignon, de l'an 1836; les Statuts d'Aix, de l'an 1840; les Déclarations des évêques du Mans, citées par Mgr Bouvier, *de Decalogo*, cap. 3. art. 3. sect. 6. Nous avons rédigé dans le même esprit les Statuts de Périgueux, de l'an 1839. — (2) Voyez S. Alphonse de Liguori, Theol. moral. lib. III. n° 325.

d'être seuls. La charité l'emporte sur la vertu de religion. Sont pareillement excusés ceux qui sont obligés de garder la ville, les postes qui leur sont confiés ; la maison, les petits enfants qu'on ne peut conduire à l'église ; les troupeaux qu'on ne peut abandonner sans danger. S'il y a plusieurs gardiens pour la maison, les enfants et les troupeaux, il ne peut y avoir de difficulté, généralement parlant, dans les paroisses où l'on dit plusieurs messes ; les uns entendront la première, et les autres la seconde. Si au contraire il n'y a qu'une messe, ils seront obligés d'alterner, en y assistant tous les quinze jours.

On excuse encore ceux qui, à raison de la distance, ne peuvent que très-difficilement se rendre à l'église pour entendre la messe. Il faut en cela avoir égard à l'âge et à la position des personnes, aux lieux, aux temps, et aux chemins. Généralement, les chemins sont beaucoup plus difficiles en hiver qu'en été ; et la distance qui excusera facilement un vieillard, une femme enceinte, une personne délicate, peut certainement n'être pas suffisante pour excuser les jeunes gens, les personnes qui se portent bien, ou qui sont d'un âge moins avancé.

559. On excuse les personnes qui sont en deuil pour tout le temps qu'elles ne sortent pas de la maison, suivant l'usage des lieux. Il en est de même des fiancés qui, d'après la coutume du pays, ne croient pas pouvoir prendre sur eux d'assister à la messe où l'on doit publier leur mariage. Mais s'il y avait une autre messe dans la paroisse, ils ne seraient pas dispensés de l'entendre.

Une femme, une jeune fille qui craint avec fondement d'être, à l'église, l'objet de coupables désirs, est excusable de ne pas aller à la messe ; mais elle est tout au plus obligée de s'en abstenir une ou deux fois. On excuse également, pour un autre motif, puellas aut mulieres inhoneste prægnantes. Sont dispensés d'entendre la messe, les conducteurs de voitures publiques qui ne peuvent s'arrêter ; les militaires qu'on exerce ou qu'on fait voyager pendant les offices divins ; le voyageur qui, en s'arrêtant, s'exposerait au danger de perdre la place qu'il occupe dans une diligence, ou un compagnon de voyage dont il ne peut se séparer sans de graves inconvénients (1). Mais on ne doit pas se mettre en route pour le dimanche sans raison légitime.

560. Enfin, sont dispensés, les domestiques, les enfants, les femmes, lorsque leurs maîtres, leurs parents, leurs maris veulent

---

(1) Voyez S. Alphonse, Theol. moral. lib. III. n° 327, etc.

absolument qu'ils travaillent pendant le temps de la messe, s'ils ne peuvent se refuser à obéir sans de graves inconvénients ; si, par exemple, on a lieu de craindre qu'un mari, qu'un père, un maître ne se livre à l'emportement, à des blasphèmes, à des imprécations ; ou encore, pour ce qui regarde un domestique, s'il craint d'être renvoyé, sans pouvoir se promettre de trouver aussitôt et facilement un autre maître qui lui permette de remplir ses devoirs de religion. Mais ceux qui font travailler leurs inférieurs pendant qu'on dit la messe sont grandement coupables ; à moins qu'il ne s'agisse ou d'arrêter un incendie, ou de détourner une inondation dont on est menacé, ou de retirer son prochain d'un embarras, ou de prévenir, tant pour les autres que pour soi-même, un malheur, une perte, un dommage considérable. « Cujus vestrum asi-
« nus aut bos in puteum cadet, et non continuo extrahet illum die
« sabbati (1) ? »

CHAPITRE II.

De ce qui est défendu les jours de Dimanche et de Fête.

561. On distingue trois sortes d'œuvres relativement à la sanctification des dimanches et des fêtes : les œuvres *serviles*, les œuvres *libérales* et les œuvres *communes*. Les œuvres *serviles* ou *corporelles* sont celles où le corps a plus de part que l'esprit, et qui tendent directement à l'avantage du premier, qui en est la cause efficiente. Ainsi, par exemple, travailler ou cultiver la terre, moissonner, faucher, vendanger, sont des œuvres serviles. Les œuvres *libérales* sont celles qui dépendent plus de l'opération de l'esprit que de celle du corps, et qui tendent directement à la culture de l'intelligence ; tels sont la lecture, l'écriture, l'enseignement, le dessin, l'étude, et tout ce qui appartient aux arts libéraux. Les œuvres *communes* sont celles qui s'exercent également et par l'esprit et par le corps, et qui se font indifféremment par toutes sortes de personnes, sans dépendre d'aucune profession ; telles que voyager, jouer, aller à la chasse, à la pêche, etc.

(1) Luc. c. 14. v. 5. Voyez S. Alphonse de Liguori, lib. III.

Suivant l'opinion la plus probable, opinion beaucoup plus commune que l'opinion contraire, *probabilior et longe communior*, dit saint Alphonse de Liguori, le péché n'est point une œuvre servile proprement dite ; par conséquent, celui qui s'est rendu coupable de quelque péché mortel, celui qui, par exemple, a commis la fornication, l'adultère, une injustice, un jour de dimanche, n'est point obligé de déclarer cette circonstance en confession (1).

ARTICLE I.

Des Œuvres défendues ou permises les jours de Dimanche et de Fête.

562. Il est expressément défendu de faire des œuvres serviles les jours de dimanche et de fête de commandement. De tout temps, les Papes et les évêques, les pères et les docteurs ont insisté sur la défense de travailler, en ces jours, à la culture des terres, des champs, des vignes et des jardins, de planter des haies, d'abattre des arbres, d'arracher du bois, de tirer des pierres des carrières, de les tailler, de bâtir. Ils défendent également le travail des tailleurs d'habits, des cordonniers, des tisseurs, des maçons, des charpentiers, des menuisiers, des charrons, des carrossiers, des serruriers, des forgerons, des horlogers, des orfévres, et généralement de tous ceux qui exercent un art mécanique.

563. Les œuvres libérales et communes ne sont point prohibées par l'Église. On peut par conséquent, sans crainte de violer le précepte de la sanctification du dimanche, lire, étudier, écrire, chanter, faire de la musique, pour se perfectionner dans une science ou dans un art, ou pour instruire les autres. Les professeurs des arts et des sciences peuvent travailler et donner des leçons ; les architectes, les peintres, les sculpteurs, les brodeurs, peuvent tracer sur le papier des dessins, des plans, des projets d'ouvrages. Il est permis aussi, probablement, de copier les écritures, les notes de musique, de transcrire les comptes, et même, selon plusieurs théologiens, de composer les planches d'impression, mais non pas d'imprimer (2).

---

(1) S. Alphonse de Liguori, lib. III. n° 273 ; Mgr Bouvier, *de Decalogo*, cap. 3. art. 2. § 2. — S. Alphonse de Liguori, lib. III. n° 279, etc.

Les voyages à pied, à cheval, ainsi qu'en voiture, sont également permis comme œuvres communes; pourvu que l'on ne s'expose pas, sans raison, au danger de perdre la messe. On pèche plus ou moins, selon que le danger auquel on s'expose est plus ou moins prochain, plus ou moins probable. Mais on ne doit pas voiturer, les saints jours, des marchandises, des denrées, à moins qu'il n'y ait quelque nécessité, ou que la coutume ne l'autorise (1). Le péché que commet un voiturier qui conduit des charrettes, des chevaux, des mulets, des ânes, chargés de denrées ou de marchandises, est plus ou moins grave, selon que le travail ou le temps qu'on y emploie est plus ou moins notable.

564. Les meuniers qui ont des moulins à vent peuvent faire moudre les jours de dimanche et de fête, pour ne pas perdre l'occasion du vent, dont ils ne sont pas sûrs pour un autre jour. Il en est de même, à notre avis, pour ce qui regarde les moulins à eau, lorsqu'on a lieu de craindre que l'eau ne vienne à manquer, ou par défaut de pluie, ou par la gelée. Au reste, sur ce point il faut s'en tenir à l'usage des lieux : la coutume peut excuser ceux qui font moudre le dimanche, même sans nécessité. En tout cas, il est permis de moudre le dimanche, quand il y a disette de farine.

La plupart des théologiens voient une œuvre servile dans la peinture, parce qu'elle exige une opération matérielle. Cependant l'opinion contraire est assez probable ; car l'action de peindre, du moins quand elle n'est pas accompagnée de la préparation des couleurs ou d'autres choses semblables, nous paraît être une œuvre plus libérale que servile. Mais on convient que la sculpture doit être regardée plutôt comme une œuvre servile que comme une œuvre libérale (2).

Suivant l'opinion la plus commune et la plus probable, la chasse au fusil ou au filet n'est point une œuvre servile ; s'il pouvait y avoir ici quelque doute à considérer la chose en elle-même, la coutume lèverait toute difficulté. Il en est de même de la pêche, lorsqu'elle ne demande pas un grand travail; telle est, par exemple, la pêche à la ligne. Mais on ne doit jamais manquer ni s'exposer au danger de manquer à la messe, à l'occasion de la chasse ou de la pêche.

565. Outre les œuvres serviles, les œuvres judiciaires sont défendues par l'Église les jours de dimanche et de fête. Par œuvres judiciaires, on entend tout acte de justice qui se fait avec *bruit et*

---

(1) Voyez S. Alphonse de Liguori, lib. III. n° 276. — (2) Ibidem. n° 280.

contention; comme intenter un procès, citer les parties, entendre les témoins, plaider, prononcer une sentence, exécuter un jugement. Il n'y a que la nécessité ou la coutume qui puisse excuser les actes judiciaires. Ainsi, parmi nous, on ne doit point inquiéter les juges de paix qui tiennent l'audience les jours de dimanche, pourvu qu'ils ne la tiennent pas pendant la messe, ni les juges qui continuent ces jours-là les opérations de la cour d'assises.

En tout cas, les juges, les avocats, les avoués peuvent travailler dans leur cabinet, et vaquer à celles de leurs fonctions qui ne réclament point le bruit du palais. Quant aux notaires, ils peuvent faire les testaments des malades, les contrats de mariage; et même, d'après l'usage actuel, tout autre acte qui leur est demandé. Mais ils ne sont pas pour cela dispensés d'entendre la messe. Cette dispense n'aurait lieu que pour le cas où il s'agirait de faire le testament d'un malade dont l'état ne permettrait pas de différer.

566. Les lois de l'Église défendent aussi les marchés, aux jours de dimanche et de fête; elles défendent surtout les marchés qui se font en public et avec solennité. Mais cette défense se trouve modifiée par les différents usages qui varient suivant les lieux. Les curés et les confesseurs doivent y faire attention; autrement, ils seront exposés à défendre ce qui est permis, et à permettre ce qui est défendu. Il est reçu assez généralement que l'on peut vendre et acheter, le dimanche, non-seulement les choses nécessaires pour la journée, comme le pain, le vin, la viande, le jardinage, et autres provisions de bouche; mais encore ce dont les gens de la campagne peuvent avoir besoin pour une ou plusieurs semaines, pour un temps même considérable, comme les vivres, les vêtements, et autres objets de consommation. Mais il n'est pas permis d'exposer publiquement les marchandises; on doit tenir la boutique fermée, où du moins n'en laisser que la porte ouverte. On excepte cependant le cas où l'on exposerait la marchandise dans certaines foires ou marchés publics autorisés par la coutume et tolérés par les évêques (1).

L'usage permet encore les actes de vente, d'échange et de location, quel que soit l'objet de ces contrats, lorsqu'ils peuvent se faire sans l'intervention de l'ordre judiciaire.

567. Enfin, il est défendu aux aubergistes, aux cabaretiers, de donner à boire et à manger aux gens de l'endroit pendant les offices divins, surtout pendant la célébration du saint sacrifice. Ils

---

(1) S. Alphonse de Liguori, lib. III. n° 286

ne peuvent le faire sans se rendre coupables d'une faute grave, lors même qu'ils ne seraient pas d'ailleurs tenus d'assister eux-mêmes à la messe. Ils sont également coupables de recevoir les jeunes gens, même hors le temps des offices, favorisant ainsi les querelles, les blasphèmes, les jurements, l'ivrognerie et autres désordres.

568. Si on excepte quelques fêtes qui ne s'observent, en certains pays, que jusqu'à midi, l'obligation de s'abstenir des œuvres serviles et autres œuvres défendues par l'Église est en vigueur d'un minuit à l'autre : ainsi, on ne peut excuser les ouvriers, les cordonniers, par exemple, les tailleurs, qui, sans nécessité, sans raison suffisante, continuent le travail du samedi une ou plusieurs heures après minuit.

Cette obligation est une obligation grave ; cependant il peut y avoir légèreté de matière, à raison du peu de temps que l'on emploie au travail. Quelques auteurs pensent que le travail d'une heure suffit pour un péché mortel ; mais, quelle que soit la nature du travail, ce sentiment est communément rejeté comme trop sévère. D'autres exigent l'espace de trois heures ; d'autres enfin, en plus grand nombre, regardent le travail de deux heures comme matière suffisante pour le péché mortel, lors même que le travail serait fait à différentes reprises. Comme il est difficile, à notre avis, de décider lequel de ces deux derniers sentiments est le plus probable, nous pensons qu'il faut avoir égard et à la nature du travail et à la disposition des esprits ; car en certains pays, toutes choses égales d'ailleurs, les fidèles seront moins scandalisés de tel ou tel travail de trois heures, que d'un autre travail qui ne dure que deux heures. Cependant, pour donner aux fidèles une règle générale, sans crainte de rien exagérer, un curé peut enseigner que celui qui, contrairement aux lois de l'Église, et sans nécessité aucune, travaille le dimanche ou un jour de fête pendant trois heures, consécutives ou non, se rend certainement coupable de péché mortel ; et qu'il s'expose au danger de pécher mortellement, en ne travaillant même que deux heures.

569. Les parents et les maîtres sont bien coupables de faire travailler le dimanche ou un jour de fête, sans qu'il y ait nécessité, leurs enfants, leurs domestiques ou leurs ouvriers. Cependant ils ne pécheraient que véniellement, si le travail qu'ils leur font faire en même temps durait moins de deux heures, puisqu'il faut travailler au moins deux heures pour commettre un péché mortel. En serait-il de même si le travail était successif ; si, par exemple,

un maître ordonnait à dix ouvriers de travailler successivement chacun une heure, une demi-heure? Les uns disent que ce maître pécherait alors mortellement; d'autres, au contraire, pensent qu'il ne commettrait qu'un péché véniel. Saint Alphonse de Liguori regarde cette opinion comme plus probable et beaucoup plus commune que la première, *probabilior et longe communior* (1). Cependant il serait difficile, ce nous semble, d'excuser de péché mortel celui qui ferait travailler ainsi ses enfants, ses domestiques ou ses ouvriers, dans le dessein d'éluder le précepte; car ce serait alors se jouer, en quelque sorte, des lois de l'Église.

ARTICLE II.

Des Causes qui permettent de travailler les Dimanches et autres jours de Fête.

570. Les causes qui font cesser l'obligation du troisième commandement, relativement au travail, sont la dispense, la coutume, la nécessité, la piété et la charité.

Premièrement, *la dispense*. Elle suppose toujours un motif, une raison plus ou moins forte, suivant la nature du travail. Cette dispense peut être accordée par le Pape à l'égard de tous les chrétiens; par l'évêque, à l'égard de ses diocésains; par un prélat régulier, à l'égard de ses religieux et de ses domestiques; par le curé, à l'égard de ses paroissiens. Le confesseur n'a pas droit de dispenser, il peut seulement décider qu'en tel ou tel cas la loi n'oblige pas. Quand il s'agit du dimanche ou d'une fête générale, et non particulière à un diocèse, à une communauté, les évêques, les prélats, les curés, ne peuvent dispenser que pour des cas particuliers et pour un certain temps. Mais le pouvoir de l'évêque va plus loin que celui du curé, qui, le plus souvent, interprète plutôt la loi qu'il n'en dispense: Cependant celui-ci peut réellement dispenser, en certains cas déterminés par l'usage, lors même qu'on pourrait facilement recourir à l'évêque (2).

571. On accorde la dispense dont il s'agit, dans le doute si ceux qui la demandent ont des raisons suffisantes de travailler le dimanche. Si le motif qu'on a pour se faire exempter de la loi était évident, incontestable, on pourrait s'exempter soi-même, surtout

---

(1) Lib. III. n° 306. — (2) S. Alphonse de Liguori, lib. III. n° 288.

si telle était la coutume, ou si on ne pouvait facilement recourir au supérieur. « Si causa sit evidens, dit saint Thomas, per se ipsum « licite potest homo statuti observantiam præterire, præsertim « consuetudine interveniente, vel si non posset facile recursus ad « superiorem haberi. Si vero causa sit dubia, debet aliquis ad su- « periorem recurrere, qui habet potestatem in talibus dispen- « sandi (1). »

Ainsi, comme l'enseigne Billuart, quand il y a évidemment nécessité de travailler, on n'a pas besoin de dispense, à moins que, eu égard à l'esprit du pays, il n'y ait scandale à travailler sans permission ; car la nécessité est par elle-même une cause suffisante pour excuser : « Ipsa necessitas excusat. » Mais, dans le doute s'il y a nécessité, il faut recourir à la dispense : « Ubi vero de necessitate « dubitatur, adhibenda est dispensatio (2). » Si donc, par exemple, au temps de la moisson, des vendanges, de la récolte des foins, des lins et des chanvres, on doute qu'il y ait nécessité, c'est-à-dire qu'il y ait vraiment danger pour les biens de la terre d'être gâtés ou perdus par la pluie, le curé peut dispenser ; et nous ajouterons qu'il doit alors dispenser, quand il y a lieu de craindre qu'à défaut d'une dispense on ne travaille sans permission. C'est le parti le plus sûr, le plus conforme à l'esprit de l'Église, qui sait compatir à la faiblesse de ses enfants.

572. Secondement, *la coutume*. Relativement aux œuvres serviles qu'on peut faire le dimanche, on peut suivre la coutume des lieux, quand elle est tolérée par les évêques. Voici ce que dit Gerson : « Observatio sabbati quoad circumstantias temporis, modi et « loci pro maxima parte relicta est determinationi prælatorum, « quæ cognoscitur tum ex eorum institutis, tum ex consuetudini- « bus per eos legitime toleratis. De operibus servilibus non exer- « cendis diebus dominicis et festivis, plus et frequenter determinat « consuetudo loci et personarum a prælatis tolerata quam alia lex « scripta (3). » C'est pourquoi une œuvre sera prohibée le dimanche dans tel pays et ne le sera pas dans un autre, à raison d'une coutume légitime, autorisée ou tolérée par les évêques.

D'après un usage général, il est permis, les dimanches et jours de fête, de faire cuire les aliments, même en quantité superflue ;

---

(1) Sum. part. 2. 2. quæst. 147. art. 4. — (2) De Religione, dissert. vi. art. 4. — (3) Regulæ morales, *de Præceptis Decalogi*, n° 104. Voyez aussi S. Alphonse de Liguori, lib. iii. n° 290; Billuart, *de Religione*, dissert. vi. art. 4; Noël Alexandre, *Theol. dogmat. et moral.* lib. iv. art. 6. Reg. 2 ; les Conférences d'Angers, sur les *Commandements de Dieu*, conf. x. quest. 2, etc.

de préparer ce qui est nécessaire pour les repas, même pour un repas de luxe, d'entretenir la propreté du corps et de la maison; de soigner les animaux, les troupeaux. Les boulangers, les bouchers, les pâtissiers, peuvent aussi, ces jours-là, vendre du pain, de la viande, des pâtisseries. Il est même permis aux boulangers de faire cuire le pain lorsque les besoins de la population le demandent, ou qu'on peut invoquer en leur faveur la coutume qui a généralement lieu dans les grandes villes, sans réclamation de la part de l'autorité ecclésiastique (1). Ce que nous disons des boulangers est applicable aux pâtissiers, aux traiteurs, aux confiseurs, pour les choses nécessaires aux repas du jour. Mais chacun peut-il faire cuire son pain le dimanche? Non; à moins qu'il n'y ait quelque nécessité, ce qui arrive, par exemple, quand on n'a pas assez de pain pour la journée, si d'ailleurs on n'a pu en faire au four la veille.

573. Les bouchers peuvent tuer des bestiaux le dimanche quand il y a quelque nécessité, ce qui arrive ordinairement dans les grandes villes. Ils peuvent également tuer, ce jour-là, dans les bourgs et dans les villages, en été, ou lorsqu'il y a plusieurs jours de fête consécutifs (2).

L'usage semble autoriser généralement les barbiers à raser, le dimanche, et dans les villes et dans les campagnes. Il y a peu de différence entre leur travail et le travail des coiffeurs, qui est certainement permis. Quoi qu'il en soit, nous pensons qu'un confesseur ne doit point inquiéter les barbiers qui exercent leur profession les jours de fête, s'ils sont d'ailleurs exacts à entendre la sainte messe.

Il est encore d'autres points, comme nous l'avons fait remarquer, au sujet desquels on doit s'en tenir à l'usage des lieux.

Quand il existe certainement une coutume légitime en faveur du travail, on n'a pas besoin de dispense pour travailler; mais s'il y a doute, la dispense devient nécessaire, à moins qu'il n'y ait nécessité, ou une autre cause suffisante pour faire cesser l'obligation du précepte.

574. Troisièmement, la *nécessité*, avec laquelle concourt ordinairement la coutume. Elle autorise à combattre pour la défense de la religion, de la patrie; à travailler aux fournitures des armées qui passent, aux préparatifs pour l'arrivée d'un prince; à arrêter un incendie; à faire des digues pour préserver d'une inondation; à

---

(1) S. Alphonse de Liguori, lib. III. n° 299. — (2) Ibidem. n° 298.

réparer les ponts, les canaux, les routes nécessaires au service public. Elle excuse les matelots, les bateliers, les messagers, les courriers, dont le service ne peut être interrompu sans de graves inconvénients. Elle permet de recueillir les biens de la terre, lorsqu'ils sont en danger de se perdre. On peut même dans beaucoup de localités, en vertu de la coutume, recueillir indistinctement, tous les jours, les olives, les marrons, les châtaignes et autres fruits (1).

Il est permis aussi, à raison de la nécessité, d'entretenir le feu dans une tuilerie, briqueterie, verrerie, dans une usine quelconque, lorsque les ouvrages sont commencés, et qu'on ne peut les suspendre sans une perte considérable.

Il est permis à un maréchal ferrant de ferrer les chevaux des voyageurs, de réparer les instruments aratoires, sans lesquels on ne pourrait travailler le lendemain (2); à un cordonnier, d'achever les souliers d'un homme qui n'en a pas; à un tailleur, de finir les habits dont on a un besoin pressant pour une noce, par exemple, pour assister aux funérailles, pour porter le deuil, ou pour une autre cause semblable; aux pauvres, de travailler pour se procurer les choses nécessaires à la vie, tant pour eux que pour leur famille; mais ils doivent, autant que possible, travailler en secret, afin de prévenir le scandale.

575. On convient que la crainte fondée d'éprouver une perte, un dommage plus ou moins considérable, excuse le travail du dimanche; mais en est-il de même d'une occasion favorable de se procurer un gain, un profit, un avantage extraordinaire? Exemple : Un étranger qui passe, voulant acheter une montre, s'adresse à un horloger qui a de la réputation, et lui offre cent francs au-dessus du prix commun, s'il en prépare une pour le jour qu'il indique. L'horloger ne pouvant la procurer au terme indiqué sans travailler le dimanche, peut-il travailler ce jour-là pour ne pas perdre une si belle occasion? C'est une question controversée. Mais l'affirmative est assez probable; car la perte d'un gain non ordinaire équivaut à un dommage considérable (3).

La nécessité excuse encore les femmes, les enfants, les domestiques qui sont contraints de travailler, par leurs maris, leurs parents et leurs maîtres, lorsqu'ils ne peuvent leur résister sans de graves inconvénients.

---

(1) S. Alphonse de Liguori, n° 299. — (2) Ibidem. n° 300. — (3) Ibidem. n° 301.

576. Quatrièmement, la *piété*. Elle excuse certaines œuvres serviles qui regardent le culte divin, comme balayer, nettoyer, orner une église, préparer ce qui est nécessaire pour la solennité d'une fête, dresser le trône de l'évêque, faire des reposoirs, et autres choses semblables. Elle excuse aussi ceux qui font des fosses pour enterrer les morts. Cependant, à part l'usage des lieux, on ne doit faire ces différents travaux le dimanche que lorsqu'on n'a pu les faire commodément la veille. Autrement, il y aurait péché véniel, comme l'enseignent plusieurs théologiens. La piété n'autorise pas à laver les linges d'autel, ni à faire des bouquets pour l'église. Ces œuvres, qui sont serviles, peuvent évidemment être remises à d'autres jours.

577. Cinquièmement, enfin *la charité*. Elle permet de travailler pour les pauvres qui sont dans une nécessité pressante, de préparer les remèdes nécessaires au malade, de faire généralement pour un autre ce qu'on pourrait faire pour soi-même, si on se trouvait dans le même cas.

578. Ceux qui, pour une cause ou pour une autre, sont dispensés du troisième précepte, relativement aux œuvres serviles ou prohibées, ne sont pas pour cela dispensés d'entendre la messe. Ce serait, par exemple, une erreur grave de croire dispensés de cette obligation, généralement, ceux qui, dans un cas de nécessité, travaillent les jours de dimanche et de fête, pendant la moisson, les vendanges ou la récolte des foins. Mais alors, si la nécessité est publique, générale, les curés, quand il n'y a qu'une messe dans leurs paroisses, doivent la dire de grand matin, pour la commodité des peuples. Ils peuvent même, si l'évêque ne s'y oppose pas, ne dire qu'une basse messe, annonçant à leurs paroissiens qu'on chantera les complies sur le soir, après la cessation des travaux. Un curé zélé, d'un zèle suivant la science, dispensera facilement ses paroissiens de l'obligation de s'abstenir des œuvres serviles les dimanches et fêtes de commandement, dans le doute s'il y a nécessité ou non de travailler, lorsqu'il y a lieu de craindre que les fidèles ne commettent bien des péchés mortels en travaillant sans permission.

QUATRIÈME PARTIE.

Du quatrième Précepte du Décalogue.

579. Le quatrième commandement de Dieu nous oblige d'honorer nos pères et mères : « Honora patrem tuum et matrem tuam, « ut sis longævus super terram quam Dominus Deus tuus dabit « tibi (1). » Suivant le génie de la langue sacrée, le nom de *pères* comprend non-seulement ceux qui nous ont donné le jour, mais encore ceux qui, suivant l'ordre de la divine Providence, sont placés au-dessus de nous dans l'ordre spirituel et dans l'ordre temporel. Leur puissance est une émanation de la puissance, de l'autorité paternelle. Ainsi, le quatrième précepte renferme les devoirs des enfants à l'égard de leurs parents, et des inférieurs à l'égard de leurs supérieurs; comme, par une réciprocité naturelle, il renferme les devoirs des parents à l'égard de leurs enfants, et des supérieurs à l'égard de leurs inférieurs.

CHAPITRE PREMIER.

Des Devoirs des enfants à l'égard de leurs pères et mères, et des inférieurs à l'égard de leurs supérieurs.

580. Un enfant doit à ses parents l'amour, le respect et l'obéissance. Sous le nom de parents sont compris le père et la mère, l'aïeul et l'aïeule, et autres ascendants.

On pèche contre la piété filiale, lorsqu'on nourrit dans son cœur de l'aversion, de la haine pour ses parents; qu'on les maudit, qu'on leur souhaite du mal, ou qu'on se réjouit de celui qui leur arrive; qu'on désire leur mort pour en être débarrassé, ou pour vivre avec plus de liberté, ou hériter de leurs biens; lorsqu'on les contriste sans raisons légitimes; qu'on les empêche par

---

(1) Exod. c. 20. v. 12.

des moyens injustes de faire leur testament. Que nos parents aient des défauts ou qu'ils n'en aient point, qu'ils soient bons ou mauvais, qu'ils soient parfaits ou vicieux, nous devons les aimer, ne haïssant dans leur personne que leurs vices, que leur inconduite.

La haine pour les parents devient facilement péché mortel ; souvent une haine qui ne serait pas grave à l'égard d'un autre, peut l'être à l'égard de ceux à qui, après Dieu, nous devons tout ce que nous sommes.

581. La piété filiale n'est point stérile ; elle nous fait un devoir de secourir nos parents qui sont dans le besoin, eu égard à leur position, à leur état, à leur condition. Nous devons veiller surtout à ce qu'ils ne meurent point sans avoir reçu les secours de la religion. Ici, soit indifférence, soit négligence, les enfants se rendent souvent coupables de péché mortel. On est obligé aussi de prier pour ses parents pendant leur vie, et de faire prier pour eux après leur mort.

L'obligation d'assister nos parents dans leurs besoins, de les soulager dans leur vieillesse et dans les autres infirmités de la vie, est gravée dans tous les cœurs. Aussi, le droit civil, s'accordant avec le droit naturel, oblige les enfants à donner des aliments à leurs père et mère et aux autres ascendants qui sont dans le besoin ; et cette obligation est solidaire entre les enfants. Chaque enfant serait condamné à les fournir en entier, sauf le droit de recours sur les frères et sœurs, chacun pour sa quote-part. Les gendres et les belles-filles doivent également des aliments à leurs beau-père et belle-mère ; mais cette obligation cesse lorsque la belle-mère a convolé en secondes noces, ou lorsque celui des époux qui produisait l'affinité, et les enfants issus de son union avec l'autre époux, sont décédés. Les aliments sont accordés dans la proportion du besoin de celui qui les réclame et de la fortune de celui qui les doit. On entend par aliments la nourriture et les autres choses nécessaires à la vie, comme l'habillement et le logement : « Cibaria, et vestitus, et ha- « bitatio, debentur (1). »

582. Quoique l'obligation de secourir ses frères et sœurs ne soit pas aussi rigoureuse que celle de secourir ses père et mère, néanmoins, à raison de la consanguinité, cette obligation est plus étroite que celle de secourir tout étranger. Suivant plusieurs théologiens (2),

---

(1) Code civ. art. 205, etc. Voyez aussi le Code civil, commenté dans ses rapports avec la Théologie morale, etc. ; Toullier, Delvincourt, etc. — (2) Voyez S. Alphonse de Liguori, lib. III. n° 304.

les frères sont tenus, non-seulement par la charité, mais encore par la piété fraternelle, d'alimenter leurs frères et leurs sœurs qui sont dans le besoin, et même de doter celles-ci, quand on peut le faire. Mais il ne nous paraît pas que l'obligation de les doter soit une obligation grave : la piété fraternelle le demande, mais elle ne le demande point impérieusement.

On pèche contre le respect dû aux parents, lorsqu'on les méprise ; qu'on les regarde de travers ; qu'on leur parle avec dureté, ou qu'on leur répond d'une manière insolente ; qu'on se moque de leurs avis ; qu'on les contrefait pour les rendre ridicules ; qu'on se permet à leur égard des propos injurieux, des expressions grossières ; qu'on s'emporte contre eux, qu'on les menace. Si ces sortes de fautes se commettent en leur présence, elles s'aggravent, quelquefois même notablement. Lever la main contre un père, une mère, même sans frapper, est un péché mortel. Les frapper, même légèrement, serait une faute plus grave encore. Toutefois, on excuse l'enfant qui, pour parer un coup mortel, frappe un père coupable, ne pouvant se défendre autrement, et demeurant dans les limites d'une juste défense.

583. C'est manquer gravement au respect qu'on doit à ses parents, que de leur intenter des procès, de les poursuivre devant les tribunaux. Cependant, comme les intérêts du père et les intérêts du fils sont des intérêts distincts ; si le père commettait une injustice envers son fils, celui-ci, après avoir tenté sans succès tous les moyens de conciliation, pourrait réclamer l'intervention du juge, sans manquer à son père. Mais il n'est pas permis de dénoncer un père, une mère aux magistrats, pour quelque crime que ce soit, sauf le cas où il s'agirait du crime de lèse-majesté, si on ne pouvait l'empêcher autrement. Le crime une fois commis, nous pensons qu'un enfant ne peut accuser ses parents.

584. C'est encore manquer à ses parents que de s'entretenir avec complaisance de leurs défauts ; de les faire connaître à ceux qui les ignorent ; de les exagérer ; en un mot, de porter atteinte à leur réputation. C'est un double péché : péché contre la justice, et péché contre la piété filiale.

Enfin, celui-là est répréhensible, qui, étant devenu riche ou se trouvant élevé en dignité, refuse par orgueil ou par vanité de reconnaître publiquement ses parents, de les visiter ou de les recevoir chez lui, parce qu'ils sont pauvres ou sans éducation. Cependant il serait excusable, si, tout en conservant intérieurement le respect et l'amour qu'il doit à un père, il ne faisait difficulté de le reconnaître que parce qu'il ne pourrait le faire sans de graves inconvénients, sans compromettre grandement son honneur : ce qui aurait lieu, si ce père était diffamé par quelque grand crime ou quelque condamnation publique; ou par une vie dégradante, vraiment scandaleuse.

Pour bien juger de la nature du péché qu'on commet en manquant de respect envers les parents, il faut faire attention aux mœurs, aux usages du pays, à la condition des pères et mères, et à l'éducation des enfants. Une éducation grossière peut diminuer l'injure faite aux parents, et diminuer par conséquent la malice du péché.

585. Outre l'amour et le respect, les enfants doivent obéissance à leurs parents, particulièrement, comme le dit saint Thomas, en ce qui concerne les bonnes mœurs et leur éducation, et en ce qui regarde l'administration et le bien de la famille : « In his quæ pertinent ad disciplinam vitæ et curam domesticam. » Pour obéir chrétiennement, il faut obéir avec promptitude, persuadé que c'est Dieu qui commande dans la personne des parents. Le péché de désobéissance peut être mortel ou véniel, suivant qu'il y a plus ou moins de résistance ou d'opiniâtreté, et que l'ordre donné est plus ou moins important. Mais pour que le péché soit mortel, il faut 1° que les parents commandent sérieusement, avec l'intention au moins implicite d'obliger sous peine de péché mortel; 2° que la chose qu'ils commandent soit matière grave; 3° que la désobéissance soit pleinement volontaire, et que l'enfant connaisse ou puisse connaître l'importance de la chose commandée.

On pèche contre l'obéissance quand, malgré la défense des parents, on fréquente des personnes de mauvaises mœurs, les maisons suspectes, les cabarets, les danses, les bals, les spectacles, les jeux publics, les sorties nocturnes. On pèche contre la même vertu, lorsque, au mépris des ordres de ses parents, on omet d'entendre la messe les jours de fête, de s'approcher du sacrement de pénitence, d'assister aux instructions de la paroisse. On pèche encore contre l'obéissance, lorsqu'on refuse de faire ce qui est commandé par les parents dans l'intérêt de la famille; lorsqu'on quitte la maison paternelle contre le gré de ses père et mère. La quitter sans raison légitime, serait un péché mortel; mais on excuse un enfant qui la quitte parce qu'il est maltraité par ses parents, sans espérer de pouvoir les ramener à de meilleurs sentiments.

586. C'est manquer également à l'autorité paternelle que de former, à l'insu des parents, des liaisons particulières avec une

personne qu'on veut épouser ; ou de l'entretenir dans le dessein de se marier avec elle malgré leur opposition, si toutefois cette opposition est fondée, légitime.

Désobéir à ses parents est un péché spécial qu'on doit déclarer en confession. Ainsi, par exemple, celui qui, malgré les ordres de son père ou de sa mère, omet d'entendre la messe le dimanche, doit s'accuser non-seulement de cette omission, mais encore d'avoir désobéi à son père ou à sa mère. Mais se refuser à exécuter un ordre contraire à la loi de Dieu, à la justice, aux bonnes mœurs, ce ne serait point désobéir à ses parents, mais bien obéir à Dieu : « Obedire oportet Deo magis quam hominibus (1). » Cependant, on excuse un enfant qui fait ce qui lui est commandé par ses père et mère contre une loi de l'Église, quand il ne peut s'y refuser sans de graves inconvénients.

Les parents abuseraient aussi de leur autorité, s'ils voulaient forcer un enfant à entrer dans l'état du mariage, ou dans l'état ecclésiastique, ou dans l'état religieux. Quand il s'agit pour un enfant, parvenu à un certain âge, de choisir un état de vie, et de se déterminer sur le parti à prendre ou du mariage, ou du célibat ; comme ce choix est d'une très-grande importance pour le salut, il doit embrasser l'état dans lequel Dieu l'appelle, quelles que soient les dispositions de ses parents : « Non tenentur, dit saint Thomas, « nec servi dominis, nec filii parentibus, obedire de matrimonio « contrahendo, vel virginitate servanda, aut aliquo alio hujus- « modi (2). » Toutefois, les enfants doivent, généralement, consulter leurs parents sur le choix d'un état de vie (3).

587. Les devoirs des pupilles envers les tuteurs sont à peu près les mêmes que ceux des enfants à l'égard de leurs parents, excepté l'assistance. Ils leur doivent l'amour, le respect et l'obéissance dans tout ce qui concerne la tutelle. Il en est de même des enfants à l'égard des précepteurs, de ceux qui sont chargés de leur éducation, du moins pour ce qui regarde le respect et l'obéissance.

Les serviteurs ou domestiques doivent à leurs maîtres le respect, l'obéissance, le service et la fidélité. Ces devoirs sont, à quelque chose près, les mêmes que les devoirs des enfants à l'égard de leurs pères et mères. Les domestiques se rendent grandement coupables en révélant certains secrets de famille qui peuvent compromettre l'honneur, la réputation ou les intérêts de leurs maîtres. La médi-

---

(1) Act. c. 5. v. 29. — (2) Sum. part. 2. 2. quæst. 104. art. 5. — (3) Voyez la Théologie morale de S. Alphonse, liv. III. n° 335.

sance et la calomnie de la part d'un serviteur envers son maître sont, toutes choses égales d'ailleurs, plus graves qu'à l'égard d'un autre; et il en est de même des vols, des infidélités, des injustices, dont nous parlerons en expliquant le septième commandement.

588. Les serviteurs sont obligés d'obéir à leurs maîtres en tout ce qui est juste et raisonnable, particulièrement en ce qui regarde le service auquel ils sont engagés : « In his quæ pertinent ad servilia « opera exequenda, » dit saint Thomas (1). Pour juger de l'étendue des obligations d'un domestique, on doit s'en tenir aux conventions qui ont été faites; et, à défaut de convention expresse, on doit consulter les usages ou la coutume du pays. L'obéissance doit être prompte, exacte, entière; et, pour la rendre chrétienne et méritoire, on doit obéir à un maître comme à Dieu lui-même, comme à Jésus-Christ. Voici ce que dit l'Apôtre : « Servi, obedite dominis « carnalibus cum timore et tremore, in simplicitate cordis vestri, « sicut Christo; non ad oculum servientes, quasi hominibus pla-« centes, sed ut servi Christi, facientes voluntatem Dei ex animo; « cum bona voluntate servientes, sicut Domino et non hominibus; « scientes quoniam unusquisque, quodcumque fecerit bonum, hoc « recipiet a Domino, sive servus, sive liber (2). »

Un domestique ne doit jamais exécuter les ordres d'un maître qui commande quelque chose de contraire à la loi de Dieu, à la justice, aux bonnes mœurs : « Obedire oportet Deo magis quam « hominibus (3). » Ici, l'obéissance deviendrait criminelle en matière grave. Il se rendrait également coupable, si, par l'appât d'une récompense ou par la crainte d'être renvoyé, il se laissait entraîner au libertinage, ou se prêtait aux intrigues qui entretiennent les désordres de son maître.

Quant aux lois de l'Église, pour ce qui regarde, par exemple, l'abstinence de la viande en certains jours, ou des œuvres serviles les jours de dimanche et de fête, un domestique peut faire ce qui lui est commandé contrairement à ces lois, s'il ne peut résister à la volonté de son maître sans de graves inconvénients, sans occasionner des emportements, des blasphèmes, des malédictions; ou sans s'exposer au danger d'être renvoyé de la maison, ne pouvant d'ailleurs facilement trouver un maître qui lui permette de remplir ses devoirs. L'Église n'a pas l'intention d'obliger celui qui se trouve dans une semblable nécessité.

---

(1) Sum. part. 2. 3. quæst. 104. art. 5. — (2) Ephes. c. 6. v. 5, 6, 7, 8. — (3) Act. c. 5. v. 29.

589. C'est un devoir pour tous les chrétiens d'honorer les ministres de la religion, les pasteurs, qui sont nos pères dans la foi, dans l'ordre spirituel. Mais nous devons honorer d'une manière plus spéciale le Souverain Pontife, qui est notre père commun, le pasteur des pasteurs, le vicaire de Jésus-Christ; l'évêque, qui est le pasteur de tout le diocèse; le curé, qui est comme le pasteur de la paroisse; le confesseur, qui est le père de tous ceux qu'il dirige dans la voie du salut.

On pèche contre le respect dû à un pasteur, lorsque, par des railleries, des médisances, des calomnies, on le dénigre au point de le rendre incapable de faire le bien qu'il pourrait faire; c'est un péché mortel contre la justice et contre la religion. Cependant il peut devenir véniel à raison de la légèreté de la matière. On pèche également en se permettant des injures à l'égard d'un supérieur ecclésiastique. Si l'injure est grave, il y a péché mortel; si elle est légère, le péché n'est que véniel. Mais une injure qui ne serait que légère à l'égard d'un simple particulier, peut être quelquefois grave envers un prêtre, un pasteur, à raison de son caractère et de son autorité.

590. La religion nous impose l'obligation d'obéir aux pasteurs de l'Église dans tout ce qu'ils ont droit de nous commander, dans les choses qui appartiennent à l'ordre spirituel, au salut. Leur désobéir, c'est désobéir à Jésus-Christ : « Qui vos audit, me audit; « et qui vos spernit, me spernit. Qui autem me spernit, spernit « eum qui misit me (1). »

Bien plus : Notre-Seigneur commande d'obéir même aux prêtres qui n'ont pas l'esprit de leur état, lorsque d'ailleurs ils ne commandent rien de contraire à l'Évangile, à l'enseignement de l'Église; voici ce qu'il dit en parlant des Scribes et des Pharisiens : « Super cathedram Moysi sederunt Scribæ et Pharisæi. Omnia ergo « quæcumque dixerint vobis, servate et facite; secundum opera « vero eorum nolite facere; dicunt enim et non faciunt (2). »

591. Enfin, nous devons honorer les rois, les princes, les magistrats, et généralement tous ceux qui ont autorité sur nous. Il n'est pas de puissance qui ne vienne de Dieu, dit l'Apôtre. Aussi, résister au pouvoir, c'est résister à Dieu; c'est se rendre digne de damnation : « Omnis anima potestatibus sublimioribus subdita sit; non est enim « potestas nisi a Deo : quæ autem sunt, a Deo ordinatæ sunt. Itaque « qui resistit potestati, Dei ordinationi resistit. Qui autem resistunt,

---

(1) Luc. c. 10. v. 16. — (2) Matth. c. 23. v. 2, 3.

« ipsi sibi damnationem acquirunt (1). » Il est donc nécessaire d'être soumis au pouvoir, non-seulement par la crainte du châtiment, mais encore par un motif de conscience : « Ideo necessitate subditi « estote, non solum propter iram, sed etiam propter conscien- « tiam (2). » L'honneur que nous rendons aux princes se rapporte à Dieu, dit le catéchisme du concile de Trente : « Si quem eis « cultum tribuimus, is ad Deum refertur. »

La médisance, la calomnie, la malédiction, sont défendues à l'égard de qui que ce soit; mais elles le sont spécialement à l'égard des princes et des magistrats : « Diis non detrahes, et principi po- « puli tui non maledices (3). »

CHAPITRE II.

Des Devoirs des parents envers leurs enfants, et des supérieurs envers leurs inférieurs.

592. Les pères et mères doivent aimer leurs enfants pour Dieu et selon Dieu, et leur procurer tout ce qui leur est nécessaire pour le temporel et pour le spirituel. Les enfants mêmes qui sont encore dans le sein de leur mère réclament de grands soins. La mère doit ménager soigneusement sa santé, pour conserver celle de son fruit, et lui donner, autant qu'il dépend d'elle, une bonne et une forte constitution. Elle serait bien coupable si, pendant sa grossesse, elle s'exposait au danger de perdre son enfant en courant, en sautant, en travaillant de force, en portant des fardeaux trop lourds, en faisant de longs ou de pénibles voyages, en se livrant à la colère, à l'emportement, à des excès dans le boire ou dans le manger. Le père qui, par une cruauté également funeste à la mère et à l'enfant qu'elle porte, la chagrine, la contriste, la maltraite, la tourmente, la frappe, est également coupable, et grandement coupable : il met en danger la vie de son enfant pour le temps et pour l'éternité. Tout ce qui, de la part des parents, peut nuire notablement à la vie, à la santé, à la conformation de l'enfant, est péché mortel. Chercher à le faire périr par quelque breuvage, ou par tout autre moyen, c'est se rendre coupable d'homicide; **tout avortement volontaire est un crime.**

---

(1) Rom. c. 13. v. 1, 2. — (2) Sur le quatrième commandement. § IV. — (3) Exod. c. 22. v. 20.

593. Quand les enfants sont venus au monde, les pères et mères sont obligés de veiller à ce qu'il ne leur arrive aucun accident qui puisse les faire périr, ou les rendre estropiés, difformes. Une négligence grave et volontaire en ce point est péché mortel; si elle n'est que légère, le péché est véniel. Les parents pèchent gravement, pour l'ordinaire, lorsque, par leur faute, ils laissent seuls leurs petits enfants, au péril de tomber dans le feu ou de faire d'autres chutes dangereuses; lorsque, par colère, par antipathie, ils les maltraitent rudement, leur donnent de mauvais coups, et leur font contracter par là des infirmités pour le reste de leurs jours.

La prudence ne permet pas aux parents de faire coucher avec eux ou avec de grandes personnes les enfants qui sont encore dans un âge tendre. Les y faire coucher avant qu'ils aient un an accompli, c'est un cas réservé dans plusieurs diocèses de France; et la suffocation de l'enfant, lorsqu'elle est l'effet d'une grave négligence, est regardée comme une espèce d'homicide, dont on ne peut absoudre, suivant les statuts de presque tous les diocèses, sans une permission spéciale de l'évêque (1).

594. Le père et la mère sont tenus conjointement, chacun selon ses facultés, de contribuer à l'éducation de leurs enfants. Cette obligation leur est naturellement commune, et doit être acquittée solidairement, quand même il n'y aurait plus communauté de biens entre les époux (2). On ne peut excuser de cruauté les pères et mères qui refusent à leurs enfants les aliments, c'est-à-dire, la nourriture, les vêtements et le logement, en un mot les choses indispensablement nécessaires à la vie. La nature les réclame impérieusement des parents, et pour les enfants légitimes et pour les enfants naturels, même pour ceux qui sont incestueux ou adultérins. La loi civile elle-même accorde les aliments aux enfants illégitimes, quand ils sont légalement reconnus (3). Suivant le droit romain, la mère est tenue de nourrir l'enfant jusqu'à l'âge de trois ans; après quoi le père demeure chargé de son éducation. Cette jurisprudence se trouve modifiée par la législation française. Parmi nous, le père et la mère sont obligés conjointement et solidairement, chacun selon ses moyens, de contribuer à l'éducation de leur enfant, soit légitime, soit naturel, jusqu'à ce qu'il puisse se suffire à lui-même. La distinction du *triennium* que nos anciens théologiens mettent entre le père et la mère, relativement à cette

---

(1) Voyez le Canon *Consuluisti*. — (2) Cod. civ. art. 302 et 303. — (3) Ibidem. art. 756 et 764.

obligation, n'existe plus ; nos jurisconsultes ne la reconnaissent point (1).

595. C'est une cruauté de la part des parents, d'abandonner ou d'exposer un enfant dans un lieu public ; c'est une espèce d'homicide, péché très-grave contre toutes les lois. Ce serait encore une faute grave d'exposer un enfant légitime à la porte d'un hospice, afin d'en être débarrassé ; ce serait lui imprimer la tache d'illégitimité. Si l'enfant est illégitime, il est probable que les parents ne pèchent point en l'exposant ; mais alors ils doivent désigner l'enfant par quelque signe ou par quelque indication, afin de pouvoir le reconnaître plus tard, lui procurer un établissement, et veiller à son salut. Mais sont-ils obligés de dédommager l'hôpital qui a reçu l'enfant ? C'est une question controversée. Plusieurs théologiens pensent que si les parents sont riches, ils sont obligés de l'indemniser des dépenses qu'on fait pour l'éducation de leur enfant. D'autres, dont le sentiment paraît plus probable à saint Alphonse de Liguori, soutiennent qu'ils n'y sont point obligés, soit que l'hôpital soit riche, soit qu'il ne le soit pas. La raison qu'ils en donnent, c'est que les hôpitaux où l'on reçoit les enfants trouvés sont établis non-seulement en faveur des pauvres, mais encore en faveur des riches, qui pourraient se laisser aller au crime, s'ils n'espéraient sauver leur honneur, en se déchargeant entièrement de l'éducation d'un enfant illégitime sur l'hôpital qui le reçoit (2). Quoi qu'il en soit, nous pensons qu'un confesseur doit exhorter les parents qui sont dans l'aisance, à faire quelque chose pour l'hôpital qui nourrit et entretient leur enfant ; il conviendrait même, si d'ailleurs on n'y voyait pas d'inconvénient, de leur imposer une aumône, à titre de pénitence, en faveur de cet établissement.

596. Une mère doit allaiter et nourrir elle-même son enfant ; elle ne peut se décharger de cette obligation sur une nourrice étrangère sans se rendre coupable d'un péché véniel, à moins qu'elle n'ait pour excuse ou la faiblesse de son tempérament, ou la volonté absolue de son mari, ou l'avis de son médecin.

C'est une obligation pour les parents de s'occuper de l'avenir de leurs enfants : « Non debent filii parentibus thezaurizare, sed pa- « rentes filiis, » dit l'Apôtre (3). Ils doivent travailler à leur procurer un état, un établissement, une profession, un métier convenable,

---

(1) Voyez le Code civil, commenté dans ses rapports avec la Théologie morale, art. 205. — (2) S. Alphonse, Theol. moral. lib. III. n° 656. — (3) II. Corinth. c. 12. v. 14.

eu égard à la condition du père et aux inclinations des enfants. Ils pèchent mortellement, lorsque, par paresse ou par de vaines dépenses, ou en se livrant aux plaisirs, au jeu, ils se mettent hors d'état de remplir ce devoir, qui est un des devoirs les plus importants d'un père de famille. Celui qui n'a pas soin des siens, et particulièrement de ceux de sa maison, dit saint Paul, a renoncé à la foi; il est pire qu'un infidèle : « Si quis autem suorum, « et maxime domesticorum, curam non habet, fidem negavit, et « est infideli deterior (1). »

597. Les parents pèchent contre l'amour paternel en nourrissant dans leur cœur de l'aversion, de la haine pour un enfant; en se laissant aller à des imprécations, à des malédictions à son égard; en le maltraitant; en le chassant de la maison paternelle sans cause légitime; en cherchant à le déshériter sans qu'il l'ait mérité, parce qu'il aura, par exemple, embrassé contre leur gré l'état ecclésiastique, ou l'état religieux, ou l'état de mariage. Ce péché est mortel : il en est de même de la haine, lorsqu'elle est grave et délibérée; des malédictions, lorsque le mal qu'on souhaite est grand, et qu'on le désire sérieusement; d'un mauvais traitement, lorsqu'il est grave et injuste.

Les parents doivent, autant que possible, avoir un amour égal pour tous leurs enfants. Si, en certains cas, ils ne peuvent s'empêcher de sentir une prédilection pour quelqu'un d'entre eux, il ne leur est pas permis de la faire paraître. Autrement cette prédilection deviendrait une occasion de jalousie entre les enfants, et une source de haine, de discorde et de plusieurs autres péchés, peut-être de quelque crime. On sait ce que produisit la prédilection que le patriarche Jacob avait pour Joseph. Le péché que commettent en cela les parents est plus ou moins grave, selon que le désordre qu'ils peuvent prévoir est plus ou moins grand.

598. Si les parents doivent conserver à leurs enfants la vie du corps, ils ne doivent pas moins leur procurer et leur conserver la vie de l'âme. Leur négligence en ce point serait bien coupable. C'est ici principalement qu'on doit appliquer ce que dit l'Apôtre, que celui qui n'a pas soin des siens est censé avoir renoncé à la foi : « Si quis autem suorum, et maxime domesticorum, curam non « habet, fidem negavit, et est infideli deterior (2). »

Les parents sont obligés de faire baptiser leurs enfants aussitôt après leur naissance. Si, par suite de leur négligence, un enfant

---

(1) I. Timoth. c. 5. v. 8. — (2) Ibidem.

vient à mourir sans avoir été baptisé, ils sont coupables de la perte de son âme.

599. C'est un devoir indispensable pour les pères et mères d'élever chrétiennement leurs enfants. L'éducation physique, civile et simplement morale ne suffit pas; elle doit être religieuse et chrétienne. Les parents sont grandement coupables, s'ils négligent d'apprendre ou de faire apprendre à leurs enfants les premières vérités de la religion, le symbole des apôtres, l'oraison dominicale, les commandements de Dieu et de l'Église, et ceux des sacrements dont la connaissance est nécessaire à tout fidèle.

Ils doivent les former de bonne heure à la pratique de la piété et de la vertu, en leur faisant faire les prières du matin et du soir; en les accoutumant à aller à l'église, aux catéchismes de la paroisse, à observer l'abstinence prescrite par l'Église, à se confesser de temps en temps; en les éloignant des mauvaises compagnies; en les prémunissant contre la lecture des livres dangereux pour les mœurs ou pour la foi; en séparant les sexes pendant la nuit. Ceux qui croient pouvoir se décharger sur d'autres de l'éducation de leurs enfants, doivent choisir des personnes dignes de leur confiance; ils pèchent mortellement, s'ils les confient à des personnes sans foi, sans religion, sans mœurs, capables de pervertir les jeunes gens ou par leurs principes, ou par leurs mauvais exemples, ou simplement par leur indifférence.

600. C'est encore un devoir rigoureux pour les parents de veiller avec soin sur la conduite de leurs enfants, de les avertir quand ils font le mal, de les reprendre, de les corriger, de les punir même, si l'on n'a pas d'autres moyens de faire respecter l'autorité paternelle. Mais si les pères et mères sont obligés de corriger leurs enfants, de les châtier même quelquefois avec sévérité, ils se rappelleront que tout châtiment doit être juste, toute correction, raisonnable. Corriger un enfant sans raison, le punir sans nécessité, ce serait le provoquer à la colère, rendre la correction plus nuisible qu'utile, et le jeter dans l'abattement, ce que saint Paul défend expressément : « Et vos, patres, nolite ad iracundiam provocare filios « vestros; sed educate illos in disciplina et correctione Domini (1). » « Patres, nolite ad indignationem provocare filios vestros, ut non « pusillo animo fiant (2). »

Les parents pèchent contre l'amour paternel, en scandalisant leurs enfants par leur indifférence en matière de religion, par leur

---

(1) Ephes. c. 6. v. 4. — (2) Coloss. c. 3. v. 21.

impiété, leurs blasphèmes, leurs médisances, leurs calomnies, leurs malédictions à l'égard de qui que ce soit, ou par tout autre acte contraire à la charité, à la justice, à la sainteté de la morale évangélique. Ils seraient plus coupables encore, s'ils leur commandaient des choses défendues par les lois de la religion, de l'Église ou de l'équité. En matière grave, il y aurait double péché mortel, l'un contre l'amour paternel, et l'autre contre la vertu, qui condamne tel ou tel acte exigé par les parents.

Quand les enfants sont malades, on doit les soigner ; et quand la maladie devient dangereuse, s'ils ont l'âge de raison, on doit leur procurer les secours de la religion ; ce serait une faute grave de les laisser mourir sans avoir reçu les sacrements.

601. Les obligations des tuteurs à l'égard de leurs pupilles sont, pour le temporel et le spirituel, à peu près les mêmes que celles des pères et mères à l'égard de leurs enfants. Un tuteur, étant chargé de prendre soin de la personne et des intérêts d'un mineur, doit lui procurer une éducation convenable, eu égard à la condition dudit mineur, et administrer ses biens en bon père de famille, cherchant à les faire valoir, autant que possible, sans s'écarter des lois de la justice. Il est responsable des dommages-intérêts qui pourraient résulter de sa négligence ou d'une mauvaise gestion (1).

C'est un devoir pour le tuteur de veiller sur la conduite du mineur, de l'avertir, de le reprendre, et même de recourir, s'il a des sujets de mécontentement graves, aux moyens de correction que la loi met à sa disposition (2).

602. Les précepteurs, les instituteurs ou institutrices, les maîtres de pension, les professeurs, en un mot tous ceux qui sont chargés de l'instruction et de l'éducation de la jeunesse, étant dépositaires de la confiance des parents et de l'autorité paternelle, doivent travailler constamment à faire avancer leurs élèves dans la piété, la vertu et la science. Ils se rendent grandement coupables, soit en les abandonnant à eux-mêmes, sans veiller sur leur conduite, sans leur faire remplir leurs devoirs de religion ; soit en négligeant de les prémunir contre tout ce qui peut porter atteinte à leur innocence ou à leur santé ; soit en laissant entre leurs mains des livres dangereux pour les mœurs ou pour la foi ; soit enfin en leur donnant de mauvais exemples.

603. Les obligations d'un maître à l'égard de ses domestiques,

---

(1) Cod. civ. art. 450. — (2) Ibidem. art. 468.

consistent à observer ce qui a été convenu entre les parties ; à les instruire, ou à les faire instruire au besoin, des premières vérités de la religion ; à leur donner le temps nécessaire pour remplir leurs devoirs de chrétiens ; à les avertir quand ils font le mal, à les reprendre, quelquefois même avec force, mais toujours avec bienveillance et charité, et à leur donner le bon exemple. Il serait bien coupable si, au lieu d'édifier un domestique, il le scandalisait par ses désordres, ou par des propos contraires à la foi, à la piété, aux bonnes mœurs, à la charité, à la justice, à l'autorité spirituelle ou temporelle, ecclésiastique ou civile. Il serait bien plus coupable encore s'il lui proposait, ou lui conseillait, ou lui commandait de faire une chose injuste, immorale, ou défendue par les lois de l'Église. Quand un domestique tombe malade, on doit, au moins par charité, lui procurer les secours nécessaires et convenables ; et si la maladie devient dangereuse, on aura soin d'avertir le curé.

604. Les supérieurs ecclésiastiques, les évêques, les curés, tous ceux qui exercent le ministère pastoral, ont de grandes obligations à remplir envers les peuples confiés à leur sollicitude. Les principales sont : de résider ; d'administrer les sacrements ; de célébrer la sainte messe ; d'enseigner et de prêcher l'Évangile ; de travailler à détruire les abus ; de visiter les malades et d'assister les moribonds ; d'édifier les fidèles par la piété, l'amour de la retraite, la fuite du monde, la pureté des mœurs, le désintéressement ; par cet esprit de charité qui nous identifie avec les pauvres, et nous fait compatir aux infirmités corporelles et spirituelles de nos frères en Jésus-Christ. Nous reviendrons sur ces obligations en parlant des différents sacrements, et particulièrement du sacrement de l'*Ordre*.

605. Les souverains, les législateurs, les magistrats ont également des devoirs à remplir envers les peuples. Plus on est élevé, plus aussi les obligations sont grandes. Ministres de la divine Providence, les princes sont établis pour les autres et non pour eux-mêmes : le pouvoir qu'ils ont entre les mains, et qu'ils tiennent de Dieu, n'est point une propriété, un domaine privé ; c'est un dépôt sacré, dont il n'est pas permis de jouir pour soi-même. De là l'obligation de se dévouer pour le bien général, pour le maintien de l'ordre public et la défense de la patrie ; de protéger les intérêts d'un chacun, de rendre et de faire rendre la justice à tous, sans acception de personnes ; de laisser aux sujets la liberté, c'est-à-dire la faculté de faire le bien ; de réprimer la licence et les abus ; de respecter et de faire respecter les lois de la religion, sans la sanc-

tion de laquelle les lois morales et les lois humaines deviennent impuissantes; de ne confier les fonctions publiques, les charges, les emplois qu'à des hommes capables, dignes, intègres, vertueux; de récompenser le mérite; de punir les infidélités, les délits, les crimes; de favoriser les institutions, les établissements d'utilité publique.

Quelle que soit la forme d'un gouvernement, les législateurs pèchent, en faisant des lois contraires aux droits de la religion et de l'Église; en tolérant la publication, soit des livres impies qui tendent à saper les fondements de toute révélation, soit des productions immorales, obscènes, où l'on ne respecte ni la vertu, ni la sainteté du mariage.

606. Les magistrats pèchent, et leur péché est mortel en matière grave, s'ils sont infidèles aux devoirs de leur charge; s'ils ne font pas observer les lois de l'État, les règlements de police; s'ils ne montrent pas la fermeté nécessaire pour prévenir ou arrêter les abus, les injustices, les exactions de la part de leurs subordonnés; si, par esprit de parti ou par un motif d'intérêt, ils se montrent eux-mêmes injustes envers quelques-uns de leurs administrés. En parlant du septième précepte, nous aurons l'occasion de faire remarquer celles des fautes des magistrats, des administrateurs, des fonctionnaires publics, qui entraînent l'obligation de restituer.

CINQUIÈME PARTIE.

Du cinquième Précepte du Décalogue.

607. Le cinquième précepte, qui est ainsi conçu, « Non occi- « des (1), » nous défend l'homicide et tout ce qui peut y conduire.

ARTICLE I.

De l'Homicide.

La défense d'ôter la vie à son semblable est, pour les riches comme pour les pauvres, pour les personnes de haute qualité

---

(1) Exod. c. 20. v. 13.

comme pour celles qui sont de basse condition, pour les parents comme pour les enfants, pour les maîtres comme pour les domestiques, les serviteurs. Il est défendu à tous, hors le cas d'une légitime défense, de tuer quelqu'un d'autorité privée. Cette défense n'est pas moins générale, si on la considère par rapport à ceux qui peuvent être l'objet du meurtre. Il n'est personne, quelque vil et quelque abject qu'il soit aux yeux des hommes, dont la vie ne trouve sa sûreté dans cette loi (1). Nous avons dit, *d'autorité privée;* car la peine de mort étant nécessaire pour protéger les innocents, comme un moyen de juste et de légitime défense pour la société, le législateur peut la décerner contre ceux qui sont coupables de quelque grand crime; les tribunaux sont obligés de l'infliger dans les cas déterminés par la loi, en se conformant toutefois aux procédures et formalités prescrites.

608. L'homicide est un grand crime, un crime énorme, qui est tout à la fois défendu par les lois divines naturelles et positives, et par les lois humaines ecclésiastiques et civiles. Et l'on s'en rend coupable, non-seulement en ôtant la vie à quelqu'un par le fer, le feu, le poison, ou en lui donnant un coup mortel de quelque manière que ce soit; mais encore en coopérant à sa mort, soit directement, soit indirectement. Ce serait une erreur grossière de croire qu'on n'est coupable de la mort de quelqu'un, que lorsqu'on le tue de sa propre main (2).

609. On doit regarder comme coupables d'homicide, pour y avoir coopéré directement : 1° ceux qui le commandent; 2° ceux qui le conseillent; 3° ceux qui approuvent le dessein d'un homme qui se propose de tuer son ennemi; 4° ceux qui encouragent cet homme, en le traitant de lâche, par exemple, s'il ne se venge pas, s'il n'exécute pas son projet; 5° ceux qui donnent retraite à un malfaiteur qui médite le crime; 6° ceux qui fournissent ou préparent les armes à l'assassin, qui l'accompagnent, qui lui donnent secours, ou qui gardent sa voiture, son cheval.

On coopère indirectement à un homicide, en omettant ce que la charité ou la justice nous oblige de faire pour sauver la vie au prochain. Celui qui, par exemple, ayant connaissance d'un complot contre la vie de quelqu'un, ne l'avertit pas, ou qui, pouvant sauver la vie à un innocent faussement accusé, ne le fait point, est grandement coupable. Il pèche mortellement contre la charité et

---

(1) Catéchisme du Concile de Trente, sur le septième commandement de Dieu. — (2) Can. *Perniciose*, de Pœnitentia.

même contre la justice, s'il est obligé d'office, par état, *ex officio*, de veiller à la sûreté de celui dont il n'empêche pas la mort. La coopération indirecte a lieu lorsque, étant obligé d'avertir celui qui est menacé, de le défendre contre l'agresseur, ou de prévenir la police, on ne dit rien, on ne fait rien.

610. La coopération ne nous rend responsables d'un homicide qu'autant qu'elle est pleinement volontaire et efficace; il faut qu'on puisse la regarder comme cause morale du meurtre; autrement, elle n'entraînerait point l'obligation de réparer le tort ou dommage qui peut en résulter. On doit regarder comme coupables de la mort de quelqu'un : 1° les médecins, chirurgiens et sages-femmes qui, par une ignorance crasse de leur état, ou par une négligence, une imprudence gravement coupable, laissent mourir les personnes dont ils ont entrepris le traitement; 2° les apothicaires qui, par impéritie, ou par un défaut notable d'attention, s'écartent, dans la préparation des remèdes, des prescriptions des médecins; 3° les garde-malades d'*office* ou par état, qui, au lieu de veiller avec assiduité leurs malades tandis qu'ils sont vraiment en danger, les abandonnent ou ne les soignent point; qui leur donnent à manger quand il ne le faut pas, ou leur donnent des aliments qui leur sont interdits; qui, se livrant à des préjugés populaires, leur administrent des potions suspectes, des remèdes dangereux, prévoyant, d'une manière au moins confuse, qu'en agissant de leur autorité privée, elles pourraient occasionner la mort du malade.

611. Un médecin prévariquerait, si, dans le choix des remèdes, il préférait l'incertain au certain, celui qui est d'une efficacité douteuse ou probable à un autre remède certainement efficace, ou d'une efficacité plus probable (1). Il ne lui est pas permis non plus d'employer des remèdes dont il ignore le bon ou le mauvais effet, dans le but de faire quelque expérience, lors même que le malade serait désespéré (2). Mais il est assez probable, et même à notre avis plus probable, qu'un médecin peut user d'un remède douteux qui peut guérir le malade ou accélérer sa mort, quand à défaut de ce remède on n'a plus d'espoir, plus aucune espérance de guérison; car il vaut mieux pour un malade risquer un peu de vie, avec l'espérance d'être guéri, que de vivre un peu plus longtemps, avec la certitude d'une mort peu éloignée (3).

612. On se rend coupable d'homicide lorsque, en faisant une

---

(1) Voyez le Traité de la Conscience, n° 95. — (2) S. Liguori, lib. I. n° 46. — (3) S. Alphonse, ibidem.

chose soit illicite, soit licite, mais dangereuse, on ne prend pas les précautions nécessaires pour prévenir tout accident, et que, faute de ces précautions, quelqu'un vient à être tué. Ainsi, on doit regarder comme homicide celui qui, frappant une femme enceinte, occasionne la mort de l'enfant, quoiqu'il n'ait nullement l'intention de le faire mourir; car il fait une chose illicite et très-dangereuse (1). Il en est de même de celui qui, abattant un arbre, ne prend pas les précautions nécessaires pour empêcher que quelqu'un ne soit écrasé par sa chute; il est responsable de l'accident qui arrive, pour n'avoir pas averti les passants (2).

613. Mais celui qui donne la mort à quelqu'un par accident et contre sa volonté, n'est point coupable d'homicide; un acte ne nous est imputable qu'autant qu'il est volontaire. Celui qui, par exemple, coupant du bois dans une forêt ou ailleurs, frappe et tue quelqu'un avec sa cognée qui lui échappe des mains, n'est point coupable de la mort de cet homme : « Qui percusserit proximum « suum nesciens.... non est reus mortis (3). » Cet homicide est *casuel*, et tout à fait involontaire. On ne peut par conséquent l'imputer à celui qui en est l'occasion, lors même qu'en l'occasionnant il ferait une chose illicite, mais non dangereuse, mais qui n'a d'elle-même aucun rapport à l'homicide; comme si, par exemple, celui dont il s'agit coupait du bois pour le voler. Saint Alphonse de Liguori (4) nous donne les règles suivantes, par le moyen desquelles on peut discerner d'une manière sûre si l'homicide occasionné par un acte illicite est vraiment imputable.

« 1° Si opus de se est frequenter periculosum, ita ut ex eo com-
« muniter mors accidat, tunc homicidium ei qui illud ponit semper
« imputatur, licet quamcumque diligentiam adhibeat ad damnum
« præcavendum. Unde rei homicidii sunt qui calce percutiunt mu-
« lierem prægnantem, vel terrefaciunt, ex quo abortus eveniv;
« parentes suffocantes in lecto; hominem mactantes, jaciendo la-
« pides funda, causa ludendi.... 2° Si opus illicitum sit quidem
« periculosum, sed raro, ita ut raro ex eo mors eveniat; tunc suf-
« ficit ad excusandum, si diligentia apponatur ad eam vitandam,
« saltem in foro conscientiæ. Hinc excusatur ab homicidio clericus
« qui casu necaret hominem, dans operam venationi ferarum alias
« ei prohibitæ, si diligentiam debitam adhibuerit. 3° Si opus non
« sit de se periculosum, quamvis sit illicitum, nunquam imputatur

---

(1) S. Thomas, Sum. part. 2. 2. quæst. 64. art 8. — (2) Ibidem. — (3) Deuter. c. 19. v. 4, etc. — (4) Theol. moral. lib. III. n° 398.

« homicidium illud exercenti, si casu ex eo mors eveniat; puta, si
« clericus tempore interdicti pulsaret campanam, et casu tintinna-
« bulum cadens viatorem opprimeret (1). »

614. En défendant l'homicide, le septième précepte défend par là même tout ce qui peut y conduire, tout ce qui tend à nuire à la personne du prochain; comme la haine, la colère, les rixes, les querelles, la vengeance, et généralement tout mauvais traitement. Injurier quelqu'un, le frapper, le mutiler par esprit de vengeance, sont autant de péchés contraires à la charité, à la justice; autant d'actes défendus par le *Non occides*.

La colère, qui est un des sept péchés capitaux, est une émotion de l'âme contre la personne dont on croit avoir reçu quelque injure, qui nous porte à rejeter avec violence ce qui nous déplaît, et à nous venger de ceux qui nous ont offensés. C'est pourquoi saint Augustin appelle la colère le désir passionné de la vengeance, *libido vindictæ* (2). Mais il ne faut pas confondre la colère proprement dite avec l'émotion, l'indignation qu'on éprouve à la vue d'un désordre. C'est de cette émotion, qui est excitée par le zèle pour l'ordre, la justice ou la religion, que parle le Roi Prophète, quand il dit : Mettez-vous en colère, et ne péchez point; « Irasci-
« mini, et nolite peccare (3). »

615. La colère est un péché mortel en son genre : « Ex genere
« suo ira est peccatum mortale, quia contrariatur charitati et jus-
« titiæ (4). » Quiconque, dit le Sauveur, se met en colère contre son frère, mérite d'être condamné par le jugement : « Omnis qui
« irascitur fratri suo, reus erit judicio (5). » Cependant la colère n'est qu'un péché véniel, lorsqu'elle n'est ni contre la justice, ni contre la charité, mais qu'elle détruit seulement la douceur; lorsque le mal qu'on souhaite au prochain est si peu considérable, que quand même on le lui ferait, il n'y aurait pas péché mortel; enfin, lorsque l'émotion est légère ou passagère, ou qu'elle n'est pas pleinement volontaire (6).

La colère est mortelle, lorsque l'émotion est si violente qu'elle éteint en nous l'amour de Dieu ou du prochain, comme il arrive quand elle se manifeste par des blasphèmes contre Dieu, ou des injures atroces contre le prochain, par de mauvais traitements (7).

---

(1) Theol. moral. lib. iii. n° 398. — (2) Serm. lviii. — (3) Psal. 4. — (4) S. Thomas, Sum. part. 2. 2. quæst. 58. art. 3. — (5) Matth. c. 5. v. 22. — (6) S. Thomas, Sum. part. 2. 2. quæst. 58. art 3. — (7) S. Thomas, ibidem.

ARTICLE II.

De la Mort d'un injuste agresseur.

616. Il est permis de tuer un injuste agresseur pour conserver sa vie, pourvu qu'on ne dépasse pas les bornes d'une juste défense, *cum moderamine inculpatæ tutelæ*, c'est-à-dire qu'on ne fasse éprouver à l'agresseur que le mal nécessaire pour éviter le sien propre : « Vim vi repellere omnes leges omniaque jura per-« mittunt (1). »

Pour pouvoir tuer un injuste agresseur, il faut, 1° que celui qui est attaqué n'ait pas d'autre moyen pour se défendre; car s'il pouvait échapper au danger en fuyant, ou en arrêtant l'agresseur, ou en le blessant, il ne lui serait pas permis de le tuer; 2° que l'agresseur ait attaqué, ou qu'il se dispose au moins prochainement à le faire; comme, par exemple, s'il armait son pistolet, ou s'il mettait la main à son épée. On commet un meurtre, quand on tue un homme avant ou après le temps de l'agression. Ce ne serait pas demeurer dans les bornes d'une juste défense, que d'attaquer celui qu'on sait avoir résolu notre perte; ce serait devenir agresseur. Il n'est pas permis non plus de le poursuivre quand il se retire, ou qu'il est blessé et hors d'état de nuire.

617. Peut-on tuer un voleur, quand on ne peut conserver ses biens qu'en le tuant? Il est certain qu'on ne le peut dans les cas suivants : 1° Si la chose qu'on veut vous voler n'est que d'un prix modique; le pape Innocent XI a condamné cette proposition, par laquelle on osait soutenir qu'on peut régulièrement tuer un voleur pour la conservation d'une pièce d'or : « Regulariter occidere pos-« sum furem pro conservatione unius aurei (2). » 2° Si la chose, de quelque prix qu'elle soit, peut être recouvrée autrement que par le meurtre du ravisseur. Jusqu'ici les théologiens sont d'accord; mais ils sont divisés sur la question de savoir s'il est permis de tuer un voleur pour conserver une chose de grande valeur, une chose qu'on ne peut vous enlever sans vous jeter dans une nécessité grave, sans vous causer un dommage considérable, eu égard à votre position. Le P. Antoine, Collet, Billuart, et plusieurs autres théologiens, pensent qu'il n'est pas même permis, dans le cas dont

---

(1) Voyez S. Thomas, part. 2. 2. quæst. 64. art. 7, et le Catéchisme du Concile de Trente, sur le viie Précepte. — (2) Décret d'Innocent XI, de l'an 1619.

il s'agit, de tuer un voleur pour la conservation des biens temporels. Mais saint Antonin, Sylvius, de Lugo, Suarez, saint Alphonse de Liguori, sont d'un sentiment contraire, et enseignent qu'on peut tuer un voleur, quand on ne peut autrement défendre sa fortune, ou même un bien, une chose de grande valeur (1). Cette opinion nous paraît plus probable que l'opinion contraire; car, indépendamment de tout autre motif, ce serait enhardir les voleurs à commettre les plus grands désordres, que d'imposer à un homme l'obligation de se laisser piller, toutes les fois qu'on lui demandera la bourse ou la vie. Il est nécessaire qu'un scélérat sache qu'on est en droit de lui résister; et que, dans le cas même où il ne craint ni la justice de Dieu, ni celle des hommes, espérant pouvoir échapper à celle-ci, il ne puisse impunément entreprendre de dévaliser un honnête homme.

618. En supposant toujours qu'il s'agit d'un vol considérable, nous pensons, pour la même raison, qu'on peut réclamer la chose volée, et, si on ne peut se la faire rendre, tenter de la reprendre, même au risque d'être dans la nécessité de tuer l'injuste possesseur, s'il oppose une résistance dangereuse; car alors il devient agresseur (2). Mais il n'est pas permis de tuer celui qui nous empêche injustement d'obtenir ce que nous espérons posséder, ou d'entrer en possession d'un héritage, d'un legs, ou de jouir d'une chaire, d'une prébende, d'un bénéfice (3).

Suivant saint Antonin, saint Alphonse de Liguori et un grand nombre de docteurs, il est permis de tuer celui qui veut outrager la pudeur, quand on ne peut se défendre autrement. En agissant ainsi, dit l'archevêque de Florence, une femme use de son droit; car il y a danger pour elle, même en souffrant violence, de consentir au péché (4).

619. Dans toutes les circonstances où il est permis de tuer un injuste agresseur pour ce qui nous regarde personnellement, on peut aussi le faire pour la défense du prochain : « Quandocumque « quis habet jus alium occidendi, id potest etiam alius pro eo præ-« stare; cum id suadeat charitas (5). » Mais y est-on obligé? Nous ne le pensons pas, à moins qu'il ne s'agisse de défendre un père, une mère, une épouse, un enfant, un frère; ou un prince, un magistrat, ou toute autre personne vraiment utile au bien public (6).

---

(1) Voyez S. Alphonse de Liguori, lib. III. n° 383. — (2) S. Alphonse, ibid. — (3) Décret d'Innocent XI, de l'an 1679. — (4) Sum. part. 2. tit. 7. c. 8. — (5) S. Alphonse de Liguori, lib. III. n° 389, etc.; S. Thomas, Sum. part. 2. 2. quæst. 60. art. 6. *ad secundum*. — (6) S. Alphonse, ibidem, n° 390.

Ce serait un crime de tuer un calomniateur, un faux témoin, un juge prévaricateur, de la part duquel on est menacé d'une sentence injuste; ou tout autre qui en veut à notre honneur (1).

620. En morale et aux yeux de la religion, le duel est un crime. On ne peut l'autoriser, ni pour mettre au jour la vérité, ni pour terminer un procès, ni pour sauver son honneur, ni pour éviter le reproche de lâcheté. Aussi l'Église frappe d'excommunication les duellistes, ainsi que ceux qui prennent part au duel. Nous expliquerons cet article en parlant des *censures* et de la *sépulture ecclésiastique*.

On définit le duel : un combat entre deux ou un plus grand nombre de personnes qui en viennent aux mains, après avoir indiqué le lieu, le jour, l'heure et la manière de se battre. C'est pourquoi l'on ne regarde pas comme duellistes ceux qui, sans convention préalable, se battent par suite d'une querelle.

Il n'est pas de prétexte que la passion n'ait imaginé pour justifier le duel; mais il n'en est pas un qui ait échappé à la vigilance et aux censures des Papes et des évêques (2).

Cependant, quand deux armées ennemies sont en présence, on peut proposer un combat singulier, pour prévenir ou arrêter une guerre qui, quelque juste qu'elle soit, a toujours des suites fâcheuses. Il est permis aussi d'accepter le duel de celui qui, étant déterminé à vous tuer, vous offre par forfanterie des armes pour vous défendre; parce qu'alors votre duel se change en une véritable défense, puisqu'il vous est impossible d'éviter le combat (3).

ARTICLE III.

De l'Avortement.

621. Il n'est pas permis à une femme de faire périr le fruit qu'elle porte dans son sein. L'avortement volontaire est un péché mortel, qui n'admet pas de légèreté de matière, un crime que rien ne peut excuser, pas même la crainte du déshonneur ou de la mort (4). En morale, nous ne distinguons point entre le fœtus animé et le fœtus inanimé; vu surtout qu'il nous paraît plus probable

---

(1) Décret d'Alexandre VII, de l'an 1665, et Décret d'Innocent XI, de l'an 1679. — (2) Alexandre VII, ibid., et Benoît XIV, Const. du 13 nov. 1752. — (3) S. Alphonse, lib. III, n° 400. — (4) Décret d'Innocent XI, de l'an 1679.

que l'animation du fœtus a lieu au moment même de la conception. Ceux qui coopèrent à l'avortement, comme les médecins, les chirurgiens, les apothicaires, les sages-femmes, qui donnent ou indiquent à une femme enceinte les remèdes ou les moyens propres à faire périr son fruit, pèchent mortellement. Il en est de même du père de l'enfant ou de toute autre personne qui porte cette femme au crime.

622. Il n'est pas permis à une femme dangereusement malade de prendre un remède dans le but de se délivrer de sa grossesse, à moins qu'il n'y ait certitude de corruption dans le fœtus : « Excipe, « comme le dit saint Alphonse de Liguori, si fœtus esset corruptus, « quia tunc non est jam fœtus, sed massa putrida, quæ amplius « non est capax animationis (1). » Mais elle peut prendre un remède dans le but de se guérir, même au risque d'un avortement, lorsque la maladie est mortelle, et que le remède est jugé nécessaire à sa guérison : « Certum est apud omnes licitum esse remedium præ- « bere prægnanti, directe ad eam curandam etiam cum periculo « abortus, si morbus est mortalis; secus si non esset talis (2). »

623. Une femme enceinte peut encore user d'un remède nécessaire à sa guérison, avec danger pour la vie de l'enfant, quand il est moralement certain que la mort de la mère doit entraîner celle de l'enfant : « Si remedium tendat directe ad servandam vitam « matris, ut esset purgatio corporis, scissio venæ, balneum, etc., « hæc certe licita sunt, quando aliter certo moraliter judicatur « mater cum prole moritura (3). » On suppose que le remède ne tend pas directement à la mort de l'enfant, comme serait *dilaceratio uteri;* autrement il ne serait pas permis de l'employer.

Dans le doute si l'enfant doit survivre à la mère et peut recevoir le baptême, celle-ci peut-elle prendre le remède qui ne peut la sauver sans exposer à un plus grand danger la vie de l'enfant? C'est une question controversée parmi les théologiens. Saint Alphonse pense qu'il n'est permis de donner un remède à une femme enceinte, au risque de perdre son fruit, que dans le seul cas où l'on n'a aucune espérance fondée de la survivance de l'enfant, et de la possibilité de lui administrer le baptême après la mort de la mère. Quand le danger est égal pour la mère et pour l'enfant, qui est exposé à mourir sans la grâce du baptême, l'ordre de la charité demande qu'on préfère la vie spirituelle de l'enfant à la vie temporelle

---

(1) Lib. III. n° 394. — (2) Ibidem. — (3) Ibidem.

de la mère. Au reste, ajoute le même docteur, d'après les théologiens de Salamanque, les médecins ne doivent pas être scrupuleux à cet égard, vu qu'il est très-rare que l'enfant survive à la mère et puisse recevoir le baptême (1).

Il est défendu non-seulement de procurer l'avortement à une femme, mais encore de l'empêcher de concevoir ou de la rendre stérile; comme il l'est de mutiler un homme, ou de le rendre impuissant *ad actum generationis*. Il n'est pas permis non plus de mutiler les enfants pour leur conserver la voix, lors même qu'ils consentiraient à l'opération : « Peccant parentes qui filios etiam « consentientes castrant, ut sint utiles cantui (2). »

ARTICLE IV.

De la Guerre.

624. La guerre est permise, pourvu qu'elle soit légitime, et qu'elle se fasse conformément au droit des gens. Mais pour qu'une guerre soit légitime, il faut qu'elle soit déclarée par l'ordre du chef de l'État, pour une cause juste et vraiment grave. La guerre est juste, quand elle est nécessaire à la nation, soit pour la conserver contre l'invasion, soit pour renverser les obstacles qui s'opposent à l'exercice de ses droits : « Justa bella definiri solent, dit saint Au- « gustin, quæ ulciscuntur injurias (3). » Quand une guerre est évidemment injuste, il n'est pas permis d'y prendre part; ce serait coopérer à une injustice. Dans le doute si elle est légitime, on doit présumer en faveur de l'autorité qui commande, et obéir à ses ordres. Cependant celui qui n'est point astreint à l'obéissance, qui n'est point appelé à prendre les armes pour la guerre dont il s'agit, est obligé de s'abstenir; car il ne peut contribuer à dépouiller son prochain de ce qu'il possède, sans être assuré que cette possession soit injuste (4).

Il est permis de tuer des ennemis dans le combat : c'est le droit de la guerre; mais la cruauté, la barbarie, l'esprit de vengeance qui accompagnent quelquefois l'action, sont des péchés, dont la malice ne peut être diminuée que par la fureur qui transporte le

---

(1) S. Alphonse, lib. III. n° 394. — (2) Ibidem. n° 374. — (3) In Josue, quæst. 10. — (4) Voyez le Traité de la *Conscience*, n° 79, etc.

soldat. Hors le temps du combat, on doit se contenter de faire l'ennemi prisonnier, lorsqu'on est sûr de pouvoir s'en rendre maître ; il n'y a pas nécessité de tuer ceux qui mettent bas les armes. Les lois de la guerre ne permettent pas de massacrer des hommes désarmés et soumis. Il y a certainement du danger, dans le fort de l'action, à s'amuser à faire des prisonniers ; mais lorsqu'un régiment, un bataillon, une compagnie, se voyant cerné par l'ennemi, se rend et met bas les armes, le combat doit cesser ; ce serait violer les droits de l'humanité, que d'égorger, de sang-froid, ceux qui se constituent prisonniers et se mettent hors d'état de nuire.

625. Les lois de l'équité ne permettent pas non plus de tuer les innocents. En cette matière on regarde comme tels les citoyens tranquilles, les enfants, les vieillards, les religieux, les ministres de la religion, les voyageurs, les gens de la campagne, qui ne sont point sous les armes. Mais ils n'ont droit d'être respectés par l'ennemi qu'autant qu'ils ne prennent aucune part active au combat.

Lorsqu'il n'est pas possible de distinguer les citoyens paisibles de ceux qui portent les armes, qu'on ne peut ménager les premiers sans s'exposer soi-même, ce qui arrive dans un siége, où les uns et les autres sont renfermés dans la même enceinte, aucune considération n'arrêtera les assaillants qui combattent pour la justice.

La nécessité de la guerre peut aussi quelquefois forcer un général à traiter rigoureusement une ville, une province qui oppose sans raison une résistance opiniâtre, qu'on ne pourrait surmonter si on usait de quelque ménagement. Mais c'est moins le pouvoir qu'il faut consulter alors, que l'absolue nécessité où l'on se trouve. Le droit de détruire n'existe que lorsqu'il se confond avec le droit de conserver et de se défendre. Saccager une ville, une province, hors le cas d'une vraie nécessité, ce serait violer toutes les lois de la charité et de la justice.

626. On peut, durant la guerre, user de stratagèmes ; par exemple, donner des ordres publiquement pour des marches et des mouvements, tandis qu'on se propose tout autre chose. Ces feintes, ces déguisements ne sont point des mensonges ; ce n'est point mentir que de dérober à l'ennemi la connaissance de ce qu'on doit faire, en lui donnant l'occasion de prendre le change : « Talis occultatio, « dit saint Thomas, pertinet ad rationem insidiarum quibus licitum « est uti in bellis justis (1) ; » mais il est défendu d'empoisonner les

---

(1) Sum. part. 2. 2. quæst. 40. art. 3.

puits et les fontaines, ou de faire tout autre acte que la prudence ne peut ni prévoir, ni prévenir en aucune manière.

Il est permis à un prisonnier de guerre de prendre la fuite quand il le peut. Mais la foi promise doit être fidèlement gardée à l'ennemi, quel qu'il soit. C'est le droit de la nature et des gens. On doit par conséquent exécuter les capitulations, les conventions, les traités de paix; autrement les guerres deviendraient interminables.

627. L'état militaire ne dispense point des obligations du chrétien; il est des devoirs communs à tous les états, à toutes les professions. Les soldats comme les officiers, les officiers comme les soldats, sont obligés de faire de temps en temps des actes de foi, d'espérance et de charité, de recourir à la prière, de s'approcher des sacrements de pénitence et de l'eucharistie, d'entendre la sainte messe les jours de dimanche et de fête, toutes les fois qu'ils n'en sont point légitimement empêchés. Les officiers sont grandement coupables, lorsque, sans qu'il y ait nécessité, ils font faire quelque exercice militaire, les jours de fête, pendant l'office divin; de sorte que ni les soldats ni les officiers inférieurs ne peuvent assister à la messe. Ils ne sont pas moins répréhensibles lorsque, au lieu d'empêcher, comme ils le doivent, les duels et autres désordres de la part des soldats, ils les autorisent, les approuvent, ou par leurs exemples ou par leurs discours. Souvent même ils sont responsables des vols, des délits, des dégâts commis par leurs subalternes. Nous reviendrons, en parlant du septième précepte, sur les injustices auxquelles peuvent se livrer les militaires.

Quant aux obligations particulières aux officiers et aux soldats, elles sont contenues dans les lois et les règlements qui les concernent respectivement. La religion sanctionne ces règlements, en ce qui n'est point contraire à la sainteté de la morale évangélique. « Subjecti estote, dit saint Pierre, omni humanæ creaturæ propter « Deum, sive regi quasi præcellenti, sive ducibus tanquam ab « eo missis (1). »

ARTICLE V.

Du Suicide.

628. Il n'est pas permis de se donner la mort; car personne n'est tellement maître de sa vie, qu'il puisse se l'ôter quand il lui plaît. C'est pourquoi la loi ne dit pas : Vous ne tuerez point les autres,

(1) Epist. 1. c. 2. v. 13.

mais elle dit d'une manière absolue : Vous ne tuerez point, « *Legis hujus verbis non ita præscriptum* : NE ALIUM OCCIDAS; sed simpliciter : NE OCCIDAS (1). » Si quelques martyrs se sont donné la mort en se jetant dans les flammes auxquelles ils avaient été condamnés, ou en provoquant les bêtes féroces auxquelles ils étaient livrés, on peut dire qu'ils agissaient d'après une inspiration particulière de l'Esprit-Saint, ou par zèle pour la religion, croyant faussement, mais de bonne foi, pouvoir agir ainsi pour confondre les tyrans. « *Seipsos occiderunt, vel ex divina inspiratione, vel inculpata ignorantia* (2). »

Ce n'est pas se suicider que de s'exposer au danger de perdre la vie, lorsqu'on le fait par nécessité, par dévouement pour le bien public, comme le soldat qui meurt plutôt que de quitter son poste; ou par piété filiale, comme un fils qui, pour sauver son père, lui donne le morceau de pain dont il a besoin lui-même; par charité, comme un naufragé qui cède à un autre la planche à laquelle il avait confié son salut. Il y a de la différence entre se donner la mort et cesser de défendre sa vie, ou préférer la vie d'un autre à la sienne propre; ce qui est permis, comme l'enseigne saint Thomas (3).

629. Il est permis, en cas d'incendie, de se jeter par la fenêtre, dans l'espoir d'échapper à une mort imminente et certaine. De même, quoiqu'une jeune fille ne puisse se donner la mort, elle peut néanmoins, suivant plusieurs théologiens, s'exposer au danger de perdre la vie, pour n'être pas violée : ce qui, ajoute saint Alphonse de Liguori, ne paraît pas improbable, si elle agit par amour pour la vertu, ou par la crainte de se laisser aller au péché (4).

Ce n'est pas être homicide de soi-même que d'abréger sa vie par les austérités de la pénitence, pourvu que les jeûnes, les privations, les veilles ou macérations auxquelles on se livre ne soient point indiscrètes. En tout cas, la bonne foi, le désir de satisfaire à la justice divine, la crainte de l'enfer, excusent facilement les excès de ce genre. Mais une femme pècherait, et s'exposerait au danger de pécher mortellement, si, contre la défense de son mari, elle se permettait des privations capables d'altérer sa santé.

---

(1) Catéchisme du Concile de Trente, *sur le cinquième Précepte*. — (2) S. Alphonse de Liguori, Theol. moral. lib. III. n° 366. — (3) In 3. Distinct. 29. quæst. 1. art. 5. ad 3. — Voyez aussi S. Alphonse, lib. III. n° 366. — (4) Ibidem, n° 367.

630. Celui qui est en danger de mort n'est pas obligé de souffrir une opération pour laquelle il éprouve une répugnance insurmontable, telle que, par exemple, l'amputation d'une jambe, ou l'extraction de la pierre. Il serait dangereux de lui en faire une obligation grave : « Et sic nec virgo ægrotans, tenetur subire manus « medici vel chirurgi in verendis, quando id ei gravissimum est, « et magis quam mortem ipsam horret (1). Secus vero de muliere « quæ non potest parere nisi ope chirurgi. »

Dieu étant le maître de nos membres aussi bien que de notre vie, il n'est pas permis à l'homme de se mutiler ou de souffrir qu'on le mutile, à moins qu'au jugement des médecins la mutilation ne soit nécessaire pour conserver le reste du corps, pour obtenir la guérison d'une maladie dangereuse. Les saints Pères regardent comme homicides d'eux-mêmes ceux qui se mutilent pour éviter les tentations de la chair (2).

SIXIÈME PARTIE.

Du sixième précepte du Décalogue.

631. Le sixième précepte, *Non mœchaberis*, auquel se rapporte le neuvième, *Non desiderabis uxorem proximi tui*, défend la luxure, c'est-à-dire, tout péché contraire à la chasteté : « Castitati « opponitur luxuria, quæ est inordinatus appetitus seu usus venereo- « rum. » Cette défense comprend non-seulement la fornication, l'adultère, mais encore les pensées, les désirs, les regards, les paroles, les attouchements, et généralement tous les actes qui peuvent conduire à l'impureté : de là, la distinction des actes de luxure consommée, *ut illicita viri cum muliere copula*; et des actes de luxure non consommée, comme les pensées déshonnêtes, les désirs impurs, les regards immodestes, les paroles obscènes, les baisers lascifs, les attouchements impudiques.

Le vice impur est bien commun; il est, dit saint Alphonse de Liguori, la matière la plus ordinaire, la plus abondante des confessions, et la cause de la perte du plus grand nombre des réprouvés : « Frequentior atque abundantior confessionum materia,

---

(1) S. Alphonse de Liguori, lib. III. n° 372. — (2) S. Thomas, Sum. part. 2. 2. quæst. 65. art. 1. S. Chrysostome, homil. 63.

« propter quam major animarum numerus ad infernum dela-
« bitur (1). »

Tout péché de luxure ou de délectation charnelle est mortel ; il n'admet pas de légèreté de matière, du moins quand il est directement contraire à la chasteté.

CHAPITRE PREMIER.

Des Péchés de Luxure non consommée.

632. On pèche contre le sixième commandement, en consentant à de mauvaises pensées, à des pensées déshonnêtes, ou contraires à la sainte vertu de chasteté. Mais une mauvaise pensée ne nous est imputable qu'autant qu'elle est volontaire. Or, pour juger si elle est volontaire, on doit distinguer trois choses : la suggestion, la délectation et le consentement. La suggestion n'est autre chose que l'idée du mal ou de la chose illicite qui se présente à l'esprit ; elle n'est point en elle-même un péché. La délectation est le plaisir charnel qu'occasionne la pensée du mal. Si on ne renonce pas à cette délectation aussitôt qu'on s'aperçoit qu'on ne peut s'y arrêter sans péché, si on s'y complait avec pleine advertance et de propos délibéré, il y a péché mortel. « Omnis delectatio carnalis sive luxu-
« riosa cum advertentia et deliberatione capta, est mortale pecca-
« tum, » dit saint Alphonse de Liguori (2). Si la volonté ne consent qu'à demi, le péché n'est que véniel ; si elle ne consent en aucune manière, il n'y a pas de péché.

Il ne faut pas confondre le consentement de la volonté, ni avec la pensée, ni avec le plaisir ou la délectation qui accompagne ordinairement la pensée *de re venerea*. Ce plaisir peut subsister sans que la volonté y soit pour rien ; et tant que la volonté n'y prend aucune part, qu'elle n'y adhère point, il ne peut y avoir de péché ; ce n'est plus qu'une tentation qui devient un sujet de mérite pour nous (3).

633. Nous parlons de la délectation charnelle, carnali, libidinosa, seu venerea, quæ nempe sentitur circa partes venereas, et

---

(1) Lib. III. n° 413. — (2) Ibid. n° 415. — (3) Voyez dans le Traité des Péchés ce que nous avons dit de la *Délectation morale des péchés de désir*.

oritur ex commotione spirituum generationi inservientium. Cette délectation n'admet pas de légèreté de matière, comme on le voit par la condamnation de la proposition suivante : « Est probabilis « opinio, quæ dicit esse tantum veniale osculum habitum ob de- « lectationem carnalem et sensibilem quæ ex osculo oritur, secluso « periculo consensus ulterioris, et pollutionis (1). » En est-il de même de la délectation organique, naturelle, quæ sine ulla com- motione spirituum genitalium oritur, ex sola proportione objecti sensibilis ad sensum ; visibilis nempe ad visum, tangibilis ad tac- tum? Les théologiens ne s'accordent point sur cette question. Les uns admettent la légèreté de matière dans la délectation naturelle. « Non peccat nisi venialiter, dit Billuart, qui aspicit pulchram mu- « lierem, aut tangit ejus manum seu faciem, præcise propter delec- « tationem mere organicam seu sensualem, consistentem in quadam « conformitate rei visæ vel tactæ cum organo visus vel tactus ; ita « ut non sit aliud quam delectatio de re pulchra quæ videtur, aut « de re blanda, molli, tenera quæ tangitur, absque alia cujus- « cumque rei turpis delectatione (2). » Les autres soutiennent, avec quelques modifications cependant, qu'il n'y a pas de légèreté de matière dans la délectation sensitive : « Non datur parvitas mate- « riæ, dit saint Alphonse, in delectatione sensibili sive naturali, « nempe de contactu manus feminæ, prout de contactu rei lenis, « puta, rosæ, panni serici et similis ; quia ob corruptam naturam « est moraliter impossibile habere illam naturalem delectationem « quin delectatio naturalis et venerea sentiatur, maxime a personis « ad copulam aptis, et maxime si actus isti habeantur cum aliquo « affectu et mora. Attamen, ajoute le même docteur, aliud est « agere propter delectationem capiendam, aliud cum delectatione « quæ consurgit ex qualitatibus corporibus annexis, in qua bene « potest dari parvitas materiæ, si delectatio sit mere sensibilis, sive « naturalis, modo non sistas in ea, sed in tactu delectationem de- « testeris : alias non ageres cum delectatione, sed propter delecta- « tionem ; quod non potest esse sejunctum a periculo incidendi in « delectationem veneream (3). »

Le premier sentiment nous paraît plus probable que le second ; mais parce que dans l'un et l'autre sentiment on pèche en cher- chant la délectation naturelle, et que le péché est plus ou moins grave, suivant qu'il y a plus ou moins de danger de se laisser aller

---

(1) Décret d'Alexandre VII, de l'an 1665. — (2) Tract. *de Temperantia*, dis- sert. v. *de Luxuria*, art. 2. — (3) Lib. III. n° 416.

à la délectation charnelle, eu égard aux circonstances et à la nature de l'acte, on ne doit point s'arrêter de propos délibéré à la délectation naturelle : « A delectatione sensuali ad veneream, maxime « in sensu tactus aut visus, facilis est progressus (1). »

634. Il n'est pas permis d'arrêter la vue, sans quelque nécessité, sur les choses qu'on ne peut regarder sans alarmer la modestie, sans s'exposer au danger de tomber dans quelque péché d'impureté. Le regard immodeste est mortel ou véniel, suivant qu'il est plus ou moins dangereux, qu'il excite plus ou moins la passion. Pour en juger, il faut avoir égard à la nature des choses sur lesquelles il se porte, au motif qui le détermine, au sentiment qui l'accompagne, aux effets qui en sont ordinairement la suite. Un regard, innocent en lui-même ou dans son objet, peut devenir mortel par l'intention de celui qui se le permet, par le motif avec lequel il se fait. Quiconque regarde une femme d'un œil de concupiscence, a déjà commis l'adultère dans son cœur : « Omnis qui « viderit mulierem ad concupiscendam eam, jam mœchatus est eam « in corde suo (2). » Il en est de même des attouchements, qui sont plus dangereux encore que les regards, et par là même plus facilement mortels.

635. Inter personas non conjugatas, aspectus, oscula, amplexus, tactus, quantumvis levia, etiam in partibus honestis, si flant cum affectu delectationis venereæ, sunt peccata mortalia. Hinc mortaliter peccant qui, cum præfatos actus leves exercent sub prætextu urbanitatis aut amicitiæ, carnali delectationi inde exurgenti deliberate adhærent.

Aspectus, oscula, amplexus, tactus in partibus honestis, si flant tantum officii, aut consuetudinis patriæ, aut urbanitatis, amicitiæ, reconciliationis causa, etiamsi suboriatur delectatio venerea, modo statim reprimatur, non sunt peccata (3). In his tamen servanda est decentia status ; quod enim licitum est laicis plerumque dedecet in clericis, maxime religiosis.

Cavendum est ne aspectus, oscula, tactus, etiam ea quæ licita sunt, flant cum nimia mora aut nimio ardore, propter periculum commotionis carnalis, quam vitare debemus in quantum potest.

Non excusatur a mortali osculum oris ad os, si flat modo valde

---

(1) Billuart, *de Temperantia*, dissert. v. art. 2. — (2) Matth. c. 5. v. 28. — Voyez ce que nous avons dit dans le Traité des Péchés, de la délectation morose et du désir illicite. — (3) S. Thomas, S. Antonin, S. Alphonse de Liguori, Sylvius, Billuart, etc., etc.

moroso, aut sæpius eodem temporis articulo repetatur; neque osculum quod fit per immissionem linguæ unius in os alterius (1).

636. Aspectus, oscula, amplexus, tactus in partibus honestis, ob solam delectationem organicam, sensibilem seu naturalem, non sunt mortalia; sed periculosa, magis minusve pro circumstantiis (2). Hinc nemo peccati mortalis damnat nutrices aut ancillas quæ, delectationis sensibilis aut naturalis causa, rejecta intentione turpi, tangunt, osculantur molles infantium carnes.

Diximus autem *periculosa;* nam, ut nemo non sentit, facilis est a delectatione naturali ad veneream transitus, propter affinitatem utriusque delectationis.

Aspectus, oscula, tactus, amplexus in partibus honestis, habita ex levitate, joco, curiositate, non excedunt peccatum veniale, si aliunde absit affectus libidinis. Hinc venialiter tantum peccat vir qui, hujusmodi causa, osculatur feminam in facie, aut faciem ejus manu tangit, manum comprimit, digitos aut brachia contorquet, et similia. Ita et de femina respectu viri (3).

637. Aspectus, oscula, tactus alieni corporis diversi sexus in partibus pudendis aut vicinis, si immediate fiant etiamsi ex levitate, joco, curiositate, præter casum necessitatis, ordinarie sunt peccata mortalia.

Diximus 1º, *alieni corporis:* Nam aspicere aut tangere propria verenda ex levitate aut curiositate, per se non est mortale, quia propria minus movent quam aliena. Cavendum tamen, ne aspectus aut tactus sit morosus aut frequentius repetatur absque causa; alias jam aderit proximum periculum libidinis, peccatumque mortale (4). Aspicere autem et tangere seipsum propter necessitatem aut utilitatem, vacat a culpa.

Diximus 2º, *diversi sexus:* Aspectus non morosus ex sola curiositate aut levitate pudendorum inter personas ejusdem sexus, ut contingit inter viros simul natantes, aut feminas simul se lavantes, non est mortalis. Secus vero, si aspectus sit morosus nimis, vel aspiciens valde propensus ad sodomiam (5). Non autem excusatur a mortali tactus pudendorum alterius personæ etiam ejusdem sexus, nisi fiat ex quadam petulantia, non sufficienter deliberata.

Diximus 3º, *in partibus pudendis,* generationi nempe inservientibus: itaque, mortaliter peccat qui etiam ex levitate, joco

---

(1) S. Alphonse, lib. III. n° 417; Billuart, etc. — (2) S. Antonin, Sanchez, Sylvius, Billuart, etc., etc. — (3) Billuart, etc. — (4) S. Alphonse, lib. III. n° 419; Sanchez, Sylvius, Billuart, etc. — (5) S. Alphonse.

vel curiositate tangit partes genitales personæ diversi sexus, etiam si tactus non sit morosus : item, qui illas aspicit, nisi fiat aspectus e loco tam remoto tamque brevi tempore ut absit periculum libidinis commotionisve carnalis (1).

638. Aspicere ex sola curiositate pudenda personæ diversi sexus depicta aut sculpta, non excedit probabilius peccatum veniale ; quia artificialia minus movent quam naturalia : sed in praxi vix excusatur a mortali vir qui morose aspicit depictæ pudenda mulieris.

Aspicere, ex sola curiositate aut levitate, partes minus honestas sed non turpes mulieris, ut collum, humeros, brachia, crura, pectus, non est de se mortale, secluso periculo lapsus (2).

Hinc non peccat mortaliter qui, ex curiositate, aspicit ubera nuda mulieris ; nisi morose aut studiose aspiciat : peccat autem mortaliter qui illa tangit absque causa.

Diximus 4°, *immediate*, sive mediante solo indusio : a mortali enim excusatur vir qui ex levitate vel joco tangit mulierem supra vestes ; modo tamen tactus non fiat ex affectu libidinis.

Diximus 5°, *præter casum necessitatis :* unde medici, chirurgi, aspicientes aut tangentes pudenda etiam personæ diversi sexus, non peccant, etsi per accidens involuntariam pollutionem patiantur. Item, de personis quæ curant ægrotos.

Diximus 6°, *ordinarie :* Nam excusantur a mortali qui aspiciunt infantes nudos etiam alterius sexus : sic non peccant mortaliter ancillæ quæ, non alia quam curiositatis aut levitatis causa, partes infantium genitales inspiciunt vel etiam manu tangunt. Imo, non peccant, si id propter aliquam necessitatem faciunt, secluso quolibet affectu libidinoso (3).

639. Mulier quæ permittit se tangi impudice peccat mortaliter. Tenetur ergo resistere tangere volenti. Verum vi oppressa valde probabiliter non tenetur clamare cum periculo damni notabilis, infamiæ scilicet vel nimiæ verecundiæ, nisi adsit proximum periculum consentiendi ; non tenetur enim cum tanto incommodo vim vi repellere, si aliter jam resistat quantum potest (4).

Mulier permittens se tangi pudice non peccat, nisi constet ei tactus malitiose seu pravo affectu fieri ; libidinose enim tangenti resistere tenetur.

---

(1) S. Alphonse, Billuart, etc.—(2) S. Alphonse, Billuart, Narvare, Sanchez, Sylvius, etc. — (3) S. Alphonse, Billuart, Sanchez, Bonacina, Sylvius, etc. — (4) S. Alphonse, lib. III. n° 430.

640. Tactus impudici eamdem malitiæ speciem habent quam actus ipse venereus ad quem ordinantur : ideoque explicandum est in confessione utrum habiti fuerint cum persona ejusdem, an diversi sexus; cum soluta an conjugata, cognata, Deo dicata, etc.

Num idem dicendum est de aspectibus? Alii plures affirmant, alii probabilius negant. « Quomodo enim femina, aspiciendo tur« piter sacerdotem nudum, committit sacrilegium, quod consistit « in violatione personæ sacræ, cum ibi nulla violatio intercedat? « et quomodo quis aspiciens turpiter consanguineam, committat « incestum (1)? » Si quis igitur absque pravo desiderio personam veneree aspicit, non tenetur dicere qualis ista fuerit persona : secus vero, si aspectus fiat cum desiderio (2).

641. Hucusque de impudicitia inter solutos : nunc de eadem inter conjugatos pauciora dicemus, alibi multo plura dicturi.

Oscula, tactus, amplexus, aspectus inter conjuges, citra periculum pollutionis et intra terminos honestatis naturalis, sunt licita, si fiant in ordine ad usum matrimonii; sunt autem peccata duntaxat venialia, si in eis sistatur, nec ad copulam ordinentur (3). Quidam etiam non improbabiliter excusant ab omni culpa, si fiant ad fovendum mutuum amorem qui est matrimonio valde necessarius.

Tunc autem solum censentur conjuges graviter transgredi limites honestatis naturalis, quando admittunt vel attentant aliquid sodomiticum, aut agunt cum periculo pollutionis. Extra hos duos casus, quantumvis actus sint turpes non videntur excedere peccatum veniale (4).

Juxta sententiam valde probabiliorem, quæcumque prohibita sunt omnino solutis eodem modo vetantur sponsis. Secluso tamen affectu libidinis sponso licet sponsam osculari, aut honeste tangere ad fovendum mutuum amorem in ordine ad matrimonium (5).

642. Les discours déshonnêtes qu'on tient à une personne pour la porter au libertinage, à l'impureté, sont certainement des péchés mortels. Il en est de même de ceux qu'on se permet devant des jeunes gens, dans l'intention de leur apprendre le mal et de les porter au désordre. Il en est de même encore des paroles obscènes, des discours trop libres, lorsqu'on les profère par passion, ou lorsqu'il y a péril de grave scandale, ou danger prochain de dé-

---

(1) S. Liguori, Theol. moral. lib. III. n° 421. — (2) Voyez le Traité des Péchés. — (3) S. Alphonse de Liguori, lib. VI. n° 933; Billuart, *de Temperantia*, dissert. 6. art. 17, etc. — (4) Billuart, *de Temperantia*, dissert. 6. art. 17, etc. — (5) Ibidem.

lectation charnelle, soit dans celui qui parle, soit dans ceux qui écoutent. Il y a ordinairement scandale, quand on tient ces discours en présence de jeunes gens. Enfin, les paroles qui ne sont pas seulement déshonnêtes, mais qui révoltent la pudeur, quoique proférées par légèreté, doivent être regardées, du moins dans la pratique, comme des péchés mortels. Sic, verbi gratia, non excusatur a mortali qui absque causa nominat pudenda alterius sexus.

643. Hors ces différents cas, les discours licencieux, les paroles déshonnêtes, que l'on profère seulement par légèreté, par manière de jeu ou de récréation, ne sont ordinairement que des péchés véniels. « Loqui turpia ob vanum solatium, sive jocum, de se non « est mortale, dit saint Alphonse de Liguori, nisi audientes sint ita « debiles spiritu ut scandalum patiantur; aut nisi verba sint nimis « lasciva. Hinc dicteria turpia, quæ proferuntur a messoribus, « vindemiatoribus, mulionibus (et aliis operariis), non sunt mor- « talia (1). »

Ceux qui, par leur extérieur, paraissent approuver de mauvais discours, entrer dans une conversation licencieuse, se rendent coupables du même péché que ceux qui parlent. Ce que nous disons des discours déshonnêtes s'applique aux chansons, et pour ceux qui les font ou qui les chantent, et pour ceux qui les écoutent chanter.

Les curés, les confesseurs doivent, par tous les moyens possibles, inspirer aux fidèles l'amour de la modestie, l'éloignement pour tout ce qui peut alarmer la pudeur : qu'ils leur rappellent souvent cet avis de l'Apôtre : « Fornicatio autem, et omnis immun- « ditia, nec nominetur in vobis, sicut decet sanctos (2). »

644. Les femmes se rendent coupables lorsqu'elles portent des parures qui blessent la modestie, plus coupables encore, si elles en introduisent la mode : Sic sane graviter peccant mulieres quæ ubera immoderate denudata ostendunt; aut alicubi introducunt morem ubera, etiam non ita immoderate, denudandi (3).

Sont coupables de péché mortel, les artistes dont les tableaux, les gravures et les statues ne respectent point les lois de la pudeur; quibus nempe exhibentur personæ grandiores nudis partibus pudendis. Il en est de même de ceux qui les commandent, ou qui les exposent en public, dans un musée, par exemple, ou dans un jar-

---

(1) Lib. III. n° 426; S. Antonin, Sanchez, etc. — (2) Ephes. c. 5. v. 3 et 4. — (3) Voyez, ci-dessus, n° 319.

din. Nous avons dit *personæ grandiores ;* car on tolère et on peut tolérer, même dans les églises, les anges, les génies qui sont représentés sous la forme de petits enfants.

Sont également coupables, ceux qui font, impriment, vendent ou prêtent des livres impudiques, obscènes, qui ne sont propres qu'à exciter ou à nourrir les passions; tels sont la plupart des romans, des livres de galanterie. Ces livres sont extrêmement dangereux, surtout pour les jeunes gens. On doit par conséquent éloigner, autant que possible, de la lecture de ces sortes d'ouvrages, qu'on ne peut lire sans danger pour l'innocence, la vertu, les mœurs. Les lire avec une délectation charnelle serait un péché mortel : mais ceux qui ne les lisent que par curiosité ou par manière de récréation, ne pèchent que véniellement, à moins qu'il n'y ait danger prochain d'une délectation criminelle (1).

645. Ceux qui composent ou qui représentent des pièces de théâtre vraiment obscènes, comme certaines comédies ou tragédies où l'on ne respecte ni la vertu ni la sainteté du mariage, pèchent mortellement (2).

On ne peut, sous peine de péché mortel, concourir à aucune représentation notablement indécente, *valde turpis*, ni par abonnement ou souscription, ni par applaudissement. Il y aurait aussi péché mortel pour les simples spectateurs qui assisteraient à une représentation notablement obscène, pour le plaisir honteux que cette représentation peut occasionner. Mais il n'en est pas de même de ceux qui n'y assistent que par curiosité ou par récréation ; ils ne pèchent que véniellement, pourvu qu'ils se proposent de résister à tout mouvement charnel qui peut survenir, ou qu'ils n'aient pas lieu de craindre de se laisser aller à quelques fautes graves (3).

Cependant, il serait difficile d'excuser de péché mortel un jeune homme qui, sans nécessité, voudrait assister au spectacle, dans le cas dont il s'agit ; à moins qu'il ne fût d'une conscience très-timorée, et qu'il ne pût s'autoriser sur sa propre expérience. Encore faudrait-il, dans ce dernier cas, que son exemple ne fût pas une occasion pour d'autres jeunes gens d'assister à des représentations indécentes (4).

646. Si les choses représentées ne sont pas notablement obscènes, et si la manière de les représenter ne blesse point gravement les mœurs, il n'y a que péché véniel à assister au spectacle sans raison

---

(1) S. Alphonse de Liguori, lib. III. n° 426; Sanchez, etc. — (2) Ibidem, n° 427; Sanchez, etc. — (3) Ibidem. — (4) Ibidem.

légitime. On excusera même de tout péché ceux qui ont quelque juste cause d'y assister : Sic, verbi gratia, potest sine peccato spectaculis assistere mulier conjugata, ne marito imperanti displiceat, filius aut filia, ut patri obediat (1). Mais ceux même qui sont obligés d'aller au spectacle, comme ceux qui croient pouvoir y aller, doivent se tenir en garde contre le danger.

647. Le spectacle par lui-même n'est point mauvais; on ne peut donc le condamner d'une manière absolue; mais il est plus ou moins dangereux suivant les circonstances, et l'objet des pièces qu'on y joue; on ne peut donc approuver ceux qui ont l'habitude de le fréquenter : on doit même l'interdire à toutes les personnes pour lesquelles il devient une occasion prochaine de péché mortel.

Le spectacle n'étant point mauvais de sa nature, la profession des acteurs et des actrices, quoique généralement dangereuse pour le salut, ne doit pas être regardée comme une profession absolument mauvaise : « Ludus, dit le Docteur angélique, est necessarius « ad conversationem vitæ humanæ. Ad omnia autem quæ sunt utilia « conversationi humanæ deputari possunt aliqua officia licita. Et « ideo etiam officium histrionum, quod ordinatur ad solatium ho- « minibus exhibendum, non est secundum se illicitum : nec sunt in « statu peccati, dummodo moderate ludo utantur, id est non utendo « aliquibus illicitis (*turpibus*) verbis vel factis ad ludum, et non « adhibendo ludum negotiis et temporibus indebitis... Unde illi « qui moderate eis subveniunt, non peccant; sed juste faciunt « mercedem ministerii earum eis tribuendo (2). » Saint Antonin (3), saint Alphonse de Liguori (4) et saint François de Sales (5) s'expriment comme saint Thomas.

648. On voit que ces saints Docteurs ne croyaient point que les acteurs, les comédiens fussent excommuniés. En effet, il n'existe aucune loi générale qui proscrive cette profession sous peine d'excommunication. Le canon du concile d'Arles, de l'an 314, « De « theatricis, et ipsos placuit, quamdiu agunt, a communione sepa- « rari, » est un règlement particulier.

D'ailleurs, il n'est pas certain que ce décret, qui était dirigé contre ceux qui prenaient part aux spectacles des païens, soit applicable ni aux acteurs du moyen âge, ni aux acteurs des temps

---

(1) S. Alphonse de Liguori, lib. III. n° 427 ; Sanchez, etc. — (2) Sum. part. 2. 2. quæst. 168. art. 3. — (3) Sum. part. 3. tit. 8. cap. 4. § 12. — (4) Theol. moral. lib. III. n° 420. — (5) Introduction à la vie dévote, part. 1. ch. 23.

modernes ; et il n'est guère plus certain qu'il s'agisse ici d'une excommunication à encourir par le fait, *ipso facto*. Cependant, il est vrai qu'en France les comédiens étaient autrefois regardés comme excommuniés. Mais Pontas s'est trompé en disant : « Tout « le monde sait que les pasteurs dénoncent publiquement les comé- « diens pour des gens excommuniés, tous les dimanches, au prône « des messes de paroisse (1) ; » car la formule du prône, dans la plupart des rituels de France, ne fait point mention de cette excommunication (2). Quoi qu'il en soit, comme il s'agit d'un point de discipline particulière à la France, qui dépend de l'Ordinaire pour ce qui regarde son diocèse, et que la plupart de nosseigneurs les évêques ne paraissent pas y tenir, à en juger du moins par la réserve ou le silence qu'ils gardent à cet égard, nous pensons qu'il est tombé en désuétude. Aussi, n'est-il plus en vigueur dans le diocèse de Reims.

649. Lorsqu'un acteur est en danger de mort, le curé doit lui offrir son ministère. Si le malade ne paraît pas disposé à renoncer à sa profession, il est prudent, à notre avis, de n'exiger que la simple déclaration que, s'il recouvre la santé, il s'en rapportera à la décision de l'évêque. Cette déclaration étant faite, on lui accordera les secours de la religion. Dans le cas où il s'obstinerait à refuser la déclaration qu'on lui demande, il serait évidemment indigne des sacrements et des bénédictions de l'Église.

Si, après avoir recouvré la santé, l'acteur a recours à la décision de l'évêque, celui-ci verra dans sa sagesse, eu égard aux circonstances et aux dispositions du sujet, s'il doit exiger absolument qu'il abandonne le théâtre, aussitôt que possible ; ou s'il est prudent de tolérer qu'il le suive encore plus ou moins de temps, tout en lui indiquant les moyens à prendre pour se prémunir fortement contre les dangers inséparables de sa profession. Toutes choses

---

(1) Dictionnaire des cas de conscience, au mot COMÉDIE. — (2) Il n'est pas fait mention de l'excommunication dont parle Pontas, dans la formule du prône des Rituels de Reims, de l'an 1677 ; d'Amiens, de l'an 1687 ; de Soissons, de l'an 1755 ; de Châlons, de l'an 1776 ; de Paris, de l'an 1777 ; de Chartres, de l'an 1689 ; de Meaux, de l'an 1734 ; d'Orléans, de l'an 1642 ; de Blois, de l'an 1730 ; de Besançon, de l'an 1715 ; de Strasbourg, de l'an 1742 ; de Saint-Diez, de l'an 1783 ; de Toul, de l'an 1700 ; de Coutances, de l'an 1682 ; de Tours, de l'an 1785 ; de Nantes, de l'an 1776 ; de Lyon, de l'an 1787 ; de Langres, de l'an 1679 ; de Clermont, de l'an 1733 ; de Bordeaux, de l'an 1728 ; de Périgueux, de l'an 1733 ; de Sarlat, de l'an 1729 ; d'Agen, de l'an 1688 ; d'Alet, de l'an 1667 ; de Lodève, de l'an 1781 ; d'Auch, de Tarbes, et des autres diocèses de la même province ; de Verdun, de l'an 1787, etc., etc.

égales, on sera plus indulgent envers une actrice qui est sous l'empire de la puissance maritale, qu'envers un acteur qui est maître de ses actions.

650. Il en est, proportion gardée, de la danse comme du spectacle; elle n'est point illicite de sa nature; on ne peut donc la condamner d'une manière absolue, comme si elle était essentiellement mauvaise : « Choreæ, dit saint Alphonse de Liguori d'après saint « Antonin, per se licitæ sunt, modo fiant a secularibus, cum personis « honestis, et honesto modo, scilicet, non gesticulationibus inho- « nestis (1). Quando vero Sancti Patres eas interdum valde repre- « hendunt, loquuntur de choreis turpibus, aut earum abusu (2). » Saint François de Sales pensait comme saint Alphonse et comme saint Antonin.

651. Rarement la danse, même décente, est sans quelque danger : le plus souvent elle est dangereuse, plus ou moins, suivant les circonstances et les dispositions de ceux qui la fréquentent; il serait donc imprudent de la conseiller ou de l'approuver. Mais autre chose est d'approuver la danse; autre chose, de la tolérer. Un pasteur fera tout ce qu'un zèle éclairé lui permettra de faire, pour empêcher les danses et les bals de s'introduire dans sa paroisse. Il évitera toutefois d'aller trop loin, de crainte d'être plus tard dans la nécessité de reculer; ce qui compromettrait son autorité. Si, malgré sa vigilance et ses exhortations, la danse s'introduit et s'établit dans sa paroisse, il doit la *tolérer*, sauf les cas suivants :

1° Un confesseur ne peut absoudre ceux qui persistent à vouloir fréquenter les danses regardées comme étant notablement indécentes, soit à raison des costumes immodestes qu'on y porte, mulieribus nempe ubera immoderate nudata ostendentibus, soit à raison des paroles obscènes qu'on s'y permet; soit enfin à raison de la manière dont la danse s'exécute, contrairement aux règles de la modestie. On excuserait cependant une femme qui, ne se permettant rien de contraire à la décence, prendrait part à la danse uniquement pour faire la volonté de son mari, auquel elle ne pourrait déplaire sans inconvénient.

2° Il ne peut absoudre ceux qui fréquentent les bals masqués, à raison des désordres qui en sont inséparables.

---

(1) S. Alphonse, lib. III. n° 429; S. Antonin, Sum. part. 2. tit. 6. c. 6. —
(2) S. Alphonse, lib. III. n° 429.

3° Il ne doit point absoudre ceux qui ne veulent pas renoncer à l'habitude de danser pendant les offices divins.

4° Que la danse se fasse d'une manière convenable ou non, on ne peut absoudre les pénitents pour lesquels elle est une occasion prochaine de péché mortel, à moins qu'ils ne soient sincèrement disposés à s'en éloigner. Mais, pour que la danse soit une *occasion prochaine* de péché mortel, il ne suffit pas qu'elle *occasionne* de mauvaises pensées ou autres tentations, même toutes les fois qu'on y va ; car on en éprouve partout, dans la solitude comme au milieu du monde.

CHAPITRE II.

Des Péchés d'Impureté consommée.

652. Les péchés de luxure ou d'impureté consommée sont de sept espèces : la simple fornication, le stupre (*stuprum*), le rapt, l'inceste, le sacrilége, l'adultère, et le péché contre nature. Le vice contre nature comprend la pollution volontaire, la sodomie et la bestialité.

De fornicatione simplici. Fornicatio simplex est concubitus soluti cum soluta ex mutuo consensu. Soluti vero dicuntur qui sunt liberi non solum a vinculo matrimonii, sed etiam a mutua cognatione vel affinitate in gradibus prohibitis, a voto continentiæ, ab ordine sacro et violentia. Ad fornicationem reducitur concubinatus inter solutos, quippe qui non est aliud quam continuata fornicatio.

653. Fornicatio est vetita jure naturali ; proindeque non solum est mala quia prohibita, sed prohibita quia mala. Barbari tamen, sylvestres, agrestes et rudes quibus deest instructio, possunt ignorare, etiam invincibiliter, malitiam fornicationis, « quia, ut ait « S. Thomas, hujusmodi inordinatio, cum non manifeste contineat « injuriam proximi, non est omnibus manifesta, sed solum sa- « pientibus per quos debet ad aliorum notitiam derivari (1). »

---

(1) S. Thomas, quæst. 15, *de Malo*, art. 2. ad tertium ; Billuart, *de Temperantia*, dissert. 6. art. 11. appendix 1 ; Soto, Sylvius, etc.

Communiter non est absolvendus concubinarius, etiamsi det signa magni doloris, nisi dimiserit concubinam, aut nisi postquam (concubina extra domum degente), per aliquod tempus notabile ad eam non accesserit (1). De hoc autem fusius, ubi *de pœnitentia*.

654. *De stupro.* Stuprum est defloratio virginis, ipsa invita (2), vel etiam juxta plures, illa consentiente (3). Virginis autem nomine non intelligitur, ea quæ virtutem virginitatis sic servavit ut nullo peccato luxuriæ fuerit maculata, sed illa quæ virginitatis signaculum retinet integrum, quamvis delectationibus venereis aut mollitie polluta fuerit. Itaque virginitas hic sumitur non pro virtute, sed pro statu integritatis.

Num virgo tenetur potius permittere se occidi quam violari, quando nempe invasor ei minatur mortem, si copulæ non acquiescat?

Duplex est sententia. Prima, quam tenent Navarrus, Sotus, Toletus et alii, docet feminam non teneri mortem pati potius quam violari; sed posse tunc permissive se habere, dum accidit copula; modo voluntate positive resistat, et consensus periculum absit; quia, ut aiunt, illa permissio non est tunc cooperatio moralis, sed tantum materialis : et ideo ob periculum mortis satis excusatur. Secunda sententia, quam tenent de Lugo, Salmanticenses et alii, docet hoc omnino illicitum esse, quia, cum femina se agitando possit impedire congressum, si non impediat propter metum mortis, immobilitas ejus haberi potest ut cooperatio voluntaria et vere moralis. Hæc secunda sententia suadenda est in praxi, saltem ob periculum consensus, quod in illa permissione vel quiete facile adesse potest (4).

655. *De raptu.* Non agitur hic de raptu quatenus matrimonium reddit invalidum, sed quatenus est una species luxuriæ : sub hoc autem respectu sumptus definiri potest : vis illata cuicumque personæ, aut iis quorum potestati rapta subest, explendæ libidinis causa.

Dicitur 1° *vis illata;* seu violentia physice et proprie dicta, vel etiam metus qui censeatur gravis respective ad personam quæ rapitur. Si quæ persona consentiat rapere volenti et sponte discedat, etiam insciis parentibus, non est proprie raptus, sed fuga, non addens malitiam specie distinctam fornicationi (5).

(1) S. Alphonse de Liguori, lib. III. n° 436. — (2) Ibidem. n° 443. — (3) Navarrus, Azor, Billuart, etc. — (4) S. Alphonse, lib. III. n° 368. — (5) Ibidem. n° 444.

Dicitur 2°, *cuicumque personæ;* nam quæcumque persona, sive masculus, sive femina, sive virgo, sive corrupta, sive soluta, sive conjugata, est materia raptus; qui est eo gravior quo persona rapta graviores induit qualitates : ita ut si sit conjugata, peccatum luxuriæ sit raptus et adulterium; si Deo dicata, raptus et sacrilegium; et sic de cæteris.

Dicitur 3°, *aut iis quorum potestati rapta subest*, nempe parentibus, tutoribus aut custodibus ab iis constitutis, sub quorum cura existit persona quæ rapitur; quia tunc habetur violentia. Qualitercumque autem adsit violentia, salvatur ratio raptus, prout est luxuriæ species: sive ergo rapta raptori consentiat reluctantibus parentibus, sive consentiant parentes reluctante rapta raptus est. Abductio autem puellæ sponte consentientis, reluctantibus etiam parentibus, non est raptus qui sufficiat ad impedimentum matrimonii dirimens.

Dicitur 4°, *explendæ libidinis causa;* quia si raptus fiat ex alia causa, nempe ut persona rapta venundetur, aut adhibeatur ut servus aut ancilla, raptus ille non est species luxuriæ. Quamvis autem raptus de quo loquimur non habeat suum complementum nisi per expletionem libidinis, verus tamen raptus erit ex sola intentione, copula non secuta. De pœnis ab Ecclesia latis in raptores alibi dicemus (1).

656. *De incestu.* Incestus est congressus inter cognatos aut affines in gradibus ab Ecclesia prohibitis. Gradus autem prohibiti sunt in consanguinitate et affinitate ex matrimonio sive rato sive consummato, usque ad quartum inclusive; in affinitate orta ex copula illicita usque ad secundum inclusive.

Licet incestus cum consanguinea sit gravior quam incestus cum affine in eodem gradu, uterque tamen probabiliter est ejusdem speciei. « Persona affinis, inquit S. Thomas, conjungitur alicui « propter personam consanguinitate conjunctam; et ideo quia unum « est propter alterum, ejusdem rationis inconvenientiam facit con- « sanguinitas, et affinitas (2). » Idem dicendum videtur de incestibus in variis gradibus consanguinitatis et affinitatis. Omnes enim incestus quoad gradus sunt probabiliter ejusdem speciei, excepto tamen primo gradu consanguinitatis in linea recta (3).

Hæc de cognatione *carnali*: incestus enim inter cognatos spiri-

---

(1) Tome II. n° 934. — (2) Sum. part. 2. 2. quæst. 154. art. 10. Voyez aussi Billuart, *de Temperantia*, dissert. VI. art. 6; Cajetanus, Soto, Sylvius, etc. — (3) S. Alphonse de Liguori, lib. III. n° 449.

tuales, ratione scilicet cognationis quæ oritur ex baptismo et confirmatione, specie differt ab incestu, qui fit inter consanguineos et affines. « Si enim, ait Doctor angelicus, aliquis abutatur per« sona conjuncta sibi secundum spiritualem cognationem, committit « sacrilegium ad modum incestus (1). » An autem sit explicandus in confessione gradus cognationis spiritualis, affirmant plures; sed probabilius alii negant. Pariter incestus inter cognatos legales, nempe ratione adoptionis, diversæ est speciei ab aliis incestibus enunciatis.

657. *De sacrilegio.* Sacrilegium est in materia luxuriæ, cum violantur sacra per actum venereum. Potest autem sacrilegium commiti circa personam, locum, et rem. 1° *Circa personam*; ut si quis peccat habens votum castitatis, sive solemne, sive simplex, aut peccat scienter cum eo qui habet illud votum. Hinc sacerdos aut religiosus peccans cum alia persona sacrata duplex committit sacrilegium.

2° *Circa locum.* Sacrilegium committitur per copulam carnalem aut quamcumque voluntariam seminis humani effusionem in loco sacro. Per locum autem sacrum comprehenditur omnis locus ab Episcopo benedictus et officio divino deputatus, a tecto interiori usque ad pavimentum : comprehenduntur etiam cœmeteria. Sed non reputatur locus sacer tectum exterius ecclesiæ, nec parietes exteriores, nisi inserviant pro muro cœmeterii; neque caveæ fabricatæ sub pavimento, nisi sit locus sepulturæ aut ibidem divina celebrentur officia; neque sacristia, atrium, turris seu campanile; neque tandem oratoria privata, nisi sint erecta auctoritate Episcopi, ut fieri solent in hospitalibus, aut seminariis, collegiis; quia tunc veræ sunt ecclesiæ. Ut oratorium sit sacrum, non sufficit ut Episcopus det licentiam in eo sacra faciendi; quia, hoc non obstante, potest ad nutum domini ad usus profanos converti.

Copula maritalis, etiam occulta quæ habetur in ecclesia, sacrilegium est (2).

Alii negant tactus etiam graviter turpes, in ecclesia habitos, esse sacrilegia. Alii vero damnant ut sacrilegia quoslibet actus externos graviter turpes, necnon aspectus impudicos, et verba graviter obscœna, si habeantur in ecclesia. Cogitationes autem et desideria non sunt sacrilegia, nisi versentur circa luxuriæ peccatum in loco sacro externe patrandum.

---

(1) Sum. part. 2. 2. quæst. 154. art. 10. — (2) S. Alphonse, Suarez, Billuart, Sanchez, Lessius, etc.

658. 3° *Circa rem.* Committit sacrilegium qui rebus sacris utitur ad turpia. Idem dicendum de sacerdote qui turpiter peccat indutus ad missam aut gestando eucharistiam, aut statim post sacram communionem, verbi gratia, infra mediam horam. Non autem sacrilegus est qui turpiter peccat gestando reliquias; neque si illos daret amasiæ titulo donationis. Secus vero, si daret in pretium peccati, nam tunc simonia esset simul et sacrilegium.

An autem sit sacrilegium peccatum carnale commissum in diebus festis? Affirmant aliqui; sed multo plures et probabilius negant: finis enim præcepti non cadit sub præceptum (1).

659. *De adulterio.* Adulteriun est *tori alieni violatio*. Tres autem sunt gradus in adulterio: primus est conjugati cum soluta; secundus, conjugatæ cum soluto; tertius, conjugati cum conjugata, quorum est diversa gravitas. Secundus est gravior primo; tum quia ex commixtione unius mulieris cum pluribus viris plerumque impeditur generatio; tum quia, si non impediatur, incertum fit cujus nata proles, utrum nempe sit mariti, an adulterantis; tum denique quia fit singularis injuria marito, cui supponitur aliena proles, necnon filiis legitimis, dum extraneus immittitur in partem hæreditatis; saltem his periculis se subjicit mulier adultera : quæ omnia non consequuntur ex adulterio conjugati cum soluta. Tertius autem gradus est omnium gravissimus, quia ultra prædicta duplicem continet infidelitatem duplicemque injustitiam, in confessione exprimendam.

Etiamsi conjux adulteret de consensu comparis, verum est adulterium; quia tunc fit injuria, si non conjugi sponte consentienti, saltem statui et juri conjugali cui cedere non possunt conjuges, quodque ideo cum maneat integrum, non obstante eorum cessione, violatur per adulterium (2). Ad quid teneantur adulter et adultera, dicemus ubi de *restitutione*.

660. *De sodomia.* Disputatur inter doctores in quo consistat: alii volunt eam consistere in concubitu ad indebitum vas; alii vero communius et probabilius in concubitu ad indebitum sexum :
« Concubitus ad indebitum sexum, puta masculi ad masculum,
« vel feminæ ad feminam, dicitur vitium sodomiticum : » ita
S. Thomas (3). Hinc infertur non esse sodomiam perfectam seu proprie dictam nisi in coitu feminæ cum femina, aut masculi cum masculo. Verum adest sodomia, in quacumque parte corporis fiat

---

(1) S. Alphonse de Liguori, lib. III. n° 463. — (2) Décret d'Innocent XI, de 1679. — (3) Sum. part. 2. 2. quæst. 154. art. 11.

congressus; quia ordinarie tunc adest affectus ad indebitum sexum; et ideo non est opus explicare, in confessione an pollutio fuerit intra vel extra vas. At probabiliter necesse non est ut sodomita declaret an fuerit agens aut patiens, nam ista circumstantia non mutat speciem peccati sodomitici. Explicandum autem si habita sit sodomia cum consanguinea vel conjugata; aut habente votum castitatis.

Coitus viri in vase indebito mulieris est sodomia imperfecta, specie distincta a perfecta. Verum si confessarius intelligat mulierem cognitam fuisse extra vas naturale aut præposterum, non debet quærere in quo loco vel quo modo (1).

De bestialitate. Bestialitas, quæ gravissimum est peccatum, crimenque nefandum, est congressus hominis cum bestia. Non autem opus est explicare in confessione cujus speciei fuerit bestia, neque utrum illa fuerit mas aut femella. Ita communiter (2).

661. *De pollutione.* Pollutio seu mollities est *voluntaria seminis humani effusio extra congressum cum alio.* Dicitur *voluntaria;* quia hic agitur de pollutione quatenus est peccatum. Quapropter quæcumque pollutio sive in somnis sive in vigilia, quæ non est voluntaria, nec directe, nec indirecte, non imputatur ad peccatum.

Mollities seu pollutio est intrinsece mala, naturali nempe jure verita : unde, nullo casu licitum est intendere vel procurare directe pollutionem, ne causa quidem sanitatis; ac vitandæ alias certæ mortis (3).

662. Pollutio per se est peccatum gravius quam fornicatio, cum illa sit contra naturam. Pollutioni autem additur malitia sacrilegii, si sit a quocunque habente votum castitatis, adulterii, si a conjugato; fornicationis, si quis polluendo delectatur tanquam de coitu cum femina; sodomiæ, si cogitet coire cum persona ejusdem sexus.

Distillatio, quæ est fluxus humoris quasi medii inter urinam et semen, si voluntarie contingat cum notabili commotione spirituum generationi inservientium, procul dubio est peccatum mortale, quia notabilis commotio carnalis est pollutio inchoata. Idem dicendum, si distillatio sit in magna quantitate, quia talis notabilis distillatio non potest esse sine notabili carnis rebellione; unde sicut graviter peccat qui notabilem commotionem procurat; ita etiam qui magnam procurat distillationem. Hinc tenemur sub gravi non

---

(1) S. Alphonse de Liguori, lib. III. n° 466.— (2) S. Alphonse, ibidem. n° 474. — (3) Décret d'Innocent XI, de 1679.

solum hujusmodi distillationem directe evitare, sed etiam indirecte, vitando nempe omnes causas proxime in eam influentes (1).

Si vero distillatio sit in modica quantitate, et sine delectatione, et commotione, tunc sine peccato possumus illam permittere; quia de tali fluxu non est magis curandum quam de emissione cujuscumque alterius excrementi, de quo natura se exonerare solet. Imo plures, inter quos Holzmann, Sporer et Elbel, dicunt id posse permitti etiam cum levi commotione carnis. Verum directe et data opera procurare quamcumque distillationem, etiam levem, nullo modo potest excusari a peccato mortali, quia revera quæcumque distillatio semper, vel ut plurimum, secum fert aliquam commotionem et aliquantuli seminis effusionem (2).

663. Si judicio medicorum semen sit certo corruptum et sanitati nocivum, licitum est illud expellere medicamentis, etsi præter intentionem sequatur aliqua seminis effusio. Ita Sanchez, Sporer et alii. Nunquam tamen est licitum tactu semen corruptum expellere, etiamsi absit periculum consensus (3).

Pollutio quæ fit in somno non imputatur ad peccatum, nisi sit voluntaria in causa. Quando pollutio incipit in somno, et emissio contingit in vigilia semiplena, tum, si homo aliquam experitur delectationem non plene deliberatam, peccat quidem, sed venialiter tantum. Quando vero emissio incipit in somno et continuatur in plena vigilia, qui patitur eam non tenetur, secluso tamen consensus in delectationem periculo, cohibere fluxum actualem; nisi possit illum interrumpere absque gravi detrimento sanitatis. Ita plerique. Idem dicendum de quacumque pollutione involuntaria, sive in somno sive in vigilia eveniat, cum eadem sit ratio in utroque casu (4).

664. Quando actio ex qua prævidetur secutura pollutio, est secundum se licita, simul et necessaria vel utilis, conveniens animæ aut corpori, non est illicitum actionem ponere, nec ipsa pollutio prævisa est culpabilis, modo absit consensus aut proximum periculum consensus in eam (5).

Hinc etiam prævisa pollutione licet, 1° parochis et aliis confessariis audire confessiones mulierum; studere rebus venereis discendi causa vel docendi; medicis et chirurgis aspicere et tangere pudenda mulieris ægrotantis; 2° cum feminis honeste et utiliter

---

(1) S. Alphonse de Liguori, lib. III. n° 477. — (2) S. Alphonse, ibidem; Sanchez, etc. — (3) S. Alphonse, ibidem. n° 478. — (4) Billuart, etc. — (5) S. Alphonse de Liguori, lib. III. n° 43; S. Thomas, S. Antonin, Sanchez, Sylvius, Billuart, etc.

conversari, illas amplexari aut osculari juxta morem patriæ; servire in balneis et similia; 3° ei qui valde molestum pruritum patitur in verendis, illum tactu abigere, etiamsi pollutio sequatur; 4° equitare causa utilitatis, et etiam recreationis; 5° cibum aut potum calidum sed salutarem moderate sumere, et honestas choreas ducere; 6° demum, quodam situ cubare in lecto ad quiescendum commodius (1).

665. Diximus, *quando actio est necessaria vel utilis, conveniens, etc.*: quia, si in præfatis casibus nulla sit ratio utilitatis, actio quamvis de se licita, non posset fieri absque peccato veniali vel mortali, prout magis minusve influeret in prævisam pollutionem. Sic incedere equo cum æque commode posses curru, certo situ cubare cum possis altero æque commodo, talibus cibis uti cum possis aliis æque sanis, est peccatum veniale ab his non abstinere, ratione prævisæ inde pollutionis.

Diximus, *modo absit consensus aut proximum periculum consensus in ipsam pollutionem.* De proximo autem periculo consentiendi constabit, si quis ex simili occasione sæpius mortaliter lapsus fuerit; secus vero, si aliquoties tantum.

666. Quando actio, ex qua prævidetur secutura pollutio, est venialiter mala in genere luxuriæ vel in alio, si leviter tantum et remote influat in pollutionem, ipsa pollutio inde secuta est tantum veniale peccatum; nec proinde est obligatio abstinendi ab illa actione, nisi sub veniali. Ita communius et probabilius (2).

Hinc infertur non esse nisi peccatum veniale pollutionem quæ oritur ex colloquio non diuturno cum puella, vel levi aspectu, aut curiosa lectione leviter turpi. Pariter **tactus, amplexus, oscula** quæ venialia sunt in materia luxuriæ, sive ex imperfectione actus, sive quia fiunt ex levitate, joco, curiositate, aliove motivo non libidinoso, etsi ex his prævideatur secutura pollutio, venialiter tantum influunt in pollutionem, ipsamque non nisi venialiter malam efficiunt, modo tamen, ut semper supponitur, absit proximum periculum consensus in illam. Idem plures admittunt de pollutione involuntarie orta ex lectione etiam notabiliter turpi, si fiat ob solam delectationem, absque pravo animo et proximo periculo delectandi de ipsis rebus obscœnis; verum id in praxi vix unquam concedi potest (3).

667. Quando actio, ex qua prævidetur saltem in confuso, secu-

---

(1) S. Alphonse, Billuart, etc. — (2) S. Alphonse de Liguori, lib. III. n° 484; Billuart, Cajétan, Sylvius, Lessius, Sanchez, Sporer, etc., etc. — (3) S. Alphonse de Liguori, ibidem; Billuart.

tura pollutio, est de se mortaliter mala in genere luxuriæ, ipsa pollutio fit peccatum mortale : ideoque tenemur sub gravi abstinere ab illa actione, non solum ratione sui, sed etiam ratione futuræ pollutionis. Hinc diuturnæ et morosæ cogitationes, et delectationes impudicæ, aspectus, tactus, amplexus, oscula, turpiloquia, quæ sunt peccata mortalia in genere luxuriæ, sive ex objecto secundum se obscœno, sive ex affectu libidinoso; si ex illis secutura prævideatur pollutio, licet non intendatur, peccata sunt mortalia, non solum in se, sed etiam ut causa pollutionis; ideoque pollutiones inde secutæ sunt mortales. Pariter non excusatur a malitia pollutionis, qui polluitur ex diuturno colloquio cum puella a se inordinate dilecta, saltem ob periculum consensus (1).

668. Verum non est mortalis pollutio quæ præter intentionem accidit ex causis etiam mortaliter illicitis in alio genere quam luxuriæ, puta ex ebrietate aut usu cibi vel potus nimis immoderato; nisi tamen prævideatur inde secutura pollutio. Licitum est gaudere de bono effectu pollutionis, puta de sanitate, aut cessatione tentationis. Ita S. Thomas, qui hæc habet : « Si pollutio placeat ut « naturæ exoneratio vel alleviatio, peccatum non creditur (2). »

Expositis generalibus regulis ad sextum Decalogi præceptum spectantibus, juvat addere cum pio, sagaci et erudito Doctore Billuart : « Parce, caste lector, si hucusque tuos oculos offende- « rimus : ad id nos coegit maxime necessaria tum confessariorum « cum pœnitentium instructio in hac materia omnium frequentis- « sima. Quædam hinc et inde excusamus a mortali, non ut impo- « tenti passioni fræna laxentur; absit : sed solius amore veri, et quia « lepram a lepra distingui necesse est. Verum memento et alta « mente repone, viam hanc undequaque esse lubricam, quam quis « semel ingressus, quot gressus tot lapsus facit; ignem esse prodi- « torium cujus minima scintilla sæpe, eheu! sæpius, magnum « incendium causat. Fuge ergo, dilecte mihi, fuge occasiones, non « dico proximas, sed remotas et remotissimas : nihil in hac materia « leve reputes, si gravia certo cavere cupias; fugere in hoc con- « flictu vincere est; fuge crapulam, fuge otium, fuge somnum « prolixiorem; fuge cogitationes, aspectus, colloquia, consortia « quæ spirant libidinem; mortifica membra tua, et fac Deo hostiam « viventem; ipsum instanter et frequenter ora cum Propheta, ut « *creet in te cor mundum, et spiritum rectum innovet in visceri-*

---

(1) S. Alphonse de Liguori, lib. III. n° 482.—(2) In 4. Dist. IX. quæst. 1. art. 4. — Voyez le Traité des Péchés.

« *bus tuis; sacramenta pœnitentiæ et eucharistiæ religiose fre-
« quenta; Virginis singularis patrocinium devote invoca, ut te
« culpis solutum, mitem faciat et castum. Amen* (1). »

SEPTIÈME PARTIE.

Du septième précepte du Décalogue.

669. Le septième commandement, *Non furtum facies*, nous défend de prendre le bien d'autrui et de le retenir injustement. Le dixième commandement, que nous rapportons au septième, défend même tout désir injuste, toute convoitise contraire au droit du prochain : « Non concupisces domum proximi tui, non servum, « non ancillam, non bovem, non asinum, nec omnia quæ illius « sunt (2). »

En condamnant le vol, le septième précepte nous défend par là même de causer aucun dommage au prochain, et nous ordonne de restituer ce que nous possédons injustement, ainsi que de réparer le tort que nous avons fait.

La notion du vol suppose la notion du juste et de l'injuste, du droit et des différentes espèces de droits. Nous parlerons donc de la justice et du droit, des moyens d'acquérir un droit, de la restitution en général et de la restitution en particulier.

CHAPITRE PREMIER.

De la Justice, du Droit, et des différentes espèces de Droits.

ARTICLE I.

De la Justice.

670. La justice proprement dite, dont il s'agit ici, est une vertu morale qui nous porte à rendre à chacun ce qui lui est dû,

---

(1) Billuart, Tract. *de Temperantia*, Dissert. VI. art. 17. Billuart est né à Revins, petite ville sur la Meuse, au diocèse de Reims. — (2) Exod. c. 20. v. 17.

ce qui lui appartient. C'est la définition qu'en donne saint Augustin : « *Justitia ea virtus est quæ sua cuique distribuit* (1). » Saint Ambroise s'exprime comme saint Augustin : « *Justitia suum cuique « distribuit, alienum non vindicans* (2). »

On distingue la justice *commutative*, la justice *légale* et la justice *distributive*. La justice *commutative*, ainsi appelée parce qu'elle règle les *échanges*, les conventions, les contrats exprès ou tacites, est celle par laquelle on rend à chacun ce qui lui est dû en rigueur, ce qui est sien, *quod suum est*. C'est une justice d'égal à égal ; car, pour ce qui regarde les lois de l'équité, *æquitatis*, tous les hommes sont égaux, *æquales*; ils ont tous les mêmes droits, quelle que soit leur position, leur dignité : ainsi, celui qui doit 100 francs, quel qu'il soit, fût-il prince, fût-il roi, est obligé de donner 100 francs ; et, en donnant cette somme, il remplit exactement le devoir de la justice.

La justice *légale* est celle qui consiste dans l'observation des lois : elle nous porte à rendre à l'État ce qui lui est dû par les citoyens.

La justice *distributive* est celle qui fait rendre aux citoyens ce qui leur est dû par l'État, en les faisant participer aux avantages communs de la société, et en leur *distribuant* les charges proportionnellement aux moyens, aux facultés d'un chacun. Ainsi, pour les impôts, si celui qui possède un certain domaine paye une somme quelconque, celui qui est moins riche de moitié doit payer la moitié moins. De même, les dignités, les distinctions, les récompenses, doivent, autant que possible, être distribuées en raison du mérite. Ici, toutefois, la justice ne peut suivre que l'égalité morale proportionnelle. Elle observe le même ordre quand il s'agit d'infliger des peines aux coupables, et prend alors, dans quelques scolastiques, le nom de justice *vindicative*. Elle punit et récompense sans acception de personnes : « Non accipietis cujusquam « personam (3). »

671. On ne peut violer la justice commutative sans contracter l'obligation de restituer ce qu'on a pris au prochain, ou de réparer le tort qu'on lui a fait. Mais cette obligation ne peut naître que de la violation de la justice commutative. Si, comme il arrive assez souvent, la justice légale et la justice distributive imposent l'obligation de restituer, ce n'est que lorsqu'on ne peut les violer sans

---

(1) Civit. Dei. lib. xix. c. 21. — (2) De Officiis. lib. i. c. 24. — (3) Deuter. c. 1. v. 17.

violer en même temps la justice commutative, avec laquelle elles se confondent, en vertu du pacte implicite qui existe entre tous ceux qui font partie d'une société. Ainsi, par exemple, celui qui pèche contre la justice légale en refusant de payer les impôts nécessaires à l'État, pèche par là même contre la justice commutative; il viole le pacte par lequel quiconque veut faire partie d'une société s'engage implicitement à en supporter les charges, proportionnellement aux avantages qu'il en retire. De même, ceux qui sont désignés par le gouvernement pour régler la répartition des charges publiques, des contributions, violent tout à la fois la justice distributive et la justice commutative, en grevant un contribuable au delà de ses facultés.

ARTICLE II.

Du Droit et des différentes espèces de Droits.

672. Le caractère de la justice est de respecter le droit d'autrui. On entend par *droit* le pouvoir ou la faculté légitime de faire une chose, ou de l'obtenir, ou d'en disposer à volonté. On distingue le droit *réel* et le droit *personnel :* le droit réel, *jus in re*, est le droit en vertu duquel nous pouvons revendiquer une chose qui nous est acquise, et la réclamer, en quelques mains que nous la trouvions. Le droit personnel, *jus ad rem*, est celui en vertu duquel nous pouvons réclamer la possession d'une chose qui ne nous est pas encore acquise. Par le droit réel on est propriétaire d'une chose; par le droit personnel, on demande seulement à le devenir.

673. On peut avoir sur les biens, ou un droit de propriété, ou un simple droit de jouissance, d'usage, ou seulement des services fonciers à prétendre. La propriété est le droit de jouir et de disposer des choses de la manière la plus absolue, pourvu qu'on n'en fasse pas un usage prohibé par les lois ou par les règlements (1). Le droit de propriété renferme le droit de dénaturer la chose qui en est l'objet, d'en changer la forme, la surface, la substance même, autant que la loi le permet : « Dominium est jus utendi et « abutendi re sua, quatenus juris ratio patitur (2). » Remarquez toutefois que le mot *abuti* ne veut pas dire ici *abuser;* car l'abus d'une chose ne peut être permis : la morale le condamne, et la

---

(1) Cod. civ. art. 544. — (2) L. 21. Cod. mandat.

police même le réprime en plusieurs cas ; ce mot signifie seulement le droit de disposer pleinement d'une chose et de la consommer, par opposition au mot *uti*, qui n'exprime que le droit d'user d'une chose sans la consommer, *salva rei substantia*.

674. Le droit de propriété est un droit sacré; personne ne peut être contraint de céder sa propriété, si ce n'est pour cause d'utilité publique, et moyennant une juste et préalable indemnité (1). Ce qu'on appelle le haut domaine, le droit éminent du prince, *jus altum*, n'est pas un droit de propriété, un domaine proprement dit : ce n'est qu'un droit d'administration, que le droit d'ordonner, de prescrire ce qui convient au bien général; d'établir sur les biens des particuliers les impôts nécessaires pour soutenir les charges publiques, d'infliger des amendes plus ou moins fortes, suivant la gravité des délits. Le pouvoir appartient au roi, à ceux qui gouvernent, et la propriété aux citoyens : « Ad reges potestas omnium « pertinet, dit Sénèque ; ad singulos, proprietas (2). » Sous un bon gouvernement, le prince possède tout à titre de souveraineté; et les citoyens, à titre de propriété : « Sub optimo rege, omnia rex « imperio possidet ; singuli, dominio (3). »

675. D'après ce principe, qui n'est point contesté, il faut reconnaître que la convention nationale a violé le droit de propriété, en supprimant les rentes féodales sans indemnité. « L'abolition de « ces rentes, dit Toullier, ayant été jugée nécessaire au bien de « l'État et aux progrès de l'agriculture, l'assemblée constituante en « permit le rachat; en cela, elle n'excéda point ses pouvoirs. Les « propriétaires de ces rentes ne pouvaient justement se plaindre, « puisqu'ils recevaient une juste et préalable indemnité. Mais en « supprimant ces mêmes rentes sans indemnité, la convention fit « un acte d'injustice : elle viola la loi sacrée de la propriété, base « fondamentale des sociétés. Elle ne put détruire l'obligation na- « turelle de payer ou de rembourser ces rentes, qui étaient le prix « des héritages possédés par les débiteurs (4). »

Mais il faut remarquer : 1° que l'obligation de payer lesdites rentes est personnelle à ceux qui en ont profité, c'est-à-dire, à ceux qui étaient possesseurs des biens affectés de ces sortes de rentes, lorsque la loi les a abolies. Soit qu'ils possèdent encore ces biens, soit qu'ils les aient aliénés, ils sont obligés, en conscience, eux ou leurs héritiers, d'entrer en arrangement avec leurs créanciers, et

---

(1) Cod. civ. art. 545. — (2) De Beneficiis. lib. VII. c. 4. — (3) Ibidem. c. 3. — (4) Droit civ. fr. 2. t. VI. n° 383.

de leur accorder une juste indemnité. Quant aux terres qui ont été vendues depuis, libres de toutes rentes par les anciens propriétaires, elles ont cessé d'être sujettes auxdites rentes ; et ceux qui les ont acquises, soit qu'ils les possèdent encore, soit qu'ils ne les possèdent plus, ne sont obligés à rien relativement à ces mêmes rentes. 2° Que l'obligation de payer les rentes en question peut s'éteindre par la prescription de trente ans ; mais cette prescription n'a lieu, au for intérieur, que lorsqu'elle est fondée sur la bonne foi, et que la bonne foi a duré pendant tout le temps nécessaire pour prescrire.

676. On distingue la propriété *parfaite* et la propriété *imparfaite*. Elle est parfaite, lorsque le propriétaire peut jouir et disposer de la manière la plus absolue de ce qui lui appartient, sans être gêné dans l'exercice de son droit. Elle est imparfaite, lorsque le propriétaire est gêné dans l'exercice de son droit, soit par quelque défaut personnel, soit par l'effet d'un droit appartenant à un autre particulier. Les défauts personnels qui empêchent l'exercice du droit de propriété sont, la minorité, la démence, l'interdiction, l'état d'une personne qui est sous la puissance d'autrui. La propriété est également imparfaite, quand elle a pour objet des biens grevés de substitution, des biens acquis avec faculté de rachat, ou des biens sur lesquels un autre a un droit d'usufruit, d'usage ou de servitude.

677. L'usufruit est le droit de jouir des choses dont un autre a la propriété, comme le propriétaire lui-même, mais à la charge d'en conserver la substance. Ce droit est établi par la loi ou par la volonté de l'homme, sur les biens, meubles ou immeubles, purement et simplement, ou sous certaines conditions. L'usufruitier a droit de jouir de toute espèce de fruits, soit naturels, soit industriels, soit civils, que peut produire la chose dont il a l'usufruit (1).

L'usage est la faculté de se servir ou d'*user* d'une chose dont un autre conserve la propriété, à la charge par l'usager d'en conserver la substance. L'usage est moins étendu que l'usufruit ; ce droit se règle par le titre qui l'établit, ou, à défaut de titre, par la loi. L'usager et celui qui a un droit d'habitation, ainsi que l'usufruitier, doivent jouir en bons pères de famille (2).

---

(1) Cod. civ. depuis l'art. 578 jusqu'à l'art. 624. — (2) Ibidem. art. 601 et 627.

CHAPITRE II.

Des Biens qui sont l'objet de la propriété.

678. Les mots *biens* et *choses* ne sont pas synonymes : la première expression est moins étendue, elle ne comprend que les choses qu'on possède, celles qui font partie de notre patrimoine, comme une maison, un champ, un cheval, etc. Ce n'est que par la possession qu'on en a prise que les choses reçoivent la dénomination de *biens*. Ainsi, on met au rang des *choses* et non des *biens*, l'air, la mer, les terres désertes, les animaux sauvages. En un mot, les choses sont ce qu'on peut posséder ; les biens, ce qu'on possède.

On distingue plusieurs espèces de biens, savoir, les biens *corporels* et les biens *incorporels*. Les biens corporels sont ceux qui peuvent être aperçus par les sens, ceux qu'on peut voir au toucher, comme une maison, un champ, de l'or, de l'argent, des bijoux, etc. Les biens incorporels sont ainsi appelés parce qu'ils ne frappent point les sens : tels sont les biens qui ne consistent que dans un droit ; comme, par exemple, le droit de succession, le droit d'usage, d'usufruit, et même de propriété, si on considère ces différents droits en eux-mêmes indépendamment des choses qui en sont l'objet.

679. On distingue aussi les biens meubles et les biens immeubles. Les meubles sont, en général, les objets qui peuvent se transporter d'un lieu à un autre, soit par eux-mêmes, comme les êtres animés, soit par l'effet d'une force étrangère, comme les choses inanimées. Nous disons *en général*; car, en droit, on met au nombre des immeubles divers objets qui, par leur nature, appartiennent à la classe des meubles. Les immeubles sont tels par leur nature ou par leur destination. Les biens immeubles par leur nature sont ceux qui ne peuvent être transportés d'un lieu à un autre, tels que les fonds de terre, les bâtiments, les moulins à vent ou à eau, fixés sur piliers ou pilotis, et faisant partie du bâtiment. Les mines sont également immeubles, ainsi que les bâtiments, machines, puits, galeries, et autres travaux établis à demeure pour

l'exploitation (1). Les récoltes sont pareillement immeubles, tant qu'elles sont pendantes par les racines. Il en est de même des fruits des arbres, tant qu'ils ne sont pas cueillis ; mais à mesure que les grains sont coupés ou les fruits détachés, ils deviennent meubles, quand même ils ne seraient pas encore enlevés. Les biens immeubles par destination sont ceux qui, étant naturellement meubles, sont cependant regardés, en droit, comme faisant partie des immeubles : tels sont, par exemple, les objets que le propriétaire d'un fonds y a placés pour le service de l'exploitation de ce fonds. Pour ce qui regarde la distinction des meubles et des immeubles, on doit s'en rapporter aux dispositions de la loi civile (2).

680. Considérés dans leur rapport avec ceux qui les possèdent, les biens sont ou patrimoniaux, ou communaux, ou nationaux, ou ecclésiastiques. Les premiers appartiennent aux particuliers ; les communaux, aux communes ; les nationaux, à l'État ; les ecclésiastiques, à l'Église. L'administration et l'aliénation des biens nationaux, communaux et ecclésiastiques, sont soumises à des règles particulières.

CHAPITRE III.

Des Personnes capables du droit de propriété.

ARTICLE I.

Des Enfants de famille.

681. Les enfants de famille sont capables du droit de propriété, même avant l'usage de raison. Il en est de même de ceux qui sont en démence ; mais ils n'exercent leur droit que par leurs parents, ou par ceux qui les représentent, conformément à ce qui est réglé par la loi civile.

(1) Loi du 21 avril 1810. — (2) Cod. civ. art. 516 et suivants.

Le père, durant le mariage, et, après la dissolution du mariage, le survivant des pères et mères, ont la jouissance des biens de leurs enfants jusqu'à l'âge de dix-huit ans accomplis, ou jusqu'à l'émancipation, qui peut avoir lieu avant l'âge de dix-huit ans. Il ne faut pas confondre la jouissance avec l'administration : celui qui a la jouissance ou l'usufruit d'un bien n'est comptable que de la propriété de ce bien, tandis que celui qui n'a que l'administration est comptable et de la propriété et des revenus (1).

682. En accordant aux père et mère la jouissance des biens de leurs enfants, la loi leur impose les charges suivantes, savoir : 1° les charges auxquelles sont tenus les usufruitiers ; 2° la nourriture, l'entretien et l'éducation des enfants, suivant leur fortune et leur condition ; 3° le payement des arrérages ou intérêts des capitaux ; 4° les frais funéraires et ceux de dernière maladie (2).

Ni le père ni la mère n'ont la jouissance des biens de leurs enfants naturels. Ils ne peuvent administrer ces biens qu'à la charge d'en rendre compte, même quant aux revenus (3). Et pour ce qui regarde la jouissance des biens des enfants légitimes, elle cesse à l'égard de la mère dans le cas d'un second mariage (4).

Le droit de jouissance, qui a lieu au profit des père et mère, ne s'étend pas aux biens que les enfants peuvent acquérir *par un travail et une industrie séparés*, ni à ceux qui leur sont donnés ou légués sous la condition expresse que les père et mère n'en jouiront pas ; ni aux biens que les enfants ont recueillis d'une succession dont les père et mère ont été déclarés indignes (5).

Les biens acquis par un *travail* et une *industrie séparés* comprennent : 1° le pécule *castrense* des Romains, c'est-à-dire les biens qui proviennent du service militaire ; 2° le pécule *quasi-castrense*, ce qui s'étend à tout ce que peut gagner un fils de famille dans l'exercice de quelque charge ou emploi public, soit civil, soit ecclésiastique ; 3° enfin, tout ce que gagne un enfant de famille par un travail ou commerce quelconque, mais *séparé*.

683. Les gains et acquisitions que fait un fils, en travaillant au nom de son père ou en faisant valoir les biens paternels, rentrent dans le pécule profectice, sur lequel il n'a aucun droit : « Sancitum « est a nobis ut si quid ex re patris filio obveniat, hoc secundum

---

(1) Cod. civ. art. 384 et suiv. — (2) Ibid. art. 385. — (3) Toullier, Delvincourt, Pailliet, Rogron, etc. — (4) Cod. civ. art. 386.— (5) Ibid. art. 387 et 730.

« antiquam observationem totum parenti acquiratur (1). » Et cette disposition n'est pas seulement applicable aux enfants mineurs. Les biens acquis par un fils majeur qui demeure avec son père, sans avoir ni office, ni bénéfice civil ou ecclésiastique, appartiennent au père, suivant les anciennes lois françaises, auxquelles le Code n'a point dérogé. Les enfants ne font *siens* que les biens qu'ils acquièrent par un *travail* ou une *industrie séparés* (2).

684. D'après ce principe, si conforme d'ailleurs à la puissance paternelle, nous pensons, contrairement à l'opinion de plusieurs théologiens, que le fils qui a géré utilement les affaires de la famille en travaillant avec son père ou au nom de son père, sans faire un commerce à part, ne peut s'approprier ni en totalité, ni même en partie, les gains qu'il a procurés à la famille (3). Il peut seulement réclamer ce qui lui aurait été promis par son père à titre de récompense. Cependant, il ne faudrait point, à défaut de cette promesse, inquiéter un fils qui, ayant beaucoup plus travaillé que ses frères et sœurs dans l'intérêt de la famille, s'approprierait une somme de peu de valeur, eu égard aux services qu'il a rendus ; car alors on peut raisonnablement présumer le consentement du père.

ARTICLE II.

Des Époux.

685. Les droits respectifs des époux dépendent des conventions qu'ils ont faites. Ceux qui se marient sont libres de faire, quant aux biens, toutes les conventions qu'ils jugent convenables, pourvu qu'elles ne renferment rien de contraire aux bonnes mœurs ou aux lois. Ils ne pourraient, par exemple, déroger ni aux droits qui appartiennent au mari comme chef, ni à ceux qui résultent de la puissance maritale sur la personne de la femme et des enfants, ni aux droits conférés par la loi au survivant des époux (4).

On peut se marier sous le régime de la communauté, ou sous le régime exclusif de communauté, ou sous le régime dotal. Ces trois régimes ont cela de commun : 1° que dans tous il peut y avoir une dot ; 2° que la femme ne peut, dans aucun cas, aliéner ses im-

---

(1) Instit. lib. II. tit. 9. — (2) Répert. de jurisp. au mot *Pécule*. — (3) Conférences d'Angers, sur la Restitution ; S. Alphonse de Liguori, lib. III. n° 544, etc. — (4) Cod. civ. art. 1387 et suiv.

meubles, ni ester en jugement à raison de ses biens meubles ou immeubles, sans le consentement spécial de son mari, ou, à son refus, sans l'autorisation de la justice. Mais il y a cette différence principale entre le régime dotal et les deux autres régimes : d'abord, que dans le premier régime il n'y a de dotal que ce que la femme se constitue en dot par contrat de mariage, ou ce qui lui est donné par le même acte; tandis que, dans les autres régimes, tous les biens de la femme sont dotaux, si le contraire n'a été formellement stipulé; et, en second lieu, que, dans le régime dotal, l'immeuble faisant partie de la dot est, en général, inaliénable; tandis que, dans les deux autres régimes, il peut toujours être aliéné par la femme dûment autorisée.

686. On définit la communauté conjugale : *une société entre époux*; on distingue la communauté *légale* et la communauté *conventionnelle*. La communauté *légale*, ainsi appelée parce qu'elle est spécialement régie par la loi qui en pose les conditions, est celle qui existe sans contrat, ou par la simple déclaration qu'on se marie sous le régime de la communauté. La communauté *conventionnelle* est celle qui est fondée sur les conventions des époux.

L'actif de la communauté *légale* se compose : 1° de tout le mobilier que les époux possédaient au jour de la célébration du mariage civil, ensemble de tout le mobilier qui leur échoit pendant le mariage, à titre de succession ou même de donation, si le donateur n'a exprimé le contraire; 2° de tous les fruits, revenus, intérêts et arrérages, de quelque nature qu'ils soient, échus ou perçus pendant le mariage, et provenant des biens qui appartenaient aux époux lors de la célébration, ou de ceux qui leur sont échus pendant le mariage, à quelque titre que ce soit; 3° de tous les immeubles qui sont acquis pendant le mariage.

Les immeubles que les époux possèdent au jour de la célébration du mariage, ou qui leur échoient pendant le cours du mariage, n'entrent point dans la communauté. Il en est de même des immeubles que l'on ne donne pendant le mariage qu'à l'un des deux époux; ils ne tombent point dans la communauté; ils appartiennent au donataire seul, à moins que la donation ne contienne expressément que la chose donnée appartiendra à la communauté. L'immeuble acquis durant le mariage à titre d'échange contre l'immeuble appartenant à l'un des deux époux, n'entre point non plus dans la communauté; il est subrogé au lieu et place de celui qui a été aliéné, sauf récompense pour la communauté, si elle a été obligée de payer quelque chose pour la plus-value de l'immeuble acquis.

687. Les biens qui appartiennent à la communauté sont appelés biens *communs*, parce que, quoique le mari en ait la libre et pleine administration, ils sont réellement, quant à la propriété, *communs* entre les deux conjoints. Ces biens sont distincts des biens du mari et des biens de la femme, qu'on appelle biens *propres*, non *communs*.

688. Le passif de la communauté *légale* se compose : 1° de toutes les dettes mobilières dont les époux étaient grevés au jour de la célébration de leur mariage, ou dont se trouvent chargées les successions qui leur échoient durant le mariage, sauf récompense pour celles relatives aux immeubles propres à l'un ou à l'autre des époux ; 2° des dettes tant en capitaux qu'en arrérages ou intérêts, contractées par le mari pendant la communauté, ou par la femme, du consentement de son mari, sauf la récompense pour les cas où elle a lieu ; 3° des arrérages et intérêts seulement des rentes ou dettes passives qui sont personnelles aux deux époux ; 4° des réparations usufructuaires des immeubles qui n'entrent point en communauté ; 5° des aliments des époux, de l'éducation et entretien des enfants, et de toute autre charge du mariage.

Les créanciers peuvent poursuivre le payement des dettes que la femme a contractées avec le consentement de son mari, tant sur les biens de la communauté que sur ceux du mari ou de la femme ; sauf la récompense due à la communauté, ou l'indemnité due au mari. Mais les dettes que la femme n'a contractées qu'en vertu d'une procuration générale ou spéciale du mari, sont à la charge de la communauté ; et les créanciers n'en peuvent poursuivre le payement ni contre la femme, ni sur ses biens personnels.

689. C'est au mari seul qu'appartient l'administration des biens de la communauté. Il peut les vendre, les aliéner et les hypothéquer sans le concours de sa femme. Mais il ne peut disposer entrevifs, à titre gratuit, des immeubles de la communauté, ni de l'universalité ou d'une quotité du mobilier, si ce n'est pour l'établissement des enfants communs. Cependant il peut disposer des effets mobiliers à titre gratuit et particulier au profit de toutes personnes, pourvu qu'il ne s'en réserve pas l'usufruit. Quant aux donations testamentaires faites par le mari, elles ne peuvent excéder sa moitié des biens de la communauté. Si le mari encourt quelque amende pour un crime qui n'emporte pas mort civile, le payement peut en être poursuivi sur les biens de la communauté ; mais la femme ou ses héritiers ont droit d'en demander récompense, de réclamer une indemnité, lors de sa dissolution (1). Il faut en dire autant des réparations civiles; la femme n'étant pas censée participer aux obligations que son mari peut contracter par délit, ne peut pas plus être responsable des réparations civiles que des amendes (2).

690. Ainsi, quoique le mari soit l'administrateur des biens de la communauté, et que son administration soit parfaitement libre, pleine et entière, il n'en est point *maître absolu*, il n'en a pas la propriété. Il peut bien en disposer à volonté, par quelque contrat onéreux que ce soit : il a droit de les louer, de les vendre, de les hypothéquer sans le concours de sa femme; le bien de la communauté, de la société domestique, de la famille, réclame l'exercice de ce droit. Mais oserait-on soutenir qu'un mari peut, sans injustice, vendre les biens communs aux deux conjoints, pour en employer le prix à la débauche, au libertinage, ou pour entretenir une femme adultère? « Un mari qui dissipe le bien de la commu« nauté, ou qui le distrait en faveur de ses parents, ou de ses « enfants d'un premier lit, à l'insu de sa femme et sans son con« sentement, pèche; car, quoique le mari soit le maître de la com« munauté, il est obligé en conscience de la gouverner en bon « père de famille. Il doit, comme *associé*, contribuer autant qu'il « peut au bien de la communauté; il doit conserver à sa femme le « droit qu'elle y a; il doit aussi le conserver à ceux à qui ce droit « doit appartenir après la dissolution de la communauté. Le mari, « en faisant un mauvais usage des biens de la communauté, cause « un dommage à sa femme ou à ceux qui sont ses légitimes héri« tiers : par conséquent, il est coupable d'une injustice qu'il doit ré« parer. » Ainsi s'exprime le rédacteur des *Conférences d'Angers* (3).

691. Le mari a encore l'administration des biens *propres* ou personnels de la femme. Il peut exercer seul toutes les actions mobilières et possessoires qui appartiennent à la femme; mais il ne peut aliéner les immeubles *propres* ou personnels de celle-ci sans son consentement. Il est responsable de tout dépérissement des biens de la femme, causé par défaut d'actes conservatoires; comme si, par exemple, il a négligé d'interrompre une prescription.

692. La communauté *légale* étant dissoute, la femme ou ses héritiers et ayants cause ont la faculté de l'accepter ou d'y renoncer. Après l'acceptation l'actif se partage, et le passif est supporté de la

---

(1) Cod. civ. art. 1424. — (2) Delvincourt, Rogron, etc. — (3) Conférences sur le mariage comme contrat civil, quest. 2; Pontas, Dict. des cas de conscience, au mot *Communauté*.

manière indiquée par le Code civil. Pour ce qui regarde les dettes de la communauté, elles sont pour moitié à la charge de chacun des époux ou de leurs héritiers. Les frais de scellé, inventaire, vente de mobilier, liquidation, licitation et partage, font partie des dettes.

Cependant la femme n'est tenue des dettes de la communauté, soit à l'égard du mari, soit à l'égard des créanciers, que jusqu'à concurrence de son émolument, pourvu, quant à ce qui regarde le for extérieur, qu'il y ait eu bon et fidèle inventaire, et qu'elle rende compte tant du contenu de cet inventaire que de ce qui lui est échu par le partage. Ainsi, lorsque la portion des biens communs échus à la femme ne suffit pas pour payer la moitié des dettes, les héritiers du mari sont tenus d'y suppléer; et si la femme avait donné, pour acquitter ces mêmes dettes, plus qu'elle n'a reçu de la communauté, elle aurait recours contre les héritiers du mari pour la portion qui excède son émolument (1).

La femme n'est point obligée non plus, comme nous l'avons fait remarquer plus haut, de concourir en rien à l'acquittement des obligations que le mari a contractées par un délit qui lui est personnel, auquel la femme n'a pas pris part, et dont la communauté n'a point profité. La femme ne doit pas porter l'iniquité du mari. On ne pourrait donc l'obliger à réparer le dommage que le mari aurait causé, soit en brûlant la maison de son voisin, soit en commettant l'adultère, soit en se rendant coupable d'un vol, dont ni la communauté, ni la femme par conséquent, n'auraient tiré aucun avantage. Elle ne peut être tenue, quant aux injustices du mari, que jusqu'à concurrence de l'émolument qui lui est revenu.

693. Pour ce qui regarde la communauté *conventionnelle*, les époux doivent exécuter en tout leurs conventions, en tant qu'elles n'ont rien de contraire aux mœurs, au bon ordre, aux lois, ou aux règles tracées dans le Code civil. Ils se rendraient coupables d'injustice l'un envers l'autre, en recourant à la fraude pour éluder les conventions qu'ils ont faites en se mariant.

Dans la crainte de nous écarter de notre plan, nous nous bornerons à faire remarquer, relativement au régime exclusif de communauté et au régime dotal, 1° que si les époux stipulent par leur contrat de mariage qu'ils seront séparés de biens, la femme conservera l'entière administration de ses biens, meubles et immeubles, et la jouissance libre de ses revenus, sans pouvoir cependant aliéner ses immeubles, à moins qu'elle ne soit dûment autorisée.

---

(1) Voyez le Cod. civ. depuis l'art. 1385 jusqu'à l'art. 1496.

Mais alors chacun des époux contribue aux charges du mariage, suivant les conventions contenues dans leur contrat; et, à défaut de toute convention à cet égard, la femme contribue à ces charges jusqu'à la concurrence du tiers de ses revenus. 2° Que la femme a l'administration et la jouissance de ses biens paraphernaux; mais qu'elle ne peut aliéner ceux de ces sortes de biens qui sont immeubles, sans l'autorisation de son mari, ou, à son refus, sans la permission de la justice. On regarde comme paraphernaux tous les biens de la femme qui n'ont pas été constitués en dot (1).

ARTICLE III.

Des Clercs.

694. Les biens des clercs sont ou patrimoniaux, ou quasi-patrimoniaux, ou ecclésiastiques, ou parcimoniaux.

Or, premièrement, il est certain qu'un clerc est le maître de ses biens patrimoniaux, c'est-à-dire, des biens qu'il tient de ses parents ou de toute autre personne, à titre de succession, d'hérédité, de legs ou de donation, ou qu'il s'est procuré par une industrie, un travail étranger au ministère ecclésiastique. Il peut, par conséquent, en disposer à volonté, sans que personne ait le droit de se plaindre, ni de faire aucune réclamation.

Secondement, suivant le sentiment de Benoît XIV (2), qui est certainement le sentiment le plus probable et le plus généralement reçu, un clerc est encore maître et propriétaire des biens quasi-patrimoniaux, c'est-à-dire, des rétributions ou honoraires reçus à l'occasion de quelque fonction ecclésiastique, qu'il remplit sans y être tenu en vertu d'un bénéfice: telles sont, par exemple, les rétributions qu'il reçoit pour occuper une chaire de théologie ou d'Écriture sainte, pour la prédication, la célébration de la sainte messe. L'abus qu'un prêtre ferait de ces rétributions serait sans doute criminel, mais ce ne serait point une injustice (3). Cependant, si, dans la perception des honoraires dont il s'agit, il dépassait le tarif approuvé par l'évêque, ou par l'usage légitime des lieux, il serait obligé de rendre l'excédant de ce qui est fixé par le

---

(1) Voyez le Cod. civ. depuis l'art. 1497 jusqu'à l'art. 1581. — (2) De Beatificatione servorum Dei, lib. III. c. 34. n° 23. — (3) S. Alphonse de Liguori, lib. III. n° 491; Billuart, Bergier, etc.

règlement ou par l'usage, n'ayant aucun titre qui puisse justifier cette exaction.

695. Troisièmement, il en est probablement de même des biens parcimoniaux, c'est-à-dire, des biens qu'un clerc déduit des fruits de son bénéfice, en vivant avec plus d'économie qu'on ne le fait communément. On peut disposer de ses épargnes selon son bon plaisir. C'est le sentiment d'un grand nombre de docteurs, parmi lesquels nous remarquons saint Alphonse de Liguori (1). C'est aussi la doctrine de saint Thomas, qui assimile les biens destinés à l'entretien d'un clerc aux biens qui lui sont propres, qui sont *siens*: « De his autem quæ sunt specialiter suo usui deputata, videtur esse « eadem ratio quæ est de propriis bonis (2). »

696. Quatrièmement, les docteurs ne s'accordent pas sur la question de savoir si les fruits ou revenus d'un bénéfice, qu'on appelle biens ecclésiastiques, appartiennent en propre au clerc qui est pourvu de ce bénéfice. Les uns, entre autres saint Alphonse de Liguori (3), pensent qu'il n'a droit qu'à la portion de ces revenus qui est nécessaire pour un honnête entretien, et qu'il est obligé, en justice, d'employer le superflu, soit en aumônes, soit en œuvres pies. Telle est, disent-ils, l'intention des fondateurs qui, en dotant l'Église, ont voulu pourvoir à l'entretien des ministres de la religion et aux besoins des pauvres. D'autres, dont le sentiment, au rapport même de saint Alphonse, est vraiment probable, et beaucoup plus commun parmi les auteurs modernes, *probabilis et valde communior inter recentiores*, soutiennent que, quoique un clerc pèche en faisant un mauvais usage du superflu des revenus de son bénéfice, il ne pèche point contre la justice, et n'est point tenu de restituer. C'est le sentiment de saint Thomas, qui s'exprime ainsi: « In bonis (quæ sunt principaliter attributa usibus ministrorum, « sicut sunt præbendæ clericorum et alia hujusmodi) non commit- « titur peccatum nisi per abusum, sicut et de bonis patrimoniali- « bus dictum est; unde non tenetur quis ad restitutionem, sed « solum ad pœnitentiam peragendam (4). »

Quelque parti qu'on prenne sur cette question, dont la discussion nous conduirait trop loin, comme l'opinion du Docteur angélique est probable, même de l'aveu de ceux qui suivent l'opinion contraire, nous pensons qu'on ne doit point inquiéter, au tribunal de

---

(1) S. Alphonse de Liguori, lib. III. n° 492. — (2) Sum. part. 2. 2. quæst. 185, art. 7. — (3) Lib. III. n° 492. — (4) Quodlibet. VI. art. 12; voyez aussi S. Antonin, Sylvius, Cabassut, Billuart, etc.

la pénitence, les héritiers d'un clerc qui leur aurait laissé le superflu des revenus ecclésiastiques. S'ils étaient dans l'aisance, on les exhorterait à en faire des bonnes œuvres, ou à rendre à l'Église ce qui vient de l'Église; mais nous n'oserions leur en faire une obligation sous peine de refus de l'absolution. Un héritier n'est pas obligé, rigoureusement parlant, de faire les aumônes auxquelles était tenu celui dont il a recueilli la succession, à moins qu'il n'y ait eu pour celui-ci une obligation certaine, fondée sur la justice.

697. Mais les docteurs s'accordent à condamner celui qui abuse de son bénéfice : tous l'obligent, sinon par justice, du moins par charité, par la vertu de religion, par respect pour le sacerdoce, à consacrer le superflu des biens ecclésiastiques au soulagement des pauvres ou aux besoins de l'Église : « De his autem quæ sunt spe- « cialiter suo usui deputata, videtur esse eadem ratio quæ est de « propriis bonis, ut scilicet propter immoderatum affectum et usum, « peccat quidem, si immoderate sibi retineat et alii non subveniat, « sicut requirit debitum charitatis. » Ce sont les expressions de saint Thomas (1) : « Certum est, dit saint Alphonse, quod beneficiarii te- « nentur sub mortali reditus superfluos suæ sustentationi in usus « pios aut in pauperes elargiri (2). » Et qu'importe, comme le cardinal Bellarmin le dit dans sa lettre à son neveu, qu'un prélat ne soit point damné pour avoir péché contre la justice, s'il l'est pour avoir péché contre la charité? « Parum refert utrum prælatus dam- « netur ad inferos, quia peccavit contra justitiam, an vero quia « peccavit contra charitatem, non bene distribuendo facultates « suas ecclesiasticas. »

698. Pour juger s'il y a péché mortel dans l'abus des revenus d'un bénéfice, on doit avoir égard et à la position de celui qui en est pourvu, et à la quotité des biens dont on abuse, et aux besoins plus ou moins urgents de l'Église ou des pauvres; mais comme on ne peut rien préciser sur ce point, on doit, dit saint Thomas (3), s'en rapporter, dans la pratique, au jugement des hommes prudents et désintéressés.

Il n'est pas permis à un clerc, à un curé, à un évêque, d'enrichir ses parents avec les biens de l'Église; le concile de Trente le défend expressément : « Omnino eis interdicit ne ex reditibus Ec- « clesiæ consanguineos familiaresve suos augere studeant (4). » Mais ce n'est pas les enrichir que de les secourir dans leurs besoins:

---

(1) Sum. part. 2. 2. quæst. 165. art. 7. — (2) Lib. III. n° 491. — (3) Sum. part. 2. 2. quæst. 165. art. 7. — (4) Sess. XXV. Decret. de Reformatione, cap. 1.

« Si pauperes sint, ajoute le même concile, iis ut pauperibus distri-
« buant (1). »

En finissant cet article, nous ferons remarquer : 1° que celui qui est pourvu d'un bénéfice a droit aux revenus de ce bénéfice, lors même qu'il aurait d'ailleurs de quoi vivre et s'entretenir convenablement : « Justum est, dit saint Alphonse, ut qui altari servit, « de altari vivat, juxta illud Apostoli : *Quis militat suis stipendiis* « *unquam?* Fortene divites qui reipublicæ deservientes stipendia « habent, injuste accipiunt (2)? » 2° Que celui qui ne remplit pas l'office, les devoirs attachés à son bénéfice, soit qu'il réside, soit qu'il ne réside pas, n'a pas droit d'en retirer les fruits, à moins qu'il n'ait été dispensé par qui de droit : il ne fait les fruits *siens* qu'en résidant et en s'acquittant de ses fonctions.

CHAPITRE IV.

De l'Occupation.

699. Après avoir parlé du droit de propriété, des biens qui en sont l'objet et des personnes qui en sont capables, nous avons à indiquer les différents moyens de l'acquérir. Ces moyens sont l'occupation, l'accession, la prescription, les successions et les contrats, qui comprennent les donations entre-vifs et testamentaires.

Le premier moyen d'acquérir la propriété est l'occupation. Au commencement, les biens de la terre étaient communs; ils étaient comme des choses qui ne sont à personne, *res nullius*. Mais bientôt nos premiers pères et leurs enfants s'étant *approprié* ce qui leur convenait, le droit de *propriété* s'établit. Cette manière de former la propriété s'appelle *occupation*. Quoique aujourd'hui les choses communes, qui ne sont à personne, soient réglées par des lois particulières, nul doute cependant que l'occupation ne soit encore parmi nous un moyen d'acquérir la propriété. C'est en vertu du droit d'occupation que l'on s'approprie le gibier qu'on tue, le poisson qu'on prend; l'eau qu'on puise à une fontaine publique, à la rivière; les pierres, les coquillages qu'on ramasse sur le bord de

---

(1) Sess. xxv. Decret. de Reformatione, cap. 1. — (2) Voyez S. Alphonse de Liguori, lib. iii. n° 491.

la mer. Cependant l'occupation n'a lieu parmi nous que pour les choses mobilières ; les immeubles inoccupés ou abandonnés sont, dans le droit françois, mis au nombre des biens vacants et sans maître, et appartiennent à l'État (1).

700. Pour ce qui regarde les animaux dont on peut se rendre maître, il est important de distinguer les animaux domestiques des animaux sauvages et des animaux apprivoisés. Les animaux domestiques, tels que le cheval, le mulet, l'âne, le bœuf, les moutons, la volaille de basse-cour, etc., appartiennent à celui qui les possède : il ne cesse point d'en être le propriétaire, quoiqu'ils aient pris la fuite.

Les animaux sauvages sont ceux qui jouissent d'une pleine liberté, qui ne cessent d'être *libres* que lorsqu'ils sont enchaînés, emprisonnés, retenus dans une cage, dans une ménagerie : ils s'échappent dès qu'ils peuvent briser leurs fers ou forcer leur barrière, sans annoncer le dessein de retourner à leur premier maître. Ces animaux deviennent la propriété de celui qui s'en empare, ils appartiennent au premier occupant; mais il faut qu'il y ait une occupation réelle. Cependant un quadrupède, un poisson, un oiseau, pris dans un piége, dans un filet, de manière à ne pouvoir s'en dégager, appartient à celui qui a tendu le piége ou le filet, quoiqu'il n'y ait pas de sa part une occupation immédiate. Il en est de même d'une bête qui a reçu une blessure mortelle : elle appartient à celui qui l'a blessée. Mais il y a un bien grand nombre de fidèles, dans la campagne surtout, qui se font facilement illusion sur ce point: ils s'approprient sans scrupule le gibier ou le poisson dont un autre n'a pas encore pris immédiatement possession. Nous pensons que les confesseurs ne doivent point les inquiéter à cet égard : il est prudent, à notre avis, de les laisser dans leur bonne foi.

Le droit de propriété sur les animaux sauvages ne dure pas plus que l'occupation. La bête que j'ai prise est à moi tant qu'elle est en mon pouvoir, dans ma ménagerie, dans ma volière ou dans mon vivier; mais elle cesse de m'appartenir dès l'instant qu'elle s'est échappée : ayant recouvré sa liberté, elle devient de nouveau la proie du premier occupant.

701. On doit se conformer aux lois et aux règlements du pays concernant la pêche et la chasse. Ceux qui les transgressent pèchent; mais ils peuvent conserver comme *siens* les poissons qu'ils ont pris et le gibier qu'ils ont tué (2). Seulement ils peuvent être

(1) Voyez le Code civil commenté dans ses rapports avec la théologie morale, art. 714. — (2) Voyez le Répert. de jurisp., etc.

tenus, même avant la sentence du juge, à des dommages envers ceux qui ont l'adjudication de la chasse ou de la pêche.

Les animaux apprivoisés ou sédentaires sont ceux qui, quoique d'une nature sauvage, ont contracté l'habitude de revenir dans la retraite qu'on leur a préparée : tels sont les pigeons, les lapins, les abeilles. Suivant le Code civil, les pigeons, les lapins, les poissons, qui passent dans un autre colombier, garenne ou étang, appartiennent au propriétaire de ces objets, pourvu qu'ils n'y aient point été attirés par fraude et artifice (1). Les pigeons doivent être renfermés pendant la semaille et la moisson ; et, durant ce temps, ils sont regardés comme gibier : chacun a le droit de les tuer sur son terrain (2). Cette disposition est fondée sur ce que, généralement parlant, il est impossible, au propriétaire du champ que les pigeons d'autrui ont dévasté, de découvrir le propriétaire de ces pigeons ; d'où résulte l'impossibilité de le dédommager du tort ou du dégât causé par les pigeons, autrement qu'en usant du droit de les tuer et de s'en emparer lorsqu'on les surprend dans ses propriétés.

702. En France, le propriétaire d'un essaim a droit de le réclamer et de s'en ressaisir, tant qu'il n'a point cessé de le poursuivre ; autrement, l'essaim appartient au propriétaire du terrain sur lequel il s'est fixé (3). Selon le droit romain, il faut, pour acquérir la propriété d'un essaim, qu'il y ait prise de possession en l'enfermant dans une ruche : « Si alius apes incluserit, is earum dominus « erit (4) ; » ce qui paraît plus conforme à l'occupation des animaux qui ont recouvré leur liberté naturelle. Aussi, nous pensons qu'on n'est point tenu, avant la sentence du juge, de rendre l'essaim dont on a pris possession à celui sur le terrain duquel il s'était arrêté.

C'est ici le lieu de parler de l'invention des trésors et des choses perdues, dont le maître ne se présente pas. Le trésor est toute chose cachée ou enfouie, sur laquelle personne ne peut justifier sa propriété, et qui est découverte par le pur effet du hasard (5).

Nous disons : 1° *toute chose* : les monnaies, les médailles, un vase, une urne, une statue, un buste, et autres choses de ce genre, peuvent être la matière d'un trésor. 2° *Cachée* ou *enfouie* : un objet qui ne serait ni caché ni enfoui ne serait pas un trésor, mais une épave, une chose perdue dont le maître n'est pas connu. Cependant une médaille, une pièce antique d'or ou d'argent, qu'on

(1) Cod. civ. art. 564. — (2) Loi de 1789. — (3) Loi de 1791. — (4) Instit. de Divisione rerum. — (5) Cod. civ. art. 716.

découvrirait sur la superficie de la terre, où elle aurait été ramenée par le travail d'un autre qui ne s'en serait point aperçu, serait encore regardée comme un trésor. 3° *Sur laquelle personne ne peut justifier sa propriété* : ce qui répond à cette notion que nous en donne le droit romain : « Vetus depositio cujus non extat memoria, « ut jam dominum non habeat. » Si on pouvait connaître la personne qui a caché les choses ou l'argent qu'on découvre, ce ne serait plus un trésor ; ce seraient des choses égarées qu'il faudrait rendre au propriétaire. 4° *Qui est découvert par le pur effet du hasard* : celui qui aurait trouvé un trésor dans le terrain d'autrui, en y faisant des fouilles sans le consentement du propriétaire, serait condamné à rendre à celui-ci le trésor en entier. Mais comme cette disposition de la loi civile n'a pour objet que de punir le délit qu'on a commis en fouillant un fonds sans la permission du maître, on n'est pas obligé de s'y conformer avant la sentence du juge.

703. La propriété du trésor appartient à celui qui le trouve dans son propre fonds. S'il est trouvé dans le fonds d'autrui, il appartient par moitié à celui qui l'a découvert, et pour l'autre moitié au propriétaire du fonds (1). Par conséquent, si le trésor est découvert dans un fonds qui appartient à une église, ou à une commune, ou à l'État, cette église, ou cette commune, ou l'État, a réellement droit à la moitié. Mais, à moins que le trésor ne soit d'une grande valeur, on ne doit point inquiéter l'inventeur qui se l'approprie en entier, surtout quand il s'agit de certaines médailles ou statues dont la valeur extrinsèque l'emporte de beaucoup sur la valeur matérielle.

Il faut remarquer que l'usufruitier n'a aucun droit sur le trésor découvert dans le fonds dont il n'a que l'usufruit, à moins qu'il ne l'ait trouvé lui-même : dans ce cas, il devrait en avoir la moitié.

704. Quant aux choses perdues dont le maître ne se présente pas, doit-on les laisser à l'inventeur? 1° Tous les théologiens conviennent que celui qui a trouvé une chose égarée qui mérite d'être regrettée par celui qui l'a perdue, doit la faire publier dans les lieux où elle a été recueillie, afin qu'on puisse la réclamer. L'inventeur ne peut se l'approprier, sans avoir fait préalablement les publications accoutumées. 2° Celui qui a trouvé une chose quelconque, de quelque peu de valeur qu'elle soit, doit la rendre à celui qui la réclame, si celui-ci prouve qu'elle lui appartient. 3° Si le maître ne se présente pas, on ne peut s'opposer au régisseur des domaines, qui, en vertu de quelque loi, réclamerait une épave au profit de

---

(1) Cod. civ. art. 716.

l'État. Le gouvernement a le droit de s'approprier les choses perdues dont on ne peut découvrir le maître. 4° Enfin, si, après avoir fait les publications prescrites, l'épave n'est point réclamée, ni par le propriétaire ni par l'État, le parti le plus sûr, conformément au sentiment le plus commun parmi les auteurs ecclésiastiques, serait d'en disposer en faveur des pauvres ou en œuvres pies. Il en est de même pour les choses qui sont trop peu considérables pour mériter d'être publiées. Si l'inventeur est pauvre lui-même, quoique moins pauvre que d'autres, il pourra, de l'aveu de tous, se les approprier, et en disposer à volonté.

705. Mais si l'inventeur ne peut se regarder comme pauvre, commettra-t-il une injustice en gardant pour lui-même les choses perdues dont il n'a pu découvrir le maître? La plupart des théologiens pensent qu'il se rendrait coupable d'injustice, parce que, disent-ils, l'inventeur ne peut se les approprier sans aller contre l'intention du maître, qui est alors présumé vouloir que les choses égarées, qu'il ne peut recouvrer, soient employées en bonnes œuvres. Cependant, plusieurs docteurs de réputation (1), dont le sentiment est probable (2), dispensent l'inventeur de l'obligation d'employer en bonnes œuvres les objets qu'il a trouvés. Ils se fondent et sur l'enseignement des jurisconsultes, et sur la condonation mutuelle, générale et tacite qu'invoquent les fidèles eux-mêmes, qui s'attribuent assez communément les choses dont il s'agit, les regardant comme une compensation des choses qu'ils ont perdues, ou qu'ils sont exposés à perdre tous les jours.

Quoi qu'il en soit, pour ne pas confondre l'incertain avec le certain, il est prudent de ne pas insister, dans les instructions qu'on fait au peuple, sur l'obligation de donner aux pauvres les choses trouvées dont le maître ne se présente pas. On y exhortera les fidèles comme à un acte de charité, évitant ce qui pourrait leur faire croire qu'ils y sont tenus comme à un acte de justice.

Quand il s'agit de rendre au maître les choses qu'on a trouvées, on n'en doit rien exiger. On peut seulement recevoir ce qu'il offre librement : cependant on est en droit de réclamer le remboursement des dépenses qu'on a été obligé de faire, soit pour découvrir le maître, soit pour la conservation de la chose qu'on lui rend.

---

(1) Soto, Navarre, Ledesma, Sa, Monschein, Haunold, Illsung, Babenstuber, Mezger, etc. — (2) Les théologiens de Salamanque, de Lugo, Lessius, Lacroix, Vasquez, Medina, Malder, Reiffenstuel, Herinx, Reuter, Mazotta, etc., regardent ce sentiment comme *probable*; il est même très-probable, au jugement de Leymann, *valde probabilis*.

Nous ferons remarquer, tant pour le for intérieur que pour le for extérieur, que si le possesseur actuel de la chose perdue l'a achetée dans une foire, ou dans un marché, ou dans une vente publique, ou d'un marchand vendant des choses pareilles, le propriétaire originaire ne peut la réclamer qu'en remboursant au possesseur le prix qu'elle lui a coûté (1).

CHAPITRE V.

De l'Accession.

706. L'accession est une manière d'acquérir, par laquelle une chose accessoire appartient au propriétaire de la chose principale. Suivant le Code civil, la propriété d'une chose, soit mobilière, soit immobilière, donne droit sur tout ce qu'elle produit, et sur ce qui s'y unit accessoirement, soit naturellement, soit artificiellement; et ce droit s'appelle droit d'accession (2).

Les fruits naturels ou industriels de la terre, les fruits civils appartiennent, par droit d'accession, au propriétaire de la chose même, ou à ceux à qui il a cédé le droit de les percevoir, à la charge toutefois de tenir compte des frais de labour, travaux et semences faits par des tiers (3).

On entend par *fruits* les différentes espèces de revenus qu'on peut tirer d'une chose, de quelque nature qu'ils puissent être. Les fruits naturels sont ceux que la terre produit spontanément, comme le bois, le foin, les fruits de certains arbres, le croît des animaux, etc. Les fruits industriels d'un fonds sont ceux qu'on obtient par la culture, comme les moissons, la récolte de la vigne. Les fruits civils sont les loyers des maisons, les intérêts des sommes exigibles, les arrérages des rentes. Les prix des baux à terme sont aussi rangés dans la classe des fruits civils (4).

707. La propriété du sol emporte la propriété du dessus et du dessous : le propriétaire peut donc faire, et au-dessus et au-dessous, toutes les constructions et tous les travaux qu'il juge à propos, sauf les exceptions et modifications résultant des lois et règlements du

_____
(1) Cod. civ. art. 2280. — (2) Ibid. art. 546. — (3) Ibid. art. 547. — (4) Ibid. art. 583.

pays. Le propriétaire du sol qui a fait des constructions, plantations et autres ouvrages avec des matériaux qui ne lui appartenaient pas, doit en payer la valeur ; il peut même être tenu à des dommages et intérêts, s'il a agi de mauvaise foi. Mais, en aucun cas, le propriétaire n'a le droit de les enlever.

Lorsque les constructions, plantations et ouvrages ont été faits par un tiers et avec ses matériaux, le propriétaire du fonds a droit ou de les retenir, ou d'obliger ce tiers à les enlever. Si le propriétaire du fonds demande la suppression des plantations et constructions, elle est aux frais de celui qui les a faites, sans aucune indemnité pour lui : il serait même obligé de dédommager le propriétaire du fonds, dans le cas où celui-ci aurait éprouvé quelque préjudice.

Si le propriétaire préfère conserver ces plantations et constructions, il doit le remboursement de la valeur des matériaux et du prix de la main-d'œuvre, sans égard à la plus ou moins grande augmentation de la valeur que le fonds a pu recevoir. Néanmoins, si les plantations, constructions et ouvrages ont été faits par un tiers évincé qui n'aurait pas été condamné à la restitution des fruits, attendu sa bonne foi, le propriétaire ne pourra demander la suppression desdits ouvrages, plantations et constructions ; mais il aura le choix ou de rembourser la valeur des matériaux et le prix de la main-d'œuvre, ou de rembourser une somme égale à celle dont le fonds a augmenté de valeur (1).

708. Le droit d'accession, quand il a pour objet deux choses mobilières appartenant à deux maîtres différents, est entièrement subordonné aux principes de l'équité naturelle. Cependant le Code nous donne quelques règles particulières, propres à nous déterminer dans les cas analogues et non prévus. Ces règles sont relatives : 1° à l'union de deux choses appartenant à divers propriétaires ; 2° à la formation d'une nouvelle espèce avec une matière appartenant à autrui ; 3° au mélange de plusieurs matières appartenant à divers propriétaires.

Lorsque deux choses appartenant à différents propriétaires ont été unies de manière à former un seul tout, ce tout appartient au propriétaire de la chose principale, quand même les deux choses seraient séparables et pourraient subsister l'une sans l'autre, à la charge toutefois par lui de rembourser la valeur de l'autre objet. Est réputée partie principale celle à laquelle l'autre n'a été unie

---

(1) Cod. civ. art. 552. — Voyez aussi les art. suivants du Cod. civil.

que pour l'usage, l'ornement et le complément de la première. S'il était difficile de discerner laquelle est l'accessoire de l'autre, il faudrait alors réputer chose principale celle qui serait la plus considérable en valeur, ou en volume, si les valeurs étaient à peu près égales.

Néanmoins, quand la chose unie est beaucoup plus précieuse que la chose principale, et qu'elle a été employée à l'insu du propriétaire, celui-ci peut alors demander qu'elle soit séparée pour lui être rendue, lors même qu'il pourrait en résulter quelque dégradation de la chose principale à laquelle elle a été jointe.

709. Pour ce qui regarde la *spécification*, c'est-à-dire, la formation d'une nouvelle espèce avec une matière appartenant a autrui, c'est un principe général que, la matière puisse ou non reprendre sa première forme, celui qui en était propriétaire en totalité a droit de réclamer la chose qui en a été formée, en remboursant le prix de main-d'œuvre. Si donc un ouvrier fait une table avec du bois qui m'appartient, un vase d'airain ou d'argent avec mon métal, j'ai droit de réclamer cette table ou ce vase, en payant la main-d'œuvre à l'ouvrier. Cependant, si la main-d'œuvre était tellement importante qu'elle surpassât de beaucoup la valeur de la matière employée, l'industrie serait alors réputée la partie principale, et l'ouvrier aurait droit de retenir la chose travaillée, en remboursant le prix de la matière au propriétaire. Ainsi, le statuaire devient maître de la statue qu'il a faite avec une matière d'autrui; mais il est obligé de rembourser au propriétaire le prix du marbre ou de la matière dont il s'est servi.

710. Lorsqu'une personne a employé en partie la matière qui lui appartenait, et en partie celle qui ne lui appartenait pas, à former une chose d'une espèce nouvelle, sans que ni l'une ni l'autre des deux matières soit entièrement détruite, mais de manière qu'elles ne puissent se séparer sans inconvénient, la chose devient commune aux deux propriétaires, en raison, quant à l'un, de la matière qui lui appartenait; quant à l'autre, en raison à la fois et de la matière qui lui appartenait, et du prix de la main-d'œuvre. Ainsi, par exemple, si la chose de l'espèce nouvelle vaut 3,000 francs; la matière appartenant à autrui, 1,000 francs; celle appartenant à l'ouvrier, 1,000 francs; et la main-d'œuvre 1,000 francs; l'ouvrier est propriétaire de la chose pour les deux tiers, c'est-à-dire, pour la valeur de 2,000 francs.

711. Lorsqu'une chose a été formée par le mélange de plusieurs matières appartenant à différents propriétaires, mais dont aucune

ne peut être regardée comme la matière principale; si les matières peuvent être séparées, celui à l'insu duquel les matières ont été mélangées peut en demander la division. Si elles ne peuvent plus être divisées ou séparées sans inconvénient, les différents maîtres en acquièrent en commun la propriété dans la proportion de la quantité, de la qualité et de la valeur appartenant à chacun d'eux. Si la matière appartenant à l'un des propriétaires était de beaucoup supérieure à l'autre par la quantité et le prix, en ce cas le propriétaire de la matière supérieure en valeur pourrait réclamer la chose provenue du mélange, en remboursant à l'autre la valeur de sa matière.

Lorsque la chose reste en commun entre les propriétaires des matières dont elle a été formée, elle doit être licitée au profit commun.

Dans tous les cas où le propriétaire dont la matière a été employée, à son insu, à former une chose d'une autre espèce, peut réclamer la propriété de cette chose, il a le choix de demander la restitution de sa matière en même nature, quantité, poids, mesure et bonté, ou sa valeur (1).

CHAPITRE VI.

De la Prescription.

712. La prescription est un moyen d'acquérir ou de se libérer par un certain laps de temps, et sous les conditions déterminées par la loi (2). Cette définition comprend les deux espèces de prescriptions : celle à l'effet d'acquérir, appelée chez les Romains *usucapio*, et celle à l'effet de se libérer, qu'ils nommaient *præscriptio*. La première est l'acquisition d'une propriété par une possession continuée pendant tout le temps défini par la loi : « Usucapio est « acquisitio vel adjectio dominii per continuationem possessionis « temporis lege definiti (3). »

On peut, en conscience, user des droits acquis par la prescription. Les théologiens et les canonistes s'accordent généralement sur

---

(1) Voyez le Cod. civil, depuis l'art. 556 jusqu'à l'art. 577, où il est parlé de l'*alluvion*. — (2) Ibidem. art. 2219. — (3) L. 3. ff. de Usurp. et usucap.

ce point. Le précepte, *Non furtum facies*, nous défend simplement de prendre ou de voler le bien d'autrui, et de retenir sciemment le bien qu'on a pris ou qu'on possède injustement : « Le bien d'au-« trui tu ne prendras ni retiendras à ton escient. » La loi de Dieu ne va pas plus loin ; elle se tait sur les effets de la possession de bonne foi, comme sur l'origine, le caractère, l'étendue et la durée de la propriété. Elle ne nous instruit pas plus sur la prescription que sur l'occupation, le droit d'accession, l'invention et la succession des biens. Ces différentes questions et autres semblables sont principalement réglées par le droit civil, suivant les lieux, les temps et les circonstances qui peuvent faire varier ou modifier la législation.

Les conditions requises pour la prescription sont : la possession d'une chose qui est dans le commerce, la bonne foi, un titre translatif de propriété, et un certain temps déterminé par la loi.

713. 1° *La possession*. La possession est le fondement de la prescription : « Sine possessione præscriptio non procedit (1). » Elle se définit : la détention ou la jouissance d'une chose ou d'un droit que nous tenons ou que nous exerçons par nous-mêmes, ou par un autre qui la tient ou qui l'exerce en notre nom. Pour prescrire, il faut une possession continue et non interrompue, paisible, publique, non équivoque, et à titre de propriétaire. Une prescription qui s'introduit par la violence, ou qui est clandestine, ou qui n'est fondée sur aucun titre translatif de propriété réel ou présumé, ne peut servir pour la prescription. Les actes de pure faculté et ceux de simple tolérance ne peuvent non plus fonder ni possession, ni prescription. Exemple : Pendant trente ans je me suis abstenu de bâtir sur mon terrain ; mon voisin n'a pas acquis le droit de m'empêcher de bâtir après ce laps de temps ; car bâtir ou ne bâtir pas sont des actes de pure faculté. De même, si je laisse paître pendant trente ou quarante ans les bestiaux de mon voisin sur une de mes terres en friche, c'est un acte de simple *tolérance*, dont il ne peut se prévaloir pour la prescription (2).

714. 2° *D'une chose qui est dans le commerce*. On ne peut prescrire que les choses qui sont dans le commerce, qui sont susceptibles d'être possédées par des particuliers. Ainsi, ni les églises, ni les cimetières, ni les places publiques, ni les rues, ne peuvent se prescrire : « Nec usucapiuntur res sacræ, sanctæ, publicæ (3). » Mais

(1) Reg. juris in Sexto. — (2) Cod. civ. art. 2228. — (3) L. 9. de Usurp. et usucap.

l'État, les établissements publics et les communes sont soumis, quant aux biens susceptibles d'une propriété privée, aux mêmes prescriptions que les particuliers (1).

3° *La bonne foi*. Une possession, quelque longue qu'elle soit, ne peut opérer la prescription, si elle n'est fondée sur la bonne foi. Le droit canonique, conformément au droit naturel, déroge, en cette matière, aux lois civiles, soit parce qu'il exige la bonne foi dans toutes les prescriptions, soit parce qu'il exige qu'elle dure tout le temps requis pour prescrire : « Possessor malæ fidei ullo « tempore non præscribit (2). Definimus ut nulla valeat absque « bona fide possessio... Unde oportet ut qui præscribit in nulla « temporis parte habeat conscientiam rei alienæ (3). » Par conséquent, si le possesseur vient à reconnaître, avant que le temps nécessaire pour la prescription soit écoulé, que la chose qu'il possède appartient à un autre, il ne peut prescrire au for de la conscience, quoique la prescription puisse être admise au for extérieur.

715. La bonne foi requise pour la prescription consiste à être persuadé que la chose qu'on possède nous appartient. Ainsi, celui qui a acheté une chose qu'il croit, de bonne foi, avoir appartenu au vendeur, peut en acquérir la propriété par prescription, quoique le vendeur ait été possesseur injuste de cette chose. C'est l'erreur de fait qui constitue la bonne foi et sert de base à la prescription : « Facti ignorantiam prodesse constat. » Quant à l'erreur de droit, elle est regardée comme incompatible avec la bonne foi, et ne peut favoriser la prescription, à moins qu'il ne s'agisse d'une prescription trentenaire : « Juris ignorantiam in usucapione negatur prod- « esse (4); » ce qui, à notre avis, ne doit s'entendre que de la prescription de vingt, de dix ans et au-dessous (5).

716. Celui qui entre en possession d'une chose, dans le doute si cette chose est à lui, ne peut, tant que le doute subsiste, commencer la prescription. En est-il de même lorsque le doute survient pendant une possession commencée de bonne foi? Dans ce cas, le possesseur doit chercher à découvrir la vérité. Si, après un mûr examen, le doute persévère, il peut continuer sa possession, en vertu de cette maxime de droit : *In dubio melior est conditio possidentis;* et cette possession suffira pour la prescription. « Qui ab initio dubi- « tat, dit saint Alphonse de Liguori, an res sit sua, nequit inchoare

---

(1) Cod. civ. art. 2226 et 2227. — (2) Reg. juris in Sexto. — (3) Cap. *Quoniam* de præscriptione. — (4) L. 4. ff. de Juris in facti ignorantia. — (5) C'est le sentiment de Lessius, de Pikler, de Covarruvias, de Collet, de Billuart, etc.

« possessionem. Si vero ad possessionem bonæ fidei dubium super-
« venit, præscriptio non interrumpitur; modo interim diligentia
« adhibeatur ad veritatem inquirendam (1). »

717. 4° *Un titre translatif de propriété.* Pour prescrire, il faut que la possession procède d'un juste titre, c'est-à-dire, d'un titre qui soit de nature à transférer la propriété : tel serait, par exemple, un contrat de vente, un échange, une donation, un legs, une hérédité. Un titre précaire, comme le titre de l'engagiste, du dépositaire, du fermier, de l'usufruitier, ne peut servir pour la prescription. Ceux qui possèdent pour autrui ne prescrivent jamais, par quelque laps de temps que ce soit. Ainsi, comme le déclare expressément le Code civil, le fermier, le dépositaire, l'usufruitier, et tous autres qui détiennent précairement la chose du propriétaire, ne peuvent la prescrire (2). Il en est de même de leurs héritiers, tant qu'ils n'ont pas d'autre titre qu'un titre précaire. Ce titre est un obstacle perpétuel à ce que le possesseur puisse se regarder comme propriétaire : de là cet axiome : « Melius est non habere « titulum quam habere vitiosum. » Mais ceux à qui les fermiers, les dépositaires et autres détenteurs précaires ont transmis la chose par un titre translatif de propriété, peuvent la prescrire (3).

En fait de meubles, la possession vaut titre : on peut donc les prescrire par une simple possession de bonne foi. Il n'est pas nécessaire non plus d'avoir un titre pour la prescription des immeubles, qui s'opère par une possession de trente ans. Mais on ne peut prescrire par dix et vingt ans qu'au moyen d'un titre valable et translatif de propriété. Le titre nul par défaut de forme ne peut servir pour la prescription de dix à vingt ans; mais il n'empêche pas la prescription trentenaire.

718. 5° *Le temps requis pour prescrire.* La prescription se compte par jours et non par heures; elle est acquise lorsque le dernier jour du terme est accompli.

Toutes les actions, tant réelles que personnelles, se prescrivent par trente ans, sans que celui qui allègue cette prescription soit obligé d'en rapporter un titre (4). Par conséquent celui qui, de bonne foi, a possédé comme *sien* un immeuble pendant trente ans, peut le conserver, lors même qu'il découvrirait, le lendemain du jour où la prescription s'est accomplie, qu'il avait possédé cet immeuble

---

(1) Lib. III. n° 504. — (2) Cod. civ. art. 2236 et 2237, etc. — (3) Ibidem. art. 2269, etc. — (4) Ibidem. art. 2262.

au préjudice d'un tiers. Il en est de même pour toute autre prescription.

Celui qui acquiert de bonne foi et avec titre un immeuble, en prescrit la propriété par dix ans, si le véritable propriétaire habite dans le ressort de la cour royale, dans l'étendue de laquelle l'immeuble est situé; par vingt ans, s'il est domicilié hors dudit ressort. Si le véritable propriétaire a eu son domicile, en différents temps, dans le ressort et hors du ressort, il faut ajouter à ce qui manque aux dix ans de présence un nombre d'années d'absence double de celui qui manque pour compléter la prescription de dix ans. Ainsi, par exemple, si celui contre lequel je prescris habite six ans dans le ressort et huit ans hors du ressort, ces huit dernières années forment les quatre années que j'ajoute aux six premières, et complètent le temps requis pour la prescription de dix ans (1).

Les meubles se prescrivent par trois ans; mais il est nécessaire, pour cette prescription, comme pour celle des immeubles, que la possession soit fondée sur la bonne foi.

719. Quant aux prescriptions à l'effet de se libérer, qui s'opèrent par six mois, un an, deux ans, cinq ans, elles n'ont lieu, généralement, que pour le for extérieur: le débiteur qui n'a pas réellement satisfait à une obligation ne peut, en conscience, opposer la prescription. Nous avons dit *généralement;* car il y a quelques cas d'exception. Ces cas sont: 1° ceux où l'action est dirigée contre l'héritier du débiteur, quand on a lieu de croire que la dette a été acquittée par le défunt, et on la présume acquittée jusqu'à preuve contraire; 2° quand il se trouve que, par le fait du créancier, le débiteur ne tire aucun avantage du non-payement de la dette. Exemple: Une femme qui avait des dettes s'est mariée sous le régime de la communauté légale. Un des créanciers qui aurait pu se faire payer pendant le mariage a laissé prescrire sa créance. La communauté se dissout, et la femme y renonce: elle peut en sûreté de conscience opposer la prescription au créancier, en lui objectant que, s'il eût fait valoir son action pendant la communauté, il eût pu être payé; qu'elle ne tire aucun avantage de ce qu'il ne l'a pas été, puisqu'elle est obligée de renoncer à la communauté; qu'elle souffrirait, au contraire, du préjudice de ce qu'il a tardé si longtemps à poursuivre; de sorte que l'indemnité qu'il lui doit, à raison de ce préjudice, se compense par le montant de la dette dont il réclame le payement.

(1) Cod. civ. art. 2265, etc.

720. Pour compléter le temps nécessaire pour la prescription, on peut joindre à sa possession celle de son auteur, de quelque manière qu'on lui ait succédé, soit à titre universel ou particulier, soit à titre lucratif ou onéreux (1). Si donc, par exemple, je suis héritier d'une personne qui a possédé pendant vingt ans, il me suffit de continuer cette possession pendant dix ans, pour arriver à une prescription trentenaire. Il en serait de même dans le cas où je posséderais la chose à titre d'achat, de legs ou de donation, etc. Celui duquel je tiens la chose, à titre lucratif ou onéreux, me l'a livrée avec tous les droits qu'il avait à l'égard de cette chose, avec le droit par conséquent de la prescrire.

On ne peut invoquer la possession de son auteur qu'autant qu'elle est légitime : une possession vicieuse, violente, clandestine, de mauvaise foi, ne peut servir, ni à celui qui possède, ni à celui qui lui succède, s'il connaît les vices de cette possession ; mais elle n'empêchera pas de prescrire le tiers acquéreur qui est de bonne foi : seulement, la prescription ne commencera qu'à partir du moment où ce tiers entre en possession, en vertu d'un titre translatif de propriété, dans l'ignorance des vices qui accompagnaient la possession de son auteur. Dans ce cas, si le tiers acquéreur tient la chose à titre particulier, onéreux ou lucratif, il peut prescrire par trois, dix ou vingt ans. En est-il de même de l'héritier d'un homme de mauvaise foi ? Il en est certainement de même de celui qui hérite ou succède à titre particulier : il a une possession qui lui est propre, une possession qui ne peut être regardée comme une continuation de celle du défunt ; car il ne le représente pas : il pourra donc prescrire, comme tout autre acquéreur, à titre particulier. Mais il en est autrement pour le successeur universel ou à titre universel. Si l'auteur était possesseur de mauvaise foi, si sa possession était une possession violente, clandestine, frauduleuse ; si, par exemple, la chose qu'il possède était une chose volée, le successeur universel, fût-il de bonne foi, ne pourrait la prescrire : « Succedit enim in vitia defuncti. » Ce qui toutefois doit s'entendre de la prescription de trois, dix ou vingt ans, et non de la prescription trentenaire. Ainsi l'héritier d'une personne qui était de mauvaise foi peut prescrire par le laps de trente ans ; et nous pensons que cette prescription a lieu, même au for intérieur, dans le cas où cet héritier est de bonne foi pendant les trente années.

---

(1) Cod. civ. art. 2235.

721. Ici se présente une question : Pierre est possesseur de bonne foi d'une chose qui ne lui appartient pas ; il la possède comme *sienne* tout le temps requis pour prescrire. Paul, son fils et son héritier présomptif, connaissant parfaitement que cette chose n'appartient point à Pierre, ne l'a point averti, de crainte d'interrompre une prescription dont il espérait profiter un jour. Pierre meurt, et Paul, en sa qualité d'héritier universel, recueille avec la succession le fonds que le père avait prescrit. Peut-il le conserver sans injustice ? Nul doute, à notre avis, qu'il ne puisse le conserver, non en vertu de la prescription, car ce n'est pas lui qui a prescrit ; mais en vertu de son titre d'héritier, qui lui donne un droit réel sur tous les biens de son père légitimement acquis. Il a péché contre la charité en n'avertissant ni son père ni celui contre qui courait la prescription ; mais il n'a point péché contre la justice. Et le père, étant devenu maître et propriétaire du fonds qu'il a prescrit, a pu le transmettre à son fils, comme il aurait pu le transmettre à un étranger, soit à titre lucratif, soit à titre onéreux. Qu'on n'objecte point la mauvaise foi du fils ; elle n'a pu vicier la possession du père, qui était de bonne foi ; elle n'a pu par conséquent empêcher la prescription.

722. Une autre question : Un enfant mineur peut-il prescrire par une possession de bonne foi ? Il le peut, car la prescription court au profit de tous ceux qui, de bonne foi, possèdent civilement, avec un titre translatif de propriété, réel ou présumé. Mais pourra-t-il, étant devenu majeur, conserver les biens qu'il a prescrits de bonne foi, dans le cas où le tuteur eût été de mauvaise foi ? Nous pensons qu'il peut les conserver, puisqu'il a pour lui le titre d'une prescription légitime : la mauvaise foi du tuteur ne peut nuire aux droits que le mineur tient de la loi. Si, durant son administration, le tuteur a fait tort à un tiers, lui seul doit en être responsable.

723. La prescription peut être interrompue ou suspendue. Quand elle est interrompue, les années de possession écoulées avant l'interruption ne se comptent pas ; il faut recommencer à prescrire de nouveau. L'interruption se fait naturellement ou civilement. Il y a interruption naturelle, lorsque le possesseur est privé, pendant plus d'un an, de la jouissance de la chose, soit par l'ancien propriétaire, soit même par un tiers. Une citation en justice, un commandement, une saisie, signifiés à celui qu'on veut empêcher de prescrire, forment l'interruption civile. La prescription est encore

interrompue par la reconnaissance que le débiteur ou le possesseur fait du droit de celui contre lequel il prescrivait (1).

Lorsque la prescription est suspendue, les années de possession antérieures à sa suspension se comptent; et, la suspension une fois levée, elles servent, conjointement avec les années qui suivent, à compléter le temps requis pour prescrire.

La prescription court contre toutes sortes de personnes, à moins qu'elles ne soient dans quelque exception établie par la loi. Généralement, elle ne court pas contre les mineurs et les interdits; elle ne court pas non plus entre les époux (2). Quant aux calamités publiques, elles ne suspendent pas la prescription. Ni la guerre ni la peste, ni toute autre calamité, ne peuvent, en France, suspendre la prescription; car elles ne sont point mises par la loi au nombre des causes qui en suspendent le cours (3).

Comme c'est aux lois civiles à régler et à déterminer les conditions requises pour la prescription; comme c'est d'elles que ce moyen d'acquérir ou de se libérer tire principalement sa force et son énergie, nous admettons comme règle générale que, toutes les fois qu'on peut prescrire au for extérieur, on peut également prescrire au for intérieur, pourvu qu'il y ait bonne foi pendant tout le temps requis pour la prescription.

CHAPITRE VII.

Des Successions.

724. On entend par *succession*, le droit de recueillir les biens qu'une personne laisse en mourant; et on donne le nom d'*héritier* à celui auquel ce droit est dévolu. On distingue deux sortes de successions, la succession *légitime* et la succession *testamentaire*: la première est déférée par la loi; et la seconde, par la volonté de l'homme et par la loi. Nous parlerons de la succession testamentaire au chapitre des *donations*.

Les successions s'ouvrent par la mort naturelle ou civile. La

---

(1) Cod. civ. art. 2242, etc. — (2) Ibid. art. 2251, etc. — (3) Voyez Dunod, Merlin, etc.

place du défunt ne peut rester vacante, ni le sort de ses biens incertain : l'héritier, ne lui eût-il survécu qu'un instant, est censé avoir recueilli la succession, et l'avoir transmise, avec la sienne, à ses propres héritiers (1).

Les successions sont régulières ou irrégulières : les premières sont celles qui sont dévolues aux héritiers légitimes; les secondes, celles qui, à défaut d'héritiers légitimes, passent aux enfants naturels, ou à l'époux survivant, ou à l'État (2).

725. Pour succéder, il faut nécessairement exister à l'instant de l'ouverture de la succession; ainsi, sont incapables de succéder : 1° Celui qui n'est pas encore conçu. 2° L'enfant qui n'est pas né viable. Un enfant peut être né vivant sans être né viable; il ne doit pas être regardé comme viable, s'il est né avant le cent quatre-vingtième jour de la conception. 3° Celui qui est mort civilement.

On peut être indigne, sans être incapable de succéder. Sont indignes de succéder, et, comme tels, exclus d'une succession : 1° celui qui serait condamné pour avoir donné ou tenté de donner la mort au défunt; 2° celui qui a porté contre le défunt une accusation capitale jugée calomnieuse; 3° l'héritier majeur qui, instruit du meurtre du défunt, ne l'aura pas dénoncé à la justice. Mais le défaut de dénonciation ne peut être opposé aux ascendants et aux descendants du meurtrier, ni à ses alliés au même degré, ni à son époux ou à son épouse, ni à ses frères et sœurs, ni à ses oncles et tantes, ni à ses neveux et nièces (3).

726. Les successions régulières sont déférées aux enfants et descendants du défunt, à ses ascendants et à ses parents collatéraux, dans l'ordre établi par la loi (4). Quant aux successions irrégulières, il est bon de rapporter ici les dispositions du Code civil, concernant les droits des enfants naturels sur les biens de leurs père et mère. Ces enfants ne sont point héritiers; la loi ne leur accorde de droit sur les biens de leurs père et mère que lorsqu'ils ont été légalement reconnus. Ce droit est réglé ainsi qu'il suit : si le père ou la mère a laissé des descendants légitimes, le droit de l'enfant naturel est d'un tiers de la portion héréditaire qu'il aurait eue, s'il eût été légitime; il est de la moitié, lorsque le père ou la mère ne laisse pas de descendants, mais bien des ascendants ou des frères ou sœurs; il est des trois quarts, si le père ou la mère ne laisse ni descendants, ni ascendants, ni frères ni sœurs; il comprend la

---

(1) Cod. civ. art. 718, etc. — (2) Ibid. art. 723, etc. — (3) Ibid. art. 725, etc. — (4) Ibid. art. 757, etc.

totalité des biens, lorsque le père ou la mère ne laisse pas des parents au degré successible (1).

La loi est moins favorable aux enfants adultérins ou incestueux : elle ne leur accorde que des aliments ; encore faut-il, pour ce qui regarde le for extérieur, qu'ils soient reconnus. Ces aliments sont réglés, eu égard aux facultés du père ou de la mère, au nombre et à la qualité des héritiers légitimes. Lorsque le père ou la mère de l'enfant adultérin ou incestueux lui auront fait apprendre un art mécanique, ou lorsque l'un d'eux lui aura assuré des aliments de son vivant, l'enfant ne pourra élever aucune réclamation contre leur succession. Ici, on ne doit regarder comme incestueux que les enfants dont le père et la mère sont parents ou alliés à un degré prohibé par la loi civile, laquelle a moins d'étendue que la loi canonique.

727. Les dispositions du Code concernant les enfants naturels, adultérins ou incestueux, étant fondées sur les bonnes mœurs, ne sont pas moins obligatoires au for de la conscience qu'au for extérieur. Ce serait autoriser le libertinage que de mettre sur le même rang l'enfant légitime et celui qui est né d'un commerce honteux et criminel. Toute disposition frauduleuse en faveur d'un enfant illégitime serait donc nulle au for intérieur. Quoique le père soit maître de ses biens, il ne peut en disposer d'une manière contraire aux lois. Qu'il pèche contre la justice ou non, en disposant ainsi de ses biens, cette disposition étant, comme immorale, frappée de nullité, ne peut être un titre pour le donataire, et doit être regardée comme non avenue. Par conséquent, les biens compris dans cette disposition continuent toujours d'appartenir au père ; et, à moins qu'il n'en dispose autrement avant sa mort, ces biens feront partie de la succession qui appartient aux héritiers légitimes.

Cependant, comme on se fait facilement illusion, surtout parmi les gens du monde, sur les questions de la nature de celle dont il s'agit, nous pensons qu'on ne doit point inquiéter, au tribunal de la pénitence, l'enfant illégitime qui croit pouvoir retenir, sans injustice, ce qu'il a reçu de son père ou de sa mère, lorsque, d'ailleurs, on n'a pas lieu d'espérer qu'il renonce à la donation qui a été faite illégalement et frauduleusement en sa faveur.

Nous ferons remarquer qu'on ne doit point regarder comme *frauduleuse* la disposition par laquelle un père ou une mère ont recours, par un contrat simulé, à l'intervention d'un tiers,

---

(1) Cod. civ. art. 763, etc.

pour subvenir à l'entretien d'un enfant naturel, à l'éducation duquel ils sont naturellement obligés, lors même qu'ils ne l'auraient pas reconnu légalement. Ceci s'applique aux enfants incestueux et adultérins.

728. Une succession régulière peut être acceptée avec la faculté de n'en acquitter les dettes et charges que jusqu'à la concurrence des biens de la succession ; mais alors il est nécessaire, pour ce qui regarde le for extérieur, de ne l'accepter que sous bénéfice d'inventaire. Nous disons, *pour ce qui regarde le for extérieur*; car celui qui accepte, sans bénéfice d'inventaire, une succession dont la valeur ne suffit pas pour payer intégralement les dettes du défunt, n'est point obligé, en conscience, avant la sentence du juge, d'y mettre du sien pour acquitter toutes ces dettes ; il suffit, aux yeux de l'équité, qu'il les paye jusqu'à la concurrence des biens qu'il a recueillis.

Personne n'est tenu d'accepter la succession qui lui est échue, mais on ne peut, sans injustice, divertir ou recéler aucun effet de la succession à laquelle on a renoncé : on n'a droit aux avantages d'une succession qu'en supportant les charges dont elle est grevée. Cependant, l'héritier qui renonce à la succession peut retenir le don entre-vifs, ou réclamer le legs qui lui a été fait, jusqu'à la concurrence de la portion disponible (1).

729. Lors du partage d'une succession, tout héritier, même bénéficiaire, doit rapporter à ses cohéritiers, c'est-à-dire remettre ou laisser à la masse des biens à partager, tout ce qu'il a reçu du défunt par donation entre-vifs, directement ou indirectement. Il ne peut retenir les dons ni réclamer les legs à lui faits par le défunt, à moins que les dons et legs ne lui aient été faits expressément par préciput, ou avec dispense du rapport (2). Dans le cas même où les dons et legs auraient été faits par préciput et avec dispense du rapport, l'héritier venant à partage ne peut les retenir que jusqu'à concurrence de la quotité disponible : l'excédant est sujet à rapport (3).

Les frais de nourriture, d'entretien, d'éducation, d'apprentissage, les frais ordinaires d'équipement, ceux de noces et présents d'usage, ne doivent pas être rapportés (4). Mais un héritier est-il obligé de rapporter ce qu'il a reçu de son père pour se faire remplacer au tirage de la conscription militaire ? Il y est obli-

---

(1) Cod. civ. art. 845. — (2) Ibid. art. 843. — (3) Ibid. art. 844. — (4) Ibid. art. 852.

gé, si, étant majeur, il a concouru au traité du remplacement, ou s'il l'a approuvé, soit expressément, soit tacitement. En est-il de même pour un mineur? Cette question est difficile à résoudre, à moins que le père n'ait fait connaître ses intentions. A défaut de toutes explications de la part de celui-ci, on doit avoir égard aux circonstances. Une sollicitude trop grande sur le sort d'un jeune homme ne doit pas suffire pour épuiser d'avance une partie notable de ses espérances. Si, par exemple, la somme avait été donnée à un remplaçant pour courir la chance du sort, et que le sort ait été favorable au mineur qu'on voulait faire remplacer, le rapport de cette somme, demeurée sans emploi utile, ne pourrait pas être exigé par les cohéritiers. Il devrait en être de même pour le cas où le père aurait eu un intérêt personnel à faire remplacer son fils, qui lui était utile pour son état ou son commerce. Hors ces circonstances et autres semblables, la qualité du mineur ne peut être un obstacle au rapport (1). Quoi qu'il en soit, comme cette question est laissée à l'appréciation des tribunaux, les confesseurs n'inquiéteront point, au tribunal de la pénitence, les cohéritiers qui exigeraient le rapport du prix qu'aurait coûté le remplacement de leur frère qui était appelé au service militaire.

Les donations manuelles ne sont point sujettes au rapport, à moins qu'elles ne soient considérables.

730. Les cohéritiers contribuent entre eux au payement des dettes et charges de la succession, chacun dans la proportion de ce qu'il y prend. Le légataire à titre universel y contribue avec les héritiers, au prorata de son émolument; mais le légataire particulier n'est pas tenu des dettes et charges, sauf toutefois l'action hypothécaire sur l'immeuble légué (2).

Les dettes et charges de la succession se divisent de plein droit entre les héritiers. Chacun d'eux n'est tenu que pour sa part et portion de l'hérédité. Suivant le Code civil, les héritiers sont tenus des dettes et charges de la succession, personnellement pour leur part et portion virile, et hypothécairement pour le tout, sauf leur recours, soit contre leurs cohéritiers, soit contre les légataires universels, à raison de la part pour laquelle ils doivent y contribuer (3). Ainsi, s'il y a trois héritiers, chacun d'eux n'est tenu personnellement que pour un tiers, sauf l'action hypothécaire qui peut avoir lieu sur les biens de la succession. On ne peut éluder

---

(1) Voyez Merlin, Toullier, Chabot, Pailliet, etc. — (2) Cod. civ. art. 870, etc. — (3) Ibidem. art. 873.

cette action par fraude, sans se rendre coupable d'injustice ; mais on n'est point obligé, en conscience, de la provoquer, ou de prévenir le créancier en payant la dette en entier. Celui-ci ne l'exige pas, et ne peut raisonnablement l'exiger. Un cohéritier n'est obligé de prévenir l'action du créancier que pour la part et portion virile à laquelle il est tenu personnellement.

Ce que nous disons de la division des dettes entre les cohéritiers s'applique à toutes sortes de dettes, quelle qu'en soit la cause ou l'origine ; qu'elles soient reconnues par acte authentique, ou non ; qu'elles naissent d'une convention ou d'un délit.

731. Le légataire particulier qui a acquitté la dette dont l'immeuble légué était grevé, demeure subrogé aux droits du créancier contre les héritiers et successeurs à titre universel. Quant au cohéritier ou successeur à titre universel qui, par l'effet de l'action hypothécaire, a été obligé de payer au delà de sa part de la dette commune, il n'a de recours contre les autres cohéritiers ou successeurs à titre universel, que pour la part que chacun d'eux doit personnellement en supporter, même dans le cas où il se serait fait subroger aux droits des créanciers (1).

En cas d'insolvabilité d'un des créanciers ou légataires à titre universel, sa part dans la dette hypothécaire est répartie sur tous les autres au marc le franc, c'est-à-dire dans la proportion qui existe entre les parts respectives de chaque héritier (2).

CHAPITRE VIII.

Des Contrats en général.

732. Les contrats, qui sont une des principales causes de nos obligations, sont aussi un des principaux moyens d'acquérir le droit de propriété ou tout autre droit. On définit le contrat : une convention par laquelle une ou plusieurs personnes s'obligent envers une ou plusieurs autres à donner, à faire ou à ne pas faire quelque chose. La convention n'est autre chose que le consentement réciproque de deux ou de plusieurs personnes, qui se font entre elles

(1) Cod. civ. art. 874, etc. — (2) Ibid. art. 876. Voyez le Code civil.

une loi de faire les choses dont elles sont demeurées d'accord : « Duorum vel plurium in idem placitum consensus. »

On distingue plusieurs espèces de contrats : 1° Les contrats sont *unilatéraux* ou *synallagmatiques*. Le contrat est *unilatéral*, lorsqu'une ou plusieurs personnes se sont obligées envers une ou plusieurs autres personnes, sans qu'il y ait de la part de ces dernières aucun engagement. La donation qui n'est pas grevée de charges est un contrat *unilatéral*; tandis que les contrats de vente, de louage, de société, par exemple, sont des contrats *synallagmatiques* ou *bilatéraux*, qui obligent les deux parties contractantes.

2° Le contrat est ou *commutatif* ou *aléatoire* ; il est *commutatif*, lorsque chacune des parties s'engage à donner ou à faire une chose qui est regardée comme l'équivalent de ce qu'on lui donne, ou de ce qu'on fait pour elle. La vente, l'échange, par exemple, sont des contrats commutatifs. Lorsque l'équivalent consiste dans la chance de gain ou de perte pour chacune des parties, d'après un événement incertain, le contrat est *aléatoire*. Ainsi le jeu, le pari, la vente d'un coup de filet, sont appelés contrats aléatoires.

738. 3° On distingue le contrat *gratuit* ou de *bienfaisance*, et le contrat *à titre onéreux* : le premier est celui dans lequel l'une des parties procure à l'autre un avantage purement gratuit. Le contrat à titre onéreux est celui qui assujettit chacune des parties à donner ou à faire quelque chose. Le contrat par lequel celle des parties qui confère un bienfait à l'autre exige d'elle quelque chose au-dessous de la valeur de celle qu'elle lui donne, est un contrat mixte : telle est la donation faite sous quelque charge imposée au donataire (1).

4° On distingue les contrats *consensuels* et les contrats *réels*. Les premiers sont ainsi appelés, parce qu'ils se font et deviennent parfaits par le seul consentement des parties, sans qu'il y ait tradition de la chose qui en est l'objet. Tels sont les contrats de vente, les donations entre-vifs (2). Les contrats *réels* sont ceux qui, outre le consentement des parties, exigent la tradition de la chose : comme sont le prêt à usage, le prêt de consommation, le contrat de vente viagère, le dépôt, le nantissement.

5° On distingue les contrats *principaux* et les contrats *accessoires*. Les premiers sont ceux qui subsistent par eux-mêmes et indépendamment de toute autre convention : les contrats de vente,

---

(1) Cod. civ. art. 1101, etc. — (2) Ibid. art. 938, 1138 et 1583.

par exemple. Les contrats *accessoires* sont ceux qui ont pour objet d'assurer l'exécution d'une autre convention de laquelle ils dépendent, et sans laquelle ils ne peuvent subsister. Ainsi, le cautionnement, le nantissement, l'hypothèque, sont des contrats accessoires.

6° Les contrats sont *solennels* ou *non solennels*. Les premiers sont ceux que la loi assujettit à certaines formes particulières : tels sont les contrats de mariage, les donations. Les contrats *non solennels* ne sont assujettis à aucune forme particulière, comme la vente, le louage, le mandat, etc.

7° Enfin, les contrats sont *explicites* ou *implicites*. Les contrats *explicites* ou *formels* sont ceux où les parties expriment leur engagement en termes exprès, ou par des signes équivalents et bien marqués. Les contrats *implicites* ou *virtuels*, qu'on appelle *quasi-contrats*, sont les faits purement volontaires de l'homme, dont il résulte un engagement quelconque envers un tiers, et quelquefois un engagement réciproque des deux parties (1).

ARTICLE I.

Du Consentement nécessaire pour la validité des Contrats.

734. Quatre conditions sont essentielles pour la validité d'un contrat, d'une convention : le consentement de la partie qui s'oblige, sa capacité de contracter, un objet certain qui forme la matière de l'engagement, et une cause licite dans l'obligation. Les trois dernières conditions sont expliquées dans les articles suivants.

Il n'y a pas de convention, ni de contrat par conséquent, sans qu'il y ait consentement de la part des contractants. Ce consentement doit être intérieur, réel et non fictif, extérieur ou manifesté, réciproque, et donné librement de part et d'autre. Suivant le sentiment le plus probable, celle des parties qui ne consent qu'extérieurement, sans avoir l'intention de s'obliger, ne contracte point. Cependant, elle ne devrait point être admise, ni au for extérieur, ni au for de la conscience, à faire valoir ce défaut de consentement contre l'engagement qu'elle a eu l'air de contracter sérieusement : autrement les engagements les plus sacrés pourraient devenir illusoires.

(1) Cod. civ. art. 1371.

Il y a quatre causes qui peuvent vicier le consentement ; ce sont : l'erreur, la violence, le dol et la lésion (1).

735. 1° *L'erreur.* On distingue l'erreur sur l'objet du contrat, l'erreur sur la personne avec laquelle on contracte, l'erreur sur le motif, et l'erreur sur le fait et sur le droit. Pour l'erreur sur l'objet du contrat, elle n'est une cause de nullité de la convention que lorsqu'elle est substantielle, qu'elle tombe sur la substance de la chose, ou sur la nature du contrat (2). C'est pourquoi, si quelqu'un entend me vendre une certaine chose, tandis que j'entends acheter une autre chose, il n'y a pas de vente. De même, si, lorsqu'on entend me vendre une chose, j'entends la recevoir à titre de prêt ou de donation, il n'y a ni vente, ni prêt, ni donation.

L'erreur annule la convention, non-seulement lorsqu'elle tombe sur la chose même, mais encore lorsqu'elle tombe sur la qualité de la chose que les contractants ont eue principalement en vue, et qui fait la substance de la chose. Si, par exemple, voulant acheter une paire de chandeliers d'argent, j'achète de vous une paire de chandeliers de cuivre argenté, quand même vous n'auriez eu aucun dessein de me tromper, étant dans la même erreur que moi, la convention sera nulle. Ce ne sont pas des chandeliers de cuivre, mais des chandeliers d'argent, que j'ai voulu acheter.

Il en serait autrement, si l'erreur ne tombait que sur quelque qualité accidentelle de la chose. Exemple : J'achète chez un libraire un certain livre, dans la fausse persuasion qu'il est excellent, quoiqu'il soit au-dessous du médiocre. Cette erreur ne détruit pas mon consentement, ni par conséquent le contrat de vente. La chose que j'ai achetée, et que j'avais principalement en vue, est véritablement le livre qu'on m'a vendu (3).

736. L'erreur sur la personne anéantit le consentement et la convention, toutes les fois que la considération de la personne avec laquelle on veut contracter est la cause principale de la convention (4). Dans le mariage, la considération de la personne est toujours réputée la cause principale du contrat. Aussi, l'erreur dans celui qui prend une autre personne pour celle avec laquelle il veut se marier, annule radicalement le mariage. De même, dans les contrats de bienfaisance, de prêt gratuit, de donation, la considération de la personne est ordinairement la cause

---

(1) Cod. civ. art. 1108 et 1118. — (2) Ibidem. art. 1110. — (3) Pothier, *des Obligations*, n° 18. — (4) Cod. civ. art. 1110.

principale du contrat. Par conséquent, si, voulant donner ou prêter une chose à Pierre, je la donne ou la prête à Paul, que je prends par erreur pour Pierre, cette donation et ce prêt sont absolument nuls, car je n'ai eu l'intention ni de donner ni de prêter cette chose à Paul.

Au contraire, dans les contrats à titre onéreux, la considération de la personne n'est presque jamais la cause principale de la convention. Je veux vendre ou acheter une chose, peu importe quelle soit la personne du vendeur ou de l'acheteur ; l'erreur personnelle n'annule pas le contrat, parce que c'est la chose ou le prix qui est la considération principale de la convention (1).

737. L'erreur sur le motif *déterminant* annule l'obligation. La réalité de la cause ou du motif déterminant, *dans causam contractui*, est comme une condition inhérente au contrat, sans laquelle le consentement n'aurait jamais été donné ni l'obligation contractée. Mais on ne se détermine pas toujours par un seul motif ; au motif principal il se joint le plus souvent des motifs accessoires, qui concourent à déterminer la volonté. La fausseté ou la non-existence de ces motifs accessoires, qui n'ont pas été la cause *principale* de la convention, n'anéantit point l'obligation. On ne doit pas présumer que la volonté ait été subordonnée à la réalité des motifs accessoires comme à une condition irritante ou *sine qua non*, à moins que les parties ne s'en soient expliquées.

738. Enfin, quelle que soit l'erreur qui détermine ma volonté, que ce soit l'ignorance du droit ou celle d'un fait, si cette ignorance est la cause déterminante, la cause principale de mon consentement, l'engagement est nul : il n'y a point de consentement, parce qu'en me déterminant par un motif qui n'existe pas, je ne fais pas ce que je voulais faire. Exemple : J'ai cru, par erreur, que Pierre, qui se présentait, avait droit comme moi à la succession de mon oncle ; et nous avons partagé par moitié le bien de cette succession. Ma volonté n'a pas été de lui donner les biens qui étaient à moi, mais de lui abandonner ceux que je croyais lui appartenir. Je puis donc, malgré ce partage, réclamer la portion des biens que la loi refuse à Pierre, dans l'espèce dont il s'agit.

Cependant, s'il n'était pas prouvé que l'erreur de droit est la cause principale du contrat ; si, par exemple, il pouvait avoir pour motif de satisfaire une obligation naturelle, ce contrat ne serait point annulé. Exemple : Mon père vous a légué le quart de ses biens

(1) Cod. civ. art. 1110.

par un testament qui n'est pas revêtu de toutes les formalités prescrites sous peine de nullité. Persuadé, par une ignorance de droit, que le testament était valide, je m'empresse d'exécuter ce legs. Je découvre ensuite mon erreur. Suis-je en droit de réclamer ce que j'ai payé? Non, car je suis censé avoir voulu satisfaire à une obligation naturelle, en exécutant le testament de mon père (1).

739. 2° *La violence*. Toute espèce de violence ne vicie pas le consentement, mais seulement celle qui est injuste, et assez grave pour faire impression sur une personne raisonnable, eu égard à son âge, à son sexe et à sa condition (2). Les voies de droit, les contraintes légalement exercées par les ministres de la loi, ne peuvent opérer la nullité des conventions qu'on a faites pour les éviter. Ainsi, les contrats, billets ou transactions, consentis par un débiteur qui est en prison, sont valides, et ne peuvent être annulés comme extorqués par la violence.

On regarde comme une violence grave celle qui peut inspirer au contractant la crainte de se voir exposé, lui, son conjoint, ses ascendants ou ses descendants, à un mal considérable, présent ou prochain, dans leurs personnes ou dans leur fortune. La seule crainte de déplaire à son père, à sa mère, à un supérieur, que l'on nomme crainte révérentielle, ne suffit pas pour annuler une convention. Il en est de même d'une crainte légère; elle n'est pas une cause de nullité pour le contrat.

Il n'est pas nécessaire que la violence ait été exercée par celui au profit duquel l'obligation a été contractée; il suffit qu'elle ait eu pour objet direct de faire consentir l'obligation (3).

Mais la crainte, quoique inspirée par une violence injuste ou par une force majeure, n'est pas un motif de faire annuler, par défaut de consentement, les promesses qui ont pour objet de secourir ou de sauver la personne en danger, sa fortune ou ses proches; de les garantir d'un mal dont ils étaient menacés. Exemple : Si je promettais une somme à celui qui me tirerait des mains d'un brigand, qui sauverait mon navire d'un naufrage, mon père tombé dans un précipice, cette promesse serait une juste et libre récompense du service qui me serait rendu. Si cependant la somme promise était énorme, au point qu'il parût que je ne l'ai promise que dans l'égarement où la crainte m'avait jeté, cette somme

---

(1) Cod. civ. art. 1340. — (2) Voyez ce que nous avons dit de la crainte, dans le *Traité des actes humains*, n° 25. — (3) Cod civ. art. 1111, 1112, etc.

pourrait être réduite par le juge, ou, à son défaut, par des hommes prudents, capables d'apprécier le fait (1).

Les engagements contractés sous l'impression d'une crainte grave et injuste sont-ils nuls de plein droit? Suivant le sentiment le plus communément reçu parmi les canonistes, ils ne sont pas nuls de plein droit, à l'exception cependant du mariage, des fiançailles, de la profession religieuse, de l'absolution des censures, de la renonciation à un bénéfice, et de quelques autres actes (2).

Suivant le Code civil (3), la convention contractée par violence n'est point nulle de plein droit; elle donne seulement lieu à une action de nullité ou en rescision. Mais, pour ce qui regarde le for intérieur, elle peut être rescindée, non-seulement par le juge, mais encore par la personne qui a été contrainte, et de sa propre autorité; et si, lorsque la partie lésée réclame la rescision du contrat, l'autre partie s'y refuse, la première pourra, dans l'occasion, user de compensation, à raison du tort qu'elle a éprouvé (4).

740. 3° *Le dol.* On appelle dol toute espèce d'artifice employé pour induire ou entretenir une personne dans l'erreur qui la détermine à une convention préjudiciable à ses intérêts, ou qui la détourne de faire une chose utile. On distingue deux sortes de dols : le dol qui est la cause ou le motif déterminant du contrat, et le dol accidentel, par lequel une personne, déterminée d'ailleurs à contracter, est trompée sur les accessoires du contrat. Or, le dol qui a été la cause principale ou déterminante du contrat, *dans causam contractui*, donne lieu à la résolution du contrat. Selon le droit civil, le dol est une cause de nullité de la convention, lorsque les manœuvres pratiquées par l'une des parties sont telles, qu'il est évident que, sans ces manœuvres, l'autre partie n'aurait pas contracté (5). Mais il n'en est pas de même du dol accidentel. On ne peut pas dire qu'il eût empêché le contrat, s'il avait été connu. Par conséquent, il ne donne droit qu'à des dommages et intérêts contre la partie qui l'a employé.

741. 4° *La lésion.* Il y a lésion dans les contrats commutatifs, toutes les fois que l'une des parties ne reçoit pas l'équivalent de ce qu'elle donne; mais elle ne vicie ces conventions que dans certains contrats, ou à l'égard de certaines personnes (6) : ce qui a été sa-

---

(1) Pothier, *des Obligations*, etc. — (2) Voyez S. Alphonse de Liguori, lib. III, n° 716. — (3) Cod. civ. art. 1117. — (4) S. Alphonse de Liguori, lib. III, n° 717. — (5) Cod. civ. art. 1116. — (6) Ibidem. art. 1118.

gement établi pour la sûreté et la liberté du commerce, qui exige qu'on ne puisse facilement revenir contre les conventions (1).

742. Est-on obligé en conscience d'exécuter un contrat qui n'est point revêtu des formalités prescrites par la loi civile, sous peine de nullité? On suppose que ce contrat ne renferme rien qui soit contraire aux mœurs, au bon ordre, aux lois. On suppose, en outre, que les parties contractantes ne sont pas du nombre des personnes que la loi déclare incapables de contracter.

Les docteurs ne s'accordent pas sur cette question. Les uns pensent que le contrat dont il s'agit est absolument nul, et qu'il ne lie point la conscience. D'autres, en aussi grand nombre, distinguant l'obligation naturelle de l'obligation civile, ne font tomber la nullité que sur la seconde et non sur la première de ces deux obligations, sur l'*acte* et non sur la convention. « La forme des contrats, « dit Toullier, appartient à la manière de prouver leur existence, « et non pas à l'essence des conventions considérées en elles-mêmes. « La validité de la convention est indépendante de la validité de « l'*acte*, de son authenticité, et même de l'existence de tout « acte (2). »

On lit dans le *Répertoire de jurisprudence* de Merlin : « Le con- « sentement des parties forme l'essence des contrats ; mais ce sont « les formalités qui les accompagnent qui en assurent l'exécution (3). « C'est par la société que les contrats deviennent efficaces, et « qu'ils forment des obligations réelles, c'est-à-dire, auxquelles on « ne peut échapper. Il ne faut pas croire cependant que l'obliga- « tion réside dans les formalités auxquelles on assujettit souvent les « conventions (4). »

« Le droit civil, dit Jaubert, n'intervient que pour les formes ; « elles sont tutélaires, nécessaires ; mais elles ne se rapportent qu'à « l'action civile. La véritable base de l'obligation est toujours dans « la conscience des contractants (5). »

743. Ce sentiment nous paraît plus probable que le premier ; cependant, parce que ce n'est qu'une opinion probable, nous pensons qu'on ne doit point inquiéter au for intérieur celui qui ferait casser un contrat, un acte de donation, par exemple, comme n'étant pas revêtu de toutes les formalités prescrites par la loi civile sous peine de nullité (6). Il ne faudrait point non plus inquiéter

---

(1) Voyez le Code civil, art. 887, 1674 et 1304. — (2) Droit civil français, tome vi. n° 23. — (3) Au mot *Contrat*. — (4) Au mot *Convention*. — (5) Voyez l'*Exposé des motifs du Code civil*, tome v, édit. Didot. — (6) Voyez S. Alphonse de Liguori, lib. iii. n° 711.

celui qui, par suite de l'exécution de ce contrat, serait en possession de la chose qui en est l'objet. Le Code civil même se déclare en faveur de cette possession. « Une femme mariée, dit Jaubert, « qui ne peut s'obliger civilement sans l'autorisation de son mari « ou de la justice, est pourtant responsable envers sa conscience « de l'inexécution de son engagement. Si donc un regret immoral « la portait à vouloir répéter ce qu'elle a payé, sous prétexte qu'elle « n'aurait pu être civilement contrainte, le magistrat la repousse-« rait, en lui rappelant qu'elle a satisfait à une obligation natu-« relle. Il en serait de même d'une obligation contractée par un « mineur sans les formes voulues par la loi, et qui aurait été vo-« lontairement payée au temps de sa majorité (1). »

Nous reviendrons sur cette question au chapitre des *Donations*.

ARTICLE II.

De la Capacité des parties contractantes.

744. Il n'y a que ceux qui ont suffisamment l'usage de raison qui peuvent contracter. Toute convention faite par une personne qui est privée de l'usage des facultés intellectuelles est absolument nulle, et ne peut avoir aucun effet. Mais tous ceux qui sont capables de contracter naturellement ne sont pas toujours capables de contracter civilement. Sont civilement incapables de contracter, les interdits et les prodigues, les mineurs, les femmes mariées, dans les cas exprimés par la loi; ceux qui sont morts civilement, et, généralement, tous ceux auxquels la loi a interdit certains contrats (2).

745. 1° *Les interdits et les prodigues.* Les interdits sont incapables de contracter, étant privés par jugement de l'administration de leurs biens. On interdit celui qui est dans un état habituel d'imbécillité, de démence ou de fureur, même lorsque cet état présente des intervalles lucides (3).

L'interdit est assimilé au mineur, pour sa personne et pour ses biens; cependant l'incapacité du premier est plus étendue que celle du second : le mineur ne peut faire annuler ses actes qu'autant qu'il

---

(1) Exposé des motifs du Code civil, tome v, etc. — Voyez aussi le Code civil, art. 1311, 1338, 1340, etc.—(2) Voyez le Code civil, art. 450, 1595 et suivants. — (3) Ibidem. art. 489.

a été lésé, tandis que les actes d'un interdit sont nuls de droit; pour les faire annuler, il suffit de présenter le jugement d'interdiction. Le mineur peut contracter mariage, faire un testament; l'interdit ne le peut pas (1).

Les actes d'un homme en démence, antérieurs à l'interdiction, sont nuls au for intérieur; ils pourraient même être annulés au for extérieur, si la démence était notoire à l'époque où ces actes ont été faits (2). Mais si l'interdit recouvrait l'usage de raison avant la levée de l'interdiction, il pourrait contracter et former des engagements qui obligeraient en conscience.

Ceux qui ont traité avec un interdit, ne peuvent attaquer les actes qu'ils ont consentis; en contractant avec lui, ils sont censés avoir reconnu qu'il était capable d'agir avec discernement. Il en est de même relativement au prodigue, au mineur, et à la femme mariée (3).

Pour ce qui regarde les prodigues, il peut leur être défendu de plaider, de transiger, d'emprunter, de recevoir un capital mobilier et d'en donner décharge, d'aliéner, de grever leurs biens d'hypothèques, sans l'assistance d'un conseil judiciaire. Mais les contrats faits par un prodigue, avant qu'il ait été soumis à un conseil judiciaire, sont valables non-seulement au for extérieur, mais même au for de la conscience. Il n'en est pas d'un prodigue comme d'un interdit qui était en démence avant son interdiction. Dans l'espèce présente, le prodigue n'étant ni naturellement ni civilement incapable de contracter, celui qui contracte avec lui peut tenir à l'exécution du contrat, sans commettre une injustice. S'il prévoit le mauvais usage que le prodigue doit faire du prix de la chose qu'il veut vendre, il pèche en l'achetant; mais nous croyons que ce péché n'est point contre la justice.

746. 2° *Les mineurs*. On appelle *mineurs*, les individus de l'un et de l'autre sexe qui n'ont pas encore l'âge de vingt et un ans accomplis (4). Les mineurs sont civilement incapables de certains actes (5); mais leur incapacité n'est pas tellement absolue qu'elle ne puisse produire aucun effet. Pour ce qui concerne les contrats, un mineur ne peut revenir contre ses engagements qu'autant qu'il en a éprouvé quelque lésion : « Minor non restituitur tanquam mi-« nor, sed tanquam læsus. » Il n'est pas même restituable pour cause de lésion, lorsqu'elle ne résulte que d'un événement casuel

---

(1) Cod. civ. art. 502, 509 et 1305. — (2) Ibidem. art. 503. — (3) Ibidem. art. 1125. — (4) Ibidem. art. 488. — (5) Ibidem. art. 1124, etc.

et imprévu. Exemple : Un mineur achète une maison ; le marché est avantageux ; quelque temps après, cette maison est consumée par un incendie ; il ne peut faire rescinder le contrat de vente (1). Il en est de même du mineur commerçant, banquier ou artisan ; il n'est point restituable contre les engagements qu'il a pris à raison de son commerce ou de son art. Il ne l'est point non plus contre les obligations résultant de son délit ou quasi-délit (2).

La minorité n'étant pas une cause de nullité radicale, absolue, mais seulement un motif de rescision, un mineur ne serait pas admis à revenir contre des engagements qui auraient tourné à son profit. Si donc, par exemple, il a emprunté une somme d'argent qu'il a employée utilement aux réparations nécessaires de sa maison, il ne peut se dispenser de rendre cette somme à celui qui la lui a prêtée. L'équité s'oppose également à ce qu'il retienne la somme qu'il aurait empruntée dans un cas de nécessité (3).

717. Nous ajoutons, pour le for intérieur, qu'un mineur, émancipé ou non, pourvu qu'il connût l'obligation qu'il contracte, serait obligé de rendre la somme qu'il aurait empruntée d'une personne agissant de bonne foi, lors même qu'il n'en aurait pas profité. On en pourra juger par la supposition suivante : Paul, âgé d'environ dix-huit ans, se trouvant sur une foire avec Pierre, feint de rencontrer une occasion favorable de payer la dette de son père, qui n'est point sur les lieux ; il demande cinq cents francs à Pierre, qui les lui prête sans difficulté, n'ayant pas de raison de se défier de lui ; mais, au lieu de s'en servir pour acquitter la dette de son père, Paul emploie cette somme en vaines dépenses. Ne serait-ce pas favoriser le désordre, que d'exempter ce jeune homme de toute restitution ? N'est-il pas juste qu'il rende, quand il le pourra, la somme qui lui a été prêtée de bonne foi ? « Les mineurs peu-
« vent bien, dit Pothier, même dans le for de la conscience,
« user du bénéfice de la rescision contre les contrats dans lesquels
« ils ont été lésés, l'équité naturelle ne permettant pas que celui
« qui a contracté avec eux profite de leur défaut d'expérience ;
« mais ils ne peuvent, dans le for de la conscience, avoir recours
« au bénéfice de la rescision, qui leur est offert dans le for exté-
« rieur, pour se dispenser de rendre un argent qu'ils ont reçu et
« qu'ils ont dissipé, lorsque, au temps qu'ils ont contracté, ils

---

(1) Cod. civ. art. 1306. — (2) Ibidem, art. 1308, 1310. — (3) Voyez le *Traité des contrats*, par Duranton, tome I, n° 12 ; le *Droit civil français*, par Toullier, tome VII, n° 581, etc.

« avaient un usage suffisant de leur raison ; et pourvu que celui
« qui leur a prêté l'argent ait fait le prêt de bonne foi, sans pré-
« voir qu'ils emploieraient en folles dépenses l'argent qu'il leur
« prêtait (1). »

748. 3° *Les femmes mariées.* Ce que nous avons dit des mineurs s'applique aux femmes mariées, non autorisées, pour tous
les actes qui excèdent leur capacité.

749. 4° *Ceux qui sont morts civilement.* Le condamné à la
mort civile est privé de tous les droits qui ne sont pas rigoureusement nécessaires au soutien de la vie naturelle. Il ne peut plus disposer en aucune manière de ses immeubles, ni recevoir aucune
donation, si ce n'est pour cause d'aliments. Il est incapable de contracter un mariage qui produise aucun effet civil (2).

ARTICLE III.

De l'Objet et de la Matière des Contrats.

750. Tout contrat a pour objet une chose que les deux parties,
ou l'une d'elles, s'obligent à donner, à faire ou à ne pas faire.
Mais pour qu'une chose puisse être l'objet ou la matière d'un contrat, il faut : 1° qu'elle existe, ou du moins qu'elle puisse exister
un jour. Les choses futures, une simple espérance même, peuvent être l'objet d'une obligation. Cependant, on regarde comme
contraires à l'honnêteté publique les stipulations relatives à la succession d'une personne vivante, quand même elles seraient faites
de son consentement. Aussi toute convention de ce genre est expressément prohibée (3).

Il faut, 2° que la chose soit dans le commerce. Ce qui n'est point
propriété privée, ni susceptible de le devenir, ne peut être l'objet
d'un contrat.

Il faut, 3° que l'obligation ait pour objet une chose au moins
déterminée quant à son espèce. Lorsqu'une promesse est tellement
indéterminée, tellement générale, qu'on ne peut en connaître
l'objet précis, il n'y a pas d'obligation. Tel est le cas de ces protestations vagues par lesquelles une personne déclare que tous ses

---

(1) Traité des Obligations, n° 52. — Voyez aussi les conférences d'Angers,
sur les Contrats, conf. 1. quest. vi, etc. — (2) Cod. civ. art. 25. — (3) Ibidem.
art. 1130.

biens, tout ce qu'elle possède, appartient à une autre, que celle-ci peut en disposer comme de ses biens propres : de pareilles protestations ne caractérisent point l'intention de s'obliger, parce que l'objet n'en est pas déterminé.

Si la chose est déterminée quant à son espèce, l'obligation est valable. Ainsi, par exemple, si je m'oblige à vous donner un cheval, je vous dois réellement un cheval, d'une valeur ordinaire. « Si la dette est d'une chose qui ne soit déterminée que par son « espèce, le débiteur ne sera pas tenu, pour être libéré, de la « donner de la meilleure espèce ; mais il ne pourra l'offrir de la « plus mauvaise (1). » Si la chose était seulement déterminée quant au genre, la convention serait nulle : telle serait, par exemple, la promesse par laquelle je m'engagerais à vous donner un animal, sans désigner l'espèce. Cet engagement est nul, puisque je puis le rendre illusoire.

751. Il faut, 4° que la chose ou le fait, qui est la matière du contrat, soit physiquement et moralement possible. Une chose est physiquement impossible, quand les lois de la nature s'opposent à son exécution. Elle est moralement impossible, quand elle ne peut s'exécuter sans que les lois ou les bonnes mœurs soient violées.

Il faut, 5° que la chose concerne les parties contractantes. On ne peut, en général, promettre ou stipuler en son propre nom que pour soi-même. Cependant il est plusieurs cas où nous stipulons effectivement pour nous-mêmes, quoique la convention fasse mention d'un tiers. Ainsi, ce n'est pas stipuler pour un autre, que de stipuler que telle chose ou telle somme sera livrée à un tiers désigné dans la convention. Exemple : Je vous vends un héritage pour la somme de 1,000 fr. : si je stipule que vous payerez cette somme à Pierre, je ne stipule point pour un autre, mais bien pour moi-même. Ce n'est pas non plus stipuler pour un autre, lorsqu'on stipule qu'on fera quelque chose pour un tiers, si on a un intérêt personnel à ce que la chose se fasse. Exemple : Si, m'étant obligé envers Paul de rebâtir sa maison dans l'espace d'un certain temps, je stipule avec vous que vous ferez cet ouvrage en ma place, la convention est valable. De même, nous stipulons et nous promettons pour nous-mêmes et non pour autrui, lorsque nous stipulons ou promettons pour nos héritiers, parce qu'ils sont en quelque sorte la continuation de nous-mêmes (2).

---

(1) Cod. civ. art. 1246. — (2) Ibidem. art. 1119, etc.

ARTICLE IV.

De la Cause des Contrats.

752. Par la cause d'une obligation, d'un contrat, on entend la raison ou le motif qui détermine à faire une convention. Dans les contrats commutatifs, la cause de l'obligation que je m'impose est la volonté d'acquérir un droit, en échange de ce que je donne ou promets de donner. Dans les contrats de bienfaisance, la cause de l'obligation est la satisfaction de faire du bien à la personne envers laquelle on s'oblige. Or, une obligation sans cause, ou fondée sur une cause fausse, est une obligation nulle, et ne peut avoir aucun effet (1). Par conséquent, si, croyant faussement vous devoir une somme de 1,000 francs qui avait été léguée par le testament de mon père, mais qui a été révoquée par un second testament dont je n'avais pas connaissance, je me suis obligé à vous donner un héritage en payement de cette somme, ce contrat est nul, parce que la cause de mon engagement, qui était l'acquittement de cette dette, est une cause qui s'est trouvée fausse. D'après le même principe, tout engagement contracté par suite d'une erreur principale et déterminante demeure sans effet.

753. Il en est d'une obligation illicite dans sa cause ou dans son objet, comme d'une obligation sans cause ; elle est frappée de nullité. Une cause est illicite, quand elle est contraire aux bonnes mœurs, ou prohibée par les lois, soit divines, soit ecclésiastiques, soit civiles. Ainsi, on doit regarder comme nul l'engagement de commettre un crime, une action contraire à la morale évangélique. « Quæ contra jus fiunt, debent utique pro infectis haberi (2). » « Pactum turpe vel rei turpis aut impossibilis de jure vel de facto « nullam obligationem induxit (3). »

Est-on obligé d'accomplir la promesse par laquelle on s'est engagé à donner une certaine somme d'argent pour faire faire une chose immorale, illicite ? Non, évidemment, tandis que la chose n'est pas encore faite : « Certum est quod ante patrationem peccati « nullus est contractus, et nullam parit obligationem, quoniam « justitia nullo modo potest obligare ad illicitum (4). » En est-il de

---

(1) Cod. civ. art. 1131. — (2) Regul. Juris in Sexto. — (3) Greg. IX, cap. *Pactiones*, de Pactis. — (4) S. Alphonse de Liguori, lib. III. n° 712.

même lorsque le crime a été commis? C'est une question controversée parmi les moralistes. Les uns pensent que celui qui a fait la promesse dont il s'agit n'a contracté ni devant Dieu ni devant les hommes, ni avant ni après le crime commis, aucune obligation d'exécuter sa promesse. Les autres, au contraire, croient que, le crime étant une fois commis, on est obligé de donner ce qu'on a promis pour le faire commettre. Saint Alphonse de Liguori regarde cette opinion comme plus probable, *sententia probabilior* (1). Néanmoins, nous préférons le premier sentiment. Il répugne, ce nous semble, aux bonnes mœurs, que l'on soit admis à répéter la récompense de son crime. Ce serait enhardir le libertinage, et autoriser le désordre, que de reconnaître qu'on peut compter sur l'exécution d'une promesse immorale, et acquérir, en commettant le crime, le droit de réclamer un salaire, de quelque manière qu'on l'envisage (2).

754. Peut-on répéter ce qu'on a payé pour une action contraire à la morale? Si l'action n'est pas encore commise, celui qui a reçu de l'argent pour la commettre doit le rendre le plus tôt possible à celui duquel il le tient : « Pecunia tua tecum sit in perditionem.... « Pœnitentiam itaque age ab hac nequitia tua (3). » Si l'action a été commise, il faut distinguer : ou les deux parties étaient en cause honteuse, ou l'une d'elles seulement y était. Dans le premier cas, ce qui a été payé ne peut être répété; le mal est fait, et la faute commise par le corrupteur, qui a payé pour faire faire une chose immorale, ne doit pas être un titre pour répéter ce qu'il a donné. Si l'un ne mérite pas de retenir le salaire de son crime, le corrupteur ou complice ne mérite pas plus de recouvrer ce qu'il a payé : il y a faute de part et d'autre, et la loi donne la préférence au possesseur : « Ubi dantis et accipientis turpitudo versatur, non « posse repeti dicimus (4). » Dans le second cas, c'est-à-dire, si celui qui a reçu était seul coupable, « veluti si tibi dedero pecu- « niam, ne mihi injuriam facias, » il n'est pas douteux que la partie innocente ne puisse répéter ce qu'elle a été forcée de payer : « Quod « si turpis causa accipientis fuerit, etiam si res secuta sit, repeti « potest (5). »

Cependant, lorsque les deux parties sont en cause honteuse,

---

(1) S. Alphonse de Liguori, lib. III. n° 712. — (2) Les Conférences d'Angers, *sur les Contrats*, conf. 1. quest. 5; Pothier, *Traité des Obligations*, n° 41, etc. — (3) Act. c. 8. v. 20 et 22. — (4) L. 8. ff. de Condict. *ob turp. caus*. — (5) L. 1. Ibidem.

nous pensons que si l'une ne mérite pas de recouvrer ce qu'elle a payé, il n'est pas moins odieux pour l'autre de retenir ce qu'elle a reçu comme une récompense de son crime ; et qu'il est au moins décent que ce salaire tourne au profit des pauvres. Le confesseur peut l'exiger, s'il le juge convenable, comme une pénitence salutaire au coupable.

ARTICLE V.

De l'Effet, de l'Exécution et de l'Interprétation des Contrats.

755. Les contrats ou conventions sont une des principales causes de nos obligations. Les conventions qui réunissent toutes les conditions requises pour la validité des contrats tiennent lieu de loi à ceux qui les ont faites, et doivent être exécutées de bonne foi. Elles obligent non-seulement à ce qui y est exprimé, mais encore à toutes les suites que l'équité, l'usage ou la loi, donnent à l'obligation d'après sa nature (1).

L'obligation de donner une chose emporte l'obligation de la livrer ; et quand elle s'applique à un corps certain et désigné, elle renferme de plus l'obligation de le conserver jusqu'à la livraison. Dans ce dernier cas, le débiteur est tenu d'apporter à la conservation de la chose tous les soins d'un *bon père de famille,* soit que la convention n'ait pour objet que l'utilité d'une des parties, soit qu'elle ait pour objet leur utilité commune ; sauf cependant le plus ou moins d'étendue de cette obligation, relativement à certains contrats (2). Dans les contrats translatifs de propriété, l'obligation de livrer la chose est parfaite par le seul consentement des parties ; elle rend par conséquent le créancier propriétaire, et met la chose à ses risques dès l'instant que l'obligation a pris naissance, encore que la tradition n'en ait point été faite, à moins que le débiteur ne soit en demeure de la livrer ; auquel cas la chose reste aux risques de ce dernier (3). Exemple : Je vous vends un cheval avec l'obligation de vous le livrer dans un mois ; quelques jours après, ce cheval périt chez moi, sans qu'il y ait de ma faute ; vous en étiez propriétaire, il a par conséquent péri pour vous : *Res perit domino.* Mais il n'en serait pas de même, si j'étais en demeure de le livrer ; dans

---

(1) Cod. civ. art. 1134 et 1135.—(2) Ibidem. art. 1136 et 1137.—(3) Ibidem. art. 1138.

ce cas, l'obligation d'en supporter la perte retomberait sur moi à raison de mon retard.

Cependant, quand il s'agit d'effets mobiliers, si l'obligation de livrer la même chose a été contractée successivement avec plusieurs personnes, celle qui a été mise la première en possession réelle est préférée, quand même son titre serait postérieur en date, pourvu toutefois que la possession soit de bonne foi (1).

756. Quant à l'obligation de faire ou de ne pas faire ce dont on est convenu, elle se résout en dommages et intérêts, en cas d'inexécution de la part du débiteur (2). Les dommages et intérêts consistent dans l'indemnité de la perte que le créancier a faite, ou du gain dont il a été privé, à raison, comme on s'exprime dans l'école, du *lucrum cessans, damnum emergens :* ils ne sont dus que lorsque le débiteur est en demeure de remplir son obligation. Le débiteur est constitué en demeure, soit par une sommation ou autre acte équivalent, soit par l'effet de la convention, lorsqu'elle porte que, sans qu'il y ait besoin d'acte, et par la seule échéance du terme, le débiteur sera en demeure (3).

Le débiteur n'est tenu que des dommages et intérêts qui ont été prévus ou qu'on a pu prévoir en contractant, lorsque ce n'est point par son dol que l'obligation n'est point exécutée (4). Exemple : Je vous vends des étais pourris que je croyais bons ; la maison, mal étayée, s'écroule ; je ne suis tenu que de la valeur des étais, et non de la perte de la maison. Il en serait autrement si j'étais charpentier, car j'aurais dû me connaître à ces sortes d'objets ; et il y aurait de ma part une impéritie qui tiendrait de la faute. Mais si, dans ce cas, je suis tenu de la ruine du bâtiment, je ne le serais pas de la perte des choses qu'on y aurait laissées ; car je n'ai pu ni dû prévoir que, contre l'usage, vous laisseriez des meubles dans un bâtiment ruineux.

757. Dans le cas même où l'inexécution de la convention résulte du dol du débiteur, les dommages et intérêts ne doivent comprendre, à l'égard de la perte éprouvée par le créancier et du gain dont il a été privé, que ce qui est une suite immédiate et directe de l'inexécution de la convention (5). Exemple : Un marchand m'a vendu sciemment un cheval infecté d'une maladie contagieuse ; mes autres chevaux en ont tous été atteints. S'il eût ignoré la maladie de ce cheval, il ne m'aurait dû que le prix du cheval ; mais

---

(1) Cod. civ. art. 1141. — (2) Ibidem. art. 1142. — (3) Ibidem. art. 1140. — (4) Ibidem. art. 1150. — (5) Ibidem. art. 1151.

l'ayant connue, il me devra des dommages-intérêts pour le cheval qu'il m'a vendu et pour tous les autres; car cette perte est la suite immédiate et directe de son dol. Mais si, par suite de la perte de mes chevaux, j'ai été empêché de cultiver mes terres, et que, n'ayant pu dès lors remplir mes obligations, j'aie été saisi, les dommages-intérêts ne s'étendront pas jusque-là. Je devais faire cultiver mes terres, à prix d'argent; et les pertes que j'ai faites en négligeant de les cultiver ne sont plus une suite immédiate du dol de mon vendeur, mais de ma négligence et du mauvais état de mes affaires (1).

Nous ajouterons qu'il n'y a lieu à aucuns dommages et intérêts, lorsque, par suite d'une force majeure ou d'un cas fortuit, le débiteur a été empêché de donner ou de faire ce à quoi il était obligé, ou a fait ce qui lui était interdit (2). On entend par force majeure, une force que le débiteur n'a pu surmonter, et à laquelle il a dû nécessairement succomber; comme si, par exemple, m'étant obligé de faire une certaine chose, je tombais malade, et me trouvais dès lors dans l'impossibilité de remplir mon obligation pour le temps convenu.

758. Pour ce qui regarde l'interprétation des conventions, on doit rechercher quelle a été la commune intention des parties contractantes, plutôt que de s'arrêter au sens littéral des termes, lorsque toutefois leur intention n'est pas clairement exprimée.

Si une clause est susceptible de deux sens, on doit plutôt l'entendre dans celui avec lequel elle peut avoir quelque effet, que dans le sens avec lequel elle n'en pourrait produire aucun : et les termes équivoques doivent être pris dans le sens qui convient le mieux à la matière du contrat. Ce qui est ambigu s'interprète par ce qui est d'usage dans le pays où le contrat s'est passé. On doit aussi suppléer dans un contrat les clauses qui y sont d'usage, quoiqu'elles n'y soient pas exprimées. D'ailleurs, les différentes clauses d'un contrat s'interprètent les unes par les autres, en donnant à chacune le sens qui résulte de l'acte entier. Dans le doute, la convention s'interprète en faveur de celui qui a contracté l'obligation (3).

(1) Toullier, Droit. civ. franç. tom. vi. n° 286. — (2) Cod. civ. art. 1148. — (3) Ibidem. art. 1156 et suiv.

ARTICLE VI.

Des différentes espèces d'Obligations conventionnelles.

759. On distingue les obligations naturelles et les obligations civiles ; les obligations pures et simples, et les obligations modifiées. Celles-ci sont, ou conditionnelles, ou à terme, alternatives, facultatives, solidaires, divisibles ou indivisibles, ou avec clause pénale.

1° *Obligation naturelle.* L'obligation qui résulte d'une convention est, ou purement naturelle, ou purement civile, ou tout à la fois naturelle et civile. La première est celle qui oblige dans le for de la conscience, mais pour l'exécution de laquelle la loi civile ne donne point d'action, ou n'en donne qu'une qui est inefficace. L'obligation purement civile est celle à l'exécution de laquelle le débiteur peut être contraint civilement, quoiqu'il n'y soit pas obligé dans le for de la conscience : telle est, par exemple, celle qui résulte d'une condamnation injuste, du serment décisoire contraire à la vérité. L'obligation qui est naturelle et civile en même temps est celle qui résulte d'un contrat revêtu de toutes les conditions requises pour le for intérieur et le for extérieur.

Il y a certainement des obligations qui sont purement naturelles : telles sont celles que produisent de simples pactes, celles des conventions auxquelles la loi ne refuse son action que parce qu'elles ne sont point revêtues des formalités qu'on exige pour en prouver l'existence et en assurer l'exécution : « Quid tam congruum « fidei humanæ quam ea quæ inter eos placuerunt servare (1). » Une convention faite librement ne cesse pas d'être honnête et permise, parce qu'elle n'est point munie d'une action civile ; la loi ne la protége pas, mais elle ne la condamne point : *Lex ei non assistit, sed nec resistit.*

760. 2° *Obligation conditionnelle.* L'obligation est conditionnelle, lorsqu'on la fait dépendre d'un événement futur et incertain, soit en la suspendant jusqu'à ce que l'événement arrive, soit en la résiliant selon que l'événement arrivera ou n'arrivera pas (2).

La condition est casuelle, ou potestative, ou suspensive, ou résolutoire. La condition *casuelle* est celle qui dépend du hasard, et qui n'est nullement au pouvoir des parties contractantes. Exemple :

---

(1) L. 1. ff. de Pactis. — (2) Cod. civ. art. 1168.

Si j'obtiens la grâce que je sollicite auprès du roi ; si le navire de mon père arrive des Indes à bon port. La condition *potestative* est celle qui fait dépendre l'exécution de la convention d'un événement qu'il est au pouvoir de l'une ou de l'autre des parties contractantes de faire arriver ou d'empêcher. Exemple : Si vous donnez 100 francs à Titus ; si vous venez à Reims. Lorsque la condition dépend tout à la fois de la volonté d'une des parties contractantes et de la volonté d'un tiers, on l'appelle condition *mixte*. Exemple : Si vous épousez ma sœur, ma cousine (1).

Toute obligation contractée sous une condition potestative de la part de celui qui s'oblige est nulle (2). Exemple : Je vous donnerai 100 francs, si cela me plaît, si je le juge convenable. Il n'y a point là d'obligation, l'engagement est nul ; car il est contraire à l'essence d'une obligation, qui est un *lien de droit*, de dépendre uniquement de la volonté du débiteur. Mais l'obligation est valide lorsque la condition dépend de la volonté d'un tiers et même de la volonté de celui envers qui l'on s'oblige : telle serait, par exemple, la convention par laquelle je m'engage à vous donner une certaine somme, si vous y consentez, si cela plaît à un tel, votre parent.

761. Toute condition d'une chose impossible, ou contraire aux bonnes mœurs, ou prohibée par une loi, est nulle, et rend nulle la convention qui en dépend (3). On excepte cependant les donations entre-vifs et testamentaires, dans lesquelles les conditions impossibles ou contraires aux lois sont réputées non écrites (4). Quant à la condition de ne pas faire une chose impossible, elle ne rend pas nulle l'obligation contractée sous cette condition (5).

Si une obligation a été contractée sous la condition qu'un événement arrivera dans un temps fixe, cette condition est censée défaillie lorsque le temps est expiré sans que l'événement soit arrivé. S'il n'y a point de temps fixe, la condition n'est censée défaillir que lorsqu'il est devenu certain que l'événement n'arrivera pas. Exemple : Je m'engage à vous donner cette somme, si mon père revient des colonies ; cette condition ne sera défaillie que du moment où il sera certain que mon père ne reviendra pas.

Si l'obligation a été contractée sous la condition qu'un événement n'arrivera pas dans un temps fixe, cette condition est accomplie lorsque le temps est expiré, sans que l'événement soit arrivé ; elle l'est également lorsque, avant le terme, il est certain que l'événement

---

(1) Cod. civ. art. 1169 et suiv. — (2) Ibidem. art. 1174. — (3) Ibidem. art. 1172. — (4) Ibidem. art. 900. — (5) Ibidem. art. 1173.

n'arrivera pas ; et s'il n'y a pas de temps déterminé, elle n'est accomplie que lorsqu'il est certain que l'événement n'aura pas lieu.

Mais une condition est réputée accomplie lorsque c'est le débiteur, obligé sous cette condition, qui en a empêché l'accomplissement (1) : « Nemini sua fraus patrocinari debet. »

762. La condition *suspensive* est celle qui fait dépendre l'obligation, ou d'un événement futur et incertain, ou d'un événement actuellement arrivé, mais encore inconnu des parties. Dans le premier cas, l'obligation n'existe qu'après l'événement ; dans le second, l'obligation a son effet du jour où elle a été contractée.

Lorsque l'obligation a été contractée sous une condition suspensive, la chose qui est l'objet de la convention demeure aux risques du débiteur, qui ne s'est obligé de la livrer que dans le cas de l'événement de la condition ; et si la chose vient à périr sans la faute du débiteur, l'obligation s'éteint. Si elle s'est détériorée sans qu'il y ait faute de la part du débiteur, le créancier a le choix ou de résoudre l'obligation, ou d'exiger la chose dans l'état où elle se trouve, sans diminution de prix. Si, au contraire, elle s'est détériorée par la faute du débiteur, le créancier a le droit, ou de résoudre l'obligation, ou d'exiger la chose dans l'état où elle se trouve, avec des dommages et intérêts (2).

La condition *résolutoire* est celle qui opère la révocation de l'obligation, et qui remet les choses au même état que si l'obligation n'avait pas existé. Elle ne suspend point l'exécution de l'obligation ; elle oblige seulement le créancier à restituer ce qu'il a reçu, dans le cas où l'événement prévu par la condition arrive. La condition résolutoire est toujours sous-entendue dans les contrats synallagmatiques, pour les cas ou l'une des deux parties ne satisfera point à son engagement (3).

763. *Obligation a terme.* Le terme diffère de la condition en ce qu'il ne suspend point l'engagement ; il en retarde seulement l'exécution : je promets de vous donner cette chose dans un mois, dans un an ; c'est une obligation à terme. Ce qui n'est dû qu'à terme ne peut être exigé avant l'échéance du terme ; mais ce qui a été payé d'avance ne peut être répété (4).

764. *Obligation alternative.* C'est celle par laquelle une personne s'oblige à donner ou à faire plusieurs choses, de manière cependant

---

(1) Cod. civ. art. 1176, etc. — (2) Ibidem. art. 1181 et 1182. — (3) Ibidem. art. 1183 et 1184. — (4) Ibidem. art. 1185 et 1186.

que le payement de l'une doive l'acquitter de toutes. Je promets de vous donner tel cheval, tel bœuf, ou 500 francs; c'est une obligation alternative. Si je vous donne l'une de ces trois choses, je me libère de toute obligation.

Le débiteur peut se libérer en délivrant l'une des choses promises: le choix lui appartient, à moins qu'il n'ait été expressément accordé au créancier; mais alors il ne peut forcer le créancier à recevoir une partie de l'une et une partie de l'autre. L'obligation alternative devient pure et simple, si l'une des deux choses promises périt et ne peut plus être livrée, même par la faute du débiteur. Le prix de cette chose ne peut pas être offert à sa place. Si toutes deux sont péries, et que le débiteur soit en faute à l'égard de l'une d'elles, il doit payer le prix de celle qui a péri la dernière, lors même que celle-ci eût péri sans la faute du débiteur. Mais si les deux choses sont péries sans la faute du débiteur, l'obligation est éteinte (1).

765. *Obligation facultative*. C'est celle qui a pour objet une chose déterminée, mais avec la faculté pour le débiteur d'en payer une autre à la place. Exemple: Paul a légué à Titus sa maison de campagne, si mieux n'aimait son héritier donner à Titus la somme de 10,000 francs. Dans ce cas, le légataire ne peut demander que la maison, quoique l'héritier puisse se dispenser de la livrer, en payant les 10,000 francs; et si la maison vient à périr entièrement par un tremblement de terre, ou par un autre accident, l'obligation serait éteinte et ne subsisterait point pour ladite somme. C'est en cela que l'obligation facultative diffère de l'obligation alternative.

766. *Obligation solidaire*. L'obligation est solidaire, lorsque le total de la dette peut être demandé par chaque créancier, ou lorsqu'il peut être exigé de chaque débiteur. Ainsi, il peut y avoir solidarité entre les créanciers et entre les débiteurs. Cette première espèce de solidarité donne à chacun des créanciers le droit de demander le payement du total de la créance; mais le débiteur peut se libérer entièrement envers tous les créanciers, en faisant le payement de la somme totale à l'un d'entre eux. Néanmoins, la remise qui ne serait faite que par l'un des créanciers solidaires ne libérerait le débiteur que pour la part de ce créancier (2).

Pour ce qui regarde la solidarité entre les débiteurs, le créancier

---

(1) Voyez le Cod. civ. art. 1188. — (2) Ibidem. art. 1197.

peut indifféremment s'adresser à celui d'entre eux qu'il veut choisir, pour se faire payer le total de la créance. Mais l'obligation solidaire envers le créancier se divise de plein droit entre les débiteurs, qui ne sont tenus entre eux que chacun pour sa part et portion. Aussi, le codébiteur d'une dette solidaire, qui l'a payée en entier, ne peut répéter contre les autres que la part et portion de chacun d'eux. Si l'un des codébiteurs se trouve insolvable, la perte qu'occasionne son insolvabilité se répartit, par contribution, entre tous les autres débiteurs solvables et celui qui a fait le payement (1).

Il ne s'agit ici que de la solidarité qui résulte d'une convention; nous parlerons ailleurs de celle qu'on contracte comme complice de quelque délit.

767. *Obligation divisible*. L'obligation est divisible ou indivisible, selon qu'elle a pour objet, ou une chose qui, dans sa livraison, ou un fait qui, dans l'exécution, est ou n'est pas susceptible de division, soit matérielle, soit intellectuelle (2). La division matérielle est celle qui peut se faire en parties réellement et effectivement divisées : telle est l'obligation de livrer dix mesures de blé. La division intellectuelle est celle qui n'existe que dans l'entendement : elle a lieu lorsque la chose, quoique non susceptible de division réelle, peut cependant être possédée par plusieurs personnes, par parties indivises. Un cheval, par exemple, est susceptible de cette dernière espèce de division : on peut en être propriétaire pour une moitié, un tiers, un quart, etc. Une chose qui fait l'objet d'une obligation peut être indivisible de sa nature, comme, par exemple, un droit de vue, de passage ; ou par le rapport sous lequel elle a été considérée dans le contrat : telle est, par exemple, l'obligation de bâtir une maison.

L'obligation qui est susceptible de division doit être exécutée entre le créancier et le débiteur, comme si elle était indivisible. La divisibilité n'a d'application qu'à l'égard de leurs héritiers, qui ne peuvent demander la dette, ou qui ne sont tenus de la payer que pour les parts dont ils sont saisis, ou dont ils sont tenus, comme représentant le créancier ou le débiteur (3).

768. Ce principe reçoit exception à l'égard des héritiers du débiteur : 1° dans le cas où la dette est hypothécaire ; 2° lorsqu'elle est d'un corps certain ; 3° lorsqu'il s'agit de la dette alternative de

---

(1) Cod. civ. art. 1200 et suivants. — (2) Ibidem. art. 1217. — (3) Ibidem. art. 1220.

choses au choix du créancier, dont l'une est indivisible ; 4° lorsque l'un des héritiers est chargé seul, par le titre, de l'exécution de l'obligation ; 5° lorsqu'il résulte, soit de la nature de l'engagement, soit de la chose qui en fait l'objet, soit de la fin qu'on s'est proposée dans le contrat, que l'intention des contractants a été que la dette ne pût s'acquitter partiellement (1).

Chacun de ceux qui ont contracté conjointement une dette indivisible en est tenu pour le total, encore que l'obligation n'ait pas été contractée solidairement. Il en est de même à l'égard des héritiers de celui qui a contracté une pareille obligation, comme aussi chaque héritier du créancier peut exiger en totalité l'exécution de l'obligation indivisible (2).

769. *Obligation avec clause pénale.* La clause pénale est celle par laquelle une personne, pour assurer l'exécution d'une convention, s'engage à quelque chose, en cas d'inexécution. La nullité de l'obligation principale entraine celle de la clause pénale, mais la nullité de celle-ci n'entraine point celle de l'obligation principale. On regarde la clause pénale comme une compensation des dommages et intérêts que le créancier souffre de l'inexécution de l'obligation principale (3).

ARTICLE VII.

De l'Extinction des Obligations conventionnelles.

770. Les obligations s'éteignent par le payement, par la novation, par la remise volontaire, par la compensation, par la confusion, par la perte de la chose, par la nullité ou la rescision, par l'effet de la condition résolutoire, ou par la prescription. Nous avons parlé, plus haut, de la condition résolutoire et de la prescription.

1° *Par le payement.* Le payement est l'acquittement d'une obligation. Tout payement suppose une dette; on peut par conséquent répéter ce qui a été payé sans être dû. Mais la répétition n'est point admise, même au for extérieur, à l'égard des obligations naturelles qui ont été volontairement acquittées (4).

Une obligation peut être acquittée par toute personne qui y est intéressée, telle qu'un coobligé ou une caution ; et même par un

---

(1) Cod. civ. art. 1221, etc. — (2) Ibidem. art. 122, etc. — (3) Ibidem. art. 1226 et suiv. — (4) Ibidem. art. 1235.

tiers qui n'y est point intéressé, pourvu que ce tiers agisse au nom et en l'acquit du débiteur. Mais l'obligation de faire ne peut être acquittée par un tiers contre le gré du créancier, lorsque ce dernier a intérêt qu'elle soit remplie par le débiteur (1).

Pour payer valablement, il faut être propriétaire de la chose donnée en payement, et capable de l'aliéner. Néanmoins, le payement d'une somme en argent, ou autre chose qui se consomme par l'usage, ne peut être répété contre le créancier qui l'a consommée de bonne foi, quoique le payement en ait été fait par celui qui n'était pas propriétaire, ou qui n'était pas capable de l'aliéner : ce qui doit s'entendre, au for de la conscience comme au for extérieur, dans le sens que le créancier n'est pas tenu d'en rendre l'équivalent.

Le payement doit être fait au créancier, ou à quelqu'un ayant pouvoir de lui, ou qui soit autorisé par la justice ou par la loi à recevoir pour lui. S'il était fait à celui qui n'aurait pas pouvoir de recevoir pour le créancier, il ne serait valable qu'autant que celui-ci le ratifierait ou qu'il en aurait profité. Le créancier ne peut être contraint de recevoir une chose autre que celle qui lui est due, quoique la valeur de la chose offerte soit égale ou même plus grande ; et le débiteur ne peut forcer le créancier à recevoir en partie le payement d'une dette, même divisible.

771. Le débiteur d'un corps certain et déterminé est libéré par la remise de la chose en l'état où elle se trouve lors de la livraison, pourvu que les détériorations qui y sont survenues ne viennent point de son fait ou de sa faute, ni de celle des personnes dont il est responsable, ou qu'avant ces détériorations il ne fût pas en demeure. Si la dette est d'une chose qui ne soit déterminée que par son espèce, le débiteur n'est pas tenu de la donner de la meilleure espèce, mais il ne peut l'offrir de la plus mauvaise.

Le payement doit se faire dans le lieu désigné par la convention. Si le lieu n'est pas désigné, le payement, lorsqu'il s'agit d'un corps certain et déterminé, doit être fait dans le lieu où était, au temps de l'obligation, la chose qui en fait l'objet. Hors ces deux cas, le payement doit être fait au domicile du débiteur ; les frais qu'il peut occasionner sont à sa charge (2).

772. Un débiteur est-il déchargé de l'obligation de payer ses dettes par la cession de ses biens ? La cession des biens est l'abandon qu'un débiteur fait de tous ses biens à ses créanciers, lorsqu'il

---

(1) Cod. civ. art. 1235 et suiv. — (2) Ibidem. art. 1238 et suiv.

se trouve hors d'état de payer ses dettes. On distingue la cession volontaire et la cession judiciaire. La cession volontaire est celle que les créanciers acceptent volontairement. La cession judiciaire est un bénéfice que la loi accorde au débiteur malheureux et de bonne foi, auquel il est permis, pour avoir la liberté de sa personne, de faire en justice l'abandon de tous ses biens à ses créanciers, nonobstant toute stipulation contraire. La cession judiciaire ne confère point la propriété aux créanciers; elle leur donne seulement le droit de faire vendre les biens à leur profit, et d'en percevoir les revenus jusqu'à la vente. Elle opère la décharge de la contrainte par corps, mais elle ne libère le débiteur que jusqu'à concurrence de la valeur des biens abandonnés; et, dans le cas où ils auraient été insuffisants, s'il lui en survient d'autres, il est obligé de les abandonner jusqu'au parfait payement (1). Il en est de même, pour ce qui regarde le for intérieur, de la cession volontaire: quelles que soient les stipulations du contrat passé entre le débiteur et les créanciers, elles ne dispensent du payement intégral qu'autant que le débiteur serait dans l'impossibilité de se procurer les moyens de le faire à l'avenir, ou qu'autant que les créanciers auraient déclaré librement et formellement qu'ils le déchargent de toute obligation. « Si tamen postea redeat ad pinguiorem fortunam, tenetur « adhuc restituere (2). » Mais le débiteur qui fait cession de ses biens peut, au for de la conscience, se retenir ce qui lui est absolument nécessaire pour vivre dans son état, en se réduisant à un entretien fort modique (3).

773. Nous pensons qu'on ne doit point inquiéter ceux qui, pendant la révolution, ont payé leurs dettes en assignats, soit que les assignats aient été reçus en payement, soit qu'ils aient été achetés : les assignats, appelés papier-monnaie, étaient devenus une monnaie courante en France, dont chacun pouvait se servir pour l'acquittement de ses obligations. Funeste ou non, la loi qui donnait cours au papier-monnaie, pouvant être invoquée par tous, cessait d'être injuste à l'égard de ceux envers lesquels elle recevait son application.

774. 2° *Par la novation.* La novation est la substitution d'une nouvelle dette à l'ancienne, qui se trouve en conséquence éteinte; elle ne peut avoir lieu qu'entre personnes capables de contracter. La novation s'opère de trois manières : 1° lorsque le débiteur

---

(1) Cod. civ. art. 1265, etc. — (2) S. Alphonse de Liguori, lib. III. n° 699, alii. — (3) Conférences d'Angers, *sur les Restitutions*, conf. v. quest. 2.

contracte envers son créancier une nouvelle dette qui est substituée à l'ancienne; 2° lorsqu'un nouveau débiteur est substitué à l'ancien, qui est déchargé par le créancier; 3° lorsque, par l'effet d'un nouvel engagement, un nouveau créancier est substitué à l'ancien, envers lequel le débiteur se trouve déchargé (1).

775. 3° *Par la remise de la dette.* Il est reçu que, dans tout ce qui n'est pas d'ordre public, chacun peut renoncer à son droit. Si donc le créancier consent à remettre la dette, l'obligation est éteinte, et le débiteur libéré.

La remise expresse ou tacite faite à l'un des débiteurs solidaires libère tous les autres. Si cependant la remise ou décharge est conventionnelle, et que le créancier ait expressément réservé ses droits contre les autres débiteurs, il peut répéter ce qui lui est dû, mais déduction faite de la part de celui auquel il a fait la remise.

La remise de la chose donnée en nantissement n'emporte point la remise de la dette; celle qui est accordée à une des cautions ne libère ni les autres cautions, ni le débiteur principal; mais la remise au profit du débiteur principal libère les cautions (2).

Mais pour opérer la remise et éteindre la dette, il est nécessaire : 1° que le créancier ait la libre disposition de ses biens. Une remise faite par celui qui est incapable de contracter serait nulle, et ne déchargerait point le débiteur. 2° La remise doit être volontaire, c'est-à-dire faite avec une pleine liberté. Une remise extorquée par violence, par crainte, par dol ou par fraude, ne doit avoir aucun effet; le débiteur ne peut s'en prévaloir pour se dispenser de payer sa dette, ou de réparer le tort qu'il a fait. 3° Il faut qu'elle soit acceptée par le débiteur. Il en est de cette remise, qui est un acte de libéralité, comme d'une donation : elle ne devient parfaite que par l'acceptation de la part de celui auquel elle est faite.

776. 4° *Par la compensation.* La compensation est un payement réciproque et fictif, qui s'opère entre deux personnes débitrices l'une envers l'autre. La compensation est fondée sur l'équité : ce n'est point aller contre les règles de la justice de retenir en payement les sommes que nous devons pour celles qu'on nous doit, soit pour le total, si les dettes sont égales; soit pour une partie seulement, si les dettes sont inégales. Exemple : Je vous dois 500 francs pour prix d'un cheval que vous m'avez vendu; avant que de vous payer, je trouve dans les papiers de mon frère, dont je suis seul héritier, un billet de 500 francs que vous lui deviez.

---

(1) Cod. civ. art. 1271 et suiv. — (2) Ibidem. art. 1282 et suiv.

Au lieu de vous payer le prix du cheval que j'ai acheté de vous, je l'impute sur la somme que vous deviez à mon frère, et nous nou trouvons l'un et l'autre quittes, par suite de la compensation.

En admettant la compensation, la loi exige plusieurs conditions. Il faut : 1° que l'objet de l'une et de l'autre dette soit de la même espèce ; 2° qu'elles soient liquides, c'est-à-dire claires et constantes. Une dette est liquide, dit Pothier, quand il est constant qu'il est dû, et combien il est dû. Une prétention douteuse, une dette incertaine, ne peut être l'objet d'une compensation. 3° Que les dettes soient également exigibles : « Quod in diem debetur, non « compensabitur antequam dies veniat (1). » 4° Que la dette ou la créance à compenser soit due par la même ou à la même personne qui oppose ou à qui la compensation est opposée. Ainsi, la compensation de ce que je dois à mon créancier ne peut se faire de plein droit avec ce qu'il doit à mes enfants, aux mineurs dont je suis le tuteur, à ceux dont j'administre les biens. Je ne puis non plus opposer en compensation à mon créancier ce que me doivent ses enfants, son père, sa mère, sa femme séparée de biens, etc. (2).

La compensation a lieu, quelles que soient les causes de l'une ou de l'autre des deux dettes, excepté dans le cas, 1° de la demande en restitution d'une chose dont le propriétaire a été injustement dépouillé ; 2° de la demande en restitution d'un dépôt et du prêt à usage ; 3° d'une dette qui a pour cause des aliments déclarés insaisissables (3).

777. Outre cette compensation, qui peut se faire même légalement, il en est une autre appelée compensation *secrète* ; c'est celle qui ne se fait secrètement que parce que, n'ayant pour elle aucun titre extérieur, aucune preuve, elle ne peut invoquer le secours de la loi. Elle consiste à prendre l'équivalent de ce qu'on nous a pris, ou de ce qu'on nous doit, à raison du tort qu'on nous a fait. Il serait dangereux de conseiller la compensation secrète ; mais on ne peut la condamner comme contraire à la justice, lorsqu'elle réunit certaines conditions. Ce n'est pas faire tort à un débiteur que de prendre l'équivalent de ce qu'il nous doit, en le dispensant de la restitution. Les conditions requises pour que la compensation soit légitime au for intérieur sont : 1° que le débiteur ait refusé, malgré nos réclamations, de nous rendre ce qu'il nous doit ; 2° que la chose qui est l'objet de la compensation appartienne

---

(1) L. 7. ff. de Compensat. — (2) Cod. civ. art. 1289 et suiv. — (3) Ibidem. art. 1293 et suiv.

réellement au débiteur; autrement ce serait un vol; 3° qu'on ne prenne pas plus qu'il n'est dû; l'excédant serait une injustice; 4° que la dette, comme l'enseignent communément les théologiens, soit certaine et pour le droit et pour le fait. Dans le doute, on regarde généralement la compensation comme injuste, parce qu'alors la condition du possesseur doit avoir la préférence : « In dubio me-« lior est conditio possidentis. »

778. 5° *Par la confusion.* Lorsque les qualités de créancier et de débiteur se réunissent dans la même personne, il se fait une confusion de droits qui éteint les deux créances : ce qui arrive, par exemple, lorsque le débiteur devient héritier de son créancier, et réciproquement lorsque le créancier devient héritier du débiteur. La confusion qui s'opère dans la personne du débiteur principal profite à ses cautions; mais celle qui s'opère dans la personne de la caution n'entraîne point l'extinction de l'obligation principale (1).

779. 6° *Par la perte de la chose due.* Lorsque le corps certain et déterminé qui était l'objet de l'obligation vient à périr, est mis hors du commerce, ou se perd de manière qu'on en ignore absolument l'existence, l'obligation est éteinte si la chose a péri, ou a été perdue sans la faute du débiteur et avant qu'il fût en demeure. Et lors même que le débiteur est en demeure, s'il ne s'est pas chargé par la convention des cas fortuits, l'obligation est éteinte dans le cas où la chose fût également périe chez le créancier, si elle lui eût été livrée. Mais quoiqu'il n'y ait ni faute ni retard de la part du débiteur, l'équité exige que, s'il y a quelques droits ou actions en indemnité à exercer relativement à la perte de la chose, il soit tenu d'en faire la cession à son créancier (2).

780. 7° *Par la nullité ou la rescision.* Quand un contrat est annulé ou rescindé par les tribunaux, conformément aux principes du droit, il n'oblige plus, du moins civilement (3). Les principales causes de nullité ou de rescision sont : l'erreur, la violence, le dol, la lésion, le défaut d'objet, le défaut de cause, une cause fausse, une cause illicite, le défaut d'autorisation pour une femme mariée, la minorité, l'interdiction, et le défaut des formalités requises pour la validité de l'acte.

Dans tous les cas où l'action en nullité ou en rescision d'une convention n'est pas limitée à un moindre temps par une loi parti-

---

(1) Cod. civ. art. 1300 et suiv. — (2) Ibidem. art. 1302 et suiv. — (3) Ibidem. art. 1304.

culière, cette action dure dix ans. Ce temps ne court, dans le cas de la violence, que du jour où elle a cessé; dans le cas d'erreur ou de dol, du jour où ils ont été découverts; pour les actes passés par les femmes mariées non autorisées, du jour de la dissolution du mariage; à l'égard des actes faits par les interdits, du jour où l'interdiction est levée; et à l'égard des mineurs, du jour où ils ont atteint la majorité (1).

CHAPITRE IX.

De la Promesse.

781. Après avoir traité des contrats en général, nous allons parler des contrats en particulier, insistant davantage sur ceux qui ont un rapport plus direct avec la théologie morale. Nous commencerons par ce qui regarde la promesse.

La promesse est un contrat par lequel une personne s'oblige gratuitement à donner ou à faire une chose en faveur d'une autre personne. Mais une promesse ne devient parfaite et obligatoire que par l'acceptation de la personne en faveur de laquelle elle a été faite. Il ne faut pas confondre une promesse proprement dite avec ces protestations vagues et indéterminées par lesquelles une personne met ses biens, tout ce qu'elle possède, à la disposition d'une autre. Pour qu'il y ait promesse et obligation, il faut qu'il paraisse clairement, par les termes et la manière dont on s'exprime, eu égard surtout aux circonstances, que celui qui promet a l'intention de s'obliger; de sorte que celui à qui l'on fait la promesse puisse prudemment y compter comme sur un engagement, et agir en conséquence; sans cela ce n'est plus qu'un simple discours, qu'un témoignage d'intérêt, qu'une résolution, qu'un projet, *propositum*, qui ne renferme pas d'obligation stricte.

782. Une vraie promesse étant une fois acceptée, si d'ailleurs elle réunit toutes les conditions requises pour la validité d'un contrat, devient obligatoire; et cette obligation est plus ou moins grave, suivant l'intention de celui qui l'a faite, et le plus ou moins

---

(1) Cod. civ. art. 1304.

d'importance de la chose qui en est l'objet. Nous disons *suivant l'intention;* car la promesse est une loi particulière que chacun se fait, et qui n'a de force que celle qu'on veut bien lui donner. Si donc on veut contracter un engagement de justice, il est sans difficulté que la promesse produit cette espèce d'obligation dès qu'elle est suivie de l'acceptation. Mais si on n'a pas voulu prendre un engagement aussi strict, l'obligation n'est point une obligation parfaite et rigoureuse, une obligation de justice, mais seulement une obligation d'honnêteté morale; comme aussi l'obligation ne sera que légère, *sub levi,* même en matière grave, si on n'a pas eu l'intention de s'obliger *sub gravi.*

783. Mais comment juger de l'intention de celui qui fait une promesse, lorsqu'il ne s'exprime pas clairement à cet égard? Nous l'avons dit : on peut en juger par les circonstances. Ainsi, quand on rédige une promesse par lettre, qu'on prend part à une souscription en donnant sa signature, qu'on a recours à des témoins, ou qu'on confirme sa parole par écrit, ces formalités annoncent une obligation parfaite, stricte, une obligation de justice, plus ou moins grave, suivant la nature des choses qu'on promet. Si, au contraire, la promesse n'est que verbale, si elle se fait comme en passant, si elle n'est point confirmée par serment, ni revêtue d'aucune des circonstances qui peuvent lui donner de la gravité, il ne paraît pas que celui qui l'a faite ait eu l'intention de se *lier* par une obligation de justice (1). Au reste, dans le doute, au sujet de l'obligation d'une promesse, on doit se prononcer en faveur de celui qui en est l'auteur : « Cæterum, in dubio, dit saint Alphonse de Li-« guori, an quis voluerit se obligare ex justitia, vel ex fidelitate, « an graviter vel leviter, probabilissimum mihi dicendum videtur « eum non esse obligatum nisi sub levi (2). » Nous ajouterons que, pour qu'il y ait péché mortel dans la violation d'une promesse, même strictement obligatoire, il faut une matière notablement plus considérable que pour un vol mortel (3).

784. L'obligation contractée par une promesse cesse par le changement qui survient, soit dans l'état des choses, soit dans la position des personnes, lorsque ce changement est tel que, s'il eût été prévu, il eût empêché de faire cette promesse. Par exemple, si on ne peut faire la chose promise sans faire tort au prochain, ou sans

---

(1) Conférences d'Angers, *sur les Contrats,* conf. I. quest. 5, etc. — (2) Lib. III. n° 720. — Voyez Collet, *de Promissione,* art. 3. — (3) S. Alphonse, ibidem; Mgr Bouvier, etc.

souffrir soi-même un dommage considérable, ou si la chose a été prohibée depuis par une loi, ou si elle est devenue moralement impossible ou inutile à celui à qui elle a été promise, alors la promesse n'oblige plus en conscience. Il en est de même pour le cas où la cause principale et déterminante, pour laquelle on a promis, vient à cesser : « Si non facit quod promisit, dit saint Thomas, tunc vi« detur infideliter agere per quod animum mutat. Potest tamen « excusare ex duobus : uno modo, si promisit quod manifeste est « illicitum ; alio modo, si sunt mutatæ conditiones personarum et « negotiorum. Ad hoc enim quod homo teneatur facere quod pro« misit, requiritur quod omnia immutata permaneant (1). » Dans les promesses gratuites qu'on fait à quelqu'un, tout est favorable du côté de celui qui veut les faire : elles ont toujours cette condition sous-entendue, que les choses demeureront dans le même état. Ainsi, lorsque, après avoir promis une somme d'argent à quelqu'un, on tombe soi-même dans la pauvreté ; ou si on ne la lui a promise qu'à raison du besoin où il était, et qu'une succession inattendue a fait disparaître ; ou à titre d'amitié, dont il rompt le premier les nœuds par une ingratitude manifeste : dans ces différents cas, il y a lieu de se refuser à l'exécution de sa promesse. De même, on a promis son cheval à quelqu'un pour faire un voyage ; ce projet de voyage est rompu : la promesse tombe d'elle-même. On avait promis une chose pour être employée à un usage saint, honnête ; on apprend que c'est à mauvaise intention qu'elle a été demandée, et qu'on se propose d'en faire un usage tout opposé : on n'est plus tenu d'accomplir une semblable promesse.

785. Il en est de la promesse comme de toute autre convention ; elle doit être licite dans son objet : toute promesse contraire aux bonnes mœurs est nulle, et ne peut produire aucun effet. Concluez de là que celui qui a promis une somme d'argent ou autre chose pour porter au crime ou à une chose défendue par les lois divines ou humaines, n'a contracté, ni devant Dieu ni devant les hommes, ni avant ni après le crime commis, aucune obligation de payer l'argent ou de faire la chose promise. En promettant quelque chose pour récompense du crime, on pèche ; et l'on commet un nouveau péché, ou l'on favorise plus ou moins indirectement le désordre, en exécutant la promesse (2).

---

(1) Sum. part. 2. 2. quæst. 110. art. 3. — Conférences d'Angers, *sur les Contrats*, conf. 1. — (2) Ibidem. quest. 5. — Voyez, ci-dessus, le n° 753.

CHAPITRE X.

Des Donations.

786. La donation, en général, se définit : un acte par lequel une personne dispose en faveur d'une autre, à titre gratuit, de la totalité ou d'une partie de ses biens. On distingue les donations entre-vifs et les donations testamentaires. Aujourd'hui on ne peut, en France, disposer légalement de ses biens, à titre gratuit, que par donation entre-vifs ou par testament (1).

ARTICLE I.

Dispositions générales.

787. Les substitutions sont prohibées : toute disposition par laquelle le donataire, l'héritier institué, ou le légataire, sera chargé de conserver et de rendre à un tiers, est nulle, même à l'égard du donataire, de l'héritier institué, ou du légataire (2). Mais, pour une substitution prohibée, il faut : 1° qu'il y ait *charge* de rendre ; les expressions *je désire, je prie*, ne sont pas suffisantes pour caractériser une substitution prohibée ; 2° qu'il y ait charge de *conserver* ; la charge de *rendre*, qui ne serait pas accompagnée de la charge de *conserver*, ne forme point une substitution proprement dite ; 3° qu'il y ait charge de *rendre* à un tiers. Et, par la charge indéterminée de rendre, on entend la charge de rendre après la mort de l'institué, après avoir conservé toute sa vie les biens qui sont l'objet de la substitution (3). De là on conclut que le fidéi-commis pur et simple, c'est-à-dire, la disposition par laquelle l'institué serait chargé de rendre tout de suite, ne doit point être rangé dans la classe des substitutions prohibées. On ne regarde pas non plus comme substitution la disposition par laquelle un tiers serait appelé à recueillir le don, l'hérédité ou le legs, dans le cas où le donataire,

---

(1) Cod. civ. art. 893. — (2) Ibidem. art. 896. — (3) Merlin, Toullier, Pailliet, Rogron, etc.

l'héritier institué, ou le légataire, ne le recueillerait pas. Il en est de même de la disposition entre-vifs ou testamentaire, par laquelle l'usufruit serait donné à l'un, et la nue propriété à l'autre (1).

La loi qui défend les substitutions admet des exceptions : les biens dont il est permis de disposer peuvent être donnés, en tout ou en partie, par acte entre-vifs ou testamentaire, avec la charge de les rendre à un ou plusieurs enfants du donataire, nés ou à naître, jusqu'au deuxième degré inclusivement (2).

788. Dans toute disposition entre-vifs ou testamentaire, les conditions impossibles, celles qui sont contraires aux lois ou aux mœurs, sont réputées non écrites (3) ; c'est une dérogation à l'article 1172 du Code civil, portant que toute condition d'une chose impossible ou contraire aux bonnes mœurs est nulle, et rend nulle la convention qui en dépend. Mais on peut dire, en général, que, pour rejeter une condition, il ne suffit pas qu'elle gêne la liberté ou l'inclination du donataire ; il ne peut s'en plaindre, puisqu'il est libre de ne pas accepter la donation, si la condition lui paraît trop onéreuse. Suivant M. Toullier (4), « les conditions de changer ou « de ne pas changer de religion seraient rejetées comme non « écrites : » par conséquent, la condition de demeurer fidèle à la foi de ses pères, de ne point adhérer à un schisme, serait regardée comme non avenue devant les tribunaux ; elle ne serait point obligatoire pour le donataire. En serait-il de même au for intérieur ? Non, certainement ; le donataire ne peut, en conscience, profiter d'une donation qui dépend d'une condition qu'il n'a point remplie, condition évidemment honnête, à laquelle il est d'ailleurs, de droit divin, obligé de se conformer.

789. Toutes personnes peuvent disposer et recevoir, soit par donation entre-vifs, soit par testament, excepté celles que la loi en déclare incapables. Sont incapables de donner, ceux qui ne sont pas sains d'esprit, et ceux qui sont morts civilement. Le mineur n'est pas absolument incapable : il peut, à l'âge de seize ans, disposer par testament de la moitié de ce dont il pourrait disposer s'il était majeur. S'il s'agit de disposer entre-vifs, il peut le faire, par contrat de mariage, en faveur de son époux, et avec le consentement et l'assistance de ceux dont le consentement est requis pour la validité du mariage civil. Quant à la femme mariée, elle peut tester sans autorisation ; mais elle ne peut disposer entre-vifs sans l'assis-

---

(1) Cod. civ. art. 898, etc. — (2) L. du 17 mai 1826. — (3) Cod. civ. art. 906. — (4) Droit civ. franç. tom. v. n° 260.

tance ou le consentement spécial de son mari, ou sans y être autorisée par la justice (1). Les donations de biens immeubles faites par un failli, dans les dix jours qui précèdent l'ouverture de la faillite, sont nulles et sans effet, relativement à la masse des créanciers (2).

790. Pour être capable de recevoir entre-vifs, il suffit d'être conçu au moment de la donation ; s'il s'agit d'une disposition testamentaire, il suffit de l'être à l'époque du décès du testateur. Mais la donation ou le testament n'ont leur effet qu'autant que l'enfant naît viable. Le tuteur ne peut rien recevoir de son pupille, même par testament ; il ne le peut, lors même que le pupille est devenu majeur, tant que le compte définitif de la tutelle n'a pas été rendu et épuré. Si cependant le tuteur était un ascendant, la prohibition de recevoir de son pupille n'aurait pas lieu (3). La femme mariée ne peut recevoir aucune donation sans être autorisée par son mari ou par la justice (4). Le mort civilement ne peut non plus recevoir une donation, à moins que la disposition ne soit purement alimentaire (5). Les enfants naturels sont incapables de rien recevoir de leurs père et mère, au delà de ce qui leur est accordé par la loi.

791. Les docteurs en médecine ou en chirurgie, les officiers de santé, les pharmaciens, les ministres d'un culte, ne peuvent profiter des dispositions qu'une personne à laquelle ils ont donné des soins pendant la maladie dont elle est décédée, aurait faites en leur faveur pendant cette même maladie. Ils sont cependant capables de profiter des dispositions rémunératoires, faites à titre particulier et proportionnées aux facultés du donateur, ainsi qu'aux services qu'on lui a rendus. Ils peuvent même recevoir des dispositions universelles dans deux cas : le premier, quand ils sont eux-mêmes héritiers en ligne directe du donateur ; le second, quand le donateur n'a pas d'héritiers en ligne directe, et que les donataires sont ses parents en ligne collatérale au quatrième degré, ou à un degré plus proche (6). Au civil, les degrés de parenté, même en ligne collatérale, se comptent par génération ; de sorte que le quatrième degré civil répond au deuxième degré canonique.

Pour ce qui regarde les ministres de la religion, c'est à la qualité de directeur de la conscience que l'article 905 du Code, que nous venons de rapporter, est applicable. Un prêtre n'est point in-

---

(1) Cod. civ. art. 904. — (2) Cod. de commerce, art. 444. — (3) Cod civ. art. 907. — (4) Ibidem. art. 217. — (5) Ibidem. art. 25. — (6) Ibidem. art. 905.

capable de recueillir les dispositions faites à son profit, quoiqu'il soit continuellement resté auprès d'une personne pendant la maladie dont elle est morte, lorsqu'il n'a point été le confesseur du malade, lors même qu'il lui aurait donné l'extrême-onction (1). Il résulte aussi, de la manière dont le Code s'exprime, que la donation serait valide, si elle était faite à une époque antérieure à la dernière maladie, pourvu que la date fût certaine. Enfin, la mort est la condition de la nullité de la donation ou du testament. Si le malade, revenu en santé, persistait dans sa première disposition, la défense n'aurait plus d'application.

Nous ferons remarquer qu'un curé, qu'un desservant, un vicaire, ou tout autre prêtre exerçant le ministère sacré, ne devrait jamais, sans l'agrément de son évêque, accepter de ceux qui sont ou qui ont été ses pénitents, aucune donation entre-vifs ou testamentaire, ayant pour objet quelque immeuble, ou des meubles de grande valeur, ou une somme d'argent qui serait considérable, eu égard à la position du donateur ou testateur (2). Tout ce qui est permis n'est pas expédient.

792. Toutes dispositions faites au profit de personnes légalement incapables sont nulles, soit qu'elles aient été déguisées sous la forme d'un contrat onéreux, soit qu'elles aient été faites sous le nom de personnes interposées. Sont réputées de droit personnes interposées, les père et mère, les enfants et descendants, et l'époux de la personne incapable (3). Mais est-il important de faire observer que la loi ne prononce la nullité que contre les dispositions déguisées en faveur des incapables ? Une donation de ce genre, faite sous la forme d'un contrat onéreux, d'une vente, par exemple, serait valide, si elle était faite au profit d'une personne capable de recevoir, pourvu d'ailleurs qu'elle ne fût en rien contraire aux lois (4).

793. Les dispositions entre-vifs ou testamentaires des biens meubles ou immeubles au profit des églises, des archevêchés et évêchés, des chapitres, des séminaires, des cures et des succursales, des fabriques, des pauvres, des communes, et, en général, de tout établissement public et de toute association reconnue par la loi, ne pourront être acceptées qu'après avoir été autorisées par le gouvernement, sur l'avis préalable des préfets et des évêques, suivant les divers cas. L'acceptation des dons ou legs en argent ou

---

(1) Arrêt de la cour de cassation, du 18 mai 1807. — (2) **Statuts du diocèse de Rodez**, de l'an 1833; du diocèse d'Avignon, de l'an 1836; du diocèse de Périgueux, de l'an 1839, etc. — (3) Cod. civ. art. 911. — (4) **Merlin**, Toullier, Grenier, Pailliet, etc.

objets mobiliers, n'excédant pas trois cents francs, peut être autorisée par le préfet. Mais toutes les fois qu'il y a charge de service religieux, l'autorisation n'est accordée qu'après l'approbation provisoire de l'évêque diocésain (1).

L'acceptation desdits dons et legs dûment autorisés doit être faite, savoir : par les évêques, lorsque les dons ou legs ont pour objet leur évêché, leur cathédrale, ou leurs séminaires; par le curé ou desservant, lorsqu'il s'agit de dons ou legs faits à la cure ou succursale, ou pour la subsistance des ecclésiastiques employés à la desservir; par le trésorier de la fabrique, lorsque le donateur ou le testateur a disposé en faveur de la fabrique, ou pour l'entretien de l'église et le service divin; par le supérieur des associations religieuses, lorsqu'il s'agit de libéralités faites au profit de ces associations; par les administrateurs des hospices, bureaux de bienfaisance et de charité, lorsque les libéralités sont en faveur de ces établissements; par le maire de la commune, lorsque les dons et legs sont au profit de la généralité des habitants, ou pour le soulagement et l'instruction des pauvres de la commune; et enfin, par les administrateurs des autres établissements d'utilité publique légalement reconnus, pour tout ce qui est donné ou légué à ces sortes d'établissements (2).

Il n'est pas rare que les héritiers d'un testateur aient recours au gouvernement, pour faire réduire les legs qui se font en faveur des églises, des séminaires, et autres établissements publics. Celui qui par fraude, c'est-à-dire, en falsifiant les faits ou en exagérant ses besoins, obtient cette réduction, se rend manifestement coupable d'injustice. C'est bien assez qu'on soit admis, en exposant la vérité, à frustrer en partie les intentions sacrées d'un mourant, qui comptait peut-être sur cette disposition comme sur le seul moyen qui lui restât de tranquilliser sa conscience, en réparant une injustice, ou en remplissant un devoir de charité. Cependant, on ne doit point, à notre avis, inquiéter les héritiers qui ont obtenu la réduction dont il s'agit sans recourir au mensonge.

794. Quand on n'a ni ascendants ni descendants, les libéralités entre-vifs ou testamentaires peuvent épuiser la totalité des biens du disposant; mais elles ne peuvent excéder la moitié des biens, si le défunt laisse un enfant légitime; le tiers, s'il laisse deux enfants; le quart, s'il en laisse trois ou un plus grand nombre. Si, à défaut d'enfant, il laisse un ou plusieurs ascendants dans chacune

---

(1) Ordonnance du 2 avril 1817. — (2) Ibidem.

des lignes paternelle et maternelle, les libéralités ne pourront excéder la moitié des biens; s'il ne laisse des ascendants que dans une ligne, elles pourront comprendre les trois quarts, mais elles ne les excéderont point. Les biens réservés au profit des ascendants seront par eux recueillis dans l'ordre où la loi les appelle à succéder; ils auront seuls droit à cette réserve, dans tous les cas où un partage, en concurrence avec des collatéraux, ne leur donnerait pas la quotité des biens à laquelle elle est fixée (1). Les frères et sœurs n'ont pas de réserve.

Les donations entre-vifs ou par testament, qui excèdent la quotité disponible, sont réductibles à cette quotité lors de l'ouverture de la succession; elles ne sont pas nulles, mais elles peuvent être réduites à la portion dont on peut disposer; ou elles ne sont nulles que pour l'excédant de la quotité disponible (2).

Lorsque la valeur des donations entre-vifs excède ou égale la portion disponible, toutes les dispositions testamentaires deviennent caduques; elles doivent être regardées comme non avenues. Mais si les dispositions testamentaires excèdent, soit la quotité disponible, soit la portion de cette quotité qui reste après avoir déduit la valeur des donations entre-vifs, la réduction se fait au marc le franc, sans aucune distinction entre les legs universels et les legs particuliers. Cette réduction se fait proportionnellement à la valeur des legs : celui qui a une valeur double supporte le double dans la réduction. On n'a pas égard à l'époque où les legs ont été faits; ils ont tous la même date, celle du décès (3).

Un père de famille qui a disposé de la portion disponible de ses biens peut-il faire d'autres dispositions gratuites par des dons manuels, soit en faveur du premier donataire, soit en faveur d'un autre? Nous pensons qu'il le peut, pourvu que les dons manuels ne soient pas trop considérables. En permettant à un père de famille de disposer d'une certaine quotité de ses biens, la loi ne paraît pas lui interdire la faculté de disposer à volonté de ses revenus. Mais il ne lui serait pas permis, généralement, d'éluder la loi par une donation manuelle, en prenant, par exemple, un capital considérable ou le prix d'un immeuble, pour en faire de nouvelles dispositions.

795. Les dispositions entre-vifs ou testamentaires entre personnes capables de donner et de recevoir, et n'excédant point la

---

(1) Cod. civ. art. 913 et suiv. — (2) Ibidem. art. 920. — (3) Ibidem. art. 920, 921, etc.

portion disponible, sont-elles nulles au for intérieur, lorsqu'elles ne sont point revêtues des formalités prescrites sous peine de nullité pour le for extérieur? Les docteurs ne s'accordent point sur cette question. Les uns, en bon nombre, pensent qu'elles sont valables au for intérieur. Distinguant entre l'obligation naturelle et l'obligation civile, ils font tomber la nullité résultant d'un défaut de forme sur l'obligation civile, et non sur l'obligation naturelle. Ce sentiment est certainement probable. D'autres soutiennent que la nullité de l'obligation civile entraine la nullité de l'obligation naturelle; que toute disposition testamentaire, et même celle qui se fait par acte entre-vifs, est radicalement nulle et sans effet au for intérieur, toutes les fois qu'elle est regardée comme absolument nulle au for extérieur. Ce sentiment n'est point non plus dépourvu de probabilité. Entre ces deux opinions vient se placer une troisième, qui veut que, dans l'incertitude provenant de ce conflit, on donne la préférence au possesseur. C'est l'opinion de plusieurs théologiens, parmi lesquels nous remarquons Billuart et saint Alphonse de Liguori. D'après ce sentiment, le donataire ou légataire qui est en possession des objets qu'on lui a donnés ou légués sans observer les formalités prescrites par la loi, peut les conserver en sûreté de conscience; mais les héritiers du donateur ou testateur peuvent également, en conscience, refuser d'exécuter les dispositions de leur auteur, en faisant casser, au besoin, le testament ou l'acte de donation.

796. Dans cet état de choses, à quoi s'en tenir? Voici ce que nous pensons pour la pratique, modifiant l'opinion que nous avons émise dans notre édition des *Conférences d'Angers* : 1° un curé, un confesseur étant consulté si on peut en conscience recevoir des héritiers du testateur, ou conserver un legs ou un don nul par défaut de forme, répondra qu'on le peut certainement. Le Code civil même le reconnait, puisqu'il ne permet pas aux héritiers de répéter ce qu'ils ont volontairement payé, pour acquitter un semblable legs, une donation qui n'était point revêtue des formalités prescrites (1). 2° Consulté par les héritiers s'ils sont obligés en conscience d'accomplir les volontés bien connues du testateur, il leur *conseillera* de les accomplir, ou de traiter à l'amiable avec le légataire; mais il *évitera* de leur en faire une obligation, de crainte d'aller trop loin; à moins qu'il ne s'agisse d'un legs pieux, et qu'on n'ait de fortes raisons de croire que le testateur n'a fait

(1) Cod. civ. art. 1340.

ce legs que pour réparer une injustice, ou satisfaire au devoir de l'aumône envers les pauvres, pour lesquels il n'aurait pas fait, pendant sa vie, ce qu'il était obligé de faire, de l'aveu de ceux qui l'ont connu. 3° S'il est consulté sur les donations manuelles, accompagnées ou suivies de la délivrance des choses qui en sont l'objet, il répondra qu'elles sont valables. On suppose qu'elles n'excèdent point notablement la quotité disponible, et qu'elles ne sont point faites en fraude de la loi, qui défend de donner à un incapable.

797. 4° Une personne donne irrévocablement, mais sans acte légal, certains effets mobiliers, le donataire présent et acceptant, sous la condition que le donateur conservera jusqu'à la mort l'usage ou l'usufruit des choses qui sont l'objet de cette donation. L'héritier demande s'il est obligé d'acquitter une semblable donation : le confesseur répondra comme pour les donations qui ne sont nulles que par défaut de forme ; il exhortera, mais il ne commandera point. 5° Pierre, se trouvant dangereusement malade, donne irrévocablement à Paul une certaine somme d'argent, à condition, cependant, que s'il revient en santé, cette somme lui sera rendue. Quelque temps après, Pierre meurt : Paul peut-il conserver la somme qui lui a été donnée? Nous croyons qu'il peut la conserver ; c'est une donation manuelle, dont la condition, qui n'est point *potestative,* mais *casuelle,* n'a rien de contraire aux lois. Elle est irrévocable de sa nature, ne pouvant être anéantie que par le retour en santé, qui est la seule condition d'où elle dépend.

6° Paul donne à Pierre une certaine somme d'argent, à condition qu'elle lui sera rendue, s'il la redemande avant sa mort ; mais que, s'il ne la redemande pas, Pierre pourra la conserver. Paul étant mort, Pierre demande à son confesseur s'il est obligé de rendre cette somme aux héritiers du donateur. Le confesseur peut, à notre avis, répondre qu'il n'y est point obligé. Que cette donation soit révocable ou non, si elle n'est point révoquée, si le donateur veut qu'elle subsiste, elle doit avoir son effet. « Dans les « donations et autres actes de bienfaisance, dit M. Toullier, il de- « vrait être permis à celui qui fait une libéralité, de stipuler qu'il « pourra la révoquer par sa volonté seule. C'est au donataire à voir « s'il doit se soumettre à cette condition, qui n'a rien de contraire « aux bonnes mœurs. Le donateur peut mettre à son bienfait telle « condition que bon lui semble (1). »

---

(1) Droit civ. franç. tom. v. n° 219. — Voyez aussi Delvincourt, Cours de Cod. civ. tom. ii. pag. 468.

798. 7° Paul, se trouvant malade, dit à son domestique de prendre dans son secrétaire l'argent qui s'y trouve, ajoutant qu'il le lui donne sans préjudice de son gage. Le domestique l'accepte, et répond qu'il le prendra ; mais il ne le prend qu'après la mort de Paul. Peut-il conserver cet argent? Nous pensons encore qu'il peut le conserver, car il lui a été vraiment donné : qu'il l'ait pris avant ou après la mort de son maître, la donation n'en est pas moins réelle ; après, comme auparavant, l'argent était à la disposition du domestique.

8° Paul répète de temps en temps à son domestique qu'il veut reconnaître ses services ; qu'il se propose de faire un legs en sa faveur, ou de lui donner une certaine somme d'argent. Paul meurt sans avoir fait aucune disposition au profit de son domestique. Celui-ci peut-il prendre la somme qu'il croit lui avoir été promise? Non ; car autre chose est de donner, autre chose de former le projet de donner, d'en faire même une espèce de promesse vague et générale, sans avoir intention de s'obliger.

ARTICLE II.

Des Donations entre-vifs.

799. La donation entre-vifs est un acte par lequel le donateur se dépouille actuellement et irrévocablement de la chose donnée, en faveur du donataire qui l'accepte. Tout *acte* portant donation entre-vifs doit être passé devant notaire, dans la forme ordinaire des contrats ; et il doit en rester minute, sous peine de nullité (1). Nous disons d'après le Code, tout *acte*, et non pas toute *donation* : dans le fait, il est des donations qui peuvent être consommées sans rédaction d'aucun *acte* : ce sont celles des choses mobilières. Du moment où les choses ont été livrées, la donation est parfaite, même au for extérieur. Ces donations se nomment *manuelles*, parce qu'elles sont faites de la *main à la main* : on ne pouvait pas les proscrire ; c'eût été enlever à l'homme un des droits qui lui appartiennent le plus naturellement, c'est-à-dire le droit de donner des gratifications, de faire des présents pour exercer des actes de générosité, et récompenser à l'instant même des services rendus.

La donation entre-vifs n'engage le donateur et n'a son effet que

---

(1) Cod. civ. art. 931.

du jour qu'elle a été acceptée en termes exprès (1); mais une fois acceptée, elle est parfaite par le seul consentement des parties, et la propriété des objets donnés est transférée par le fait au donataire, sans qu'il soit besoin de tradition (2). Mais l'acceptation ne peut se faire que du vivant du donateur; car le concours des deux volontés, nécessaire pour un contrat, ne peut avoir lieu après la mort d'une des parties.

Toute donation entre-vifs sous des conditions dont l'exécution dépend de la seule volonté du donateur est nulle (3) : en effet, ces sortes de conditions, appelées potestatives, sont incompatibles avec l'engagement ou l'obligation que produit toute convention, toute donation proprement dite. On regarderait donc comme nulle la donation ainsi conçue : Je donne, en cas que je n'aille pas à Paris, ou bien en cas que je ne me marie pas.

800. La donation entre-vifs, quoique irrévocable, peut être révoquée pour cause d'inexécution des conditions sous lesquelles elle a été faite, pour cause d'ingratitude, et pour cause de survenance d'enfants; mais elle n'est révocable pour cause d'ingratitude que dans les cas suivants : 1° si le donataire a attenté à la vie du donateur. 2° S'il s'est rendu coupable envers lui de sévices, de délits, ou injures graves, *injuriæ atroces*. Les injures sont plus ou moins graves, suivant la qualité des personnes : toutes choses égales, elles sont plus graves, par exemple, lorsqu'elles sont proférées contre un homme en place, contre un magistrat, un ministre de la religion, que lorsqu'elles tombent sur un simple particulier. 3° Si le donataire refuse des aliments au donateur. C'est en quelque sorte attenter à la vie de quelqu'un que de lui refuser les aliments : « Necare videtur qui alimenta denegat. » Il faut remarquer que les donations en faveur du mariage ne sont pas révocables pour cause d'ingratitude : elles sont censées faites au profit des enfants à naître, qui ne doivent pas être punis de la faute de leur auteur (4).

ARTICLE III.

Des Dispositions testamentaires.

801. Le testament est un acte par lequel le testateur dispose, pour le temps où il n'existera plus, de tout ou d'une partie de ses biens,

---

(1) Cod. civ. art. 932. — (2) Ibidem. art. 938. — (3) Ibidem. art. 944. — (4) Ibidem. art. 953 et suiv.

et qu'il peut révoquer (1). Toute personne que la loi n'en déclare pas incapable peut disposer par testament, soit sous le titre d'institution d'héritier, soit sous le titre de legs, soit sous toute autre dénomination propre à manifester sa volonté (2). Mais un testament ne peut être fait dans un même acte, par deux ou plusieurs personnes, soit au profit d'un tiers, soit à titre de disposition mutuelle et réciproque (3).

On distingue trois sortes de testaments : le testament *olographe*, le testament par *acte public*, et le testament *mystique*. Le testament olographe doit, à peine de nullité, être écrit en entier, daté et signé de la main du testateur; mais il n'est assujetti à aucune autre formalité (4). La date consiste dans l'énonciation de l'an, du mois et du jour où l'acte a été passé. Elle peut se mettre en chiffres, mais il vaut mieux l'écrire en toutes lettres; la place n'est pas déterminée; il suffit qu'elle soit avant la signature, qui valide tout. Il est nécessaire que le testament soit signé; autrement, ce ne serait plus qu'un projet de testament, sans aucune valeur.

802. Le testament par acte public est celui qui est reçu par deux notaires en présence de deux témoins, ou par un seul notaire en présence de quatre témoins (5). Il est nécessaire, 1° que le testament soit dicté par le testateur aux deux notaires, ou au notaire, s'il n'y en a qu'un : d'où il suit qu'un muet, ou le malade qui a perdu la parole, ne peut faire cette espèce de testament. 2° Qu'il soit écrit par l'un des deux notaires, ou par le notaire, s'il n'y en a qu'un seul, tel qu'il a été dicté; du moins avec des pensées identiquement les mêmes, quoique les mots puissent être changés. 3° Qu'il en soit donné lecture au testateur, en présence des témoins. 4° Qu'il soit fait mention expresse de l'observation des trois formalités précédentes. 5° Qu'il soit signé par le testateur, ou, s'il déclare ne savoir ou ne pouvoir signer, qu'il soit fait mention expresse de cette déclaration. 6° Enfin, qu'il soit signé par les témoins : néanmoins, dans les campagnes, il suffit que la moitié des témoins appelés signent, si les autres ne peuvent signer (6).

On ne peut prendre pour témoins d'un testament par acte public, ni les légataires, à quelque titre qu'ils soient, ni leurs parents ou alliés, jusqu'au quatrième degré (civil) inclusivement, ni les clercs des notaires par lesquels les actes sont reçus (7). Mais un curé ou

---

(1) Cod. civ. art. 895. — (2) Ibidem. art. 967. — (3) Ibidem. art. 968. — (4) Ibidem. art. 970. — (5) Ibidem. art. 971. — (6) Ibidem. art. 972 et suiv. — (7) Ibidem. art. 975.

desservant peut être témoin pour le testament qui contient un legs en faveur de sa paroisse, lors même que le testament prescrirait des services religieux qui doivent être faits par le curé ou desservant. Ici, le curé ne peut être regardé comme légataire.

Le testament mystique se définit : celui qui est écrit par le testateur ou par une autre personne, si le testateur sait lire, et présenté devant témoins à un notaire qui le clôt et le cachette, s'il ne l'a été par le testateur, et qui dresse un acte de suscription signé de lui, du testateur, s'il sait signer, et des témoins. Ceux qui ne savent ou ne peuvent lire ne pourront faire des dispositions dans la forme du testament mystique (1).

803. Les dispositions testamentaires sont, ou universelles, ou à titre universel, ou à titre particulier. Le legs universel est celui par lequel le testateur donne à une ou à plusieurs personnes conjointement l'universalité des biens qu'il laissera à son décès. Le légataire universel qui est en concours avec un héritier, auquel la loi réserve une quotité de biens, est tenu des dettes et charges de la succession du testateur, personnellement pour sa part et portion, et hypothécairement pour le tout; il est tenu d'acquitter tous les legs, sauf le cas de réduction (2). Le legs à titre universel est celui par lequel le testateur lègue une quote-part des biens dont la loi lui permet de disposer, telle qu'une moitié, un tiers, ou tous ses immeubles, ou tout son mobilier, ou une quotité fixe de tous ses immeubles ou de tout son mobilier. Tout autre legs ne forme qu'une disposition à titre particulier (3). Le légataire à titre universel est tenu, comme le légataire universel, des dettes et charges de la succession du testateur, personnellement pour sa part et portion, et hypothécairement pour le tout. Lorsque le testateur ne dispose que d'une quotité de la portion disponible, et qu'il en dispose par un legs à titre universel, le légataire est tenu d'acquitter les legs particuliers par contribution avec les héritiers naturels (4).

Le légataire à titre particulier n'est point tenu des dettes de la succession, sauf à la réduction du legs, si elle doit avoir lieu; et sauf l'action hypothécaire des créanciers (5).

804. Tout legs pur et simple donne au légataire, du jour du décès du testateur, un droit à la chose léguée, droit transmissible

---

(1) Voyez le Code civil. art. 976 et suiv. — Voyez aussi les articles 981 et suivants, concernant les testaments des militaires. — (2) Cod. civ. art. 1009. — (3) Ibidem. art. 1010. — (4) Ibidem. art. 1012. — (5) Ibidem. art. 1024.

à ses héritiers ou ayants cause. Les héritiers du testateur ou autres débiteurs du legs sont tenus personnellement, chacun au prorata de la part et portion dont il profite dans la succession, et hypothécairement pour le tout, jusqu'à concurrence de la valeur des immeubles dont ils sont détenteurs (1).

Lorsque le legs est d'une chose indéterminée, l'héritier n'est point obligé de la donner de la meilleure qualité; mais il ne peut l'offrir de la plus mauvaise. Le legs fait à un créancier n'est point censé fait en compensation de la créance; un acte doit toujours être entendu dans le sens qu'il produise un effet. Il en est de même du legs fait à un domestique : il doit être acquitté sans préjudice de ce qui lui est dû pour ses gages (2). Si quelqu'un lègue la chose d'autrui, le legs est nul, soit que le testateur connaisse, soit qu'il ne connaisse pas que cette chose ne lui appartient point (3). Mais ce legs devient pour le légataire de bonne foi un titre suffisant en matière de prescription.

Le testateur peut nommer un ou plusieurs exécuteurs testamentaires, il peut leur donner la saisine du tout ou seulement d'une partie de son mobilier; mais elle ne pourra durer au delà de l'an et jour, à compter de son décès (4).

805. Les testaments peuvent être révoqués en tout ou en partie; mais ils ne peuvent l'être que par un testament postérieur, ou par un acte devant notaires, portant mention du changement de volonté. Les testaments postérieurs, qui ne révoquent pas d'une manière expresse les précédents, n'annulent, dans ceux-ci, que celles des dispositions y contenues, qui se trouvent incompatibles avec les nouvelles (5). On peut laisser deux, trois testaments, et plus. Ces testaments peuvent être valables ; et, s'ils sont valables, ils doivent être exécutés sur tous les points où il n'y a pas incompatibilité : s'il y a contrariété ou incompatibilité entre les différentes dispositions, les précédentes sont annulées : « In legatis no-« vissimæ scripturæ valent (6). »

Les dispositions testamentaires deviennent caduques, lorsque celui en faveur duquel elles ont été faites ne survit pas au testateur. Le legs est encore caduc, si la chose léguée périt totalement pendant la vie du testateur. Il en sera de même si elle a péri depuis sa mort, sans le fait et la faute de l'héritier, quoique celui-ci

---

(1) Cod. civ. art. 1014 et 1017. — (2) Ibidem. art. 1023. — (3) Ibidem. art 1021. — (4) Ibidem. art. 1025, etc. — (5) Ibidem. art. 1035, etc. — (6) L. 12. § 3. de Legatis.

eût été mis en retard de la délivrer, lorsqu'elle eût également dû périr entre les mains du légataire (1). Mais si elle périt par la faute ou par la négligence de l'héritier, il en doit indemnité au légataire (2).

ARTICLE IV.

Formules de Testaments olographes.

806. Le testateur peut adopter telle formule qu'il voudra, pourvu qu'il se conforme exactement à ce qui est prescrit par la loi. Il doit avoir soin d'exprimer clairement ses volontés ; et comme ce qui est clair pour celui qui écrit ne l'est pas toujours pour le lecteur, il est prudent de communiquer son testament à un ami, à un homme discret, mais éclairé, instruit, afin de prévenir les difficultés et les procès qu'entraînent souvent les dispositions testamentaires. On peut garder son testament et le tenir secret, ou le déposer cacheté, soit chez un notaire, soit chez toute autre personne. Ce dépôt ne demande aucune solennité ; il suffit que le testament se trouve à la mort. En rapportant ici quelques formules, nous avons moins en vue de donner des modèles à suivre, que de faire connaître la manière dont on peut rédiger son testament.

I. Au nom du Père, et du Fils, et du Saint-Esprit.

Je, soussigné, Pierre-Antoine Olivier, propriétaire à Reims, déclare que le présent écrit est mon testament, que je veux être fidèlement et ponctuellement exécuté après ma mort. Je charge pour cet effet Nicolas Bertin, demeurant dans ladite ville de Reims, d'y veiller exactement, et d'en prendre soin comme pour lui-même.

Je donne et lègue tous mes biens meubles et immeubles, et généralement tout ce que je laisserai à ma mort, à Claude-Joseph Ricard, propriétaire à Châlons-sur-Marne.

Je casse et révoque tous les testaments que je pourrais avoir faits précédemment, voulant que celui-ci soit le seul exécuté, comme contenant seul ma dernière volonté.

---

(1) Cod. civ. art. 1039 et suiv. — (2) Voyez le Code civil, pour ce qui regarde les partages faits par les père et mère, les donations par contrat de mariage, et les dispositions entre époux.

Je veux que mon corps soit enterré à Reims, et qu'on fasse célébrer cent messes pour le repos de mon âme.

Fait à Reims, le sept mai de l'an mil huit cent quarante-trois.

PIERRE-ANTOINE OLIVIER.

II. Ceci est mon testament.

Je donne et lègue à Claude Vincent, avocat à Paris, les meubles qui se trouveront à mon décès dans la maison que je possède à Reims.

Je nomme et institue mon légataire universel Paul-Étienne Robert, négociant à Reims, pour recueillir tous mes biens meubles et immeubles, à l'exception des meubles dont je viens de disposer en faveur de Claude Vincent.

Je le charge de mes funérailles, en m'en rapportant à sa discrétion.

Je le charge aussi de donner mille francs au grand séminaire de Reims, mille francs aux pauvres de cette ville, et trois cents francs au curé de ma paroisse, pour trois cents messes à mon intention.

Fait à Reims..

Signature du testateur.

807. Nous ferons remarquer ici, 1° que les expressions *biens meubles, mobilier, effets mobiliers*, comprennent généralement tout ce qui est censé meuble d'après les dispositions du Code civil. Si donc Pierre lègue à Paul, sans autre explication, *son mobilier*, ou *ses effets mobiliers* ou *ses biens meubles*, ce legs comprendra l'argent comptant, les dettes actives, et généralement tout ce qui est meuble dans la succession de Pierre. Si cependant il était *constant* que Pierre n'entendait point donner son argent, ni ce qu'on lui devait, et que ce n'est que par erreur qu'il s'est servi de l'expression *mobilier*, on devrait suivre plutôt l'intention du testateur que les termes du testament. Paul ne pourrait, sans injustice, se prévaloir de la sentence du juge, pour réclamer ce que Pierre n'a pas eu l'intention de lui donner.

2° Que le mot *meuble*, employé seul, sans addition ni désignation, ne comprend pas l'argent comptant, les dettes actives, les pierreries, les livres, médailles, instruments des sciences, des arts et métiers, le linge de corps, les chevaux, équipages, armes, grains, vins, foins, et autres denrées : il ne comprend pas non plus ce qui fait l'objet d'un commerce (1). Mais lorsque le mot *meubles* est mis par opposition au mot *immeubles*, il comprend tous les objets mobiliers, de quelque nature qu'ils soient. Par conséquent, si un testament était ainsi conçu, *Je donne à Pierre mes meubles, et à Paul mes immeubles*, Pierre pourrait réclamer *tous les biens meubles* ou *effets mobiliers*, à prendre ces mots dans un sens aussi étendu que possible. Il en serait de même pour le cas où l'acte porterait, *Je donne tous mes meubles*, sans autre indication : tout le mobilier serait compris dans cette disposition (2).

3° Que les mots *meubles meublants* ne comprennent que les meubles destinés à l'usage et à l'ornement des appartements, comme tapisseries, lits, siéges, glaces, pendules, tables, porcelaines, et autres objets de cette nature. Les tableaux et statues qui font partie du meuble d'un appartement y sont aussi compris, mais non les collections de tableaux qui peuvent être dans les galeries ou pièces particulières. Il en est de même des porcelaines : celles seulement qui font partie de la décoration d'un appartement sont comprises sous la dénomination de meubles meublants (3). Les livres ne sont pas des *meubles meublants*; on ne les achète pas pour *meubler* une maison; ils ont une fin plus noble.

CHAPITRE XI.

Du Prêt.

808. Le prêt, en général, est un contrat par lequel on livre une chose à quelqu'un, à la charge par celui-ci de rendre individuellement la même chose, ou d'en rendre l'équivalent, après un certain laps de temps. Le prêt est un contrat *réel*; il ne se forme que par la tradition de la chose qui en est l'objet. On distingue deux sortes de prêts : le prêt à usage ou commodat, *commodatum*; le prêt de consommation ou simple prêt, en latin *mutuum*.

(1) Cod. civ. art. 533. — (2) Malleville, Toullier, Delvincourt, Rogron, etc. — (3) Cod. civ. art. 534.

ARTICLE I.

Du Prêt à usage ou commodat.

809. Le prêt à usage est un contrat par lequel l'une des parties livre gratuitement une chose à l'autre pour s'en servir, à la charge par le preneur de la rendre individuellement la même après s'en être servi. Ce contrat est essentiellement gratuit : si donc le prêteur exige quoi que ce soit pour prix du service qu'il rend par le prêt à usage, le contrat perd sa nature et son nom, il devient alors contrat de louage. Le commodat n'a pour objet que les choses dont on peut user sans les détruire, sans les aliéner. Les choses mobilières sont plus communément l'objet de ce contrat, comme un cheval, une voiture, des livres, des instruments. Cependant les immeubles peuvent aussi être prêtés : on prête quelquefois à un ami, à un voisin, sa cave ou un appartement dans sa maison, etc. Mais ce qui se consomme par l'usage qu'on en fait ne peut servir de matière au prêt à usage. Aussi, le prêteur demeure propriétaire de la chose prêtée ; par conséquent, si elle vient à périr sans qu'il y ait faute ou négligence de la part de l'emprunteur, la perte tombe sur le prêteur : *Res perit domino* (1).

810. L'emprunteur est tenu de veiller en *bon père de famille* à la garde et à la conservation de la chose prêtée ; il doit même apporter plus de soin à la chose qu'il a empruntée qu'il n'en apporte aux siennes ; car si la chose prêtée périt par cas fortuit dont l'emprunteur aurait pu la garantir en employant la sienne propre, ou si, ne pouvant conserver que l'une des deux, il a préféré la sienne, il est tenu de la perte de l'autre (2). Exemple : Paul, ayant un cheval qu'il craint de fatiguer, emprunte le cheval de Pierre pour faire un voyage ; ce cheval vient à périr en route par cas fortuit ; Paul en est responsable, parce qu'il ne devait se servir du cheval de Pierre qu'à défaut du sien.

Le preneur ne peut se servir de la chose prêtée que pour l'usage déterminé par sa nature ou par la convention. Si, par exemple, j'ai emprunté un cheval de selle, je ne pourrai pas l'atteler à mon cabriolet. Si on me le prête pour aller dans une ville située à dix lieues de distance, je ne dois pas m'en servir pour aller dans une autre ville plus éloignée. En employant la chose à un autre usage,

---

(1) Cod. civ. art. 1875 et suiv. — (2) Ibidem. art. 1880 et 1882.

ou pour un temps plus long qu'on ne le doit, on serait tenu même de la perte arrivée par cas fortuit (1), à moins que la chose n'eût également péri entre les mains du propriétaire.

811. Si la chose se détériore par le seul effet de l'usage pour lequel elle a été empruntée, et sans aucune faute de la part de l'emprunteur, celui-ci n'est pas tenu de la détérioration. Mais si cette détérioration était amenée par la faute ou par la négligence de l'emprunteur, il en serait responsable. L'emprunteur est tenu des dépenses ordinaires qui sont une suite naturelle du service qu'il tire de la chose prêtée ; mais il n'est pas chargé des dépenses extraordinaires : elles sont à la charge du prêteur. Exemple : Je vous ai prêté mon cheval pour un voyage ; vous êtes obligé de le nourrir, et de l'entretenir de fers à vos dépens. Mais s'il lui survient une maladie sans qu'il y ait de votre faute, vous aurez droit de répéter contre moi les frais occasionnés par cette maladie (2).

Si plusieurs ont conjointement emprunté la même chose, ils en sont solidairement responsables envers le prêteur (3). Si donc j'ai prêté ma voiture à deux personnes, je pourrai poursuivre, en même temps, chacune d'elles pour la restitution de ma voiture ; elles sont toutes deux conjointement chargées de sa restitution.

L'emprunteur est obligé de rendre la chose prêtée au terme convenu, ou, à défaut de convention, après s'en être servi à l'usage pour lequel il l'avait empruntée. Il ne peut, aux termes du Code civil, la conserver par compensation de ce que le prêteur lui doit (4). Cependant, s'il la retenait à ce titre, il pécherait contre la justice légale, et non contre la justice commutative.

812. Pour ce qui regarde les engagements du prêteur, il ne peut retirer la chose qu'après le terme convenu, ou, à défaut de convention, qu'après qu'elle a servi à l'usage pour lequel elle a été prêtée (5). Si, par exemple, vous m'avez emprunté une cuve pour presser vos raisins et faire votre vin, je ne pourrai la retirer que lorsque votre vin sera fait. Néanmoins, si, avant le délai convenu, ou avant que le besoin de l'emprunteur ait cessé, il survient au prêteur un besoin pressant et imprévu de la chose, celui-ci peut la réclamer et se la faire rendre (6). Le prêteur n'est pas présumé avoir voulu rendre service à un autre, à son propre préjudice.

---

(1) Cod. civ. art. 1080 et 1081. — (2) Ibidem. art. 1084 et 1085. — (3) Ibidem. art. 1887. — (4) Ibidem. art. 1886. — (5) Ibidem. art. 1888. — (6) Ibidem. art. 1889.

Lorsque la chose prêtée a des défauts tels qu'elle puisse causer du préjudice à celui qui s'en sert, le prêteur est responsable, si, connaissant ces défauts, il n'en a pas averti l'emprunteur (1) : par exemple, s'il a prêté un cheval morveux qui, ayant communiqué sa maladie à ceux de l'emprunteur, les a fait périr. Mais pour que le prêteur soit tenu de réparer le préjudice, il faut qu'il ait connu les vices de la chose prêtée; parce que, le contrat qu'il a passé étant purement gratuit, on ne peut le rendre responsable que de sa faute ou de son dol.

Les engagements qui se forment, par le prêt à usage, entre l'emprunteur et le prêteur, passent aux héritiers de celui qui prête et aux héritiers de celui qui emprunte. Cependant, si l'on n'a prêté qu'en considération de l'emprunteur, et à lui personnellement, alors ses héritiers ne peuvent continuer de se servir de la chose prêtée (2).

ARTICLE II.

Du simple Prêt, ou Prêt de consommation.

813. Le simple prêt, ou prêt de consommation, est un contrat par lequel l'une des parties livre à l'autre une certaine quantité de choses qui se consomment par l'usage, à la charge par celle-ci de lui en rendre l'équivalent en espèce et qualité, après un certain temps dont on convient ordinairement. Par l'effet de ce prêt, l'emprunteur devient le propriétaire de la chose prêtée, et c'est pour lui qu'elle périt, de quelque manière que cette perte arrive (3). Mais comme le prêt est un contrat réel qui ne peut être parfait que lorsque la chose est livrée, la propriété de la chose prêtée n'est transférée que par la tradition.

Le simple prêt n'a pour objet que les choses qui se consomment par l'usage : tels sont le blé, le vin, l'huile, les fruits et denrées ; et même l'argent monnayé, *pecunia numerata*, dont la consommation n'est que morale, consistant dans l'aliénation qu'on en fait. Le prêt de consommation diffère essentiellement du prêt à usage et du contrat de louage : « Non potest mutuum, dit Benoît XIV, « locationi ullo pacto comparari (4). » Il est également distinct du contrat de société, où le bénéfice et la perte sont communs aux as-

---

(1) Cod. civ. art. 1891. — (2) Ibidem. art. 1879. — (3) Ibidem. art. 1892 et 1893. — (4) De Synodo diœces. lib. vii. c. 47. n° 2.

sociés, ainsi que du contrat de rente. Dans ce dernier contrat, le débiteur peut garder le capital tant que bon lui semblera, en payant la rente; tandis que dans le prêt, il est obligé de le rendre au terme convenu.

814. L'emprunteur est tenu de rendre les choses prêtées en même espèce, quantité et qualité, et au terme convenu (1). Si, par exemple, je vous ai prêté 100 bouteilles de vin de Bordeaux, vous êtes obligé de me rendre 100 bouteilles de Bordeaux; si je vous ai prêté 100 mesures de froment, vous êtes tenu de me rendre la même quantité de froment, et ce froment doit avoir la même qualité que celui que je vous ai livré. Si l'emprunteur est dans l'impossibilité de satisfaire à cette obligation, il est tenu d'en payer la valeur, eu égard au temps et au lieu où la chose devait être rendue d'après la convention. Si ce temps et ce lieu n'ont pas été fixés, le payement se fait au prix du temps et du lieu où l'emprunt a été fait (2).

Quand il s'agit d'un prêt en argent, l'obligation qui en résulte n'est toujours que de la somme numérique qui est l'objet du contrat. S'il y a eu augmentation ou diminution d'espèces avant l'époque du payement, le débiteur doit rendre la somme numérique prêtée, et ne doit rendre que cette somme dans les espèces ayant cours au moment du payement (3). Exemple : Vous m'avez prêté dix pièces d'or de 20 francs, ce qui fait une somme de 200 francs : postérieurement, une loi porte la valeur de ces pièces à 22 francs; serai-je obligé de vous rendre les dix pièces d'or que vous m'avez livrées? Non; je suis seulement obligé de vous rendre une somme de 200 francs; parce que ce ne sont point les pièces de monnaie, mais seulement la valeur qu'elles représentent, qui fait la matière du prêt. Il n'en est pas de même lorsque le prêt se fait en lingots (4) : car c'est alors la matière elle-même qui est l'objet du contrat. Si donc ce sont des lingots ou des denrées qui ont été prêtés, quelle que soit l'augmentation ou la diminution de leur prix, le débiteur doit toujours rendre la même quantité et la même qualité, mais il n'est obligé de rendre que cela.

Le prêteur qui connaît les défauts ou les vices de la chose qu'il prête est obligé d'en avertir l'emprunteur, toutes les fois que ces défauts sont de nature à porter préjudice à celui-ci : l'équité le demande et l'exige impérieusement, sous peine, pour le prêteur,

---

(1) Cod. civ. art. 1902. — (2) Ibidem. art. 1903. — (3) Ibidem. art. 1895. — (4) Ibidem. art. 1896.

d'être responsable du dommage qui en résulterait pour l'emprunteur (1). Il ne peut d'ailleurs, en aucun cas, redemander les choses prêtées avant le terme convenu, lors même que, postérieurement à l'acte du prêt, il aurait un besoin pressant et imprévu des choses qu'il a prêtées (2).

Il y a un précepte pour l'aumône en faveur des pauvres ; il y en a un pour le prêt en faveur de ceux qui, sans être pauvres, sont indigents, qui éprouvent un besoin relatif à leur position. Ce second précepte oblige celui qui peut secourir son prochain : « Nemi-
« nem id latere potest, dit Benoît XIV, quod multis in casibus
« tenetur homo simplici ac nudo mutuo alteri succurrere, ipso præ-
« sertim Christo monente : *Volenti mutuari a te, ne avertaris.*
« Matth. c. V. v. 42 (3). »

ARTICLE III.

Du Prêt à intérêt.

815. Le prêt à intérêt n'est autre chose que le simple prêt duquel on tire des intérêts. Si on perçoit l'intérêt à l'occasion du prêt, mais en vertu d'un titre légitime et extrinsèque au prêt, cet intérêt n'est point illicite. Mais si on n'a pas d'autre titre que le simple prêt, si on exige l'intérêt précisément en vertu du prêt, sans aucun titre extrinsèque au prêt, c'est-à-dire, sans un titre qui soit distinct et séparable du prêt, cet intérêt devient illicite, injuste, usuraire. Aussi, on définit l'usure proprement dite : tout intérêt, tout profit en sus du capital ou sort principal exigé de l'emprunteur, précisément en vertu ou à raison du simple prêt, du *mutuum*. Les Pères, les conciles, les Souverains Pontifes et les théologiens, s'appuyant sur les livres saints, s'accordent à nous donner la même notion de l'usure, en la condamnant expressément comme contraire au droit naturel et divin : « Omne lucrum
« ex mutuo, præcise ratione mutui, uti loquuntur theologi, hoc
« est lucri cessantis, damni emergentis aliove extrinseco titulo
« remoto, usurarium, atque omni jure naturali scilicet, divino et
« ecclesiastico illicitum esse perpetua fuit et est catholicæ Ecclesiæ
« doctrina, omnium conciliorum, Patrum et theologorum consen-

---

(1) Cod. civ. art. 1898. — (2) Ibidem. art. 1899. — (3) Encyclique *Vix pervenit.*

« sione firmata. » Ainsi s'exprime Benoît XIV, dans son savant traité de *Synodo diœcesana* (1).

816. Ce grand Pape enseigne la même doctrine dans l'encyclique *Vix pervenit*, adressée aux patriarches, archevêques et évêques d'Italie. Il y *approuve* et *confirme* les principes suivants :
« 1° L'espèce de péché qui se nomme usure, et qui a son siège
« propre dans le contrat de prêt, consiste en ce que celui qui prête
« veut qu'en vertu du prêt même, qui de sa nature demande qu'on
« rende seulement autant qu'on a reçu, on lui rende plus qu'il
« n'a prêté ; et il prétend, en conséquence, qu'outre son capital, il
« est dû un profit, à raison du prêt. C'est pourquoi tout profit de
« cette nature est illicite et usuraire : « *Omne propterea hu-*
« *jusmodi lucrum quod sortem superet illicitum et usurarium*
« *est.*

« 2° Pour excuser cette tache d'usure, on alléguerait en vain que
« ce profit n'est pas excessif, mais modéré ; qu'il n'est pas grand,
« mais petit ; que celui de qui on l'exige, à raison du prêt seul,
« n'est pas pauvre, mais riche ; qu'il ne laissera pas la somme prê-
« tée oisive, mais qu'il l'emploiera très-utilement, soit à améliorer
« sa fortune, soit à l'acquisition de nouveaux domaines, soit à un
« commerce lucratif ; puisque l'essence du prêt consistant néces-
« sairement dans l'égalité entre ce qui est fourni et ce qui est
« rendu, cette égalité une fois rétablie par la restitution du capi-
« tal, celui qui prétend exiger de qui que ce soit quelque chose
« de plus, à raison du prêt, s'oppose à la nature même de ce
« contrat, qui est déjà pleinement acquitté par le remboursement
« d'une somme équivalente. Par conséquent, si le prêteur reçoit
« quelque chose au delà du capital, il sera tenu de le restituer, par
« une obligation de cette justice qu'on appelle commutative, et
« qui ordonne de garder inviolablement dans les contrats l'égalité
« propre à chacun, et de la réparer exactement, si elle a été
« violée. »

817. Puis Benoît XIV ajoute : « Mais en établissant ces principes
« on ne prétend pas nier que certains titres qui ne sont pas intrin-
« sèques au prêt, ni intimement unis à sa nature, ne puissent
« quelquefois concourir fortuitement avec lui, et donner un droit
« juste et légitime d'exiger quelque chose en sus du capital. On
« ne nie pas non plus qu'il n'y ait plusieurs autres contrats, d'une
« nature entièrement différente de celle du prêt, par lesquels

---

(1) Lib. vii. c. 47.

« on peut placer et employer son argent, soit pour se procurer
« des revenus annuels, soit pour faire un commerce, un trafic li-
« cite, et en retirer un profit honnête... Toutefois, il faut observer
« avec soin que ce serait faussement et témérairement qu'on se
« persuaderait qu'il se trouve toujours avec le prêt d'autres titres
« légitimes, ou même, séparément du prêt, d'autres contrats justes,
« par le moyen desquels titres ou contrats, toutes les fois qu'on
« prête à un autre, quel qu'il soit, de l'argent, du blé, ou quel-
« que autre chose du même genre, il soit toujours permis de rece-
« voir quelque profit modéré, au delà du sort principal, assuré en
« entier. Si quelqu'un pensait ainsi, son opinion serait certaine-
« ment contraire non-seulement aux divines Écritures et au juge-
« ment de l'Église catholique sur l'usure, mais au sens commun et
« à la raison naturelle. »

818. Le Pape termine la même encyclique par l'avis qui suit :
« Que ceux qui se croient assez de lumières et de prudence pour
« oser décider sur ces matières, qui demandent une grande con-
« naissance de la théologie et des sacrés canons, évitent les deux ex-
« trêmes, qui sont toujours vicieux ; car quelques-uns jugent des
« choses avec tant de sévérité, qu'ils condamnent tout profit qu'on
« tire de son argent, comme illicite et usuraire : quelques autres,
« au contraire, sont si indulgents et si relâchés, qu'ils se persua-
« dent que tout profit est exempt d'usure : qu'ils ne s'attachent pas
« trop à leurs opinions particulières ; qu'avant de donner des dé-
« cisions, ils consultent plusieurs auteurs renommés, et qu'ils sui-
« vent les sentiments les plus conformes à la raison et à l'autorité.
« S'il s'élève des contestations sur la légitimité de quelques contrats
« particuliers, on doit s'abstenir de toute censure et de toute quali-
« fication injurieuse à l'égard des opinions contraires, surtout si ces
« opinions sont appuyées sur la raison et les suffrages de célèbres
« auteurs ; car les injures et les invectives blessent la charité, et sont
« un sujet de scandale pour les peuples (1). »

---

(1) Voyez, à la fin de ce volume, l'encyclique *Vix pervenit* de Benoît XIV.—
On peut consulter, sur la matière de l'usure, les Conférences d'Angers, édit. de
Besançon ; notre Exposition de la doctrine de l'Église sur le prêt à intérêt ; la
Dissertation de M. Pagès sur le même sujet, quoique un peu trop sévère dans les
conclusions pratiques ; le savant Traité *de Usura*, par Ballarin, celui de Gaitte,
etc., etc.

ARTICLE IV.

Des Titres qui peuvent légitimer l'intérêt du Prêt.

819. De l'aveu de tous les docteurs, il est des titres en vertu desquels on peut tirer quelque intérêt du prêt. Les deux premiers titres, généralement reçus comme légitimes, sont le *lucre cessant* et le *dommage naissant*. L'intérêt qu'on perçoit en dédommagement de la perte causée par le prêt, ou en indemnité des bénéfices dont on se prive en prêtant, n'est point un intérêt usuraire. Mais pour qu'on puisse légitimement tirer des intérêts du *dommage naissant* ou du *lucre cessant*, il faut, 1° que le prêteur fasse au moins connaître ses intentions à l'emprunteur, qui ne peut être obligé de payer des intérêts sans s'y être attendu, à moins que, malgré la réclamation du prêteur, il n'ait négligé de rendre le capital à l'échéance du terme convenu. 2° Que le prêt soit vraiment la cause ou du *dommage naissant* ou du *lucre cessant*. Si, par exemple, je retire du commerce la somme que vous me demandez, ou si cette somme a déjà ou doit avoir sous peu une destination lucrative, je ne suis point obligé de vous la prêter gratuitement, quand même j'aurais entre les mains une autre somme que je conserve pour n'être pas pris au dépourvu, en cas d'événements qu'on ne peut prévoir. 3° Que, tout considéré, l'intérêt qu'on exige à titre d'indemnité soit proportionné à la perte ou au dommage qu'éprouve le prêteur : si le dommage est certain, il peut être fort ; s'il est incertain, l'intérêt doit être moindre. Généralement, on peut à cet égard prendre pour base le taux fixé par la loi, lequel est de cinq pour cent en matière civile, et de six pour cent en matière de commerce.

820. Le troisième titre est le danger extraordinaire de perdre le principal. La valeur de ce titre, autrefois contestée par plusieurs auteurs, est aujourd'hui assez communément reconnue. Suivant une décision de la congrégation de la *Propagande*, approuvée par Innocent X, le prêteur peut percevoir un intérêt en sus du capital, à raison d'un danger probablement imminent : « Ratione « periculi probabiliter imminentis (1). » Ce danger se rencontre fréquemment dans le prêt de commerce, à cause des entreprises ha-

---

(1) S. Alphonse de Liguori, lib. III. n° 765.

sardeuses des commerçants, et du grand nombre de faillites qui en sont la suite.

821. Le quatrième titre résulte de la peine conventionnelle, c'est-à-dire, du pacte par lequel il est stipulé que, si l'emprunteur ne se libère pas au terme fixé, il sera obligé de payer, à titre de peine, une certaine somme en sus de la valeur du prêt. Ce titre paraît légitime, la peine conventionnelle dont il s'agit n'ayant pour but que de forcer l'emprunteur à payer ponctuellement ce qu'il doit, au terme convenu. Néanmoins, pour que la somme stipulée en sus du capital puisse être exigée, il faut 1° que le retard apporté par l'emprunteur soit notable, au jugement des hommes prudents et capables en affaires; 2° que l'emprunteur ait pu rembourser à l'époque déterminée; 3° que la peine soit modérée et proportionnée à la faute de l'emprunteur : si celui-ci n'était point en faute, le prêteur ne pourrait rien exiger, à moins que le retard ne lui fût préjudiciable(1).

822. Suivant plusieurs docteurs, la loi civile qui permet l'intérêt du prêt est un autre titre légitime, même pour le for intérieur. Ils prétendent que le gouvernement a droit de permettre qu'à l'occasion du prêt on perçoive quelque chose en sus du capital, lors même qu'il n'y aurait pas d'autre titre extrinsèque au prêt(2). Les autres théologiens, en beaucoup plus grand nombre, regardent la loi civile comme impuissante par elle-même, à l'effet de légitimer l'intérêt du prêt. C'est le sentiment que nous avons adopté dans notre *Exposition de la doctrine de l'Église sur le prêt à intérêt*. En effet, les Pères, les conciles, les Papes, se sont toujours fortement élevés contre tout intérêt du prêt, sans excepter l'intérêt qui était autorisé par les lois civiles. Cependant, depuis un certain temps, depuis que l'industrie et le commerce ont pris de l'accroissement, que l'état de la société n'est plus le même qu'autrefois, les esprits se sont partagés sur la question dont il s'agit, au point de la rendre douteuse et problématique. Dans ce doute, on s'est adressé au Souverain Pontife; et il résulte de plusieurs réponses du saint-office et de la Sacrée Pénitencerie, la plupart approuvées par les papes Pie VIII et Grégoire XVI : 1° Qu'on ne doit point *inquiéter* au tribunal de la

(1) S. Alphonse de Liguori, lib. III. n° 766, de Lugo, Collet, etc. — (2) C'est le sentiment du canoniste Pichler, de Jacques Ledesma, de Marquard, évêque de Spire, de Tanner, de Pasqualigne, d'Haunold, de Babenstuber, de Mezger, de Bockhn, de Félix Potesta, de Viva, de Saettler, etc. — Voyez les *Dissertationes circa usuras*, par le P. Zech.

pénitence le prêtre qui, malgré la connaissance qu'il a de la doctrine de Benoît XIV et des autres Papes, au sujet de l'usure, enseigne (*docet*) que la loi civile, sans être accompagnée d'aucun autre titre extrinsèque au prêt, suffit pour légitimer le prêt à intérêt; et que rien ne s'oppose à ce qu'on donne l'absolution sacramentelle à ce prêtre, jusqu'à ce que le saint-siége ait donné une décision définitive, s'il est d'ailleurs disposé à se soumettre à ce qui sera décidé. 2° Qu'un confesseur agirait trop *durement* et trop *sévèrement*, en refusant l'absolution à ceux qui croient pouvoir tirer l'intérêt du prêt, sans avoir d'autre titre que la loi civile. 3° Qu'on peut absoudre sacramentellement, sans imposer aucune restitution, les pénitents qui, étant de mauvaise foi, ont perçu des intérêts du prêt, aux termes de la loi, s'ils sont repentants d'avoir agi contre leur conscience, et se montrent d'ailleurs disposés à s'en rapporter à ce qui pourra être décidé par le saint-siége (1).

823. Aujourd'hui, comme autrefois, les curés et les confesseurs condamneront l'usure à l'égard du riche et du commerçant, comme à l'égard du pauvre ou de l'indigent, entendant par usure ce qu'on a toujours entendu, l'intérêt du prêt perçu précisément en vertu du simple prêt, sans aucun titre légitime, extrinsèque au prêt. La doctrine de l'Église ne varie point; l'application seule peut varier suivant les circonstances, surtout quand il s'agit d'une chose qui, comme l'usure, n'est mauvaise que d'une malice *relative* et non *absolue*. Ils ajouteront que, de l'aveu de tous les docteurs et aux termes de la loi civile, l'intérêt conventionnel, lors même qu'il est fondé sur le dommage naissant ou le lucre cessant, ou sur un autre titre légitime, ne peut, généralement, dépasser le cinq pour cent en matière civile, ni le six pour cent en matière de commerce. L'excédant serait illicite, injuste, usuraire.

Un curé, un confesseur, étant consulté sur la question de savoir si on peut tirer l'intérêt légal du prêt, sans avoir d'autre titre que la loi, répondra prudemment, quel que soit son sentiment, que, d'après la règle de conduite tracée par le saint-siége, on peut recevoir l'absolution en s'en tenant à la loi civile concernant le prêt à intérêt, si on est d'ailleurs disposé à s'en rapporter pour l'avenir à la décision définitive du Souverain Pontife, en cas qu'elle ait jamais lieu. En supposant, ce qui vraisemblablement n'arrivera pas, que le Pape se prononce définitivement contre la loi qui permet

---

(1) Voyez, à la fin de ce volume, les **Réponses de Rome sur le prêt à intérêt**.

l'intérêt du prêt, on ne serait certainement pas obligé de restituer les intérêts qu'on aurait perçus en vertu de cette loi, conformément à l'*agenda* dont nous venons de parler. Une décision définitive, de la part du saint-siége, ne peut, par un effet rétroactif, rendre illusoire la règle de conduite qu'il nous a donnée lui-même.

ARTICLE V.

De Ceux qui prêtent à usure.

824. Ceux qui prêtent à usure se rendent coupables d'injustice. On ne peut les absoudre, à moins qu'ils ne soient disposés à restituer, le plus tôt possible, tout ce qu'ils ont perçu au delà du taux légal. L'usurier ne peut pas dire que les intérêts usuraires aient été acquittés volontairement par l'emprunteur; celui-ci ne les a payés que parce qu'il y a été contraint, que parce qu'il n'a pu trouver ailleurs l'argent ou la chose dont il avait besoin : « Nemo in neces- « sitatibus liberalis existit. » On ne peut non plus alléguer la bonne foi, du moins à partir de l'année où a paru la loi qui fixe l'intérêt du prêt au cinq ou au six pour cent, suivant que le prêt se fait en matière civile ou en matière de commerce.

825. Quant aux intérêts perçus avant la promulgation de cette loi, qui est du 3 septembre 1807, ils pouvaient être plus forts sans être légalement usuraires; mais ils n'en étaient pas pour cela plus légitimes. Cependant, à moins qu'ils ne fussent excessifs, comme par exemple les intérêts qu'on exigeait à raison du vingt, du quinze ou même du dix pour cent, il pouvait y avoir bonne foi de la part de ceux qui les recevaient, vu la facilité que la loi leur accordait à cet égard, et le grand nombre de personnes qui prêtaient à un taux plus élevé que le cinq ou le six pour cent. Or, on est dispensé de toute restitution en matière d'usure, lorsque les intérêts usuraires ont été reçus de bonne foi, et qu'ils ont été consommés durant la bonne foi, sans qu'on en soit devenu plus riche. Mais si on ne les a pas consommés pendant la bonne foi, ou si en les consommant on est devenu plus riche, on est obligé de restituer tout ce qui n'est pas consommé, ou ce en quoi on s'est enrichi. Par s'être enrichi, on entend, en cette matière, avoir augmenté ou amélioré son bien, soit par les intérêts usuraires immédiatement, soit en payant ses dettes avec ces intérêts, soit en employant les

mêmes intérêts à sa dépense ordinaire, et en conservant ses autres revenus.

Un usurier n'est obligé de restituer que la valeur des intérêts usuraires qu'il a reçus. Il ne serait obligé à quelque chose de plus que dans le cas où l'usure, outre le dommage intrinsèque qu'elle entraîne par elle-même, aurait été comme la cause ou l'occasion d'un dommage extrinsèque, d'une ruine ou d'une perte considérable. Ce dommage, cette ruine, cette perte serait imputable à l'usurier, s'il l'avait prévue, au moins confusément.

C'est une règle générale, que l'on doit restituer les intérêts usuraires à ceux qui les ont payés, ou à leurs héritiers, quand on les connaît ou qu'on peut les connaître; c'est à eux que l'injustice a été faite, c'est donc à eux que la restitution doit se faire. S'il n'était pas possible de faire parvenir la restitution à qui de droit, elle devrait alors se faire au profit des pauvres, des hospices, ou d'autres établissements d'utilité publique.

826. Ceux qui, ayant besoin d'argent, n'en trouvent point à emprunter, ni gratuitement ni au taux légal, peuvent s'adresser à un usurier pour en avoir, même en payant des intérêts usuraires. Autre chose est de demander à quelqu'un de l'argent à emprunter, autre chose de l'engager à prêter à usure : « Nullo modo licet, dit saint « Thomas, inducere aliquem ad mutuandum sub usuris ; licet ta- « men ab eo qui hoc paratus est facere, et usuras exercet, mutuum « accipere sub usuris, propter aliquod bonum, quod est subventio « suæ necessitatis vel alterius... Ille qui accipit pecuniam mutuo « sub usuris, non consentit in peccatum usurarii, sed utitur eo; « nec placet ei usurarum acceptio, sed mutuatio quæ est bona... « Non dat occasionem usurario usuras accipiendi, sed mutuan- « di (1). » Pour la même raison, nous ne regarderons point comme complices de l'usure, ni ceux qui, voulant obliger un homme qui a besoin d'argent, en cherchent partout, et qui, n'en trouvant point, ont recours à un usurier qui consent à prêter, moyennant un intérêt usuraire; ni les notaires ou autres qui, à la demande de l'emprunteur, rédigent l'acte exigé par le prêteur. Loin de faire tort à celui qui emprunte, ils n'agissent que dans la vue de lui être utiles, et lui font plaisir. Mais ceux qui sont cause efficace du prêt usuraire, comme, par exemple, les notaires qui, sans en être priés par l'emprunteur, rédigent le contrat, se rendent complices de l'injustice que commet l'usurier, et sont obligés, à son défaut,

---

(1) S. Thomas, Sum. part. 2. 2. quæst. 78. art. 4.

de la réparer. Quant aux serviteurs de l'usurier, employés à des opérations qui ne préjudicient pas à l'emprunteur, comme, par exemple, à transporter des gages, ou l'argent, ou bien à inscrire les comptes, ou encore à réclamer simplement le payement de l'usure, ils ne sont pas obligés à la restitution; mais il en est autrement de ceux qui exigent le payement par des menaces.

Les obligations des usuriers, en matière de restitution, passent à leurs héritiers : ceux-ci contribuent à l'acquittement des dettes et charges de la succession, chacun dans la proportion de ce qu'il y prend; mais ils ne sont pas solidaires.

ARTICLE VI.

De la Constitution de Rente.

827. La constitution de rente est un contrat par lequel l'une des parties vend à l'autre une rente annuelle et perpétuelle, pour un prix convenu, sous la faculté de pouvoir racheter cette rente quand il lui plaira, pour le prix qu'elle a reçu, et sans qu'elle puisse être obligée à ce rachat. Ce contrat diffère essentiellement du prêt à intérêt. Dans celui-ci, l'emprunteur s'oblige à restituer le capital, soit à la volonté du prêteur, soit dans un temps déterminé; au lieu que, dans la constitution de rente, le vendeur de cette rente demeure maître d'en rembourser le prix, et qu'il ne peut y être forcé que dans le cas où il ne remplit pas ses engagements. Dans le prêt, le capital est ce qui forme la dette de l'emprunteur; dans la constitution de rente, au contraire, le vendeur n'est point débiteur du capital : il ne l'est que de la rente qu'il a constituée pour le prix du capital même.

La rente perpétuelle est essentiellement rachetable; le débiteur peut toujours s'en libérer, en remboursant le capital. Toute stipulation qui tendrait à lui interdire cette faculté serait nulle : seulement, les parties peuvent convenir que le rachat ne sera pas fait avant un délai qui ne peut excéder dix ans, si la rente est constituée à prix d'argent; et trente ans, si elle est établie pour le prix de la vente d'un héritage. Dans tous les cas, les parties peuvent convenir que le rachat ne pourra être fait sans avoir averti le créancier à un terme d'avance déterminé (1).

---

(1) Cod. civ. art. 1911 et 530

828. Le créancier peut exiger le rachat ou le remboursement du capital de la rente dans les trois cas suivants : 1° si le débiteur ne fournit pas les sûretés promises par le contrat; 2° s'il laisse passer deux années sans payer la rente; 3° s'il tombe en faillite ou en déconfiture (1).

Lorsque le débiteur d'une rente rembourse ou est forcé de rembourser le capital, il n'a pas droit de réclamer les intérêts qu'il a payés jusqu'alors; car le créancier les a perçus en vertu d'un titre légitime.

A la différence de la rente viagère, qui peut être constituée au taux qu'il plaît aux parties contractantes de fixer (2), la rente perpétuelle ne peut excéder l'intérêt légal, qui est le cinq pour cent.

Ce que nous avons dit du rachat des rentes s'applique à toutes sortes de rentes perpétuelles : suivant la loi du 18 décembre 1790, « toutes les rentes foncières perpétuelles, soit en nature, soit en « argent, de quelque espèce qu'elles soient, quelle que soit leur « origine, à quelques personnes qu'elles soient dues,... même les « rentes de dons et legs pour cause pie ou de fondation, sont ra- « chetables. »

ARTICLE VII.

Des Monts-de-Piété.

829. Les monts-de-piété consistent dans un fonds d'argent destiné à faire des prêts sur gages à ceux qui sont dans le besoin. On y exige un intérêt, non en vertu du prêt, mais à raison des frais nécessaires pour l'entretien de l'établissement. Cet intérêt n'est point usuraire : aussi le concile de Latran, de l'an 1515, a-t-il approuvé les monts-de-piété, comme établissements utiles aux pauvres et aux indigents; et ils leur sont vraiment utiles, tant que les administrateurs se renferment dans les règles de la justice et de la charité, qui doivent en diriger toutes les opérations.

Ces règles sont : 1° que l'intérêt qu'on reçoit soit aussi modique que possible; 2° qu'on donne à ceux qui empruntent un temps suffisant pour retirer leurs gages, afin qu'ils puissent les recouvrer sans frais, ou qu'ils ne soient pas forcés de les abandonner.

---

(1) Cod. civ. art. 1912 et 1913. — (2) Ibidem. art. 1976.

ARTICLE VIII.

Du Change.

830. Le change, en latin *cambium*, est, comme le mot l'indique, un changement d'argent monnayé, une permutation d'argent avec d'autre argent. Les théologiens distinguent le change *réel*, où l'on change véritablement un argent pour un autre, et le change *fictif*, qui n'est qu'une fiction de change, qui n'en a que l'apparence. Ce dernier change n'est qu'un moyen inventé par la cupidité, qui cherche à pallier l'usure ou l'injustice sous les apparences d'un contrat licite et honnête.

Le change *réel* se divise en change *menu* et en change *local*.

Le change menu a lieu lorsqu'on donne une espèce de monnaie pour en avoir une autre; de vieilles pièces, par exemple, pour en avoir de nouvelles qui ont cours, ou des pièces d'argent pour avoir des pièces d'or; ou de la monnaie de France pour avoir de la monnaie d'Allemagne, d'Angleterre, d'Espagne, d'Italie, ou d'autres pays.

Cette espèce de change est très-utile au public; car, dans le commerce de la vie civile, on a souvent besoin de pièces d'or ou d'argent pour les voyages, ou de petite monnaie pour acheter les choses nécessaires à l'entretien, ou d'une monnaie différente de celle de son pays, quand on se trouve sur une terre étrangère. Or, on ne peut raisonnablement exiger que ce change soit gratuit : le changeur a évidemment droit d'en exiger un profit, soit à raison de la peine qu'il a de se procurer de l'argent, et des chances de perte qu'il court en le conservant, soit à raison des frais qu'il est obligé de faire pour former et entretenir son établissement. Mais le prix du change ne doit pas être excessif; on ne pourrait, sans injustice, se prévaloir de la nécessité où se trouve, par exemple, un voyageur, pour exiger un profit qui excéderait le prix fixé par l'usage ou la coutume du pays.

831. Le change local est celui qui se fait par lettre, en donnant son argent à un banquier de telle ou telle ville, et prenant de lui une lettre en vertu de laquelle on reçoit, ou l'on fait recevoir dans une autre ville, le payement de son argent. De là les *lettres de change*. Le change local, quand il est réel et effectif, est certainement licite; il est en quelque sorte nécessaire pour le commerce. On doit donc regarder comme justement acquis le profit qu'en tirent les banquiers. Les mêmes raisons que nous avons indiquées plus haut justifient le profit de ceux qui font la banque. Mais le profit doit être modéré ; il faut qu'il soit réglé suivant le cours du lieu où la lettre de change sera tirée, eu égard à celui où la remise sera faite.

CHAPITRE XII.

De la Vente.

ARTICLE I.

De la nature du Contrat de vente.

832. La vente est une convention par laquelle l'un des contractants, qui est le vendeur, s'oblige à livrer une chose à l'autre contractant, qui est l'acheteur, moyennant une certaine somme d'argent que celui-ci s'oblige réciproquement à lui payer. La vente est parfaite entre les parties, et la propriété est acquise de droit à l'acheteur à l'égard du vendeur, dès qu'on est convenu de la chose et du prix, quoique la chose n'ait pas encore été livrée, ni le prix payé. Cependant, lorsque des marchandises ne sont pas vendues en bloc, mais au poids, au compte ou à la mesure, la vente n'est point parfaite, en ce sens que les choses vendues sont aux risques du vendeur jusqu'à ce qu'elles soient pesées, comptées ou mesurées; mais l'acheteur peut en demander ou la délivrance ou des dommages-intérêts, s'il y a lieu, en cas d'inexécution de l'engagement. Si, au contraire, les marchandises ont été vendues en bloc, la vente est parfaite, quoique les marchandises n'aient pas encore été pesées, comptées et mesurées. A l'égard du vin, de l'huile, et des autres choses que l'on est dans l'usage de goûter avant d'en faire l'achat, il n'y a pas de vente tant que l'acheteur ne les a pas goûtées et agréées.

La vente peut être faite purement et simplement, ou sous une condition, soit suspensive, soit résolutoire : et étant faite à l'essai, elle est toujours faite sous une condition suspensive. Elle peut aussi avoir pour objet deux ou plusieurs choses alternatives (1).

833. Suivant notre Code, la promesse de vente vaut vente, lorsqu'il y a consentement réciproque des deux parties sur la chose et sur le prix (2). Cependant, il ne faut pas confondre la promesse de vendre avec la vente elle-même. Celui qui vend une chose en transfère par le fait la propriété à l'acheteur; dès lors, si elle périt sans qu'il y ait faute de la part du vendeur, c'est l'acheteur qui en supporte la perte. Tandis que celui qui promet de vendre une chose en conserve la propriété, cette chose demeure à ses risques : si elle vient à périr avant d'être vendue, c'est pour lui seul qu'elle périt (3).

Si la promesse de vendre a été faite avec des arrhes, chacun des contractants est maître de s'en départir : celui qui les a données, en les perdant, et celui qui les a reçues, en restituant le double. Il n'en est pas de même des arrhes qu'on a données, lorsque la vente est parfaite; car alors on n'est plus libre de se désister, en perdant ou en doublant les arrhes (4).

ARTICLE II.

Qui peut acheter ou vendre?

834. La vente, étant de droit commun comme tous les contrats, peut avoir lieu entre toutes personnes qui ne sont pas déclarées par la loi incapables de vendre ou d'acheter. Il y a en effet des personnes auxquelles la loi prohibe la disposition de leurs biens en tout ou partie. Tels sont les mineurs, les interdits, les femmes en puissance de mari, pour les cas exprimés par la loi. La vente faite par un mineur de ses immeubles, sans l'observation des formalités prescrites, est nulle. Il en est de même de la vente d'un immeuble faite par une femme mariée, sans l'autorisation de son mari ou de la justice. La vente entre époux ne peut même avoir lieu, si ce n'est dans quelques cas particuliers (5).

Les tuteurs ne peuvent, sous peine de nullité, acheter, même en adjudication publique, ni par eux-mêmes, ni par personnes interposées, les biens de ceux dont ils ont la tutelle. Il en est de même

---

(1) Cod. civ. art. 1583 et suiv. — (2) Ibid. art. 1589. — (3) Voyez le *Traité du Contrat de vente*, par Pothier, etc. — (4) Pothier, ibidem; Malleville, *Analyse du Code civil*; Delvincourt, *Cours du Code civil*; Pailliet, *Manuel du Droit français*; Rogron, etc. — (5) Voyez le Cod. civ. art. 1595.

des mandataires, pour les biens qu'ils sont chargés de vendre; des administrateurs des communes et des établissements publics, pour les biens de ces communes ou établissements; des officiers publics chargés de la vente des biens nationaux, pour ceux de ces biens dont la vente se fait par leur ministère.

Les juges, leurs suppléants, les magistrats remplissant le ministère public, les greffiers, huissiers, avoués, défenseurs officieux et notaires, ne peuvent également, à peine de nullité, et de tous dépens, dommages et intérêts, devenir cessionnaires des procès et droits litigieux qui sont de la compétence du tribunal dans le ressort duquel ils exercent leurs fonctions (1).

ARTICLE III.

Des Choses qui peuvent être vendues.

835. On ne peut vendre qu'une chose qui existe ou qui peut exister. Celle qui n'existait plus au moment de la vente n'a pu être l'objet d'un contrat. Si une partie seulement était périe, l'acquéreur a le choix, ou de renoncer à la vente, ou d'exiger la partie qui reste, dont le prix est alors déterminé par une nouvelle estimation (2). On peut vendre non-seulement les choses qu'on possède actuellement, mais encore celles qu'on peut avoir par la suite. Ainsi les choses futures, une espérance, une chance incertaine, comme un coup de filet, sont du ressort de la vente. Cependant on ne peut vendre une succession qui n'est pas ouverte (3).

On peut vendre et acheter un droit incorporel, tel qu'un usufruit, une servitude, une créance, une hérédité (4). On peut même vendre à un éditeur un ouvrage d'esprit, une propriété littéraire; mais, dans une vente de ce genre, l'éditeur ne saurait jamais acquérir la propriété absolue de l'ouvrage; il ne pourrait effacer le nom de l'auteur pour y mettre le sien, ni faire des changements ou corrections au manuscrit. Bien plus, il doit recevoir toutes celles que l'auteur juge nécessaires. Toutefois, si les changements que l'auteur veut introduire sont tellement considérables et onéreux que l'éditeur coure la chance d'être privé des bénéfices qu'il espérait, celui-ci peut demander la résiliation du mar-

---

(1) Cod. civ. art. 1596 et 1597. — Pour ce qui regarde le *saisi* et le *failli*, voyez le Code de procédure, art. 692, 693, 713; et le Code de commerce, art. 442, 443, 444. — (2) Cod. civ. art 1601. — (3) Ibid. art. 1130. — (4) Ibid. art. 1689 et suiv.

ché. Il est si vrai que l'auteur n'a point abdiqué la propriété de son ouvrage, qu'il peut renoncer à le publier; et, dans ce cas, il ne doit aucune indemnité à l'éditeur, à moins que celui-ci n'ait commencé les travaux d'impression, ou qu'il n'en résulte pour lui un préjudice réel. L'auteur peut vendre une seule édition de son ouvrage; et quand l'édition est épuisée, lui seul a droit aux émoluments que les éditions subséquentes pourront produire; il rentre dans la propriété parfaite de son œuvre. Ou bien, il peut vendre d'avance toutes les éditions dont le manuscrit sera susceptible. Les termes de la convention décident de la portée de la cession (1).

836. Enfin, tout ce qui est dans le commerce peut être vendu, à moins que des lois particulières n'en aient prohibé l'aliénation. Mais on ne peut vendre les choses qui, par leur nature, sont hors de commerce, ou ne sont pas susceptibles d'une propriété privée, comme une église, un cimetière, une place publique, à moins que ces choses n'aient perdu leur destination. Il en est de même des choses saintes; elles ne sont point estimables à prix d'argent. Tenter de les vendre ou de les acheter serait un sacrilége, le crime de Simon le Magicien.

Outre les choses qui sont inaliénables de leur nature, il en est dont la vente est prohibée par les lois civiles, ecclésiastiques et morales. Ainsi sont prohibées, la vente des biens des mineurs, des absents et des interdits, sauf les cas où les formalités requises ont été observées; celle de l'immeuble dotal, sauf les cas déterminés par la loi; celle de la succession d'une personne vivante, quand même elle y aurait consenti; celle des blés en vert, des viandes mauvaises, des boissons falsifiées; celle des armes cachées, telles que stylets, tromblons, poignards, épées en bâton, etc.; celle des substances vénéneuses, qui ne peuvent être vendues que suivant les règlements de la police.

Enfin, celle des livres, des pamphlets, chansons, figures ou images contraires aux bonnes mœurs ou à la religion. Il est défendu par toutes les lois de vendre et d'acheter les choses qui sont tellement mauvaises de leur nature, qu'elles ne peuvent servir que pour le mal; tels sont les libelles diffamatoires, les peintures lascives, certains livres de galanterie qui provoquent à l'impureté, et corrompent le cœur de ceux qui les lisent.

Quant aux choses qui, sans être mauvaises de leur nature, sont plus ou moins dangereuses, comme les armes par exemple, on ne

---

(1) MM. Pardessus, Troplong, etc.

doit généralement les vendre qu'aux personnes qui ne paraissent pas devoir en abuser. On ne peut vendre des livres hérétiques ou hétérodoxes indistinctement à toutes sortes de personnes; mais il est permis de les vendre aux ecclésiastiques, parce qu'on peut raisonnablement présumer qu'ils ont la permission de les lire. Dans tous les cas, la vente des choses mauvaises ou prohibées n'est pas nulle, elle n'est qu'illicite. Par conséquent, celui qui les a vendues n'est point obligé d'en restituer le prix à l'acheteur.

Quoique le commerce soit certainement licite en lui-même, il est expressément défendu aux ecclésiastiques. Nous reviendrons sur cette question lorsque nous expliquerons les obligations des clercs.

ARTICLE IV.

Du Prix de la vente.

837. Il n'y a pas de vente sans prix; *sine pretio nulla venditio est.* Le prix doit consister en argent monnayé, autrement ce serait un échange et non une vente. Suivant les règles de l'équité, il doit y avoir une juste proportion entre le prix et la valeur de la chose qu'on vend et qu'on achète. Si le prix excédait la valeur de la chose, ou la chose la valeur du prix, la vente en serait injuste et illicite : « Si pretium, dit saint Thomas, excedat quantitatem va- « loris rei, vel e converso res excedat pretium, tollitur justitiæ æqua- « litas. Et ideo carius vendere vel vilius emere rem quam valeat, « est secundum se injustum et illicitum (1). » Mais le prix des choses, en matière de commerce, ne consiste pas dans un point indivisible; il a une certaine latitude qui varie d'après la commune estimation des hommes du lieu où l'on achète, selon le concours ou la rareté des acheteurs, l'abondance ou la disette des objets, et autres circonstances. Ainsi, par exemple, on vend plus cher les marchandises en détail qu'en gros; moins cher à l'encan que dans les boutiques. « Justum pretium rerum non est punctualiter determinatum, « sed magis in quadam æstimatione consistit; ita quod modica « additio vel minutio non videtur tollere æqualitatem justitiæ (2). »

838. On distingue le prix ou taux légal qui est fixé par l'autorité locale, et le prix naturel ou vulgaire. Celui-ci varie d'un jour à l'autre, tandis que le premier dure sans variation autant que le

---

(1) Sum. part. 2. 2. quæst. 77. art. 1. — (2) S. Thomas, ibidem.

règlement qui l'a fixé. Le prix vulgaire a d'ailleurs une latitude dont le prix légal, une fois fixé, n'est pas susceptible. Aussi, les théologiens reconnaissent comme justes trois prix vulgaires : le premier, qu'on nomme le plus haut prix, *supremum* ou *maximum*; le second, qu'on nomme le plus bas prix, *infimum* ou *minimum*; le troisième, qui est le *prix moyen*, *medium*, ainsi appelé parce qu'il tient le milieu entre le plus haut et le plus bas prix.

Mais ce n'est pas chose facile de déterminer la distance du plus haut prix au prix moyen, ni celle du prix moyen au plus bas prix. Cependant, suivant saint Alphonse de Liguori et plusieurs autres docteurs, pour ce qui regarde les choses ordinaires, ce qui vaut cinq peut se vendre six au plus haut prix, et s'acheter quatre au plus bas prix; ce qui vaut dix peut se vendre douze, et s'acheter huit; ce qui vaut cent peut se vendre cent cinq, et s'acheter quatre-vingt-quinze. Mais en général on ne peut mieux connaître la latitude du prix vulgaire, qu'en observant ce qui se pratique sans fraude et sans exaction par le commun des négociants dans tel ou tel endroit.

839.. On ne doit point excéder le prix légal. Ce prix étant fixé par l'autorité, doit servir de règle aux vendeurs; le dépasser serait une injustice, injustice plus ou moins grave, suivant que l'excédant serait plus ou moins notable : on excepte le cas où le taux légal serait évidemment injuste, et celui où il serait certainement tombé en désuétude; il faudrait alors suivre le prix vulgaire.

Généralement, il n'est pas permis de vendre au-dessus du plus haut prix vulgaire, ni d'acheter au-dessous du plus bas prix. Ce serait violer l'équité; la vente serait même rescindible au for extérieur, si le vendeur avait été lésé de plus de sept douzièmes dans le prix d'un immeuble (1). Quant au for de la conscience, l'équité n'admet point de différence entre le vendeur et l'acheteur, entre la vente des meubles et celle des immeubles. Lorsque la chose a été vendue au delà de sa juste valeur, le vendeur est obligé de consentir ou à la résiliation de la vente, ou d'indemniser l'acheteur, en lui rendant l'excédant du juste prix.

840. Toutefois, il est des occasions où l'on peut vendre au-dessus du plus haut prix vulgaire ou commun, sans être censé vendre au delà du juste prix; ce qui a lieu, 1° quand le vendeur ne peut se défaire d'une chose au prix courant, sans éprouver quelque dommage, sans se priver d'un bénéfice légitime. « Cum « aliquis multum indiget habere rem aliquam, dit saint Thomas,

---

(1) Cod. civ. art. 1674.

« et alius læditur si ea careat, in tali casu justum pretium erit ut
« non solum respiciatur ad rem quæ venditur, sed ad damnum quod
« venditor ex venditione incurrit; et sic licite poterit aliquid vendi
« plus quam valeat secundum se, quamvis non vendatur plus quam
« valeat habenti (1). » 2° On peut encore vendre une chose plus
qu'elle ne vaut réellement, à raison de l'affection particulière qu'on
éprouve pour elle. La privation de cette chose est communément
regardée comme estimable à prix d'argent (2).

Mais peut-on vendre une chose au delà de son juste prix, à
raison de l'affection de l'acheteur qui désire ardemment l'acheter,
ou à raison de l'utilité qu'il doit en tirer?

Non, répondent communément les théologiens, d'après saint
Thomas : « Si aliquis multum juvetur ex re alterius quam accepit,
« ille vero qui vendidit, non damnificetur carendo re illa, non de-
« bet eam supervendere; quia utilitas quæ alteri accrescit, non est
« ex vendente, sed ex conditione ementis; nullus autem debet ven-
« dere quod non est suum (3). » Cependant, il est généralement
reçu, du moins parmi nous, que la convenance particulière d'une
chose, d'un domaine, pour tel acheteur, en fait hausser le prix; ce
qui fait dire : Cette chose, cette propriété vaut tant pour un tel;
mais elle vaut moins pour tout autre. Ainsi, nous pensons qu'on ne
doit nullement inquiéter celui qui vend une chose au-dessus du prix
commun, à raison de la convenance. L'acheteur lui-même s'attend
à payer cette convenance, et il ne s'en plaint pas. Le prix des choses
dépend principalement de la commune estimation des hommes.
Mais il ne faut pas confondre la convenance d'une chose avec la
nécessité de l'acheteur, dont le vendeur ne peut se prévaloir pour
vendre une chose plus qu'elle ne vaut sans commettre une injustice.

841. On ne peut non plus, sans injustice, user de fraude, pour
vendre une chose au *maximum*, ni pour l'acheter au *minimum*;
ce serait violer le droit qu'on a d'acheter au plus bas prix ou de
vendre au prix le plus élevé, qui est regardé comme étant encore
un juste prix. Mais on ne doit pas regarder comme frauduleuses
les affirmations mensongères des vendeurs, auxquelles on n'ajoute
pas foi. On excepte cependant le cas où, à raison de la confiance
que le vendeur inspire à l'acheteur, le mensonge serait censé la
cause déterminante du contrat.

---

(1) Sum. part. 2. 2. quæst. 77. art. 1. — (2) S. Alphonse de Liguori, lib. III.
n° 807; les Conférences d'Angers, *sur les Contrats*, conf. VI. quest. 1. —
— (3) S. Thomas, Sum. part. 2. 2. quæst. 77. art. 1.

Est-il permis de vendre une marchandise à un plus haut prix, parce qu'on la vend à crédit? Il est certainement permis à celui qui vend à crédit de vendre au plus haut prix, ce prix n'excédant point la valeur des choses; il peut même vendre au-dessus du plus haut prix, lorsque, à raison du crédit, il y a pour lui lucre cessant ou dommage naissant, ou péril de perdre le prix de la chose vendue. Nous croyons qu'il peut encore, d'après l'usage assez général, vendre plus cher, sans autre titre que celui de la vente à crédit; car, ici, le nombre des acheteurs est plus considérable, et celui des vendeurs l'est moins; ce qui, d'après l'estimation commune, augmente le prix des marchandises (1).

D'après les mêmes considérations, on peut acheter au-dessous du plus bas prix, uniquement parce qu'on paye d'avance, pourvu que dans ce cas-ci, comme dans le cas précédent, la diminution et l'augmentation du prix ne détruisent point, au jugement des hommes prudents, l'égalité morale qui doit subsister entre le prix et la valeur des choses.

842. On peut acheter une chose au-dessous du *minimum* lorsqu'il s'agit d'une chose qui est peu utile à l'acheteur, et qu'on achète pour rendre service au vendeur; *merces ultroneæ vilescunt*.

Il est des choses dont le prix n'étant fixé ni par l'autorité, ni par l'usage, varie indéfiniment suivant les lieux, les temps, et les goûts des amateurs : tels sont les pierreries, les oiseaux d'outremer, certains tableaux, certains livres devenus fort rares, les médailles, les statues et autres objets antiques. Peut-on vendre ces choses au plus haut prix possible, ou les acheter pour le prix qu'on en offre, quelque minime qu'il soit? Si ces choses se vendent à l'encan, sans qu'on ait recours à la fraude, on peut certainement les vendre au plus offrant, comme on peut les acheter, à défaut d'enchérisseur, pour le plus bas prix possible. En est-il de même si elles ne se vendent pas à un encan? Les uns le pensent, parce que le prix de ces choses peut être regardé comme arbitraire. Ce sentiment est probable; mais l'opinion contraire paraît plus probable à saint Alphonse de Liguori (2) et à plusieurs autres théologiens, qui veulent qu'on s'en rapporte, pour l'appréciation de ces mêmes choses, au jugement des connaisseurs, eu égard aux circonstances. Quoi qu'il en soit, il nous paraît qu'il n'y a pas lieu à

---

(1) S. Alphonse de Liguori, de Lugo, Lessius, Tolet, Sanchez, Sporer, etc.—
—(2) Lib. III. n° 807.

inquiéter sur ce point ni les vendeurs ni les acheteurs qui agissent de bonne foi, sans user d'aucun moyen illicite.

843. On peut vendre au-dessus du plus haut prix, comme on peut acheter au-dessous du plus bas, les choses qui se vendent et s'achètent à l'encan; mais pour ce qui regarde le vendeur, il faut qu'il n'expose pas une chose pour une autre, qu'il n'ait pas recours à de faux enchérisseurs, et qu'il n'en retire pas la chose sous prétexte qu'elle est adjugée à un trop bas prix. Ces conditions étant observées de la part du vendeur, il a droit à ce que les enchérisseurs restent libres, et ne soient empêchés de surenchérir, ni par la fraude, ni par le mensonge, ni par les menaces, ni même par des prières importunes. Il y aurait injustice de la part des enchérisseurs s'ils convenaient de n'acheter qu'à un certain prix, lors même que ce prix serait encore juste, fût-il prix moyen. Le vendeur s'obligeant, comme on le suppose, à livrer la chose au plus offrant, quelque minime que soit cette offre, l'équité exige qu'il ne soit pas frustré, par les acheteurs, de l'espérance de la vendre au *maximum* et même au-dessus du *maximum*, c'est-à-dire, au-dessus du juste prix le plus élevé (1). Mais si, comme cela se pratique assez souvent, le vendeur fait retirer la chose lorsqu'on ne lui en offre pas un certain prix, il n'aura pas lieu de se plaindre des enchérisseurs qui, sans faire usage d'aucun moyen frauduleux, conviennent entre eux de s'arrêter au *minimum* du juste prix. Au surplus, dans tous les cas, il est permis à l'acheteur de prier les autres enchérisseurs de ne pas surenchérir sur lui, pourvu qu'il n'abuse pas de sa position, et que ses prières ne soient pas importunes.

844. Celui qui, par une commission particulière, s'est chargé d'acheter ou de vendre des marchandises au profit d'un autre, ne doit rien retenir pour soi. En achetant même à un prix plus bas ou en vendant à un prix plus haut que le prix fixé, on est censé travailler pour le maître, qui n'a désigné lui-même le prix que pour empêcher qu'on ne vendît à un trop bas prix, ou qu'on n'achetât à un prix trop haut. Si cependant le surplus du prix fixé par le maître est le fruit d'un travail extraordinaire qui n'était nullement dû, ou d'une industrie toute particulière qui aurait amélioré la chose, le commissionnaire peut retenir cet excédant. Il en est de même pour le cas où il sait que le maître n'exige rien au delà du prix qu'il a fixé lui-même.

(1) S. Alphonse de Liguori, lib. III. n° 808.

Au reste, quand il s'agit d'une commission de quelque nature qu'elle soit, on doit tenir exactement à ce qui a été convenu entre le commissionnaire et le commettant, eu égard à la coutume du pays.

Quant au domestique qui achète ou qui vend des marchandises pour le compte de son maître qui lui donne un gage, il ne peut s'approprier aucun profit : « Certum est nihil posse retineri, si sis « famulus stipendiatus domini rei, sive pretio conductus ad ven-« dendum (1). » Il ne pourrait prétexter que son gage est trop modique, par rapport à son travail et à ses soins ; puisqu'il se doit à son maître pour les gages qu'il en reçoit, suivant la convention faite entre eux.

845. Peut-on acheter des billets ou des créances à un prix moindre que leur valeur numérique ? On le peut, de l'avis de tous les docteurs, quand il s'agit de créances plus ou moins périlleuses, dont le remboursement offre plus ou moins de difficultés, plus ou moins d'incertitude ; lors même que le remboursement en deviendrait facile pour l'acheteur, à raison de certaines circonstances qui lui seraient particulières. On le peut encore, quand, à raison de cet achat, il y a lucre cessant ou dommage naissant pour l'acheteur. En est-il de même si les créances sont bien assurées et d'un payement facile ? Les théologiens ne s'accordent pas : les uns pensent qu'on ne peut sans injustice, sans une usure palliée, acheter ces créances à un prix moindre que leur valeur numérique ; c'est le sentiment le plus commun. Les autres, en assez grand nombre, se déclarent pour le sentiment contraire, que saint Alphonse ne regarde point comme improbable. « Cum in praxi communiter hujus-« modi credita vix sunt libera a periculo exactionis, vel saltem a « molestis et sumptibus..... Idcirco non improbabile videtur pretio « ipsa decrescere juxta communem hominum æstimationem, et « ideo minoris emi posse (2). » Quoi qu'il en soit, comme ce sentiment a pour lui la pratique générale, du moins en France, nous n'oserions condamner ceux qui le suivent, vu surtout que, si on veut assimiler la vente dont il s'agit au simple prêt, ils peuvent invoquer jusqu'à un certain point la loi qui autorise le prêt à intérêt, à raison de six pour cent en matière de commerce.

846. On peut, suivant le sentiment le plus probable, vendre au prix courant une marchandise dont on sait que le prix va diminuer. « Venditor, dit saint Thomas, qui vendit rem secundum pre-

---

(1) S. Alphonse de Liguori, lib. III. n° 825. — (2) Ibid. n° 829.

« tium quod invenit, non videtur contra justitiam facere, si quod
« futurum est, non exponat (1). » La raison, c'est que, dans une
vente, il ne s'agit pas du prix futur, mais bien du prix actuel
de la marchandise. On suppose qu'on n'a pas recouru à la fraude
pour déterminer l'acheteur. De même, et pour la même raison, il
est permis d'acheter les marchandises au prix courant, quoique
l'on sache, par quelque voie particulière, que leur valeur doive
augmenter dans peu de temps (2).

ARTICLE V.

Des Obligations du vendeur et de l'acheteur.

847. Les principales obligations du vendeur sont de découvrir
les vices ou défauts cachés de la chose qu'il veut vendre, de la délivrer quand elle est vendue, et de la garantir quand il la vend.

D'abord, il est obligé de faire connaître les vices ou défauts cachés de la chose qu'il veut vendre, quand ces défauts sont de nature à la rendre nuisible ou à peu près inutile à l'acheteur. « Si
« hujusmodi vitia sint occulta, dit saint Thomas, et venditor non
« detegat, erit illicita et dolosa venditio ; et tenetur ipse ad damni
« recompensationem (3). » Si le défaut est apparent, manifeste, on
n'est point tenu de le déclarer. « Si vitium sit manifestum, puta
« cum equus est monoculus... Si venditor propter hujusmodi vi-
« tium subtrahat quantum oportet de pretio, non tenetur ad ma-
« nifestandum vitium rei (4). »

« Le vendeur n'est pas tenu des vices apparents, et dont l'ache-
« teur a pu se convaincre lui-même. Mais il est tenu des vices ca-
« chés, quand même il ne les aurait pas connus ; à moins que, dans
« ce cas, il n'ait stipulé qu'il ne sera obligé à aucune garantie (5). »
Si le défaut, quoique caché, n'est grave ni en lui-même, ni rela
tivement à l'usage que l'acheteur doit faire de la chose ; s'il ne la
rend ni nuisible, ni notablement moins utile, vu la fin qu'il se propose ; ou si la chose, sans convenir au vendeur, peut convenir à
d'autres, on est dispensé de le faire connaître : « Cum usus rei, dit
« saint Thomas, etsi non competat venditori, potest tamen esse

---

(1) Sum. part. 2. 2. quæst 77. art. 3. — (2) S. Alphonse de Liguori, lib. III.
— (3) Sum. part. 2. 2. quæst. 77. art. 3. — (4) S Thomas, ibidem. — (5) Cod.
civ. art. 1642 et 1643.

« conveniens aliis; non tenetur ad manifestandum vitium rei (1). » Ce serait entraver le commerce, que d'obliger les vendeurs à manifester tous les défauts de leurs marchandises. Cependant on doit toujours diminuer le prix de la chose au *prorata* du défaut, afin qu'étant vendue à sa juste valeur, l'égalité soit conservée dans le contrat. On doit aussi s'abstenir de tout ce qui pourrait induire l'acheteur en erreur sur les défauts dont il s'agit. Et, dans tous les cas, si l'acheteur interroge le vendeur sur le défaut de la chose, celui-ci est obligé de le faire connaître.

848. Il n'est pas permis d'altérer une marchandise par le mélange d'une qualité inférieure. Dès qu'une marchandise mélangée perd de sa valeur, on ne peut plus la vendre au même prix que si elle n'était pas mélangée. Ce serait une injustice grave, si le tort qui en résulte pour l'acheteur était considérable. Cependant si la marchandise, quoique mélangée, n'était pas vendue au-dessus de sa juste valeur, et que l'acheteur n'en souffrît aucun dommage, la marchandise lui servant également pour la fin qu'il s'était proposée, il n'y aurait point lieu à restitution.

849. Une autre obligation pour le vendeur, c'est de délivrer la chose vendue au temps convenu entre les parties. La délivrance est le transport de la chose en la puissance et possession de l'acheteur. La délivrance des immeubles s'opère par la remise des titres de propriété, ou par la remise des clefs à l'acheteur, s'il s'agit d'un bâtiment. Celle des effets mobiliers s'opère, ou par la tradition réelle, ou par la remise des clefs des bâtiments qui les contiennent, ou même par le seul consentement des parties, si le transport ne peut pas s'en faire au moment de la vente, ou si l'acheteur les a déjà en son pouvoir à un autre titre. La tradition des droits incorporels se fait, ou par la remise des titres, ou par l'usage que l'acquéreur en fait, du consentement du vendeur (2).

Les frais de la délivrance sont à la charge du vendeur, et ceux de l'enlèvement à la charge de l'acheteur, s'il n'y a eu stipulation contraire. La délivrance doit se faire au lieu où était, au moment de la vente, la chose qui en fait l'objet, s'il n'en a été autrement convenu. Si le vendeur manque à faire la délivrance au terme fixé, l'acquéreur peut, à son choix, demander la résolution de la vente, ou sa mise en possession, si le retard ne vient que du fait du vendeur (3). On n'est pas tenu de délivrer la chose, si l'acheteur n'en paye pas le prix en entier, à moins qu'on ne lui ait accordé un

---

(1) S. Thomas, Sum. part. 2. 2. quæst. 77. art. 3. — (2) Cod. civ. art. 1604, etc. — (3) Ibid. art. 1608, etc.

délai pour le payement. Le vendeur n'est pas non plus obligé à la délivrance, quand même il aurait accordé un délai pour le payement, si, depuis la vente, l'acheteur est tombé en faillite ou en déconfiture, en sorte que le vendeur se trouve en danger imminent de perdre le prix, à moins que l'acheteur ne lui ait donné caution de le payer au terme (1).

850. La chose doit être délivrée dans l'état où elle se trouvait au moment de la vente. Cependant, si elle augmentait ou diminuait depuis, par un événement étranger au vendeur, cette augmentation ou diminution serait au compte de l'acquéreur. Si, avant la délivrance, elle périt par suite de sa mauvaise qualité, la perte est pour le vendeur, tenu envers l'acheteur à la restitution du prix. Elle est également aux risques du vendeur, s'il est en demeure de la livrer. Mais la perte arrivée par cas fortuit retombe sur l'acheteur, qui en est devenu propriétaire par le seul consentement des parties (2).

La chose doit être livrée avec ses accessoires, et tout ce qui est destiné à son usage perpétuel. Tous les fruits perçus depuis la vente appartiennent à l'acquéreur, sauf stipulation contraire (3).

851. La troisième obligation du vendeur est de garantir la chose qu'il vend. Cette garantie a deux objets : le premier est, pour l'acheteur, la possession paisible de la chose vendue ; le second, les défauts cachés de cette chose, appelés *vices rédhibitoires*. Indépendamment de toute stipulation, le vendeur est de droit obligé de garantir l'acquéreur de toutes évictions dont la cause existait antérieurement à la vente. Il y a éviction pour l'acheteur, quand il est forcé d'abandonner en tout ou en partie la chose vendue. Les contractants peuvent, par des conventions particulières, déroger à l'obligation de la garantie ; ils peuvent même convenir que le vendeur ne sera soumis à aucune garantie (4).

Cependant, si l'acquéreur connaissait, lors de la vente, le danger de l'éviction, ou s'il avait acheté à ses risques et périls, il ne pourrait rien répéter. Nous ajouterons que, quoiqu'on ait stipulé que le vendeur ne sera soumis à aucune garantie, il demeure cependant tenu de celle qui résulte d'un fait qui lui est personnel. On ne peut stipuler qu'on ne sera pas tenu de son propre dol ; toute convention contraire serait nulle (5).

852. Lorsque la garantie a été promise, ou qu'il n'a rien été

---

(1) Cod. civ. art. 1612, etc. — (2) Ibid. art. 1647 et 1138. — (3) Ibid. art. 1614 et 1615. — (4) Ibid. art. 1627. — (5) Ibid. art. 1628 et 1629.

stipulé à ce sujet, si l'acquéreur est évincé, le vendeur doit le rendre parfaitement indemne. Par conséquent, outre la restitution du prix, il doit encore lui tenir compte, 1° des frais du contrat ; 2° des fruits que l'acquéreur serait obligé de rendre au propriétaire qui l'évince ; 3° des frais faits, tant sur la demande originaire que sur la demande en garantie de l'acheteur ; 4° enfin, des dommages-intérêts.

Ces dommages se composent, d'abord, de l'augmentation du prix que la chose peut avoir éprouvée, même sans le fait de l'acquéreur ; et, en second lieu, des dépenses même voluptuaires ou d'agrément, faites par l'acquéreur, sur le fonds, si toutefois le vendeur était de mauvaise foi. Quant aux réparations et aux améliorations utiles, le vendeur n'en est tenu qu'autant que l'acquéreur n'en a pas été remboursé par le demandeur originaire ; mais alors il en est tenu, soit qu'il ait été de bonne ou de mauvaise foi.

853. Si, à l'époque de l'éviction, la chose se trouve diminuée de valeur ou considérablement détériorée, soit par la négligence de l'acheteur, *qui rem quasi suam neglexit*, soit par des accidents de force majeure, le vendeur n'en est pas moins tenu de restituer la totalité du prix. Si cependant l'acquéreur avait tiré profit des dégradations qu'il a faites lui-même, le vendeur aurait droit de retenir sur le prix une somme égale à ce profit (1).

Le vendeur est tenu de la garantie à raison des défauts cachés de la chose vendue, qui la rendent impropre à l'usage auquel on la destine, ou qui diminuent tellement cet usage, que l'acheteur ne l'aurait pas acquise, ou n'en aurait donné qu'un moindre prix, s'il les avait connus (2).

854. La principale obligation de l'acheteur est de payer le prix convenu au jour et au lieu réglés par la vente. S'il n'a rien été réglé à cet égard lors de la vente, l'acheteur est obligé de payer au lieu et dans le temps où doit se faire la délivrance. Il doit l'intérêt du prix de la vente jusqu'au payement du capital, dans les trois cas suivants : 1° s'il a été ainsi convenu lors du contrat, car alors l'intérêt fait partie du prix de la vente ; 2° si la chose vendue et livrée produit des fruits ou autres revenus, autrement la vente ne serait qu'à l'avantage de l'acheteur ; 3° si l'acheteur a été mis en demeure de payer : dans ce cas, l'intérêt peut être regardé comme indemnité pour le vendeur. A défaut du dommage naissant ou de tout autre titre, le vendeur peut invoquer la loi, sans être inquiété

---

(1) Cod. civ. art. 1630, etc. — (2) Ibid. art. 1641.

au for intérieur, à raison du doute sur la légitimité de ce titre.

Si l'acheteur ne paye pas le prix, le vendeur peut demander la résolution de la vente. Cependant, si l'acheteur est troublé, ou a juste sujet de craindre d'être troublé par une action, soit hypothécaire, soit en revendication, il peut suspendre le payement du prix, jusqu'à ce que le vendeur ait fait cesser le trouble, si mieux n'aime celui-ci donner caution, ou à moins qu'il n'ait été stipulé que, nonobstant le trouble, l'acheteur payerait (1).

ARTICLE VI.

De la Vente avec faculté de rachat ou de réméré.

855. La faculté de rachat ou de réméré est un pacte par lequel le vendeur se réserve de reprendre la chose vendue, en remboursant non-seulement le prix principal, mais encore les frais et loyaux coûts de la vente, les réparations nécessaires et celles qui ont augmenté la valeur du fonds, jusqu'à concurrence de cette augmentation.

Mais si le vendeur est obligé de tenir compte à l'acquéreur de toutes les réparations qui ont augmenté la valeur du fonds, celui-ci doit être également tenu envers le vendeur de toutes les dégradations survenues par sa faute. La faculté de rachat ne peut être stipulée pour un terme excédant cinq années; si elle a été stipulée pour un terme plus long, elle est réduite à ce terme. Le terme fixé est de rigueur, et, faute par le vendeur d'avoir exercé son action de réméré dans le terme prescrit, l'acquéreur demeure propriétaire irrévocable. Si le vendeur rentre dans son héritage par l'effet du pacte de rachat, il le reprend exempt de toutes les charges et hypothèques dont l'acquéreur l'aurait grevé; mais il est tenu d'exécuter les baux faits sans fraude par l'acquéreur (2).

856. Le contrat de vente, avec la faculté de rachat, est licite au for intérieur comme au for extérieur; il ne renferme rien qui soit contraire ni au droit naturel, ni au droit canonique. Mais pour que ce contrat soit légitime, il faut, 1° que le prix de la vente soit proportionné, au jugement d'hommes prudents, à la valeur de la propriété considérée comme grevée de la faculté de rachat; 2° que l'acheteur soit regardé comme propriétaire de la chose vendue,

à ses risques et périls, il est juste qu'il en jouisse comme propriétaire; 3° que l'acquéreur n'ait pas la liberté de se désister de l'achat; ce qui rendrait le contrat usuraire, à moins que les conditions ne fussent telles que le contrat cessât d'être uniquement à l'avantage de l'acheteur.

857. Suivant le sentiment d'un grand nombre de docteurs, que saint Alphonse regarde comme très-commun et certainement plus probable, *communissima et certe probabilior*, le pacte par lequel le vendeur s'oblige à racheter la chose vendue, à la réquisition de l'acheteur, *ad arbitrium emptoris*, est permis, aux conditions suivantes : 1° que les parties aient l'intention de faire un vrai contrat de vente; 2° que le prix en soit augmenté à raison de la faculté que se réserve l'acheteur; 3° que le vendeur ne soit obligé de rendre que le prix qu'il a reçu, lors même que la chose aurait été améliorée; 4° que la chose demeure aux risques et périls de l'acheteur; en sorte que, si elle périt ou se détériore, cette perte retombe sur lui, et non sur le vendeur. « His conditionibus serva« tis, dit saint Alphonse, nequaquam illicitum mihi videtur præ« fatum pactum reemendi : sicut enim licitum est pactum retroven« dendi in beneficium venditoris cum diminutione pretii, sic contra « cum pretii augmento licitum dici debet pactum reemendi in « beneficium emptoris, cum ita gravamina utriusque compen« sentur (1). »

Mais le contrat serait évidemment injuste, si quelqu'un vendait une chose avec la condition expresse ou tacite qu'elle lui fût revendue ensuite à meilleur marché, lors même qu'il la vendrait à crédit, pour la racheter de la même personne argent comptant (2). Il n'est pas rare que la cupidité ait recours au contrat de vente et de rachat pour pallier l'usure.

ARTICLE VII.

Du Monopole.

858. On se rend coupable, tantôt contre la justice, tantôt contre la charité, en se livrant au monopole dans le commerce. Ainsi, celui-là pèche contre la justice, qui a recours au mensonge ou à d'autres moyens illicites pour empêcher l'importation de certaines marchandises dans le pays, afin de vendre seul les siennes à un

---

(1) Lib. III. n° 813. — (2) Décret d'Innocent XI, de l'an 1679.

prix plus élevé. Il y a également monopole contre la justice, lorsqu'une ou plusieurs personnes achètent toutes les marchandises d'une certaine espèce, afin de pouvoir les vendre au-dessus du plus haut prix auquel elles se vendraient, s'il n'y avait pas de monopole. C'est l'estimation commune des hommes qui doit fixer le prix des marchandises, et non quelques particuliers.

Mais y aurait-il monopole contre la justice, si, tandis que les marchandises sont à bas prix ou à un prix moyen, une ou plusieurs personnes de concert les accaparaient, afin de les vendre au plus haut prix, au *maximum*? C'est une question controversée parmi les théologiens : les uns pensent que cette espèce de monopole n'est pas seulement illicite, mais injuste; parce que, disent-ils, les marchands qui accaparent les denrées ou autres marchandises forcent les acheteurs à les payer un prix plus élevé. Ce sentiment est assez probable; mais le sentiment contraire ne l'est pas moins : il nous paraît même plus probable; car la convention dont il s'agit, quoique illicite, n'étant accompagnée, comme on le suppose, ni de fraude, ni de violence, ne blesse aucun droit strict et rigoureux; elle ne blesse point, par conséquent, la justice commutative : « Hinc, « ajoute saint Alphonse de Liguori, probabilius est hos venditores « non teneri ad restitutionem (1). »

859. Lorsque quelques marchands se sont réunis pour faire un monopole injuste et vendre au-dessus du *maximum*, est-il permis aux autres de vendre au même prix? Non, très-probablement : car ce prix, étant évidemment injuste par suite du monopole, ne peut devenir légitime par le concours des autres commerçants (2).

Ceux qui, après les moissons ou les vendanges, ou d'autres récoltes, les habitants du pays ayant fait leur provision, achètent les denrées qui restent, afin de les revendre plus tard avec profit, ne pèchent ni contre la justice, ni contre la charité, lors même qu'ils revendraient au maximum du prix de la marchandise (3).

860. Ce que nous avons dit de la vente s'applique, généralement, à l'échange. L'échange est un contrat par lequel les parties se donnent respectivement une chose pour une autre; il s'opère, comme la vente, par le seul consentement des parties (4).

---

(1) Lib. III. n° 817. — (2) S. Alphonse, ibid. — (3) Ibid. n° 816. — (4) Cod. civ. art. 1702, etc.

CHAPITRE XIII.

Du Contrat de louage.

861. Il y a deux sortes de contrats de louage : celui des choses, et celui d'ouvrage. Le louage des choses est un contrat par lequel l'une des parties s'oblige à faire jouir l'autre d'une chose pendant un certain temps, et moyennant un certain prix que celle-ci s'oblige à lui payer. Celui qui s'oblige à faire jouir l'autre, se nomme *locateur* ou *bailleur;* l'autre s'appelle *locataire* ou *preneur*, et *colon* ou *fermier*, quand il s'agit du louage des héritages ruraux. Le louage d'ouvrage est un contrat par lequel l'une des parties s'engage à faire quelque chose pour l'autre, moyennant un prix convenu entre elles. Un domestique, par exemple, loue son travail. Ces deux genres de louage se subdivisent en plusieurs espèces particulières. On appelle *bail à loyer*, le louage d'un meuble, d'une maison; *bail à ferme*, celui d'un héritage rural; *loyer*, le louage du travail ou du service; *bail à cheptel*, celui des animaux dont le profit se partage entre le propriétaire et celui à qui il les confie. Les *devis*, *marché* ou *prix fait*, pour l'entreprise d'un ouvrage moyennant un prix déterminé, sont aussi un louage, lorsque la matière est fournie par celui pour qui l'ouvrage se fait. Il en est du contrat de louage comme du contrat de vente, il peut se faire par écrit ou verbalement (1).

On peut louer toutes sortes de biens, corporels ou incorporels, meubles ou immeubles. On n'excepte que les choses qui se consomment par l'usage qu'on en fait; elles se prêtent, mais elles ne se louent pas.

ARTICLE I.

Règles communes aux Baux à loyer et à ferme.

862. Le bailleur est obligé, par la nature du contrat, et sans qu'il soit besoin d'aucune stipulation particulière, 1° de livrer au preneur la chose louée; 2° de l'entretenir en état de servir à l'usage

---

(1) Cod. civ. art. 1714.

pour lequel elle a été louée ; 3° d'en faire jouir paisiblement le preneur pendant toute la durée du bail.

La chose doit être délivrée en bon état de réparations de toute espèce, de manière à ce qu'elle puisse être employée utilement à l'usage auquel elle est destinée. Le bailleur doit y faire, pendant la durée du bail, toutes les réparations nécessaires, autres que les réparations locatives ; mais il ne peut changer la forme de cette même chose sans le consentement du preneur. Il est de plus obligé de garantir le preneur, et des troubles ou empêchements qui pourraient être apportés à sa jouissance par ceux qui élèveraient des prétentions sur la propriété du fonds, et des vices ou défauts de la chose qui peuvent en empêcher l'usage. Il est tenu de cette garantie, lors même qu'il n'aurait pas connu ces défauts lors du bail. Aussi, si, pendant la durée du bail, la chose louée est détruite en totalité par cas fortuit, le bail est résilié de plein droit ; si elle n'est détruite qu'en partie, le preneur peut, suivant les circonstances, demander une diminution de prix, ou la résiliation même du bail. Dans l'un et l'autre cas, il n'y a lieu à aucun dédommagement. Si cependant le vice de la chose existait au moment du bail, et qu'il en soit résulté quelque perte pour le preneur, le bailleur est tenu de l'indemniser (1).

863. Les obligations principales du preneur sont, d'user de la chose louée en *bon père de famille*, et de payer le prix convenu par le bail. La première de ces obligations en contient trois autres, savoir : 1° l'obligation de ne faire servir la chose qu'aux usages convenus dans le bail, ou, à défaut de convention, à ceux qui doivent être présumés d'après les circonstances, ou à ceux auxquels elle est naturellement destinée ; 2° l'obligation d'apporter à la conservation de la chose le même soin qu'un père de famille a de la sienne propre ; 3° l'obligation de rendre la chose à la fin du bail telle qu'il l'a reçue, d'après l'état fait entre lui et le bailleur. S'il n'a pas été fait d'état des lieux, il est présumé avoir reçu la chose en bon état de réparations locatives. Quant aux dégradations et pertes survenues pendant sa jouissance, il n'en est responsable qu'autant qu'elles seraient arrivées par sa faute, ou par la faute des personnes de sa maison, ou par celle de ses sous-locataires. Le preneur peut sous-louer, et même céder en totalité son bail à un autre, quand cette faculté ne lui a pas été interdite ; mais il reste garant des faits du cessionnaire ou sous-locataire.

(1) Cod. civ. art. 1719, etc.

Quant au prix du bail, il doit être payé aux termes convenus, ou réglés par l'usage, à défaut de convention (1).

Le bail est résolu, 1° par le mutuel consentement des parties, sauf le droit des tiers ; 2° par l'expiration du temps convenu pour la durée de la jouissance ; 3° par la résolution du droit du bailleur, mais dans certains cas seulement ; 4° par la perte de la chose louée ; 5° par l'inexécution des engagements de la part du bailleur ou du preneur (2).

ARTICLE II.

Règles particulières aux Baux à loyer.

864. Dans le droit actuel, en France, le bailleur est strictement tenu de faire jouir le preneur pendant le temps fixé par le bail : il ne peut résoudre la location, encore qu'il déclare vouloir occuper par lui-même la maison louée, qu'autant qu'il s'en est réservé le droit par le bail ; et alors il est tenu de signifier d'avance un congé aux époques déterminées par l'usage des lieux. Il est tenu des réparations, même de celles qui sont dites locatives, quand elles sont occasionnées par vétusté ou force majeure (3).

Dans le bail à loyer, le preneur est tenu de garnir la maison de meubles suffisants pour répondre du loyer, ou de donner des sûretés équivalentes ; et il est chargé des réparations locatives ou de menu entretien, s'il n'y a clause du contraire. Ces réparations sont celles qui sont désignées comme telles par l'usage des lieux ; et, entre autres, les réparations à faire aux âtres, contre-cœurs, chambranles et tablettes des cheminées ; au recrépiment du bas des murailles des appartements et autres lieux d'habitation, à la hauteur d'un mètre ; aux pavés et carreaux des chambres, lorsqu'il y en a seulement quelques-uns de cassés ; aux vitres, à moins qu'elles ne soient cassées par la grêle, ou autres accidents extraordinaires et de force majeure ; aux portes, croisées, planches de cloison ou de fermeture de boutiques, gonds, targettes et serrures. Mais les réparations locatives ne sont point à la charge du locataire, quand elles ne sont occasionnées que par vétusté ou force majeure (4).

865. S'il s'agit du bail d'un appartement meublé, il est censé

---

(1) Cod. civ. art. 1728, etc. — (2) Ibid. art. 1736, etc. — (3) Ibid. art. 1761, 1755, etc. — (4) Ibid. art. 1752, etc., etc.

fait à l'année, au mois ou au jour, suivant que le prix a été fixé de tant par an, par mois ou par jour. S'il n'y a rien de constaté à cet égard, la location est censée faite suivant l'usage des lieux. Si des meubles ont été loués à l'effet de garnir une maison, corps de logis, boutiques, ou autres appartements, le bail, à moins de stipulation contraire, est toujours censé fait pour une durée égale à la durée ordinaire du bail des lieux ou appartements qu'ils doivent garnir, d'après l'usage du pays (1).

ARTICLE III.

Règles particulières aux Baux à ferme.

866. Le bailleur est tenu de délivrer la contenance portée dans le contrat : en cas de différence, il y a lieu à augmentation ou diminution de prix. Le preneur doit cultiver le fonds en *bon père de famille;* il doit le garnir de bestiaux et ustensiles nécessaires à son exploitation, et engranger dans les lieux à ce destinés, d'après le bail ou l'usage du pays. Il ne peut d'ailleurs employer la chose louée à un autre usage que celui auquel elle a été destinée. S'il cultive sous la condition d'un partage de fruits avec le bailleur, il ne peut ni sous-louer, ni céder, à moins que la faculté ne lui en ait été expressément accordée par le bail.

Si le bail est fait pour plusieurs années, et que, pendant la durée du bail, la totalité ou la moitié d'une récolte au moins soit enlevée par des cas fortuits, il est dû au fermier une remise du prix de sa location, à moins qu'il ne soit indemnisé par les récoltes précédentes. S'il n'est pas indemnisé, l'estimation de la remise ne peut avoir lieu qu'à la fin du bail, auquel temps il se fait une compensation de toutes les années de jouissance. Si le bail n'est que d'une année, et que la perte soit de la totalité des fruits, ou au moins de la moitié, le preneur sera déchargé d'une partie proportionnelle du prix de la location.

Au reste, on doit, sur ce point comme sur tout autre, s'en tenir à ce qui a été convenu; car le preneur peut être chargé des cas fortuits par une stipulation expresse. Toutefois, cette stipulation ne s'entend que des cas fortuits ordinaires, tels que grêle, feu du ciel, gelée ou coulure. Elle ne s'entend pas des cas fortuits extraordinaires, tels que les ravages de la guerre, ou d'une inondation,

---

(1) Cod. civ. art. 1757.

auxquels le pays n'est pas ordinairement sujet, à moins que le preneur n'ait été chargé de tous les cas fortuits prévus et imprévus (1).

Le bail, sans écrit, d'un fonds rural, est censé fait pour le temps qui est nécessaire au preneur pour recueillir tous les fruits de l'héritage affermé. Ainsi, le bail d'un pré, d'une vigne et de tout autre fonds, dont les fruits se recueillent en entier dans le cours de l'année, est censé fait pour un an. Le bail des terres labourables, lorsqu'elles se divisent en soles ou saisons, est censé fait pour autant d'années qu'il y a de soles (2).

Pour ce qui regarde les obligations du fermier sortant et du fermier entrant, il faut s'en tenir à ce qui a été convenu entre le bailleur et le preneur, et, à défaut de toute convention, à l'usage des lieux.

ARTICLE IV.

Du Bail à cheptel.

867. Le bail à cheptel est un contrat par lequel l'une des parties donne à l'autre un fonds de bétail, pour le garder, le nourrir et le soigner, sous certaines conditions convenues entre elles. On distingue le cheptel simple ou ordinaire, le cheptel à moitié, le cheptel donné au fermier ou au colon partiaire, et le cheptel improprement dit. On peut donner à cheptel toute espèce d'animaux susceptibles de croît ou de profit pour l'agriculture ou le commerce.

A défaut de conventions particulières, le bail à cheptel se règle par les principes suivants :

868. 1° *Du cheptel simple.* C'est un contrat par lequel on donne à un autre des bestiaux à garder, nourrir et soigner, à condition que le preneur profitera de la moitié du croît, et qu'il supportera aussi la moitié de la perte. Le bailleur demeure propriétaire du cheptel.

Le preneur doit les soins d'un *bon père de famille* à la conservation du cheptel. Il n'est tenu du cas fortuit que lorsqu'il a été précédé de quelque faute de sa part, sans laquelle la perte ne serait pas arrivée. Dans tous les cas, le preneur, déchargé de ces cas fortuits, est tenu de rendre compte des peaux. Si le cheptel périt en entier sans la faute du preneur, la perte est pour le bailleur : *res perit domino*. S'il n'en périt qu'une partie, la perte est supportée en

---

(1) Cod. civ. art. 1763, etc. — (2) Ibid. art. 1774, etc.

commun d'après le prix de l'estimation originaire, et celui de l'estimation à l'expiration du cheptel (1).

869. On ne peut stipuler que le preneur supportera la perte totale du cheptel, quoique arrivée par cas fortuit et sans qu'il y ait de sa faute; ou qu'il supportera, dans la perte, une part plus grande que dans le profit; ou que le bailleur prélèvera, à la fin du bail, quelque chose de plus que le cheptel qu'il a fourni. Toute convention semblable serait nulle, comme étant contraire aux règles de l'équité qui doit régner dans tous les contrats.

Le preneur profite seul des laitages, du fumier et du travail des animaux; mais la laine et le croit se partagent.

S'il n'y a pas de temps fixé par la convention pour la durée du cheptel, il est censé fait pour trois ans. A la fin du bail, ou lors de sa résolution, il se fait une nouvelle estimation du cheptel. Le bailleur prélève des bêtes de chaque espèce, jusqu'à concurrence de la première estimation; puis l'excédant se partage. S'il n'existe pas assez de bêtes pour remplir la première estimation, le bailleur prend ce qui reste, et les parties se font raison du surplus (2).

870. *Le cheptel à moitié.* C'est une société dans laquelle chacun des contractants fournit la moitié des bestiaux, qui demeurent communs pour le profit ou pour la perte. Le preneur profite seul, comme dans le cheptel simple, des laitages, du fumier et des travaux des bêtes; et le bailleur n'a droit qu'à la moitié des laines et du croit. Toute convention contraire est nulle; sauf le cas où le bailleur serait propriétaire de la ferme ou métairie occupée par le preneur. Toutes les autres règles du cheptel simple s'appliquent au cheptel à moitié (3). Mais il faut remarquer que, si le troupeau périt, la perte se partage entre le bailleur et le preneur : *res perit domino.*

871. *Cheptel donné au fermier.* Ce cheptel, qu'on appelle aussi *cheptel de fer*, est celui par lequel le propriétaire d'une métairie la donne à ferme, à la charge qu'à l'expiration du bail le fermier laissera des bestiaux d'une valeur égale au prix de l'estimation de ceux qu'il aura reçus. L'estimation du cheptel donné au fermier ne lui en transfère pas la propriété; néanmoins, elle le met à ses risques.

Tous les profits des bestiaux sans exception appartiennent au

---

(1) Cod. civ. art. 1804, etc. — (2) Ibid. art. 1811, etc. — (3) Ibid. art. 1818, etc.

fermier pendant toute la durée du bail. Mais il est tenu d'employer exclusivement les fumiers à l'exploitation et à l'amélioration de la ferme, et de supporter même la perte totale, et survenue par cas fortuit. Les parties peuvent, au surplus, déroger à ces deux dispositions par des stipulations particulières.

A la fin du bail, le fermier ne peut retenir le cheptel en en payant l'estimation originaire ; il doit en laisser un de valeur pareille à celui qu'il a reçu. S'il y a du déficit, il doit le payer ; il garde seulement l'excédant. C'est ce qui a fait donner à ce contrat le nom de *cheptel de fer*, parce que le fond du cheptel reste toujours le même, étant attaché et comme enchaîné à la métairie (1).

Cheptel donné au colon partiaire. Ce bail est soumis, en général, à toutes les règles du cheptel simple, sauf les exceptions suivantes : 1° On peut stipuler que le bailleur aura une partie des laitages, au plus la moitié ; qu'il aura une plus grande part que le preneur dans les autres profits ; qu'il aura droit de prendre la part du colon dans la tonte, à un prix inférieur à la valeur ordinaire. 2° Ce bail ne finit qu'avec la métairie (2).

872. *Cheptel improprement dit.* Il a lieu lorsqu'une ou plusieurs vaches sont données à quelqu'un qui se charge de les loger et de les nourrir sous la condition d'en avoir tous les profits, excepté les veaux, qui appartiennent au bailleur, lequel conserve également la propriété des vaches (3).

ARTICLE V.

Du Louage d'ouvrage et d'industrie.

873. Il y a trois espèces principales de louage d'ouvrage et d'industrie : 1° le louage des gens de travail qui s'engagent au service de quelqu'un ; 2° celui des entrepreneurs d'ouvrages par suite de devis ou marchés ; 3° celui des voituriers, tant par terre que par eau, qui se chargent des personnes et des marchandises. Un domestique, un ouvrier ne peut engager ses services qu'à temps, ou pour une entreprise déterminée. La loi regarde comme nulle la convention par laquelle un homme s'engage à servir toute sa vie une autre personne.

Les conventions faites entre les maîtres et les domestiques doivent être exécutées de bonne foi, eu égard à l'usage du pays ; elles

---

(1) Cod. civ. art. 1821, etc. — (2) Ibid. art. 1827, etc. — (3) Ibid. art. 1831.

tiennent lieu de loi, quand elles n'ont rien de contraire ni à la religion, ni aux bonnes mœurs. D'après ce principe, si le maître ou le domestique n'exécute pas ses engagements, ils sont tenus réciproquement de se dédommager. Le serviteur qui n'a nullement à se plaindre de son maître, ne peut quitter son service avant le temps convenu. Le maître ne peut non plus, sans raison légitime, renvoyer son serviteur avant l'expiration du terme fixé par l'usage ou la convention. Mais si le domestique tombe malade au point de ne pouvoir faire son service, le maître est-il obligé de lui payer son salaire? Non : il n'est pas même tenu de supporter les frais de maladie, à moins que le domestique ne se trouve dans le cas d'une nécessité grave : encore cette obligation n'est-elle qu'une obligation de charité.

874. Lorsqu'on charge quelqu'un de faire un ouvrage, on peut convenir qu'il fournira la matière et l'industrie, ou qu'il fournira seulement son industrie, son travail. Dans le premier cas, si la chose vient à périr, de quelque manière que ce soit, avant d'être livrée, la perte en est pour l'ouvrier, à moins que le maître ne fût en demeure de recevoir la chose. Dans le second cas, si la chose vient à périr, l'ouvrier ne peut être tenu que de sa faute et de celle des ouvriers qu'il a employés. Mais, lors même que la perte n'est arrivée, ni par son fait, ni par celui de ses préposés, il n'a point de salaire à réclamer, excepté dans les trois cas suivants : 1° si l'ouvrage a été reçu et vérifié; 2° si le maître est en demeure de le recevoir ou de le vérifier; 3° si la chose a péri par le vice de la matière (1).

875. Les voituriers par terre et par eau sont assujettis, pour la garde et la conservation des choses qui leur sont confiées, aux mêmes obligations que les aubergistes. Ils répondent non-seulement de ce qu'ils ont déjà reçu dans leur bâtiment ou voiture, mais encore de ce qui leur a été remis sur le port ou dans l'entrepôt, pour être placé dans leur bâtiment ou voiture. Ils sont aussi responsables de la perte et des avaries des choses qui leur sont confiées, à moins qu'ils ne prouvent qu'elles ont été perdues ou avariées par cas fortuit ou force majeure (2).

(1) Cod. civ. art. 1787. — (2) Ibid. art. 1784.

CHAPITRE XIV.

Du Contrat de société.

876. La société est un contrat par lequel deux ou plusieurs personnes conviennent de mettre quelque chose en commun, dans la vue de partager le bénéfice qui pourra en résulter. Ce contrat n'est point solennel; il n'exige aucune formalité particulière. Les sociétés sont universelles ou particulières. On distingue deux sortes de sociétés universelles : la société de tous les biens présents, et la société universelle des gains.

La société de tous les biens présents est celle par laquelle les parties mettent en commun tous les biens meubles et immeubles qu'elles possèdent actuellement, et les profits qu'elles pourront en retirer. Elles peuvent aussi y comprendre toute autre espèce de gains; mais les biens qui pourraient leur avenir par succession, donation ou legs, n'entrent dans cette société que pour la jouissance; toute stipulation tendante à faire entrer la propriété de ces biens est prohibée, sauf entre époux, et conformément à ce qui est réglé à leur égard. La société universelle de gains renferme tout ce que les parties acquerront par leur industrie, à quelque titre que ce soit, pendant le cours de la société. Les meubles que chacun des associés possède au temps du contrat y sont aussi compris; mais leurs immeubles personnels n'y entrent que pour la jouissance seulement.

Les sociétés universelles ne peuvent avoir lieu entre personnes incapables de se donner ou de recevoir l'une de l'autre, ni entre celles auxquelles il est défendu de s'avantager au préjudice d'autres personnes (1).

La société particulière est celle qui ne s'applique qu'à certaines choses déterminées, ou à leur usage, ou aux fruits à en percevoir. Le contrat par lequel plusieurs personnes s'associent, soit pour une entreprise désignée, soit pour l'exercice de quelque métier ou profession, est encore une société particulière (2).

877. Les parties peuvent convenir que la société commencera au bout d'un certain temps, ou après l'événement d'une certaine con-

---

(1) Cod. civ. art. 1832, etc. — (2) Ibid. art. 1841, etc.

dition. S'il n'y a rien de stipulé à cet égard, elle commence à l'instant même du contrat. Elles peuvent également déterminer que la société finira après un certain temps ou après un certain événement. A défaut de convention à cet égard, la société finit, 1° par l'extinction de la chose qui en était l'objet, ou la consommation de la négociation; 2° par la mort naturelle de quelqu'un des associés; 3° par la mort civile, l'interdiction ou la déconfiture de l'un d'eux; 4° par la volonté qu'un seul ou plusieurs expriment de n'être plus en société. Mais la dissolution de la société par la volonté de l'une des parties ne s'applique qu'aux sociétés dont la durée est illimitée (1).

878. Le contrat de société est permis, mais à certaines conditions : il faut 1° qu'il soit licite dans son objet. On ne peut s'associer ni pour un commerce de contrebande, ni pour tenir un mauvais lieu, ni pour des manœuvres qui tendraient à faire hausser le prix des denrées ou marchandises, ni enfin pour aucune entreprise, aucun fait contraire aux lois et aux bonnes mœurs. 2° Que chaque associé apporte, ou de l'argent, ou d'autres biens, ou son industrie : il est de l'essence du contrat de société que chaque associé apporte quelque chose en commun. 3° Que chaque associé ait part au profit comme aux pertes, à raison de sa mise dans la société : « So« cietas cum contrahitur, tam lucri quam damni communio ini« tur (2). » S'il était convenu que le profit appartiendra en entier à l'une des parties contractantes, une telle convention ne serait pas un contrat de société, mais une injustice manifeste. Suivant le Code civil, « la convention qui donnerait à l'un des associés la totalité « du bénéfice est nulle. Il en est de même de la stipulation qui af« franchirait de toute contribution aux pertes les sommes ou effets « mis dans le fonds de société par un ou plusieurs des associés(3). »

879. Relativement aux engagements des associés entre eux, nous nous bornerons à faire remarquer, 1° que chaque associé est débiteur, envers la société, de tout ce qu'il a promis d'y apporter; 2° que l'associé qui est soumis à apporter son industrie à la société lui doit compte de tous les gains qu'il a faits par l'espèce d'industrie qui est l'objet de cette société; 3° que chaque associé est tenu envers la société des dommages qu'il lui a causés par sa faute, sans pouvoir compenser avec ses dommages les profits que son industrie lui aurait procurés dans d'autres affaires. Mais il n'y a faute de la part de l'associé que quand il n'apporte pas aux

---

(1) Cod. civ. art. 1843, 1865, etc.— (2) L. 67. Cod.— (3) Cod. civ. art. 1855.

affaires de la société le même soin qu'à ses propres affaires. 4° Que si les choses dont la jouissance seulement a été mise dans la société sont des corps certains et déterminés, qui ne se consomment point par l'usage, elles restent aux risques de l'associé propriétaire. Mais si ces choses se consomment par l'usage qu'on en fait, ou si, sans être consomptibles, elles se détériorent, se dégradent en les gardant; ou si elles ont été destinées à être vendues, ou si encore elles ont été mises dans la société sur une estimation avec inventaire, elles sont aux risques de la société, qui en est devenue propriétaire. Si la chose a été estimée, l'associé ne peut répéter que le montant de son estimation. 5° Que, lorsque l'acte de société ne détermine point la part de chaque associé dans les bénéfices ou pertes, la part de chacun est en proportion de sa mise dans le fonds de la société. Quant à celui qui n'a apporté que son industrie, sa part dans les bénéfices ou dans les pertes est réglée comme si sa mise eût été égale à celle de l'associé qui a le moins apporté (1).

880. Que doit-on penser du *triple contrat?* Le triple contrat se compose, 1° d'un contrat de société; 2° d'un contrat d'assurance pour le capital; 3° du contrat d'assurance pour un certain profit déterminé, moindre que le profit que l'on espère tirer du contrat de société. Exemple : Je fais un contrat de société avec Pierre, auquel je donne un fonds de 100,000 fr., espérant tirer de ce premier contrat un profit d'environ 15,000 fr.; je fais aussitôt un second contrat avec mon associé, en lui offrant sur ce profit une remise de 5,000 fr., à condition qu'il m'assurera le capital, se chargeant des risques et périls. Puis, par un troisième contrat, je lui fais encore une remise de 5,000 fr. sur le même profit qui est plus ou moins probable, à charge par lui de m'assurer l'autre partie du profit, qui se trouve réduite à 5,000 fr.; de sorte que Pierre se charge de tout, moyennant l'obligation qu'il contracte de me rendre, à l'expiration du contrat de société, le capital que je lui ai livré, et, en outre, un profit de cinq pour cent.

881. Or, ces trois contrats, faits en même temps ou à peu près dans le même temps entre les associés, sont-ils permis? C'est une question vivement agitée parmi les docteurs. Les uns (2) les regardent comme illicites, usuraires, injustes; car, disent-ils, ces trois contrats ne sont, sous une autre forme, que le prêt à intérêt;

---

(1) Voyez le Cod. civ. art. 1845, etc. — (2) Soto, Genet, Noël Alexandre, de Sainte-Beuve, Antoine, Collet, Concina, etc., etc.

ils détruisent le contrat de société, puisqu'ils affranchissent de toute perte l'un des associés. Ils invoquent d'ailleurs la bulle *Detestabilis* de Sixte-Quint, qui paraît être contraire au triple contrat. Les autres(1), dont saint Alphonse de Liguori croit le sentiment assez probable, *satis probabilis* (2), pensent que les trois contrats sont permis, pourvu que les parties aient vraiment l'intention de faire un contrat de société, et que celui qui reçoit le fonds en argent soit obligé de l'employer au commerce pour lequel la société a été établie. Ces auteurs ajoutent qu'il n'est pas exact de dire qu'un contrat fait de cette manière se change en prêt, puisque l'associé qui reçoit l'argent ne peut pas, comme dans le simple prêt, en disposer à volonté. Quant à la bulle de Sixte-Quint, ils répondent qu'elle n'est point applicable au triple contrat. Aussi, le pape Benoît XIV, après avoir rapporté les raisons et les autorités pour ou contre, ajoute que le saint-siége n'a pas encore, jusqu'ici, censuré l'opinion qui est pour le triple contrat, et qu'un évêque doit s'abstenir de la censurer : « Neque apostolica sedes priori opi- « nioni, etsi minus congruere videatur Sixtinæ constitutioni, ullam « hactenus censuram inussit, a qua proinde eidem infligenda debet « episcopus abstinere (3). » On peut donc tolérer, dans la pratique, ceux qui ont recours aux trois contrats pour faire valoir leur argent. Néanmoins, comme ces trois contrats sont dangereux, de l'aveu de tous, il faut en dissuader les fidèles. C'est l'avis du même Pape (4) et de saint Alphonse de Liguori. « Cæterum, quia non po- « test negari hujusmodi contractum periculo non carere animi usu- « rarii, hinc censeo, dit ce saint évêque, expedire ut prima sententia « (contra trinum contractum) universe omnibus suadeatur (5). »

CHAPITRE XV.

Du Dépôt.

882. Le dépôt, en général, est un acte par lequel on reçoit la chose d'autrui, à la charge de la garder, et de la restituer en nature.

---

(1) Navarre, de Lugo, Lessius, Bonacina, Laymann, etc., etc. — (2) Lib. III. n° 908. — (3) De Synod. diœces. lib. VII. cap. 50. — (4) Ibidem. — (5) Lib. III. n° 908.

Il y a **deux espèces de dépôts** : le dépôt proprement dit et le séquestre.

Le dépôt proprement dit est un contrat par lequel une personne confie une chose corporelle et mobilière à garder à une autre, qui s'en charge gratuitement, et s'oblige de la rendre à la volonté du déposant. C'est un contrat essentiellement gratuit, contrat réel, qui n'est parfait que par la tradition de la chose déposée. Il ne peut avoir pour objet que des choses mobilières. Ce dépôt est volontaire ou nécessaire.

ARTICLE I.

Du Dépôt volontaire.

883. Le dépôt volontaire se forme par le consentement réciproque de la personne qui fait le dépôt et de celle qui le reçoit. Il ne peut régulièrement être fait que par le propriétaire de la chose déposée, ou de son consentement exprès ou tacite.

Le dépositaire est tenu, par la nature du contrat, d'apporter, dans la garde de la chose déposée, les mêmes soins qu'il apporte à la garde des choses qui lui appartiennent. Toutefois, on a droit d'exiger de lui une exactitude plus rigoureuse dans les cas suivants : 1° si le dépositaire s'est offert lui-même pour recevoir le dépôt ; 2° s'il a stipulé un salaire pour la garde du dépôt ; 3° si le dépôt a été fait uniquement pour l'intérêt du dépositaire ; 4° s'il a été convenu expressément que le dépositaire répondrait de toute espèce de faute. Mais le dépositaire n'est tenu, en aucun cas, des accidents de force majeure, à moins qu'il n'ait été mis en demeure de restituer la chose déposée.

Il ne peut se servir de la chose déposée sans permission expresse ou présumée du déposant. Il ne doit point non plus chercher à connaître quelles sont les choses qui forment le dépôt, si elles lui ont été confiées dans un coffre fermé ou sous enveloppe cachetée.

884. Le dépositaire doit rendre identiquement la chose même qu'il a reçue. Si donc le dépôt est d'argent monnayé, il doit rendre les mêmes pièces, sans égard à l'augmentation ou à la diminution qui a pu s'opérer dans leur valeur. Il est tenu de rendre la chose dans l'état où elle se trouve au moment de la restitution, et il ne répond que des détériorations survenues par son fait. Si par dol, ou par quelque faute du genre de celles dont il est tenu, il a

cessé de posséder la chose, il en doit restituer la valeur, avec dommages et intérêts, s'il y a lieu. Il en est de même à l'égard de son héritier, s'il avait connaissance du dépôt. Si, au contraire, il a vendu la chose de bonne foi, il n'est tenu que de rendre le prix qu'il a reçu, ou de céder son action contre l'acheteur, s'il n'a pas touché le prix.

Le dépositaire ne doit restituer la chose déposée qu'à celui qui la lui a confiée, ou à celui au nom duquel le dépôt a été fait, ou à celui qui a été indiqué pour le recevoir. En cas de mort de la personne qui a fait le dépôt, la chose déposée ne peut être rendue qu'à ses héritiers.

Les obligations du dépositaire cessent, s'il vient à découvrir qu'il est lui-même propriétaire de la chose déposée.

Le déposant est obligé de rembourser au dépositaire les dépenses qu'il a faites pour la conservation de la chose déposée, et de l'indemniser de tout le préjudice que le dépôt peut lui avoir occasionné. Le dépositaire peut retenir la chose déposée jusqu'à l'entier payement de tout ce qui lui est dû (1).

ARTICLE II.

Du Dépôt nécessaire.

885. Le dépôt nécessaire est celui qui a été forcé par quelque accident, tel qu'un incendie, une ruine, un pillage, un naufrage ou autre événement imprévu. Ce dépôt est régi par les mêmes règles que le dépôt volontaire.

Les aubergistes ou hôteliers sont responsables, comme dépositaires, des effets apportés par le voyageur qui loge chez eux. Le dépôt de ces sortes d'effets est regardé comme un dépôt nécessaire. Il se forme une convention entre l'hôtelier et le voyageur, par laquelle l'hôtelier s'oblige, envers le dernier, de le loger, et de garder ses hardes, chevaux et autres équipages; et le voyageur, de son côté, s'oblige de payer la dépense.

Il n'est pas nécessaire que le voyageur remette ses effets au maître lui-même; celui-ci répond de ses domestiques et des personnes qui font le service de sa maison. Ainsi, lorsqu'un voyageur donne aux domestiques qui le conduisent dans les chambres une valise ou

---

(1) Voyez le Cod. civ. art. 1917, etc.

autres effets, ou lorsqu'il remet son cheval dans l'écurie à la garde du palefrenier, le maître en répond comme si la remise lui en avait été faite à lui-même (1). Il n'en serait pas de même si un voyageur imprudent remettait, hors de la présence du maître, des effets à un enfant ou à une autre personne qu'il trouve à la porte, et qu'il a crue, par erreur, domestique de la maison : dans ce cas, le maître n'en répondrait pas; il n'en *répond* que lorsque le dépôt a été fait à lui-même ou à ses domestiques. Mais il n'est point responsable des vols faits avec force armée où autre force majeure (2).

ARTICLE III.

Du Séquestre.

886. Le séquestre est le dépôt d'une chose contentieuse, entre les mains d'un tiers qui s'oblige de la garder et de la remettre, après la contestation terminée, à celui auquel elle aura été adjugée. Le séquestre est conventionnel ou judiciaire. Il est conventionnel, quand il a été fait du consentement des parties, sans ordonnance du juge. Il peut n'être pas gratuit; et, à la différence du dépôt proprement dit, qui n'a pour objet que des effets mobiliers, le séquestre peut avoir lieu même pour des immeubles. Le séquestre judiciaire est celui qui est fait par l'ordre de la justice (3).

CHAPITRE XVI.

Du Jeu, de la Rente viagère, et autres Contrats aléatoires.

887. Le contrat aléatoire est une convention réciproque, dont les effets, quant aux avantages et aux pertes, soit pour toutes les parties, soit pour une ou plusieurs d'entre elles, dépendent d'un événement incertain : tels sont le contrat d'assurance, le prêt à grosse aventure, le jeu et le pari, et le contrat de rente viagère (4). Dans ces sortes de contrats, la perte ou le bénéfice des parties dépend d'un événement incertain : aussi n'y a-t-il jamais lieu à rescision pour cause de lésion.

---

(1) L. 1. § 3. *Nautæ, caupones.* — (2) Cod. civ. art. 1949, etc. — (3) Voyez le Cod. civ. art. 1955, etc. — (4) Ibidem. art. 1964.

Le contrat d'*assurance* est celui par lequel une des parties répond, moyennant un prix convenu, du risque des cas fortuits auxquels se trouve exposée la chose d'un autre. Toute réticence, toute fausse déclaration de la part de l'assuré, toute différence entre le contrat d'assurance et le connaissement, qui diminueraient l'opinion du risque ou en changeraient le sujet, annulent l'assurance. L'assurance est encore nulle, même dans le cas où la réticence, la fausse déclaration ou la différence n'auraient pas influé sur le dommage ou la perte de l'objet assuré (1).

Le prêt à *grosse aventure* est celui qui est fait sur des objets composant une expédition maritime, avec la condition que si les objets périssent, la somme prêtée ne sera point remboursée, et que, s'ils ne périssent pas, le prêteur recevra non-seulement la somme prêtée, mais encore un profit convenu, qui peut excéder l'intérêt du prêt fixé par la loi. Ce contrat diffère essentiellement du simple prêt, où la chose prêtée demeure aux risques de l'emprunteur, qui en est devenu le propriétaire absolu (2).

ARTICLE I.

Du Jeu.

888. Le jeu, en général, est la convention faite par les parties, que celle qui perdra payera à l'autre une certaine somme ou une certaine chose. Le *pari* est la convention par laquelle deux personnes, prétendant que telle chose est ou n'est pas, que tel événement arrivera ou n'arrivera pas, stipulent que celle qui se trouvera avoir tort payera à l'autre telle ou telle chose déterminée.

Le jeu n'est point mauvais de sa nature; mais il est facile d'en abuser. On doit donc le régler suivant les principes de la sagesse chrétienne, par rapport aux personnes, aux temps, aux lieux et aux circonstances qui l'accompagnent. « Attendendum est, dit « saint Thomas, sicut et in omnibus aliis humanis actionibus, ut « ludus congruat personæ, tempori et loco, et secundum alias cir- « cumstantias debite ordinetur, ut scilicet sit tempore et homine « dignus (3). »

889. On distingue les jeux de hasard, ainsi appelés parce qu'ils dépendent uniquement du hasard, sans que l'adresse y ait aucune

---

(1) Voyez le Code de commerce, art. 332 et suiv. — (2) Ibid. art. 311 et suiv. — (3) Sum. part. 2. 2. quæst. 168. art. 2.

part, comme sont les jeux de dés, certains jeux de cartes, et la loterie ; les jeux d'adresse, qui dépendent principalement de l'industrie, comme les jeux de dames, d'échecs, de billard, de paume, et autres jeux qui tiennent à l'exercice du corps ; enfin, les jeux mixtes, où il y a autant d'adresse que de hasard, moralement parlant, comme, par exemple, le tric trac et certains jeux de cartes. Les jeux de hasard sont généralement défendus par les lois de l'Église ; mais la rigueur des anciens canons se trouve, sur ce point, tempérée par l'usage, du moins pour ce qui concerne les laïques.

Relativement aux dettes du jeu, nous disons, 1° qu'on est tenu, naturellement et civilement, de payer les dettes contractées aux jeux d'adresse, quand ces dettes ne sont pas trop considérables, eu égard à la position des personnes intéressées. En refusant toute action pour une dette du jeu ou le payement d'un pari, la loi excepte de cette disposition « les jeux propres à exercer au fait des armes, « les courses à pied ou à cheval, les courses de chariot, le jeu de « paume et autres jeux de même nature, qui tiennent à l'adresse et « à l'exercice du corps (1). » Néanmoins, pour ce qui regarde l'obligation civile, il est important de faire remarquer que « le tribunal « peut rejeter la demande quand elle lui paraît excessive (2). »

Nous disons, 2° que, suivant le sentiment qui nous paraît le plus probable (3), on est obligé, en conscience, d'acquitter même celles des dettes de jeu auxquelles la loi refuse son action, parce qu'elles paraissent excessives, ou parce qu'elles ont été contractées par un pari ou à un jeu de hasard. Le jeu, même illicite à raison de la défense de jouer, est un contrat aléatoire qui oblige naturellement les parties, tandis qu'il n'est point cassé, annulé par les lois. Or, il n'existe aucune loi qui annule ce contrat. Cependant, comme ce sentiment n'est pas certain, il ne faudrait point inquiéter, au tribunal de la pénitence, ceux qui feraient difficulté de payer ce qu'ils ont perdu au jeu : on doit les y engager, sans leur en faire une obligation (4).

Nous disons, 3° qu'on peut conserver le gain qu'on a retiré du jeu, la somme qu'on a reçue du perdant, lorsque celui-ci l'a payée volontairement, si d'ailleurs il n'y a pas fraude de la part du gagnant. Qu'il s'agisse d'un jeu permis ou défendu, d'une somme excessive ou modérée, le gagnant n'est point obligé de restituer.

---

(1) Cod. civ. art. 1966. — (2) Ibidem. — (3) Voyez Sylvius, Billuart, Habert, Mgr Bouvier, Pothier, Delvincourt, etc. — (4) Voyez Sanchez, de Lugo, Lessius, S. Alphonse de Liguori, etc.

« Dans aucun cas, porte l'article 1967 du Code civil, le perdant ne « peut répéter ce qu'il a volontairement payé, à moins qu'il n'y ait « eu, de la part du gagnant, dol, supercherie ou escroquerie. » Un gain peut être illicite sans être injuste.

890. Nous disons, 4° que celui qui, en jouant, a usé de violence, de dol, de supercherie ou d'escroquerie, s'est rendu coupable d'injustice, et ne peut par conséquent retenir ce qu'il a gagné. Ainsi l'on est tenu de restituer le gain qu'on a retiré du jeu, lorsqu'on a contraint une personne à jouer, ou qu'on l'y a engagée par menaces, par injures, ou par des importunités pressantes et excessives. Ces menaces, ces injures, ces importunités trop grandes, sont comme une espèce de violence qui ne doit jamais tourner au profit de celui qui en est l'auteur. Il y a encore injustice de la part du gagnant qui a recouru à la fraude, à la supercherie. Ceux qui sont complices de la fraude, ceux qui, par exemple, font signe à un joueur pour lui donner connaissance du jeu de celui avec lequel il joue, ou qui donnent, par malice, un mauvais conseil à un joueur pour lui faire jeter une carte mal à propos, se rendent par là même complices de l'injustice, et sont obligés de la réparer, à défaut de celui qui en a profité. On doit, en cas de fraude, restituer au perdant, non-seulement ce qu'il a perdu par suite de la fraude, mais encore ce qu'il eût certainement ou probablement gagné, si on ne l'avait pas trompé. « Certum est, dit saint Alphonse de Liguori, quod « fraudator tenetur restituere non solum id quod lucratus est, sed « etiam quod alter juste lucraturus erat, si fraus abfuisset (1). »

Si le gain qu'il eût fait sans cette fraude était incertain, on doit l'indemniser à raison de l'espérance qu'il avait de gagner : « Te- « netur ad dandum alteri quantum valebat spes lucrandi.... Quia « spes illa qua alter per fraudem privatus est, jam aliquo pretio « digna erat (2). »

Nous disons, 5° qu'on est encore obligé de restituer, quand on a gagné de l'argent ou des objets qu'on savait avoir été volés, ou qu'on a joué avec des enfants de famille auxquels on a gagné ce dont ils ne pouvaient disposer. Il en est de même à l'égard des femmes qui sont sous la puissance de leur mari. Cependant la modicité des sommes qu'on aurait loyalement gagnées à ces personnes peut dispenser de la restitution ; parce qu'il est à présumer que ceux qui avaient droit de s'opposer aux pertes qu'elles font au jeu, y consentent du moins après coup. Mais et les femmes

---

(1) Lib. III. n° 882. — (2) Ibidem.

et les mineurs peuvent exposer au jeu l'argent dont ils ont la libre dispensation.

891. Nous finirons cet article en rappelant que les Pères et les docteurs de l'Église se sont constamment élevés contre ceux qui s'adonnent au jeu, surtout aux jeux de hasard. Les curés et les confesseurs feront donc tout ce qui dépendra d'eux pour prémunir les fidèles contre la passion du jeu, qui ne peut être qu'une source de désordres et dans les jeunes gens et dans les pères de famille. Ils ne peuvent tolérer, au tribunal sacré, la conduite de ceux qui s'exposent à des pertes fréquentes et considérables, capables de déranger notablement leurs affaires; ou qui tiennent des maisons de jeux de hasard, ou qui établissent ces sortes de jeux dans les rues, chemins, places ou lieux publics. Ils ne pourront non plus tolérer la conduite des enfants de famille qui, pour pouvoir jouer, commettent fréquemment des vols envers leurs parents, quelque peu considérables qu'ils soient, pris isolément.

ARTICLE II.

Du Contrat de rente viagère.

892. La constitution de rente viagère est un contrat par lequel une partie s'engage envers l'autre, à titre gratuit ou onéreux, à servir une rente annuelle, payable pendant la vie naturelle de la personne ou des personnes désignées au contrat. Si la rente viagère est constituée à titre purement gratuit, c'est une véritable donation qui doit être revêtue des formes requises pour les dispositions entre-vifs ou testamentaires, et qui est assujettie aux règles concernant la portion disponible, et la capacité du donateur et du donataire. Si, au contraire, elle est constituée à titre onéreux, elle a le caractère d'une vente, dont le prix peut consister, soit dans une somme d'argent, soit dans un meuble ou un immeuble quelconque.

La rente viagère peut être constituée, soit sur la tête de celui qui en fournit le prix, soit sur la tête d'un tiers qui n'a d'ailleurs aucun droit d'en jouir; comme elle peut l'être sur une ou sur plusieurs têtes, ou au profit d'un tiers, quoique le prix en soit fourni par une autre personne.

Tout contrat de rente viagère créé sur la tête d'une personne qui était morte au jour du contrat, est nulle et ne produit aucun effet. Si donc, par exemple, je vous donne une somme pour la constitution d'une rente sur la tête de mon frère, dont nous ignorons la mort, le contrat est nul de plein droit; je puis répéter cette somme, parce que je vous l'ai donnée sans cause. Il en est de même du contrat par lequel la rente a été créée sur la tête d'une personne atteinte de la maladie dont elle est décédée dans les vingt jours de la date du contrat.

893. La rente viagère étant un contrat aléatoire, peut être constituée aux conditions qu'il plaît aux parties de contracter. Ainsi, je puis vous donner une somme de 40,000 fr., à condition que vous me servirez pendant toute ma vie une rente annuelle de 3,000 fr. Ce contrat sera valable, quoique la rente excède l'intérêt légal; car je vous ai abandonné mon capital, et nous courons l'un et l'autre des chances de perte ou de gain, selon que je vivrai plus ou moins longtemps. Comme les chances de perte ou de gain peuvent varier, le taux de la rente peut par là-même être plus ou moins élevé, sans que le contrat puisse être attaqué pour cause d'usure ou de lésion. Si cependant le taux était excessif; si, tout considéré, il paraissait exorbitant, il serait réductible au for intérieur, au jugement des hommes prudents. Il serait évidemment injuste, généralement, d'abuser de la nécessité d'un homme qui vous demande de l'argent, pour constituer une rente viagère, à raison de trente ou de vingt pour cent.

894. Celui au profit duquel la rente viagère a été constituée, à titre onéreux, peut faire résilier le contrat, si le constituant ne lui donne pas les sûretés qu'on avait promises, sans être obligé de restituer les arrérages qu'il a perçus. Mais il ne peut demander la restitution du capital ou de l'objet aliéné à charge de la rente, pour défaut de payement des arrérages. Il a seulement droit de saisir et de faire vendre les biens de son débiteur, et de faire ordonner ou de consentir, sur le produit de la vente, l'emploi d'une somme suffisante pour le service de la rente.

Le débiteur d'une rente viagère est tenu de la servir pendant toute la vie de la personne ou des personnes désignées au contrat, quelle qu'en soit la durée, et quelque onéreux que puisse devenir le service de la rente, sans qu'il puisse s'en libérer en aucune manière, même en offrant de restituer le prix ou capital, et de renoncer à la répétition des arrérages payés.

La rente viagère n'est acquise au propriétaire ou créancier que dans la proportion du nombre de jours qu'il a vécu ou qu'a vécu la personne désignée au contrat, à moins cependant qu'il n'ait été convenu qu'elle serait payée d'avance : auquel cas le terme entier est acquis du jour où le payement a dû être fait (1).

CHAPITRE XVII.

Du Mandat.

895. Le mandat est un contrat par lequel un des contractants confie la gestion d'une ou de plusieurs affaires à l'autre, qui s'en charge et s'oblige à lui en rendre compte. On nomme *mandant* celui qui confie les pouvoirs, et *mandataire* celui qui les accepte. Le mandat prend aussi le nom de *procuration*, et le mandataire celui de *procureur fondé*. Ce contrat ne se forme que par l'acceptation du mandataire ; mais l'acceptation peut n'être que tacite, et résulter de l'exécution du mandat (2).

En acceptant le mandat, le mandataire contracte trois obligations : la première, de gérer l'affaire dont il est chargé ; la seconde, d'y apporter tout le soin qu'elle exige ; et la troisième, de rendre compte de sa gestion. Premièrement, il est tenu d'accomplir le mandat tant qu'il en demeure chargé ; et il répond des dommages-intérêts qui pourraient résulter de son inexécution. Il est même tenu d'achever la chose commencée au décès du mandant, s'il y a péril en la demeure. Mais il doit se renfermer rigoureusement dans les termes du pouvoir qui lui a été donné, en observant que le mandat, même conçu en termes généraux, n'est présumé contenir, à défaut d'une stipulation expresse, que le pouvoir de faire les actes d'administration. Ainsi, toutes les fois qu'il s'agit d'aliéner, d'hypothéquer, ou de faire quelque autre acte de propriété, le mandat doit être exprès. Par la même raison, le pouvoir de transiger ne renferme pas celui de compromettre.

896. La seconde obligation du mandataire est d'apporter à l'affaire tout le soin qu'elle exige. Il répond non-seulement du dol, mais encore des fautes qu'il commet dans sa gestion. Néanmoins, la responsabilité relative aux fautes est appliquée moins rigoureusement à celui dont le mandat est gratuit, qu'à celui qui reçoit un salaire. Il répond de celui qu'il s'est substitué dans la gestion,

---

(1) Voyez le Code civ. art. 1968 et suiv. — (2) Ibid. art. 1984 et suiv.

quand il n'a pas reçu le pouvoir de se substituer quelqu'un, ou quand ce pouvoir lui ayant été conféré sans désignation d'une personne, celui dont il a fait choix était notoirement incapable ou insolvable.

Enfin, la troisième obligation du mandataire est de rendre compte de sa gestion. Il doit, dans ce compte, faire raison au mandant de tout ce qu'il a reçu en vertu du mandat, quand même cela n'aurait point été dû au mandant. Il doit l'intérêt des sommes qu'il a employées à son propre usage, à dater du jour de cet emploi; et de celles dont il est reliquataire, à compter du jour qu'il est mis en demeure. Il ne peut pas réclamer de salaire, à moins qu'il n'y ait eu, à cet égard, une convention expresse entre le mandant et le mandataire (1).

897. Le mandant est tenu d'exécuter les engagements contractés par le mandataire, conformément au pouvoir qui lui a été donné; mais il n'est tenu de ce qui a pu être fait au delà qu'autant qu'il l'a ratifié expressément ou tacitement. Il doit aussi rembourser au mandataire les avances et frais que celui-ci a faits pour l'exécution du mandat, et lui payer ses salaires, lorsqu'il en a été promis. S'il n'y a aucune faute imputable au mandataire, le mandant ne peut se dispenser de faire ce remboursement et ce payement, lors même que l'affaire n'aurait pas réussi ; ni faire réduire le montant des frais et avances, sous le prétexte qu'ils pouvaient être moindres. Si cependant ces dépenses étaient évidemment exorbitantes, elles tomberaient dans le cas de la faute dont le mandataire est tenu.

Le mandant est encore tenu d'indemniser le mandataire des pertes que celui-ci a essuyées à l'occasion de sa gestion, sans aucune imprudence qui lui soit imputable. Si le mandataire a été constitué par plusieurs personnes pour une affaire commune, chacune d'elles est tenue solidairement envers lui de tous les effets du mandat (2).

Le mandat finit par la révocation du mandataire, par la renonciation de celui-ci au mandat, par la mort naturelle ou civile, l'interdiction ou la déconfiture, soit du mandant, soit du mandataire (3).

---

(1) Cod. civ. art. 1991 et suiv. — (2) Ibid. art. 1998 et suiv. — (3) Ibid. art. 2003 et suiv.

CHAPITRE XVIII.

Du Cautionnement.

898. Le cautionnement est un contrat par lequel une ou plusieurs personnes promettent d'acquitter l'obligation d'un tiers, dans le cas où ce tiers ne l'acquitterait pas lui-même. On distingue trois sortes de cautions : la caution purement conventionnelle, qui intervient par la seule convention des parties; la caution légale, dont la prestation est ordonnée par la loi; et la caution judiciaire, qui est ordonnée par le juge.

Le cautionnement ne peut exister que sur une obligation valable; mais on peut cautionner même une obligation naturelle : « Fidejussor accipi potest, quoties est aliqua obligatio civilis vel « naturalis cui applicatur (1). » L'article 2012 du Code civil permet de cautionner une obligation qui peut être annulée par une exception personnelle à l'obligé; il en donne pour exemple l'obligation du mineur. Il en est de même de l'obligation de la femme non autorisée (2).

Le cautionnement ne peut excéder ce qui est dû par le débiteur, ni être contracté sous des conditions plus onéreuses; mais il peut exister pour une partie de la dette seulement, et sous des conditions moins onéreuses. S'il excède la dette, ou s'il est contracté sous des conditions plus onéreuses, il n'en est pas nul pour cela; il est seulement réductible à la mesure de l'obligation principale.

899. On peut cautionner une personne à son insu; on peut aussi se rendre caution, non-seulement du débiteur principal, mais encore de celui qui l'a cautionné. Mais le cautionnement ne se présume point; il doit être exprès, et on ne peut l'étendre au delà des limites dans lesquelles il a été contracté. Ainsi, par exemple, dire ou écrire à quelqu'un qu'un tel est un honnête homme, qu'il est solvable, qu'on peut avec toute sûreté traiter avec lui, conseiller même de placer son argent chez lui, n'emporte point l'obligation du cautionnement. Si cependant il y avait fraude de la part de celui qui a donné ce conseil, s'il avait agi de concert avec l'emprunteur

---

(1) L. XVI. § 3. de Rit. — (2) Voyez Toullier, tom. VI. n° 394.

pour tromper le prêteur, il serait tenu au remboursement, non comme caution, mais comme coupable de dol : « Consilii non frau- « dulenti nulla est obligatio; cæterum, si dolus et calliditas inter- « venerit, de dolo actio competit (1). »

Le cautionnement indéfini d'une obligation principale s'étend à tous les accessoires de la dette, même aux frais de la première demande, et à tous ceux postérieurs à la dénonciation qui en est faite à la caution. Les engagements des cautions passent à leurs héritiers, à l'exception toutefois de la contrainte par corps.

900. La caution n'est obligée envers le créancier qu'à défaut du débiteur, qui doit être préalablement discuté dans ses biens, à moins que la caution n'ait renoncé au bénéfice de discussion, ou qu'elle ne se soit obligée solidairement avec le débiteur. Si plusieurs personnes se sont rendues cautions d'un même débiteur et pour une même dette, elles sont obligées chacune pour toute la dette. Cependant, à moins qu'elle n'ait renoncé au bénéfice de division, chacune d'elles peut exiger que le créancier divise préalablement son action, et la réduise à la part et portion de chaque caution. Lorsque, dans le temps où l'une des cautions a fait prononcer la division, il y en avait d'insolvables, cette caution est tenue proportionnellement de ces insolvabilités; mais elle ne peut plus être recherchée à raison des insolvabilités survenues depuis la division. Si le créancier a divisé lui-même et volontairement son action, il ne peut plus revenir contre cette division, quoiqu'il y eût, même antérieurement au temps où il l'a ainsi consentie, des cautions insolvables (2).

901. La caution qui a payé la dette a son recours contre le débiteur, et pour le principal et pour les intérêts, et les frais faits par elle depuis qu'elle a dénoncé au débiteur les poursuites dirigées contre elle, et pour les dommages-intérêts, s'il y a lieu; elle est subrogée à tous les droits qu'avait le créancier contre le débiteur. S'il y a plusieurs débiteurs solidaires d'une même dette, celui qui les a tous cautionnés a contre chacun d'eux le recours pour la répétition du total de ce qu'il a payé. Lorsque plusieurs personnes ont cautionné un même débiteur pour une même dette, la caution qui a acquitté cette dette a recours contre les autres cautions, chacune pour sa part et portion.

La caution, même avant d'avoir payé, peut agir contre le débi-

---

(1) L. IV. ff. de Regulis juris. — (2) Cod. civ. art. 2011 et suiv., 2021 et suiv.

teur pour être indemnisée, 1° lorsqu'elle est poursuivie en justice pour le payement; 2° lorsque le débiteur a fait faillite, ou est en déconfiture; 3° lorsque le débiteur s'est obligé de lui rapporter sa décharge dans un certain temps; 4° lorsque la dette est devenue exigible, par l'échéance du terme sous lequel elle avait été contractée; 5° au bout de dix années, lorsque l'obligation principale n'a point de terme fixe d'échéance, à moins que l'obligation principale, telle qu'une tutelle, ne soit de nature à pouvoir être éteinte avant un temps déterminé (1).

L'obligation qui résulte du cautionnement s'éteint par les mêmes causes que les autres obligations; elle s'éteint surtout avec l'obligation principale, dont le cautionnement n'est que l'accessoire (2).

CHAPITRE XIX.

Des Transactions.

902. La transaction est une convention par laquelle les parties terminent une contestation née, ou préviennent une contestation à naître; elle se fait non-seulement sur un procès commencé, mais encore sur la crainte d'un procès, *propter timorem litis.* Mais il faut que cette crainte soit réelle et fondée, et non feinte pour colorer un autre acte du nom de transaction : « Nec litem fingere « licet, ut transactio fiat. » Les transactions, les arrangements à l'amiable, qui se font pour terminer ou prévenir une contestation, sont plus conformes à l'esprit du christianisme que les procès, qui refroidissent la charité et divisent les familles. C'est donc un devoir pour un curé, un confesseur, d'exhorter ses paroissiens ou pénitents à faire leur possible pour prévenir ou terminer une contestation par une transaction.

Pour transiger, il faut avoir la capacité de disposer des objets compris dans la transaction. Quant aux communes et aux établissements publics, ils ne peuvent transiger qu'avec l'autorisation expresse du gouvernement. On peut d'ailleurs transiger sur toute contestation, de quelque nature qu'elle soit, même sur un délit; mais alors la transaction ne peut avoir pour objet que l'intérêt

---

(1) Cod. civ. art. 2028 et suiv. — (2) Ibid. art. 2034 et suiv.

civil qui résulte du délit, sans pouvoir empêcher en aucune manière l'action du ministère public.

903. La transaction a, entre les parties et quant à son effet, l'autorité de la chose jugée en dernier ressort, sauf les modifications résultant des différences qui existent naturellement entre un contrat et un jugement. Ainsi, l'on peut ajouter à une transaction la stipulation d'une peine contre celui qui manquera de l'exécuter; et cette clause pénale est obligatoire même avant la sentence du juge. La transaction peut être rescindée pour dol, violence ou erreur, soit sur les personnes, soit sur l'objet de la contestation. Quant à l'erreur de droit, elle ne donne point lieu à la rescision, non plus que celle de calcul, qui doit seulement être rectifiée.

La transaction faite sur des pièces qui depuis ont été reconnues fausses, est entièrement nulle. Elle est également nulle, si, au moment où elle a eu lieu, le procès était terminé par un jugement passé en force de chose jugée, dont les parties, ou au moins l'une d'elles, n'avaient point connaissance. Mais si le jugement, quoique ignoré, était susceptible d'appel, la transaction serait valable.

Enfin, il y a lieu à l'action en rescision contre une transaction, lorsqu'elle a été faite en exécution d'un titre nul, à moins que les parties n'aient expressément traité sur la nullité.

904. Lorsque les parties ont transigé généralement sur toutes les affaires qu'elles pouvaient avoir ensemble, les titres qui leur étaient alors inconnus, et qui auraient été postérieurement découverts, ne sont point une cause de rescision, à moins qu'ils n'aient été retenus par le fait de l'une des parties. Mais la transaction serait nulle, si elle n'avait qu'un objet sur lequel il serait constaté, par des titres nouvellement découverts, que l'une des parties n'avait aucun droit.

Les transactions se renferment dans leur objet; la renonciation qui est faite à tous droits, actions et prétentions, ne s'entend que de ce qui est relatif à la contestation qui y a donné lieu; elles ne règlent absolument que les différends qui s'y trouvent compris, soit que les parties aient manifesté leur intention par des expressions spéciales ou générales, soit que l'on reconnaisse cette intention par une suite nécessaire de ce qui est exprimé. Si celui qui avait transigé sur un droit qu'il avait de son chef acquiert ensuite un droit semblable du chef d'une autre personne, il n'est point, quant au droit nouvellement acquis, lié par la transaction antérieure.

Au surplus, la transaction n'a d'effet qu'entre les parties contractantes; tellement que, s'il y a plusieurs intéressés dans la même affaire, la transaction faite par l'un d'eux ne lie point les autres, et ne peut être opposée par eux (1).

CHAPITRE XX.

Du Nantissement.

905. Le nantissement est un contrat par lequel un débiteur remet une chose à son créancier pour sûreté de la dette. C'est un contrat *réel*, qui ne peut avoir lieu que par la tradition de la chose qui en est l'objet. Il y a cette différence entre le nantissement et l'hypothèque, que, par le nantissement, la chose est remise au créancier, au lieu que le débiteur garde la chose hypothéquée. Le nantissement d'une chose mobilière s'appelle *gage*; et celui d'une chose immobilière s'appelle *antichrèse*.

ARTICLE I.

Du Gage.

906. Le gage confère au créancier le droit de se faire payer sur la chose qui en est l'objet, par privilége et préférence aux autres créanciers. Le débiteur reste propriétaire du gage, qui n'est dans la main du créancier qu'un dépôt pour assurer le privilége de celui-ci. Le créancier ne peut en disposer, même à défaut de payement; il peut seulement faire ordonner en justice que le gage lui demeurera en payement et jusqu'à due concurrence, d'après une estimation faite par experts, ou qu'il sera vendu aux enchères. Toute clause qui autoriserait le créancier à s'approprier le gage ou à en disposer à volonté serait nulle (2). Cette nullité a pour but d'empêcher la fraude du créancier usurier, qui, en ne donnant qu'une très-modique valeur à la chose engagée, trouverait moyen de se procurer par là des intérêts excessifs. Le créancier doit apporter à la conservation du gage tous les soins d'un bon père de famille (3); il répond de la perte ou détérioration survenue par sa

---

(1) Cod. civ. art. 2044 et suiv. — (2) Ibid. art. 2078. — (3) Ibid. art. 1137 et 2080.

négligence; mais il n'est pas tenu des cas fortuits. Il doit tenir compte au débiteur des fruits que la chose engagée a pu produire. Si donc il s'agit d'une créance donnée en gage, et que cette créance porte intérêts, il doit les imputer sur les intérêts de la dette, si elle en produit; sinon, sur le capital. Comme aussi, dans le cas où un animal, une vache, une jument, par exemple, aurait été donné en gage, s'il vient à mettre bas, le veau ou le poulain appartiendrait au débiteur; le créancier ne pourrait les retenir que pour sûreté de sa créance.

907. De son côté, le débiteur doit tenir compte au créancier des dépenses utiles et nécessaires que celui-ci a faites pour la conservation du gage; et, à moins que le détenteur du gage n'en abuse, le débiteur ne peut en réclamer la restitution qu'après avoir entièrement payé, tant en principal qu'intérêts et frais, la dette pour la sûreté de laquelle le gage a été donné. S'il existait de la part du même débiteur, envers le même créancier, une autre dette contractée postérieurement à la mise en gage, et devenue exigible avant le payement de la première dette, le créancier ne serait point tenu de se dessaisir du gage avant d'être entièrement payé de l'une et de l'autre dette, lors même qu'il n'y aurait eu aucune stipulation pour affecter le gage au payement de la seconde.

Le gage est indivisible, nonobstant la divisibilité de la dette, entre les héritiers du débiteur ou ceux du créancier. Par conséquent, l'héritier du débiteur qui a payé sa portion dans la dette ne peut demander la restitution de sa portion dans le gage, tant que la dette n'est pas entièrement payée; et, réciproquement, l'héritier du créancier qui a reçu sa part dans la dette ne peut remettre le gage, même en partie, tant que ses cohéritiers ne sont pas entièrement payés (1).

ARTICLE II.

De l'Antichrèse.

908. Par l'antichrèse, le créancier acquiert la faculté de percevoir les fruits de l'immeuble qui en est l'objet, à la charge de les imputer annuellement sur les intérêts, s'il lui en est dû, et ensuite sur le capital de sa créance. Il est tenu, s'il n'en est autrement convenu, de payer les contributions et les charges annuelles de l'im-

---

(1) Cod. civ. art. 2071 et suiv.

meuble qu'il tient en antichrèse. Il doit également, sous peine de dommages et intérêts, pourvoir à l'entretien et aux réparations utiles et nécessaires de l'immeuble, sauf à prélever sur les fruits toutes les dépenses relatives à ces divers objets.

Le créancier ne devient point propriétaire de l'immeuble par le seul défaut du payement au terme convenu ; toute clause contraire est nulle ; mais, en ce cas, il peut poursuivre l'expropriation de son débiteur par les voies légales. Lorsque les parties ont stipulé que les fruits se compenseront avec les intérêts, ou totalement, ou jusqu'à une certaine concurrence, cette convention s'exécute comme toute autre qui n'est point prohibée par les lois.

Il en est de l'antichrèse comme du gage, elle est indivisible entre les héritiers du débiteur ou ceux du créancier. Ni le débiteur ni ses héritiers ne peuvent, avant l'entier acquittement de la dette, réclamer la jouissance ou la rentrée de l'immeuble, dont le créancier est détenteur à titre d'antichrèse (1).

CHAPITRE XXI.

Des Priviléges et Hypothèques.

909. Quiconque s'est obligé personnellement, est tenu de remplir ses engagements sur tous ses biens mobiliers et immobiliers, corporels et incorporels, présents et à venir. Les biens du débiteur sont le gage commun de ses créanciers, et le prix s'en distribue entre eux par contribution, ou au marc le franc, à moins qu'il n'y ait entre les créanciers des causes légitimes de préférence. Les causes légitimes de préférence sont les priviléges et les hypothèques.

ARTICLE I.

Des Priviléges.

910. Le privilége dont il s'agit ici est un droit que la qualité de la créance donne à un créancier d'être préféré aux autres créanciers, même hypothécaires. Cette préférence se règle par les diffé-

(1) Cod. civ. art. 2085 et suiv.

rentes qualités des priviléges, sans égard à l'époque où la créance a été contractée : « Privilegia creditorum non ex tempore æstiman- « tur, sed ex causa (1). » Si plusieurs créanciers privilégiés se trouvent dans le même rang, ils doivent être payés par concurrence. Exemple : Un médecin a donné ses soins à un malade, et un pharmacien lui a fourni les remèdes ; il leur est dû à chacun 100 fr. ; les frais de justice et funéraires payés, il ne reste que 100 fr. ; dans ce cas, le médecin et le pharmacien viennent par concurrence, c'est-à-dire qu'ils recevront chacun 50 fr.

Les priviléges peuvent frapper sur tous les biens, ou seulement sur les meubles, ou seulement sur les immeubles.

§ I. — *Des Priviléges sur tous les biens.*

911. Les créances privilégiées sur la totalité des biens, sont : 1° les frais de justice, tels que les frais de scellés, d'inventaire, de vente, de liquidation, etc. ; 2° les frais funéraires, non excessifs, mais proportionnés à la naissance, au rang et à la fortune du défunt ; 3° les frais quelconques de dernière maladie, tels que les avances du pharmacien, l'honoraire du médecin, etc. ; 4° les gages ou salaires des gens de service pour l'année échue, et ce qui est dû sur l'année courante ; 5° les fournitures des subsistances faites au débiteur et à sa famille, savoir : pendant les six derniers mois, par les marchands en détail, tels que boulangers, bouchers et autres ; et, pendant la dernière année, par les maîtres de pension et marchands en gros (2).

Ces priviléges s'exercent dans l'ordre où nous venons de les placer, et par concurrence pour ceux de la même classe. Ils frappent d'abord sur le mobilier ; et, en cas d'insuffisance, ils peuvent frapper sur les immeubles, et sont préférés même aux créances privilégiées sur lesdits immeubles (3).

§ II. — *Des Priviléges sur les meubles seulement.*

912. Ces priviléges ne frappent pas tous les meubles du débiteur, mais seulement sur quelques-uns d'entre eux ; ce sont, 1° celui du bailleur à ferme ou à loyer, sur les fruits de la ré-

---

(1) L. XVII. ff. de Privil. credit. — (2) Cod. civ. art. 2101. — (3) Ibidem. art. 2104.

colte de l'année, ainsi que sur le prix de tout ce qui garnit la maison ou la ferme, et tout ce qui sert à l'exploitation. Quant à la quotité de la somme pour laquelle ce privilége peut être exercé, il faut distinguer si le bail a une date certaine, ou non. Si le bail a une date certaine, le privilége a lieu pour tous les loyers échus et à échoir jusqu'à la fin du bail; sauf aux autres créanciers à relouer à leur profit la maison ou la ferme, pour le restant du bail. Mais, dans ce cas, si le propriétaire ne se trouve pas entièrement payé des loyers échus et à échoir, par l'effet de son privilége, ils sont personnellement responsables envers lui de tout ce qui lui serait encore dû. Si le bail n'a pas de date certaine, le privilége n'a lieu que pour une année, à partir de l'expiration de l'année courante.

Le même privilége a lieu pour les réparations locatives, et pour tout ce qui concerne l'exécution du bail. Néanmoins, les sommes dues pour les semences ou pour les frais de la récolte de l'année sont payées sur le prix de la récolte; et celles dues pour ustensiles, sur le prix de ces ustensiles, par préférence au propriétaire.

Celui-ci peut saisir les meubles qui garnissent sa maison ou sa ferme, lorsqu'ils ont été déplacés sans son consentement, et il conserve sur eux son privilége, pourvu qu'il ait fait la revendication, savoir: lorsqu'il s'agit du mobilier qui garnissait une ferme, dans le délai de quarante jours; et dans celui de quinze jours, s'il s'agit de meubles garnissant une maison.

913. 2° Le privilége du créancier saisi d'un gage, sur le prix de la chose engagée.

3° Celui des frais faits pour la conservation d'une chose, sur la chose conservée.

4° Celui du vendeur d'effets mobiliers non payés, sur le prix desdits effets, tant qu'ils sont en possession du débiteur, lors même qu'il aurait été donné terme et délai pour le payement. Si la vente a été faite sans terme, outre ce privilége, le vendeur a encore le droit de revendiquer les objets et d'en empêcher la revente; mais il faut pour cela que les objets soient encore dans la main du débiteur, qu'ils se trouvent dans le même état que lors de la livraison, et que la revendication soit faite dans la huitaine de ladite livraison.

Le privilége du vendeur ne s'exerce toutefois qu'après celui du propriétaire de la maison, ou de la ferme, à moins qu'il ne soit prouvé que le propriétaire avait connaissance que les meubles et autres objets garnissant sa maison ou sa ferme n'appartenaient pas au locataire.

5° Celui de l'aubergiste sur les effets apportés dans son auberge, pour les dépenses du voyageur auquel ils appartiennent.

6° Celui du voiturier sur le prix de la chose voiturée, pour les frais de voiture et dépenses accessoires.

7° Celui qui résulte des condamnations obtenues contre les fonctionnaires publics, pour abus et prévarications commis par eux dans l'exercice de leurs fonctions. Ce privilége s'exerce sur les fonds de leur cautionnement, et sur les intérêts qui peuvent en être dus (1).

§ III. — *Des Priviléges sur les immeubles.*

914. Les créanciers privilégiés sur les immeubles sont : 1° le vendeur sur l'immeuble vendu, pour le payement du prix, et pour les intérêts, lorsqu'ils sont dus. S'il y a plusieurs ventes successives dont le prix soit dû en tout ou en partie, le premier vendeur est préféré au second, le deuxième au troisième, et ainsi de suite.

2° Ceux qui ont fourni les deniers pour l'acquisition d'un immeuble, pourvu qu'il soit authentiquement constaté, par l'acte d'emprunt, que la somme était destinée à cet emploi ; et, par la quittance du vendeur, que ce payement a été fait des deniers empruntés.

3° Les cohéritiers, sur les immeubles de la succession, pour la garantie des partages et des soultes, et pour le prix des licitations.

4° Les architectes, entrepreneurs, maçons et autres ouvriers employés pour édifier, reconstruire ou réparer des bâtiments, canaux ou autres ouvrages quelconques ; pourvu, néanmoins, qu'on ait rempli les formalités prescrites.

5° Ceux qui ont prêté les deniers pour payer ou rembourser les ouvriers jouissent du même privilége, pourvu que cet emploi soit authentiquement constaté par l'acte d'emprunt, et par la quittance des ouvriers (2).

ARTICLE II.

Des Hypothèques.

915. L'hypothèque est un droit réel sur les immeubles affectés à l'acquittement d'une obligation. Elle est de sa nature indivisible, et subsiste en entier sur tous les immeubles affectés, sur chacun et

---

(1) Cod. civ. art. 2102. — (2) Ibid. art. 2103.

sur chaque portion de ces immeubles; elle les suit, dans quelques mains qu'ils passent. On distingue l'hypothèque *légale*, qui résulte de la loi; l'hypothèque *judiciaire*, qui résulte des jugements ou actes judiciaires; et l'hypothèque *conventionnelle*, qui dépend des conventions, et de la forme extérieure des actes et des contrats.

Dans le droit actuel, sont seuls susceptibles d'hypothèques les biens immobiliers qui sont dans le commerce; ce qui comprend les immeubles réels ou fictifs dans certains cas, leurs accessoires réputés immeubles, et l'usufruit des mêmes biens pendant sa durée. Quant aux simples meubles, ils ne peuvent être hypothéqués par eux-mêmes; et quand ils le sont avec l'immeuble dont ils sont l'accessoire, ils n'ont pas de suite par hypothèque; c'est-à-dire que les meubles une fois sortis de la main du propriétaire, les créanciers ne peuvent les poursuivre ou les saisir entre les mains d'un tiers (1).

Les droits et créances auxquels l'hypothèque légale est attribuée sont ceux des femmes mariées, sur les biens de leur mari; ceux des mineurs et interdits, sur les biens de leur tuteur; ceux de l'État, des communes et des établissements publics, sur les biens des receveurs et administrateurs comptables.

916. Entre les créanciers, l'hypothèque, soit légale, soit judiciaire, soit conventionnelle, n'a de rang que du jour de l'inscription prise par le créancier sur les registres du conservateur, dans la forme et de la manière prescrites par la loi, sauf les exceptions suivantes, savoir: l'hypothèque existe indépendamment de toute inscription, 1° au profit des mineurs et des interdits, sur les immeubles appartenant à leur tuteur, à raison de sa gestion, du jour de l'acceptation de la tutelle; 2° au profit des femmes, pour raison de leurs dot et conventions matrimoniales, sur les immeubles de leur mari, et à compter du jour du mariage. La femme n'a d'hypothèque pour les sommes totales qui proviennent de successions à elle échues, ou de donations à elle faites pendant le mariage, qu'à compter de l'ouverture des successions ou du jour que les donations ont eu leur effet; et, pour ce qui regarde l'indemnité des dettes qu'elle a contractées avec son mari, et le remploi de ses propres aliénés, elle n'a d'hypothèque qu'à compter du jour de l'obligation ou de la vente (2).

917. Les hypothèques ainsi que les priviléges s'éteignent, 1° par l'extinction de l'obligation principale; 2° par la renonciation du créancier à l'hypothèque; 3° par l'accomplissement des formalités

---

(1) Cod. civ. art. 2114 et suiv. — (2) Ibidem. art. 2121 et 2134.

et conditions prescrites aux tiers détenteurs, pour purger les biens qu'ils ont acquis ; 4° par la prescription.

La prescription est acquise au débiteur, quant aux biens qui sont dans ses mains, par le temps fixé pour la prescription des actions que donnent l'hypothèque ou le privilége. Quant aux biens qui sont dans la main d'un tiers détenteur, elle lui est acquise par le temps réglé pour la prescription de la propriété à son profit : dans le cas où la prescription suppose un titre, elle ne commence à courir que du jour où il a été transcrit sur les registres du conservateur (1).

CHAPITRE XXII.

Des Engagements qui se forment sans convention.

918. Il est certains engagements qui se forment sans qu'il intervienne aucune convention expresse, ni de la part de celui qui s'oblige, ni de la part de celui envers lequel il est obligé. Les uns résultent de l'autorité seule de la loi ; les autres naissent d'un fait personnel à celui qui se trouve obligé. Les premiers sont les engagements formés involontairement, tels que ceux qui existent entre propriétaires voisins, ou ceux des tuteurs et des autres administrateurs qui ne peuvent refuser la fonction qui leur est déférée. Quant aux engagements qui résultent du fait de l'une des parties, il faut distinguer : ou ce fait est licite, ou il est illicite. Dans le premier cas, il y a *quasi-contrat* ; dans le second, il y a *délit* ou *quasi-délit* : délit, si le fait a été commis avec l'intention de nuire ; quasi-délit, s'il a été commis par imprudence, sans intention de nuire (2).

ARTICLE I.

Des Quasi-Contrats.

919. Les quasi-contrats sont les faits purement volontaires dont il résulte un engagement quelconque envers un tiers, et quelquefois un engagement réciproque des deux parties (3).

Lorsque volontairement on gère l'affaire d'autrui, soit que le pro-

---

(1) Cod. civ. art. 2180, etc. — (2) Voyez, ci-dessous, le chapitre XXIV. — (3) Cod. civ. art. 1370 et suiv.

priétaire connaisse la gestion, soit qu'il l'ignore, celui qui gère contracte l'engagement tacite de continuer la gestion qu'il a commencée, et de l'achever jusqu'à ce que le propriétaire soit en état d'y pourvoir lui-même ; il doit se charger également de toutes les dépendances de cette même affaire, et se soumettre à toutes les obligations qui résulteraient d'un mandat exprès que lui aurait donné le propriétaire. Exemple : Paul est absent de ses propriétés ; le moment de la vendange est arrivé ; Pierre, un de ses amis, qui est sur les lieux, fait couper les raisins : il contracte ainsi l'engagement tacite de les faire presser, d'apporter les soins nécessaires à la fabrication du vin, et de le mettre en sûreté quand il sera fait.

920. Celui qui gère une affaire d'autrui est tenu d'apporter à la gestion *tous les soins d'un bon père de famille* (1). Cependant, il est des cas où il n'est obligé d'y apporter que de la bonne foi, sans être responsable des fautes qu'il aurait commises par une simple imprudence ou par impéritie : tel est, par exemple, le cas d'urgence où les affaires de l'absent se trouvant abandonnées, et personne ne se présentant pour en prendre soin, une personne bienveillante, mais peu intelligente dans les affaires, en aurait pris la gestion, pour ne pas les laisser péricliter, et prévenir des pertes. Dans d'autres circonstances, il peut être tenu de la faute la plus légère : ce qui arrive lorsque le gérant volontaire, en se chargeant mal à propos d'une affaire, sans mandat et sans nécessité aucune, a nui au propriétaire ; car c'est déjà une faute de s'immiscer, sans nécessité, dans les affaires d'autrui : « Culpa est se immiscere rei ad se non pertinenti (2). »

Le gérant est obligé de continuer sa gestion, encore que le maître vienne à mourir avant que l'affaire soit consommée, jusqu'à ce que l'héritier ait pu en prendre la direction. Celui qui est chargé d'une affaire doit lui continuer ses soins tant qu'il y a péril à l'abandonner.

Quant au maître dont l'affaire a été bien administrée, il doit remplir les engagements que le gérant a contractés en son nom, l'indemniser de tous les engagements personnels qu'il a pris, et lui rembourser toutes les dépenses utiles et nécessaires qu'il a faites (3).

921. Une autre espèce de quasi-contrat : celui qui reçoit par erreur ou sciemment ce qui ne lui est pas dû, ni civilement ni naturellement, s'oblige à le restituer à celui de qui il l'a indûment reçu. Aussi, lorsqu'une personne qui, par erreur, se croyait débitrice, a

---

(1) Cod. civ. art. 1374. — (2) L. XXXVI. ff. de Regulis juris. — (3) Cod. civ. art. 1375.

acquitté une dette, elle a le droit de répétition contre le créancier. Néanmoins, ce droit cesse dans le cas où le créancier a supprimé son titre par suite du payement, sauf le recours de celui qui a payé contre le véritable débiteur (1).

Si la chose indûment reçue est immeuble ou un meuble corporel, celui qui l'a reçue s'oblige à la restituer en nature, si elle existe, ou sa valeur, si elle est périe ou détériorée par sa faute ; il est même garant de sa perte par cas fortuit, s'il l'a reçue de mauvaise foi, à moins qu'elle n'eût également péri, par cas fortuit, chez celui qui la lui a livrée par erreur (2).

Mais si celui qui a reçu de bonne foi a vendu la chose, il ne doit restituer que le prix de la vente (3), quand même il aurait vendu la chose au-dessous de sa valeur. Pareillement, s'il l'avait détériorée ou s'il en avait disposé gratuitement sans en retirer aucun profit, sans être devenu plus riche, il ne serait tenu à aucune restitution : il en est exempt, même dans le cas où la chose est endommagée ou périe par sa négligence, lorsque toutefois la détérioration ou la perte arrive durant la bonne foi : « Qui quasi suam rem neglexit, « nulli querelæ subjectus est (4). »

922. Celui qui, par erreur, a donné en payement une chose qu'il ne devait pas, et qui veut la répéter après son erreur découverte, n'a d'action que contre celui à qui il l'a donnée. Si celui-ci l'a vendue, le maître ne peut attaquer l'acquéreur pour faire résilier la vente et restituer la chose vendue ; il ne peut réclamer que le prix ; la chose a été véritablement aliénée pour lui ; s'il en souffre, il doit se l'imputer à lui-même. Il en serait de même pour le cas où celui qui l'a reçue de bonne foi en payement, en aurait disposé gratuitement. Exemple : Paul hérite de Pierre ; on trouve un testament par lequel Pierre me lègue une maison ; Paul me la livre, et je la reçois de bonne foi. Je la vends ensuite, durant cet état de bonne foi, à Julien, qui me la paye 20,000 francs. Quelques mois après cette vente, on découvre un testament postérieur qui révoque le legs fait en ma faveur. Dans ce cas, Paul a droit de réclamer le prix de la maison, qui est de 20,000 fr. Mais il ne pourra pas attaquer l'acquéreur ; il doit s'imputer à lui seul d'avoir livré un immeuble qu'il ne devait pas ; il n'est pas juste que Julien, qui, d'après la tradition que je lui ai faite de cet immeuble, a cru que j'en étais propriétaire,

---

(1) Cod. civ. art. 1376 et 1377. — (2) Toullier, Droit civil français, tome XI n° 109. — (3) Cod. civ. art. 1380. — (4) L. n. de Petit. hæred.

souffre de l'erreur de Paul (1). Mais il en serait autrement si celui qui réclame l'immeuble n'était pas celui-là même qui l'a livré, se croyant débiteur. Exemple : Je trouve dans la succession de mon père un champ qu'il a usurpé à Paul; après l'avoir possédé quelque temps de bonne foi, je le vends à Pierre. Dans ce cas, Paul pourra le réclamer contre Pierre tant qu'il n'aura pas été prescrit, sauf le recours de celui-ci contre moi. Ce n'est pas le propriétaire, Paul, qui me l'a livré; il n'a aucune erreur à s'imputer; on doit alors faire l'application du principe, que l'on ne peut transmettre à l'acquéreur plus de droit qu'on n'en a : « Nemo plus juris in alium « transferre potest quam habet. »

Nous ferons remarquer que celui qui, après avoir vendu la chose qu'il avait reçue en payement sans être due, en a consommé le prix de bonne foi, n'est obligé en conscience de restituer que ce dont il est devenu plus riche, *in quantum factus est ditior*; l'équité ne veut pas qu'on soit victime de la bonne foi.

923. Il est encore d'autres quasi-contrats : toutes les personnes publiques, comme les magistrats, les juges, les avocats, les procureurs, les notaires, les huissiers, les médecins, et autres, sont obligées par justice, en vertu d'un contrat tacite ou quasi-contrat, de s'acquitter avec fidélité des devoirs de leurs charges, et de réparer, même avant la sentence du juge, tout le dommage que le public ou les particuliers en souffriraient, s'ils venaient à les transgresser volontairement, ou par suite d'une négligence notablement coupable. Mais ils ne sont tenus à rien, ni pour les fautes entièrement involontaires, ni pour celles qui, sans être tout à fait involontaires, résultent d'une négligence légère ou vénielle. Autrement, les hommes les plus prudents, les plus timorés, ne voudraient point se charger d'emplois publics.

ARTICLE II.

Des Délits et Quasi-Délits.

924. En droit, tout fait quelconque de l'homme qui cause à autrui un dommage, oblige celui par la faute duquel il est arrivé, à le réparer. Chacun est responsable du dommage qu'il a causé, non-seulement par son fait, mais encore par sa négligence ou par son imprudence. On est même responsable du dommage causé par le fait des personnes dont on doit répondre, ou des choses que l'on a sous sa garde (2).

(1) Toullier, Delvincourt, Rogron, sur l'article 1381 du Code civil. —
(2) Cod. civ. art. 1382, 1383 et 1384, etc.

Pour ce qui regarde le for intérieur, on est obligé, même avant la sentence du juge, de réparer le dommage qu'on a causé par un délit volontaire. Il en est de même du dommage qui résulte d'une faute grave, ou d'une négligence notable et coupable devant Dieu. Si la faute n'est que *juridique* et non *morale*, le quasi-délit n'étant que matériel, ne peut obliger qu'en vertu de la sentence des tribunaux, qui, étant, comme la loi, fondée sur des considérations d'ordre public, devient vraiment obligatoire.

925. Pour ce qui concerne les quasi-délits, comme pour ce qui regarde l'inexécution des contrats, les anciens jurisconsultes, et, après eux, les théologiens, distinguaient plusieurs espèces de fautes: la faute lourde ou grossière, *culpa gravis,* qui consiste à ne pas apporter aux affaires d'autrui le soin que les personnes les moins soigneuses et les plus bornées ne manquent pas d'apporter à leurs affaires; la faute légère, *culpa levis,* qui consiste à ne pas apporter aux affaires dont on est chargé le soin qu'un bon père de famille apporte aux siennes; enfin, la faute très-légère, qui consiste à ne pas apporter aux affaires d'autrui le soin que les personnes les plus diligentes apportent à leurs affaires. Mais quand il faut en venir à la pratique, on est arrêté par des difficultés inextricables, de l'aveu des plus habiles interprètes, surtout parmi les jurisconsultes modernes (1). D'ailleurs, la distinction des différents degrés d'une faute, telle qu'elle est présentée par les anciens auteurs, paraît modifiée par le Code civil qui nous régit (2). Quoi qu'il en soit, pour qu'il y ait obligation morale de réparer le tort qui résulte d'un quasi-délit, d'un fait, d'une omission, d'une négligence ou de l'inexécution d'un contrat, il est nécessaire, comme nous le verrons plus bas, qu'il y ait, tout considéré, faute morale ou théologique pleinement volontaire, à moins que, pour ce qui a rapport aux contrats, on ne se soit chargé des cas fortuits.

(1) Toullier, Droit civ. tom. vi. n° 232. — (2) Voyez le Cod. civ. art. 1137, 1382 et 1383.

CHAPITRE XXIII.

De la Restitution du bien d'autrui.

926. La restitution est un acte de justice *commutative* ou *rigoureuse*, par lequel on rend au prochain ce qui lui appartient, ou par lequel on répare le tort qu'on lui a fait injustement, par malice ou par imprudence. Rendre à qui de droit le bien d'autrui qu'on possède sans titre légitime, et réparer le dommage qu'on a causé volontairement au prochain, par le vol ou tout autre acte contraire à la justice, tel est le double objet de la restitution proprement dite.

La restitution est nécessaire au salut, non d'une nécessité de moyen, mais d'une nécessité de précepte. Toutes les lois divines et humaines, naturelles et positives, nous défendent de retenir le bien d'autrui. Celui qui, pouvant restituer, ne le fait pas, ne peut obtenir le pardon de son péché. Voici ce que dit saint Augustin, dont le texte est passé dans le droit canon : « Si res aliena propter « quam peccatum est, reddi potest et non redditur, pœnitentia « non agitur, sed fingitur; si autem veraciter agitur, non remitti- « tur peccatum, nisi restituatur ablatum; sed, ut dixi, cum res- « titui potest (1). » Tout homme qui, par sa faute, a causé quelque dommage à son prochain, doit le réparer : « Si culpa tua datum « est damnum, vel injuria irrogata, seu aliis irrogantibus opem « forte tulisti, aut hæc imperitia tua sive negligentia evenerunt, « jure super his te satisfacere oportet (2). »

Celui qui est chargé d'une restitution doit la faire le plus tôt possible, moralement parlant; si, pouvant restituer, il ne le fait pas, il se rend indigne de l'absolution : « Non remittitur peccatum, nisi « restituatur ablatum. » S'il n'a pas le moyen de restituer, il doit être dans la disposition de le faire dès qu'il le pourra. A défaut de cette disposition, on ne peut l'admettre aux sacrements.

927. Les causes qui produisent l'obligation de restituer sont au nombre de trois : 1° la possession du bien d'autrui qui n'est fondée

---

(1) Epist. 54, alias 153. — (2) Cap. *de Injuriis*.

sur aucun titre légitime ; 2° le délit ou quasi-délit, c'est-à-dire, tout acte illicite qui cause un dommage à autrui ; 3° les contrats et quasi-contrats, que nous avons expliqués dans les chapitres précédents.

Nous parlerons ici de ce qui regarde les possesseurs du bien d'autrui, renvoyant au chapitre suivant ce qui concerne les délits et quasi-délits. Or, on distingue le possesseur de bonne foi, qui possède comme *sienne* la chose d'autrui, sans éprouver aucun doute sur la légitimité de sa possession ; le possesseur de mauvaise foi, qui sait ou qui est dûment averti que telle ou telle chose qu'il possède ne lui appartient pas ; et le possesseur de foi douteuse, qui doute si la chose qu'il possède lui appartient réellement.

ARTICLE I.

Du Possesseur de bonne foi.

928. Le possesseur de bonne foi, c'est-à-dire, celui qui a acquis, à titre gratuit ou à titre onéreux, une chose quelconque, d'un homme qu'il croyait en être le vrai propriétaire, n'est obligé à rien tandis que dure la bonne foi. Mais dès que le possesseur a connaissance que la chose qu'il croyait être à celui qui la lui a livrée appartenait à un autre, et qu'il n'a pu en acquérir la propriété, il cesse d'être de bonne foi, et il est obligé de la rendre à son maître, à moins qu'elle n'ait été légitimement prescrite. La bonne foi seule ne suffit pas pour acquérir irrévocablement la propriété du bien d'autrui. Cependant, s'il tenait la chose de celui qui l'avait reçue en payement, d'une personne qui se croyait débitrice de cette chose, quoiqu'elle en fût réellement propriétaire, il ne serait point tenu de la rendre, sauf le recours du propriétaire sur celui à qui il ne l'avait livrée que par erreur (1). Nous dirons aussi que si le possesseur de bonne foi de la chose volée ou perdue l'a achetée dans une foire, ou dans un marché, ou dans une vente publique, ou d'un marchand vendant des choses pareilles, le propriétaire originaire ne peut se la faire rendre qu'en remboursant au possesseur le prix qu'elle lui a coûté (2). Ici la loi déroge au principe suivant.

929. Le possesseur est obligé de rendre la chose d'autrui dans l'état où elle se trouve lorsque la bonne foi vient à cesser. S'il l'a consommée durant la bonne foi sans en être devenu plus riche, il n'est plus obligé à rien : s'il en est devenu plus riche, il est obligé

---

(1) Voyez, ci-dessus, n° 922. — (2) Cod. civ. art. 2280.

de restituer à raison de ce dont il est devenu plus riche. L'équité ne veut pas qu'on s'enrichisse au préjudice d'autrui.

Si la chose que vous possédez de bonne foi vient à périr entre vos mains, de quelque manière que cette perte arrive, vous êtes dispensé de restituer. Vous n'êtes tenu à rien, lors même que la chose périrait par votre négligence : « Qui quasi suam rem neglexit, « nulli querelæ subjectus est (1). » Vous êtes encore exempt de toute restitution, dans le cas où, ayant reçu la chose gratuitement, vous en avez disposé au même titre, en la donnant à un ami. Il en est probablement de même encore si, l'ayant achetée d'un voleur, vous l'avez revendue au même prix durant la bonne foi. Le prix que vous en avez retiré n'est point un profit pour vous ; il répond au prix que la chose vous a coûté : vous n'êtes donc point obligé de le rendre au maître de la chose (2). Nous pensons que, dans ce cas, le maître n'a de recours que contre le détenteur actuel de la chose, et contre celui qui l'en a dépouillé injustement. Si le détenteur actuel est évincé, ce détenteur aura recours contre le dernier vendeur pour se faire rendre le prix de la chose ; et ce vendeur, ayant restitué le prix à l'acheteur évincé, pourra, à son tour, se pourvoir contre le voleur duquel il avait acheté la chose qu'il croyait lui appartenir. Il nous paraît aussi que celui qui a vendu de bonne foi la chose qu'il avait achetée avec la même bonne foi, ne doit rien au maître de cette chose, lors même que le dernier acheteur aurait disparu ; car alors le maître peut exercer son recours contre celui qui la lui avait volée. Il n'est pas juste que le possesseur qui est de bonne foi soit victime de l'injustice commise par un autre.

930. Le possesseur qui a vendu plus cher qu'elle ne lui avait coûté la chose qu'il possédait de bonne foi, est-il obligé de rendre au maître de la chose le profit qu'il en a tiré ? Les docteurs ne sont pas d'accord ; mais nous croyons qu'il n'y est point tenu : ce profit doit appartenir au vendeur de bonne foi ; c'est lui qui l'a fait, c'est le fruit de son commerce ou de son industrie.

Ce que nous avons dit de celui qui a vendu la chose d'autrui, qu'il avait achetée de bonne foi, peut, à notre avis, s'appliquer à celui qui a vendu durant la bonne foi la chose qu'il avait reçue gratuitement. Le maître n'a rien à lui réclamer, ayant droit de diriger ses réclamations, et contre le possesseur actuel de la chose,

---

(1) L. II. § 3. de Petit. hæred. — (2) Vogler, Wigger, Decoq, Babenstuber, Mazzotta, et autres théologiens, contre plusieurs qui sont pour le sentiment contraire.

et contre celui qui s'en était emparé dans le principe. Seulement, en cas d'éviction, le vendeur sera tenu de rendre à l'acheteur le prix qu'il en a reçu.

931. Pour ce qui regarde les fruits de la chose d'autrui, le possesseur n'est point obligé de restituer ceux qu'il a consommés de bonne foi, sans en être devenu plus riche. Il n'est point obligé non plus de rendre les fruits industriels, quoique existants ; car ils sont moins le produit de la chose que de l'industrie du possesseur.

Quant aux fruits naturels et civils, ils appartiennent au propriétaire, à moins que la loi ne les accorde au possesseur de bonne foi. Or, le Code qui nous régit dispose, en faveur de ce possesseur, de tous les fruits perçus durant la bonne foi, sans distinguer s'ils sont consommés ou encore existants, s'ils sont industriels, naturels ou civils. « Le simple possesseur fait les fruits *siens*, dans le cas où il « possède de bonne foi (1). » Nous pensons qu'on peut, au for intérieur, se conformer aux dispositions de cette loi ; elle ne doit pas moins servir de règle, au tribunal de la conscience, que la loi sur la prescription : soit que les effets de la prescription dépendent principalement de la possession de bonne foi, soit qu'ils dépendent principalement de la loi, soit qu'on les fasse dépendre également de l'une et de l'autre, nous avons les mêmes raisons, les mêmes motifs de suivre la loi qui dispose des fruits en faveur du possesseur de bonne foi. Que la possession soit plus ou moins longue, cela est indifférent ; car c'est à la loi à déterminer la durée de la possession, eu égard à la nature des choses qui en sont l'objet (2). Mais il faut remarquer qu'aux termes de la loi, le possesseur n'est de bonne foi que quand il possède *comme propriétaire, en vertu d'un titre translatif de propriété*, dont il ignore les vices, et qu'il cesse d'être de bonne foi du moment où ces vices lui sont connus (3).

ARTICLE II.

Du Possesseur de mauvaise foi.

932. Celui qui possède de mauvaise foi la chose d'autrui est obligé de la rendre à qui de droit, si elle subsiste encore ; ou d'en payer la valeur, si elle ne subsiste plus. Il doit aussi restituer les fruits qu'il a perçus, et ceux dont il a privé le propriétaire. Car les

---

(1) Cod. civ. art. 549. — (2) MM. Vernier, Receveur, Carrière, et autres auteurs modernes. — (3) Cod. civ. art. 550.

fruits *naturels* ou *industriels de la terre*, et les *fruits civils*, appartiennent au propriétaire par droit d'accession, *res fructificat domino* (1). Mais il peut prélever sur les fruits qu'il est obligé de restituer les dépenses qu'il a faites pour les recueillir et les conserver. Suivant le Code civil, « les fruits produits par la chose n'appartiennent au propriétaire qu'à la charge de rembourser les « frais des labours, travaux et semences faits par des tiers (2). » Il peut également conserver les fruits qui dépendent uniquement de son industrie; le maître d'une chose n'a aucun droit aux fruits qui n'ont pas été produits par elle. « Fructus mere industriales restituere « non tenetur, disent les théologiens, quia causa illorum fructifera « ad ipsum pertinet, licet sit malæ fidei. Hinc thesaurii, quæstores, « receptores, telonarii et alii similes, qui ex pecuniis alienis sibi « commissis vel apud se depositis lucrum faciunt, negociando, cam- « biendo, ludendo, etc., hujusmodi lucrum restituere non tenentur. « Peccant quidem contra fidelitatem et obedientiam, si hæc invito « domino faciant, sed non contra justitiam commutativam (3). »

Enfin, le possesseur de mauvaise foi est tenu de réparer entièrement le dommage qu'il a causé au prochain, en usurpant ou en retenant sciemment et injustement le bien d'autrui. Mais il a droit à ce qu'on lui tienne compte de toutes les dépenses nécessaires et utiles qu'il a faites pour la conservation de la chose (4). Si le propriétaire ne remboursait pas les dépenses qu'il aurait été obligé de faire lui-même, ou celles qui ont réellement augmenté la valeur de la chose, il s'enrichirait aux dépens d'autrui; ce qui serait contraire à l'équité.

933. Le possesseur de mauvaise foi n'est point dispensé de l'obligation de restituer, quoique la chose qu'il possède injustement vienne à périr entre ses mains par cas fortuit, sans qu'il y ait de sa faute. L'obligation qu'il a contractée de restituer la chose ou d'en rendre l'équivalent ne s'éteint point par la perte de cette même chose, pour la restitution de laquelle il est en demeure, à partir du moment qu'il est de mauvaise foi. Cependant, suivant le sentiment le plus commun et le plus probable, il faut excepter le cas où la chose eût également péri entre les mains du propriétaire, lors même que la chose eût été volée par celui chez lequel elle périt. L'intérêt étant la mesure des actions, dit M. Duranton (5), le propriétaire de la chose volée ne peut en réclamer le prix lors-

---

(1) Cod. civ. art. 547. — (2) Ibid. art. 548. — (3) Mgr Bouvier, le P. Antoine, etc. — (4) Cod. civ. art. 1381. — (5) *Traité des Obligations*. tom. III. n° 1625.

qu'elle aurait dû périr chez lui, si elle ne lui eût pas été ravie ; car, dans cette hypothèse, le vol ne lui ayant fait aucun tort, ce serait vouloir s'enrichir aux dépens d'autrui. On ne peut objecter l'article 1302 du Code civil, portant que, « de quelque manière « que la chose volée ait péri ou ait été perdue, sa perte ne dispense « pas celui qui l'a soustraite de la restitution ; » car cette disposition ne regarde que le for extérieur, ayant pour objet de punir le vol et la violence ; *quod ita receptum est odio furti et violentiæ* (1). C'est pourquoi, comme l'observe Toullier (2), cette rigueur est personnelle à celui qui a *soustrait* la chose, et ne s'applique point à ses héritiers.

934. Il résulte de ce qui vient d'être dit, que si le champ, le pré, la vigne ou la maison qu'on retient injustement, viennent à être détruits par un tremblement de terre, une inondation, ou le feu du ciel, le possesseur de mauvaise foi n'est point obligé de les rétablir ; il suffit qu'il les restitue dans l'état où ils se trouvent par suite de l'accident qui eût également frappé le propriétaire. Il en est de même de toute autre chose volée qui périrait, sans la faute du voleur, dans le même temps et dans le même accident ; par exemple, dans le même incendie où elle aurait péri entre les mains du maître. Mais si, au contraire, la chose a péri, même par cas fortuit, après l'accident qui a frappé le propriétaire, il est certain que le voleur est tenu d'en restituer la valeur ; car il se trouvait en demeure à l'égard du propriétaire, avant la perte de la chose.

En est-il de même pour le cas où la chose eût dû infailliblement périr plus tard entre les mains du propriétaire ? Paul retient injustement le cheval de Pierre : ce cheval périt entre les mains de Paul ; si on suppose qu'il eût dû périr certainement, quoique plus tard, entre les mains de Pierre, Paul sera-t-il obligé, en conscience, d'en rendre la valeur ? Il n'y sera pas tenu, si le cheval, au moment où il a été volé, était atteint du mal ou du vice qui devait infailliblement le faire périr un peu plus tard ; car alors il est vrai de dire que le vol a été sans résultat pour le propriétaire, sauf toutefois les services qu'on aurait pu tirer de ce cheval, et pour lesquels le maître aurait droit de réclamer une indemnité. Mais il y a plus de difficulté pour le cas où le cheval, n'étant point malade lorsqu'il a été volé, devait cependant, comme on le suppose, périr plus tard entre les mains du maître, par suite d'un

---

(1) L. xix. ff. de Vi, etc. — (2) Droit civil français, tome vii. n° 468.

malheur indépendant de la volonté des hommes. Cependant il nous paraît plus probable que Paul serait tenu, dans le cas dont il s'agit, de payer la valeur du cheval à Pierre. L'obligation que Paul a contractée en volant le cheval de Pierre, subsiste, de l'aveu de tous, après la perte du cheval. Or, on ne voit pas comment cette obligation, pour laquelle Paul serait en demeure, pourrait s'éteindre par un nouveau malheur qui survient à Pierre (1).

Nous ne dispensons les possesseurs de mauvaise foi de restituer la chose qui a péri, qu'autant que la chose eût *certainement* péri entre les mains du propriétaire; dans le doute si elle eût également péri, nous pensons qu'on doit se déclarer contre le possesseur injuste en faveur de l'innocent, c'est-à-dire, en faveur du propriétaire : « In dubio melior est conditio innocentis. »

935. Le possesseur de mauvaise foi est tenu de restituer la chose dans l'état où elle est, lors même qu'elle aurait beaucoup augmenté de valeur depuis qu'il la possède. Cette augmentation profite au maître; et cela, même dans le cas où le maître, si la chose ne lui eût pas été enlevée, eût dû la consommer avant qu'elle eût pu augmenter de valeur. Ainsi, par exemple, si un propriétaire avait dû vendre un agneau à l'époque où il valait cinq francs, et que celui qui a volé cet agneau l'eût tué à une époque où il en valait dix, c'est la somme de dix francs et non celle de cinq que le voleur devra rendre au propriétaire. Mais si quelqu'un tue l'agneau d'autrui lorsqu'il ne vaut que cinq francs, il suffit qu'il restitue cette somme, quoique l'agneau ait dû plus tard augmenter de valeur entre les mains du maître : cela suffit toutes les fois que le maître peut se procurer un autre agneau pareil au premier avec la somme qu'on lui restitue.

Quand il est question d'un dépérissement naturel et inévitable qu'eût également et certainement essuyé le propriétaire, il nous semble qu'en lui remettant la chose telle qu'elle est, et telle qu'elle serait devenue chez lui en cas qu'il en eût conservé la possession, le devoir de la justice est suffisamment rempli, si d'ailleurs on le dédommage du tort qu'on lui a causé en le privant d'une chose dont il aurait tiré parti; mais on ne peut dispenser le détenteur injuste d'une plus forte restitution, qu'autant qu'on est certain que le propriétaire eût vendu ou consommé la chose dans le temps de sa moindre valeur, et que le possesseur de mauvaise foi n'en a pas retiré d'avantage (2).

(1) S. Liguori, lib. III. n° 621. — (2) Conférences d'Angers, *sur la Restitution*, conf. III. quest. 3.

936. Ce que nous disons de l'augmentation ou de la diminution de la valeur intrinsèque des choses doit également s'entendre de l'augmentation ou de la diminution de la valeur extrinsèque, c'est-à-dire du prix, qui varie suivant les temps. Ainsi, lorsqu'on a pris une chose que le maître voulait conserver pour la vendre plus tard à un plus haut prix, par exemple, du blé que le maître était résolu de ne vendre que dans une saison de l'année où il vaut davantage, on doit restituer au propriétaire le prix qu'il en aurait tiré. La restitution doit toujours être en proportion du tort qu'on a fait : « Omnis restitutio facienda alicui, dit saint Thomas, com-
« mensurari debet secundum quantitatem damni illati (1). »

937. Ici se présente une question, savoir : si les acquéreurs ou possesseurs actuels des biens ecclésiastiques, c'est-à-dire, des biens du clergé et des églises de France, usurpés par l'assemblée nationale et vendus par ses ordres au profit de l'État, sur la fin du dix-huitième siècle, sont obligés à quelque restitution envers l'Église? Nous répondons qu'ils ne sont obligés à rien ; l'acquisition desdits biens, quoique injuste et sacrilége dans le principe, a été ratifiée et légitimée par le concordat de 1801, dont l'article XIII est ainsi conçu : « Sanctitas Sua, pro pacis bono felicique religionis restitu-
« tione, declarat eos qui bona Ecclesiæ alienata acquisiverunt,
« molestiam nullam habituros neque a se, neque a romanis ponti-
« ficibus successoribus suis : ac consequenter proprietas eorumdem
« bonorum, reditus et jura iis inhærentia, immutabilia penes ipsos
« erunt atque ab ipsis causam habentes. » Nous trouvons la même disposition dans la bulle du pape Pie VII, du 27 juillet 1817, pour la nouvelle circonscription des diocèses. Or, cet acte authentique du saint-siége est pour le for intérieur comme pour le for extérieur ; ceux qui possèdent les biens dont il s'agit peuvent donc en disposer à volonté comme de leurs biens patrimoniaux ou d'autres biens légitimement acquis. Il en est de même des biens ecclésiastiques dont le gouvernement était détenteur à l'époque du concordat de 1801, et qui ont été vendus depuis, comme l'a déclaré plusieurs fois la Sacrée Pénitencerie, ainsi que Pie VII, dans un bref adressé à l'évêque de Poitiers, le 20 octobre 1821. Voici la réponse de ce Pape : « Ast omnem certe dubitationem tollunt nos-
« tra quæ pluribus de eo argumento consultationibus dedimus res-
« ponsa : declaratum enim fuit haud semel ut ex iis bonis quæ a
« gubernio quod tunc dominabatur occupata fuerunt ante memo-

---

(1) Opuscul. LXXIII. c. 20.

« ratam conventionem (de 1801) atque post eam sint vendita ad
« legum præscripta quæ per id temporis obtinuerunt, possint emp-
« tores eadem tanquam propria et in suum jus ac potestatem trans-
« lata retinere, ac de iis libere disponere (1). »

Ni les possesseurs actuels, ni même les premiers acquéreurs des biens ecclésiastiques, ne sont tenus de remplir les intentions des fondateurs, pour ce qui regarde les messes ou services religieux; le saint-siège les y *exhorte*, mais il ne les y oblige pas : « *Horta-*
« *tur* acquirentes istos ut pro sua pietate ac religione satisfacere ve-
« lint piis missarum, eleemosynarum aliarumque rerum similium
« oneribus, quæ bonis illis olim forsitan infixa erant (2). »

938. Une autre question : Les acquéreurs et possesseurs des biens des émigrés peuvent-ils les conserver comme *siens*, sans rien restituer aux anciens propriétaires ? 1° Il est certain que l'assemblée nationale a violé les droits sacrés de la propriété, en décrétant, le 27 juillet 1792, la confiscation et la vente des biens des émigrés, au profit de l'État. 2° Cette vente étant consommée, quoique le haut domaine, le droit de souveraineté, *jus altum*, ne soit qu'un domaine d'administration, nous pensons qu'en vertu de ce droit l'État a pu, dans l'intérêt de la paix publique et de la tranquillité des familles, transférer la propriété desdits biens à ceux qui les avaient injustement acquis, en demeurant toutefois chargé conjointement avec les acquéreurs, ou même en se chargeant lui seul d'indemniser les anciens propriétaires. 3° Le gouvernement s'étant réellement chargé de cette indemnité comme d'une *dette de l'État*, et l'ayant accordée par une loi du 25 avril 1825, les acquéreurs et possesseurs des biens dont il s'agit se trouvent déchargés de toute obligation à cet égard ; ils ne sont pas même obligés d'examiner si l'indemnité est suffisante ou non ; autrement la loi n'aurait pas obtenu le but qu'on se proposait, qui était, suivant les expressions du Roi, *de fermer les dernières plaies de la révolution*, en réparant, autant que possible, les injustices du passé, et en calmant les inquiétudes du présent. Ainsi, quiconque possède quelques biens vulgairement dits *nationaux*, peut les conserver et en disposer de la manière la plus absolue, sans rien restituer aux anciens propriétaires. Si on objecte que l'indemnité accordée par la loi de 1825 n'est point adéquate ou proportionnée aux pertes

---

(1) Voyez Mgr Bouvier, tract. *de Contractibus*, et M. Carrière, *de Justitia et Jure*, tom. I, etc. — (2) Réponse de la Sacrée Pénitencerie, du 20 mars 1818, à Mgr Bouvier ; bref de Pie VII à l'évêque de Poitiers.

qu'ont éprouvées les émigrés, nous en conviendrons facilement ; mais il faudra convenir aussi que les émigrés n'ont pas été les seuls qui aient souffert de la révolution. « Quot sunt alii, comme l'ob-
« serve Mgr Bouvier, qui, tempore perturbationis nostræ, multa
« passi sunt damna, et nullam obtinuerunt indemnitatem ! Sunt
« calamitates publicæ valde lugendæ, et earum consectaria ab
« omnibus vitari nequeunt. Unusquisque sortem suam patienter
« sustineat, et aliis saltem pro bono publico indulgeat (1) ! »

ARTICLE III.

Du Possesseur de foi douteuse.

939. Pour décider si le possesseur de foi douteuse est obligé de restituer, il faut examiner s'il est entré en possession de la chose dans le doute si elle appartenait ou non à celui duquel il l'a reçue, ou s'il n'a commencé à douter qu'après avoir acquis la chose de bonne foi. Dans le premier cas, il doit s'informer avec toute la diligence possible de la vérité du fait ; et s'il découvre que la chose n'appartenait point à celui qui la lui a livrée, il doit la rendre à son véritable maître avec tous les fruits qu'il en a tirés, comme étant possesseur de mauvaise foi, sauf son recours contre celui duquel il la tient à titre onéreux. Il en est de même, si on reconnaît comme certainement ou beaucoup plus probable que la chose a été volée ; on ne peut, en morale, se prévaloir d'une probabilité faible et douteuse. Mais s'il peut juger prudemment que celui duquel il l'a reçue en était le véritable maître, il peut la conserver, ainsi que les fruits qu'elle a produits. Pour cela, il n'est pas nécessaire qu'il y ait une certitude absolue ; une certitude morale, fondée sur une probabilité qui est certainement et beaucoup plus forte que la probabilité contraire, lui suffit pour asseoir son jugement et déposer son doute. Si, toute perquisition faite, le doute persévère, quelques auteurs pensent que le possesseur est tenu de rendre la chose, sans pouvoir en rien retenir ; mais il est plus probable qu'il n'est obligé à restituer qu'en partie : « Probabilius
« tenetur, dit saint Alphonse de Liguori, ad rem dividendam pro
« qualitate dubii, cum ex una parte non faveat illi possessio
« incepta cum dubia fide, et ideo nequit rem sibi totam retinere ;

---

(1) Tract. de Contractibus, etc.

« ex altera parte non videtur æquum teneri totam restituere, cum
« dubium est an res sit aliena (1). »

940. Dans le second cas, c'est-à-dire, lorsque le possesseur vient à douter si la chose qu'il a possédée jusqu'ici de bonne foi lui appartient ou non, il doit faire les mêmes perquisitions que dans le premier cas : autrement, il deviendrait en quelque sorte possesseur de mauvaise foi ; et, dans le cas où le maître de la chose se présenterait, il serait obligé de la rendre avec les fruits qu'il en a retirés, à partir du moment qu'il a commencé à douter. S'il découvre que la chose ne lui appartient pas, il est obligé de la rendre, de même que le possesseur de bonne foi, et ne peut en réclamer le prix qu'elle lui a coûté, à moins qu'il ne se trouve dans une des circonstances où il y est autorisé par la loi. Si, au contraire, il peut juger prudemment que la chose lui appartient, il peut dès lors en disposer à volonté, sans être tenu à aucune restitution. Mais à quoi l'obligera-t-on, si, après avoir fait les diligences nécessaires, il n'a pu déposer directement son doute ? Les uns (2) pensent qu'il est obligé à restituer, proportionnellement au doute, *pro qualitate dubii;* parce que, disent-ils, celui qui doute effectivement si la chose qu'il possède lui appartient, ne peut s'en regarder comme le véritable maître, ni par conséquent la conserver en entier sans s'exposer au danger de violer les droits d'autrui. D'autres, en plus grand nombre (3), enseignent que le possesseur de foi douteuse peut, dans l'hypothèse dont il s'agit, déposer son doute en vertu de ce principe réflexe, *In dubio melior est conditio possidentis;* et le dispensent ainsi de toute restitution. Nous préférons, pour la pratique, ce dernier sentiment au premier, quoique, autrefois, nous ayons adopté celui-ci dans notre édition des *Conférences d'Angers.*

(1) Lib. III. n° 625 ; les Conférences d'Angers, de Lugo, etc., etc. — (2) Collet, Mgr Bouvier, etc., etc. — (3) S. Alphonse de Liguori, Molina, Sanchez, de Lugo, Sylvius, Billuart, les Conférences d'Angers, M. Carrière, etc., etc.

CHAPITRE XXIV.

De la Réparation du dommage qu'on a causé par sa faute.

941. On est obligé de restituer, non-seulement quand on a volé ou qu'on retient injustement le bien d'autrui, mais encore quand on a causé du dommage au prochain par sa faute, lors même qu'on n'en aurait tiré aucun avantage. « Tout fait quelconque de « l'homme qui cause à autrui un dommage, oblige celui par la « faute duquel il est arrivé, à le réparer (1). » Si ce fait a été commis avec l'intention de nuire, c'est un *délit*; s'il s'est commis sans intention de nuire, par négligence ou par imprudence, c'est un *quasi-délit*. « Chacun est responsable du dommage qu'il a causé, « non-seulement par son fait, mais encore par sa négligence ou « par son imprudence (2). » Mais les théologiens distinguent les fautes *théologiques* ou *morales* des fautes *juridiques* ou *légales*. Celles-ci ne lient la conscience, en matière de restitution, qu'après la sentence du juge; tandis que les premières obligent par elles-mêmes, avant la décision des tribunaux. Aux yeux de la loi, toutes les pertes, tous les dommages qui peuvent arriver par le fait de quelque personne, soit imprudence ou légèreté, soit ignorance de ce qu'on doit savoir, ou autres fautes semblables, si légères qu'elles puissent être, doivent être réparés par celui dont l'imprudence ou autre faute y a donné lieu. C'est un tort qu'il a fait, quand même il n'aurait pas eu l'intention de nuire (3). Mais, au tribunal de la conscience, on n'est point obligé de réparer le dommage qui résulte d'un fait ou d'une négligence involontaire, à moins qu'on n'y soit condamné par le juge.

942. En droit, on est responsable, non-seulement du dommage que l'on cause par son propre fait, mais encore de celui qui est causé par le fait des personnes dont on doit répondre, ou des choses que l'on a sous sa garde (4).

La loi rend également responsable le propriétaire d'un animal

---

(1) Cod. civ. art. 1382. — (2) Ibid. art. 1383. — (3) Domat. liv. II. tit. 8. sect. 4. — (4) Cod. civ. art. 1384.

ou celui qui s'en sert, pendant qu'il est à son usage, du dommage que l'animal a causé, soit que l'animal soit sous sa garde, soit qu'il fût égaré ou échappé (1).

« Les dégâts que les bestiaux de toute espèce, laissés à l'aban-
« don, feront sur la propriété d'autrui, seront payés par les per-
« sonnes qui auront la jouissance des bestiaux. Le propriétaire qui
« aura éprouvé quelque dommage aura le droit de saisir les bes-
« tiaux, afin d'obtenir la réparation de ce dommage. Si ce sont des
« volailles, de quelque espèce que ce soit, qui causent le dommage,
« le propriétaire, le détenteur ou le fermier qui l'éprouvera, pourra
« les tuer, mais seulement sur lieu et au moment du dégât (2). »
Mais il ne pourra les retenir et se les approprier que sur le refus, de la part de celui à qui les volailles appartiennent, de réparer le dégât qu'elles ont fait.

La loi rend encore responsable le propriétaire d'un bâtiment, du dommage causé par sa ruine, lorsqu'elle est arrivée par une suite du défaut d'entretien ou par le vice de sa construction (3).

943. A part l'obligation qui résulte d'une convention par laquelle on se charge des cas fortuits, ou de la décision des tribunaux qui, sur la plainte de celui qui a souffert le dommage, en ordonnent la réparation, on ne peut être obligé, en conscience, de restituer, qu'autant que le délit ou quasi-délit est directement ou indirectement volontaire. Cette obligation ne peut naître que d'une faute *théologique* ou *morale*, d'une faute faite avec une volonté suffisante pour pécher. Pour être tenus de réparer un dommage résultant de notre action, ce n'est pas assez que cette action nous appartienne physiquement, il faut de plus qu'elle nous appartienne moralement, qu'elle ait été commandée par notre volonté libre. D'ailleurs, on n'est tenu de réparer un dommage que lorsqu'on a violé le droit de celui qui l'a souffert; or, quand l'acte duquel ce dommage résulte n'est qu'un acte *physique* ou *matériel*, quand il n'émane point de notre volonté, aucun droit n'est violé, il n'y a plus ni *injure*, ni injustice; on ne peut donc être tenu de réparer le dommage causé par un fait ou par une négligence qui n'est point criminelle devant Dieu; celui qui le souffre doit le supporter comme un cas fortuit (4). Mais il ne peut

---

(1) Code civ. art. 1385. Voyez le Code civil commenté dans ses rapports avec la théologie morale, art. 1335. — (2) Loi du 6 octobre 1791, tit. 2. art. 8. — (3) Ibid. art. 1386. — (4) S. Alphonse de Liguori, lib. III. n° 550, et presque tous les théologiens.

y avoir aucun doute relativement à l'obligation de restituer, quand le dommage qu'on cause par son fait est pleinement volontaire.

944. Est-on obligé de réparer le dommage qu'on a causé par une faute vénielle ? Il faut distinguer : si la faute, étant pleinement volontaire, n'est vénielle qu'à raison du peu de valeur de la matière, on est certainement obligé de le réparer, mais seulement sous peine de faute légère. Si le dommage est considérable, et qu'il n'ait été que l'effet d'une faute imparfaitement volontaire, les docteurs ne s'accordent pas : les uns obligent à réparer tout le dommage, sous peine de péché mortel ; les autres y obligent sous peine de péché véniel seulement ; ceux-ci veulent qu'on soit tenu à réparer une partie du dommage, sous peine de péché mortel ; ceux-là conviennent qu'une réparation partielle est nécessaire, mais qu'on n'y est obligé que sous peine de péché véniel. Enfin, plusieurs docteurs pensent qu'on n'est tenu à rien. Ce dernier sentiment nous paraît le plus probable, et on peut certainement l'adopter dans la pratique. Ni l'obligation grave de restituer dans le cas dont il s'agit ne serait en proportion avec la faute légère qui l'aurait engendrée, ni l'obligation, sous peine de péché véniel, ne serait proportionnée à la matière grave qui en serait l'objet : « Nulla est « obligatio restituendi, suivant saint Alphonse de Liguori, nec sub « gravi, nec sub levi : non sub gravi, quia obligatio gravis non « habet proportionem cum culpa levi ; nec sub levi, quia levis obli- « gatio non habet proportionem cum re gravi (1). » Si vous prétendez qu'on est obligé, *sub levi*, de réparer en partie le dommage qu'on a causé par une faute vénielle, quelle sera la quotité de cette réparation ? N'exigerez-vous qu'une partie correspondante à la matière d'un péché véniel ? Mais qui oserait offrir deux ou trois francs en réparation d'un dommage de dix, de vingt, de cent mille francs ? Et si vous prétendez qu'on doit aller plus loin, où vous arrêterez-vous ? Vous contenterez-vous de la moitié, du tiers ou du quart, de la dixième, ou vingtième, ou centième partie ? Concluons donc qu'on n'est nullement obligé, ni *sub gravi*, ni *sub levi*, de réparer le dommage qu'on a causé par une faute imparfaitement volontaire (2).

---

(1) S. Alphonse de Liguori, lib. III. n° 552. — (2) S. Alphonse de Liguori, Navarre, Sanchez, de Lugo, Lessius, Henriquez, Rodriguez, Sa, Salas, Viva, Roncaglia, Azor, Vogler, Mastrius, Herinx, Haunold, Illsung, Babenstuber, etc., etc.

945. On n'est obligé de réparer un dommage qu'autant qu'on en est vraiment la cause physique ou morale. Il faut que l'action qu'on pose volontairement, en prévoyant, d'une manière au moins confuse, son funeste résultat, ait, par sa nature ou d'après les circonstances, une certaine connexion avec le dommage qui en résulte. Si l'action n'était que l'occasion du dommage, celui qui agit n'en serait point responsable. Exemple : Je vole une somme assez modique à un avare qui en meurt de chagrin : ici mon action n'est point la cause réelle, cause efficace de sa mort, mais seulement l'occasion. De même, je donne à un autre un coup qui n'est point mortel ; et, par l'ignorance du médecin qui le traite mal, il en meurt. Le coup que je lui ai porté n'est point la cause efficace de sa mort, mais bien l'ignorance du médecin ; ce n'est donc point à moi qu'on doit imputer la mort dans les deux cas dont il s'agit. Mais si je mets sciemment le feu à la maison de mon voisin, je suis évidemment la cause de l'incendie, et je deviens responsable du dommage qui en est la suite. Je serais encore la cause efficace du dommage, quoique cause morale seulement, si j'avais déterminé quelqu'un, par mes conseils, à incendier cette maison : je me trouverais, par conséquent, solidairement obligé à la restitution.

946. Dans le doute si on a causé du dommage au prochain, est-on obligé de le réparer ? Si le doute n'est pas fondé, on n'est obligé à rien ; mais s'il est fondé, nous pensons qu'on doit le réparer au prorata du doute, du moins quand on a fait certainement et sciemment l'acte dont les suites ne sont devenues douteuses qu'à raison de certaines circonstances. Ainsi, par exemple, celui qui doute si l'enfant de Berthe, avec laquelle il a certainement consommé l'adultère, lui appartient ou non, est tenu, *pro qualitate dubii*, de réparer le dommage qui est peut-être le résultat de son fait. La maxime, *In dubio melior est conditio possidentis*, ne nous paraît point applicable ici ; et cette autre maxime, *Pater est quem nuptiæ demonstrant*, ne regarde que le for extérieur. Un autre exemple : Pierre frappe dangereusement Alexandre, qui succombe quelque temps après : au jugement du médecin, il est douteux si la mort d'Alexandre est le résultat des coups qu'il a reçus, ou de la maladie dont il était atteint. Dans ce cas, il nous paraît que Pierre est responsable, en partie, des suites de la mort d'Alexandre.

947. Celui qui, par inadvertance, a fait un acte *damnificatif* de sa nature, est-il obligé d'en arrêter les suites ? Il y est certainement obligé par toutes les lois divines et humaines. Mais si, pou-

vant le faire, il ne le fait pas, se rendra-t-il coupable d'injustice? Il est plus que probable qu'il se rendrait coupable d'injustice; car, en négligeant d'ôter la cause qu'il a posée lui-même, il est censé la ratifier, et vouloir effectivement le dommage qui s'ensuit. D'après ce principe, celui qui a mis involontairement le feu à la maison de son voisin est tenu, par justice, de faire son possible pour éteindre l'incendie; le pharmacien qui, par inadvertance, a vendu du poison pour un remède, est également tenu, toujours par justice, d'avertir l'acheteur de sa méprise. De même, un confesseur qui, par inadvertance ou par une erreur invincible, donnerait une fausse décision en matière de restitution, serait obligé d'en instruire son pénitent autant que possible, sous peine de commettre une injustice (1).

948. Celui qui, voulant nuire à quelqu'un, nuit à un autre qu'il confond avec son ennemi, est obligé, suivant le sentiment qui nous paraît le plus probable, de réparer le dommage qui résulte de son fait; il en est la cause efficace et injuste. Ainsi, celui qui met le feu à la maison de Pierre croyant brûler la maison de Paul, ou qui donne un coup mortel à Pierre croyant frapper Paul, est responsable, lors même que sa méprise serait l'effet d'une erreur invincible (2).

CHAPITRE XXV.

De la Restitution pour cause de complicité.

949. Ce n'est pas seulement celui qui est l'auteur immédiat d'une injustice qui est obligé de la réparer; ceux qui en ont été complices sont solidairement tenus à la restitution. Mais on ne doit regarder comme complices que ceux qui ont coopéré à un acte injuste d'une manière efficace, soit positivement, soit négativement; il faut qu'ils aient été cause influente et efficace, *positive* ou *négative*, du dommage fait au prochain. « Tenentur omnes illi qui, quoquo modo, « sunt causa influens et efficax damni secuti; ac qui ex officio et « obligatione justitiæ obligati cavere damnum, non caverunt (3). »

(1) Voyez S. Alphonse de Liguori, lib. III. n° 562. — (2) Le P. Antoine, Mgr Bouvier, etc. — (3) Mgr Bouvier, le P. Antoine, Volger, Sanchez, etc.

On peut contribuer comme complice au dommage fait au prochain, en neuf manières : 1° quand on le commande ; 2° quand on le conseille ; 3° quand on y consent ; 4° quand on y porte par l'adulation ou la raillerie ; 5° quand on favorise celui qui médite le crime ; 6° quand on participe au délit ; 7° quand on se tait, étant strictement obligé de parler pour empêcher l'injustice ; 8° quand on n'empêche pas le dommage, étant obligé, par justice, de l'empêcher ; 9° enfin, quand on ne découvre pas l'auteur du dommage, étant obligé, d'office, de le dénoncer. Ces différentes manières de coopérer à une injustice sont renfermées dans ces deux vers :

« *Jussio, consilium, consensus, palpo, recursus,*
« *Participans, mutus, non obstans, non manifestans.* »

ARTICLE 1.

De Ceux qui commandent le dommage.

950. Un ordre peut être explicite ou implicite : il est explicite, lorsqu'on commande en termes exprès ; il est implicite, lorsque, sans commander une chose injuste, un supérieur manifeste à un inférieur le désir d'être vengé d'une injure qu'il a reçue, promettant une récompense ou ses faveurs à celui qui le vengera. C'est ainsi qu'on a regardé Henri II, roi d'Angleterre, comme coupable de l'assassinat de saint Thomas de Cantorbéry. Or, celui qui a commandé à quelqu'un de faire tort à autrui, que le commandement soit exprès ou non, est tenu de le réparer préférablement à celui qui a exécuté ses ordres ; il doit le réparer entièrement, comme s'il avait fait lui-même ce qu'il a commandé. Celui qui, par ses menaces ou par ses prières ou ses promesses, porte quelqu'un, inférieur ou non, à faire en son nom et pour lui complaire un dommage au prochain, est censé avoir commandé ce dommage, et doit en être regardé comme la cause principale. Mais celui qui approuve ou ratifie le mal qui a été fait en son nom et à son insu, ne peut en être regardé comme la cause efficace, ni par conséquent en être responsable.

Celui qui a ordonné de faire du tort à quelqu'un doit non-seulement réparer ce tort, mais encore celui qu'il a prévu, quoique d'une manière imparfaite ou confuse, comme devant résulter de l'exécution de ses ordres. Ainsi, le maître qui a ordonné à son domestique, qu'il connaît pour un homme violent et emporté, de battre quelqu'un, répond de la mort de celui qui a été battu, si ce domestique lui donne un coup mortel. Mais si celui qui a été chargé de faire du mal à quelqu'un en a souffert lui-même du dommage, par exemple, s'il a été condamné à une amende, celui qui a donné cet ordre injuste est-il obligé de le dédommager? Il n'y est point tenu, si celui qui a exécuté l'ordre l'a fait librement, sans y avoir été forcé ni par les menaces de son supérieur, ni par la crainte d'encourir sa disgrâce; quiconque se charge spontanément d'exécuter un ordre, doit s'imputer à lui-même les désagréments qui en sont la suite. Mais si le supérieur a eu recours à des menaces pour déterminer son inférieur à faire ce qu'il lui a commandé, il devient responsable du dommage qu'a souffert le commissionnaire, à moins toutefois qu'il ne s'agisse d'un dommage qu'on ne pouvait prévoir, qui n'avait pas de connexion avec l'acte qui a été ordonné. Si, par exemple, le commissionnaire tombe de cheval et se casse un membre, celui duquel il a reçu l'ordre n'est point obligé de le dédommager (1).

951. Celui qui, ayant commandé de faire tort à quelqu'un, a révoqué son commandement, et en a fait connaître la révocation à celui qui l'avait reçu avant qu'il eût été mis à exécution, n'est point responsable du mal qui s'est fait ensuite nonobstant la révocation; ce mal ne doit s'attribuer qu'à la malice de celui qui l'a fait. Mais si la rétractation n'arrivait point au commissionnaire, quoique celui qui a donné l'ordre eût fait son possible pour la lui faire parvenir, celui-ci demeurerait obligé de réparer le dommage qui a été fait par le commissionnaire.

On peut révoquer un ordre, ou formellement en termes exprès, ou équivalemment, en contractant, par exemple, alliance avec celui contre qui cet ordre avait été donné, ou en se réconciliant avec lui; mais cette réconciliation doit être telle que le commissionnaire ne puisse douter de sa sincérité.

ARTICLE II.

De Ceux qui conseillent un dommage.

952. Il y a cette différence essentielle entre un ordre et un conseil, que celui qui exécute un ordre agit au nom et dans l'intérêt

---

(1) Vogler, Mgr Bouvier, Logerot, etc.

de celui qui l'a donné; tandis que celui qui suit un conseil agit en son propre nom et pour son intérêt personnel.

Celui qui, par ses avis, ses conseils, ses décisions ou observations, ses prières ou ses promesses, détermine quelqu'un à faire une injustice, est obligé de la réparer; mais il n'y est tenu qu'à défaut de celui qui a exécuté ses conseils. Pour qu'il y ait obligation de restituer de la part du conseiller, il est nécessaire que le conseil ait été la cause efficace du dommage; si celui qui a fait l'acte était déjà décidé à le faire quand on lui a donné conseil, le conseiller ne serait tenu à rien. De même, si quelqu'un étant déterminé à voler mille francs, on lui conseille d'en voler deux mille, celui qui lui donne ce conseil n'est tenu de restituer que la somme de mille francs.

953. Dans le doute si le conseil peut être regardé comme cause efficace du dommage, à quoi obligera-t-on le conseiller? Si on doute que le conseil *damnificatif* ait été donné, ou que le dommage ait été porté, nous pensons qu'il n'y a pas d'obligation de restituer : « Commune est inter doctores, dit saint Alphonse de Li-
« guori, quod in dubio an consilium datum sit, vel an damnum sit
« illatum, ad nullam restitutionem consulentem teneri (1). » Mais si le doute ne porte que sur l'*influence* ou l'*efficacité* du conseil, les uns obligent le conseiller à réparer le dommage, les autres le dispensent de toute obligation; d'autres enfin, dont l'opinion nous paraît plus probable, veulent qu'il soit tenu de restituer, mais seulement *pro qualitate dubii*.

Lorsqu'une personne a l'intention de commettre un dommage considérable, on peut lui conseiller d'en commettre un moindre, pourvu que le dommage que l'on conseille soit fait à la personne même qui est menacée (2). Car on ne peut pas conseiller un dommage, quelque peu considérable qu'il fût, s'il devait frapper sur une autre personne, soit qu'on la désigne, soit qu'on ne la désigne pas.

954. Ceux qui, par état, sont chargés de donner des conseils en matière de justice, comme les curés, les confesseurs, les jurisconsultes, les avocats, les notaires, se rendent coupables d'injustice, lorsque, par une ignorance crasse et gravement coupable, ou par une complaisance criminelle, ou par un défaut notable d'attention, ils donnent à ceux qui les consultent de fausses décisions

---

(1) Lib. III. n° 562. — (2) S. Alphonse de Liguori, Mgr Bouvier, Viva, Sanchez, Bonacina, etc., etc.

et compromettent les intérêts d'un tiers. Ceux même qui, dans la bonne foi, ont donné de mauvais conseils, sont tenus de les rétracter ; s'ils ne les rétractent pas, pouvant le faire, ils deviennent responsables du dommage qui en résulte. « Dans consilium noxium « tenetur postea facere, quantum potest, ne damnum accidat, et- « si inculpabiliter egit (1). » Mais il n'en est pas d'un simple particulier comme de celui qui est obligé par état de connaître plus spécialement ce qui a rapport au droit ; celui qui suit l'avis, le conseil ou la décision d'un homme qui ne se donne point pour être instruit, doit s'imputer à lui-même le dommage qu'il en souffre ; le conseiller n'est obligé à rien, à moins qu'il n'ait agi par malice, ou que son conseil ne soit devenu nuisible à un tiers : « Si dans con- « silium noscatur ut rudis, non tenetur ; quia tunc damni illatio « magis imputatur ei qui imprudenter sequitur ejus consilium ; nisi « cum consilio adfuit etiam dolus, sive intentio damnificandi ; hoc « tamen procedit, quando agitur de damno solius petentis consi- « lium, nam secus dicendum, si agitur de damno tertii (2). »

955. Est-on obligé de réparer le dommage qu'on avait conseillé, lorsqu'on a révoqué son conseil avant que le dommage fût porté ? On distingue : si c'est un simple conseil non motivé, il suffit de le révoquer pour être dispensé de toute réparation ; il en est de même d'un conseil même motivé, lorsqu'on a détruit les motifs qui avaient fait impression sur celui à qui il a été donné ; car alors le dommage ne peut plus être attribué qu'à la malice de celui qui a suivi le conseil ; lui seul en est la cause efficace. Si, au contraire, on n'a pas entièrement détruit l'impression, si la révocation laisse subsister les raisons qui doivent porter le malfaiteur à commettre le dommage, ou si on lui a indiqué la manière de s'y prendre pour réussir dans l'exécution du délit, on croit assez communément que la révocation du conseil ne dispense point de l'obligation de réparer le dommage qui en était l'objet ; parce que, dit-on, le conseil demeure cause morale et efficace dudit dommage. Cependant plusieurs théologiens pensent que le conseiller n'est plus obligé à rien, s'il a fait tout ce qui dépendait de lui pour empêcher le dommage ; et nous le dispenserions nous-même de toute restitution dans le cas dont il s'agit, si, après avoir employé tous les moyens qui étaient à sa disposition, il avait pris la précaution d'avertir celui qui était menacé du dommage. Il nous semble qu'on ne doit alors attribuer le dommage qu'à la malice de celui qui l'a commis ; le con-

---

(1) S. Alphonse, lib. III. n° 564. — (2) Ibidem.

seiller en aura été l'occasion, et non la cause proprement dite. Ce second sentiment paraissait assez probable à saint Alphonse, moins probable toutefois que le premier : « Hanc secundam sententiam « *satis probabilem*, sed primam *probabiliorem* censeo (1). »

ARTICLE III.

De Ceux qui ont consenti à un dommage.

956. Consentir à une injustice, c'est l'approuver extérieurement ou y concourir par son suffrage. Mais pour que le consentement à une injustice oblige à la réparer, il est nécessaire que ce consentement précède l'exécution du dommage, et en soit la cause efficace. Celui qui ne fait qu'applaudir à un dommage déjà porté, n'est tenu à aucune restitution. Il en est de même de celui dont le consentement, eu égard aux circonstances, ne peut être regardé comme cause du dommage. Le consentement est censé la cause efficace de l'injustice, lorsque celui qui le donne est tenu d'office de n'y pas consentir, et de faire ce qui dépendra de lui pour l'empêcher. Ainsi, un juge qui donne sa voix pour un arrêt injuste, est la cause réelle de l'injustice ; il est par conséquent obligé solidairement de la réparer. Les membres d'une assemblée qui prennent une décision contraire à l'équité, sont également responsables du dommage qui doit en résulter. Mais celui qui, dans une assemblée où l'on vote pour une sentence injuste, ne donne sa voix qu'après le nombre de suffrages suffisant pour le jugement, peut-il être regardé comme cause de l'injustice? C'est une question controversée. Les uns (2) pensent que ce dernier vote n'étant point nécessaire pour consommer l'injustice, ne doit point en être regardé comme la cause efficace. On suppose que le dernier votant ne s'est point concerté avec les premiers pour obtenir une sentence, une décision injuste ; et qu'il n'aurait pu, par un vote différent, empêcher cette décision. Ce sentiment est certainement probable ; mais le sentiment des théologiens (3) qui obligent à la restitution le dernier comme les premiers votants, ne l'est pas moins ; car les derniers comme les premiers suffrages ne forment qu'un tout moral, et concourent également au même jugement, à la même décision qui est contraire à

---

(1) Lib. III. n° 559. — (2) S. Alphonse de Liguori, de Lugo, Lessius, Laymann, Sylvius, Vasquez, Vogler, Mazotta, etc. — (3) Hennot, Billuart, Habert, Collet, Thomas de Charmes, Dens, etc., etc.

la justice. Cependant on peut, dans la pratique, s'en tenir au sentiment qui dispense le dernier votant de toute restitution. Il en serait autrement dans le doute si tel ou tel suffrage était nécessaire ou non, pour compléter avec les voix précédemment données le nombre suffisant pour la majorité voulue par la loi. Nous pensons qu'on doit alors se prononcer contre celui qui oserait invoquer ce doute en sa faveur.

ARTICLE IV.

De Ceux qui concourent à un dommage par adulation ou par protection.

957. Celui qui, par adulation, par flatterie, par ses louanges ou ses reproches, ou par raillerie, porte efficacement quelqu'un à commettre une injustice, ou à ne pas réparer le dommage qu'il a causé, est obligé solidairement de réparer tout le tort qu'il a prévu devoir résulter de son fait. Ce dommage étant prévu au moins confusément, l'adulateur est tenu de le réparer, quand même il n'aurait pas eu l'intention de le faire commettre. Souvent la raillerie et la flatterie sont plus dangereuses qu'un mauvais conseil : de là tant de délits, tant d'injustices, tant d'autres désordres en tout genre.

Celui qui protége un malfaiteur qu'il connaît comme tel, qui lui donne asile, qui garde en dépôt les choses qu'il sait avoir été volées, se rend coupable d'injustice, toutes les fois qu'en agissant ainsi il excite efficacement ce malfaiteur, ou à commettre de nouveaux dommages, ou à ne pas réparer ceux qu'il a commis. On l'appelle *receleur*. Ainsi on doit regarder comme receleurs tous ceux qui reçoivent et cachent les choses volées, prévoyant, de quelque manière, que par là ils seront cause que le voleur ne les restituera pas, ou qu'il prendra occasion de commettre d'autres vols. Il faut en dire autant de ceux qui, à l'occasion d'un inventaire de meubles, d'une faillite ou d'une banqueroute, retirent et cachent chez eux de la vaisselle, du linge, des billets ou autres effets de toute espèce, que les personnes intéressées leur confient pour les conserver à leur profit, si d'ailleurs ils savent que ces effets ont été frauduleusement soustraits à l'inventaire ou injustement enlevés. Il en est encore de même des aubergistes, des cabaretiers et autres personnes qui recèlent, achètent ou font vendre les denrées ou autres choses volées par les ouvriers, les domestiques ou enfants de famille. Dans ces différents cas, on pèche contre la justice ; et ceux qui se rendent coupables de ce péché sont solidairement obligés de restituer le tout aux personnes lésées.

958. On ne doit point mettre au nombre des receleurs, ni celui qui reçoit dans sa maison le voleur et les objets volés, soit à cause de sa profession d'aubergiste, soit par amitié, soit parce que le voleur est son parent ; ni celui qui, par pitié ou par des sentiments d'humanité, cache un voleur et lui donne le moyen de se sauver lorsqu'il est poursuivi par des gendarmes, uniquement pour qu'il ne tombe pas entre leurs mains. Ainsi, on ne devrait pas les obliger à restituer, quand même ce malfaiteur aurait recommencé ses vols et ses brigandages ; parce que la charité qu'on aurait exercée à son égard ne serait que l'occasion accidentelle et éloignée de la persévérance de cet homme dans sa vie criminelle. On suppose toutefois que ceux qui l'ont reçu ne lui ont pas fait espérer qu'il trouverait toujours les mêmes secours : « Non tenetur qui post fur-« tum juvat furem ad fugiendum, modo non influat ad damna fu-« tura (1). »

ARTICLE V.

De Ceux qui concourent à un dommage en y participant.

959. On participe à une injustice en deux manières, savoir : en recevant sciemment une portion de la chose volée, ou en concourant à l'action du vol ou du délit. Celui qui participe à la chose qu'il sait avoir été volée, est obligé de restituer la portion qu'il a reçue, ou l'équivalent si elle n'existe plus en nature. Mais il n'est obligé que pour la portion qui lui est échue. Il ne serait tenu pour la valeur totale de la chose volée qu'autant qu'il eût été la cause du vol. Ainsi, celui qui a bu du vin qu'il savait avoir été volé, sans avoir pris part à l'action du vol, n'est obligé de restituer qu'au *prorata* de ce qu'il en a bu.

960. A l'égard de celui qui participe au crime, soit immédiatement, en faisant lui-même avec d'autres l'action *damnificative*, soit médiatement, en fournissant aux malfaiteurs les moyens de faire un délit par exemple, une échelle, des armes, ou autres instruments, ou même en faisant seulement le guet pendant que les délinquants

---

(1) S. Alphonse de Liguori, lib. III. n° 568, etc.

agissent, pèche contre la justice, et son péché est, sous ce rapport, plus ou moins grave, selon le degré de son influence. Ainsi se rendent coupables d'injustice : 1° le serrurier qui fournit de fausses clefs, quand il connaît l'abus criminel qu'on veut en faire ; 2° celui qui donne l'échelle, ou qui la tient pendant que le voleur monte pour entrer dans une maison ; 3° celui qui ouvre ou brise les fenêtres ou les portes pour faciliter l'entrée au voleur ; 4° celui qui s'associe au malfaiteur et l'accompagne, afin de lui inspirer de la confiance et de la sécurité pour l'exécution d'un dessein injuste, ou qui fait le guet pendant que ce malfaiteur commet le crime ; 5° celui qui donne du poison à un autre qu'il sait devoir s'en servir pour faire mourir quelqu'un, ou qui prête des armes à un homme qu'il voit disposé à tuer ou à blesser son ennemi ; 6° le notaire ou tout autre qui, sur l'exigence de l'usurier, fait un acte qu'il juge certainement usuraire ; 7° enfin, quiconque, par une coopération immédiate ou seulement médiate, peut, eu égard aux circonstances, être regardé comme cause physique ou morale, totale ou partielle, mais efficace du dommage fait au prochain. Quant à la restitution, nous en parlerons dans le chapitre suivant.

961. Est-il permis de participer ou de coopérer à un délit, en quelque manière, lorsqu'on a de fortes raisons de le faire ; lorsque, par exemple, on ne peut s'y refuser sans s'exposer au danger probable de perdre la vie, l'honneur ou sa fortune ? Sans vouloir discuter cette question, au sujet de laquelle les docteurs sont divisés, nous répondons : 1° qu'une personne ne peut concourir au dommage d'autrui pour se soustraire elle-même à celui dont elle est menacée, quand ce dommage est de même ordre que le premier ; à moins qu'elle n'y concoure avec l'intention de le réparer : « Si tu « solum times damnum facultatum, non poteris sine peccato con- « currere ad damnum alterius, ut in propriis bonis te serves indem- « nem, nisi id facias animo compensandi (1). Si participans adjuvat « furem ad inferendum damnum ob metum similis gravis damni in « bonis propriis, eo casu tenetur ad restitutionem, quia nemo potest « ad damnum alterius cooperari, ut proprium damnum bonorum « evitet (2). » 2° Quand il s'agit d'un dommage dans les biens de la fortune, vous pouvez probablement concourir, même d'une manière immédiate, s'il y va de votre vie : tel est le cas où un voleur vous menace de la mort, vous mettant le pistolet sur la gorge, si vous ne l'aidez à porter tel dommage, si vous vous refusez de lui ouvrir

---

(1) S. Alphonse de Liguori, lib. III. n° 571. — (2) Ibidem.

la porte de la maison où il veut entrer pour commettre le vol ; de briser le coffre-fort où est déposé l'argent qu'il veut voler, ou de faire autres actes semblables; car alors vous vous trouvez dans une nécessité extrême, où tous les biens deviennent communs. Que vous soyez réduit à cette nécessité par une cause libre ou nécessaire, vous n'y êtes pas moins réduit : « Si autem times malum superioris ordi- « nis, nempe mortem, aut mutilationem membri, vel gravem infa- « miam; tunc poteris sine peccato, si præter tuam intentionem facias, « cooperari ad damnum alterius; quia tunc dominus tenetur con- « sentire, ut adhuc cum jactura suorum bonorum tu vitæ aut ho- « nori tuo consulas; alias esset irrationabiliter invitus (1). » Vous n'êtes point tenu, par conséquent, dans le cas dont il s'agit, de réparer le dommage auquel vous aurez coopéré; votre coopération n'étant, à raison des circonstances, qu'une coopération matérielle et non formelle (2). 3° Celui qui ne peut refuser une arme, une épée à un homme qui veut tuer son ennemi, sans danger d'être tué lui-même par ce malfaiteur, peut la lui donner sans être responsable de son crime; mais il n'est jamais permis de tuer qui que ce soit, de son autorité privée, pour éviter la mort dont on est menacé par un tiers (3).

ARTICLE VI.

De Ceux qui concourent au dommage d'autrui comme causes négatives.

962. Ceux-là sont causes *négatives* et *efficaces* d'un dommage, qui, étant obligés par état, par justice, d'empêcher ce dommage, ne l'empêchent pas, pouvant le faire sans de graves inconvénients. Ces causes, au nombre de trois, sont exprimées par ces mots : *Mutus, non obstans, non manifestans*. Ainsi l'on concourt au dommage d'autrui, lorsque, étant tenu par justice de s'opposer à ce dommage, ou en *parlant*, ou en *agissant*, ou en *dénonçant* le coupable, on ne s'y oppose pas. Celui qui n'empêche pas le mal d'autrui, pouvant facilement l'empêcher, pèche évidemment; mais s'il n'est pas tenu d'office, par contrat exprès ou tacite, de l'empêcher, il ne peut être tenu de le réparer. On dispense aussi de toute responsabilité celui

---

(1) S. Alphonse de Liguori, lib. III. n° 571. — (2) Ibidem; voyez aussi l'auteur de l'*Examen raisonné sur les Commandements de Dieu*, tom. I, etc. — (3) S. Alphonse de Liguori, ibidem. — Instruction pratique pour les Confesseurs, n° 56.

qui, quoique obligé d'office de s'opposer à une injustice, ne s'y oppose point, ne pouvant l'empêcher sans en souffrir notablement; à moins qu'à raison de sa position ou d'une convention particulière, il ne soit chargé des cas de force majeure. « Non semper ille qui
« non manifestat latronem, dit saint Thomas, tenetur ad restitutio-
« nem, aut qui non obstat, vel qui non reprehendit; sed solum
« quando incumbit alicui *ex officio;* sicut principibus terræ, quibus
« ex hoc non multum imminet periculum; propter hoc enim potes-
« tate publica potiuntur, ut sint justitiæ custodes (1). »

963. La loi civile rend le père, et, après la mort du mari, la mère, responsables du dommage causé par leurs enfants *mineurs habitant avec eux* (2). Mais, comme le dit le judicieux Toullier, « la responsabilité du père, obligé de réparer le tort qui a été fait
« par son enfant, n'est autre chose qu'un cautionnement *légal* et
« *forcé*, une garantie que la loi exige pour le rendre plus attentif à
« veiller sur la conduite de ses enfants. L'enfant qui a causé le
« dommage n'en reste pas moins *personnellement* obligé à le ré-
« parer. C'est l'obligation principale; celle du père n'en est que
« l'accessoire. C'est la dette de l'enfant qu'il est *contraint* de payer
« d'avance, et sans bénéfice de discussion. Il peut la répéter envers
« lui, en rendant son compte de tutelle, la reprendre ou s'en faire
« payer sur les biens avenus à l'enfant par succession ou autrement;
« et s'il ne l'a pas répétée de son vivant, l'enfant en devra le rap-
« port à la succession du père, ou devra l'imputer sur sa portion
« héréditaire (3). » Cette responsabilité cesse même au for extérieur, lorsque le père ou la mère prouvent qu'ils n'ont pu empêcher le fait qui y a donné lieu. Quant au for intérieur, le père ou la mère sont certainement obligés de réparer le tort fait par un enfant, quand ils y sont condamnés par le juge, lors même qu'ils ne seraient point coupables de négligence devant Dieu. Cette sentence étant, comme la loi, fondée sur des considérations d'ordre public, est obligatoire, à moins toutefois qu'elle ne soit appuyée sur une présomption de *fait* qui se trouverait fausse. Mais si on suppose le père ou la mère exempts de toute faute ou négligence théologiquement grave, ils ne seraient tenus à rien avant la sentence des tribunaux.

964. Le père de famille n'est point civilement responsable du dommage causé par un enfant majeur; et nous pensons qu'il doit en être, à cet égard, pour le for intérieur comme pour le for extérieur,

---

(1) Sum. part. 2. 2. quæst. 62. art. 7. — (2) Cod. civ. art. 1384. — (3) Droit civil français, tom. xi. n° 271.

même dans le cas où le père aurait pu empêcher le dommage. Quoiqu'un père soit obligé de veiller sur la conduite de ses enfants, et qu'il se rende grandement coupable devant Dieu en les laissant faire le mal, on ne peut pas dire qu'il soit tenu, par justice, de les empêcher de nuire au prochain. La qualité de père ne suffit pas pour établir cette obligation entre un chef de famille et les autres citoyens ; il ne suffit pas d'être père pour être chargé des intérêts d'un tiers ; on ne peut en être chargé qu'en vertu d'un contrat ou d'un quasi-contrat. Ceci nous paraît même applicable, avant la sentence du juge, au père de famille qui ferme les yeux sur le dommage causé par un enfant mineur qui a suffisamment l'usage de raison pour discerner ce qu'il fait, à moins que le silence du père ou sa non-opposition ne soit regardé par l'enfant comme une approbation de sa conduite ; car alors ce silence deviendrait cause morale et positive dudit dommage.

965. Les instituteurs et les artisans sont civilement ou légalement responsables du dommage causé par leurs élèves et apprentis pendant le temps qu'ils sont sous leur surveillance, à moins qu'ils ne prouvent qu'ils n'ont pu empêcher ce dommage. Mais ils ne sont tenus à réparer le tort fait par leurs subordonnés qu'après la sentence du juge. Il en est de même des maîtres et des commettants, pour ce qui concerne le dommage causé par leurs domestiques et préposés dans les fonctions auxquelles ils les ont employés (1).

Un domestique est tenu, en vertu de ses engagements, d'empêcher les étrangers de causer du dommage à son maître : s'il ne le fait pas tandis qu'il peut le faire, il est obligé de réparer ce dommage. Mais si le dommage a lieu par un autre domestique de la même maison, nous pensons que celui qui, pouvant s'y opposer, ne s'y oppose pas, ne pèche que contre la charité et non contre la justice ; à moins que le maître ne lui ait confié spécialement la garde de tous ses biens ou de certains biens en particulier (2).

966. Le mari est-il responsable des délits commis par sa femme ? Pothier, Delvincourt et autres jurisconsultes se déclarent pour l'affirmative ; et la loi du 28 septembre 1791 paraît favoriser cette opinion. Suivant cette loi, *les maris sont civilement responsables des délits commis par leurs femmes.* Mais il ne s'agit ici que des délits relatifs à la *police des campagnes* : on ne peut donc étendre la responsabilité des maris à d'autres cas ; car le Code civil ne rend point les maris responsables des délits de leurs femmes ; il déclare

---

(1) Cod. civ. art. 1384. — (2) S. Alphonse de Liguori, lib. III. n° 344.

même expressément que les amendes encourues par la femme ne peuvent s'exécuter que sur la nue propriété de ses biens personnels, tant que dure la communauté(1). Il en est de même des dommages-intérêts auxquels la femme a été condamnée pour les délits ordinaires et quasi-délits dont elle s'est rendue coupable (2). Ce que nous disons du mari relativement à sa femme, pour ce qui regarde la responsabilité, s'applique au tuteur relativement au pupille. Quoi qu'il en soit, nous pensons que ni les maris, ni les tuteurs, ne sont obligés en conscience de réparer le tort résultant d'un fait personnel à leurs femmes ou à leurs pupilles, à moins qu'ils n'y soient contraints par la décision des tribunaux.

967. Le confesseur qui, par une négligence coupable ou par un motif damnable, omet d'avertir un pénitent de l'obligation de restituer ou de réparer le tort qu'il a fait au prochain, pèche-t-il contre la justice? Est-il obligé de restituer lui-même, à défaut du pénitent? On suppose que le pénitent ne consulte point son confesseur, qu'il ne s'accuse pas de l'injustice qu'il a commise. Les théologiens sont partagés sur cette question : les uns obligent le confesseur à restituer, les autres le dispensent de toute restitution. Ce second sentiment nous paraît beaucoup plus probable que le premier. En effet, sur quel fondement peut-on obliger ce confesseur à restituer? Sur sa qualité de confesseur? Comme tel il est sans doute obligé, par le devoir de sa charge, *ex officio*, de donner à son pénitent tous les secours spirituels qui dépendent de son ministère; il pèche bien certainement s'il néglige de l'avertir de ses devoirs envers le prochain. Mais sur quel titre se fondera-t-on pour l'obliger par justice à s'occuper des intérêts temporels d'un tiers, c'est-à-dire, du créancier de son pénitent? Cette obligation ne peut résulter que d'un contrat ou d'un quasi-contrat. Or, il n'existe ni contrat ni quasi-contrat entre un confesseur considéré comme tel, et les créanciers de ceux qu'il dirige au tribunal de la pénitence. Le confesseur n'est donc point tenu, dans le cas dont il s'agit, de restituer à défaut du pénitent (3) : ce qui s'applique même au confesseur qui a charge d'âmes.

968. Le témoin qui a une connaissance même certaine d'un délit et de son auteur n'est pas obligé par justice de se présenter, de son

---

(1) Cod. civ. art. 1424. — (2) Voyez Merlin, Répertoire de Jurisprudence, V° DÉLIT, § 8; Toullier, Droit civil français, tome XI. n° 279. — (3) Suarez, Henriquez, Vasquez, de Lugo, Bonacina, Serra, Saa, Ledesma, Valentia, Lessius, Laymann, Sporer, Daelmann, Palaus, Coninck, Malder, Vogler, Billuart, S. Alphonse de Liguori, Mgr Bouvier, etc., etc.

propre mouvement, devant les juges pour faire connaître le coupable. En ne le faisant pas, il pécherait contre la charité, si sa déposition était nécessaire pour empêcher l'innocent d'être opprimé; mais il ne pécherait point contre la justice. Il en est de même de celui qui s'éloigne de son pays pour n'être pas assigné : « Licet « possit ille graviter peccare contra charitatem, dit saint Alphonse « de Liguori, non tamen peccat contra justitiam, cum nemo tenea« tur, præcepto superioris, parere antequam ei imponatur (1). » Mais l'exemptera-t-on de l'obligation de restituer, si, étant assigné, il refuse de comparaître, ou si, étant juridiquement interrogé, il s'obstine à garder le silence? Plusieurs théologiens pensent qu'il est alors obligé de restituer; mais nous regardons comme plus probable le sentiment de ceux qui le dispensent de la restitution. Il est vrai qu'il pèche, et contre la charité à l'égard du prochain, et contre l'obéissance à l'égard des magistrats, et même contre la vertu de religion, s'il a prêté serment de dire la vérité; mais on ne peut pas dire, ou du moins on ne peut prouver, qu'il pèche contre la justice commutative : « Testis legitime interrogatus a judice non « tenetur veritatem deponere, nisi aut ex præcepto judicis, aut « ratione juramenti præstiti; unde tacendo veritatem non peccat « contra justitiam, sed tantum contra obedientiam (2). » Il en serait autrement s'il se rendait coupable d'un faux témoignage, comme nous aurons l'occasion de le faire remarquer sur le huitième précepte.

969. Ceux qui sont préposés, par les communes ou par des particuliers, à la garde des bois, des champs, des vignes ou d'autres propriétés, sont tenus, d'office, d'empêcher tout dommage, toute dégradation, et de dénoncer le délinquant, sous peine d'être obligés solidairement de réparer le tort qu'ils auraient laissé faire : « Te« nentur ad restitutionem custodes vinearum, sylvarum, agrorum, « piscinarum, qui damna non impediunt, vel facta non manifes« tant (3). Tenentur crimen denuntiare vel accusare... Alias tenen« tur ad restitutionem damnorum quæ ob omissionem accusationis « obveniunt (4). » Mais s'ils négligent de remplir leur devoir à cet égard, sont-ils tenus de payer l'amende qu'on aurait infligée au coupable? C'est une question controversée : les uns affirment, et les autres nient. Le second sentiment nous paraît assez probable pour

---

(1) Lib. iv. n° 270; de Lugo, Lessius, Bonacina, etc. — (2) S. Alphonse de Liguori, ibidem; de Lugo, Lessius, Vogler, Sylvius, Billuart. — (3) S. Alphonse, lib. iii. n° 574. — (4) Ibid. lib. iv. n° 236.

pouvoir être suivi dans la pratique : en omettant de dénoncer le coupable, les gardes pèchent contre la justice légale ; mais il ne paraît pas qu'ils pèchent contre la justice commutative, pour ce qui a rapport à l'amende ; car l'État, les communes, les particuliers, n'ont de droit acquis à la valeur de l'amende qu'après la sentence du juge (1). Ce que nous avons dit des gardes s'applique aux préposés du Gouvernement, chargés de faire payer les impôts, soit directs, soit indirects (2).

ARTICLE VII.

De Ceux qui ont concouru au dommage d'autrui, en empêchant quelqu'un de réaliser un bénéfice.

970. Si celui qu'on empêche d'obtenir un bien, un avantage estimable à prix d'argent, un bénéfice quelconque, y a un droit acquis, celui qui l'empêche efficacement d'obtenir ce bien, cet avantage, ce bénéfice, se rend coupable d'injustice, quand même il n'aurait recours ni à la fraude, ni à la violence, ni aux menaces, employant seulement des sollicitations ou des prières capables d'empêcher moralement celui dont il s'agit d'obtenir ce qui lui est dû. Il devient, comme conseiller, complice du tort qu'on lui fait, et contracte l'obligation solidaire de le réparer.

971. Si, au contraire, celui qui est empêché d'obtenir un bien n'y avait pas de droit acquis, il faut distinguer : ou celui qui l'empêche d'obtenir ce bien, ou de faire un certain bénéfice, fait usage de la fraude, du mensonge, de la calomnie, de la violence, des menaces ou de tout autre moyen illicite ; ou il use seulement de prières et de sollicitations pour détourner celui dont on pouvait espérer ce bien. Dans le premier cas, on pèche contre la justice ; car, quoique l'empêché n'ait aucun droit acquis à la chose, au bien qu'il désire et espère obtenir, il a le droit acquis de n'en être point privé par des voies illicites et injustes. Celui qui l'empêche est donc obligé de restituer, proportionnellement à l'espérance que l'empêché avait d'obtenir la chose ou le bien dont il s'agit. Cependant, s'il s'agissait d'un bénéfice ecclésiastique, d'un emploi public ou de tout autre emploi, ce ne serait point aller contre la justice que d'en éloigner d'une manière quelconque un sujet qui serait certainement inca-

---

(1) S. Alphonse de Liguori, lib. IV. n° 236 ; Lessius, de Lugo, Sanchez, Tanner, Azor, Bannès, etc., etc. — (2) S. Alphonse, ibidem.

pable ou indigne, pourvu toutefois qu'on réparât le tort qu'on aurait pu lui faire d'ailleurs, en se permettant, par exemple, la calomnie.

972. Dans le second cas, on n'est point obligé à la restitution ; car les prières et les sollicitations laissent parfaitement libre celui duquel on espère obtenir quelque bien, quelque avantage. Sur ce principe, ce n'est point pécher contre la justice que de détourner une personne, par des conseils ou des prières, de faire un legs ou une donation en faveur de celui que cette personne voulait gratifier : ce qui est vrai, très-probablement, lors même qu'on agirait par un sentiment de haine ou d'envie ; car ce sentiment, quoique contraire à la charité, n'entraîne l'obligation de restituer que quand il est suivi d'un acte damnificatif de sa nature (1). Néanmoins il en serait autrement, si, pour faire changer les dispositions bienveillantes d'une personne envers une autre, on avait recours à des sollicitations d'une importunité excessive, ou à des prières capables d'imprimer une crainte révérentielle : cette personne ne serait plus suffisamment libre.

CHAPITRE XXVI.

De l'Obligation solidaire en matière de restitution.

973. Outre la solidarité qui résulte d'une convention, et dont nous avons parlé en expliquant les obligations conventionnelles, il peut y avoir solidarité pour cause de coopération ou de complicité en matière de délit. Cette seconde espèce d'obligation solidaire est celle par laquelle on est tenu de réparer la totalité d'un dommage, en sorte que ceux qui ont le plus influé sur le dommage, comme cause principale, soient tenus les premiers à cette restitution totale, et les autres seulement à leur défaut, sauf leur recours sur ceux qui étaient tenus les premiers, ou sur ceux qui devaient restituer avec eux. L'obligation solidaire de réparer un dommage existe entre tous ceux qui y ont coopéré, de manière à ce que tous et chacun d'entre eux puissent être regardés comme cause *totale* et

---

(1) S. Alphonse de Liguori, lib. III. n° 584 ; Billuart, Navarre, Soto, Lessius, Laymann, Sylvius, etc.

efficace, physique ou *morale, positive* ou *négative*, de tout le dommage. Ce principe, fondé sur le droit naturel, est consacré par les lois humaines : « Tous les individus condamnés pour un même « crime, ou pour un même délit, sont tenus solidairement des amen- « des, des restitutions, des dommages-intérêts et des frais (1). »

974. Pour qu'une personne soit obligée solidairement de réparer un dommage commis par une autre personne, il ne suffit pas qu'elle en ait été l'occasion, il faut qu'elle puisse en être regardée comme la cause efficace. Exemple : Paul, de son propre mouvement, entre dans une vigne pour y voler des raisins ; Pierre prend de là occasion de faire la même chose ; Antoine en fait autant, n'étant mû que par l'exemple de Paul et de Pierre. Dans ce cas, Paul n'est obligé de restituer que la valeur de ce qu'il a volé ; il en est de même de Pierre. Le mauvais exemple de Paul n'est point par lui-même la cause efficace du vol dont les deux autres se sont rendus coupables ; il n'en est que l'occasion (2). Nous pensons qu'il faudrait donner la même décision lors même que Paul, en volant, aurait eu l'intention de déterminer, par son exemple, les autres à faire comme lui. L'intention de Paul, quoique condamnable, étant purement intérieure, ne rend pas plus efficace le mauvais exemple qu'il a donné.

975. Mais si plusieurs, d'un commun accord, concourent efficacement à un dommage, en s'excitant les uns les autres à commettre un crime, un délit, ils sont tous tenus solidairement à la réparation de ce dommage ; en sorte que si tous, à l'exception d'un seul, refusaient de le réparer, celui-là serait tenu de le réparer en entier, sauf son recours sur ses coopérateurs ; et cela, suivant le sentiment le plus probable, quand même le dommage eût été porté sans le concours de tel ou tel complice. Nous pensons que cette décision est applicable dans tous les cas où plusieurs contribuent au même dommage, agissant de concert et se prêtant un mutuel secours, soit que l'objet de ce dommage soit divisible, comme, par exemple, le dégât qu'on commet dans une vigne, dans un jardin ou dans un tas de blé ; soit qu'il s'agisse d'une chose indivisible, d'une maison, par exemple, ou d'un vaisseau qu'on aura brûlé. Cependant, si plusieurs ouvriers ou domestiques, d'après l'ordre de leur maître commun, commettaient un vol ou un dégât divisible dans un bois, dans une vigne, ou dans un champ, sans s'entr'aider ni s'exciter les uns les autres, nous pensons qu'à défaut du maître ils ne seraient point te-

---

(1) Code pénal, art. 55, 59, 244. — (2) S. Alphonse de Liguori, lib. III. n° 537 ; Sanchez, Vasquez, Laymann, etc.

nus solidairement de réparer tout le dommage ; il suffirait que chacun réparât le dégât qu'il aurait fait par soi-même, nul d'entre eux ne pouvant être regardé comme cause totale et efficace, soit physique, soit morale, de tout le dommage.

976. Tous ceux qui sont obligés solidairement de réparer une injustice, n'y sont pas tenus dans le même ordre. 1° S'il s'agit d'une chose volée, celui qui en est détenteur est tenu, en premier lieu, de la rendre à qui de droit, ou d'en payer la valeur, dans le cas où il l'aurait consommée de mauvaise foi. Cette restitution étant faite, les complices du vol sont déchargés de toute obligation. Seulement ils peuvent être tenus solidairement de réparer le tort extrinsèque que le maître de la chose aurait éprouvé par suite du vol. 2° S'il s'agit d'un dommage autre que celui qui résulte du vol ou de la rapine, de l'incendie d'une maison, par exemple, c'est celui qui a commandé ce dommage qui est tenu le premier à le réparer ; il en est la cause principale. Par conséquent, s'il le répare ou s'il en est dispensé par le créancier, les autres coopérateurs ne sont tenus à rien. Après le *mandant*, vient celui qui a exécuté ses ordres ; car il est après lui la cause principale du dommage. S'il le répare, ou si le créancier lui fait remise, le *conseiller*, le *consentant* et autres coopérateurs, à l'exception cependant de celui qui a commandé le dommage, sont déchargés de toute obligation. Dans ce cas, le *mandant* demeure obligé envers l'exécuteur qui a restitué, ou envers le créancier qui a fait remise à celui-ci, à moins que le créancier n'ait en même temps dispensé de toute réparation celui qui a été la première cause principale. A défaut de la réparation de la part de l'exécuteur ou du mandant, le conseiller et les autres coopérateurs positifs sont tenus solidairement de réparer tout le dommage ; mais aucun d'eux n'est tenu avant les autres. Si l'un de ces coopérateurs répare tout le dommage, il devient créancier des autres pour la part de chacun seulement ; ceux-ci ne sont point tenus solidairement envers lui. Enfin viennent les coopérateurs négatifs ; ils ne sont tenus à la restitution qu'après les coopérateurs positifs, et ils se trouvent placés au même rang ; aucun d'eux n'est obligé de prévenir les autres. Mais celui des coopérateurs négatifs qui a réparé le dommage a son recours sur les autres coopérateurs, soit positifs, soit négatifs, en suivant l'ordre que nous venons d'indiquer, à commencer par le détenteur de la chose volée, le mandant, ainsi de suite.

977. Pour ce qui regarde la pratique au sujet de la solidarité, comme il est difficile de persuader à certains fidèles, comme sont

la plupart des gens de la campagne, qu'ils sont obligés de restituer ce que les autres ont pris, ou de réparer tout le dommage auquel ils ont eu part, conjointement avec d'autres ; si le confesseur remarque en son pénitent de la bonne foi, mais une conscience peu timorée, il vaut mieux qu'il l'engage à restituer ce que lui dicte sa conscience, sans lui dire qu'il est tenu à la restitution entière. Cette conduite est d'autant préférable, que, dans ce cas, on présume que les maîtres ou créanciers se contentent d'une restitution ou réparation partielle de la part de ceux qui sont tenus solidairement, de crainte de ne rien recevoir, s'ils voulaient les obliger à une restitution entière. C'est l'avis que saint Alphonse de Liguori donne aux confesseurs (1). « Advertendum tamen, dit ailleurs le même Doc« teur, quod rudes, etsi teneantur in solidum, raro expedit eos « obligare ad totum, cum difficulter isti sibi persuadeant teneri ad « restituendam partem a sociis ablatam. Quinimo satis præsumi « valet quod ipsi domini, quibus debetur restitutio, consentiant ut « illi restituant tantum partem ab eis ablatam ; cum aliter valde sit « timendum quod nihil restituant, si obligentur ad totum (2). »

CHAPITRE XXVII.

De la Restitution pour cause de vol.

978. Il est écrit : Tu ne voleras point ; *furtum non facies.* Toutes les lois divines et humaines, naturelles et positives, condamnent le vol comme contraire à la justice.

ARTICLE I.

Du Vol en général.

Voler, c'est prendre ou retenir injustement le bien d'autrui. « De« tinere id quod alteri debetur, dit saint Thomas, eamdem ra« tionem nocumenti habet cum acceptione injusta ; et ideo sub in-

---

(1) Instruction pratique pour les Confesseurs, sur le septième précepte, n° 34 ; et le Confesseur des gens de la campagne, etc. — (2) Theol. moral. lib. III. n° 579.

« justa acceptione intelligitur etiam injusta detentio (1). » Cette notion du vol, admise par tous, rentre dans cette définition qu'en donnent les théologiens : « Furtum est injusta rei alienæ ablatio. « *Injusta*, id est, domino rationabiliter invito. » Prendre une chose qui ne nous appartient pas, étant assuré du consentement de celui à qui elle appartient, ce n'est point un vol : « Scienti et vo- « lenti non fit injuria. » Ce n'est point non plus voler, que de prendre la chose d'autrui contre l'agrément du maître, quand celui-ci ne peut raisonnablement refuser son consentement ; ce qui a lieu, par exemple, dans le cas d'une nécessité extrême, comme nous l'expliquerons un peu plus bas.

979. On distingue le simple vol et la rapine. Le simple vol ou larcin consiste à prendre une chose, secrètement et à l'insu de celui à qui elle appartient. « Propria ratio furti est ut sit occulta accep- « tio rei alienæ, » dit saint Thomas (2). Si le vol se fait ouvertement et avec violence à l'égard du propriétaire, il prend le nom de *rapine* : « Rapina quamdam violentiam et coactionem importat « per quam contra justitiam alicui aufertur quod suum est (3). » Outre l'injustice qui lui est commune avec le simple vol, la rapine renferme une injure personnelle, qui change l'espèce du péché : « Et ideo aliam rationem peccati habet rapina, et aliam furtum. « Ergo propter hoc differunt specie (4). » Il y a encore d'autres espèces de vols ; mais il suffira, d'après l'avertissement du catéchisme du concile de Trente, d'expliquer aux fidèles le vol et la rapine, qui sont les deux espèces auxquelles se rapportent les autres : « De his duobus, furto et rapinis, dixisse satis erit ; ad quæ tan- « quam ad caput reliqua referuntur (5). »

980. Le vol est contraire à la justice et à la charité ; c'est un péché qui peut, par lui-même, nous rendre dignes de la damnation éternelle : ni les voleurs, ni les ravisseurs n'entreront dans le royaume des Cieux, à moins qu'ils ne fassent pénitence en cette vie, et ne restituent, autant que possible, ce qu'ils ont volé : « Neque « fures, neque rapaces regnum Dei possidebunt, » dit l'Apôtre (6). De là cette maxime de saint Augustin, qui est passée dans le droit canon : « Non remittitur peccatum nisi restituatur ablatum, cum « restitui potest (7). » Toutefois, le vol n'est pas toujours mortel ; c'est un péché qui admet la légèreté de matière. Mais quelle valeur

---

(1) Sum. part. 2. 2. quæst. 66. art. 3.— (2) Ibid.—(3) Ibid. art. 8. (4) Ibid. art. 4. — (5) Catech. conc. Trid. de præcepto vii. Nous avons parlé ailleurs du sacrilége. — (6) I. Corinth. c. 6. v. 10. — (7) Epist. cliii.

faut-il pour qu'il y ait matière grave et suffisante pour une faute mortelle? On ne peut le déterminer mathématiquement; c'est pourquoi les docteurs ne s'accordent point. Les uns pensent qu'une valeur correspondante au salaire de la journée d'un ouvrier qui gagne ce qui lui est nécessaire pour son entretien, suffit pour un péché mortel. D'autres, en assez grand nombre, parmi les anciens, enseignent que la valeur de trois francs est matière grave en elle-même, quelle que soit la personne, riche ou pauvre, à qui le vol est fait. Mais aujourd'hui, vu la dépréciation de l'argent, il faudrait évidemment une valeur numérique plus forte, savoir, une valeur de cinq ou six francs; et nous pensons qu'on doit généralement regarder comme mortel le vol de cette somme, ou d'un objet d'une valeur équivalente. Nous ajouterons que le vol doit encore être regardé comme mortel, toutes les fois que le maître en est raisonnablement et gravement offensé, sinon à raison du prix de la chose volée, du moins à cause du dommage extrinsèque qu'il en souffrirait; car une matière légère peut devenir grave par les circonstances du vol, comme, par exemple, si on volait à un ouvrier un instrument de peu de valeur, sans lequel, ne pouvant plus travailler, il éprouverait un dommage notable. Dans ce cas, on serait tenu, non-seulement de lui restituer son instrument, mais encore de l'indemniser des pertes qu'il a faites, si elles avaient été prévues.

981. Celui qui se rend coupable de plusieurs vols, quelque peu considérables qu'ils soient, pris isolément, pèche contre la justice, et s'expose souvent au danger de pécher même mortellement. Sur cet article, nous disons, 1° que celui qui fait successivement un certain nombre de petits vols, soit à la même, soit à différentes personnes, avec l'intention de s'enrichir et d'arriver par là à une matière considérable, pèche mortellement à chaque petit vol qu'il fait; car alors, chaque fois qu'il vole, il renouvelle et exécute une intention grandement coupable. Cependant le péché ne devient mortel *effectivement*, en tant qu'il est contraire à la justice, que lorsque celui dont il s'agit est *réellement* parvenu à une matière grave. Nous disons, 2° que si celui qui se permet successivement plusieurs petits vols n'a nullement l'intention d'atteindre une matière notable, il ne pèche que véniellement à chaque vol, si d'ailleurs ils ne sont pas moralement unis entre eux. Nous disons, 3° que si ces petits vols sont moralement unis, celui qui les commet, même sans intention de parvenir à une somme considérable, pèche mortellement par le dernier de ces vols, quand il s'aperçoit que ce vol complète la matière qui suffit pour un péché mortel. Il nous paraît

qu'on doit regarder les vols comme moralement unis, toutes les fois qu'ils ne sont pas séparés les uns des autres par une distance de plusieurs mois. Nous disons, 4° que, quel que soit l'intervalle écoulé entre les différents vols, le voleur qui serait détenteur d'une somme considérable provenant de ces mêmes vols, ne peut la conserver intégralement sans pécher mortellement; il n'est jamais permis de retenir le bien d'autrui. Nous disons, 5° que celui qui, en même temps, commet à l'égard de différentes personnes plusieurs petits vols formant une matière grave, pèche mortellement. Nous disons, 6° que, pour constituer un péché mortel par plusieurs petits vols faits successivement, il faut une somme plus considérable que si elle avait été dérobée en une seule fois. De même, une somme volée à un certain nombre de personnes doit être plus forte, pour être la matière d'un péché mortel, que si elle avait été prise à une seule personne. Mais quelle quantité faut-il de plus? Les uns demandent le double, les autres plus, d'autres moins. Pour la pratique, on doit s'en rapporter au jugement d'un homme prudent, eu égard et à la nature des vols, et à la manière dont ils se font (1).

982. Ceux qui se sont rendus coupables d'une faute grave contre la justice, par suite de plusieurs petits vols, quelque minimes qu'ils soient, pris séparément, sont tenus de restituer, même sous peine de péché mortel : le pape Innocent XI a condamné la proposition suivante, qui tendait à les dispenser d'une obligation grave, quelle que fût la somme volée : « Non tenetur quis sub pœna peccati mortalis restituere quod ablatum est per pauca furta, quantumcumque sit magna summa totalis (2). » Mais, pour que le voleur soit libéré de l'obligation grave de restituer, il suffit qu'il restitue la matière des derniers vols, qui, étant jointe à la matière des vols précédents, constituait le péché mortel. Son obligation ne sera qu'une obligation *sub levi*, à partir du moment qu'il ne retiendra plus qu'une matière insuffisante pour une injustice grave (3).

983. C'est voler que de prendre des fruits dans une propriété d'autrui, sans pouvoir présumer raisonnablement le consentement du maître : car il a le même droit sur les fruits de son fonds que sur le fonds même, *res fructificat domino*. Les fruits même pendants aux branches qui avancent sur le terrain du voisin appartiennent au propriétaire de l'arbre; le voisin n'a que le droit d'exiger l'ébran-

---

(1) Voyez S. Alphonse de Liguori, lib. III. n° 530, etc.; l'*Examen raisonné sur les Commandements de Dieu*, tom. I, etc. — (2) Décret de 1679. — (3) S. Alphonse, lib. III. n° 533.

chement (1). Mais si le champ du voisin était clos, le propriétaire de l'arbre n'aurait pas droit d'y entrer pour cueillir ses fruits; il en cueillerait de chez lui ce qu'il pourrait (2). Et il nous paraît qu'en tout cas le voisin peut ramasser et conserver les fruits qui tombent d'eux-mêmes sur son terrain : comme, à notre avis, chacun peut s'approprier les fruits qu'on trouve à terre sur une voie publique, étant tombés des arbres riverains. On sait que la chose se fait ainsi, et personne ne s'en plaint.

C'est encore un vol, une injustice qu'il faut réparer, de prendre le bois d'autrui, dans une forêt quelconque, soit patrimoniale ou privée, soit communale, c'est-à-dire appartenant à une commune ou à une paroisse, soit nationale, ou appartenant à l'État. Il n'est pas plus permis de voler une commune, le Gouvernement même, qu'un simple particulier. Toutefois, pour qu'il y ait péché mortel, le dégât qui se fait dans les bois d'une commune ou de l'État doit être plus considérable que s'il se commettait dans les bois d'une famille ou d'un citoyen. Mais nous ferons observer que l'on ne doit point inquiéter les pauvres, les ouvriers indigents qui coupent dans les forêts communales ou nationales, ou même particulières, le bois mort et le mort-bois, c'est-à-dire le mauvais bois vert, qui comprend les genêts, épines, sureaux, genièvres et autres espèces de bois, auxquelles les maîtres ne tiennent pas. Au surplus, on doit, sur ce point, avoir égard à l'usage des lieux, qui laisse à la classe pauvre plus ou moins de latitude, du moins pour ce qui est des forêts du domaine public, suivant qu'elle peut d'ailleurs plus ou moins facilement se procurer la portion de bois qui lui est indispensablement nécessaire.

984. Il est défendu de prendre le bien d'autrui dans le cas de nécessité, à moins qu'on ne se trouve dans une nécessité *extrême*. Le pape Innocent XI a condamné la proposition contraire ainsi conçue : « Permissum est furari, non solum in extrema necessitate, sed etiam « in gravi (3). » Par conséquent, quiconque vole, n'étant que dans une nécessité commune ou même grave, pèche mortellement, si la chose qu'il prend est considérable; la nécessité où il se trouve peut bien atténuer la gravité du vol, mais elle ne suffit pas pour le rendre véniel. Il en est autrement pour celui qui est réduit à une nécessité extrême. Cette nécessité existe, lorsqu'on est dans un danger imminent ou de succomber, ou de perdre un de ses principaux membres, ou de contracter une maladie mortelle, faute d'avoir

---

(1) Toullier, Pardessus, Delvincourt, etc. — (2) Delvincourt, tom. I. pag. 564. — (3) Décret de 1679.

présentement les choses nécessaires à la vie. Or, dans ce cas, qui n'arrive que rarement, on peut, sans se rendre coupable de vol, prendre du bien d'autrui les choses sans lesquelles on ne peut sortir ou se garantir de cette extrémité; car alors tous les biens deviennent communs, au moins quant à l'usage. « Si adeo sit evi-« dens et urgens necessitas, comme le dit saint Thomas, ut ma-« nifestum sit instanti necessitati de rebus occurrentibus esse sub-« veniendum, puta cum imminet personæ periculum, et aliter « subveniri non potest, tunc licite potest aliquis ex rebus alienis « suæ necessitati subvenire, sive manifeste sive occulte sublatis; « nec hoc proprie habet rationem furti vel rapinæ (1). » Cette doctrine est professée par tous les moralistes; cependant, elle ne doit être produite qu'avec beaucoup de circonspection, à raison du danger pour plusieurs de se faire illusion sur la distinction entre la nécessité extrême et la nécessité grave. Nous ferons remarquer aussi que, suivant le sentiment le plus probable et le plus communément reçu, celui qui a consommé la chose d'autrui qu'il s'est appropriée par suite d'une extrême nécessité, est tenu d'en rendre au maître l'équivalent, du moins s'il s'agit d'une chose de grande valeur, et si d'ailleurs, au moment qu'il l'a consommée, il possédait d'autres biens, ou s'il avait l'espoir probable d'en acquérir (2). Nous ajouterons qu'il ne serait plus permis à celui qui est pressé par une nécessité extrême de prendre la chose d'autrui, s'il ne pouvait la prendre sans jeter le maître de cette même chose dans une même nécessité : « In pari causa melior est conditio possidentis. »

985. Ce n'est point voler que de reprendre son bien qu'on retrouve entre les mains de celui qui nous l'a pris, ou qui le retient injustement, quoiqu'on le prenne de son autorité privée. Ce n'est point non plus un vol de prendre à quelqu'un l'équivalent de ce qu'il nous doit certainement, suivant la rigueur du droit; comme ce n'est point une injustice si nous refusons de payer une dette à celui qui refuse lui-même de nous payer, quoiqu'il soit à terme, une dette certaine, et équivalente à la somme que nous lui devons. C'est ce qu'on appelle compensation. Mais pour que la compensation soit licite, soit au for extérieur, soit au for intérieur, elle doit réunir certaines conditions, ainsi que nous l'avons fait remarquer plus haut (3). Un domestique se rend coupable de vol en usant de compensation, lorsque, s'imaginant que son gage est trop faible, il vole

---

(1) Sum. part. 2. 2. quæst. 66. art. 7. — (2) Voyez S. Alphonse de Liguori, lib. III. n° 520. — (3) Voyez le n° 776.

quelque chose à son maître pour égaler son salaire à ses peines, ou sous prétexte que d'autres domestiques gagnent plus que lui. C'est une injustice qu'il doit réparer, ou en restituant autant que possible ce qu'il a pris, ou, s'il ne peut le restituer sans de trop graves inconvénients, en indemnisant son maître par des services particuliers auxquels ne l'oblige pas sa convention. Aussi le saint-siége a censuré la proposition suivante : « Famuli et famulæ domesticæ « possunt occulte heris suis surripere ad compensandam operam « suam, quam majorem judicant salario quod recipiunt(1). » Ce que nous disons des domestiques s'applique aux artisans, aux ouvriers qui se persuadent être en droit de prendre quelque chose à celui qui les emploie, prétendant qu'ils ne gagnent pas assez.

ARTICLE II.

Du Vol et des injustices des époux, des enfants de famille, des domestiques et des ouvriers.

986. La femme doit respecter les droits de son mari, et le mari doit respecter les droits de sa femme, en observant exactement leurs conventions matrimoniales. La femme se rend coupable d'injustice, en prenant, pour en jouir elle-même, ce qui appartient au mari ; et celui-ci s'en rend également coupable, s'il s'approprie ou s'il dissipe ce qui appartient en propre à la femme. Les intérêts matériels de l'un et de l'autre sont distincts. Mais, pour que le vol entre époux soit péché mortel, il doit être d'une valeur beaucoup plus considérable que le vol entre personnes étrangères : ce qui, cependant, ne peut se déterminer qu'au jugement d'un homme prudent, eu égard et aux différentes circonstances du vol, et aux dispositions plus ou moins bienveillantes du mari pour sa femme, ou de la femme pour son mari.

987. Le mari pèche contre la justice, soit en prenant à sa femme, malgré elle, de ceux de ses biens dont elle a la libre et entière administration, soit en disposant, par des donations déguisées, des biens de la communauté, au profit de ses parents ou de ses enfants d'un premier lit, à l'insu et contre le consentement de la femme ; soit en employant les mêmes biens ou pour réparer des injustices qui lui sont personnelles, ou pour les dissiper par son libertinage, le dérèglement de ses mœurs, par l'entretien d'une femme de mauvaise

---

(1) Innocent X, décret de 1679.

vie, d'une femme adultère(1); soit en recourant à la fraude ou à la violence, aux menaces, pour déterminer sa femme à consentir à un engagement ruineux, ou à l'aliénation d'un immeuble qui doit rester sans remploi. Le mari pèche encore contre la justice, s'il refuse à sa femme ce qui lui est nécessaire pour s'entretenir convenablement, suivant sa condition. Dans ces différents cas, il est dû récompense, indemnité à la femme ou à ses héritiers. Enfin, un époux, le mari comme la femme et la femme comme le mari, pèche contre la justice à l'égard des héritiers de son conjoint, lorsque, à la mort de celui-ci, la communauté étant dissoute, il divertit ou recèle des effets de la même communauté; ce qui n'arrive que trop fréquemment.

988. La femme pèche contre la justice, lorsque, malgré l'opposition de son mari, elle prend une somme considérable des biens de la communauté, ou des revenus de ceux de ses biens dont elle n'a point la jouissance, pour se livrer au jeu ou pour faire des dépenses superflues et luxueuses, soit en habillements, soit en meubles. Mais on ne doit point regarder comme coupable de vol une femme qui prend dans les biens de la communauté ce qu'il lui faut pour s'entretenir modestement suivant sa condition, ou pour procurer aux enfants un habillement convenable, et autres choses indispensables à la famille, lorsque le mari, dissipateur ou avare, les laisse manquer du nécessaire.

La femme pèche encore contre la justice, si, contre le gré de son mari, elle distrait les biens de la communauté au profit de ses parents; mais elle ne pécherait point, si elle prenait, pour cela, sur les revenus de ses biens paraphernaux, ou des biens dont elle a la jouissance et l'administration. Elle ne pécherait point non plus, en prenant une somme modique sur les biens communs, pour soulager la misère de son père ou de sa mère, ou de ses enfants d'un premier lit, dans le cas où elle n'aurait pas d'autres biens à sa disposition : le mari ne peut raisonnablement le trouver mauvais. En est-il de même pour ce qui regarde ses frères et sœurs? Une femme peut certainement, par des aumônes modérées, secourir un frère ou une sœur qui se trouve dans la nécessité; elle peut faire, pour un frère ou pour une sœur, au moins ce qu'elle peut faire pour un étranger. Or, une femme peut très-bien, quelles que soient les dispositions de son mari, faire quelques légères aumônes à quiconque se trouve vraiment dans le besoin.

989. La femme qui s'est rendue coupable d'une injustice envers

---

(1) Voyez, ci-dessus, n° 690.

son mari doit la réparer le plus tôt possible, en prenant les moyens qui dépendent d'elle. La restitution devient facile, toutes les fois que la femme a présentement la jouissance de quelques biens. Si elle n'a rien en jouissance, elle est obligée de léguer à son mari, ou aux héritiers de son mari, une somme équivalente au tort qu'elle a fait. Mais ce legs serait généralement sans objet, si les enfants de la femme étaient ceux du mari, étant par là même héritiers de l'un et de l'autre.

990. Un enfant pèche en prenant le bien de ses père et mère, à leur insu et contre leur volonté : « Qui subtrahit aliquid a patre « suo et matre, et dicit hoc non esse peccatum, particeps est ho- « micidæ (1). » C'est un péché contre la justice, plus ou moins grave, suivant que le vol est plus ou moins considérable, eu égard et à la fortune et aux charges du père de famille. Pour qu'il y ait ici péché mortel, il faut que le vol soit, toutes choses égales, d'une valeur bien plus grande que s'il était commis par un étranger : et s'il s'agit du vol d'un fils unique, il faut une somme plus forte encore que si le père ou la mère avait d'autres enfants. Mais ce n'est pas un vol, pour un enfant, de prendre à son père ou à sa mère ce qui lui est indispensablement nécessaire pour se nourrir et s'entretenir convenablement suivant sa condition, lorsque le père ou la mère le lui refuse obstinément, si d'ailleurs l'enfant remplit exactement, par l'obéissance et le travail, les devoirs de la piété filiale. Quiconque travaille a droit aux aliments; ce qui, aux termes du droit, comprend le logement, la nourriture et l'habillement.

991. Un fils qui fait valoir les biens paternels, en travaillant avec son père ou au nom de son père, a-t-il droit aux gains ou à une partie des gains qu'il fait; et, en cas de refus de la part du père, peut-il user de compensation, en prenant secrètement une ou plusieurs sommes équivalentes à ce qu'il prétend lui être dû? Non : les gains dont il s'agit rentrent, comme nous l'avons fait observer plus haut (2), dans le *pécule profectif*, sur lequel les enfants n'ont aucun droit; tout ce que gagne un fils, demeurant et entretenu dans la maison paternelle, fait partie de ce pécule : « Quod ex patris occa- « sione profectum est, hoc ad eum reverti debet (3); » à moins que ce fils ne fasse un commerce séparé, ou qu'il ne soit en société avec son père. D'après le même principe, nous pensons que le fils d'un marchand, d'un maître d'hôtel, n'a pas droit d'exiger un salaire de

---

(1) Proverb. c. 28. v. 24. — (2) Voyez le n° 683, etc. — (3) Justinien, Instit. lib. ii. tit. 9.

son père, ni, par conséquent, d'user de compensation, dans le cas où il ne l'obtiendrait point. « Cum hæc sententia sit valde probabilis, « dit saint Alphonse de Liguori, ideo si pater negaret salarium, vel « filium puderet illud petere, minime potest filius occulte sibi illud « compensare (1). » Ne dites pas qu'étant privé d'un salaire, ce fils serait de pire condition qu'un domestique; car quel est le domestique qui ne préférât la condition de ce fils à la sienne; et quel est l'enfant de famille qui voulût passer, comme tel, pour un mercenaire, consentant à être traité par son père, pour le présent et pour l'avenir, comme un homme à gages? Ce que nous disons s'applique aux enfants majeurs qui demeurent et travaillent avec leurs parents, comme aux enfants mineurs (2), lors même qu'ils travailleraient beaucoup plus que leurs frères et sœurs. Celui donc qui, sous ce prétexte, aura pris une somme considérable à son père, sera obligé de la restituer, ou, s'il ne le peut pas, d'en tenir compte à ses cohéritiers, lors du partage de la succession; à moins que le père, comme il arrive assez souvent dans le cas dont il s'agit, ne lui en ait fait remise, d'une manière plus ou moins expresse. Il serait encore dispensé de rapporter cette somme à la masse des biens à partager, s'il avait la certitude que tous ses cohéritiers ont pris, soit avant, soit après l'ouverture de la succession, de quoi se compenser suffisamment.

992. Un enfant pèche contre la justice, en prenant à ses parents des denrées ou autres choses, pour les vendre et en dépenser l'argent dans les cabarets, ou le faire servir à la débauche, au libertinage. Il en est de même s'il emploie à des usages criminels ou illicites l'argent qu'il a reçu de son père pour payer les frais de son éducation ou pourvoir à des besoins réels. Mais si, tout considéré, la somme dont il abuse n'est pas considérable, il obtiendra facilement le pardon de son père, en manifestant surtout, par sa conduite, de meilleures dispositions.

993. Les domestiques se rendent coupables d'injustice, lorsqu'ils n'ont pas tout le soin qu'ils devraient avoir du bien de leurs maîtres, ou qu'ils se permettent de leur prendre certaines choses, sans avoir leur consentement. Ce vol est même plus odieux que le vol fait par un autre qui serait étranger à la maison, parce qu'il y a abus de confiance : « Quin etiam, dit le Catéchisme du concile de Trente, eo « sunt detestabiliores quam reliqui fures qui clavibus excluduntur,

---

(1) Lib. III. n° 544.—Voyez aussi de Lugo, Sanchez, Sylvius, etc.— (2) Voyez le Code civil commenté dans ses rapports avec la théologie morale, art. 387.

« quod furaci servo nihil domi obsignatum aut occlusum esse po-
« test (1). » Les ouvriers sont également coupables, quand, n'ayant pas travaillé comme ils le devaient, ils exigent néanmoins leur salaire en entier (2). Ainsi que nous l'avons fait remarquer un peu plus haut, on ne peut excuser du péché de vol, ni les ouvriers, ni les domestiques qui, se persuadant que leur salaire ou leur gage n'est pas suffisant, croient pouvoir user de compensation (3). Si le tort qu'ils font à leurs maîtres est considérable, ils sont obligés de le réparer ; ce qu'ils pourront faire, soit en restituant, soit en redoublant leur travail et leurs soins.

994. Mais les maîtres pèchent contre la justice, en retenant sans raison, en tout ou en partie, le salaire de leurs ouvriers ou le gage de leurs domestiques ; ils ne peuvent pas même en différer le payement au delà du terme convenu ou fixé par l'usage. Ceux qui ne payent point aux ouvriers leur salaire sont des ravisseurs, dit le Catéchisme du concile de Trente : « Qui debitam operariis mercedem « non solvunt, sunt *rapaces* (4). » Suivant l'apôtre saint Jacques, c'est une injustice qui crie vengeance : « Ecce merces operariorum « qui messuerunt regiones vestras, quæ fraudata est a vobis, cla- « mat ; et clamor eorum in aures Domini sabaoth introivit (5). »

ARTICLE III.

Des autres Injustices qui se commettent le plus ordinairement.

995. Ceux qui, dans le commerce, usent de fraude, se rendent coupables d'injustice et sont obligés de restituer. Ceux-là surtout sont coupables, qui vendent pour bonnes, et sans diminuer le prix, des marchandises gâtées et corrompues, ou qui vendent à faux poids, ou qui ne remplissent pas la mesure : ce qui est une chose abominable aux yeux de Dieu : « Statera justa, et æqua sint pondera, jus- « tus modius, æquusque sextarius (6). Abominatio est apud Domi- « num pondus et pondus : statera dolosa non est bona (7). » Si celui qui vend à faux poids ou à fausse mesure, ou qui use de fraude d'une manière quelconque, a l'intention d'acquérir par là une somme considérable, il pèche mortellement chaque fois qu'il vend ainsi, quoiqu'il ne fasse qu'un petit vol à la fois. Comme, dans le cas dont

---

(1) Catéch. du conc. de Trente, sur le vii⁵ précepte. — (2) Ibid. — (3) Voyez le n° 985.—(4) Sur le vii⁵ précepte.—(5) Epist. c. 5. v. 4.—(6) Levit. c. 19. v. 35. — (7) Proverb. c. 20. v. 23.

il s'agit, il est souvent difficile de connaître à qui l'on a fait tort, la meilleure manière de restituer, pour le marchand, serait, ou de diminuer le prix de ses marchandises en faveur de ceux qui fréquentent depuis quelque temps sa boutique, ses magasins; ou d'ajouter quelque chose en sus à la mesure ordinaire. S'il n'est plus dans le commerce, il doit disposer des sommes injustement acquises, au profit des pauvres ou de quelque établissement d'utilité publique.

996. Ce que nous disons des marchands s'applique aux tailleurs et aux couturières, qui retiennent des morceaux d'étoffe de quelque importance. Il en est de même de tous les ouvriers qui s'approprient une partie des choses d'autrui qu'ils ont entre les mains, pour faire un ouvrage dont on leur paye la façon. On ne peut excuser ni les marchands, ni les ouvriers dont il s'agit, sous le prétexte que les autres font comme eux, et qu'ils ne peuvent faire autrement, à moins qu'ils n'augmentent le prix de leur marchandise ou de leur ouvrage.

997. Suivant le Catéchisme du concile de Trente, ceux qui, par des discours pleins de dissimulation et d'artifice, ou par une indigence affectée, parviennent à extorquer de l'argent, semblent aussi se rendre coupables de vol; et leur faute est d'autant plus grande, qu'ils ajoutent le mensonge au vol (1). Ils sont donc obligés de restituer tout ce qu'ils ont reçu; mais l'intention présumée de ceux qui leur ont fait l'aumône, est que cette restitution se fasse à ceux qui sont véritablement pauvres.

D'après le même principe, un élève du séminaire qui, pouvant facilement payer sa pension, se ferait passer pour indigent, afin de profiter des secours que l'on doit à la charité du clergé et des fidèles, pécherait contre la justice. L'intention des bienfaiteurs est de n'accorder ces secours qu'à ceux qui ne peuvent, moralement parlant, suffire aux frais de leur éducation cléricale. Il en serait de même d'un élève qui, quoique indigent, recevrait des secours sans l'intention ni d'entrer dans l'état ecclésiastique, ni même d'examiner sa vocation. Mais, à moins que les jeunes gens n'aient été avertis à cet égard, on doit facilement les supposer dans la bonne foi. Quoi qu'il en soit, pour n'avoir aucune inquiétude sur ce point, les curés éviteront avec soin de présenter au séminaire, comme pauvres ou indigents, ceux des jeunes gens de leur paroisse dont les parents peuvent payer la pension.

---

(1) Sur le viie précepte.

998. Le même Catéchisme met au rang des voleurs, c'est-à-dire de ceux qui sont coupables d'injustice, ceux qui, exerçant une charge particulière ou publique, en négligent les obligations, et ne laissent pas néanmoins de jouir des émoluments qui y sont attachés : « Illi quoque in furum numero reponendi sunt qui, cum ad « privatum aliquod vel publicum officium conducti sunt, nullam « vel parvam operam navantes, munus negligunt, mercede tantum « ac pretio fruuntur (1). » Ainsi, celui qui, par négligence ou par suite de longues ou de fréquentes absences non autorisées, ne remplirait qu'imparfaitement, ou ne remplirait qu'une partie du temps les engagements qu'il a pris, soit avec le Gouvernement, soit avec l'administration d'une commune ou d'une paroisse, soit avec un simple particulier, n'aurait pas droit aux mêmes honoraires, au même traitement, au même salaire, que s'il les avait remplis convenablement. Ce qui s'applique non-seulement aux magistrats, aux juges et à tous employés, mais encore aux ministres de l'Église. Un évêque, un chanoine, un curé, ni tout autre prêtre ayant un bénéfice ou charge d'âmes ou une commission quelconque, ne peut faire *siens* ses honoraires s'il ne réside pas, ou s'il ne s'acquitte point des obligations qui lui sont imposées par les canons : s'il ne s'en acquitte qu'en partie, il ne doit retenir qu'une partie de ses honoraires, disposant du reste au profit de l'Église.

999. C'est une obligation de justice pour tous les sujets, de contribuer aux charges de l'État, proportionnellement aux facultés et aux moyens de chacun. Les lois sur les impôts, soit directs, soit indirects, sont obligatoires. « Reddite ergo quæ sunt Cæsaris Cæsari, « et quæ sunt Dei Deo (2). Necessitate subditi estote non solum « propter iram, sed etiam propter conscientiam; ideo enim tributa « præstatis : ministri enim Dei sunt, in hoc ipsum servientes. Red-« dite ergo omnibus debita; cui tributum, tributum; cui vectigal, « vectigal; cui timorem, timorem; cui honorem, honorem (3). » Aussi, comme l'enseigne le Catéchisme du concile de Trente, ceux qui refusent de payer les impôts, les tributs, *vectigalia*, *tributa*, sont coupables de rapine : *In hoc crimine rapacitatis includuntur* (4). C'est donc un devoir pour ceux qui instruisent et dirigent les fidèles, de leur rappeler, de temps en temps, l'obligation où ils sont d'acquitter exactement et paisiblement tous les impôts directs et indirects actuellement établis. Cependant il ne serait pas prudent

---

(1) Sur le vii° précepte. — (2) Matth. c. 22. v. 21. — (3) Rom. c. 13. v. 5, 6 et 7. — (4) Sur le vii° précepte.

d'insister sur les expressions du Catéchisme qu'on vient de citer, en assimilant la fraude au *vol* ou à la *rapine*, vu le discrédit dans lequel la plupart de nos lois fiscales sont malheureusement tombées parmi les peuples. Généralement, en France, on ne se croit obligé de payer les droits concernant la régie, la douane et l'octroi, qu'autant qu'on ne peut se soustraire à la vigilance de ceux qui sont chargés de les faire acquitter. On se rassure d'ailleurs sur ce que, malgré les fraudes, l'État ne souffre point, qu'il trouve toujours son compte ; soit parce qu'il a soin d'augmenter les impôts en raison des fraudes qu'il prévoit, soit parce qu'il sait se faire indemniser par les amendes qu'il inflige à ceux qui sont surpris en flagrant délit. Ce préjugé, ou, si l'on veut, cette erreur populaire, qui est tellement enracinée qu'on tenterait en vain de la détruire, doit entrer pour beaucoup dans l'appréciation morale des fraudes qu'on commet envers le Gouvernement. Aussi nous pensons que, sans approuver jamais ces sortes de fraudes, un confesseur doit se montrer indulgent envers ceux qui s'en rendent coupables ; il est prudent, à notre avis, de ne point inquiéter ceux qui sont dans la bonne foi, ceux à qui l'on ne peut persuader qu'ils font tort à l'État ; mais si un pénitent s'accuse d'avoir fraudé les droits, ou s'il demande à quoi s'en tenir sur ce point, le confesseur doit lui rappeler l'obligation où il est d'observer les lois et de payer les impôts directs et indirects ; il exigera même qu'il restitue, autant que possible, à raison des fraudes qu'il a commises. A qui doit se faire cette restitution? Il semble d'abord qu'elle doit se faire au Gouvernement ; car on doit *rendre à César ce qui est à César*. Cependant, si on excepte quelques cas extraordinaires où il s'agirait de la restitution d'une somme considérable, on peut restituer au profit des pauvres, des hospices, ou d'autres établissements utiles au pays. Le Gouvernement ne saurait le trouver mauvais, soit parce que ce mode de restitution est le plus souvent le seul moralement possible ; soit parce qu'il tourne au profit de la chose publique ; soit enfin parce que, vu la disposition générale des esprits, il n'est guère possible d'obtenir mieux, surtout depuis que la philosophie anti-religieuse, en affaiblissant le sentiment de la foi parmi nous, a, par là même, affaibli le sentiment de la subordination.

La même décision est applicable à l'égard de ceux qui se sont enrichis par la contrebande : le confesseur exigera, autant que la prudence le permettra, qu'ils fassent, à titre de restitution, quelques dons en faveur des établissements d'utilité publique ; et les éloignera, par tous les moyens possibles, de cette espèce de commerce, en insistant et sur les dangers et les désordres qu'il entraîne, et sur la nécessité d'observer les lois. Mais on tolère généralement la conduite de ceux qui achètent des marchandises importées par contrebande, ou des denrées ou autres choses pour lesquelles on n'a pas payé les droits : ces sortes de marchandises ne doivent point être assimilées, sous le rapport de la justice, à une marchandise volée ou possédée sans titre légitime.

1000. On ne peut tolérer, au tribunal de la pénitence, la conduite des commis, des préposés, des receveurs et autres, qui, étant chargés, d'office, de faire acquitter les contributions indirectes, laissent commettre des fraudes, de connivence ou par une négligence gravement coupable. Ils sont tenus, par justice, de payer les droits au défaut de ceux qui les fraudent. En est-il de même des amendes auxquelles ceux-ci eussent été condamnés? Nous ne le pensons pas : le Gouvernement n'y a droit qu'après la condamnation (1).

1001. Si les sujets pèchent en transgressant les lois, les princes, les législateurs pèchent également, lorsqu'ils établissent, sans aucune nécessité, des impôts exorbitants : « Si principes a subditis « exigant quod eis secundum justitiam debetur propter bonum « commune conservandum, etiam si violentia adhibeatur, non est « rapina, dit saint Thomas; si vero aliquid principes indebite ex- « torqueant per violentiam, rapina est, sicut et latrocinium. Unde « dicit Augustinus in lib. IV de Civitate Dei, cap. 4 : *Remota jus-* « *titia, quid sunt regna, nisi magna latrocinia?*... Unde ad restitu- « tionem tenentur sicut et latrones ; et tanto gravius peccant quam « latrones, quanto periculosius et communius contra publicam jus- « titiam agunt, cujus custodes sunt positi (2). » Dans le doute si un impôt est légitime, on doit le payer, du moins quand on y est requis par ceux qui sont chargés de l'exécution de la loi.

1002. Pour ce qui regarde la loi de la conscription, on se rend coupable d'injustice à l'égard de celui sur lequel on fait tomber le sort, lorsqu'on a recours à la fraude ou à la faveur, pour se faire exempter, sans raison légitime, du service militaire. Cependant, comme ceux qui usent de fraude ou de mensonge, dans le cas dont il s'agit, ne croient pas commettre une injustice, et que, le plus souvent, il est moralement impossible de réparer le tort qu'ils ont fait, les confesseurs doivent être bien circonspects; si la restitution

---

(1) Lessius, de Lugo, Sanchez, et alii contra plures. — (2) Sum. part. 2. 2. quæst. 66. art. 8.

peut se faire à qui de droit, il faut y exhorter celui que l'on croit y être tenu, sans cependant l'exiger sous peine du refus de l'absolution (1). On convient aussi que ceux qui forment le conseil de révision se rendent coupables d'injustice, quand, se laissant corrompre par la faveur ou par l'argent, ils exemptent du service ceux qui n'ont aucun droit à l'exemption; que les *remplaçants* qui désertent blessent la justice envers ceux qui les ont engagés à prix d'argent, s'ils désertent avant l'expiration du temps pendant lequel ceux qu'ils remplacent sont tenus d'en répondre suivant la loi. Mais, depuis la loi du 10 mars 1818, les conscrits appelés par le sort, qui refusent d'obéir ou qui désertent, ne devant pas être remplacés par d'autres, **ne violent que la justice légale, et ne sont tenus à aucune restitution**, quoiqu'ils pèchent mortellement contre l'obéissance.

103. **Les militaires pèchent contre la justice :** 1° lorsque, sous prétexte que leur paye n'est pas suffisante, ils cherchent à se dédommager sur les citoyens, en prenant le bien d'autrui ; ils n'ont aucun droit sur les biens des particuliers, qui payent à l'État ce qui est nécessaire pour l'entretien des troupes. 2° Lorsque, étant logés chez les bourgeois, ils emploient la violence ou les menaces pour se faire donner plus qu'il ne leur est dû. 3° Lorsqu'ils vendent les armes ou autres choses qu'ils tiennent du Gouvernement, et dont ils n'ont que l'usage. 4° Lorsque, de leur autorité privée, ils prennent des chevaux ou des voitures aux particuliers pour conduire leurs bagages. Quand les troupes ont besoin de voitures pour leurs bagages, elles peuvent les demander sur la réquisition du chef qui les commande ; mais on doit, à cet égard, se conformer aux règlements. 5° Lorsque par une négligence gravement coupable, ou par lâcheté, ils laissent faire à l'ennemi des incursions dans le pays, et causer des dommages aux particuliers. Les militaires, et surtout les chefs, sont tenus, par justice, d'empêcher ces dommages.

1004. Un général, un commandant, un officier doit, suivant sa position, pourvoir aux besoins de ses soldats : si, par une négligence vraiment coupable, il manque à ce devoir en matière grave, il pèche mortellement, et devient responsable de tous les dommages qui en résultent, soit pour les soldats, soit pour le public. Il pèche encore contre la justice, en approuvant ou en tolérant les dégâts et les vols de fruits, de denrées ou d'autres choses, faits par ses soldats dans les campagnes ou ailleurs ; il est tenu de restituer, si

---

(1) Voyez l'*Examen raisonné sur les Commandements de Dieu*, par un ancien professeur de théologie de la Société de Saint-Sulpice, tom. I, etc.

les soldats ne restituent pas eux-mêmes. Il en est de même d'un officier qui, au lieu de suivre la route qui lui a été tracée par ses chefs, répand ses troupes, sans nécessité, dans les pays voisins, les rançonnant, y prenant des logements et s'y faisant donner des vivres. Les officiers sont obligés de suivre exactement la route qui leur est tracée par l'autorité légitime. Un officier se rend également coupable de concussion, soit en levant des contributions sans y être légitimement autorisé, soit en chargeant des villes ou des villages de dépenses superflues, ou en les contraignant à s'en racheter à prix d'argent. Dans ces différents cas, il est obligé de restituer tout ce qu'il a injustement perçu.

1005. Ceux qui sont chargés de payer les soldats, commettent une injustice en retenant une partie de la solde qui leur est due. La solde est une dette de justice; on doit la payer aux militaires sans autres retranchements que ceux qui sont de droit, ou qu'exigent les dépenses qu'on fait pour eux. Se rendent aussi coupables d'injustice, ceux qui, ayant commission de faire les fournitures nécessaires aux troupes, les font payer plus cher qu'elles ne coûtent, et en profitent au préjudice du Gouvernement et des soldats. Il en est de même encore de ceux qui trompent le Gouvernement par de faux mémoires de dépenses pour le service, exagérant les frais et les pertes dont il est responsable.

1006. Les droits de la guerre sont très-étendus : s'il s'agit d'une guerre légitime ou regardée comme telle, on peut lever, sur le territoire ennemi, les contributions les plus fortes. Cependant on doit laisser aux habitants paisibles les choses nécessaires à la vie. « Lors « même qu'on est en guerre, dit Fénelon, il reste un droit des gens « qui est le fond de l'humanité même. C'est un lien sacré et invio- « lable envers les peuples, que nulle guerre ne peut rompre ; autre- « ment la guerre ne serait qu'un brigandage inhumain, une suite « perpétuelle de trahisons et de barbaries (1). » Le pillage des villes et des campagnes ne doit être ordonné ou autorisé par le général ou le commandant en chef, que lorsqu'il est jugé nécessaire; et, hors le cas où il est autorisé, les soldats et les officiers doivent respecter les biens et les propriétés du pays qu'ils occupent, se contentant de ce qui leur est accordé par ceux qui ont le commandement de l'armée, conformément aux lois militaires et au droit des gens.

---

(1) Discours sur la justice.

CHAPITRE XXVIII.

De la Restitution pour cause d'homicide, de mutilation, de blessures.

1007. Celui qui a tué, mutilé ou blessé injustement un homme, est tenu, même avant la sentence du juge, de réparer, autant que possible, le dommage qu'il a causé. Ce n'est pas que cette réparation soit due précisément pour la perte de la vie, ni pour la perte d'un membre, ni pour les douleurs qu'on ressent d'une blessure ; car ces choses ne sont point, de leur nature, estimables à prix d'argent : « Cicatricum autem aut deformitatis nulla fit æstimatio, quia libe- « rum corpus nullam recipit æstimationem (1). » La restitution n'aura donc pour objet que les frais de maladie, et les dommages *extrinsèques* qui résultent pour un tiers de la mort de quelqu'un, ou, pour celui qui est blessé, de la privation d'un membre, ou de la blessure qui ne lui permet pas d'en faire usage pendant un certain temps. Ces dommages une fois réparés, le coupable sera, suivant le sentiment le plus commun et le plus probable (2), libéré de toute obligation pécuniaire ; à moins, cependant, qu'il ne soit condamné à quelque chose de plus par les tribunaux. A défaut d'une sentence qui fixe le dédommagement dû par suite de l'homicide, de la mutilation ou des blessures, il est très-difficile de déterminer à quoi il peut monter ; le meilleur parti à prendre est de traiter à l'amiable avec les parties intéressées ; ou, si cela n'est pas praticable, de faire régler l'indemnité par des experts sages et éclairés, eu égard à la qualité, à l'emploi, à l'état et à l'âge du défunt ou du blessé, ainsi qu'à la condition et aux moyens du coupable.

1008. Pour ce qui regarde l'homicide, celui qui en est l'auteur est tenu de restituer aux héritiers du défunt, nécessaires ou non, et à raison des dépenses occasionnées par la maladie, et à raison des bénéfices *cessants* pendant tout le temps qu'il est resté dans l'im-

---

(1) L. Cum liberi, ff. De his qui effuderint. — (2) S. Alphonse de Liguori, lib. III. n° 626 ; Lessius, de Lugo, Bonacina, Sanchez, Sporer, etc.

possibilité de se livrer à ses occupations. En un mot, toutes les dettes contractées par le meurtrier envers le défunt, tandis que celui-ci vivait encore, doivent être acquittées envers ses héritiers, quels qu'ils soient. Quant aux bénéfices que le défunt eût vraisemblablement faits s'il eût vécu, si on ne lui eût pas ôté la vie, le coupable n'en doit tenir compte qu'aux héritiers nécessaires, c'est-à-dire aux enfants, aux père et mère, et à la femme du défunt : il n'est obligé à rien par justice ni envers les frères et sœurs, ni envers les oncles et neveux auxquels le défunt fournissait et auxquels il eût fourni les aliments, s'il eût vécu plus longtemps, lors même qu'il eût connu d'avance le préjudice qu'il allait leur occasionner en tuant leur bienfaiteur. C'est le sentiment de saint Alphonse, que nous adoptons comme nous paraissant plus probable que le sentiment contraire : « Probabilior sententia docet nihil deberi nisi parentibus (patri et « matri), filiis et conjugi, etiamsi homicida illorum (fratrum) damna « prævideret (1). » Nous ne le croyons pas non plus obligé à dédommager les créanciers du défunt, qui, par suite de la mort de celui-ci, ne pourront être payés. Mais il en serait autrement, et à l'égard des créanciers, et à l'égard des frères et sœurs ou de toute autre personne, si on eût donné la mort dans l'intention de leur nuire directement. « Regula qua quis habet jus ne vi impediatur a consecu- « tione justi boni, currit quando directe intenditur illius damnum, « non vero, si eveniat per accidens (2). »

1009. Nous dirons encore que celui qui a commis un homicide n'est pas tenu de réparer le dommage qu'éprouverait un tiers à qui ce crime serait imputé, lors même qu'il aurait prévu que la chose arriverait ainsi. Saint Alphonse le dispense de l'obligation de restituer, même dans le cas où il aurait eu l'intention de faire imputer son crime à un autre; parce que, dit-il, cette intention ne peut, par elle-même, être la cause efficace de cette fausse imputation, sur laquelle elle n'influe en aucune manière; à moins qu'elle ne soit accompagnée de quelque acte extérieur, capable d'induire les juges en erreur; comme, par exemple, s'il avait commis le crime, étant revêtu des habits du tiers auquel on l'impute, ou s'il l'avait commis avec les armes de celui-ci, dans la maison ou la propriété de celui-ci (3).

1010. Si le défunt avait non-seulement pardonné à l'auteur de sa mort l'injure qu'il lui avait faite, mais l'avait aussi déchargé de

---

(1) Theol. moral. lib. III. n° 632. — (2) S. Alphonse, ibidem. — (3) Ibidem. n° 636.

toute obligation, le coupable ne serait tenu à aucun dédommagement envers les héritiers; pourvu que cette remise eût été parfaitement libre, entièrement volontaire. Mais lorsque celui qui a reçu un coup mortel, a seulement déclaré avant sa mort qu'il pardonnait à son meurtrier, on ne doit regarder cette déclaration que comme une remise de l'injure personnelle, et non comme une dispense, une décharge de l'obligation de restituer.

Celui qui, étant assailli par un injuste agresseur, lui donne la mort en gardant les bornes d'une légitime défense, n'est point obligé de réparer le dommage qui en résulte pour la famille du défunt. Mais est-il tenu de le réparer, s'il dépasse les bornes d'une juste défense? Les uns, entre autres saint Alphonse (1), disent qu'il y est obligé; d'autres ne l'obligent à restituer qu'en partie; d'autres enfin pensent qu'il n'est obligé à rien. Ce troisième sentiment nous paraît plus probable que les deux autres; car l'injuste agresseur est censé, par le fait, avoir renoncé à son droit (2). Pour la même raison, d'après le sentiment le plus communément suivi, ni celui qui provoque au duel, ni celui qui l'accepte librement, n'est tenu à aucune restitution envers les héritiers de celui qui succombe, à moins qu'il n'y soit condamné par les tribunaux. Mais il en serait autrement, si celui-ci n'avait accepté le duel que parce qu'il y aurait été moralement forcé, que parce qu'on aurait eu recours à la violence, aux menaces ou aux injures, pour le décider à se battre.

1011. Les obligations de celui qui a tué, mutilé ou blessé quelqu'un, passent à ses héritiers: si donc il n'a pas réparé le tort qu'il a fait, ceux qui lui succèdent sont obligés, chacun pour leur part, de le réparer. Cette obligation subsiste, lors même que le coupable aurait subi la peine de mort. On peut cependant excepter le cas où les héritiers de celui qui a été victime ne réclament pas de réparation; parce qu'alors ils sont présumés en faire l'abandon, du moins quand il ne s'agit que d'un dommage de peu de valeur (3).

Nous finirons ce chapitre en faisant remarquer que celui qui, par le poison ou par quelque mauvais traitement, prive une personne de l'usage de la raison pour un temps plus ou moins considérable, est tenu, par justice, de l'indemniser à raison du dommage qu'elle doit en souffrir.

---

(1) S. Alphonse, Theol. moral. lib. III. n° 637. — (2) Billuart, Sporer, M. Carrière, etc. — (3) S. Alphonse de Liguori, Instruction pratique pour les Confesseurs, etc.

CHAPITRE XXIX.

De la Restitution pour cause de séduction, d'adultère.

1012. Il s'agit principalement ici de la réparation du dommage matériel ou temporel qui résulte de la séduction, de la fornication, et de l'adultère. Or, on jugera, par les propositions suivantes, quels sont les cas où il y a obligation de réparer ce dommage.

Celui qui, sans faire usage de la violence ou des menaces ou de la fraude, pèche avec une personne libre, qui consent volontairement au crime et à son déshonneur, n'est tenu envers elle à aucune réparation ; elle doit s'imputer à elle-même les suites de son libertinage : « Scienti et volenti non fit injuria. »

Cependant, si, manquant au secret, il divulguait la faute de sa complice, il serait obligé de réparer le dommage qui en résulterait pour elle, ou pour les parents qui, à raison de la diffamation de leur fille, seraient forcés d'augmenter sa dot pour lui procurer un établissement convenable. Mais si la faute devient publique autrement que par son fait, il ne doit rien aux parents, suivant le sentiment qui nous paraît le plus probable. Une personne s'étant prêtée librement au péché, *stupri aut fornicationis*, ses parents ne sont point obligés de lui procurer l'établissement qu'elle aurait pu se procurer en menant une vie irréprochable ; si elle ne trouve point un parti convenable pour sa condition, elle ne peut s'en prendre qu'à elle-même.

1013. Celui qui séduit une personne, en employant la force ou les menaces ou la fraude, se rend grandement coupable, et devient responsable de tous les dommages qu'elle éprouve, soit dans sa fortune, soit dans son honneur, si le crime devient public. Si donc elle ne peut, à cause du déshonneur, se marier selon son état et sa condition, il est obligé de l'épouser lui-même, ou de la doter de manière à ce qu'elle puisse trouver un parti convenable à son rang. Il est libre de choisir entre ces deux moyens. Cependant, si la personne ne veut point épouser son corrupteur, il ne sera point dispensé pour cela de l'obligation de la doter ; mais si elle refuse la dot, il ne sera pas obligé de l'épouser. Dans le cas où les parents de cette personne auraient augmenté sa dot, afin de pouvoir l'établir convenablement, le séducteur serait tenu de leur tenir compte de cette augmentation.

1014. Si le crime n'a entraîné aucun dommage matériel, soit parce qu'il est demeuré secret, soit parce que la personne qui en a été victime a pu se procurer un établissement aussi convenable que si elle eût été intacte, le séducteur n'est plus tenu à aucune réparation. Mais il ne serait point admis à répéter ce qu'il aurait payé, par suite d'une condamnation ou d'une transaction (1). Il ne serait point non plus dispensé de toute satisfaction personnelle, ni envers la personne qu'il a séduite, ni envers ses parents. Nous ferons remarquer que les prières réitérées, les sollicitations importunes, seules et sans aucune menace, ne suffisent pas pour constituer une injure grave, et faire naître, dans celui qui les emploie, l'obligation de restituer; à moins que, eu égard et à la position de celui qui sollicite, et à l'âge ou au caractère de la personne sollicitée, elles ne deviennent vexatoires; ou qu'elles n'impriment une crainte révérentielle, à laquelle un inférieur ne croit pas pouvoir résister sans de graves inconvénients.

1015. Celui qui a séduit une personne par la promesse du mariage, est-il obligé de l'épouser? Suivant le sentiment du plus grand nombre des théologiens et des canonistes, il est obligé de l'épouser, soit que la promesse ait été feinte, soit qu'elle ait été sincère. Il y est tenu dans le premier cas généralement, non en vertu de sa promesse, puisqu'elle n'oblige pas, mais bien en vertu de l'injure qu'il a faite à la personne, en la trompant par une fausse promesse (2). Il y est également tenu dans le second cas, parce que, dit-on, la condition étant remplie, la promesse devient absolue, et par là même obligatoire (3). Mais comme cette question rentre dans celle des contrats faits sous une condition illicite, nous regardons la promesse dont il s'agit comme nulle, comme ne pouvant, par conséquent, produire aucun effet: « Toute condition d'une chose contraire « aux bonnes mœurs, porte l'article 1172 du Code civil, est nulle, « et rend nulle la convention qui en dépend. » Or, telle est évidemment la convention de celui qui promet d'épouser une personne, si elle consent à commettre le péché de fornication. Ce sentiment est plus favorable aux bonnes mœurs que le sentiment contraire (4); saint Alphonse de Liguori lui-même en convient: « Annotare ju-

---

(1) S. Alphonse de Liguori, lib. III. — (2) Ibidem. n° 642; Billuart, etc. — (3) S. Alphonse, lib. III. n° 642, et alii multo plures. — (4) Voyez, ci-dessus, n° 1752.

« vat, dit-il, valde utile fore ad hujusmodi flagitia vitanda, quod
« promissiones matrimonii ad obtinendam deflorationem, etiam
« forte juramento firmatæ, invalidæ declarentur ab episcopis (1). »
C'est aussi la pensée de M. Carrière (2) et de l'auteur de l'*Examen raisonné sur les Commandements de Dieu* (3). En effet, si on reconnaît que la promesse de mariage, faite sous une condition qui porte au libertinage, est absolument nulle, même après l'accomplissement de cette condition, on ne se laissera pas séduire si facilement par une semblable promesse.

1016. Cependant, *si puella quam seduxit inde conceperit*, qu'il y ait eu promesse ou non, le séducteur doit l'épouser, afin de prévenir le scandale, assurer le sort de l'enfant, et réparer ainsi, autant que possible, la faute dont il s'est rendu coupable. Il ne serait dispensé de cette obligation, qui est purement morale, qu'autant que ce mariage, faute d'être convenablement assorti, ne pourrait avoir que des suites fâcheuses. En tout cas, s'il y a un enfant, le père et la mère sont tenus également et solidairement, chacun selon ses moyens, de pourvoir à son éducation, jusqu'à ce qu'il puisse se suffire à lui-même. Dans le cas où le séducteur aurait eu recours à la violence ou à la fraude, l'éducation de l'enfant serait principalement à sa charge.

1017. L'adultère est un crime : s'il survient un enfant, l'homme et la femme qui ont commis le péché sont tenus, conjointement et solidairement, de réparer le dommage temporel que souffre le père putatif, c'est-à-dire le mari de la femme adultère, lequel entretient et élève comme *sien* l'enfant adultérin, et lui laisse son patrimoine en tout ou en partie, comme s'il était son enfant légitime. Cependant si l'homme avait entraîné la femme au crime, en usant de violence ou de menace, il serait, en premier lieu, obligé de compenser tout le dommage, comme en étant la cause principale ; la femme n'y serait tenue qu'à son défaut (4). Si le crime n'a point eu de suite, il n'y a pas lieu à restituer : « Si proles secuta non sit,
« nulla est facienda restitutio ; quia per adulterium præcise non
« infertur damnum, sed solum injuria pro qua, si tamen publica sit,
« non tam debetur restitutio quam satisfactio honoraria per veniæ
« petitionem, et signa doloris ac submissionis exhibenda (5). »

1018. Ceux qui ont commis un adultère sont-ils obligés de resti-

---

(1) Lib. III. n° 641. — (2) Justitia, n° 1361. — (3) Tom. I. ch. 7. art. 2. — (4) Billuart, Collet, le P. Antoine, etc. — (5) Collet, de Restitutione in particulari, cap. 2. art. 2. sect. 2.

tuer, dans le doute si l'enfant est légitime ou adultérin? Les uns, entre autres saint Antonin et saint Alphonse de Liguori, pensent qu'ils ne sont tenus à rien. Mais il nous paraît plus probable qu'ils sont obligés de restituer au *prorata* du doute (1). Ils ne peuvent alors invoquer la maxime: *Pater est quem nuptiæ demonstrant*, qui ne regarde que le for extérieur. D'ailleurs, si le doute suffisait pour dispenser l'homme et la femme adultères de toute obligation de restituer, il s'ensuivrait que la femme, qui *eodem fere tempore patravit adulterium cum duobus*, serait seule tenue de réparer le tort qui en résulte pour son mari, si on doutait lequel des deux est le père de l'enfant adultérin: ce qui cependant nous paraît peu conforme à la justice. Nous supposons que le crime, qui est de sa nature cause damnificative et efficace, a été certainement *consommé*; s'il y avait doute à cet égard, nous adopterions dans la pratique le premier sentiment; parce qu'on peut alors présumer en faveur de la légitimité de l'enfant: « In dubio melior est conditio possidentis. »

1019. Il est difficile, et même généralement impossible de réparer tout le dommage causé par l'adultère: le plus souvent on ne peut déterminer exactement ce qu'il faut restituer; d'autres fois, le père ou la mère de l'enfant meurt avant que le crime ait eu toutes ses suites; ou ils n'ont ni l'un ni l'autre de quoi faire aucune réparation. Dans ce dernier cas on peut, on doit même les absoudre, quoiqu'ils n'aient pas restitué, si, étant vraiment pénitents, ils ont le ferme propos de faire ce qui dépend d'eux pour réparer l'injustice dont ils se sont rendus coupables.

Si l'enfant adultérin a survécu au père putatif, s'il a recueilli sa succession ou qu'il soit entré en partage avec un ou plusieurs enfants légitimes, il est plus facile d'estimer le dommage et de fixer la somme qu'on doit restituer. Alors la restitution se fait ou aux enfants légitimes, ou, à défaut d'enfants légitimes, aux héritiers *ab intestat* du père putatif, nécessaires ou non. Si, au contraire, l'enfant adultérin est mort avant le père putatif, la restitution sera bien moins considérable. Dans ce cas, elle se fera proportionnellement aux dépenses que le père putatif aura faites pour l'entretien et l'éducation de l'enfant, déduction faite, s'il y a lieu, des services que celui-ci lui aurait rendus par son travail ou son industrie.

1020. Si le père putatif et l'enfant sont encore en vie, comme on ne sait pas lequel des deux doit survivre à l'autre, la chose devient beaucoup plus difficile. Dans cette incertitude, le débiteur peut, ou

---

(1) Ita Molina, Laymann, Billuart, Collet, le P. Antoine, Mgr Bouvier, etc.

réparer d'abord le dommage qui a été fait, et se réserver de réparer ensuite le dommage futur, au fur et à mesure qu'il se fera, en prenant toutefois, pour le cas de mort, les précautions jugées nécessaires pour assurer une réparation convenable ; ou restituer présentement une certaine somme plus ou moins forte, proportionnellement et au dommage fait et au dommage futur plus ou moins probable, suivant l'âge, la constitution, la force ou la faiblesse du père putatif et de l'enfant adultérin. Cette restitution étant faite, il est libéré à l'avenir de toute obligation, quoi qu'il arrive, lors même que l'enfant adultérin survivrait au père putatif.

1021. Pour ce qui regarde spécialement la mère de l'enfant adultérin, si elle a des biens qui lui soient propres, elle doit s'en servir, autant que possible, pour réparer l'injustice qu'elle a commise envers son mari. Si elle n'a pas de biens disponibles, ou si elle ne peut en disposer sans de graves inconvénients, sans se diffamer ou sans introduire des divisions dans la famille, elle doublera son travail et ses soins pour la conservation et l'augmentation des biens de la maison, faisant, surtout pour ce qui la concerne personnellement, toutes les épargnes que la prudence lui permettra de faire, dans l'intérêt de son mari et des enfants légitimes. C'est encore un devoir pour elle d'engager l'enfant adultérin à garder le célibat, s'il ne tient pas à entrer dans l'état de mariage, afin que les biens qu'il a reçus ou qu'il doit recevoir, sans y avoir droit, puissent revenir un jour aux héritiers du père putatif. Elle fera aussi ce qui dépendra d'elle pour amener son mari, sous un prétexte quelconque, à disposer d'une partie de ses biens en faveur de ses enfants ou héritiers légitimes.

1022. Dans le cas où l'homme adultère n'a pas réparé le dommage, la femme est-elle obligée de faire connaître son crime à son mari, ou à son enfant illégitime, ou à ses autres enfants ? Saint Alphonse de Liguori et plusieurs autres théologiens pensent que la femme doit avouer son crime, toutes les fois que le dommage que souffrent son mari et ses enfants légitimes l'emporte sur les inconvénients qu'elle peut craindre pour elle (1). Mais ce sentiment nous offre de si grandes difficultés dans la pratique, que nous croyons devoir nous ranger à l'avis du *Rédacteur* des Conférences d'Angers. Voici ce qu'il dit : « Que si la mère ne peut rien faire pour réparer « le dommage qu'elle cause à son mari, à ses autres enfants, ou à « leurs héritiers légitimes, elle n'est en aucune manière obligée de

___

(1) Lib. III. n° 653.

« découvrir son crime ni à son mari, ni à son enfant adultérin, ni
« à ses autres enfants; on ne doit *jamais lui conseiller* de faire
« cette déclaration, sous prétexte de remédier au tort qu'elle leur
« cause; ce serait l'exposer à perdre son honneur et peut-être sa
« vie, ce serait troubler la paix du mariage et causer un grand
« scandale aux parents... Il suffit que la mère fasse pénitence; et
« on ne doit pas lui refuser l'absolution de sa faute; car personne
« n'est obligé à découvrir sa turpitude, ni à se punir soi-même au-
« trement que par la pénitence. Cela est conforme à la décision
« d'Innocent III, qui est ainsi conçue : Mulieri quæ, ignorante
« marito, de adulterio prolem suscepit, quamvis id viro suo timeat
« confiteri, non est pœnitentia deneganda... Sed competens satis-
« factio per discretum sacerdotem ei debet injungi (1). » Ajoutez
que cette déclaration, outre qu'elle serait fort dangereuse pour la
femme, serait inutile; car ni le mari, ni l'adultérin, ni les autres
enfants, ne seraient obligés d'y ajouter foi (2).

Outre les injustices qui se commettent par le vol, la rapine et la
fraude, par l'homicide et la mutilation, par la séduction et l'adultère, il en est encore d'autres dont nous parlerons en expliquant
le huitième commandement de Dieu.

CHAPITRE XXX.

Quand, à qui, où, et dans quel ordre doit se faire la restitution.

1023. Nous l'avons dit : celui qui est chargé de quelque restitution doit la faire le plus tôt possible, moralement parlant. Mais
quel espace de temps faut-il pour constituer un péché mortel dans
un délai coupable d'une restitution en matière grave? Nous pensons
qu'on ne peut établir une règle fixe, et que, pour juger si tel délai
est mortel, il faut avoir égard non-seulement à la longueur du
temps et à la quantité de la matière, mais principalement au dommage qui résulte du délai pour celui à qui doit se faire la restitution. Si, pour peu qu'on diffère de restituer, on cause un dommage

---

(1) Cap. *Officii*, de Pœnitentiis et remissionibus. — (2) **Sur les Commandements de Dieu**, conf. XVII. quest. 3.

considérable, on pèche mortellement. Si, au contraire, le maître ne souffre aucunement du retard que l'on met à lui restituer ce qui lui appartient, le délai même de plusieurs mois peut ne pas suffire pour un péché mortel. Généralement, priver plusieurs mois quelqu'un d'une chose qui lui serait inutile pendant ce temps-là, ne paraît pas constituer une injure grave (1).

1024. Il en est de l'obligation de restituer comme de l'obligation de payer les dettes : elle fait partie des charges de la succession, et passe aux héritiers. Mais l'obligation d'acquitter les charges de la succession n'est point solidaire ; elle se divise entre tous les cohéritiers ; chacun d'eux n'est tenu que pour sa part héréditaire. Si les biens de la succession ne suffisent pas pour réparer les injustices du défunt, les héritiers ne sont pas obligés d'y suppléer ; ils se trouvent même déchargés de toute obligation, si celui qu'ils représentent ne laisse rien, lors même qu'ils auraient d'ailleurs de quoi restituer.

1025. Après la mort d'un époux, son conjoint est-il obligé, comme tel, de réparer les injustices personnelles au défunt, concurremment avec les héritiers ? Non ; ni le mari, ni la femme n'est tenu de contribuer à la réparation des injustices propres ou personnelles à son conjoint ; chacun répond de ses actes (2). Ainsi donc, si le mari commet une injustice sans que la femme y prenne aucune part, et ne la répare point de son vivant, ses héritiers seuls seront obligés de la réparer. La femme ne serait tenue de concourir à cette réparation qu'autant qu'elle serait elle-même légataire de son mari à titre universel, ou que les injustices du mari, ses vols, par exemple, ou ses usures, auraient tourné au profit de la communauté. Dans le premier cas, elle devrait y contribuer avec les héritiers, au prorata de son émolument ; dans le second cas, elle y contribuerait également jusqu'à concurrence du profit qu'elle aurait tiré elle-même de ces injustices, en partageant les biens de la communauté. Si elle n'en a point profité, nous la croyons dispensée de toute obligation relativement aux injustices de son mari.

D'après ces principes, qui nous paraissent fondés sur l'équité, si un père de famille meurt sans avoir réparé le tort qu'il a fait au prochain, ce sont ses enfants qui seront chargés de la restitution, chacun pour sa part et portion ; on ne peut obliger personnellement la mère, qui n'aura point profité du crime ou délit commis par son

---

(1) Examen raisonné sur les Commandements de Dieu, tom. I, etc. — (2) Voyez, ci-dessus, le n° 689.

mari. Cependant, elle doit faire tout ce qui dépendra d'elle pour amener ses enfants à restituer ; elle pourrait même être obligée moralement de restituer, comme tutrice et en agissant au nom de ses enfants, si elle pouvait le faire sans compromettre ses intérêts. On suppose que les enfants sont encore trop jeunes pour pouvoir restituer eux-mêmes.

1026. La réparation d'un dommage doit se faire à celui qui a été lésé. Et s'il s'agit d'une chose volée ou retenue sans titre légitime, on doit la rendre à celui à qui elle appartient, ou à celui qui en a été injustement dépossédé, ayant droit d'en user ou d'en jouir. Il faut que la restitution rétablisse l'équité, l'*égalité* qui a été violée en privant quelqu'un de ses biens ou de l'exercice de ses droits : *unicuique suum*. Ce ne serait pas restituer que de donner aux pauvres ou à l'Église le bien d'autrui ou l'équivalent de ce qu'on doit, lorsque la restitution peut moralement se faire à qui de droit. Ce n'est pas non plus au possesseur de mauvaise foi qu'on doit restituer, mais bien au maître de la chose, en prenant toutefois la précaution d'avertir ou de faire avertir le possesseur de mauvaise foi, afin qu'il soit par là déchargé de la restitution. Mais si on n'est pas certain que celui auquel on a pris une chose en soit l'injuste possesseur, on doit la lui rendre : « In dubio melior est « conditio possidentis. » Si la personne lésée vient à mourir avant qu'on ait restitué, la restitution doit se faire à ses héritiers, quels qu'ils soient.

1027. Celui qui a volé une chose appartenant, par indivis, à plusieurs personnes, doit la rendre à ces mêmes personnes. De même, si on a causé quelque dommage à une commune, à un établissement public, ou à une association civile ou ecclésiastique, c'est à cette commune, à cet établissement, à cette association que la réparation en est due. Si on a fait tort à un certain nombre de personnes d'une même localité, sans savoir quelles sont ces personnes, la restitution doit se faire au profit des pauvres de cette même localité. Un marchand qui a vendu à faux poids ou à fausse mesure à tous ceux qui venaient acheter dans sa boutique, doit, s'il est encore dans le commerce, leur vendre ses marchandises moins cher qu'elles ne valent, pendant tout le temps qu'il faudra pour réparer les fraudes dont il s'est rendu coupable. S'il quitte le commerce avant d'avoir fait cette réparation, il restituera aux pauvres de l'endroit où l'injustice a été commise. Généralement, toutes les fois que la restitution doit tourner au profit des pauvres ou de quelque établissement d'utilité publique, elle doit se faire dans le pays qui a souffert; cependant, si on ne pouvait, moralement parlant, la faire parvenir à sa destination, à raison de la trop grande distance des lieux, il faudrait restituer aux pauvres du pays où l'on se trouve.

1028. Le possesseur de bonne foi qui, avant d'avoir prescrit, vient à découvrir que la chose qu'il possède ne lui appartient point, sans savoir cependant à qui elle appartient, est à peu près comme l'inventeur d'une chose perdue, dont le maître ne se présente pas; il doit faire toutes les perquisitions convenables pour en découvrir le propriétaire. Mais si, les perquisitions étant faites, le propriétaire ne se fait pas connaître, le possesseur actuel sera-t-il obligé de disposer de la chose en faveur des pauvres? Il y est obligé, suivant le sentiment le plus commun. Cependant, nous pensons : 1° que si le possesseur actuel de la chose volée ou perdue l'a achetée dans une foire, ou dans un marché, ou dans une vente publique, ou d'un marchand vendant des choses pareilles, il peut la garder et continuer d'en jouir, jusqu'à ce qu'elle soit réclamée par le maître qui a droit de la revendiquer pendant trois ans, à compter du jour du vol ou de la perte, puisque, suivant le Code civil (1), le propriétaire ne peut, dans le cas dont il s'agit, se faire rendre la chose qui lui appartient qu'en remboursant au possesseur le prix qu'elle lui a coûté. N'étant obligé de la rendre au maître qu'à cette condition, il n'est évidemment pas tenu de la donner aux pauvres. 2° Que, lors même que le possesseur aurait acheté la chose dans d'autres circonstances que celles dont nous venons de parler, il ne serait point obligé d'en disposer au profit des pauvres; parce qu'en en disposant de la sorte, il ne pourrait plus, dans le cas où le maître se présenterait, exercer son recours contre le vendeur duquel il tient la chose. Cependant, il ne pourrait la conserver qu'autant qu'il serait disposé à la rendre au maître, s'il se faisait connaître dans la suite. 3° Qu'il ne faudrait point *inquiéter* ce possesseur, à quelque titre qu'il tînt la chose d'autrui, s'il la gardait avec la disposition de la rendre ou d'en payer la valeur au maître, en cas qu'il vînt à le découvrir plus tard, même après le laps du temps fixé pour la prescription.

1029. Il n'en est pas de même pour le possesseur de mauvaise foi : il ne peut ni jouir, ni profiter du bien d'autrui; il est donc obligé de restituer en faveur des pauvres, lorsque, malgré toutes les recherches possibles, il n'a pu découvrir le maître de la chose

---

(1) Art. 2279.

qu'il possède injustement. Les perquisitions seront plus ou moins soigneuses ou multipliées, suivant le plus ou moins d'importance de la chose qu'on doit restituer.

1030. Pour ce qui regarde le lieu où la restitution doit se faire, il faut distinguer entre le possesseur de bonne foi et celui de mauvaise foi. Le premier satisfait à son obligation, en prévenant le maître de la chose qu'elle est à sa disposition, qu'il peut la faire prendre quand il voudra; les frais de transport sont à la charge du maître. Si, au contraire, le possesseur est de mauvaise foi, les frais qu'entraîne la restitution sont à sa charge; s'il lui en coûte pour faire arriver la chose au domicile du maître, il doit se l'imputer à lui-même. Mais si les frais de transport étaient extraordinaires, serait-il obligé de les supporter en entier? Les uns veulent qu'il les paye en entier, quel qu'en soit le montant; d'autres l'obligent seulement à les payer jusqu'à la concurrence de la valeur de la chose qu'il doit restituer; d'autres enfin, dont l'opinion paraît la plus accréditée, pensent qu'il est obligé à faire parvenir la chose à son maître, lors même que les frais de transport en surpasseraient la valeur du double; ajoutant que si les dépenses étaient plus fortes, on pourrait restituer aux pauvres (1). Il nous semble que, dans le cas où les frais de transport seraient, au jugement d'un homme prudent, excessifs ou trop considérables, eu égard surtout à la nature de la chose, il serait plus simple d'envoyer au maître le prix de cette chose, avec la somme des dommages-intérêts qui peuvent lui être dus. Le maître étant suffisamment dédommagé, ne peut raisonnablement trouver mauvais que le possesseur ait pris le moyen le plus facile et le moins dispendieux. Mais il faut nécessairement que la somme parvienne à sa destination. Si elle se perd en route, de quelque manière que la perte arrive, le possesseur de mauvaise foi demeure grevé de l'obligation de restituer, comme s'il n'avait rien fait. On excepte le cas où la somme aurait été remise à une personne désignée par le maître.

1031. Relativement à l'ordre qu'il faut suivre pour la restitution, il ne peut y avoir de difficulté que dans le cas où l'on ne peut satisfaire à toutes ses obligations. Nous distinguons la restitution du payement: la restitution a pour objet de rendre le bien d'autrui qu'on possède injustement, ou de réparer le tort qu'on a fait au prochain; tandis que, par le payement, nous nous acquittons des dettes que nous avons contractées en vertu de quelques conventions

---

(1) S. Alphonse de Liguori, lib. III. n° 598.

expresses ou tacites : de là la distinction des dettes *ex delicto*, et des dettes *ex contractu*. On distingue aussi les créances privilégiées, les créances hypothécaires et les créances personnelles, qui sont chirographaires ou simplement verbales ; les dettes à titre onéreux et les dettes à titre gratuit ; les dettes certaines et les dettes incertaines.

1032. Or, nous disons : 1° que celui qui possède injustement ou sans titre le bien d'autrui, qui est encore en nature, doit d'abord le rendre à son maître, avant de payer toute autre dette. 2° Que les créanciers privilégiés ont droit d'être préférés aux autres créanciers même hypothécaires, suivant l'ordre déterminé par la loi (1). 3° Que les créanciers privilégiés étant payés, l'hypothèque donne au créancier un droit réel sur les immeubles affectés au payement de ce qui lui est dû (2). 4° Que le débiteur ne peut, sans injustice, recourir ni à la violence, ni aux menaces, ni à la fraude, pour éluder le droit de préférence que confère le privilége ou l'hypothèque. 5° Que, pour ce qui regarde les autres créanciers, les dettes à titre onéreux doivent être payées avant les dettes à titre gratuit ; parce que l'engagement qui constitue ces dernières renferme toujours cette condition tacite : *deducto œre alieno* (3). 6° Que le sentiment le plus commun, le plus conforme à l'équité (4), place sur le même rang les dettes qui proviennent d'un délit, et les dettes à titre onéreux qui proviennent d'un contrat ; toutes ces dettes doivent être payées proportionnellement et sans distinction. 7° Qu'on peut, sans y être obligé, faire passer les dettes certaines dont les créanciers sont connus, avant celles dont on ne peut découvrir les créanciers (5) : il nous paraît naturel qu'un débiteur qui ne peut remplir tous ses engagements, paye ceux de ses créanciers qui sont en voie de réclamation, de préférence à ceux qu'il ne connaît point. Quant à celles des dettes incertaines qu'on doit acquitter au *prorata* du doute, nous regardons comme plus probable qu'elles doivent être mises au même rang que les dettes certaines.

1033. Un débiteur qui n'a pas payé toutes ses dettes, peut-il payer un ou plusieurs de ses créanciers de préférence aux autres ? On suppose qu'il n'existe ni privilége ni hypothèque en faveur d'aucun de ses créanciers. Nous distinguons entre le débiteur qui est en état de faillite, et celui qui n'y est pas. Si le débiteur est en état de

---

(1) Voyez, ci-dessus, le n° 910. — (2) Voyez le n° 915. — (3) S. Liguori, Navarre, de Lugo, Sylvius, etc., etc. — (4) S. Liguori, de Lugo, Lessius, Laymann, etc. — (5) Voyez S. Alphonse de Liguori, lib. III. n° 688 ; les Conférences d'Angers, *sur les Restitutions*, conf. v, édit. de Besançon, etc.

faillite, il est dessaisi, de plein droit, de l'administration de tous ses biens, à compter du jour de la faillite (1); et les actes ou payements faits en fraude des créanciers sont nuls (2). Il ne peut donc, sans injustice, payer un créancier au préjudice des autres. Si le débiteur n'est pas en état de faillite, nous dirons : 1° qu'il peut payer un créancier de préférence aux autres, si, à sa demande, il est forcé de le payer, ou même s'il a lieu de craindre d'y être forcé par le tribunal : on en convient généralement. 2° Qu'il en est probablement de même pour le cas où le créancier dont la créance est échue, demanderait simplement à être payé (3). 3° Qu'il est encore probable, à notre avis, qu'un débiteur peut même offrir le payement d'une dette échue, s'il croit pouvoir payer plus tard les autres dettes, quand on lui en demandera le payement. Dans ces différents cas, le créancier pourra retenir toute la somme qu'il aura reçue en payement. 4° Que celui qui ne croit pas pouvoir payer toutes ses dettes, ni présentement, ni à l'avenir, ne peut, de lui-même et sans y être sollicité, payer un de ses créanciers au préjudice des autres; la bonne foi seule pourrait l'excuser : car tous les créanciers dont il s'agit ont un droit égal et proportionnel sur les biens qui restent à leur débiteur. Le créancier ne peut donc, au for intérieur, retenir la totalité de la somme qui lui a été payée dans le dernier cas; c'est le sentiment le plus commun, le plus équitable évidemment (4).

CHAPITRE XXXI.

Des Causes qui suspendent ou font cesser l'obligation de restituer.

1034. Il y a plusieurs causes pour lesquelles on peut en conscience différer ou s'exempter de restituer, soit qu'on y soit obligé à cause d'un contrat légitime, soit qu'on y soit obligé à cause d'un délit. Entre ces causes, il y en a qui ne font que suspendre pour un temps l'obligation de restituer; d'autres éteignent entièrement cette obligation.

(1) Code de commerce, art. 442. — (2) Ibid. art. 447. — (3) S. Alphonse, lib. III. n° 692; Navarre, Sylvius, Billuart, le Rédacteur des Conférences d'Angers, etc. — (4) Billuart, et alii communiter.

ARTICLE I.

Des Causes qui suspendent l'obligation de restituer.

1035. La première de ces causes est l'impuissance de la part du débiteur. On distingue l'impuissance physique ou absolue, et l'impuissance morale : l'impuissance physique est celle où se trouve celui qui n'a rien. L'impuissance morale consiste dans une grande difficulté de restituer : elle a lieu quand on ne peut restituer sans se réduire à la misère, sans perdre son honneur, ou sans déchoir de son état. L'impuissance morale ne consiste pas dans un point indivisible, elle a plus ou moins d'étendue, suivant les circonstances; elle se mesure principalement sur la qualité du débiteur et sur celle du créancier. On distingue aussi, sur cette matière, la nécessité extrême et la nécessité grave, dont nous avons parlé plus haut (1).

1036. Or, 1° l'impuissance absolue dispense de l'obligation de restituer : personne n'est obligé à l'impossible. 2° Il en est de même pour le cas où l'on ne peut restituer sans tomber dans une extrême nécessité : on peut alors retenir ce qui est nécessaire pour se soustraire au danger de mort; à moins toutefois que le délai de la restitution ne doive jeter le créancier dans la même nécessité. C'est une règle générale, que la nécessité soit extrême ou non : la crainte des inconvénients, quelque graves qu'ils soient, n'autorise point un débiteur à différer la restitution, quand on a lieu de craindre, à raison du délai, les mêmes inconvénients pour le créancier; on doit préférer la condition de celui qui possède ou qui a droit de posséder : « In pari causa melior est conditio possidentis. » 3° L'impuissance morale suspend l'obligation de restituer, quand on ne peut le faire présentement, sans éprouver une perte considérable dans ses biens; mais il en serait autrement, si cette perte ou ce dommage ne consistait que dans la privation des choses volées ou retenues sans titre légitime; car, en les restituant, on retombe simplement dans l'état où l'on se trouvait avant que de s'en être emparé injustement. La privation d'un gain ne serait point non plus une raison suffisante de différer la restitution, à moins que le retard ne dût causer aucun préjudice au créancier. 4° La nécessité

---

(1) Voyez le n° 368.

grave excuse aussi celui qui, en restituant, s'exposerait au danger de déchoir de son état, d'une condition justement acquise ; mais s'il ne s'est procuré sa position que par des injustices, la crainte, quelque fondée qu'elle fût, de descendre dans une condition inférieure, ne l'autoriserait point à différer la restitution. En tout cas, il est obligé de retrancher toutes les dépenses superflues, et de se réduire au plus strict nécessaire, eu égard à son rang, afin de pouvoir, par ses économies, arriver peu à peu à un entier payement de ce qu'il doit. 5° Elle excuse également celui qui ne peut restituer sans perdre son honneur, sa réputation ; à moins que, tout considéré, cette perte ne soit un moindre inconvénient que le dommage qui doit résulter du retard pour le créancier : « Nisi jactura « famæ, dit saint Alphonse, sit minima respectu damni in bonis « creditoris (1). » 6° Enfin, l'on peut différer de payer ses dettes, quand on ne peut les payer sans exposer sa famille au danger de tomber dans quelque grand désordre : « Ut, v. g. si sit periculum « ne uxor aut filiæ se prostituant, ne filii se dent latrociniis (2). »

1037. Nous ferons remarquer que celui qui ne peut restituer présentement, doit avoir la volonté de le faire aussitôt qu'il le pourra ; et que s'il peut restituer en partie, il doit faire cette restitution sans différer. Mais celui qui a différé de restituer parce qu'il n'a pu faire autrement, se trouvant dans une impossibilité physique ou morale, est-il obligé de réparer le dommage, *damnum emergens, lucrum cessans,* que son retard a causé à ses créanciers ? Il y est certainement tenu, si l'obligation de restituer provient d'un délit : en faisant une injustice, on devient responsable de ses suites. Il en serait autrement, si la dette provenait d'un contrat ; cependant, s'il était convenu de payer les intérêts de la somme qu'il doit, il ne nous paraîtrait pas déchargé de cette obligation, à moins qu'il ne pût rembourser que le capital.

1038. Outre l'impuissance ou la nécessité où se trouve le débiteur, il est une autre cause qui suspend l'obligation de restituer ; elle se tire du côté du créancier : c'est la crainte bien fondée que le maître de la chose n'en abuse à son détriment ou au détriment d'un tiers ; la certitude morale qu'il ne s'en servira que pour se livrer à quelque grand désordre, ou pour nuire notablement au prochain : « Quando res restituenda, dit saint Thomas, apparet esse « graviter nociva ei cui restitutio facienda est, vel alteri, non ei « debet tunc restitui, quia restitutio ordinatur ad utilitatem ejus

---

(1) S. Alphonse de Liguori, lib. III. n° 698. — (2) Ibidem.

« cui restituitur : omnia enim quæ possidentur sub ratione utilis
« cadunt. Nec tamen debet ille qui detinet rem alienam sibi appro-
« priare, sed vel rem servare ut congruo tempore restituat, vel
« etiam alii tradere tutius conservandam (1). » D'après ce principe,
il n'est pas même permis de restituer dans le cas dont il s'agit, à
moins qu'on ne puisse différer la restitution sans de trop graves
inconvénients. Ainsi, on ne doit point rendre une épée à la personne
qui veut s'en servir pour tuer son ennemi. Si on le faisait, on pécherait évidemment contre la charité. Mais pécherait-on contre la
justice, en la rendant sans y être forcé? Suivant la plupart des docteurs, on pécherait contre la justice : c'est aussi le sentiment de saint
Alphonse de Liguori (2). Cependant, l'opinion contraire nous paraît
assez probable, soit parce que le détenteur d'une épée qui ne lui
appartient point fait une chose bonne de sa nature, en la rendant
à celui à qui elle appartient ; soit parce qu'il n'est pas tenu, d'office
ou par justice, d'empêcher le crime que celui-ci veut commettre :
n'ayant pas droit de garder cette épée comme sienne, le débiteur ne
peut, ce nous semble, être assimilé à celui qui, étant propriétaire
d'une arme, la prêterait, sachant très-bien que l'emprunteur doit
s'en servir pour tuer quelqu'un.

1039. La troisième cause qui suspend l'obligation de payer la
totalité de ses dettes, est la cession qu'un débiteur fait de ses biens
en faveur de ses créanciers. Si ses biens ne sont pas suffisants, il
peut attendre, sans pouvoir être inquiété, qu'il ait d'autres biens
pour achever ses payements (3).

La quatrième cause est la difficulté de découvrir celui à qui l'on
doit restituer.

ARTICLE II.

Des Causes qui font cesser l'obligation de restituer.

1040. Les mêmes causes qui éteignent une obligation conventionnelle, éteignent également l'obligation de restituer. Ces causes
sont : le payement, la novation, la remise volontaire, la compensation, la confusion, la perte de la chose due, et la prescription (4).
Comme nous avons parlé ailleurs de ces différentes causes, nous
nous bornerons aux observations suivantes :

---

(1) Sum. part. 2. 2. quæst. 62. art. 5. — (2) Lib. III. n° 697. — (3) Voyez le
n° 772. — (4) Voyez le n° 770, etc.

Premièrement, on est entièrement dispensé de restituer, quand on a restitué au créancier de son créancier, en le faisant toutefois de manière à ce que celui-ci n'en souffre point. Exemple : Je dois cent francs à Pierre; Pierre doit la même somme à Paul; si je paye les cent francs à Paul, je me trouve évidemment libéré à l'égard de Pierre, comme celui-ci l'est à l'égard de Paul.

1041. Secondement, suivant le sentiment le plus commun, le débiteur qui a fait un don à son créancier, oubliant la dette qu'il a contractée envers lui, n'est point affranchi de l'obligation de restituer. La raison qu'on en donne, c'est qu'une donation pure et simple n'est point un payement. Cependant, l'opinion contraire est assez fondée, quand il est d'ailleurs certain que le débiteur n'aurait pas donné s'il se fût souvenu de sa dette. On présume toujours, dit saint Alphonse, qu'une personne qui donne a plutôt l'intention générale implicite de remplir une obligation de justice, que celle de faire une donation gratuite. Il ajoute que la donation étant faite par suite de l'oubli de la dette fondée sur l'erreur, elle peut, par conséquent, être rescindée par le donateur lui-même : d'où il conclut que, si la somme que le débiteur a donnée n'est point inférieure à celle qu'il doit, la dette se trouve compensée par la donation (1).

1042. Troisièmement, l'obligation de restituer à l'Église cesse par la dispense du Souverain Pontife, comme celle de restituer à l'État peut cesser par la dispense du Gouvernement.

(1) Lib. III. n° 701.

HUITIÈME PARTIE.

Du huitième précepte du Décalogue.

1043. Le huitième précepte est ainsi conçu : Vous ne porterez point de faux témoignage contre votre prochain ; « Non loqueris « contra proximum tuum falsum testimonium (1). » Par ce commandement, Dieu nous défend non-seulement le faux témoignage, mais encore le mensonge, la détraction, et toute parole ou action qui peut blesser l'honneur ou la réputation du prochain.

CHAPITRE PREMIER.

Du Mensonge.

1044. Mentir, c'est parler contre sa pensée avec l'intention de tromper ; c'est affirmer comme vrai ce que l'on croit faux, ou comme faux ce qu'on croit vrai, dans le dessein d'induire en erreur : « Nemo dubitat, dit saint Augustin, mentiri eum qui volens « falsum enuntiat causa fallendi (2). » On ment par parole, par écrit, par geste ou par action ; mais, pour qu'il y ait mensonge, il faut que celui qui exprime une fausseté ait l'intention de tromper. Il est des circonstances qui indiquent assez que celui qui ne parle pas suivant sa pensée, n'a point cette intention ; alors il n'y a plus de mensonge, bien qu'on ne dise pas des choses vraies (3). Ce n'est point non plus un mensonge de dire ou de raconter une chose de la manière qu'elle nous est connue, quoiqu'elle ne soit pas véritablement telle que nous la présentons : « Quisque hoc enuntiat quod « vel creditum animo vel opinatum tenet, etiamsi falsum sit,

---

(1) Exod. c. 20. v. 16. — (2) De Mendacio, c. 4. — (3) S. Augustin, ibid. c. 2.

« non mentitur (1). » On distingue le mensonge *joyeux*, le mensonge *officieux* et le mensonge *pernicieux*. Le mensonge joyeux est celui qui se dit par manière de jeu, par divertissement, par récréation. Le mensonge officieux est celui qui tend à être utile au prochain, soit en lui procurant quelque avantage, soit en empêchant qu'il ne lui arrive du mal. Enfin, le mensonge est pernicieux, lorsqu'on ment pour nuire à quelqu'un. Tout mensonge étant opposé à la vérité, est mauvais de sa nature, il n'est jamais permis. Aussi l'Écriture sainte condamne absolument toute espèce de mensonge : « Noli velle mentiri omne mendacium (2). Non mentiemini, « nec decipiet unusquisque proximum suum (3). » De là nous concluons, d'après saint Augustin et saint Thomas, que l'on ne doit jamais mentir, ni dans l'intérêt de la religion, dont la première base est la vérité ; ni sous prétexte de procurer la gloire de Dieu, qui ne peut être glorifié que par le triomphe de la vérité ; ni pour détourner le pécheur du crime ; ni pour sauver la vie à un innocent, ou procurer le salut à une âme qui est en danger : « Non est licitum « mendacium dicere ad hoc quod aliquis alium a quocumque peri- « culo liberet (4). »

1045. Mais tous les mensonges n'ont pas le même degré de malice : le mensonge joyeux et le mensonge officieux ne sont que véniels de leur nature ; cependant ils peuvent devenir mortels à raison des circonstances ou du scandale qu'ils occasionnent, eu égard au caractère des personnes qui se permettent de mentir, surtout si elles le font habituellement : « Mendacium officiosum vel jocosum, « dit saint Thomas, non est peccatum mortale (nec etiam) in viris « perfectis, nisi forte per accidens ratione scandali (5). » Quant au mensonge pernicieux, il est véniel en matière légère, et mortel en matière grave. Dans le premier cas, on est obligé *sub levi*, dans le second, *sub gravi*, de réparer le tort qu'on a fait au prochain, soit dans sa réputation, soit dans ses biens.

1046. Il n'est pas permis d'user d'une dissimulation proprement dite, qui, par elle-même, tend directement à tromper ; c'est un mensonge en action qui n'est pas moins condamnable que le mensonge en parole : « Simulatio proprie, dit saint Thomas, est men- « dacium quoddam in exterioribus signis factorum consistens : non « refert autem utrum aliquis mentiatur verbo vel quocumque alio « facto (6). » Mais autre chose est de chercher à induire en erreur,

(1) S. Aug. de Mendacio. c 3. — (2) Eccli. c. 8. v. 14. — (3) Levit. c. 19. v. 11. — (4) S. Thomas, Sum. part. 2. 2. quæst. 110. — (5) Ibid. quæst. 110. art. 4. — (6) Ibid. quæst. 111. art. 1.

autre chose de taire ce qu'on sait, quand on n'est point d'ailleurs obligé de le faire connaître : « Sicut aliquis verbo mentitur, quando « significat quod non est, non autem quando tacet quod est ; quod « aliquando licet : ita etiam simulatio est, quando aliquis per exte- « riora signa factorum vel rerum significat aliquid quod non est ; non « autem si aliquis prætermittat significare quod est; unde aliquis « potest peccatum suum occultare absque simulatione (1). »

1047. Il en est des restrictions mentales comme de la dissimulation proprement dite; on ne peut se les permettre sans se rendre coupable de mensonge. La restriction mentale est une parole fausse qui ne peut devenir vraie que par l'addition d'un mot caché, qu'on retient intérieurement, et qui ne peut, par aucune circonstance extérieure, être compris par ceux à qui l'on parle. Exemple : On vous demande si vous avez mangé de la viande un vendredi ; vous répondez que non, voulant dire seulement que vous n'avez pas mangé de viande crue : c'est évidemment un mensonge. On demande à quelqu'un s'il a dîné ; il répond que oui, quoiqu'il n'ait pas dîné ce jour-là, entendant en soi-même qu'il l'a fait la veille : c'est encore un mensonge. Que deviendrait la société, s'il était permis d'abuser ainsi de la parole? Aussi le pape Innocent XI a-t-il condamné les trois propositions suivantes : « Si quis, vel solus, vel co- « ram aliis, sive interrogatus, sive proprio sponte, sive recreationis « causa, sive quocumque alio fine juret se non fecisse aliquid quod re- « vera fecit, intelligendo intra se aliquid aliud quod non fecit vel aliam « viam ab ea in qua fecit, vel quodvis aliud additum verum, revera « non mentitur, nec est perjurus. — Causa justa utendi his amphi- « bologiis est, quoties id necessarium aut utile est ad salutem cor- « poris, honorem, res familiares tuendas, vel ad quemlibet alium « virtutis actum, ita ut veritatis occultatio censeatur tunc expe- « diens et studiosa. — Qui, mediante commendatione vel munere, « ad magistratum vel officium publicum promotus est, poterit cum « restrictione mentali præstare juramentum, quod de mandato re- « gis a similibus solet exigi, non habito respectu ad intentionem « exigentis, quia non tenetur fateri crimen occultum (2). » Voilà pour les restrictions mentales.

1048. Il ne faut pas confondre les restrictions que rien ne peut justifier, avec certaines manières de parler reçues dans la société, certaines expressions qui, sans être littéralement vraies, ne sont point des mensonges ; parce que le sens de ces expressions peut être

---

(1) S. Thomas, Sum. part. 2. 2. quæst. 111. art. 1. — (2) Décret de l'an 1679.

compris assez facilement, eu égard soit à l'usage du pays, soit aux circonstances du temps, du lieu, de la personne qui interroge ou de celle qui répond. Ainsi, par exemple, un pauvre vous demande l'aumône, vous lui dites que vous n'avez pas de monnaie, quoique vous en ayez réellement; vous ne mentez point; le pauvre comprend lui-même, par la circonstance, que vous n'avez pas de monnaie que vous puissiez lui donner. On demande à un domestique si son maître est chez lui; il répond qu'il n'y est pas. Cette réponse, d'après l'usage, ne signifie pas toujours que le maître est sorti de sa maison, mais qu'il ne reçoit pas en ce moment, qu'il n'est pas visible; on n'y est trompé que lorsqu'on ignore les usages du monde. Vous avez à dîner un étranger; vous lui demandez s'il trouve bonne la nourriture que vous lui servez; il vous répond hardiment qu'il la trouve très-bonne, délicieuse, quoique cependant elle ne soit pas de son goût. Est-ce un mensonge de sa part? Non, évidemment : car vous comprenez que, dans cette circonstance, on ne répond pas autrement. On a la témérité d'interroger un prêtre sur une chose qu'il ne sait que par la voie de la confession : mentira-t-il en répondant qu'il ne sait rien? Non; car on doit savoir qu'il est obligé, par toutes les lois, de répondre comme s'il ne savait absolument rien. Nous ajouterons que celui qui sait une chose sous le sceau du secret, peut dire qu'il l'ignore; comme Jésus-Christ dit, au sujet du jugement dernier : Personne n'en connait le jour ni l'heure, pas même le Fils de l'homme; « De die autem illo et hora nemo scit, neque « angeli in cœlo, neque Filius, nisi Pater (1). » Par ces paroles, dit Bergier, le Sauveur voulait réprimer la curiosité indiscrète de ses disciples, en leur faisant entendre qu'il n'était pas à propos qu'il leur révélât ce secret. Sa réponse a le même sens que celle d'un père qui dit à un enfant trop curieux : *Je n'en sais rien* (2). Il est encore d'autres manières de répondre plus ou moins équivoques, dont le sens peut se déterminer facilement avec un peu d'attention : il est permis d'en user, pourvu qu'on n'ait pas l'intention de tromper, mais seulement de tenir secrètes certaines choses qu'on ne peut faire connaître sans compromettre les intérêts d'une famille, ou d'un tiers, ou ses propres intérêts. Si la personne qui interroge se trompe en donnant à la réponse plus de portée qu'elle n'en a, elle doit l'attribuer à son inadvertance, ou à son ignorance, ou à son défaut d'usage, ou à l'indiscrétion qu'elle a commise en cherchant à extorquer un secret.

(1) Marc. c. 13. v. 32. — (2) Dict. de Théologie, au mot *Agnoëtes*. Voyez aussi S. Alphonse de Liguori, lib. III. nos 152 et 970.

CHAPITRE II.

Du faux Témoignage.

1049. On distingue le faux témoignage public et le faux témoignage particulier : le premier est la déposition qu'on fait en justice contre la vérité, après avoir prêté le serment qu'on a coutume d'exiger des témoins ; le second se confond avec le mensonge, dont nous venons de parler, ou avec la calomnie, dont nous parlerons plus bas. Il s'agit ici du faux témoignage public. Or, ce faux témoignage est un péché mortel, dont l'absolution est réservée à l'évêque dans plusieurs diocèses ; il renferme le parjure, qui n'admet pas de légèreté de matière. Quiconque s'est rendu coupable de faux témoignage est tenu, par justice, de réparer le dommage qu'il a causé, soit dans la réputation, soit dans les biens de la personne contre laquelle il a déposé. Il est même obligé de se rétracter le plus tôt possible, à ses risques et périls, s'il ne peut autrement réparer le tort qu'il a fait, lorsqu'il a d'ailleurs lieu d'espérer de délivrer l'accusé par sa rétractation ; car, toutes choses égales, la condition de l'innocent doit être préférée à celle du coupable : « In pari causa me-« lior est conditio innocentis. » Celui qui, par sa faute, a exposé son prochain au danger de périr, est tenu de pourvoir à la sûreté de celui qu'il a compromis, plutôt qu'à la sienne propre ; et celui qui a fait injustement un acte qui tend à porter un dommage à quelqu'un, doit lui-même supporter ce dommage pour en délivrer l'autre. Ce que nous disons du faux témoin s'applique à ceux qui ont coopéré efficacement au dommage, en engageant quelqu'un à porter un faux témoignage.

1050. Mais si le faux témoignage avait été porté de bonne foi, par suite d'une erreur nullement criminelle, le dommage qui en résulterait ne serait point imputable à celui qui aurait rendu ce faux témoignage. Cependant si, étant mieux informé, il pouvait, sans grave inconvénient, prévenir le dommage en se rétractant, il serait obligé de le faire, par charité de l'aveu de tous ; et même par justice, suivant le sentiment le plus probable (1).

---

(1) Voyez le n° 954.

Pour ce qui regarde les témoins en général, ceux qui sont cités en justice afin de rendre témoignage pour ou contre quelqu'un sont obligés d'obéir, de comparaître, et de répondre au juge qui les interroge, à moins qu'ils ne soient empêchés ou dispensés pour cause légitime. Cependant, quoiqu'ils pèchent en refusant de déposer, il nous paraît bien probable qu'ils ne sont point obligés de réparer le dommage qui résulte de ce refus pour les parties intéressées (1).

1051. Sont dispensés de déposer : 1° le confesseur qui ne connaît que par la confession le crime ou délit dont le prévenu est accusé ; le sceau de la confession est inviolable, lors même qu'il s'agirait d'un crime de lèse-majesté. 2° Les ascendants et descendants, les frères et sœurs des coupables, ainsi que les alliés aux mêmes degrés (2). 3° Les personnes qui sont, *par état* ou *profession*, dépositaires des secrets qu'on leur confie : tels sont les médecins, les chirurgiens et autres officiers de santé, les pharmaciens et les sages-femmes, les avocats et les conseillers, qui ont reçu, sous le sceau du secret, les confidences des coupables ; ils ne peuvent les révéler à la justice, sauf le cas où il s'agit d'un crime de lèse-majesté ou de tout autre crime projeté contre la sûreté de l'État (3). 4° Les évêques, les curés et desservants, pour ce qui regarde les confidences et révélations qui leur ont été faites dans l'exercice de la juridiction ecclésiastique, du ministère pastoral, même hors du tribunal de la pénitence : autrement, un évêque, un pasteur ne pourrait plus exercer efficacement l'autorité toute paternelle qu'il a sur ses inférieurs dans l'ordre moral et spirituel (4). 5° Ceux enfin qui ont promis le secret d'une manière plus ou moins explicite aux coupables qui leur demandaient des avis et des conseils : « Servare fidem est de jure « naturali, dit saint Thomas ; nihil autem potest præcipi homini « contra id quod est de jure naturali(5). » C'est aussi la doctrine de saint Liguori : « Si secretum sit tibi commissum, et alias non publi- « catum, teneris servare etiam legitime interrogatus, et potes res- « pondere te nihil scire scilicet ad revelandum, quia judex nequit « abrogare jus naturæ ex quo servandum est secretum commis- « sum (6). » Mais on excepte, ainsi que l'enseignent ces deux célèbres docteurs (7), le cas où le bien général exigerait qu'on révélât le

---

(1) S. Alphonse de Liguori, lib. iv. n° 270 ; de Lugo, Lessius, etc. — Voyez, ci-dessus, le n° 968. — (2) Code pénal, art. 107 et 137 ; et Code d'instruct. criminelle, art. 322. — (3) Voyez le Code pénal, art. 103, 104, 136 et 378. — (4) Arrêt de la cour royale d'Angers, de l'an 1841, contre la décision du tribunal civil de la même ville. — (5) Sum. part. 2. 2. quæst. 70. art. 1. — (6) Lib. iii. n° 970. — (7) Ibidem.

secret qui nous a été confié. S'il arrivait que celui qui est dispensé de déposer fût interrogé, il pourrait refuser de répondre, ou répondre simplement qu'il ne sait rien; car il ne sait rien qu'il puisse révéler à la justice (1).

1052. L'accusé qui est coupable du crime qu'on lui impute, est-il obligé de l'avouer au juge qui l'interroge? Nous répondons : 1° que l'accusé ne peut jamais, en aucun cas, mentir à celui qui l'interroge, lors même que l'interrogation serait irrégulière de la part du juge, ou que la loi qu'on invoque contre lui serait évidemment injuste : « Si judex hoc exquirat quod non potest secundum ordi- « nem juris, dit saint Thomas, non tenetur ei accusatus respondere; « sed potest vel per appellationem vel aliter licite subterfugere. « Mendacium tamen dicere non licet (2). » 2° Que l'accusé doit faire l'aveu de son crime au juge qui l'interroge juridiquement, lorsqu'il n'espère plus pouvoir se sauver par son silence. 3° Qu'il est encore obligé de faire l'aveu de sa faute, ou du moins de faire connaître ses complices, quand il s'agit d'un complot formé ou d'un crime projeté contre la sûreté de l'État, si d'ailleurs ses révélations sont nécessaires pour prévenir quelque grand malheur. 4° Que, hors les cas dont nous venons de parler, il est assez probable que celui qui est coupable d'un crime entraînant une peine capitale, ou considérable, n'est point tenu de l'avouer, s'il craint que son aveu ne lui devienne fatal : il peut taire la vérité sans se rendre coupable de mensonge, et il serait trop dur de l'obliger à fournir lui-même la preuve de sa culpabilité (3). Au reste, on convient assez généralement que le confesseur doit, à cet égard, laisser l'accusé dans la bonne foi, si on n'a pas lieu d'espérer de l'amener à faire l'aveu de son crime : « Omnes conveniunt, dit saint Alphonse, ad dicendum quod si reus « sit in bona fide, et censeatur quod difficile inducetur ad fatendum « crimen interrogatus a judice, confessarius in sua bona fide eum « relinquere debet (4). » 5° Qu'après le jugement rendu, l'accusé, condamné ou non, n'est point tenu d'avouer sa faute : « Post sen- « tentiam latam reus non tenetur confiteri crimen quod ante injuste « negavit; quia finito judicio, finitur obligatio rei (5). » Mais celui qui est absous par les hommes n'est pas pour cela dispensé de réparer le tort qu'il a fait au prochain; et quoiqu'on puisse absoudre

---

(1) Voyez le n° 1048. — (2) Sum. part. 2. 2. — (3) Voyez S. Liguori, lib. iv. n° 274; Mgr Bouvier, etc.—(4) Lib. iv. n° 274; Mgr Bouvier, de Decalogo, cap. vii. art. 3; Sanchez, etc. — (5) S. Alphonse, ibidem; Mgr Bouvier, Laymann, Sanchez.

au tribunal de la pénitence les condamnés à mort qui ont refusé et qui refusent de faire l'aveu de leur crime aux juges, si d'ailleurs ils sont pénitents, nous pensons qu'on ne doit pas leur donner l'eucharistie, à raison du scandale qui pourrait en résulter.

1053. Nous ferons remarquer qu'un accusé, même coupable, peut, avant et après sa condamnation, sortir de sa prison, quand il s'agit de se soustraire à une peine capitale, afflictive ou infamante; mais il ne lui est jamais permis de recourir au mensonge, ni à la violence, ni à la corruption, pour obtenir sa liberté : « Nullus ita « condemnatur, dit saint Thomas, quod ipse sibi inferat mortem, « sed quod ipse mortem patiatur; et ideo non tenetur facere id unde « mors sequatur, quod est manere in loco unde ducatur ad mortem: « tenetur tamen non resistere agenti quin patiatur quod justum « est eum pati : sicut etiam si aliquis sit condemnatus ut fame mo- « riatur, non peccat si cibum sibi occulte ministratum sumat, quia « non sumere esset seipsum occidere (1). » Il n'est pas permis non plus, même à celui qui est innocent, de tuer, ni un injuste accusateur, ni un faux témoin, ni un juge de la part duquel on est menacé d'une sentence inique (2). Ce serait encore un crime de repousser la calomnie par la calomnie (3). Cependant, si vous étiez menacé d'une mort évidemment injuste, ou dans un temps d'anarchie, ou sous le règne de la tyrannie, vous pourriez résister, en repoussant la force par la force, à ceux qui voudraient vous arrêter, à moins que votre résistance ne fût un sujet de scandale ou une occasion de quelque grand trouble : « Aliquis damnatur ad mortem dupli- « citer : uno modo juste; et sic non licet condemnato se defendere. « Alio modo injuste; et tale judicium simile est violentiæ latro- « num.... Et ideo sicut licet resistere latronibus, ita licet resistere « in tali casu malis principibus: nisi forte propter scandalum vitan- « dum, cum ex hoc aliqua gravis turbatio timeretur. » Ainsi s'expriment saint Thomas (4) et saint Alphonse de Liguori (5).

(1) Sum. part. 2. 2. quæst. 69. art. 4. — (2) Alexandre VII, décret de 1665. — (3) Innocent X, décret de 1679. — (4) Sum. part. 2. 2. quæst. 69. art. 4. — (5) Lib. IV. n° 279.

CHAPITRE III.

Des Obligations des juges, des greffiers, des huissiers, des avocats, des avoués et des notaires.

1054. Le huitième commandement nous donne l'occasion de rappeler les principales obligations des juges, des greffiers, des huissiers, des avocats, des avoués et des notaires. Les juges sont obligés de s'acquitter avec fidélité des devoirs de leur charge, et de réparer le dommage qu'ils ont causé par des jugements, des sentences ou des suffrages injustes : soit en agissant d'après une ignorance crasse; soit en jugeant avec trop de précipitation, sans apporter aux affaires le soin qu'elles réclament; soit en se laissant séduire par des présents ou par la faveur, par la parenté ou par l'amitié. Voici ce que dit Moïse aux vieillards qu'il avait établis juges du peuple de Dieu : « Quod justum est judicate; sive civis sit ille, sive peregri« nus. Nulla erit distantia personarum; ita parvum audietis ut « magnum; nec accipietis cujusquam personam, quia Dei judicium « est (1). » De là la défense de condamner les innocents et d'absoudre les coupables : « Ne condamnent innocentes aut nocentes absol« vant, » dit le Catéchisme du concile de Trente (2). De là encore l'obligation pour les juges de suivre en tout les règles de l'équité, en adjugeant à chacun ce qui lui appartient. Aussi les juges qui, par une faute théologiquement et gravement coupable, portent une sentence contraire à la justice, sont responsables du dommage qui en résulte. Il en serait autrement et pour le cas où l'injustice qu'ils commettraient ne serait nullement volontaire, et pour celui où elle ne le serait pas suffisamment pour être péché mortel (3).

1055. Un juge peut-il condamner à mort ou à une peine infamante, afflictive, celui qu'il croit innocent, s'il est prouvé juridiquement qu'il est coupable ? Saint Thomas, et plusieurs autres docteurs, pensent que si le juge ne peut trouver aucun moyen de

---

(1) Sur le huitième précepte du Décalogue. — (2) Sur le huitième précepte. — (3) Lib. IV. n° 208.

soustraire à l'accusation celui qu'il croit innocent, ni faire évoquer l'affaire à un autre tribunal, il peut le condamner; parce que, disent-ils, le bien public veut qu'un juge laisse de côté sa science privée, et s'en tienne uniquement à la science publique, à la culpabilité juridiquement constatée. Saint Bonaventure et autres soutiennent que le juge ne peut condamner dans le cas dont il s'agit, et qu'il doit plutôt quitter sa place, que de frapper un accusé qu'il sait être innocent. Ce second sentiment nous paraît plus probable que le premier; car il ne peut être permis de condamner un innocent: « Damnare innocentem est intrinsece malum, » dit saint Alphonse (1). Ainsi nous pensons qu'un juré, qu'un juge ne doit jamais déclarer coupable celui qu'il sait de science certaine être innocent, quoique la culpabilité soit juridiquement prouvée; il ne doit opiner que d'après ses convictions, qu'en suivant le dictamen de sa conscience. Cependant, si les jurés, les juges en majorité se déclarent pour la culpabilité de l'accusé, le président, quoique convaincu de son innocence, pourrait prononcer l'arrêt, mais dans le cas seulement où le condamné aurait la faculté de se pourvoir en cassation, et à charge pour le président de faire tout ce qui dépendrait de lui pour sauver l'innocent. Nous ajouterons qu'il serait prudent de ne point inquiéter, au tribunal de la pénitence, le magistrat qui croirait pouvoir adopter l'opinion de saint Thomas.

1056. Au surplus, on convient assez communément que, lorsqu'il ne s'agit que de causes civiles, un juge, comme homme public, doit s'en tenir aux preuves juridiques, et juger *secundum allegata et probata*, quoiqu'il soit persuadé que celui en faveur duquel il prononce soit de mauvaise foi. On suppose que ce juge ne peut, en aucune manière, détruire les preuves légales et juridiques sur lesquelles il appuie son jugement. Mais celui qui obtient cette sentence ne peut s'en prévaloir au for intérieur. Un juge est encore tenu, de l'aveu de tous, d'absoudre l'accusé qu'il croit coupable, mais dont la culpabilité n'est point juridiquement établie. Un accusé, quelque coupable qu'il soit, a droit de n'être point condamné arbitrairement.

1057. Dans les causes douteuses, s'il s'agit d'une affaire criminelle, on doit prononcer en faveur de l'accusé; autrement on s'exposerait au danger de condamner un innocent. S'il s'agit d'une affaire civile, on doit prononcer en faveur de celui qui possède: « In dubio, melior est conditio possidentis. » Si aucune des parties

---

(1) S. Alphonse, lib. IV. n° 207.

ne possède la chose en contestation, le juge doit suivre l'opinion la plus probable, c'est-à-dire prononcer en faveur de la partie dont le droit à la chose est appuyé sur une plus grande probabilité. Le pape Innocent XI a condamné la proposition contraire, ainsi conçue : « Probabiliter existimo judicem posse judicare juxta opinio- « nem etiam minus probabilem (1). » Dans le doute si les raisons sont également probables de part et d'autre, le seul parti conforme à l'équité est de partager les biens contestés entre les deux parties : « Judex non est rerum dominus, sed distributor juxta jura par- « tium ; et ideo, si jura sunt æqualia, æqualiter inter eas rem di- « videre debet (2). »

Les juges doivent terminer le plus tôt possible les affaires portées à leur tribunal. Un juge qui, par des considérations humaines ou sans raison légitime, traîne en longueur la conclusion d'un procès suffisamment instruit, est tenu d'indemniser la partie qui souffre de ce retard ; et s'il arrive que, pour n'avoir pas rendu justice à temps, le bon droit succombe, le procès injuste devient sa propre cause, et il est responsable de tout (3).

1058. Il n'est pas permis aux magistrats, aux juges, aux jurés, de recevoir des présents de la part de ceux qui ont des affaires pendantes à leur tribunal : les lois divines et humaines, canoniques et civiles le défendent expressément. Ils ne peuvent, sans injustice, retenir ce qu'ils ont reçu, soit qu'ils l'aient exigé, soit qu'il leur ait été donné dans la crainte de ne pas obtenir justice ; ils doivent le restituer à ceux desquels ils l'ont reçu. Mais si les présents avaient été faits dans l'intention de corrompre les juges, les corrupteurs n'auraient pas droit à la restitution ; les choses livrées par eux doivent être confisquées au profit des hospices des lieux où la corruption a été commise (4). Mais il nous paraît que ceux qui ont reçu ces choses ne sont point tenus, avant la sentence des tribunaux, de s'en dessaisir au profit des hospices ou des pauvres. Cependant le confesseur peut leur imposer cette obligation à titre de pénitence (5). Quant aux présents reçus après la décision d'une affaire, si on ne les a point exigés ni directement ni indirectement, on n'est nullement obligé de les restituer.

1059. Pour ce qui regarde les greffiers et les huissiers, ils doivent se conformer aux règlements qui les concernent ; ils sont respon-

---

(1) Décret de 1679. — (2) S. Alphonse, lib. IV. n° 210. — (3) S. Raymond de Pegnafort, Sum. theol. lib. II. tit. 5. — (4) Cod. pénal, art. 180. — (5) Voyez le n° 753.

sables des injustices qu'ils occasionnent par leur défaut d'exactitude, par ignorance ou par négligence, lorsque cette ignorance ou cette négligence est gravement coupable. Il leur est défendu, par toutes les lois, de rien exiger, ni directement ni indirectement, au-dessus de ce qui leur est dû pour leur salaire : exiger des salaires plus forts que ceux qui sont taxés par les règlements, c'est une injustice qu'on doit réparer en restituant tout ce qu'on a perçu au delà du tarif. Les huissiers se rendent coupables d'injustice, lorsque, ayant plusieurs exécutions à faire le même jour et au même endroit, ils se font payer leur voyage pour chaque exécution, comme s'ils n'étaient venus que pour une seule : ils ne peuvent se faire payer plusieurs fois un seul voyage, comme si on en avait fait plusieurs. « Dans « tous les cas où les règlements accordent aux huissiers une indem- « nité pour frais de voyage, il ne sera alloué qu'un seul droit de « transport pour la totalité des actes que l'huissier aura faits dans « une même course et dans le même lieu. Ce droit sera partagé « en autant de portions égales entre elles qu'il y aura d'originaux « d'actes ; et à chacun de ces actes l'huissier appliquera l'une des- « dites portions : le tout à peine de rejet de la taxe ou de restitution « envers la partie, et d'une amende qui ne pourra excéder cent « francs, ni être moindre de vingt francs (1). »

1060. Un des devoirs essentiels d'un avocat est de soigner les affaires de ses clients comme un bon père de famille soigne ses propres affaires, et d'employer tous les moyens nécessaires pour les faire réussir. Si donc, par son ignorance, ou par sa négligence, ou par son infidélité, ou par suite de ses lenteurs, il perd la cause dont il s'est chargé, et compromet ainsi les intérêts de son client, il est obligé de l'indemniser en réparant tout le tort qu'il lui a fait. Toutefois, pour qu'il soit tenu de restituer, il est nécessaire que la faute soit gravement coupable.

Un avocat ne peut se charger indifféremment de toutes sortes d'affaires : « Non potest absolvi qui paratus est quasvis causas de- « fendendas suscipere (2). » Il n'est jamais permis de soutenir une cause qui est certainement injuste, c'est-à-dire une cause qui tend à violer les droits sacrés de la propriété, ou les règles de la justice, de l'équité ; ce serait évidemment se rendre complice de son client. Cependant un avocat peut, en matière criminelle, prendre la défense d'un accusé qu'il sait certainement être coupable. Ce n'est point le crime qu'il se charge de justifier, mais la personne qui l'a commis, en cher-

---

(1) Décret du 14 juin 1813. — (2) S. Alphonse de Liguori, lib. IV. n° 223.

chant à faire valoir les circonstances qui peuvent atténuer sa faute. D'ailleurs, un coupable n'est pas tenu à la peine qu'il mérite, s'il n'est convaincu juridiquement ; il peut donc, par lui-même ou par un avocat, se défendre pour éviter cette peine, jusqu'à pleine conviction. Mais, en faisant un acte d'humanité, l'avocat n'est pas moins obligé de s'interdire tout moyen de défense qui serait contraire à la justice, à l'ordre, à la morale. Il n'est pas même permis de défendre par le mensonge la cause la plus juste, la cause de l'innocent. L'avocat qui se charge d'une cause qu'il regarde comme injuste contracte l'obligation de réparer, à défaut de son client, tout le dommage qu'il cause à la partie adverse, si elle vient à perdre son procès : et, lors même qu'il perdrait sa cause, il serait encore tenu, envers la partie adverse, des frais et dépens ; mais nous pensons qu'il n'y serait tenu qu'à défaut de son client, si celui-ci était de mauvaise foi, s'il connaissait l'injustice de son procès.

1061. Il peut arriver qu'un avocat, en se chargeant d'une mauvaise cause, se rende coupable d'injustice envers son client : ce qui a lieu, soit que l'avocat induise son client en erreur, en lui représentant comme bonne une cause qu'il regarde comme mauvaise, soit que, par un motif quelconque, il lui cache la nature de son affaire, dans la crainte de l'empêcher de poursuivre son procès. Quand une cause ne vaut rien, l'avocat qui s'en charge est tenu, par justice, d'en prévenir son client ; et s'il ne l'en prévient pas, il devient responsable envers lui du dommage qu'il souffrira. Mais si le client, étant prévenu, ne veut pas profiter des avis de son avocat, il n'a rien à réclamer ; il doit s'imputer à lui-même le tort qu'il éprouve en soutenant un mauvais procès ; et l'avocat ne demeure obligé qu'à l'égard de la partie adverse.

Quant aux causes douteuses, nul doute qu'un avocat ne puisse s'en charger, pourvu qu'il évite de donner à son client, comme certain, le résultat du procès qu'il regarde lui-même comme douteux ; car il est bien des personnes qui, dans le doute, ne veulent pas courir les chances d'un procès. Tout avocat qui n'est pas sûr de gagner telle ou telle cause, doit en prévenir sa partie. Mais un avocat peut-il plaider pour celui dont les prétentions lui paraissent moins probables que celles de la partie adverse? Les uns pensent qu'il ne le peut pas ; les autres croient qu'il le peut, après avoir prévenu toutefois son client de la moindre probabilité de ses prétentions. Ce second sentiment est assez fondé ; car ce qui paraît moins probable à l'avocat peut être plus probable aux yeux des juges : « Ratio, dit saint Alphonse de Liguori, tum quia opinio

« minus probabilis decursu temporis potest probabilior evadere, « tum quia multoties opinio quæ advocato minus probabilis appa- « ret, ipsa judici videtur probabilior (1). » Il en serait autrement, s'il y avait certainement beaucoup moins de probabilité en faveur du client qu'en faveur de l'autre partie.

1062. Relativement aux honoraires des avocats, ils doivent s'en tenir aux règlements et à la coutume des lieux. « A défaut de rè- « glements, et pour les objets qui ne seraient pas prévus dans les « règlements existants, les avocats taxent eux-mêmes leurs hono- « raires avec la discrétion que l'on doit attendre de leur ministère. « Dans le cas où la taxation excéderait les bornes d'une juste modé- « ration, le conseil de discipline la réduira, eu égard à l'importance « de la cause et à la nature du travail (2). » Un avocat peut aussi avoir égard à la qualité des personnes qui ont recours à lui, et, toutes choses égales, exiger davantage d'un homme riche ou opulent, que d'un autre qui ne le serait point. Enfin, l'avocat qui a une grande réputation de science et d'habileté pourra recevoir des honoraires plus forts que ne pourrait le faire, en pareil cas, un avocat ordinaire (3). Au reste, pour décider si les honoraires qu'exige un avocat sont vraiment exorbitants, on doit, le plus souvent, s'en rapporter au jugement des hommes prudents et désintéressés.

1063. Les devoirs des avoués et des avocats ont beaucoup de rapport entre eux : les avoués sont, comme les avocats, responsables du dommage qu'ils font éprouver, soit à leurs clients, soit aux parties adverses, par leur ignorance, ou par leur négligence, ou par leur infidélité, ou par des lenteurs que rien ne peut justifier, ou en exigeant des honoraires plus forts que ceux qui leur sont alloués par le tarif, ou en se chargeant d'une cause qu'ils croient injuste. Pour ce qui regarde les salaires des avoués, ils sont déterminés par le tarif de 1807, pour toutes les affaires de leur ministère ; et les tribunaux ne peuvent leur allouer rien au delà de ce qui est fixé par ce tarif, sous prétexte de vacations extraordinaires, d'indemnité de peine et de soins particuliers ; à moins qu'il ne s'agisse de travaux absolument étrangers à leurs fonctions, et pour lesquels ils n'ont été que de simples agents d'affaires (4).

1064. « Les devoirs des notaires, dit Domat, se réduisent à une « si parfaite fidélité, et à une exactitude si entière à éviter dans « leurs fonctions tout ce qui pourrait blesser la justice et la vérité,

---

(1) Lib. IV. n° 222. — (2) Décret du 14 décembre 1810. — (3) S. Alphonse, lib. IV. n° 225. — (4) Cour de cassat. 25 janv. 1813 et 16 décem. 1818.

« qu'il faut non-seulement qu'ils ne commettent rien qui y soit
« contraire, mais encore qu'ils ne se rendent complices d'aucun
« dol, d'aucune surprise, et qu'ils s'opposent même à de telles
« voies, si les parties voulaient en user(1). » Un notaire, en se
chargeant de faire des actes, s'engage à remplir toutes les formalités voulues par la loi. Si, par sa faute, il omet une clause, une condition, une formalité prescrite sous peine de nullité, il est responsable du dommage qui en résulte. Mais si cette omission était involontaire, il ne serait point tenu des suites de la nullité.

1065. Un notaire se rend coupable contre la justice : 1° en recevant le testament de quelqu'un qui n'a plus l'usage de raison à un degré suffisant pour contracter. S'il le faisait avec connaissance de cause, il serait tenu de réparer le dommage qu'en souffriraient les héritiers naturels. Il en serait de même pour les témoins. 2° En faisant sciemment de faux actes, de faux contrats, de fausses quittances, ou en falsifiant et altérant des actes, des titres valables. Dans ce cas, le notaire est obligé de réparer le tort qu'il a fait aux parties intéressées, à défaut de ceux qui ont profité des actes falsifiés. 3° En datant les actes d'un jour autre que celui où ils ont été passés. S'il en résulte un dommage, le notaire en est responsable. 4° En insérant dans un acte, par sa faute, des clauses ou conditions qui ne sont point conformes aux intentions des contractants. 5° En prêtant son ministère à des actes qu'il sait être frauduleux, usuraires, contraires à la justice(2). 6° En donnant des conseils nuisibles à ceux qui le consultent, ou pour qui il travaille, ou dont il gère les affaires. S'il le fait sciemment ou par une ignorance inexcusable, il est tenu de réparer le dommage qu'il a causé. 7° En conseillant aux parties contractantes de frustrer les droits du Gouvernement, en ne portant dans l'acte qu'une partie du prix de la vente ou de la valeur des biens acquis. C'est une infidélité de la part du notaire, s'il viole les engagements qu'il a pris envers l'État. Mais, d'après l'usage généralement suivi, nous pensons qu'il peut très-bien s'en tenir à la déclaration des parties, quoiqu'il sache qu'elle n'est point exacte, qu'elle est au-dessous même du bas prix de la chose. On ne doit point non plus inquiéter les parties qui ne déclarent pas tout le prix des choses soumises aux droits d'enregistrement, car elles ne croient pas commettre une injustice en agissant ainsi.

Nous ajouterons que les notaires doivent étudier les lois et règlements qui les concernent, et s'y conformer en tout ; qu'ils ne peuvent

---

(1) Droit public, liv. II. tit. 5. sect. 5. — (2) Voyez le n° 825.

s'en écarter, en matière grave, sans se rendre coupables de péché mortel ; et qu'ils sont responsables de tout le dommage qu'ils font, soit à leurs clients, soit à des tiers, par une ignorance coupable, ou par une négligence grave, ou par leur infidélité (1).

CHAPITRE IV.

De la Détraction.

1066. La détraction est l'injuste diffamation du prochain : elle comprend les soupçons, les doutes et les jugements téméraires, la médisance et la calomnie. La détraction est tout à la fois contraire à la charité et à la justice; elle peut devenir mortelle par elle-même : « Neque maledici regnum Dei possidebunt, » dit l'Apôtre (2).

Les doutes, les soupçons et les jugements téméraires sont défendus : « Charitas non cogitat malum (3). Nolite judicare ut non ju- « dicemini (4). » On doute témérairement, lorsqu'on suspend son jugement sur le mérite de quelqu'un, sans raisons suffisantes. Le soupçon est téméraire, lorsque, sur quelques légères apparences qui ne sont appuyées sur aucune probabilité, on est plus penché à croire qu'une personne a fait ou dit quelque chose de mauvais, quoiqu'on ne juge pas, qu'on n'assure rien de positif. Le jugement est téméraire, lorsqu'on croit et qu'on juge qu'une personne a dit ou fait quelque mal, quoiqu'on n'ait aucune raison suffisante, aucun motif assez fort pour déterminer un homme prudent. Ainsi, par exemple, si, voyant entrer un jeune homme dans la maison d'une fille honnête, je juge qu'il a une mauvaise intention, sans avoir d'autre indice qui appuie mon jugement, je juge témérairement. Mais si je vois ce jeune homme entrer dans la maison d'une fille de mauvaise vie, perdue d'honneur, et que je juge qu'il a quelque mauvais dessein, mon jugement n'est plus téméraire, quoiqu'il puisse être faux.

1067. On doit rejeter les doutes et les soupçons téméraires désavantageux à quelqu'un, aussitôt qu'on s'aperçoit qu'on ne peut les

---

(1) Voyez l'*Examen raisonné* sur les devoirs et les péchés des diverses professions de la société, par un ancien professeur de théologie de la société de Saint-Sulpice, tom. 1, etc. — (2) I. Corinth. c. 6. v. 10. — (3) I. Corinth. c. 13. v. 5 — (4) Matth. c. 7. v. 1.

entretenir sans blesser la justice. Un homme, ayant droit à sa réputation, a, par là même, droit à ce que personne ne pense mal de lui témérairement. Il y aurait péché mortel à s'arrêter, de propos délibéré, à un doute ou à un simple soupçon téméraire, si le doute ou le soupçon avait pour objet quelque grand crime, quelque péché très-grave, comme si on soupçonnait quelqu'un, par exemple, d'inceste *in primo gradu*, d'adultère, d'hérésie, d'athéisme (1).

Le doute ou le soupçon serait encore mortel en matière grave, s'il procédait de la haine et qu'on l'entretînt par malice, sachant très-bien qu'il n'est appuyé sur aucun indice raisonnable (2). Mais, à part cette mauvaise disposition, si le doute ou le soupçon ne tombe que sur des fautes ordinaires, quoique en matière grave, il est très-probable qu'il ne peut y avoir qu'une faute vénielle ; parce que ni le doute, ni le soupçon, ne blessent gravement la réputation de la personne qui en est l'objet. Il s'agit ici du doute *positif*, qu'il ne faut pas confondre avec le doute *négatif* ; car le doute négatif, loin d'être blâmable, est un acte de prudence : tels sont les doutes et les soupçons des supérieurs, des maîtres et des pères de famille, chargés de veiller sur leurs inférieurs, dont ils doivent se défier, afin de les empêcher de faire le mal ; tel est encore le doute qu'on forme quand il s'agit d'éviter un dommage, ou de prendre des mesures pour se mettre à couvert du mal qui peut arriver. Ainsi, par exemple, celui qui reçoit dans sa maison un homme inconnu, un étranger, peut prudemment pourvoir à la sûreté de son bien, comme il le ferait à l'égard d'un homme dont la probité lui serait suspecte.

1068. Le jugement téméraire, en matière grave, est péché mortel lorsqu'il est réfléchi, pleinement délibéré ; il blesse gravement la réputation d'autrui, et par conséquent la justice. Mais il faut observer que souvent les jugements téméraires ne sont que véniels, même en matière grave, soit parce qu'ils ne sont pas pleinement volontaires, soit parce qu'ils ne sont pas notablement téméraires. Il n'y a pas même de péché véniel dans un jugement téméraire, quel qu'en soit l'objet, s'il prévient toute advertance, si la volonté n'y a aucune part, si on le désapprouve dès qu'on s'aperçoit qu'il est téméraire et injuste. On doit présumer, ou que le jugement téméraire n'est point volontaire, ou qu'il ne l'est pas suffisamment pour être mortel, dans les personnes d'une conscience timorée, qui éprouvent de fréquentes tentations au sujet des jugements témé-

---

(1) S. Alphonse, lib. III. n° 964. — (2) Ibidem. n° 963.

raires, pour lesquels elles ont de l'aversion. Il en est de même pour ce qui regarde les soupçons et les doutes téméraires.

1069. On pèche par détraction en huit manières : 1° en attribuant au prochain une faute qu'il n'a pas faite, ou un défaut qu'il n'a pas ; 2° en exagérant ses fautes ou ses défauts ; 3° en révélant, sans nécessité, les fautes cachées qu'il a commises, ou en découvrant les défauts qu'on ne lui connaissait pas ; 4° en interprétant ses bonnes actions en mauvaise part ; 5° en niant ses bonnes qualités ou les talents qu'on lui connaît, ou les bonnes actions qu'on sait qu'il a faites, ou en soutenant qu'il ne mérite pas les louanges qu'on lui donne ; 6° en cherchant à diminuer le mérite de ses bonnes qualités ou de ses bonnes actions ; 7° en gardant le silence dans les circonstances où il ne peut être pris que pour un désaveu des bonnes actions ou qualités de la personne, ou pour une approbation du mal qu'on en dit : ce qui a lieu lorsque celui qui se tait a des liaisons étroites avec la personne qu'on loue ou qu'on blâme en sa présence, ou lorsqu'il est interrogé sur les bonnes ou mauvaises qualités de cette personne. Un domestique, par exemple, garde le silence lorsqu'on loue ou qu'on blâme son maître en sa présence : il fait clairement entendre par là qu'il croit que son maître ne mérite point les louanges qu'on lui donne, ou qu'il mérite les reproches qu'on lui fait. Cependant, pour ce qui regarde les reproches, le silence d'un domestique, d'un ami, ou de toute autre personne, peut, en certains cas, être attribué à la timidité, à la prudence, ou à la crainte d'un plus grand mal. On se rend encore coupable de détraction, par des réticences qui en disent pour l'ordinaire plus qu'il n'y en a dans le vrai. Ainsi on pèche, et souvent mortellement, lorsque, en parlant des vices ou des fautes du prochain, on s'exprime ainsi : « Je sais « bien de lui quelque chose de plus ; mais je veux l'épargner. — On « sait de lui des choses dont on ne le soupçonnerait pas. — On pour- « rait dire bien d'autres choses ; mais il convient de les ensevelir « dans un éternel oubli. — Si j'osais dire tout ce que je sais ! — C'est « un homme désintéressé ; ce n'est pas un voleur, mais... C'est une « femme dévote, mais... » 8° Enfin, lorsqu'on loue quelqu'un si froidement et d'une manière si faible, qu'il est facile à ceux qui en sont témoins de voir qu'on regarde comme peu digne d'être louée la personne à laquelle on donne ces louanges. Les scolastiques ont renfermé ces différentes manières de parler mal du prochain dans les deux vers suivants :

Imponens, augens, manifestans, in mala vertens :
Qui negat, aut minuit, reticet, laudatve remisse.

1070. Au sujet de la détraction, il faut distinguer la médisance de la calomnie. Il y a médisance, lorsqu'on révèle, sans nécessité, les fautes ou les vices, les défauts cachés du prochain ; et calomnie, lorsqu'on lui attribue des fautes qu'il n'a pas commises, ou des défauts qu'il n'a pas. Toute chose égale, la calomnie est plus grave que la simple médisance ; cependant la calomnie peut, ainsi que la médisance, n'être que vénielle, à raison de la légèreté de matière.

Nous avons dit qu'il y a médisance, lorsqu'on révèle les fautes ou les défauts du prochain sans qu'il y ait *nécessité* ; car ce n'est pas médire que de révéler le crime ou l'inconduite de quelqu'un, quand cette révélation est nécessaire pour éviter un mal, un dommage considérable, et qu'il n'y a pas d'autre moyen de l'éviter ; comme si, par exemple, on ne pouvait se justifier de n'avoir pas commis le crime ou le délit dont on est injustement accusé, qu'en faisant connaître que l'accusateur et ceux qui se donnent pour témoins se sont rendus coupables de faux, ou de tout autre crime propre à rendre au moins suspect leur témoignage. On peut encore, sans médisance, découvrir à qui de droit les défauts ou les fautes de quelqu'un, dans le but de le corriger ou de lui faire changer de conduite. Ainsi on peut avertir un maître que son domestique est infidèle, un supérieur que tel ou tel inférieur n'est point digne de sa confiance ; souvent même on y est obligé par charité. Ce n'est point médire non plus que de donner sur quelqu'un des renseignements peu avantageux, mais conformes à la vérité, lorsqu'on est consulté par des personnes intéressées à le connaître, parce qu'il s'agit d'une alliance, ou de toute autre affaire importante pour laquelle on craint d'être trompé. Mais on doit, en tout cas, éviter avec soin toute exagération, ne se laissant entraîner par aucun sentiment de haine, par aucune prévention injuste.

1071. Nous avons dit qu'il y a médisance, lorsqu'on révèle les fautes ou les défauts *cachés* du prochain ; car celui-là n'est point coupable de médisance, qui parle des vices ou des désordres de quelqu'un à des personnes qui les connaissent, ou qui en parle dans un endroit où ils sont publics ; on ne nuit point alors à la réputation de la personne dont on parle, si toutefois on ne se permet point d'exagération. Mais on pécherait en révélant des fautes cachées, sans aucune raison légitime, même à une seule personne qu'on croirait discrète, et à laquelle on demanderait le secret. Cependant si celui qui s'en rend coupable n'agit pas par *malice*, avec l'intention de diffamer son prochain dans l'esprit de la personne à laquelle il révèle une faute cachée, il est assez probable, dit saint Alphonse, qu'il ne pèche que véniellement, même en matière grave (1).

1072. Quand un crime est public de notoriété de droit, ce qui a lieu lorsqu'il est constaté par la sentence du juge, on ne pécherait certainement point contre la justice en le faisant connaître dans un lieu où il est ignoré : le coupable qui est juridiquement condamné pour quelque crime perd, à cet égard, tout droit à sa réputation ; le bien public même demande que sa condamnation soit connue, afin qu'elle serve d'exemple et de frein aux malfaiteurs. Pour les mêmes raisons, nous pensons, d'après plusieurs docteurs, que, dans le cas dont il s'agit, on ne blesse pas, du moins gravement, la charité, à moins qu'on n'agisse par haine ou par esprit de vengeance. Si le crime est public ou notoire, de notoriété de fait seulement, ce qui arrive lorsqu'il est connu d'un si grand nombre de personnes qu'il est moralement impossible qu'il ne parvienne bientôt à la connaissance du public, on peut encore en parler, sans blesser ni la justice ni la charité, dans le lieu où il est déjà connu. On ne pèche point non plus en en parlant dans les endroits voisins où il est ignoré, mais où il doit bientôt devenir public. En serait-il de même si on manifestait ce crime dans un endroit où, probablement, il n'aurait jamais été connu, ou du moins ne l'aurait été qu'après un long espace de temps ? Les uns se déclarent pour l'affirmative, parce que, disent-ils, il est utile au bien général que les hommes soient connus partout tels qu'ils le sont dans quelque endroit ; les autres soutiennent, au contraire, que celui qui fait connaître au loin le crime qui n'est connu que dans l'endroit où il a été commis, et dans les lieux circonvoisins, pèche contre la charité et même contre la justice. La raison qu'ils en donnent, c'est que l'auteur d'un crime conserve un droit strict à sa réputation, pour le pays où ce crime n'est point devenu public. Cependant, s'il s'agissait de certains crimes qui rendent un homme dangereux, nous pensons qu'on pourrait les faire connaître, et signaler ceux qui en seraient les auteurs, même dans les endroits éloignés où ils ne seraient nullement connus ; pourvu qu'on ne le fît qu'en vue du bien public (2). Au surplus, on peut, en tout cas, les faire connaître à toute personne intéressée, de quelque endroit que ce soit.

1073. Il n'est pas permis de rappeler le souvenir d'un crime dont la mémoire est effacée dans le lieu où il a été commis, et où le cou-

---

(1) Lib. III. n° 973; Cajétan, Billuart, etc. — (2) Voyez S. Alphonse de Liguori, lib. III. n° 794.

pable a recouvré l'estime et la confiance de ses concitoyens par le repentir et la correction de ses mœurs, à moins qu'en parlant de ce crime on ne parle en même temps de sa pénitence, et de la considération qu'il s'est acquise depuis en changeant de conduite. Autrement on pécherait contre la charité, et même, suivant plusieurs docteurs, contre la justice, si le crime n'avait été public que d'une notoriété de fait.

Pour ce qui regarde la détraction, on doit suivre, à l'égard d'un ordre religieux, d'un monastère, d'un corps, d'une communauté quelconque, les mêmes règles qu'à l'égard des particuliers. La médisance et la calomnie sont même, toutes choses égales, plus graves dans le premier que dans le second cas.

Il n'est pas permis non plus de diffamer les morts, soit parce qu'on doit respecter leur mémoire, soit parce qu'en les diffamant on peut nuire, même notablement, à leurs parents : « Mortuum in- « famare minus grave est quam vivum; mortale tamen et ad resti- « tutionem obligans (1). »

1074. Outre la médisance et la calomnie, il est encore une espèce de détraction, qu'on appelle en latin *susurratio*. La *susurration*, en morale, consiste à faire certains rapports, non à dessein de diffamer qui que ce soit, mais dans le but de troubler les familles qui ont des relations particulières entre elles, ou d'altérer l'amitié qui existe entre deux ou plusieurs personnes (2). Ce péché est plus grand, dit saint Thomas, que la détraction et la contumélie : « Susurratio est « majus peccatum quam detractio, et etiam quam contumelia; quia « amicus est melior quam honor, et amari melius quam honorari... « Unde dicitur Eccli., c. VI. v. 15 : *Amico fideli nulla est compa- « ratio* (3). » Aussi, les rapports, vrais ou faux, même en matière légère, sont péchés mortels : 1° quand on les fait dans l'intention de diviser les familles, ou les personnes liées ensemble d'une amitié légitime ; 2° quand, sans avoir cette intention criminelle, on prévoit en quelque manière que les rapports que l'on se permet causeront des querelles, des inimitiés, ou quelques autres mauvais effets. Le Seigneur déteste celui qui sème la discorde entre ses frères : « Detestatur eum qui seminat inter fratres discordias (4); » et maudit celui qui trouble ceux qui vivent en paix : « Susurro et bilinguis « maledictus, multos enim turbabit pacem habentes (5). »

---

(1) S. Alphonse de Liguori, lib. III. n° 978. — (2) S. Thomas, Sum. part. 2. 2. quæst. 74. art. 1. — (3) Ibid. art. 2. — (4) Prov. c. 6. v. 16 et 19. — (5) Eccli. c. 28. v. 15.

1075. On ne doit jamais prendre part à la détraction, de quelque genre qu'elle soit ; on pécherait même contre la justice, si on engageait quelqu'un à médire ou à calomnier. On est tenu solidairement de réparer le dommage qui résulte de la détraction dont on a été la cause efficace. Mais y a-t-il péché à écouter la médisance ou la calomnie ? Il y a certainement péché à écouter avec plaisir, avec une complaisance réfléchie, les médisances et les calomnies qu'on se permet en notre présence ; et si on les approuve extérieurement, de manière à porter le détracteur à continuer la médisance ou la calomnie, on se rend complice de la détraction, et l'on contracte par là même l'obligation solidaire de réparer le tort qu'on fait au prochain ; obligation plus ou moins grave, suivant que le tort est plus ou moins considérable. Mais on ne serait point tenu à cette réparation, si, en écoutant avec plaisir la médisance ou la calomnie, on ne dit ni ne fait rien qui puisse faire croire qu'on approuve la détraction. Alors on ne pèche que contre la charité, mortellement, il est vrai, en matière grave ; et véniellement, en matière légère. Mais il est important de remarquer que celui qui écoute la médisance parce qu'il entend avec plaisir une chose nouvelle ou curieuse, sans se réjouir du tort fait à la personne qui en est l'objet, ne commet qu'une faute vénielle, quoique la médisance soit grave ; à moins qu'il ne soit obligé, sous peine de péché mortel, de l'empêcher (1). Il serait même exempt de tout péché, s'il était intéressé à connaître la personne dont on médit.

1076. Est-on obligé d'empêcher la médisance ou la calomnie ? Il est certain qu'on est tenu, quelquefois *sub gravi*, de contredire le détracteur, quand on est assuré qu'il y a calomnie. On y est tenu par charité et même par justice, lorsqu'on est d'ailleurs obligé d'office, par état, en vertu d'un quasi-contrat, de protéger et de défendre la réputation de ses subordonnés contre les calomniateurs : ce qui s'applique aux magistrats, aux supérieurs dans l'ordre temporel. Ils ne pourraient manquer à cette obligation en matière grave, sans commettre un péché mortel contre la justice. Pour ce qui regarde la médisance, on est également obligé de l'arrêter, quand on peut le faire facilement et sans inconvénient : la charité nous en fait un devoir ; car nous devons faire pour les autres ce que nous voudrions raisonnablement qu'on fît pour nous-mêmes. Mais y a-t-il obligation grave d'interrompre la médisance ? Le supérieur, ou de celui qui médit, ou de celui duquel il entend médire, pèche mortel-

(1) Voyez S. Alphonse de Liguori, lib. III. n° 980.

lement en écoutant la médisance, s'il ne l'empêche pas, pouvant le faire commodément (1); et s'il s'agit d'un supérieur dans l'ordre temporel, il pèche contre la justice. Il en serait autrement, suivant le sentiment qui nous paraît le plus probable, des supérieurs dans l'ordre spirituel : ils ne sont tenus par aucun pacte, ni exprès ni tacite, de veiller au bien temporel de leurs inférieurs.

1077. Quant aux particuliers, il est difficile de déterminer quand ils sont obligés *sub gravi* d'empêcher la médisance. Cependant nous pensons que rarement ils y sont obligés sous peine de péché mortel, lors même qu'il s'agit d'une médisance grave : « Si non placeat ei « (detractionem audienti) peccatum (detrahentis); sed ex timore « vel negligentia, vel etiam verecundia quadam omittat repellere « detrahentem, peccat quidem, sed multo minus quam detrahens, « et plerumque venialiter. » Ainsi s'exprime saint Thomas (2). Ce qui fait dire à saint Alphonse qu'on peut soutenir raisonnablement l'opinion très-commune qui excuse universellement de péché mortel ceux qui, entendant médire, ne font point la correction : « Quia in « hac materia detractionis difficillime constare potest correctionem « proficere, et aliunde facillime offenduntur detrahentes coram aliis « correpti; imo periculum est quod potius augeant vel confirment « detractionem; ex omnibus his motivis simul congestis rationabili- « ter sustineri potest communissima sententia excusans universe au- « dientes a mortali, si correctionem omittant (3). » Souvent même, pour être exempt de tout péché véniel, il suffit de témoigner que la médisance déplaît, ou en se retirant, ou en gardant le silence, ou en changeant la conversation, ou en prenant un air sérieux : « Dissipat « facies tristis linguam detrahentem (4). » Quand on doute si l'on est obligé de reprendre celui qui médit, il est prudent de ne pas le faire. Les confesseurs donneront cet avis aux pénitents qui sont tourmentés de scrupules, au sujet de l'obligation d'empêcher la médisance.

1078. Quand on a diffamé son prochain par la médisance ou la calomnie, on est tenu de rétablir sa réputation, et de réparer le dommage qui est résulté de la diffamation, si toutefois on l'a prévu au moins confusément. « Si ex læsione famæ ortum est alteri dam- « num fortunarum, ut si privatus est officio, excidit spe divitis « matrimonii, amisit dotem, etc. Tunc et fama debet restitui; et « damnum illud compensari, ad arbitrium prudentum, juxta spei

---

(1) S. Alphonse de Liguori, lib. III. n° 980. — (2) Sum. part. 2. 2. quæst. 73, art. 4. — (3) Lib. III. n° 981. — (4) Prov. c. 25. v. 23.

« æstimationem (1). » Il en est de même de cette obligation comme de celle de restituer le bien d'autrui ; elle est fondée sur la justice ; c'est donc le cas de rappeler cette maxime de saint Augustin : « Non remittitur peccatum nisi restituatur ablatum, si restitui potest. » La réparation à laquelle est obligé le détracteur doit se faire le plus tôt possible, moralement parlant. Quoique la calomnie soit plus grave de sa nature que la simple médisance, il est beaucoup plus difficile de réparer la médisance que la calomnie ; car celui qui a médit ne peut, rigoureusement, rétracter ce qu'il a avancé, tandis que le calomniateur peut et doit rétracter tout ce qu'il a dit. Celui même qui aurait diffamé une personne sans le vouloir, lui imputant par erreur un crime qu'elle n'a point commis, serait obligé de se rétracter, dès qu'il s'apercevrait de sa méprise ; il y serait obligé par charité, de l'aveu de tous : et il est très-probable qu'il y serait tenu, même par justice ; car nous ne pouvons laisser subsister une cause qui est notre fait, sans être responsables du dommage qui s'ensuit naturellement (2).

1079. Pour ce qui regarde la réparation de la médisance, on ne peut pas dire qu'on a menti, que ce qu'on a avancé est faux ; ce serait vouloir réparer un mal par un autre mal, ce qui n'est pas permis ; mais on doit dire qu'on a mal parlé de cette personne ; que c'est injustement qu'on l'a diffamée ; racontant en même temps tout le bien qu'on peut dire d'elle, afin de lui rendre, autant que possible, l'estime, la confiance et la considération qu'on lui a fait perdre par la médisance. Malgré ces précautions, il arrive assez souvent que la médisance n'est pas suffisamment réparée ; et la considération qu'elle est souvent irréparable, est un des puissants motifs à faire valoir pour inspirer aux fidèles de l'éloignement pour cette espèce de détraction. Les curés et les confesseurs ne sauraient trop exhorter leurs paroissiens et leurs pénitents à mettre en pratique ces deux règles générales dictées par la charité ; la première : Ne jamais dire des autres ce que nous ne voudrions pas raisonnablement qu'ils dissent de nous-mêmes ; la seconde : Ne jamais parler du prochain, à moins qu'il n'y ait quelque nécessité, si ce n'est pour en dire le bien qu'on en sait.

1080. L'obligation de rétablir la réputation de la personne qu'on a diffamée est *personnelle* au détracteur : elle ne passe point à ses héritiers. Mais il n'en est pas de même de l'obligation de réparer le

---

(1) S. Alphonse de Liguori, lib. III. n° 996 ; de Lugo, Lessius, Laymann, Bonacina, Billuart, etc. — (2) S. Alphonse, ibidem. n° 994.

dommage qu'on a causé par la diffamation ; c'est une **obligation** *réelle ;* elle affecte les biens de celui qui l'a contractée, et passe par conséquent aux héritiers (1).

Il est plusieurs causes qui dispensent le détracteur de toute obligation. Il en est dispensé : 1° quand il est dans l'impuissance de réparer la diffamation ; mais s'il ne peut la réparer en entier, il doit, autant que possible, la réparer en partie. Ainsi, l'on excuse le détracteur qui ne peut faire cette réparation sans s'exposer à un dommage beaucoup plus grave que celui qu'éprouve la personne diffamée, sans mettre, par exemple, sa vie en danger. Il en serait autrement si la réparation était jugée nécessaire pour arracher un innocent à la mort. 2° Si la faute ou le vice, le défaut qu'on a révélé, est devenu public par une autre voie. 3° Si ceux qui ont entendu la détraction n'y ont point ajouté foi, ce qui arrive assez souvent, comme le dit saint Alphonse de Liguori, surtout lorsqu'on parle mal de quelqu'un, dans un mouvement de colère ou de la passion, sans confirmer ce que l'on dit par d'autres témoignages (2). 4° Si la personne diffamée a recouvré sa réputation, ou par une sentence qui l'a déclarée innocente, ou par une conduite exemplaire, ou par l'estime et la confiance que lui témoignent les gens de bien. 5° Si on peut raisonnablement présumer que la personne dont on a dit du mal dispense elle-même de toute réparation : alors le détracteur ne peut plus être tenu par justice à aucune démarche en faveur de celui qui a été diffamé. Cependant, si la réputation de celui-ci intéressait le public ; s'il s'agissait, par exemple, d'une calomnie dirigée contre un pasteur, un prince, un magistrat, la condonation ne dispenserait point de l'obligation de faire cesser le scandale qui résulte de la diffamation. 6° Quand deux personnes se sont diffamées réciproquement, l'injure étant égale de part et d'autre, et que l'une des deux refuse de faire réparation, il nous paraît plus probable (3) que l'autre n'est plus obligée d'en faire ; ou du moins cette obligation cesse d'être une obligation de justice ; car alors il y a une espèce de compensation. 7° Quand on peut croire ou juger prudemment que l'oubli a entièrement effacé les mauvaises impressions qu'on avait fait naître par la détraction, il serait dangereux de rappeler ce qui est oublié.

1081. Mais à quoi s'en tenir dans le doute, si on a perdu de vue

---

(1) S. Alphonse de Liguori, lib. III. n° 996 ; de Lugo, Lessius, Laymann, le Rédacteur des Conférences d'Angers, etc. — (2) S. Alphonse, lib. III. n° 998. — (3) S. Alphonse, ibid. n° 999 ; Lessius, Laymann, Sylvius, Wigandt, Holzmann, etc.

la détraction ? S'il s'agit d'une simple médisance, il est prudent de ne point faire de réparation, dans la crainte de renouveler les mauvaises impressions qui sont peut-être effacées : nous exceptons le cas où il y aurait un péril évident que d'autres causes ne fissent revivre la diffamation. Mais s'il s'agit d'une calomnie, on doit la réparer ; à moins que, tout considéré, l'on n'ait lieu de craindre qu'une rétractation ne soit plus nuisible qu'utile à celui qui a été calomnié. Règle générale : dans le doute si la détraction est oubliée, chacun doit faire ce qu'il voudrait qu'on fît pour lui-même, s'il avait été victime de la médisance ou de la calomnie (1).

Il faut remarquer que celui qui est dispensé de réparer la diffamation causée par la détraction, n'est pas pour cela dispensé de réparer le dommage temporel qui s'en est suivi. Mais celui qui ne peut rétablir la réputation de la personne qu'il a diffamée, est-il obligé de l'indemniser précisément pour la perte de son honneur et de sa réputation, en lui donnant de l'argent ? Saint Thomas et plusieurs docteurs croient qu'il y est tenu. « Si non possit famam « restituere, debet ei aliter recompensare, sicut et in aliis dictum « est in pecunia (2). » D'autres docteurs pensent, au contraire, qu'il n'y est point obligé, se fondant sur ce que la réputation étant une chose d'un ordre supérieur, ne peut être compensée par une somme d'argent. Saint Alphonse se déclare pour ce sentiment, comme lui paraissant plus probable : « Secunda sententia probabilior negat, « quia justitia tantum obligat ad reddendum ablatum vel æquiva- « lens, sed pecunia non est id quod per detractionem ablatum est, « nec æquivalens famæ ablatæ, cum fama sit ordinis superioris ad « pecunias, et ideo quibuscumque pecuniis nunquam satisfieri po- « test (3). » On peut suivre ce sentiment dans la pratique. Cependant, si la personne diffamée est dans le besoin, il convient que le détracteur qui ne peut réparer la médisance lui offre quelques secours pécuniaires, ne fût-ce que comme un témoignage d'estime et de bienveillance, et comme moyen de réconciliation. Nous ajouterons qu'on serait obligé de payer la somme dont on serait convenu par accommodement, de même que l'amende à laquelle on aurait été condamné par le juge.

(1) S. Alphonse de Liguori, lib. III. n° 998. — Voyez aussi l'excellent ouvrage intitulé *Examen raisonné* sur les Commandements de Dieu, tome II, ch. 8. — (2) Sum. part. 2. 2. quæst. 62. art. 2. — (3) Lib. III. n° 1000.

CHAPITRE V.

De la Contumélie.

1082. Par *contumélie* les théologiens entendent l'injure qu'on fait au prochain en sa présence par paroles ou par actions : c'est un mépris, un affront qui porte atteinte à son honneur. La contumélie peut être par elle-même, ainsi que le vol et la rapine, péché mortel et contre la charité et contre la justice : « Cum convicium seu « contumelia de sui ratione importet quamdam dehonorationem, « si intentio proferentis ad hoc feratur ut per verba quæ profert « honorem alterius auferat, hoc proprie et per se est dicere convi- « cium vel contumeliam ; et hoc est peccatum mortale, non minus « quam furtum vel rapina ; non enim homo minus amat suum « honorem quam rem possessam (1). » Cependant la contumélie peut devenir vénielle, soit pour cause de légèreté de matière, soit par défaut d'une pleine advertance ou d'un consentement parfait, soit à raison des circonstances. Car, pour juger de la gravité ou de la légèreté d'une injure, il ne faut pas seulement considérer en elle-même la chose injurieuse que l'on dit ou que l'on fait, mais encore la qualité de la personne qui est injuriée, ainsi que celle de la personne qui injurie. Plus la personne qui est blessée dans son honneur est au-dessus de celle qui lui manque, plus l'injure est grave.

On doit aussi, comme le dit saint Thomas, avoir égard à l'intention de celui qui profère des paroles injurieuses : « Si vero aliquis « verbum convicii vel contumeliæ alteri dixerit, non tamen animo « dehonorandi, sed forte propter correctionem vel propter aliquid « hujusmodi, non dicit convicium vel contumeliam formaliter et « per se, sed per accidens et materialiter; inquantum scilicet dicit « id quod potest esse convicium vel contumelia : unde hoc potest « esse quandoque peccatum veniale, quandoque autem absque omni « peccato. In quo tamen necessaria est discretio, ut moderate homo « talibus verbis utatur : quia posset esse ita grave convicium quod

---

(1) S. Thomas, Sum. part. 2. 2. quæst. 72. art. 2.

« per incautelam prolatum auferret honorem ejus contra quem
« proferretur ; et tunc posset homo peccare mortaliter, etiam si non
« intenderet dehonorationem alterius; sicut etiam si aliquis incaute
« alium ex ludo percutiens graviter lædat, culpa non caret (1). »

1083. On se rend coupable tout à la fois d'injure et de médisance, en reprochant à quelqu'un ses fautes ou ses défauts occultes en présence d'autres personnes. C'est encore une espèce de *contumélie* de railler quelqu'un, de le tourner en dérision, de manière à l'offenser. Si l'offense est grave, la dérision peut être mortelle ; si l'offense n'est que légère, l'injure n'est que vénielle. Si ce n'est qu'une simple raillerie qu'on se permet par manière de récréation, il n'y a pas de péché, à moins qu'on ne prévoie que celui qui en est l'objet en sera contristé. « Si aliquis non reformidet contristare « eum in quem profertur hujusmodi jocosum convicium dummodo « aliis risum excitet, hoc est vitiosum (2). »

Celui qui a fait une injure à quelqu'un doit la réparer le plus tôt possible. Si l'injure a été publique, la réparation doit l'être également. Quant à la manière de faire cette réparation, elle varie suivant le caractère et la position de la personne qui injurie ou qui est injuriée. Si celui qui a fait l'injure est le supérieur de la personne offensée, il doit lui donner des témoignages de sa bienveillance, des preuves d'une estime particulière ; s'il est son égal, il doit lui témoigner du repentir, et lui faire des excuses ou toute autre démarche propre à opérer une réconciliation ; s'il est inférieur, il demandera pardon à la personne injuriée, en faisant connaître ses sentiments, autant que possible, à ceux qui ont été témoins de l'injure.

On est dispensé de réparer une injure pour les mêmes causes qui dispensent de réparer la médisance et la calomnie (3).

1084. Nous ajouterons au chapitre de la *contumélie* les injures, les invectives et les sarcasmes que certains auteurs se permettent à l'égard de ceux qui ne partagent pas leurs opinions, jusqu'à *censurer* de leur autorité privée ou noter d'une manière odieuse des opinions que l'Église ne condamne point, qu'elle n'improuve point, mais qu'elle abandonne aux discussions de l'école, sans faire connaître sa pensée. Les Papes blâment sévèrement cette manière d'écrire ou de parler, soit dans les chaires de théologie, soit dans la chaire de vérité. Innocent XI défend expressément aux théologiens de censurer ou de noter, par aucun terme injurieux, les

---

(1) S. Thomas, Sum. part. 2. 2. quæst. 72. art. 2. — (2) Ibidem.— (3) Voyez le n° 1080.

opinions controversées parmi les catholiques, jusqu'à ce que le saint-siége ait prononcé : « Ut ab injuriosis contentionibus docto-
« res seu scolastici aut alii quicumque in posterum se abstineant,
« ut paci et charitati consulatur, idem sanctissimus, in virtute
« sanctæ obedientiæ eis præcipit, ut tam in libris imprimendis ac
« manuscriptis quam in thesibus, disputationibus ac prædicationi-
« bus, caveant ab omni censura et nota, necnon a quibuscumque
« conviciis, contra eas propositiones quæ adhuc inter catholicos
« hinc et inde controvertuntur, donec a sancta sede recognitæ sint,
« et super iisdem propositionibus judicium proferatur (1). » Benoît XIV déplore et réprouve ce genre de controverse, qui, au lieu de servir à l'éclaircissement de la vérité, ne sert le plus souvent qu'à faire triompher les hérétiques et à scandaliser les fidèles :
« Utinam, s'écrie-t-il, in aspectum lucemque hominum libri hujus-
« modi in hac temporum licentia et pravitate non efferrerentur, in
« quibus dissidentes auctores mutuis se jurgiis conviciisque pros-
« cindunt, aliorum opiniones nondum ab Ecclesia damnatas cen-
« sura perstringunt, adversariorum eorumque scholas aut cœtus
« sugillant, et pro ridiculis ducunt, magno bonorum scandalo,
» hæreticorum vero contemptu qui digladiantibus inter se catholicis
« seque mutuo lacerantibus plane triumphant (2). » Ce grand Pape loue saint Thomas d'avoir parlé des opinions des autres théologiens de manière à n'offenser personne, et d'avoir gardé la même modération envers les hérétiques, dont il se contente de réfuter les erreurs (3).

(1) Décret du 2 mars 1679. — (2) Constitution du 8 juillet 1753. — (3) Il a paru, l'année dernière, une petite brochure in-18 de 108 pages, intitulée *Censure de vingt-deux propositions de morale corrompue, tirées des livres d'un auteur de nos jours*, par M. l'abbé Laborde. Cet auteur de nos jours, que M. l'abbé n'a pas cru devoir nommer, est l'archevêque actuel de Reims. Nous ne *censurerons* ni cet ecclésiastique, ni même la *censure* qu'il a faite des vingt-deux propositions *détachées* qu'il a tirées des écrits que nous avons publiés en faveur de la doctrine de S. Alphonse de Liguori ; mais il nous permettra de lui mettre sous les yeux le décret d'Innocent XI, et la constitution de Benoît XIV que nous venons de citer ; de lui rappeler le décret du saint-siége qui déclare *exempts de toute censure* les ouvrages de S. Alphonse, et la bulle de canonisation qui en proclame solennellement l'orthodoxie. Nous lui conseillerons aussi de lire avec plus d'attention les livres dont il a cru devoir *censurer* un certain nombre de propositions, et, si ses occupations le lui permettent, d'étudier encore un peu la théologie morale.

CHAPITRE VI.

Du Secret.

1085. Une chose est secrète lorsqu'elle n'est connue que d'une, de deux ou trois personnes, ou du moins d'un si petit nombre de personnes qu'on ne peut la regarder comme notoire. On distingue le secret *sacramentel*, dont nous parlerons dans le *traité* de la pénitence; le secret *naturel*, qui a pour objet une chose cachée dont nous avons eu connaissance ou pour en avoir été témoins par hasard, ou pour l'avoir apprise par l'indiscrétion de celui qui la connaissait, ou pour l'avoir découverte nous-mêmes; le secret *promis*, qui nous oblige en vertu de la promesse que nous avons faite de le garder; et le secret *confié*, qui nous oblige à raison de la confidence qui nous en a été faite.

On pèche quand on viole un secret de propos délibéré, sans cause légitime, de quelque espèce que soit le secret. Si le secret est important, s'il résulte de sa violation un dommage considérable ou une injure grave pour la personne intéressée, la faute est mortelle, et entraîne l'obligation de réparer l'injure ou le tort qu'on a fait. Mais la violation du secret n'est que péché véniel : 1° si le secret n'est que d'une légère importance, ou lorsque de bonne foi on le croit tel, fût-il réellement important dans son objet. 2° Si on ne révèle la chose confiée qu'à une ou à deux personnes prudentes qui en garderont le secret, pourvu toutefois que ce ne soit pas à la personne à qui l'on tient spécialement que la chose demeure cachée. 3° Si la chose est déjà connue de plusieurs autres personnes, de sorte qu'on n'espère plus pouvoir la tenir secrète (1).

1086. Les personnes plus spécialement obligées au secret sont les médecins, les chirurgiens, les officiers de santé, les pharmaciens, les sages-femmes, et généralement toutes personnes dépositaires, par leur état ou leur profession, des secrets qu'on leur confie. Il leur est défendu, même par le Code pénal, de révéler ces secrets (2). Ce que nous disons des médecins s'applique aux avocats, aux casuistes, aux pasteurs, aux curés ou desservants, à tous ceux qui exercent le saint ministère, même hors du sacré tribunal de la pénitence : ils ne peuvent découvrir les secrets qu'on leur confie dans

---

(1) S. Alphonse de Liguori, lib. III. n° 971 ; de Lugo, Bonacina, Azor, etc. —
— (2) Code pénal, art. 378.

l'exercice de leurs fonctions. Il doit en être de même encore d'un parent, d'un ami, ou de tout autre aux lumières duquel on a recours pour en recevoir les avis, les conseils ou les consolations dont on a besoin : ils sont tenus à garder le secret, quoiqu'ils ne l'aient pas promis expressément. On ne leur fait une confidence que parce qu'on compte sur leur discrétion. Enfin, qui que nous soyons, nous sommes obligés de garder pour nous-mêmes ce qui nous est confié *sous la loi du secret, sous le sceau de la confession*, ce que l'on nous dit *comme à un père, comme à un frère, comme à un ami*. Quiconque consent à ce qu'on lui confie un secret, s'oblige par là même à en garder le dépôt. Mais il ne serait obligé à rien si, lorsqu'on lui a manifesté l'intention de lui faire une confidence, il témoignait lui-même ne vouloir contracter à cet égard aucune obligation.

1087. Toutes choses égales, le secret *confié* et accepté est plus strict que le secret naturel et le secret *promis*. Le secret *naturel* nous oblige en tant qu'il nous est défendu de révéler une chose cachée, dont la manifestation pourrait nuire au prochain, dans son honneur, ou dans sa réputation, ou dans ses biens. Quant à l'obligation de garder le secret *promis*, elle doit être appréciée, non seulement par les circonstances et la nature des choses qui en sont l'objet, mais encore d'après l'intention de celui qui a fait la promesse : « Secretum *promissum* regulariter obligat graviter vel levi« ter juxta intentionem promittentis (1). » Pour que l'obligation résultant de la promesse soit grave, il faut, suivant saint Alphonse de Liguori, que l'intention de s'obliger *sub gravi* soit constante ; dans le doute, on présume que l'obligation n'est que légère (2).

1088. On est dispensé de garder un secret, soit *naturel*, soit *promis*, soit *confié*, 1° quand la chose est devenue notoire, publique ; car alors il n'y a plus de secret ; 2° quand la révélation du secret est jugée nécessaire pour le bien public, quand il s'agit, par exemple, *d'un crime de lèse-majesté, de complots formés ou de crimes projetés contre la sûreté intérieure ou extérieure de l'État* (3) ; 3° quand on ne peut garder un secret sans compromettre gravement un innocent, sans l'exposer à quelque grand malheur ou à une perte considérable ; la charité l'emporte sur la loi du secret ; 4° quand vous ne pouvez éviter le malheur ou le dommage considérable dont vous êtes menacé, qu'en révélant le secret que vous avez promis ou qu'on vous a confié : c'est le senti-

---

(1) S. Alphonse, lib. iv. n° 970. — (2) Ibidem. — (3) Code pénal, art. 378 et 103.

ment de saint Alphonse de Liguori et d'un grand nombre de théologiens (1). On excepte cependant le cas où, à raison de certaines circonstances, la révélation tournerait au détriment général, ainsi que celui où le dépositaire du secret se serait expressément obligé à le garder, quelque inconvénient qu'il dût lui arriver.

Lorsque, le secret n'étant que *naturel* ou *promis*, on est juridiquement interrogé par le juge, on doit répondre conformément à la vérité, et dire tout ce qu'on sait, quand même on aurait promis par serment de garder un silence absolu : « Promissio secreti etiam « jurata non obligat, quando tu revelare teneris : unde judici le- « gitime interroganti debes testari crimen alterius, etsi promiseris « non detegere (2). » Mais il en serait autrement du secret *confié*; ceux qui en sont dépositaires par état ou par leur profession ne peuvent le révéler qu'autant que la révélation en est nécessaire pour prévenir un crime de lèse-majesté, ou tout autre crime contre la sûreté de l'État (3).

1089. La loi du secret ne nous défend pas seulement de révéler les choses qui nous sont confiées ; elle nous défend aussi d'extorquer le secret d'autrui, et par là même de lire les lettres d'un autre qui ne sont pas à notre adresse. Si on a lieu de croire que la lettre qu'on décachette ou qu'on lit ne contient pas des choses de grande importance, étant d'ailleurs disposé soi-même à garder le silence si par hasard il s'y trouvait quelque chose qui demandât le secret, la faute ne serait que vénielle, à moins que l'auteur de la lettre ne dût en être gravement offensé ; ce qu'on doit toujours présumer entre personnes étrangères, ou qui n'ont pas de relations amicales entre elles. On pèche aussi mortellement, à plus forte raison, si on peut juger que la lettre contient des choses importantes et secrètes ; et le péché devient plus grave encore si, en la décachetant, on a l'intention de nuire par la connaissance de son contenu. On ne doit pas même ramasser et réunir les différentes parties d'une lettre lacérée, pour connaître ce qu'elle contenait ; car souvent on ne déchire une lettre que pour en rendre le secret plus impénétrable (4). Il n'est pas permis non plus de lire une lettre décachetée qui tombe par hasard entre nos mains ; on doit la rendre à celui à qui elle appartient, c'est-à-dire à celui qui l'a reçue. Et si on a eu la témérité de la lire, on doit en garder le secret, à moins qu'on n'ait lieu de

---

(1) Lib. III. n° 971. — (2) S. Alphonse, ibidem. — (3) Cod. pénal, art. 378 et 103. — (4) S. Alphonse de Liguori, lib. v. n° 70 ; la Croix, le Rédacteur des Conférences d'Angers, etc.

présumer que la lettre a été abandonnée. On pèche encore en lisant furtivement les écrits d'un autre, qui peuvent renfermer des secrets de famille ou autres secrets; et le péché est plus ou moins grave, suivant les circonstances et l'intention de celui qui les lit. Ici, comme pour tout ce qui a rapport aux devoirs de la justice et de la charité, nous ne devons jamais faire à autrui ce que nous ne voudrions pas raisonnablement qu'il nous fût fait à nous-mêmes.

1090. Après avoir exposé la règle générale concernant la lecture des lettres et des écrits d'un autre, il nous reste à indiquer les exceptions. On convient généralement qu'on ne pèche point en ouvrant et en lisant une lettre quelconque : 1° quand on a le consentement exprès ou de la personne qui l'envoie ou de celle à qui elle est adressée; 2° quand, à raison de l'amitié ou pour d'autres causes, on peut prudemment présumer ce consentement; 3° quand il s'agit de prévenir, ou pour soi ou pour toute autre personne, un grave dommage imminent dont on est menacé de la part d'un ennemi juré : c'est ainsi, par exemple, qu'un maître qui soupçonne légitimement quelque grave infidélité de la part d'un domestique peut intercepter les lettres qu'il écrit ou qui sont à son adresse; 4° quand le devoir d'une surveillance toute particulière le demande, comme cela se pratique dans les communautés religieuses et dans les établissements d'éducation publique, où il est d'usage, pour les inférieurs et les élèves, de ne point écrire ni recevoir de lettres sans les avoir montrées aux supérieurs, à moins qu'il ne s'agisse d'affaires de conscience, ou d'un secret de famille. Il suffit, pour prévenir tout abus, qu'un supérieur sache que l'inférieur écrit réellement à son directeur ou à ses parents. Pour la même raison, nous pensons qu'un père de famille peut décacheter les lettres d'un enfant qui est encore en tutelle. Il en est de même pour un tuteur à l'égard de son pupille.

Ici finit le *Traité du Décalogue*, parce que nous avons parlé du neuvième précepte en expliquant le sixième, et du dixième en expliquant le septième.

1091. Pour ce qui regarde les commandements de l'Église, qui sont communs à tous les fidèles, nous les avons expliqués en traitant les questions auxquelles ils se rapportent. Ainsi, nous avons rapporté au troisième précepte du Décalogue les deux premiers commandements de l'Église, qui nous ordonnent d'entendre la messe les dimanches et fêtes d'obligation, et de sanctifier ces mêmes jours en servant Dieu dévotement; au traité de la *pénitence*, le troisième, qui nous impose l'obligation de nous confesser au moins une fois l'an; au traité de l'*eucharistie*, le quatrième, qui nous ordonne de communier au moins à Pâques; au traité des *vertus*, où il est parlé de la tempérance, le cinquième et le sixième, qui nous prescrivent de jeûner pendant le carême, les vigiles et les quatre-temps, et d'observer l'abstinence de la viande les vendredis et samedis; au traité du *mariage*, le septième, qui défend de se marier en temps prohibé. Outre ces commandements, il est d'autres lois de l'Église dont il est parlé dans le courant de cet ouvrage.

FIN DU DÉCALOGUE.

APPENDICE.

§ I. — *Extrait de la Bulle pour la canonisation de saint Alphonse de Liguori.*

Sanctitas et doctrina ita ex Apostoli gentium sententia ornare episcopum quemque debent, cujus fidei animarum salus commissa est, ut is et probatissima vitæ ratione ad excurrendum sine offensione salutis iter concreditis sibi ovibus præluceat, easdemque hortari in *doctrina sana*, et quotquot contradicunt arguere possit. Hac duplici laude ex omni ætatum memoria præstantissimos floruisse antistites exploratum est, qui boni Pastoris imaginem exprimentes forma facti gregis ex animo illius saluti provide sapienterque prospexerunt : atque adeo tanquam lucerna super candelabrum posita, non minus integerrimæ vitæ exemplis quam singularis doctrinæ præstantia Ecclesiam Dei collustrarunt.

Ad eximium hoc egregii antistitis exemplum instaurandum datus divinitus Ecclesiæ superiori seculo visus est Alphonsus Maria Ligorius, qui cum ab ineunte ætate ad christianas virtutes excolendas animum adjunxisset, *et sacris præsertim doctrinis mirifice polleret*, ad episcopatus munus longe impeditissimum vocatus est, ut in agro Domini, in quo jampridem sacerdotio auctus cultor navus extiterat, uberius multo ac fructuosius insudaret....

Illud vero omnino mirandum, quod, licet in apostolici functione muneris perpetuis occupationibus distineretur, atque adeo omni cruciatuum asperitate sua membra torqueret ac debilitaret, tanta nihilominus mentis alacritate in rerum sacrarum studiis versari ac tantum insumere temporis potuerit, ut *doctis æque ac laboriosis operibus in lucem editis rem christianam mirifice juverit*. Enim vero ut se suasque vitæ rationes omnes divino cultui devoveret, maxime arduum ac novi pene generis votum emisit, ut ne tantillum quidem temporis otiose, verum perpetua in actione traduceret. Plurimos sane conscripsit libros, sive *ad morum doctrinam* tuendam, sive ad plenam sacri ordinis institutionem, sive ad confirmandam catholicæ religionis veritatem, sive ad asserenda hujus S. Sedis apostolicæ jura, sive ad pietatis sensum in christianorum animis excitandum. In iis porro inusitatam vim, copiam, varietatemque doctrinæ, singularia ecclesiasticæ sollicitudinis documenta, exquisitum religionis studium demirari licet. *Illud vero imprimis notatu dignum est*, quod, licet copiosissime scripserit, *ejus tamen opera inoffenso prorsus pede percurri a fidelibus posse*, post diligens institutum examen perspectum fuerit.

Ainsi se trouve confirmée, par un acte authentique et solennel du saint-siége, la décision adressée, en 1831, à M. le cardinal de Rohan-Chabot, archevêque de Besançon, par la Sacrée Pénitencerie. Cette décision porte : 1° qu'un professeur *peut en sûreté* suivre et professer toutes les opinions que saint Alphonse de Liguori professe dans ses écrits théologiques; 2° qu'on ne doit point inquiéter, *non inquietandus*, le confesseur qui met en pratique les opinions du même docteur, sans examiner les raisons *intrinsèques* qu'on peut alléguer en leur faveur; jugeant que ces opinions sont sûres, par cela même que le décret *de revisione operum*, de l'an 1803, déclare que les écrits de saint Alphonse ne renferment rien qui soit digne de censure, *nihil censura dignum*.

Aussi, après avoir cité ce décret et la décision de la Sacrée Pénitencerie, Mgr Bouvier, évêque du Mans, ajoute : « Constat igitur licitum esse probabilismum B. Alphonsi de Ligorio rationibus impugnare, sicut omnem propositionem disputationibus hominum relictam, sed a nemine damnari posse ut *erroneum* vel *periculosum*. Unde confessarius exigere non potest, 1° a sacerdote sacramentum pœnitentiæ juxta principia Ligorio exercente, ut suam agendi rationem mutet; 2° nec a quolibet pœnitente ut, in concursu duarum opinionum æque probabilium, tutiorem semper amplectatur, modo persuasum habeat se in tali concursu opinionem minus tutam sequi posse; 3° *a fortiori* pœnitentem opinioni vere controversæ bona fide adhærentem, de opposita non cogitantem, exhortari quidem posse ad partem tutiorem, si prævideat sua consilia ei profutura esse : at injuste absolutionem ei denegaret, quia non habet jus gravia imponendi onera sine certo fundamento. Unusquisque tutiorem partem in eo casu pro se eligens, optime agit; verum nullus hanc praxim tanquam de obligatione aliis præscribere potest. In hoc multi confessarii errarunt, tutius a suis pœnitentibus semper exigere volentes, dum minus tuta sæpe sibi permittebant. »

Le judicieux et savant prélat continue : « Hæc regula recte intellecta et ab omnibus admissa, uniformitas tam optabilis inter confessarios, multo facilius obtinebitur et perseverabit. Si enim unusquisque propriam opinionem pœnitenti imponere possit aut debeat, tot ferme erunt decisiones sibi oppositæ quot confessarii, et inde magna fidelium perturbatio vel scandalum : si vero omnes conveniant pœnitentem in materiis controversis ad partem tutiorem cogi non posse per absolutionis denegationem, cum facile judicari possit an sententia communiter habeatur ut controversa, cuncti fere in omnibus erunt sibi concordes quoad absolutionis concessionem vel denegationem. » *Institutiones theologicæ*, tract. de Conscient. cap. IV. art. 4. — Voyez aussi le *Mandement* de Mgr l'évêque de Belley pour la publication du *Rituel* à l'usage de son diocèse, et la *Justification* de la théologie morale de saint Alphonse de Liguori, etc.

§ II. — *Sur le magnétisme animal.*

Consultation adressée à la Sacrée Pénitencerie, par M. Fontana, *chancelier de l'évêché de Lausanne et Genève, en date du 19 mai 1841.*

« Eminentissime D. D.,

« Cum hactenus responsa circa *magnetismum animalem* minime sufficere videantur, sitque magnopere optandum ut tutius magisque uniformiter solvi queant casus non raro incidentes ; infra signatus Eminentiæ Vestræ humiliter sequentia exponit.

« Persona *magnetisata*, quæ plerumque sexus est fœminei, in eum statum soporis ingreditur, dictum *somnambulismum magneticum*, tam alte ut nec maximus fragor ad ejus aures, nec ferri ignisve ulla vehementia illam suscitare valeant. A solo *magnetisatore* cui consensum suum dedit (consensus enim est necessarius), ad illud extasis genus adducitur, sive variis palpationibus gesticulationibusve, quando ille adest, sive simplici mandato eodemque interno, cum vel pluribus leucis distat.

« Tunc viva voce seu mentaliter de suo absentiumque, penitus ignotorum sibi, morbo interrogata, hæc persona evidenter indocta illico medicos scientia longe superat; res anatomicas accuratissime enunciat; morborum internorum in humano corpore, qui cognitu definituque peritis difficillimi sunt, causam, sedem, naturam indigitat; eorumdem progressus, variationes, complicationes evolvit, idque propriis terminis, sæpe etiam dictorum morborum diuturnitatem exacte prænuntiat, remediaque simplicissima et efficacissima præcipit.

« Si adest persona de qua *magnetisata* mulier consulitur, relationem inter utramque per contactum instituit *magnetisator*. Cum vero abest, cincinnus ex ejus cæsarie eam supplet ac sufficit. Hoc enim cincinno tantum ad palmam *magnetisatæ* admoto, confestim declarare quid sit (quin aspiciat oculis), cujus sint capilli, ubinam versetur nunc persona ad quam pertinent, quid rerum agat; circaque ejus morbum omnia supra dicta documenta ministrare, haud aliter atque si, medicorum more, corpus ipsa introspiceret.

« Postremo *magnetisata* non oculis cernit. Ipsis velatis, quidquid erit, illud leget legendi nescia, seu librum seu manuscriptum, vel apertum vel clausum, suo capiti vel ventri impositum. Etiam ex hac regione ejus verba egredi videntur. Hoc autem statu educta, vel ad jussum etiam internum *magnetisantis*, vel quasi sponte sua ipso temporis puncto a se prænuntiato, nihil omnino de rebus in paroxysmo peractis sibi conscire videtur, quantumvis ille duraverit : quænam ab ipsa petita fuerint, quæ vero responderit, quæ pertulerit; hæc omnia nullam in ejus intellectu ideam, nec minimum in memoria vestigium reliquerunt.

« Itaque, orator infra scriptus, tam validas cernens rationes dubitandi an simpliciter naturales sint tales effectus, quorum occasionalis tam parum cum eis proportionata demonstratur enixe vehementissimeque Vestram Eminentiam rogat ut ipsa, pro sua sapientia, ad majorem Omnipotentis gloriam, nec non ad majus animarum bonum, quæ a Domino redemptæ tanti constiterunt, decernere velit an, posita præfatorum veritate, confessarius parochusve tuto possit pœnitentibus aut parochianis suis permittere :

« 1° Ut magnetismum animalem illis characteribus aliisque similibus prædictum exerceant, tanquam artem medicinæ auxiliatricem atque suppletoriam.

« 2° Ut sese illum in statum somnambulismi magnetici demittendos consentiant.

« 3° Ut vel de se vel de aliis personas consulant illo modo magnetisatas.

« 4° Ut unum de tribus prædictis suscipiant, habita prius cautela formaliter ex animo renuntiandi cuilibet diabolico pacto explicito vel implicito, omni etiam satanicæ interventioni, quoniam hac non obstante cautione, a nonnullis ex magnetismo hujusmodi vel iidem vel aliquot effectus obtenti jam fuerunt.

« Eminentissime D. D., Eminentiæ Vestræ, de mandato reverendissimi episcopi Lausanensis et Genevensis, humillimus obsequentissimusque servus, Jac. Xaverius Fontana, can. cancell. episc.

« Friburgi Helvetiæ, ex ædibus episcopalibus, die 19 mai 1841. »

Réponse de la Sacrée Pénitencerie, en date du 1er juillet 1841.

« Sacra Pœnitentiaria mature perpensis expositis, respondendum censet prout respondet : Usum magnetismi, *prout in casu exponitur*, non licere.

« Datum Romæ, in S. Pœnitentiaria, die 1 julii 1841.

« C. Card. Castracane, M. P.
« P. H. Pomella, S. P., *secretarius.* »

Cette réponse ne paraissant point absolue, nous avons cru devoir, en 1842, consulter le saint-siége sur la même question, demandant si, *sepositis rei abusibus rejectoque omni cum dœmone fœdere*, il était permis d'exercer le magnétisme animal, ou d'y recourir, en l'envisageant comme un remède que l'on croit utile à la santé. Cette consultation n'a pas eu jusqu'ici d'autre résultat que la lettre suivante, que Son Éminence le cardinal de Castracane, grand pénitencier, a bien voulu nous écrire en français, en date du 2 septembre 1843.

« Monseigneur,

« J'ai appris par Mgr de Brimont que Votre Grandeur attend de moi une lettre qui lui fasse savoir si la sainte Inquisition a décidé la question du magnétisme.

« Je vous prie, Monseigneur, d'observer que la question n'est pas de nature à être décidée de sitôt, si jamais elle l'est, parce qu'on ne court aucun risque à en différer la décision, et qu'une décision prématurée pourrait compromettre l'honneur du saint-siége; que tant qu'il a été question du magnétisme et de son application à quelques cas particuliers, le saint-siége n'a pas hésité à se prononcer, comme on l'a vu par celles de ses réponses qui ont été rendues publiques par la voie des journaux.

« Mais à présent il ne s'agit pas de savoir si, dans tel ou tel cas, le magnétisme peut être permis; mais c'est en général qu'on examine si l'usage du magnétisme peut s'accorder avec la foi et les bonnes mœurs.

« L'importance de cette question ne peut échapper ni à votre sagacité, ni à l'étendue de vos connaissances.

« Je vous remercie, Monseigneur, de ce que vous me donnez cette occasion de vous renouveler l'assurance, etc.

«Le cardinal CASTRACANE. »

§ III. — *Lettre encyclique de Benoît XIV sur l'usure, adressée aux Patriarches, Archevêques, Évêques et Ordinaires d'Italie.*

BENEDICTUS PAPA XIV.

VENERABILIS FRATER, SALUTEM ET APOSTOLICAM BENEDICTIONEM.

Vix pervenit ad aures nostras ob novam controversiam (nempe, an quidam contractus validus judicari debeat) nonnullas per Italiam disseminari sententias, quæ sanæ doctrinæ haud consentaneæ viderentur; cum statim nostri apostolici muneris partem esse duximus opportunum afferre remedium, ne malum hujusmodi, temporis diuturnitate ac silentio, vires magis acquireret; aditumque ipsi intercludere, ne latius serperet et incolumes adhuc Italiæ civitates labefactaret.

1. Quapropter eam rationem, consiliumque suscepimus quo sedes apostolica semper uti consuevit: quippe rem totam explicavimus nonnullis ex venerabilibus fratribus nostris sanctæ Romanæ Ecclesiæ Cardinalibus, qui sacræ theologiæ scientia et canonicæ disciplinæ studio ac peritia plurimum commendantur, accivimus etiam plures regulares in utraque facultate præstantes, quorum aliquos ex monachis, alios ex ordine mendicantium, alios demum ex clericis regularibus selegimus; præsulem quoque juris utriusque laurea præditum et in foro diu versatum adhibuimus. Diem quartam indiximus julii, quæ nuper præteriit, ut coram nobis illi omnes convenirent, quibus naturam totius negotii declaravimus; quod illis antea cognitum perspectumque deprehendimus.

2. Post hæc præcipimus, ut omni partium studio omnique cupiditate soluti rem totam accurate perpenderent, suasque opiniones scripto exararent: non tamen expetivimus ab ipsis ut judicium ferrent de contractu, qui controversiæ causam initio præbuerat, cum

plura documenta non suppeterent quæ necessario ad id requirebantur; sed ut certam de usuris doctrinam constituerent, cui non mediocre detrimentum inferre videbantur ea, quæ nuper in vulgus spargi cœperunt. Jussa fecerunt universi, nam suas sententias palam declararunt in duabus congregationibus, quarum prima coram nobis habita est die 18 julii; altera vero die prima augusti, qui menses nuper elapsi sunt; ac demum easdem sententias congregationis secretario scriptas tradiderunt.

3. Porro hæc unanimi consensu probaverunt.

I. Peccati genus illud, quod usura vocatur, quodque in contractu mutui propriam sedem et locum habet, in eo repositum est quod quis ex ipsomet mutuo, quod suapte natura tantumdem duntaxat reddi postulat quantum receptum est, plus sibi reddi velit quam est receptum; ideoque ultra sortem, lucrum aliquod, ipsius ratione mutui, sibi deberi contendat. Omne propterea hujusmodi lucrum quod sortem superet illicitum et usurarium est.

II. Neque vero ad istam labem purgandam, ullum arcessiri subsidium poterit, vel ex eo quod id lucrum non excedens et nimium sed moderatum, non magnum sed exiguum sit; vel ex eo quod is a quo id lucrum solius causa mutui deposcitur, non pauper sed dives existat; nec datam sibi mutuo summam relicturus otiosam, sed ad fortunas suas amplificandas vel novis coemendis prædiis vel quæstuosis agitandis negotiis utilissime sit impensurus. Contra mutui siquidem legem, quæ necessario in dati atque redditi æqualitate versatur, agere ille convincitur quisquis, eadem æqualitate semel posita, plus aliquid a quolibet, vi mutui ipsius, cui per æquale jam satis est factum, exigere adhuc non veretur: proindeque si acceperit, restituendo erit obnoxius ex ejus obligatione justitiæ quam commutativam appellant, et cujus est in humanis contractibus æqualitatem cujusque propriam et sancte servare, et non servatam exacte reparare.

III. Per hæc autem nequaquam negatur posse quandoque una cum mutui contractu quosdam alios, ut aiunt, titulos, eosdemque ipsimet universim naturæ mutui minime innatos et intrinsecos, forte concurrere, ex quibus justa omnino legitimaque causa consurgat quiddam amplius supra sortem ex mutuo debitam rite exigendi. Neque item negatur posse multoties pecuniam ab unoquoque suam, per alios diversæ prorsus naturæ a mutui natura contractus, recte collocari et impendi, sive ad proventus sibi annuos conquirendos, sive etiam ad licitam mercaturam et negotiationem exercendam honestaque indidem lucra percipienda.

IV. Quemadmodum vero in tot ejusmodi diversis contractuum generibus, si sua cujusque non servatur æqualitas, quidquid plus justo recipitur, si minus ad usuram (eo quod omne mutuum tam opertum quam palliatum absit), at certe ad aliam veram injustitiam restituendi onus pariter afferentem, spectare compertum est; ita si rite omnia peragantur et ad justitiæ libram exigantur, dubitandum non est quin multiplex in iisdem contractibus licitus modus et ratio suppetat humana commercia, et fructuosam ipsam negotiationem ad publicum commodum conservandi ac frequentandi. Absit enim a christianorum animis ut per usuras aut similes alienas injurias florere posse lucrosa commercia existiment; cum contra ex ipso oraculo divino discamus quod, *Justitia elevat gentem, miseros autem facit populos peccatum*. (Prov. c. 14. v. 34).

V. Sed illud diligenter animadvertendum est falso sibi quemquam, et nonnisi temere persuasurum reperiri semper ac præsto ubique esse, vel una cum mutuo titulos alios legitimos, vel, secluso etiam mutuo, contractus alios justos, quorum vel titulorum vel contractuum præsidio quotiescumque pecunia, frumentum, aliudve id generis alteri cuicumque creditur, toties semper liceat auctarium moderatum ultra sortem integram salvamque recipere. Ita si quis senserit, non modo divinis documentis et catholicæ Ecclesiæ de usura judicio, sed ipsi etiam humano communi sensui ac naturali rationi procul dubio adversabitur. Neminem enim id saltem latere potest quod multis in casibus tenetur homo simplici ac nudo mutuo alteri succurrere, ipso præsertim Christo Domino edocente: *Volenti mutuari a te ne avertaris* (Matth. c. 5. v. 42); et quod similiter multis in circumstantiis, præter unum mutuum, alteri nulli vero justoque contractui locus esse possit. Quisquis igitur suæ conscientiæ consultum velit, inquirat prius diligenter oportet vere ne cum mutuo justus alius titulus, vere ne justus alter a mutuo contractus occurat, quorum beneficio, quod quærit lucrum omnis labis expers et immune reddatur.

4. His verbis complectuntur et explicant sententias suas Cardinales, ac Theologi et viri canonum peritissimi, quorum consilium in hoc gravissimo negotio postulavimus: Nos quoque privatum studium nostrum conferre in eamdem causam non prætermisimus, antequam congregationes haberentur, et quo tempore habebantur, et ipsis etiam peractis, nam præstantium virorum suffragia, quæ modo commemoravimus, diligentissime percurrimus. Cum hæc ita sint, adprobamus et confirmamus quæcumque in sententiis superius expositis continentur; cum scriptores plane omnes theologiæ

et canonum professores, plura sacrarum litterarum testimonia, Pontificum decessorum nostrorum decreta, Conciliorum et Patrum auctoritas ad easdem sententias comprobandas pene conspirare videantur. Insuper apertissime cognovimus auctores quibus contrariæ sententiæ referri debent, et eos pariter qui illas fovent ac tuentur, aut illis ansam seu occasionem præbere videntur; neque ignoramus quanta sapientia et gravitate defensionem veritatis susceperint Theologi finitimi illis regionibus, ubi controversiæ ejusmodi principium habuerunt.

5. Quare has litteras encyclicas dedimus universis Italiæ archiepiscopis, episcopis et ordinariis, ut hæc tibi, venerabilis frater, et cæteris omnibus innotescerent; et quoties synodos celebrare, ad populum verba facere eumque sacris doctrinis instruere contigerit, nihil omnino alienum proferatur ab iis sententiis quas superius recensuimus. Admonemus etiam vehementer omnem sollicitudinem impendere, ne quis in vestris diœcesibus audeat litteris aut sermonibus contrarium docere. Si quis autem parere detrectaverit, illum obnoxium et subjectum declaramus pœnis per sacros canones in eos propositis, qui mandata apostolica contempserint ac violaverint.

6. De contractu autem qui novas has controversias excitavit, nihil in præsentia statuimus; nihil etiam decernimus modo de aliis contractibus, pro quibus Theologi et canonum interpretes in diversas abeunt sententias; attamen pietatis vestræ studium ac religionem inflammandam existimavimus, ut hæc quæ subjicimus executioni demandetis.

7. Primum gravissimis verbis populis vestris ostendite usuræ labem ac vitium a divinis litteris vehementer improbari; illud quidem varias formas atque species induere, ut fideles Christi sanguine restitutos in libertatem et gratiam, rursus in extremam ruinam præcipites impellat: quocirca si pecuniam suam collocare velint, diligenter caveant ne cupiditate omnium malorum fonte rapiantur, sed potius ab illis qui doctrinæ ac virtutis gloria supra cæteros efferuntur, consilium exposcant.

8. Secundo loco: qui viribus suis ac sapientia ita confidunt, ut responsum ferre de iis quæstionibus non dubitent (quæ tamen haud exiguam sacræ Theologiæ et canonum scientiam requirunt), ab extremis quæ semper vitiosa sunt longe se abstineant. Etenim aliqui tanta severitate de iis rebus judicant, ut quamlibet utilitatem ex pecunia desumptam accusent tanquam illicitam et cum usura conjunctam; contra vero nonnulli indulgentes adeo remissique

sunt, ut quodcumque emolumentum ab usuræ turpitudine liberum existiment. Suis privatis opinionibus ne nimis adhæreant; sed priusquam responsum reddant, plures scriptores examinent qui magis inter cæteros prædicantur; deinde eas partes suscipiant quas tum ratione tum auctoritate plane confirmatas intelligent. Quod si disputatio insurgat, dum contractus aliquis in examen adducitur, nullæ omnino contumeliæ in eos confingantur qui contrariam sententiam sequuntur, neque illam gravibus censuris notandam asserant, si præsertim ratione et præstantiorum virorum testimoniis minime careat; siquidem convicia atque injuriæ vinculum christianæ charitatis infringunt, et gravissimam populo offensionem et scandalum præ se ferunt.

9. Tertio loco: qui ab omni usuræ labe se immunes et integros præstare volunt, suamque pecuniam ita alteri dare ut fructum legitimum solummodo percipiant, admonendi sunt ut contractum instituendum antea declarent et conditiones inserendas explicent, et quem fructum ex eadem pecunia postulent; hæc magnopere conferunt non modo ad animi sollicitudinem et scrupulos evitandos, sed ad ipsum contractum in foro externo comprobandum. Hæc etiam aditum intercludunt disputationibus, quæ non semel concitandæ sunt ut clare pateat, utrum pecunia quæ rite data alteri esse videtur, revera tamen palliatam usuram contineat.

10. Quarto loco: vos hortamur ne aditum relinquatis ineptis illorum sermonibus, qui dictitant de usuris hoc tempore quæstionem institui quæ solo nomine contineatur, cum ex pecunia, quæ qualibet ratione alteri conceditur, fructus ut plurimum comparetur. Etenim quam falsum id sit et a veritate alienum plane deprehendimus, si perpendamus naturam unius contractus ab alterius natura prorsus diversam et sejunctam esse, et ea pariter discrepare magnopere inter se, quæ a diversis inter se contractibus consequuntur. Revera discrimen apertissimum intercedit fructum inter qui jure licito ex pecunia desumitur, ideoque potest in utroque foro retineri; ac fructum qui ex pecunia illicite conciliatur, ideoque fori utriusque judicio restituendus decernitur. Constat igitur haud inanem de usuris quæstionem hoc tempore proponi ob eam causam, quod ut plurimum ex pecunia quæ alteri tribuitur fructus aliquis excipiatur.

11. Hæc potissimum vobis indicanda censuimus, sperantes fore ut mandetis executioni quæcumque per has litteras a nobis perscribuntur. Opportunis quoque remediis consuletis, uti confidimus, si forte ob hanc novam de usuris controversiam in diœcesi

vestra turbæ concitentur, vel corruptelæ ad labefactandum sanæ doctrinæ candorem et puritatem indicantur. Postremo vobis et gregi curæ vestræ concredito apostolicam benedictionem impertimur.

Datum Romæ, apud Sanctam Mariam Majorem, die 1ª novembris 1745, pontificatus nostri anno sexto.

§ IV. — *Réponses du Saint-Siége sur le prêt à intérêt.*

Il a paru depuis quelque temps un grand nombre de décisions de la Sacrée Pénitencerie et du Saint-Office, sur le prêt de commerce et l'intérêt légal. Il suffira d'en rapporter ici quelques-unes, pour faire connaître l'esprit du saint-siége.

Consultation de Mgr l'évêque de Rennes.

« Episcopus Rhedonensis in Gallia exponit sacræ congregationi Inquisitionis, non eamdem esse confessariorum suæ diocœsis sententiam de lucro percepto ex pecunia negotiatoribus mutuo data ut ea ditescant. De sensu epistolæ encyclicæ *Vix pervenit* acriter disputatur. Ex utraque parte momenta afferuntur ad tuendam eam quam quisque amplexus est sententiam, tali lucro faventem aut contrariam. Inde querelæ, dissensiones, denegatio sacramentorum plerisque negotiatoribus isti ditescendi modo inhærentibus, et innumera damna animarum.

« Ut animarum damnis occurrant, nonnulli confessarii mediam inter utramque sententiam viam se posse tenere arbitrantur. Si quis ipsos consulat de istiusmodi lucro, illum ab eo deterrere conantur. Si pœnitens perseveret in consilio pecuniam mutuo dandi negotiatoribus, et objiciat sententiam tali mutuo faventem multos habere patronos, et insuper non fuisse damnatam a sancta sede non semel ea de re consulta; tunc isti confessarii exigunt ut pœnitens promittat se filiali obedientia obtemperaturum judicio summi Pontificis, si intercedat, qualecumque sit; nec, hac promissione obtenta, absolutionem denegant, quamvis *probabiliorem* credant opinionem contrariam tali mutuo. Si pœnitens non confiteatur de lucro ex pecunia sic mutuo data, et videatur in bona fide, isti confessarii, etiamsi aliunde noverint ab eo perceptum esse aut etiam nunc percipi istiusmodi lucrum, eum absolvunt, nulla ea de re interrogatione facta, quando timent ne pœnitens admonitus restituere aut a tali lucro abstinere recuset.

« Inquirit ergo dictus episcopus Rhedonensis :

« 1° Utrum possit horum posteriorum confessariorum agendi rationem probare?

« 2° Utrum alios confessarios rigidiores ipsum adeuntes consulendi causa possit hortari, ut istorum agendi rationem sequantur, donec sancta sedes expressum ea de quæstione judicium ferat?

« † C. L. Episcopus Rhedonensis. »

Réponse du pape Pie VIII, du 16 *août* 1830.

« Sanctissimus Dominus noster Pius, divina Providentia Papa VIII, in solita audientia R. P. D. assessori Sancti Officii impertita, audita relatione superiorum dubiorum, una cum voto Eminentissimorum D. D. Cardinalium inquisitorum generalium, respondit :

« Ad primum : Non esse inquietandos ;

« Ad secundum : Provisum in primo. »

Consultation de M. Gousset, professeur de théologie au séminaire de Besançon.

« 1° An confessarius ille possit absolvi, qui, licet Benedicti XIV et aliorum summorum Pontificum de usura definitiones noverit, *docet* ex mutuo divitibus aut negotiatoribus præstito percipi posse præter sortem, lucrum quinque pro centum, etiam ab iis qui nullum omnino alium quam legem civilem titulum habent, mutuo extrinsecum?

« 2° An peccet confessarius, qui dimittit in bona fide pœnitentem qui ex mutuo exigit lucrum lege civili statutum absque extrinseco lucri cessantis, aut damni emergentis, aut periculi extraordinarii titulo? »

Réponse de la Sacrée Pénitencerie, du 16 *septembre* 1830.

« Sacra Pœnitentiaria, diligenter matureque perpensis propositis dubiis, respondendum censuit :

« Ad primum : Confessarium de quo in dubio non esse inquietandum, quousque sancta sedes definitivam decisionem emiserit, cui paratus sit se subjicere, ideoque nihil obstare ejus absolutioni in sacramento pœnitentiæ.

« Ad secundum : Provisum in præcedenti, dummodo pœnitentes parati sint stare mandatis sanctæ sedis. »

Les décisions que nous venons de rapporter ont été renouvelées et envoyées officiellement à diverses époques, savoir : par la Sacrée Pénitencerie, à Mgr l'évêque de Vérone, le 31 août 1831 ; par le Saint-Office, avec l'approbation du pape Grégoire XVI, à Mgr l'évêque de Viviers, le 31 août 1831 ; par la Sacrée Pénitencerie, au docteur Avvaro, professeur de théologie à Pignerol, le 11 février 1832 ; par le même tribunal, à Mgr l'évêque d'Acqui, le 22 novembre 1832 ; et à Mgr l'évêque d'Arras, le 8 juin 1834.

Consultation de M. Denavit, professeur de théologie au séminaire de Lyon.

« Quando Sacræ Pœnitentiariæ dubia circa materiam usuræ proponuntur, semper remittit ad doctrinam S. P. Benedicti XIV, quæ revera sat clara et perspicua est pro iis qui bona fide eam perscrutari volunt. Attamen sunt quidam presbyteri qui contendunt licitum esse percipere auctarium quinque pro centum solius vi legis principis, absque alio titulo vel damni emergentis vel lucri cessantis ; quia, inquiunt, lex principis est titulus legitimus, cum transferat dominium auctarii sicut transfert dominium in præscriptione, et sic prorsus annihilat legem divinam et legem ecclesiasticam quæ usuras prohibent.

« Cum hæc ita se habeant, orator infra scriptus, existimans nullo pacto esse licitum recedere a doctrina Benedicti XIV, denegat absolutionem sacramentalem presbyteris qui contendunt legem principis esse titulum sufficientem percipiendi aliquid ultra sortem absque titulo vel lucri cessantis vel damni emergentis.

« Quare infra scriptus orator humiliter supplicat ut sequentia dubia solvantur :

« 1° Utrum possit in conscientia denegare absolutionem presbyteris præfatis ?

« 2° Utrum debeat ? »

Réponse de la Sacrée Pénitencerie, du 16 septembre 1830.

« Sacra Pœnitentiaria diligenter ac mature perpensis dubiis propositis, respondendum esse censuit : Presbyteros de quibus agitur non esse inquietandos, quousque sancta sedes *definitivam* decisionem emiserit, cui parati sint se subjicere, ideoque nihil obstare eorum absolutioni in sacramento pœnitentiæ. »

Autre consultation de M. Denavit.

« Ex responso Sacræ Pœnitentiariæ ad oratorem infra scriptum directo die 16 septembris 1830, absolvendi sunt presbyteri qui contendunt legem principis esse titulum sufficientem et legitimum aliquid percipiendi ultra sortem in mutuo, absque alio titulo a theologis communiter admisso, donec sancta sedes definitivam decisionem emiserit, cui parati sint se subjicere : et huic responso humiliter et libenter acquiesco.

« Attamen, salvo Sacræ Pœnitentiariæ responso præfato, consultis auctoribus probatis, et attenta doctrina omnium fere seminariorum Galliæ, ac præsertim eorum quæ a presbyteris congregationis Sancti Sulpitii diriguntur, sententia quæ rejicit titulum legis civilis tanquam insufficientem, videtur longe probabilior, securior, et sola in praxi tenenda, donec sancta sedes definierit : quapropter fidelibus, qui a me consilium petunt utrum possint auctarium percipere ex mutuo, et qui nullum habent titulum a theologis communiter admissum præter titulum legis civilis, respondeo eos non posse præfatum auctarium exigere, et denego absolutionem sacramentalem, si exigant. Pariter denego absolutionem iis qui, perceptis hujuscemodi usuris, id est vi solius tituli legis, nolunt restituere.

« Quæritur, 1° Utrum durius et severius me habeam erga hujuscemodi fideles ?

« 2° Quæ agendi ratio in praxi tenenda erga fideles, donec sancta sedes definitivam sententiam emiserit ? »

Réponse de la Sacrée pénitencerie, du 11 *novembre* 1831.

« Sacra Pœnitentiaria, perpensis dubiis quæ ab oratore proponuntur, respondet :

« Ad primum : Affirmative ; quando quidem ex dato a S. Pœnitentiaria responso liquet fideles hujusmodi, qui bona fide ita se gerunt, non esse inquietandos.

« Ad secundum : Provisum in primo ; unde orator priori S. Pœnitentiariæ responso sub die 16 septembris 1830, sese in praxi conformare studeat. »

Consultation du chapitre de Locarno.

« Très-saint Père,

« Le chapitre de la collégiale de Locarno, diocèse de Côme, territoire suisse, possède la plus grande partie de ses prébendes en numéraire, provenant principalement de l'abolition des dîmes opérée par un décret du Gouvernement. Les revenus de cet argent doivent être employés à fournir à la subsistance des chanoines, et à faire face aux charges des bénéficiers.

« D'après les circonstances des temps et des lieux on ne trouve pas à placer son argent en immeubles productifs ; d'abord il arrive très-rarement que des biens-fonds soient mis dans le commerce, et, d'autre part, la concurrence, à raison de la population, les rend tellement chers, qu'ils ne rapportent annuellement que le deux et demi pour cent ; ce qui diminuerait excessivement les prébendes, déjà par elles-mêmes bien minces.

« Les baux à cens ou à rente perpétuelle sont défendus par les lois du pays, et n'offrent point de sûreté, parce qu'il n'y a pas de bureaux d'hypothèques qui assurent que les fonds ne sont pas grevés et qu'ils présentent une garantie suffisante. D'ailleurs, ceux qui demandent à emprunter pour subvenir à leurs affaires refusent ordinairement de grever leurs biens de cens, aimant mieux payer annuellement des intérêts à raison du quatre ou du cinq pour cent.

« Cela posé, on demande : 1° si la subsistance honnête et nécessaire des bénéficiers, qui ne peut provenir que du produit des capitaux de ces prébendes, est, dans une telle circonstance, un titre suffisant et équivalent aux autres titres approuvés par l'Église, pour qu'il leur soit permis de prêter l'argent qui forme la dotation desdites prébendes, moyennant l'intérêt de quatre ou cinq pour cent, avec hypothèque sur des immeubles, et caution de personnes notoirement solvables, afin d'assurer la perpétuité des prébendes.

« 2° Si, dans l'hypothèse que ce titre soit reconnu admissible, on peut l'étendre en faveur des églises, monastères, établissements religieux, et même des pupilles et autres personnes qui se trouvent dans les mêmes circonstances, et ont besoin de faire fructifier leurs propres deniers, afin de se procurer un honnête entretien.

« 3° Si les lois et procédures civiles qui maintenant approuvent généralement de semblables contrats et les font exécuter, de même que le commun et tacite consentement des peuples qui, par l'usage établi depuis des siècles, semble, à raison de la plus grande facilité qu'ils offrent, les avoir substitués aux autres contrats plus compliqués et plus difficiles, suffisent à les justifier.

« 4° Si, à cet égard, on peut s'en rapporter à l'autorité de l'Ordinaire et de plusieurs ecclésiastiques pieux et prudents qui, à raison des susdites circonstances, opinent en faveur de semblables contrats et les approuvent.

« 5° Quel poids peuvent avoir, dans le cas présent, les raisons que donne Scipion Maffei dans ses trois livres *sur l'emploi de l'argent*, dédiés à Benoît XIV, et approuvés par l'inquisiteur de Padoue en 1744.

« 6° Si la bulle *De usuris,* donnée par Benoît XIV, d'heureuse mémoire, en 1745, probablement à la suite de l'ouvrage de Maffei, peut, au n° 3 et à l'article *De contractu autem,* s'interpréter en faveur de pareils contrats.

« 7° En supposant ces contrats illicites, quel parti faut-il prendre à l'égard de ceux qui sont déjà passés et des intérêts qu'on a déjà perçus ?

« 8° Si, dans tous les cas, on ne pourrait pas rendre ces sortes de contrats licites par la cession qu'on se ferait faire de l'immeuble affecté à la garantie du capital ; à la charge par le cédant à qui on en laisserait la jouissance, de servir la prébende, sauf aux bénéficiers à courir les chances d'une semblable convention, dans laquelle on insérerait les clauses usitées dans les baux à rente.

« Les suppliants osent demander très-humblement à Votre Sainteté une décision précise sur les doutes ci-dessus exposés, laquelle leur servirait de règle pour la tranquillité de leur conscience et celle de leurs frères en Jésus-Christ, généralement troublée à ce sujet.

« Locarno, 13 mai 1831. »

Réponse du Saint-Office, du 31 *août* 1831.

« Propositis superioribus Capituli Collegiatæ Locarni precibus, quæ jam per manus una cum D. D. Consultorum suffragiis distributæ fuerant, Em. et Rev. D. D. dixerunt.

« Ad 1, 2, 3, 4, non esse inquietandos, et acquiescant, dummodo parati sint stare mandatis S. Sedis.

« Ad 5, 6, 7, 8, consulant encyclicam Benedicti XVI *Vix pervenit,* et probatos auctores. »

Le 7 septembre 1831, N. S. P. le pape Grégoire XVI a approuvé la réponse des cardinaux : « Sanctissimus D. N. Gregorius XVI, in solita audientia R. P. D. assessori S. Officio impertita, Eminentissimorum resolutiones approbavit. »

Consultation de Monseigneur l'évêque de Nice.

« In fasciculis quorum titulus, *Annali delle scienze Religiose*, vol. I, n° 1, pag. 128, et l'*Ami de la Religion*, 2 *avril* 1835, legitur responsum, quod Eminentissimus Cardinalis Pœnitentiarius Major dedit die 7 martii 1835, Illustrissimo ac reverendissimo Episcopo Vivariensi in quæstione ab ipso circa usuram proposita. Exposuerat enim Præsul nonnullos verbi Dei præcones docere, in publicis concionibus, licitum esse lucrum ex mutuo percipere titulo legis civilis, quin ullum verbum faceret de illa conditione responsis a S. Pœnitentiaria nuper satis apposita, qua cautum est ut pœnitentes lucrum ex mutuo legis civilis titulo percipientes *parati esse debeant stare mandatis S. Sedis*, ac postulaverat an illi sacerdotes essent improbandi.

« Cujus precibus benigne annuens Eminentissimus Pœnitentiarius Major respondit, S. Pœnitentiariam haud quaquam voluisse responsis illis quæstionem a theologis de titulo ex lege principis desumpto definire, sed solummodo normam proposuisse, quam confessarii tuto sequerentur erga pœnitentes qui moderatum lucrum lege principis statutum acciperent *bona fide*, *paratique essent stare mandatis S. Sedis*, ac proinde *minime probari posse* illorum concionatorum agendi rationem, qui absolute docent in sacris concionibus licitum esse lucrum ex mutuo percipere titulo legis civilis, reticitis enuntiatis conditionibus.

« Quidam attendentes ad illa verba in responso apposita, *bona fide*, contendunt juxta normam a S. Pœnitentiaria confessariis pluries propositam, illos tantum sacramentaliter absolvi posse, nullo imposito restitutionis onere, qui lucrum enuntiatum bona fide percepissent; alii e contra asserunt etiam illos, qui dubia vel mala fide dictum lucrum percepissent, absolvi posse, nullo imposito restitutionis onere, dummodo parati sint stare mandatis S. Sedis; et aiunt hanc clausulam, *bona fide*, non respicere onus restitutionis, sed potius honestatem agentis et absolutionem quam confessarii impertiri nequeunt pœnitentibus in mala fide constitutis, nisi prius de patrato in mala fide pœniteant : et hoc deducunt ex ipsa postulatione Episcopi Vivariensis. Non petierat episcopus, aiunt, utrum pœnitentes dubia vel mala fide constituti obligandi essent ad restitutionem, sed tantum utrum improbandi essent concionatores illi qui, nulla enuntiata conditione, licitum usum mutui prædicti prædicabant : quumque S. Sedes nondum quæstionem definierit, et patratum in mala fide, licet per se non inducat onus restitutionis, semper tamen inducit culpæ reatum, hinc Eminentissimum improbasse aiunt istorum agendi rationem, qui, reticitis conditionibus, *bona fide et standi mandatis S. Sedis,* licitum usum dicti mutui absolute prædicabant, quin loqueretur Eminentissimus de obligatione restitutionis, de qua non postulabat Præsul. Deducunt quoque ex conditione a sacra Pœnitentiaria requisita in pœnitentibus standi mandatis S. Sedis, quæ dispositio dubium necessario aut supponit aut excitat de honestate mutui prædicti.

« Quumque hinc et inde sint viri summæ pietatis et non spernendæ auctoritatis, ut animarum quieti in re tam frequenti et seria provideatur, perhumiliter petitur :

« An pœnitentes qui moderatum lucrum, solo legis titulo ex mutuo, dubia vel mala fide perceperunt, absolvi sacramentaliter possint nullo imposito restitutionis onere, dummodo de patrato ob dubiam vel malam fidem peccato sincere doleant, et filiali obedientia parati sint stare mandatis S. Sedis. »

Réponse du Saint-Office, du 17 janvier 1838.

« In congregatione generali sanctæ romanæ et universalis Inquisitionis habita in conventu sanctæ Mariæ supra Minervam, coram Eminentissimis et Reverendissimis D. D. S. R. E. Cardinalibus contra hæreticam pravitatem generalibus inquisitoribus, proposito supra dicto dubio, iidem Eminentissimi et Reverendissimi D. D. dixerunt :

« Affirmative, dummodo parati sint stare mandatis Sanctæ Sedis. »

FIN DU TOME PREMIER.